「ボランティア」の誕生と終焉

〈贈与のパラドックス〉の知識社会学

仁平典宏・著

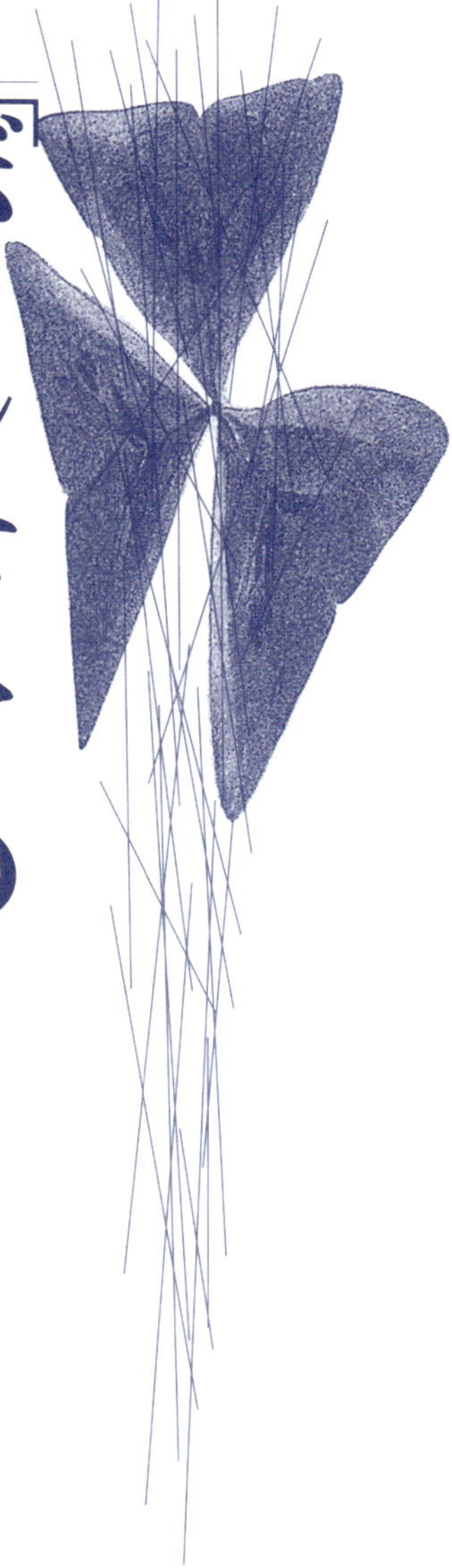

名古屋大学出版会

「ボランティア」の誕生と終焉

目次

第Ⅰ部

第Ⅲ部

序章　「ボランティア」をめぐる語りと〈贈与のパラドックス〉

——問題設定と方法

一　問題の所在

本書は、「ボランティア的なもの」に関する語りの形式が、明治期後半から二〇〇〇年代にかけてどのように変容してきたかについて分析し、それを通して、現在の政治的・社会的環境の特徴の一端を明らかにすることを目的とする。

これまでも「ボランティア」に関する文章は大量に生産されてきた。多くは、事例の紹介、グループ運営の方法、各領域で期待される役割に関するものであるが、そのいずれでも「ボランティアとは何で、それがどういう価値をもっているか」について、何かしらの言明が行われる。これに対し本書では、「ボランティアとは何か、どういう価値があるか」について、これまで人々は何を語ってきたか、に注目する。換言すれば、ボランティアの分析ではなく、ボランティアに関する語りに関するメタ的な分析が、本書のテーマとなる。

では、ボランティアに関する語りをメタ的に分析することにどういう意味があるのだろうか。本書では「メタ的」という言葉に二つの意味を込めており、本書の狙いも双方に関わる。

一つ目の「メタ」のレベルは、人々がボランティアをそのように捉えることが、いかなる政治的・社会的文脈で行われ、どういう帰結とつながっているのか、という水準である。この問いは、社会と言葉という区別をひとまず素朴に前提とした上で、言葉に外在する社会に照準すると自己理解する点で「メタ」的であると言える。このような認識を採用しつつ、本書では特に「動員モデル」とでも言うべき理論枠組について検証していく。動員モデルとは、ボランティア活動をマクロな社会レベルから観察し、本人たちの善意や思いとは裏腹に、国家の政策や資本に動員されていると診断を下す枠組の総称である。このような見方は、ボランティア的なものに対して絶えず向けられてきたが、近年でも、ボランティア活動やNPOの推進の時期が、社会保障の抑制や規制緩和・民営化といったネオリベラリズム的政策の進行と重なったこともあり、両者の関係が批判的に検討されてきた（中野 1999；2001；渋谷 1999；2003；2004；阿部 2003 など）。ボランティア活動の称揚が、そのような国家の機能転換のための「巧妙なひとつの動員」（中野 2001：259）だと指摘される中で、ボランティアを肯定する言説はいかなる意味を有しているのか——動員のメカニズム分析の一つとして、ボランティアの言説を分析するのが、一つ目の「メタ」レベルである。

二つ目の「メタ」のレベルは、ボランティアの言説においてくり返し現れるパターン（意味論形式）を抽出するというものである。通常、ボランティアには良い価値があるとして称揚される。しかしその裏側では、公にはあまり現れないにしろ、否定的なまなざしも向けられているのではないだろうか。それは、政治以前の素朴な感情として表明される。「偽善じゃないのか」「自己満足だろ」というように——。ボランティアをめぐる語りには、肯定と否定、称揚と冷笑の言葉が、双子のように表れる。このパターン分析が重要なのは、上記の「動員モデル」だけでは、次の二つのことを十分に説明できないからである。

第一に、もしボランティアを肯定する言説が、動員モデルの言うように「国家や資本の要請」と連動しているように観察可能だとしても、なぜそうなるのか解明できない。これに「イデオロギー効果」（中野 1999：76）と答えることはトートロジーであろう。ボランティアをめぐる言説にも、国家や資本といった外在的な要因に還元されない固有の作動形式があり、もし「動員」と呼ばれることが生じるにしても、その固有の形式との関係を捉えなければ、そのメカニズムを十分に解明できないのではないだろうか。本書では後述のように、肯定／否定、称揚／冷笑のパターンこそが、ボランティア言説固有のコードを解き明かす鍵だと考える。

第二に、動員モデルは、「ボランティア」という言葉の増殖を説明できても、縮小は説明できない。そう、一般的なイメージとは異なり、二〇〇〇年前後から「ボランティア」には縮小の徴候が見られるのだ。詳しくは第9章で論じるが、例えば言説／表象に関して、朝日新聞で「ボランティア」が見出しとなった記事数は一九九五年の一七一をピークに徐々に減っていき、二〇〇〇年には六〇、二〇〇五年には二六となっている。また社会生活基本調査によると「過去一年にボランティア活動を行った人」の割合は、二〇〇一年から二〇〇六年までの間に全ての収入層で減少しており、全体でも三三％から二九％に減少している。郵政選挙で小泉自民党が圧勝した二〇〇五年はネオリベラリズムが最も盛況だった年と言えるが、もし「動員モデル」で全て説明できるなら、この年の前後はボランティアが活況を呈していたはずである。ここには、「ボランティア」という言葉を生み、増やし、そして棄却していく、別の《力》が関与していると言えないだろうか。

上記の二つの「メタ」レベルは、互いを自らの下位分類として観察し合う関係にある。動員モデルから見ると、意味論形式の分析は、動員メカニズムを解明するための文化研究《カルチュラル・スタディーズ》的／系譜学的な一プロジェクトと映るだろう。一方、意味論形式の分析から見ると、動員モデルは、多様にありうるボランティア否定の形式の一つにすぎない。本書では、緊張を孕んだ二つの分析枠組を用いながら、近現代日本で「ボランティア」の言葉が「誕生」し、そしてある意味で「終焉」を迎えつつある一連の過程を分析することを主要な目的とする。同時に、「ボランティア」の言葉を撒き餌に、その意味論に内在しながらそれを変容させていく「力」を顕在化させることもめざす。なぜなら、その「力」はわれわれの政治的生を　動員という問題系とは別の位相で――深く規定していると考えるからである。

以下では、本書で採用する理論枠組や方法論について検討するが、関心のない読者は、第Ⅰ部の本論から読み始めていただいてもかまわない。まず次節で、動員モデルに基づく先行研究とその射程について整理する。続く第三節で、ボランティアの意味論形式について若干の予備的考察を行うが、ここで肯定／否定を同時に生み出す《力》に関する仮説として、〈贈与のパラドックス〉という枠組を提示する。第四節では、本書の方法論について、「弱い知識社会学」という言葉をキーワードに検討する。補論一・二では、〈贈与〉概念の理論的射程について、市民社会概念および「近代的権力」という問題系との関係で、若干の検討を行う。

二　動員モデル

「現存する社会主義」の崩落に伴う〈資本主義／社会主義〉という二項図式の実質的な失効は、〈システム／市民社会〉という二項図式を前面に押し出すことになった。「市民社会ルネサンス」と呼ばれた一九九〇年代前半以来、われわれは、この市民社会論の言説磁場にいる（Cohen & Arato 1994 ; Salamon & Anheier 1996 ; Keane 1998 など）。そこでは市民社会は、「横暴な国家を規制し、市場による破壊性を緩和し、瀕死の公共的領域を再活性化し、困窮家族を救出し、地域生活を再生する」（Ehrenberg 1999＝2001 : 276）ことが期待され、多様な思想的背景をもった論者に支持されている[1]（Habermas 1990＝1994 ; Etzioni 1999＝2001 ; Giddens 1998＝1999 ; Putnam 2000＝2006）。ボランティア活動は、日本でも「市民社会」の中心的なカテゴリーの一つとして、様々な期待が寄せられてきた。

動員モデルでは、この参加型の市民社会に対する政治的評価が反転する。動員モデルは、権力（国家や「システム」など）が、各主体を、自発的に（時に強制的に）権力に奉仕させるようにし向けているという観察の枠組である。この視角によると、現在の参加型市民社会は、経済的グローバリズムやネオリベラリズム的秩序に奉仕するように構成されている（Castelle 1997；Rose 1996；1999；Hardt & Negri 2000＝2003；Harvey 2005＝2007；Sinha 2005；Powell 2007）。ここでは「ネオリベラリズム」を、①経済システム内部では、資本の蓄積・移動に対する政府の規制を撤廃し、②経済システム外部に対しては、その内部で適用される古典的リベラリズムの諸ルール（規制緩和や自由競争による均衡の導出）を、社会のあらゆる範囲に拡張していく統治的合理性およびそのもとになされる諸政策を指示するもの、としておきたい。(2) その結果、社会保障制度の縮小や経済規制の緩和、公的領域の民営化・準市場化が進むが、社会保障費削減の前提として、公的サービスを国に代わって代替する市民社会が必要とされる。『市民社会』の再生は、ネオリベラリズムの支配と同時に生じ、それはネオリベラリズムが繁栄し自らを正統化するための言説と装置として不可欠なものとなっている」（Sinha 2005：163）。

日本では、一九九五年の阪神淡路大震災でのボランティアの活躍や一九九八年のＮＰＯ法の施行を機に、空前の参加型市民社会論ブームが生じた。一方、一九九〇年代以降、「戦後社会」の総括という文脈で、戦後と戦時期の連続性を動員という観点で読み解く議論が盛んになっていった（山之内・コシュマン・成田編 1995；雨宮 1999；中野 2001；畠山 2006など）。二つの流れの交差の中で、一九九九年に『現代思想』（青土社）で「市民とは誰か」という特集が組まれ、そこに収録された中野敏男（1999）「ボランティア動員型市民社会論の陥穽」と、渋谷望（1999）「〈参加〉への封じこめ」の両論文が、近年のボランティア批判の先鞭をつけることになった。中野は、国家の機能上の重心が「『社会福祉』から政治-軍事的、経済的な『システム危機』への対応」（中野 1999：73）へと移行しているという認識のもと、ボランティア活動は、いかにそれが「自発的」に行われていようとも、行政コストを減らし社会に適合的な「主体」を用意するという意味でシステム転換の要請に従っており、新たな管理形態を支えるものだとして批判する。この議論は、後続するボランティア論の多くにも大きな影響を与えることになった。同様の指摘は研究者だけでなく、現場で運動する人々からもなされている。例えば、埼玉べ平連での活動を長く続けてきた東一邦は、現在の「市民社会」には、行政との良好な関係や争議性を避けることが重視され、一方で

「反戦や反権力を掲げる市民運動に対する排除の論理が用意されている」（東 2004：25）と批判する。[3] また小倉利丸も、現在の市民社会は「政府、民間資本」が「ＮＧＯやＮＰＯと呼ばれる団体の活動を意図的にコントロール」（小倉 2004：12）していると主張する。

この種の議論の高まりの中で、市民の「動員」という問題系に関する理論的検討が進み[4]（松井 2000；渋谷 2003；2004；平塚 2004；仁平 2005；渡戸 2007など）、さらに実際にどのような点で、「ボランティア」と名づけられた活動が、ネオリベラリズムと共振していると言えるのか、政策分析（阿部 2003）や実証研究も行われてきた（仁平 2003a；2003c；2004；2008；2009a；2011；丸山・仁平・村瀬 2008）。同時に、共振を回避する道も模索されている（林 2001；仁平 2004；2005；小玉 2005；髙谷 2007；田代 2007；関 2008など）。

さて先ほど述べたように、動員モデルは、なぜボランティアが「国家や資本の要請」に従うのかを説明しない。その解明のためには、言葉が人々の行為を枠づけると仮定した上で、ボランティアに関する言葉の精緻な分析が必要となる。だが、それは十分に行われていない。例えば中野敏男は、ボランティア論では「主体性」を「行為評価の一切の標準点」とするが、そもそも「主体」は空虚なため、容易に動員と繋がると指摘する（中野 1999：76）。しかし、現在のボランティア論では、「主体性」は「行為評価の一切の標準点」どころか、活動の結果形成されるという程度の位置づけのものが多い（仁平 2002）。つまり中野の議論は、実証的な検討を経た上での議論とは言えない。確かにボランティア論にはナイーブなものが多く、厳密な論証なく簡単に批判できる面があるのだが——（しかし、簡単に批判できすぎるということ自体、ボランティア言説が仕掛けた一つの罠だとしたらどうだろう）。

より内在的にボランティア論とネオリベラリズムとの関係を批判的に検討したものとしては、阿部敦（2003）の労作がある。阿部は、いくつかの著名なボランティア論の言説を検討し、それらが社会保障政策に従属的になった結果、人権の擁護という観点を喪失し、結果としてヘルパーの減少や社会保障削減と親和的になってしまっている点を鋭く批判している。この議論は貴重である。だが、阿部が批判するボランティア論と含意を同じくする議論は、社会保障領域以外の論者からも、さらに阿部と同様に政府の動員に対して批判的なスタンスをとっている論者からも提出されている（本書第9章）。よって、政府の政策効果のみに原因を求めることなく、立場を超えて同型の意味論形式を生み出すボランティア言説の固有の力学に注目する必要があるのではないだろうか。

また橋本鉱市・石井美和（2004）は、戦後から二〇〇〇年代のボランティア言説の変遷を追った上でこの問題を検討する。それは、仁平（2002）が提示した、ボランティア言説が「自己実現」概念と接合することで、活動の社会的帰結が問われなくなり動員に回収されやすくなるという分析枠組を踏襲したもので、本書も部分的に視座を共有している。だが、以下の点で課題が残る。第一に、「自己実現の称揚が動員につながる」ということは、すでに一九七〇年代に動員に批判的なボランティア論者も指摘していた。にもかかわらず、なぜその批判はその後解除されていったのだろうか。この点の検討がないと単純なイデオロギー論と変わらないことになる。第二に、先ほど述べたように、動員によるボランティアの活性化は説明できても、現在の停滞・減少を説明できない。第三にその点と重なるが、動員一般とネオリベラリズムとが十分に区別されていないため[5]、後者の種別性が見えてこない。これらの課題を解くためには、「自己実現」すらも一つの偶有的な変数として位置づけられるような、ボランティア言説に固有の作動形式に注目するべきだと考える。

三　贈与のパラドックス

(1) 動員モデルの外へ

それでは、ボランティア言説に固有の作動形式とは何か。本来、それを抽出することが分析のゴールとなるべきだし、実際に分析の結果見出されたものなのだが、本書の構成上、言説を整序するための仮説として本節にて検討する。

まず、上述の「動員モデル」の批判形式が、実は政治をめぐる議論にとどまらない広がりをもつ点に注目したい。

ボランティアの動員論の主要な担い手は、政治的左派であることは疑いないだろう。山谷で長く日雇労働者・野宿者運動に関わっているなすびは、「今やさまざまなＮＰＯが『ホームレスの自立を支援する』という『善意』を掲げて登場している。……国家と経済界は、この『善意』の潜在的な社会・経済活動の力量を高く評価している。現在、グローバル経済体制下で企業活動と行政のスリム化が行われるとともに、あらためて『善意』の組織化とコントロールが進められているといってもいい」（なすび 2004：60）と指摘している。

動員モデルの批判形式は、主観的には「善意」と解釈される活動の、意図せざる結果や逆機能を指摘するものであるが、同じ批判形式は、実は、その対極にある右派・保守派も用いる（松井 2000）。その論客の一人で、（奇しくも先述の『現代思想』の特集名と同じ）『「市民」とは誰か』という本をもつ佐伯啓思は、「日本で市民社会とか市民というとき、カント的、かつ進歩主義的歴史観が前提」（佐伯 2002：237）となっており、庶民や大衆などの語に比べ「この言葉を使った当人の自己特権化が生じているのではないか。『市民』という言葉で、彼は、彼の政治的意識の高さを語っているのではないか」（佐伯 1997：47）と指摘する。ここで重要なのは批判の矛先が、「市民」の言葉が帯びる「他者のための活動」というイメージ、あるいはその「欺瞞」に向けられていることである。佐伯は、かつてべ平連に対して感じた「気分」として次のように述べている(6)。

ベトナム戦争そのものは、確かに、悲惨な事態には違いない。しかしそうだとしても、それが一体、ベトナムという国も知らなければ、悲惨ということの意味を肌身で感じることもないわれわれにどんな関わりがあるというのだろうか。テレビで見た悲惨から「同情」し、この「同情」がベトナム戦争反対という「正義」へと転化することは、せいぜい自己満足にすぎないではないか。あるいは自己欺瞞であるかもしれないではないか。なぜなら、わたしは、戦争の恐怖にも生命の危機にも全く身をさらしていないからである。（佐伯 1997：45）

ここに表れている「気分」は、近年のインターネットなどを媒介にした草の根の「右派」のコミュニケーションでも見られる。そこでは「市民」は「プロ市民」と呼ばれ、「偽善者」として貶価される。彼／女らは、「国民」や「普通の人」のためではなく、他者のため（他のアジアの人々のため、社会的弱者やマイノリティのため……）に「善意」で行為しようとするが、その「自己欺瞞」は、われわれ自身の「国益」の損失や、敵対する勢力（？）への利敵行為となるというわけだ。二〇〇四年にイラクの人々に支援活動をしていたボランティア三名が誘拐されたとき、帰国した彼／女らを迎えたのも、この種の声だった。

このように、左右いずれの立場からも、「ボランティア的なもの」は、それぞれの敵手との連続性をもち、自らに逆立していると観察される。この両価性は、空間的メタファーを用いた単純なトポロジー（真ん中は、左から見れば右に見えるし、右から見れば左に見える）によって、ひとまず理解できる。しかしより重要な点は、両者とも、「素朴な善意の活動とされるものが、メタレベルで観察したとき逆機能が発生している」という形式（「地獄への道は善意で敷き詰められている」）を備えている点である。

この――ある意味で「社会学」的な――議論形式への欲望は、左右の区別を超えて見られるだけでなく、政治的意味論自体も超えて見出されるのではないか。「ボランティア」という言葉に居心地の悪さを感じて、ふとシニカルな語りが口から出てしまうというささやかな前政治的次元の経験と、それは境位を接しているのではないだろうか。次の言葉は、「毒舌」も売りにするあるタレントの名前のもとに発されている。

（阪神淡路大震災やナホトカ号重油流出事故時のボランティア活動について）「個という意識が確立されていないこの国では、周りが行くと言った時に『俺は嫌だ』と言えないんだね。まして〝善意〟の人には逆らえない。それで、やらない奴は自然に村八分の状態になったりすることになる。」「ボランティアにあらざれば人にあらずみたいな風潮は嫌になるね。」　（ビートたけし 1997：78, 80）

彼は続けて次のように言う。「ボランティアという行為には、そもそもすごいパラドックスがあるんだよ。国のやる福祉というのがそもそもボランティアだろう。大震災の被災者の世話でも、重油を肥柄杓ですくうことにしても、本来は全部国の仕事のはずだ。そういった事件が起きたときのために、普段から高い税金を払って、あれだけたくさんの役人を養っているわけなんだから。だからボランティアをやればやるほど、本来働くべき人間に楽をさせ、間ぬけな国を助けているということになる。そのことに、どうしてみんな気が付かないんだろうなと思うね」（ビートたけし 1997：86）。この否定の形式は、意外にも、先ほどの政治的／学問的なそれと重なる。われわれが注目したいのは、「中野敏男＝ビートたけし」という驚くべき出会いを成立させるこの言説磁場である。

ボランティアをはじめとする参加型の市民社会の諸カテゴリーは、「善意」や「他者のため」と解釈される契機を不可避的に含むことになる（補論一参照）。ある人々は、そこに、市民社会の「可能性の中心」を読み込む。「市場主義」化した現代社会における変革の原理になりうるというように（例えば Attali 1999＝2001）――。この「他者のため」と外部から解釈される行為の表象を、以下では**〈贈与〉**と呼ぶことにする。後に詳細な規定をするが、この定義のポイントは、当事者が実際にその意図を有しているかどうかとは独立に成立する点にある（上記の批判者たちも、行為者の実際の意図を確認した上で批判しているわけではない）。つまり、「他者のための行為」と解釈しておくことが一般的に有意味になるような解釈図式、あるいは社会の「意味論（Semantik）」（Luhmann 2010）の水準で、〈贈与〉概念を導入する。「ボランティア」という言葉には、いや、（補論一で見るように）「市民社会」概念自体にも、このような〈贈与〉が織り込まれており、それこそが称賛／冷笑、肯定／否定を同時に生み出す市民社会／ボランティア言説の特異なメカニズムの動因となっている――これが本書を貫く仮説である。

（2）〈贈与〉の意味論的構造

この仮説は——特に「ボランティア」の言説に通じている人ほど——首肯できるものではないだろう。ボランティアを「一方的に他者に与える行為」と捉えること自体、ボランティアを知らない人による、古くさい思いこみではないか。ボランティアは「これまでの自己犠牲的な『奉仕』、『献身』、『慈善』から、気楽に自然体で行う『自己発見』、『自己実現』、さらには『生きがい』そのものへと、まさにそのイメージも認識も変わりつつある」（岩波書店編集部編 2001：vi）のだから——。確かに今のボランティア論の多くは、「自己発見／実現」の他、「支え合い」「相互承認」「共にいること」などをボランティアの「本質」と規定し、「一方的な贈与」という表象を例外なく否定する。しかし、そのような否定の強さこそ、ボランティア言説が「一方的な贈与」という表象に強く規定されている証左ではないだろうか（注(16)も参照）。この点を理解するために、本書で使用する〈贈与〉というカテゴリーの特徴について、二点論じておきたい。

第一に、〈贈与〉の意味論は、意味論と「行為者の意図」との距離を先鋭に意識させやすく、その意図を観察者が任意に解釈し合うコミュニケーションを誘発する。前述のように、本書では〈贈与〉を、当事者の意図や客観的な利得構造などから実体的に捉えず、意味論の水準で捉える。だから、社会的に〈贈与〉と解釈されうる行為に対し、行為者がそうではない行為（例えば「支え合い」など）と再規定することはある。だが、その再-規定が可能になるのも、彼もまた、その行為が一般的には〈贈与〉と解釈されうることを知っているからである。また逆に、当事者の意図にかかわらず、観察者が「それは『贈与』ではなく、名声を得るために行ったものだ！」と喝破することもある。その猜疑的な彼／女も、「自分以外の（愚かな）人々は『贈与』だと思いこんでいるだろう」と想定するからこそ、わざわざ「喝破」するのである。[7] その第三者性こそが本書での〈贈与〉の定義を構成している。

もちろん行為解釈の第三者性は、〈贈与〉に限らずあらゆる行為に関して成立する。佐藤俊樹が言うように「日常的な行為者は多くの場合、相手の真の意図を問題にせず、解釈図式にしたがって相手の行為を理解し、それに対して反応する。……また、自分自身の行為においても、解釈図式上での意味を考慮して振る舞っている。自分の行為がもつ一般的な意味を計算しながら、行為しているのである」（佐藤 1993：13）。とはいえ、〈贈与〉には、行為者の意図の参照を過度に要請するという特徴がある。つまり、解釈図式／意味論自体が、それと「真の意図」とのズレを意識化させやすい構造となっている。しかし、「真の意図」は決して到達できないため、それが本当に贈与なのか、そう見せかけた別の何かなのかをめぐって、不安を抱え込むことになる。さらに、意図が問題にされるのは贈与者だけではない。贈与は、受け手がどう受け取ったか（本当に嬉しいのか、逆に迷惑ではないのか）という相手の意図も重要になるため、「郵便的不安」が顕在化する。この二重の不確定性は、〈贈与〉をめぐる解釈ゲームを作動させやすい。

第二に、〈贈与〉の意味論には、その対概念である〈交換〉の意味が浸潤している。贈与に関する近代の知は、それを、負債を発生させて反対贈与（返礼）を求め、交換として帰結するものと捉えてきた（補論二参照）。両者の区別を打ち立てると同時に失効させるものが時間的差延である。つまり〈贈与〉の返礼は、直接的・即時的にではなく、一定の時間を含んで行われる。よって〈贈与〉とは、同時に、遅れを含んだ返礼を伴う〈交換〉でもあるのだ。このようにして両者は綜合的に捉えられる（Derrida 1989：91）。両者が綜合的に捉えられる中では、〈贈与〉に対する物質的な返礼の不在も、〈交換〉でないことの証明とはならない。与え手が自分の行為に満足を感じたり、受け手が感謝することが、それ自体、反対贈与の意味をもつため、純粋な贈与であることを無効化する（今村 2000：114-115；大澤・北田 2008：279）。さらにデリダによると、贈与の否定は、感謝などの反対贈与の存在によって生じるわけですらなく、贈与と認知した時点で生じる。「贈与の贈与性格を認知〔perçoive〕するだけで、この認知〔reconnaissance〕は、それがまだ感謝の念としてのルコネッサンス〔reconnaissance（感謝）〕になりさえしないうちに、贈与を贈与として、そのものとしてただ認知するというこのことが、贈与を贈与としては廃棄してしまう」（Derrida 1989：74-75）。なぜなら〈贈与〉という表象自体が、贈与を否定する「交換と負債との秩序」や「循環の法」を象徴的に構成してしまうからである。つまり「贈与外観そのもの、贈与現象そのものが、それを贈与としては廃棄してしまう」のだ（Derrida 1989：75）。よって「贈与は不可能なこと」である（Derrida 1989：71）。

デリダの議論を、否定神学としてでなく社会学的に理解すると、〈贈与〉とは、〈交換〉の意味論に憑依されながら——つまり交換と連続平面上にある贈与‐交換としてのみ——成立することを意味する。「不可能なこと」としての贈与を〈純粋贈与〉と呼ぶならば、〈贈与〉は、〈純粋贈与〉と〈交換〉のどちらにもなれないまま、その範域に——〈交換〉との距離を絶えず問われつつ——とどまり続ける不安定な存在である[8]。とはいえ本書は、この区別を、例えばポランニー（Polanyi 1977＝1980）の互酬／再分配／交換のような実体的区別としてではなく、言説を整理するための意味論上の区別としてのみ捉える。実際の活動が交換や純粋贈与に実体として近づいたり同値化したりしていると想定しているわけではなく、あくまで、そこへの相対的な接近によって言説の位置を確認する理念型として用いたい。

このように〈贈与〉とは、外部観察によって、絶えず反対贈与を「発見・暴露」される位置にある。ここで重要なのは、〈贈与〉は、被贈与者や社会から何かを奪う形（贈与の一撃！）で反対贈与を獲得していると観察されがちなことである[9]。例えば補論二で見るように、近代的な権力は、善意を装い贈与するふりをして、決定的な負債を与えていく存在として概念化されてきた。〈贈与〉は、贈与どころか、相手や社会にとってマイナスの帰結を生み出す、つまり反贈与的なものになるというわけだ。この意味論形式を、本書では**〈贈与のパラドックス〉**と呼びたい。〈贈与〉表象は、〈贈与のパラドックス〉の意味論に準じた観察を不可避的に生み出す——これは本書の中核的な仮説／仮定である。

本書では、〈贈与のパラドックス〉を、ボランティア的なものをめぐる言説を整序するための基準として用いる。前述のようにボランティア論では、「一方的な贈与」という表象は必ず否定される。「一方的な贈与」とは、「一方的な」という負のコノテーションが示すように、〈贈与のパラドックス〉が暴露された、つまり贈与の失敗を示す記号である。「ボランティア」的なものを肯定する言葉は多様だが、「ボランティアは、相手に一方的に与えてやることが望ましく、受け手は頭を垂れてありがたがるべきである」といった類の〈贈与のパラドックス〉を剥き出しにした議論が出現したことは、管見の限り一度もない。それは必ず避けられるべき基準として、つまり否定的な中心／準拠点として、言説の頑強な生成規則となっていた。他方で、このパラドックスを回避するための具体的なプログラムは、時代や立場によって異なり、それがボランティア言説の多様性を生み出す。〈贈与〉という表象自体を否定しようとする方法（自己実現のため、支え合い等）も、その一つである。

近現代の「ボランティア」的なものの言説領域において、〈贈与のパラドックス〉を解決するための意味論形式はどのように変化していったのか、その中で動員という問題系とどう接続したのか——これが本書で解き明かす課題となる。

四　「ボランティア」的なものを扱う視座と方法

（1）居場所を求めて——理念史でも言説分析でも構築主義でもなく

本節では、対象の切り出し方・記述の仕方に関して本書で採用する方法論について検討する。すでに述べたように本書では、「ボランティア」的なものに関する言説に対して、動員モデルの検証と意味論分析という二つの課題において、「メタ」的であることをめざしている。だがこの二つは、「メタ」の立ち方において——特に言説／社会、言説／実態の関係の措定の仕方において——相互に折り合いが悪いため[10]、本書全体の認識論／方法論的な位置を微妙なものにする。よって、既存の方法論に対して、「〜でない」という否定形の積み上げの末に、ようやく居場所を確保するような作業となるだろう。

これまで日本における「ボランティア」や「ボランタリー活動」の「歴史」に関する記述は様々な形で書かれてきたが（早瀬 1992；村上 1995；筒井 1997；山岡 1999；李 2002；木下 2002；2005；興梠 2003；西山 2007；石川 2007 など）、その多くは短い論文や補足的な叙述という形をとり、未だ体系的な記述の試みは行われていない。それらの研究では、何が「ボランティア活動」や「ボランタリーな活動」かについて、各論者がそれぞれの観点から――しばしば明示的な定義の基準もなく――対象の同定を行っている。これに対し本書では、ボランティアをめぐる「言説」に照準を合わせる点で、それらの文章と決定的に異なる。ここで注意したいのは、「言説」に照準を合わせることが、〈「ボランティア」という実体的なものが実在し、それが言説（コトバ）と実態（モノ）に分かれている〉という理解を前提にしないということである。「ボランティア」と呼ばれるものは、内包と外延が極めて可変的で、コトバ／モノの配分の恣意性が特に露呈しやすい[11]。ボランティアをめぐる言説の大部分が、「ボランティアとは何か」という同定問題に費やされてきたのはその表れである。ある行為またはコミュニケーション（この二つは確定単位すら異なる）は、「ボランティア」という言葉が付与されることで初めて・暫定的に「ボランティア」として捉えられる。本書では、コトバ／モノの対応を一意的に措定することを放棄して言説（コトバ）に対象を絞り、同時にその分析にあたっても、その生産者の思想に還元することなく、ある時点において広く見出せる意味論形式／解釈枠組に注目する。別言すると、本書ではボランティアの内包／外延を同定・定義せず、その定義権は当事者の交渉過程に委ねる。筆者が行うことは、そこで生み出されたものを追尾・記述していくことである。

上記のスタンスは、思想史／理念史という方法とも異なる。思想史／理念史による先行研究としては、社会福祉学の立場から戦後日本のボランティアの「理念」の変化を分析した遠藤興一と土志田祐子の研究（遠藤・土志田 1995）がある。それによると、戦後から一九七〇年代までの「ボランティア」は、キリスト教的な理念と民主主義的な理念が中心に位置していたが、一九九〇年代には互酬性という理念に変わってきたという。この論文は、本書とは内容以前に、言葉の捉え方において大きな違いがある。彼らの研究では、書かれた理念が、そのままボランティアの「本質」だと実体視されている（「本質」は書かれたものの向こう側にあると言っても同じである）。また小笠原慶彰（1987）は、ボランティア論の膨大な整理（高森・小田・岡本編 1974；小笠原・早瀬編 1986）を踏まえて、ボランティア論を五つの類型に分けているが、これも言説とボランティアの実体的な理念との間の対応関係を前提したものであり、思想史／理念史と前提を共有していると言える。これらに対し本書では、価値を含意する「本質」という前提を措かず、〈本質がある／ない〉という問い自体にも関与しない。ボランティアの「本質」を前提とする語りは、社会福祉学、教育学、応用倫理学といった「よき価値・規範」の創出に携わる学において成り立つ言語ゲームであり、社会学とは価値との距離の取り方が異なるとも言える。[12] よりプラグマティックに言えば、「本質」や「理念」を饒舌に語るボランティア言説に巻き込まれず、それと距離を保つために、本書では言葉の形式に照準する。

このような本書のスタンスは、われわれを一度、言説分析、（社会的）構築主義と呼ばれる方法論に接近させる。だが同時に、そこから離脱せざるをえない。

「言説（discours）」という語は、本来ミシェル・フーコーの名と共にある。それは、語られたこととしての「言表（énoncé）」を最小単位として、「これらの諸言表が一定の形成＝編制の規則性にしたがって、ある全体的なまとまりをもった」（赤川 1999：30）ものである。言説分析はその形成＝編制を記述するものであるが、それは制度化された言説領域を前提とせず、多様な言表行為に関して、多様なジャンルの多様な質をもった資料群の中に、異なる分散を孕みながら見出されるものであるため（Foucault 1969＝1970）、通常の社会学的方法とは異なる。佐藤俊樹（2006）や遠藤知巳（2006）によると、その一番の違いは、フーコーの言説分析では言表／言説の単位を確定できないことにあり、それは同時に言説の全体性も措定できないことを意味する。一方、通常の社会学では、分析単位の確定可能性と全体性の実在（それが社会であれテキストであれ）を素朴に信憑する。その意味で、言説分析とは「反・社会学」的である。これに対し、言説分析を社会学の領野で捉えようとする赤川学（1999；2006）は、残存した資料体をできるだけ網羅的に収集・分析することで、言説の全体性を仮構し、その形成＝編制を捉えようとする。これはあるタイプの量的調査において、標本のランダム性を得られない中で、一定の基準で取り出したアクセス可能な全サンプルを――その偏りに注意しながら――分析することで、母集団を推定することに似ている。

本書は、本質主義や言説／実態の一意的対応関係を排する点では言説分析と同じだが、以上二つの言説分析のどちらにもなりえない。まず、佐藤＝遠藤的方向は、端的にめざさない。問題設定上の制約としか言いようがない(注(10)参照)、本書は、動員モデルの検討という側面ももつため、社会／言説の二重体の前提をそのまま持ち込んでいる。両者の対応関係を素朴には措定しないと言ったところで、「素朴な措定」と実質的な違いを築けるわけではない。一方で、赤川的言説分析ともすれ違わざるをえない。本書では、あろうことか、手書きの会報やビラ、さらにはインタビューデータといった複数の質の資料／言説行為を扱う。特にインタビューデータを用いることは、単位の確定可能性という点で致命的ではないか。発話を言表とするなら、母集団のイメージで捉えられる全体(過去に語られた発話の総体)は、文字資料を対象とした時と決定的に異なる。この点ではむしろ、単位確定と全体性措定の困難を論じる佐藤＝遠藤にリアリティが近づく。よって、本書は言説分析ではない(ただし「言説」「言表」という言葉が、佐藤＝遠藤的フーコー認識の地平以外でも〔誤?〕使用されている慣行を踏まえ、本書ではこれらの言葉を使用していく)。

また構築主義と呼ばれる方法論も、言葉をめぐる認識やそれへの接近の仕方において、本分析と多くを共有している。社会学における「社会的構築主義」の出立は、スペクターとキツセの『社会問題の構築』(Spector & Kitsuse 1977＝1990)に求められる。そこでの中心的な主張は、研究者が、どのような社会状態が真の「社会問題」であるかについて確定することは不可能であり、社会問題を「状態」ではなく「クレイムメイキング」によって定義するという方法である。この中でも、当事者のクレイムとは独立した「実際の状態」の想定・言及を禁欲する強度によって、厳格派とコンテクスト派に分かれる[13]。前者はそれを一切禁止し「社会問題の言語ゲーム」を記述することに自己限定するのに対し（Ibarra & Kitsese 1993＝2000）、後者のコンテクスト派は、「実際の状態」を記述者から独立して存在することを想定し、「状態」に関する他の資料（統計など）を参照しながら記述の妥当性について積極的な判断も行う立場である。

本書は、社会という変数を前提とする動員モデルの重力圏にあるため、厳格派になりえないにしろ、コンテクスト派的な位置に収めることは可能である。だが、特定の意味論形式（贈与のパラドックス）を、言説を整序する基準として分析枠組の位置に置くという方法は、やはり構築主義とは相容れない。

（2）弱い知識社会学

据わりの悪い本書の方法論的スタンスが最後にたどりついたのは「知識社会学」であった。知識社会学は、近年の言葉を扱う研究の多くでは、「本研究は知識社会学とは異なり〜」という修辞節の中にのみ登場する、共通の否定対象というような位置にある。

そこで漠然とイメージされる「知識社会学」とは、マルクス主義のみが真理であり他の知識をブルジョアの階級的利害に奉仕する虚偽意識（イデオロギー）と見なす、粗雑な下部構造決定論であることが多い。しかし知識社会学の言葉と共に記憶されるマンハイムは、そのような論理構成を拒否するためにこそ知識社会学という用語を用いた。彼によると、視座構造は存在に制約されているが[14]、それはマルクス主義も同様であり、イデオロギー概念を自らにも適用すべきである（Mannheim 1929＝2006）。そして知識社会学の課題を、知識が存在に拘束されるあり方に関する洞察を、自らのそれも含め、没価値的に相互に比較考量することを通じて（相関主義）、全体性の把握に接近していくこととした。

彼の存在被拘束性という概念は、知識社会学のキーワードだろう。もちろん、存在に一方的に拘束されるのでなく、新たに産出された意味が社会を再帰的に変えていく過程も考慮する「知識社会学」もあるが（例えばBerger &

Luckmann 1966＝1977)、それも含め、少なくとも次の二つを知識社会学の要件と考えることができる。それは、⑴知識（言説）／社会の二重体の実在を前提にし、⑵後者が前者に影響を与えるという因果関係を措定・重視することである。

本書は、⑴について、問題設定上、受け入れることになる。一方で⑵との関係は若干複雑である。⑵の権化たる動員モデル（イデオロギー論）を一度受け入れつつ、そこから距離を置くことが本書の賭金であり、そのために言説内部の固有の論理に着目するわけだが、それは⑵を完全に否定することにはならず、結局はモデルの決定係数の上昇に寄与してしまう。つまり本書は、⑴を前提にし、⑵の相対化を志向しつつも延命させる点で、知識社会学の圏内にあると言えるだろう（ここでは、⑵を消極的に前提にする点で「弱い知識社会学」と呼びたい）。

さて「社会学」としての本書は、前述のようにインタビューデータも用いるために、資料体の全体性を措定できないため（例えば筆者が今、回顧的インタビューを行うと集蔵体《アルシーブ》は変化する）、量的調査のイメージで全域性を仮構することはできない。質的データと「対話」しながら理論産出／仮説生成をめざしていくタイプの方法論（Glaser & Strauss 1967＝1996）と適合的である。それは、必ずしも代表性を保証されないデータの突き合わせから仮説を立ち上げ、否定的事例《ネガティブ・ケース》の発見によって棄却され、修正するというサイクルを「理論的飽和」に達するまで続けるものである。絶えず棄却・修正に開かれているため、このサイクルが閉じることはなく、原理的に理論／仮説は未完のままである。よって本書のストーリー自体が未完の仮説という位置にあるが、その中心にあるのが、ボランティア言説を（否定的に）整序する意味論的形式としての〈贈与のパラドックス〉という仮説である。

この意味論的形式の分析との関連で、自らの経験的研究を「知識社会学」と名づけたもう一人の社会学者について触れたい。ルーマンである。彼は社会の意味論（ゼマンティク）[15]の分析に、「知識社会学（Wissenssoziologie）」という言葉を与えた（Luhmann 2010）。高橋徹によると「ルーマンの知識社会学は、相異なるいくつかの意味規定が併存しうる事柄において、ある区別が他の区別よりもいっそう説得力をもって立ち現れる条件を研究することであると定式化できる。よりルーマン的なタームでいえば、意味規定のコンティンジェンシーを潜勢化させる条件の探求だといえる」（高橋 2002：10-11）。本書はルーマンの知識社会学に依拠するわけではないが、彼のコードとプログラムの区別（Kneer & Nasseh1 1993＝1995：161-166）など、その記述のシステムから多くの示唆を得ている。「ボランティア」的なものをめぐる言説では、上述のように、自らが〈贈与か反贈与か〉が確定されないという〈贈与のパラドックス〉を解決することが、潜在的に課題として共有されている。そしてその〈贈与〉をめぐるコミュニケーションを通じて、自己同定作業を行っていると仮説的に考えられる。よって、〈贈与〉をこの言説領域のコードと仮定することができる。(16) パラドックスの解決は不可能であるが、何をもってそれが解決（脱パラドックス化）されたと見なすかについての規準（プログラム）が生み出される。どの規準が現勢化するかは時代や条件によって異なるが、本書ではその展開過程を追尾していき、動員という問題系と交差する瞬間を捉える。以上が、本書の知識社会学の課題となる。

(3)「ボランティア」的なものの同定をめぐって

最後に、具体的な分析対象について検討したい。

すでに述べたように、本書で扱うのは言説であり、実態／実体を何らかの基準に従って把握することを試みるわけではない。そのような研究では、論者が特定の基準をボランティアの本質／内包と仮定することで（多くの場合それすらも明示的でないが）、異なる言葉で呼ばれていた諸対象を同一のものとして捉える。その結果、江戸時代にボランティアを発見したり（石川・田中 1996）、結や講にその源流を見出したり（金子・松岡・下河辺 1998）、古代から現在までの年表や歴史叙述を書くことが（山岡 1999；興梠 2003；石川 2007）、可能になる。この種の対象把握上の曖昧さは、既存の「ボランティア史」の多くに見られたものだった。

これに対し、本書では、外挿的な基準で実態の同一性を確定することはしないため、まずは「ボランティア」という言表を追跡対象とする。

このラインに沿ったものとして、ボランティアの言説分析／構築主義的研究を標榜する中山淳雄の研究（2007）がある。彼は、日本では、ボランティア言説の歴史はここ十数年のもので、日本社会全般においては「変化を確認できるほどの歴史を持たない」（p. 22）ため、一九六〇年代から活動している大阪ボランティア協会の機関誌『月刊ボランティア』を主要な分析対象にした上で、ボランティアに関する世論調査や辞書の定義などを補完的に用いている。大阪ボランティア協会の言説については、本書でも第5章などで検討している。中山の研究の問題点は、資料体を大阪ボランティア協会の言説に限定したため、自らの対象の位置を把握できていないという点にある。世論調査の結果も参照してはいるが、その問題を十分に解決できていない。例えば、一九六〇年代に、「奉仕」に対して「ボランティア」が使われるようになったことを、「特定の団体が先行的にもたらした『新しいルール』に過ぎ」（p. 94）ないと、大阪ボランティア協会の組織戦略に帰属させているが、同時期に言表の広がりは協会外部でも起こっている。この点に目を向けないため、なぜ新しい用語が立場を超えて要請されたのか理解できない[17]。

このことを回避するには、「言説の外側へ」（中山 2007：13）と称して世論調査などでコンテクストに言及する以前に、言説／言表間の関係を、なるべく多くの資料を対象に解析する必要がある[18]。さらに、「ボランティア」言表領域の位置価を的確に見定めるためには、その言表の――「言説一般の」ではなく――外部との関係を見ることも要請される。つまり、本書は、「ボランティア」言表だけを対象にするわけではない。そもそも、「ボランティア」の語を用いた言説が増えるのは、早く見積もっても一九七〇年代以降であるため（仁平 2002；中山 2007）、その後だけを分析対象にする限り、暗黙のうちに、「ボランティアは一九七〇年代以降になって増えてきた」といった実体論的判断に荷担することになる。しかし、研究者の側で、「ボランティアである／ない」を識別する規準を外挿し「ボランティア」と呼ばれていなかった行為に適用していくことは、「実体」についての判定を研究者が恣意的に行うということになり、「江戸時代には、ボランティアが盛んだった」という言明と記述のレベルとしては

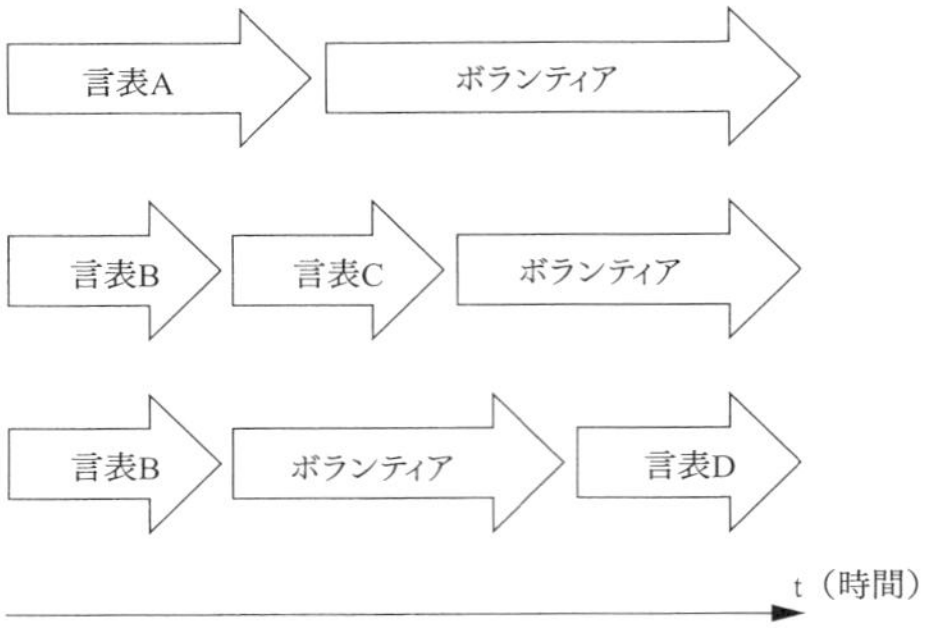

図序-1　「ボランティア」と諸言表のイメージ

等価になる。

よって本書では、次のように考えていく。まず図序-1を見てみよう。例えば、ある時期に「ボランティア」という語が登場すると、その新奇な言葉は既存の言表（A、B、C）との関係で位置を測定されることになる。そして、その言表群と「ボランティア」とが、機能的に等価なものとして／異なるものとして捉えられながら、やがてその場所を「ボランティア」の語が占有していったり、他の言表と併存状態に入っていったりする。[19]

本書では、このような関係にある諸言表についても遡及的に対象とし、「ボランティア」という語の分出に至るまで追尾していく。また、領域によっては、「ボランティア」という語が別の言表（言表D）に代替されることも生じるかもしれない。その場合は、ボランティアと言表Dの意味論上の関係について検討する。つまり、「ボランティア」の語と、言説空間上において競合・代替という関係が生じている諸言表を分析対象にする。もちろんそれは、言表A〜Dと「ボランティア」とが、「実態」や「実体／本質」において、等価である／ないという判断を下すことではない。それは本書の問いの外部にある。

しかしこれで話が済むわけではない。次に、「ボランティア」と競合関係に入る諸言表をどこまで追跡すればいいのか、という問いが生じる。例えば、図序-1では、例として「言表B→言表C→ボランティア」という変遷図が書かれている。この場合、遡及するのは言表Cまでか言表Bまでか、言表Bに先行する言表は検討しなくていいのかというように、無限遡及の問題に巻き込まれる。この問題は、方法論的に処理できるという類のものではなく、「遡及」という作業を通して何を明らかにしたいかという問いとの相関で、外在的に決めざるをえない。本書では、「ボランティア」的なものの固有の意味論形式を抽出をする必要があるため、「ボランティア」の語が日本社会に導入されたときの初期設定値から理解する必要がある。そのためには、「ボランティア」の言表が言説空間内で特定の位置を占め始めたときの位置価を、それに先行する諸言表との関係の中で同定していく必要があるだろう。分析結果を先取りして言うと、その有力な先行語の一つとして「奉仕」を挙げることができる。つまり、最低限の作業として、「奉仕」の語との関係において、「ボランティア」の意味論の分出過程を探らなくてはならない。これは同時に、「奉仕」という語の意味論とその変動を、できるだけ十全に抑える必要があるということである。よって、われわれの作業は、「奉仕」の語が出立した瞬間――つまり、「奉仕」に先行する語と差異を孕んだ形で誕生した瞬間――から始めなくてはならない。「奉仕」に先行する語――これも先取りすると「慈善」という語なのだが――が流通する言説空間の中で、どういう種別性をもって「奉仕」という語が登場したのだろうか。

本書の分析は、「奉仕」が分出する前夜の明治後期からスタートする。

補論一　「市民社会」に分有される〈贈与〉

「市民社会」概念の中核に〈贈与〉という要素が織り込まれているという仮定は、果たして妥当なのか。この疑問は十分根拠のあるものである。なぜなら、参加型市民社会概念は、何より政治的カテゴリーとして構想されてきたはずだから。「他者のため」という契機は（あってもよいが）なくても成立する――必要条件ではない――はずではないか。しかし結論から言うと、多くの市民社会論は、〈贈与〉を――しかもしばしば実体論的に――議論の中核に導入してきた。

まず、それを議論に積極的に導入していくのが、ある種のコミュニタリアニズムのように、信頼や他者への配慮を、当該社会に内在する美徳として捉える立場である（例えばEtzioni 1996＝2001）。また、新トクヴィル派的ソーシャル・キャピタル論の一部に見られる、他者への「信頼」を市民社会のベースとして規定しようとする議論は、その思想潮流の「社会学」的な普及版・廉価版として位置づけることもできるだろう[20]。

その一方で、市民社会を「政治的公共圏」として構築しようという立場は、「公共性／圏」という概念が導くように一般理論への志向を――それがカント的なものであれ、マルクス的なものであれ――有しているため、〈贈与〉の意図の主体的な契機をできるだけ取り除いた形でモデル化することがめざされる。しかし実際には、まず事実確認的《コンスタティブ》なレベルにおいて、どこかで（多くの場合議論の中核にあたるところで）〈贈与〉的なるものが説明変数として密輸入され、それが行為遂行的《パフォーマティブ》なレベルにおいて、オプティミスティックでロマン主義的な印象を作り出してしまう。

例えば、市民社会論の理論的主導者の一人である斉藤日出治は、「市民社会のネットワーク」の源泉を、「他者との共生感覚」に求める（斉藤 1998：217）。彼は、マルクス主義的市民社会論者として、資本がグローバル化し国家の統御能力が低下していくこと、そして、それが「国民」というアイデンティティの揺らぎや、主体の脱中心化やグローバルな人々のコミュニケーションの増大をもたらすことを、レギュラシオン理論に準拠しながら説明するのだが、それがなぜ――例えば、やはり上記の構造変容の帰結として説明可能な「新しい排外主義」や「新しいナショナリズム」などではなく[21]――「市民社会のネットワーク」を生み出すのかについて、十分に理論内在的な説明をしていない。むしろ、「連帯と責任の感覚」「他者との共生感覚」「地球的な規模での市民権感覚」といった、理論外在的な主体的契機が急に外挿される。この「感覚」の語のもとに導入されているのは、功利モデルには回収されない残余＝〈贈与〉と呼びうる契機である。村上俊介（2004）の指摘によると、この経済外的なものの外挿という特徴は、現在の市民社会論、および、中野敏男（1999→2001）などの批判者に共通に見られるものである[22]。この他にも、例えば、アソシエーション論を主導してきた佐藤慶幸は、市民社会を基礎づけるアソシエーションの原理として「ボランタリズム」を挙げ、「ここで言うボランタリズムは、自己中心的な独我論的な自由意思論を意味するのではなく、『他者への自由』あるいは『他者への配慮』をふまえての他者肯定的な自由意思決定論を意味する」（佐藤 2002：156）と述べる。

このように〈贈与〉を外挿する市民社会論は挙げれば切りがないが、ここでは最も影響力が大きく、かつ理論の構成水準でも最も緻密な一人であるハーバーマスの「市民社会」をめぐる議論だけを検討しておきたい。ハーバーマスの市民社会をめぐる議論は、よく知られているように大きな転換を経ている。それは一九九〇年に再版された『公共性の構造転換〔第二版〕』に新しく書かれた序文に顕著に表れているように、「ブルジョワ社会（bürgerliche Gesellschaft）」から「市民社会（Zivilegesellschaft）」への転換と一言で言うことができる（Habermas 1990＝1994）。つまり、語用論的転回によってコミュニケーション行為の理論を彫琢したあと、「市民社会」はZivilegesellschaftとして、国家や経済から自律し、アソシエーションを基盤とする、討議／コミュニケーションによって制御される公共的な場と再規定される。『事実性と妥当性』では、功利主義的な政治理論を棄却し、規範論的な政治理論を擁護している。その中で、生活世界に根ざしたクレイムや声を法へと媒介する審級として、「市民社会」を「自由意思にもとづく、非国家的・非経済的な共同決定および連帯的結合」と捉える。そして、その中核にある「自生的に成立した団体・組織・運動は、社会的問題状況について私的生活領域の中に存在する共感を取り上げ、集約し、増幅して政治的公共圏へと流し込むのである」（Habermas 1992＝2003：97）。

ここで重要なことは、それが「非国家的・非経済的」であるという点、つまり「権力」や「貨幣」といった国家や経済を主導するメディアに規定されない自律性をもつという点である。この政治的含意は大きい。つまり、経済力や政治的権威の多寡が決定権の多寡へと変換されず、「マイノリティ」「弱者」であっても正当に・平等に討議のアリーナで声が聴き取られることを意味する。ここで「共感」という語が出てきたが、それを保証する理論的装置こそが、コミュニケーション行為の理論である[23]。

それは普遍的語用論として提起されており、善意や意図を召還する「主体哲学」や『主体』を原理とした近代の理論」とは異質な議論であるとされる（豊泉 2000）。しかしその反面、戦略的行為とコミュニケーション行為との差異を普遍的語用論に内在する形で設定できず、意図という変数を外挿せざるをえないという問題を孕んでいる（西阪 1987 など）。

> 誠実な話し手は、自分の発話行為が真面目であるという暗黙裏に含意された条件でもって自らが引きうけた帰結に対して責任をもつ、という義務を負う。相互信頼はこの義務に基づいている。相互信頼なくしてはパートナーは自分の相手の発話行為を承認しない。そしてこの承認なくしては発話行為もまた完全には実行され得ないのである。すべての発話行為に暗黙裏に付随しているこの義務づけは、メタ・レヴェルに属する。
>
> (Habermas & Luhmann 1971＝1987：158–159)

ここで言われている「信頼」とは、相手の誠実性――つまり「話し手が自分自身をも、そしてまた他人をも欺いていな」いこと――に向けられるものである。この誠実性の相互信頼は、われわれが発話行為を行うときに、常に‐すでに行っているものとして「先取り」して導入された概念で、通常の意味での規範的な道徳論とは異なる。「われわれが発話行為（と通常の行為）を遂行するときには、あたかも理想的発話状況（あるいは純粋コミュニケーション行為のモデル）が単に虚構のものではなく現実的なものであるかのように反事実的に振舞っている」(Habermas & Luhmann 1971＝1987：168)。しかし同時に、なぜ自らの利得を増大させる（かもしれない）戦略的行為を行わずコミュニケーション行為にいそしむのかという選択の根拠も、両者の理論的な区別も、そこから十分に導かれるわけではない。その区別をめぐっては、最終的には「信頼」という主体／行為者の意図・選好をどこかで外挿的に前提とせざるをえない[24]。この「跳躍」の足場をさらに切り崩すのは、コミュニケーション行為の理論の根拠であった発語内行為／発語媒介行為の区別に対して、かなり深刻な批判が突きつけられており、少なくともアプリオリに使用できるものではなくなっているという事実である。[25] つまり、言語行為論的な基礎づけを失った時点で、「主体の決断＝意図」がもつ位置価は、決定的に大きくならざるをえない。よって、ハーバーマス的な「市民社会」概念から、他者への信頼を〈贈与〉し合うという理論的仮定を抹消することはできない。

一方で、ハーバーマスの議論の「普遍主義」的前提などを批判する、より「ラディカル」な運動論やラディカル・デモクラシー論も――これらの議論における運動／政治の担い手は被抑圧者その人であり、他の立場との連帯を考えたとき、〈贈与〉はモデル上必要としないはずであるにもかかわらず――一般理論として定立しようとするとき、やはり何らかの形でこの契機を含み込まざるをえない。[26] これは「市民社会」論にとって消せない外部のようなもので、躓きの石というより、どう処理をするか試すための試金石として捉えるべきものであろう。

補論二　〈贈与〉と権力――〈犬〉の政治学

〈贈与のパラドックス〉という観察視座は、豊潤な社会理論を生み出すことにもつながった。反対贈与を、ミクロな相互行為のみで完結するものでなく、マクロな社会を経由して生じるとするとき、贈与の真の／隠された意味として、社会を構成する権力の秘密が「発見」されることになる。〈贈与〉は、相手に負債を発生させ、その対価を奪っていくが、そこには権力作用が伴っており、既存の社会関係や秩序の安定化に資していると――。市民社会（の〈贈与〉性）に対する批判は、このような〈贈与のパラドックス〉批判の伝統の中でも、理解することができる。その系譜について、人類学・社会学における贈与交換の理論、ニーチェ／フーコー／マルクス主義の順に、簡単に見ていきたい。

(1) 人類学/社会学

贈与概念を初めて体系的な社会分析のために用いた研究は、マルセル・モースの『贈与論』(Mauss 1968=1973)である。その主要な問いは、贈物の中に潜むいかなる力が、貰い手に返礼させるのかというものである。これに対するモースの答は神秘性を帯びている。つまり、マオリ族が用いる「ハウ」という観念それ自体に原因を求めた。「ハウ」とは、「物の霊、とくに森の霊や森の獲物の霊」とされ、返礼されずにいると――もち主を殺してでも――元の場所に戻りたがる「贈与の霊」である。贈与者は、贈物をハウと共に送ることで、貰い手に対して神秘的で危険な力を行使していることになる。この観念を媒介として、富、貢納、贈与の義務的循環と、それを通じた社会的結合関係の維持機能を説明するというのが、かの古典的名著の主旨であった。

その後の贈与概念の探究は、様々な重要な例外を除いて[27]、モースの議論から神秘主義的な要素を排して、社会内在的な力を剔出していくという方向をたどった。人類学者のレイモンド・ファースは、モースの議論を批判した上で、世俗/社会内在的な――つまり「社会学」的な――権力論的解釈を行っている。彼によると、返礼を遂行させる力は、ハウに求められるべきでなく、経済関係の存続や威信と権力の維持のためといった社会的制裁の観点から理解すべきである(Firth 1959: 421)。またファースとは異なる形ではあるが、レヴィ=ストロースも、モースがマオリ族の語りをそのまま説明に用いた点について、「かれらの解釈に追随するのは道理に適ったことではない」(Lévi-Strauss 1968=1973: 31)と批判し、互酬的交換によって連帯を維持する無意識的/客観的構造に説明を求める[28]。

モースからファースへと転回していった方向は、同時期の社会学に見られる社会的交換理論と基本的なアイデアのレベルで重なり合う[29]。社会学者のピーター・ブラウ(Blau 1964=1974)は、贈与を、相手に負債を与えるコミュニケーションとして捉え、そこから権力の発生、さらには構造の生成を説明する一般社会理論を作り出そうと試みた。ここでは詳述を避けるがブラウによると、贈与を受けた場合、首尾よく返済できればよいが、できない場合は服従をもって応えるしかない。ここに二者関係から権力が発生するプロセスがある[30]。ブラウは、この基本的な構図からマクロな社会秩序を説明しようと試みる。彼の理論には多くの問題があることが指摘されたが[31]、この基本的な議論の構図――グールドナーによって「互酬性の規範」と名づけられるそれ――は、社会学一般において広く共有されている。

（2）ニーチェ／フーコー／マルクス

人類学は、近代西欧にとっての他者を現出させるという歴史上の意義を有していたが、それは他者を通じて自己を知りたいという欲望に突き動かされたものでもあったと指摘されている。モースらの議論を流用し二〇世紀のアメリカ社会に適用した上記の社会学的交換理論は、その欲望に忠実に従った一つの形と見ることもできるだろう。しかし、社会学的交換理論とは全く異なる形で、近代西洋社会における社会的交換がもつ意味を徹底的に掘り下げた知が存在する。人類学者が他者に投射した「贈与-交換」の構造が、自分たち近代西洋市民社会に生きる人々の生の根底こそを規定しているということを苛烈なまでに解明し、その意味でモース以上の（そしてもちろん上記の「社会学」以上の）「人類学」的作業を成し遂げたのは、ドゥルーズとガダリによると、ニーチェであった[32]。

ニーチェにとって贈与とは、あるいは贈与の「善さ」を説く道徳とは、復讐心／ルサンチマンを秘め、相手に負い目＝負債を負わせることでその肯定や生成（Werden）を抑圧する「残忍」なものである。「自己を滅却した者、自己を否認する者、自己を犠牲にする者の感じる悦びはそもそもいかなる性質のものであるかということがわかるようになる。すなわち、この悦びは残忍の一種なのだ」（Nietzsche 1887＝1964：103-104）。だからこそ「これよりほかに手はないのだが、隣人のための献身・犠牲の感情、自己疎外の道徳の全体は容赦もなく尋問され、法廷に引き出されなければならない」（Nietzsche 1885-1886＝1970：67）のである[33]。

言うまでもなく、ニーチェが与えた思想的影響は甚大である。「『シニカル』であったがゆえに、ニーチェは、マルクスと並んで世紀中、最も大きな影響力を持つ思想家になった」(Sloterdijk 1983＝1996：3)。「ニーチェの仮面をかぶった」と呼ばれるミシェル・フーコーはその子どもの一人であろう。〈贈与〉を経由する形で作動する近代的な権力のメカニズムを、彼ほど明快なヴィジョンをもって解明したものはいない。周知のようにフーコーの中期以降の権力論においては、「人権」や「人間主義」など近代的理念に胚胎した権力を解明することが課題となる。その代表的な作品である『監獄の誕生』では、ヒューマニズムを掲げながら人間の主体／内面を構成・掘削し、それを統御するために身体に働きかけつつ自らを監視する内なるまなざしを育てる——つまり主体＝臣下(sujet)へと仕立て上げていく——「規律訓練権力」の分析に焦点があてられている。

「善意」という表象を帯びたヒューマニズムが、別様の可能性・潜勢力を奪い規格化する「権力」であるということ——これを歴史的・具体的に暴いていく系譜学においては、その思想の意味内容だけではなく、それを実効化していく微細な技術・実践の配列の分析を行う「微視的《ミクロ》物理学」(Foucault 1975＝1977：144)の探求こそが重要な賭金であった。その具体的な作動のレベルにおいては、「慈善協会」や「慈善担当の係」など、様々な形の善意の〈贈与〉が見られる。

> 巡視ごとに、何らかの親切な言葉がそのりっぱな人間(監視人など)の口から出て、被拘禁者の心に希望と慰めをもたらし感謝の念で受け入れられる。被拘禁者は自分の看守を好きである。看守がやさしく思いやりがあるから、好きなのである。獄舎の壁は恐ろしいが人間は善良である。(『独房中心の監獄の計画』(一八四三)からの引用)
>
> (Foucault 1975＝1977：238)

善意溢れる暖かい贈与的実践や言葉——通常、権力と反対にあると想定されるそのただ中に、近代の権力が実効化するメカニズムは含まれている。そのフレームはフーコーの著作にとどまらず、その影響下になされた膨大な研究群にとっての共有財産と言ってよい(Donzelot 1977＝1991；Margolin 1997＝2003など)。

ところで、近年は、この規律訓練権力は、実は主体＝臣下化や規範の内面化に常に成功していたわけではなく、むしろ「非行性」というカテゴリーを作り出すことこそがこの権力の本質だった、という見方が注目されている（酒井 2001；渋谷 2003；広田 2003 など）[34]。つまり、権力は、「非行性」というカテゴリーによって、法を侵犯する存在を、「政治的には危険がなく経済的には影響がない、限られた犯罪行為」を行うにすぎない犯罪者＝非行者へと「矮小化」するのである（Foucault 1975＝1977：276）[35]。これらの「非行者」たちは、道徳の過少によって社会の平均から大きく偏差した存在である一方で、社会自体の転覆をめざす政治領域＝外部に出ることもない。正規分布としてイメージされる社会の中で、平均から負の方向に大きく離れた区間内にささやかにプロットされる存在である。その周辺＝境界上において、「非行者」は、「懲罰の心配や報賞の誘惑」によって権力と混ざり合い、社会にとって両価的なものとなる。彼／女らは犯罪と踵を接しながら、警察の《隠密役《いぬ》》としても機能するのだ（Foucault 1975＝1977：278）。ここで〈犬〉という言葉が使われたのは、偶然ではないだろう。〈犬〉とはしばしば、権力と非権力の境界線上にいると表象されるものに対して与えられるからだ。

権力とその外部の境界＝〈犬〉の棲む場所——それはまさに〈贈与〉的なるものが定位される場所でもある。貧困者の中に入り込んでいく様々な慈善団体・博愛団体は、外部と内部の境界上におり、内部へと回収していく規律訓練装置の一アクターとして、まさに「権力の犬」「資本家の走狗」などと呼ばれてきた。その批判の代表的なものは言うまでもなくマルクス主義であり、マルクスとエンゲルスによる「非科学的な社会主義」に対する批判[36]以来、〈贈与〉的なるものに対する最も鋭い批判者の一つとなってきた。「マルクス主義の批判者たちはこの博愛主義を激しく叩いてきた。彼らが人道的なのは、単に社会的な非人間性を個人的な仮面で隠しているからだ。……アジテーターから見れば、この連中のほうが極悪非道の搾取者よりも多くの点でたちが悪い」（Sloterdijk 1983＝1996：51）。「犬」という形象が導くように、「善意の贈与者たち」と「非行者」は、ある意味で鏡像的な位相にあるように考えられる。〈贈与〉者たちは、非行者と対照的に、道徳の過剰によって、絶えず変わり者扱《逸脱視》いされてきた。一方で、革命（社会の彼岸）へと突き抜けることもなく、外部と内部の境界上にささやかに棲む。彼／女らも社会＝正規分布において平均から遠く離れた場所にいる。ただし非行者と対照的に、負ではなく正の周辺領域にであるが[37]。彼／女らはそこで模範的な〈犬〉として馴化され、社会の外部に対して、善意の〈贈与〉を行い、対価として「近代性」の刻印を刻みその外部性を奪っていく近代権力の代理人《エージェント》として観察される。

（3）「私はもう彼等をいい気持ちにさせてあげない」

マルクス主義の、そしてニーチェ・フーコー的な問題設定が強かった戦後日本の言説空間は、本論で見るように、「ボランティア的なもの」へのシニカル（犬儒派的）な批判を培養するこの上のない土壌でもあった。研究者や評論家の空疎な批判だけではない。一九七〇年代以降、「ボランティア」は障害者から、抑圧者として尖鋭な批判を突きつけられることになった（第7・8章参照）。この中で〈犬〉の記号も反復される。次の詩は、障害者運動――親や周囲の「善意」によって障害者の可能性が縮減されていく事態に対する根底的な異議申し立て――の系譜に位置づくものである。「ボランティアの犬達は」と何度もくり返されるこの詩は、それが〈贈与〉の対価として何を奪うかを、雄弁に告発している。

ボランティア拒否宣言　　花田えくぼ

それを言ったらオシマイという前に
一体私に何が始まってると言うの
何時だってオシマイの向こう側にしかハジマリはない
その向う側に私は車椅子を漕ぎ出すのだ

ボランティアこそ私の敵
私はボランティアの犬達を拒否する

ボランティアの犬達は　私を優しく自滅させる
ボランティアの犬達は　私を巧みに甘えさせる
ボランティアの犬達は　アテにならぬものを頼らせる
ボランティアの犬達は　残されたわずかな筋力を弱らせる
ボランティアの犬達は　私をアクセサリーにして町を歩く
ボランティアの犬達は　車いすの蔭ででき上がっている
ボランティアの犬達は　私をお優しい青年達の結婚式を飾る哀れな道具にする
ボランティアの犬達は　私を夏休みの宿題にする

（中略）

私はその犬達に尻尾を振った
私は彼等の巧みな優しさに飼いならされ
汚い手で顎をさすられた
私はもう彼等をいい気持ちにさせてあげない
今度その手が伸びてきたら
私はきっとその手に噛みついてやる
ごめんね　私の心のかわいそうな狼

少しの間　私はお前を忘れていた
今　私はお前を取り戻す
誇り高い狼の顔で
オシマイの向こう側に
車椅子を漕ぎ出すのだ

（おおさか・行動する障害者応援センター発行『すたこらさん』一九八六年十月号）

無償の、愛情に満ちた〈贈与〉行為こそが、「障害者」を障害者役割にとどめ、その可能性を根こそぎ奪っていく――言うまでもなくこれは、障害者運動が提起した最も重要な論点の一つであった（安積他 1990；横塚 2007）。同時にボランティア言説の歴史も、決してナイーブなものではなく、絶えずこのような否定的なまなざしとの緊張のもとにあった。その中で、ボランティア言説は展開し鍛えられ、それなりに首肯性をもつ答えも生み出されてきた。本書で検討する「ネオリベラリズムへの動員問題」は、〈贈与のパラドックス〉批判の長い歴史の果てに生み出されたものでもある。

「ネオリベラリズムへの動員問題」は、それまでの〈贈与のパラドックス〉批判の凡庸な反復なのだろうか。それとも新たな論点を有しているのだろうか。またボランティア言説が積み重ねてきた解決策は、その問題に対しても有効なのだろうか。それとも、既存の解決策が機能不全に陥った時にこそ、共振は生じるのだろうか。ボランティアをめぐる〈贈与のパラドックス〉を追尾する先に見出していきたいのはこれらの問いである。

第Ⅰ部

第1章　「ボランティア」のささやかな誕生
——戦前期日本における〈贈与のパラドックス〉解決の諸形式

一　純粋贈与への試行——「慈善」の意味論

（1）〈贈与〉の制度的環境

巧みに同情と義侠心に訴えながら慈善事業への寄附を呼びかける言葉——〈贈与〉をめぐる言語ゲームにとって不可欠なこの種の言葉が新聞上に本格的に表れ始めたのは明治三〇年代だった（奥 2000）。私たちの言説追尾の旅もここから始めたいと思うが、それに先だって〈贈与〉をめぐる制度的環境について、はじめに確認しておきたい。〈贈与〉を訴える言葉の主要な生産者は、民間の慈善事業家・社会事業家と呼ばれる人々だったが、彼／女らの置かれた制度的環境こそが、饒舌な語りを誘発していたと考えられる。ここでは、政府と非政府の組織の関係について、その法的な位置づけと社会保障システム上の機能という二点から検討していく。

まず法的な位置としては、一八九六（明治二九）年制定の民法によって、公益法人が制度化されている。だがここで重要なのは、営利目的でない団体は、「公益」性があると認められない限り法人としての設立ができず、「公益」性の認定は国の一元的で強い管理・統制のもとで行われていたことである[1]（田中 1980；初谷 2001）。逆に言えば、国から「公益」と定義されない活動・組織は、法・制度の空隙地帯に放逐されることになる。明治三〇年代頃

表 1-1　社会事業施設法人格（1910〔明治 43〕年）

	社団法人	財団法人	法人格なし	公立	その他	合計
1．育児及び保育事業	10	33	92	1		136
2．養老事業		3	9			12
3．救療事業	10	7	30	3	1	51
4．窮民救済事業		21	7			28
5．授産及び職業紹介事業	2	4	19			25
6．宿舎救護事業			4			4
7．婦人救済事業			2			2
8．軍人家族遺族救護事業	2		1			3
9．特殊教育事業	5	6	60			71
10．感化事業			24		29	53
11．以上に属しないもの	4	3	22			29
合計	33	77	270	4	29	413

出所）内務省地方局　明治四三年九月調『感化事業一覧』（1911〔明治 44〕年刊）より作成。

から、児童保護施設や生活保護施設を中心に、多くの民間の社会事業施設が設立されていくが[2]（田代 1981）、それらの施設の多くは公益法人格のない任意団体だった（表1-1）。**社会に対する国の強い統制**――これが戦前の国家／社会関係を性格づける一つ目の特徴である。

第二に、にもかかわらず、国は社会保障の領域ではほとんどプレゼンスがなく、その役割は社会の自発性に依存していた。例えば一八七四年から一九三一年の間、社会政策を規定していた恤救規則は、社会福祉の政府責任を極限まで限定していた。つまり福祉ニーズに対しては、原則として「人民相互ノ情誼《じょうぎ》」「隣保協救スルノ情宜《じょうぎ》」で対処し、「無告の窮民」に対しては例外的に国が任意の「慈恵的救済」を図るとするものである。つまり国が社会保障の機能を果たさない代わり、人間同士の人情・誠意（情宜）やそれをもとにした相互扶助や「慈善」など、自発的な〈贈与〉の体系によって代替することが期待されている。**社会権保障における国家責任の不在と社会による代替**――これが戦前の国家／社会関係を性格づける二つ目の特徴である。

社会保障機能を担うことを期待された民間の慈善事業の多くは、前述のように法制度的な根拠をもたないまま、組織運営のための必要な資金を寄付等によって外部から調達しなくてはならなかった。この構造が、自らの活動の意義についての饒舌な語りを誘発していく。明治三〇年代は、民間慈善事業の拡大と共に、その言説量が拡大する時期であった。同時にその時期は、脆弱な社会保障制度を少しずつ補完する法・制度が、徐々に作られていく時期でもあり[3]、それに伴い、民間の社会事業を整序しようとする動きも顕著になっていた。一九〇〇（明治三三）年には「貧民研究会」が結成され[4]、このメンバーを中心に「日本慈善協会」が設立されていく。これは専門誌の発行[5]、全国大会の開催、従事者養成のための「感化救済事業講習会」（一九二〇年以降、社会事業講習会と改称）を開催するなど、様々な活動を行った。これらは、慈善をめぐる語りを促進・流通・整序する場の成立を意味している。

(2) 言説化される慈善――『人道』誌について

慈善をめぐる語りは、称賛や美談を伴う。だが同時に、それに対するアイロニーを呼び寄せる。例えば北村透谷は、当時注目を浴びていた海防献金、ノルマント（ノルマントン号事件）の義捐、富豪岩崎氏による貧民への施与、貴婦人慈善会などを「時様的義捐（ファッショナブル・サブストラクション）」と呼び、「盛宴を張り珍味を並らべ而して貧民を招いて傍観せしむ」ようなものだと批判した（北村 1894→1976：166）。つまり、馳走を食べられない貧民に、見せてあげようとする類の善意ではないかと――。われわれは前章で、〈贈与〉が、純粋贈与と交換の間に位置する、本来的に不安定な行為であることを確認した。北村も「貴婦人慈善会」の慈善＝贈与が、階級的な自己満足の充足＝報酬を目的とする偽のものだと告発する。もちろん北村の言明は検証なく行われ、真偽を判定する手がかりはない。にもかかわらず、あるいはだからこそ、検証が必要とされないまま――つまり、本人の意図がどうであれ――隠れて得ているはずの「報酬」こそが真の目的であると「暴露」されてしまうような、あるいはそのような疑念を招き寄せてしまうような、〈贈与のパラドックス〉の言語ゲームが成立するのである。このゲームの中で、どのようにして自己を「真の慈善」として指し示す実践が行われていったのだろうか。以下では、明治三〇年代以降の代表的な民間社会事業の言説の担い手として、留岡幸助の生み出した『人道』というメディアを主な分析対象としながら、概観していきたい。

留岡幸助は、「わが国における社会福祉沿革史上の巨大な峰」とされ、戦前期の民間社会事業を考える上で、避けて通ることのできない人物である。一八六四年に岡山県高梁に商家の子どもとして生まれた彼は、プロテスタントの洗礼を受け、同志社神学校で新島襄の薫陶を受けることになる。卒業後は、伝道活動を経て、北海道空知集知監教誨師となって監獄改革に関わり、同時に青少年の犯罪防止のための感化院設立運動に深くコミットしていく。そして、アメリカ留学の後、雲南坂教会牧師、巣鴨監獄教誨師を経て、感化事業施設の「家庭学校」を設立し、ライフワークとして事業を運営していく。また彼は内務省嘱託にもなるなど、いわゆる「開明官僚」との関係の中で、大正期における社会政策や「地方改良」政策に影響を与えており、「上からの政策浸透に対して下からの抵抗を極小化《ミニマイズ》するという『体制的中間層』としての役割を果たした」（田中 2000：58）存在としても捉えられている。彼の思想は、「神聖にして世俗、単純明快にして複雑」と言われるが、それを捉える上で、一八九八（明治三一）年の『慈善問題』は、最もよく体系的に議論されている。また、家庭学校の機関誌として出され一九〇五（明治三八）年から一九四四（昭和一九）年まで続いた『人道』を編集し、主筆として社会事業への啓蒙を行った。この雑誌には大正時代の内務官僚をはじめ、石井十次、山室軍平など、同時代の社会事業家たちも寄稿し、一つの慈善事業・社会事業をめぐる言説の集積地という性格も有している。

さて、『人道』は慈善事業の推進のためのメディアであるが、この中にも、北村と同様に、実際の慈善＝〈贈与〉は本当は反〈贈与〉なのではないか、という疑念をくり返し見出すことができる。この〈贈与のパラドックス〉に抗するためにどのような論理が活用され、それらはどう変化していったのか、追跡していきたい。

（3）利他の徹底

パラドックスを脱するために最もよく見られた方法は、利他（利己の否定）を徹底することで、あくまで〈純粋贈与〉に向けて投企するというものだった。ここで重要なのは〈利他／利己〉のコードである。

留岡幸助は『慈善問題』の中で、「慈善家の素質」として重要なこととして、六点挙げているが、その第一は、「彼は無慾の人たらざるべからず」である。そして、この要件を満たしていないものは偽の慈善であるとされ、山師的慈善家、伴食的慈善家、名誉的慈善家、愛国的慈善家という四つのタイプがあるが、これらは慈善の報酬の方が目的なので真の慈善には至らない。これに対して、最も望ましい慈善家を、留岡は意外にも「道楽的慈善家」と呼ぶ。彼／女は、名誉など外在的な報酬目当てで行うのではなく、あたかも道楽のように――「女郎を買うたり、賭博を打ッたりするが如く」（留岡 1898→1995：36）――やりたいからやるというトートロジカルな動機によって慈善を行う。

ここで「道楽」という語は、外的なインセンティブが介在せず、自己準拠的であることを指し示すために導入されている。この語りのパターンは、その後も、〈贈与のパラドックス〉からの脱出をめざす営みの中で、しばしば出現することになる。[6]

とはいえ、この自己準拠的動機は、外在的な報酬が目的ではないという否定的な記号でしかなく、積極的な内容をもたない。そこを埋める意味は、「道楽」のニュアンスから離れて、強い強度を帯びていく。例えば留岡は、慈善家は物を与えるのに先立って「自己の心情《ハート》」を与えなくてはならず、そのために「被救護者と同感同情となること」を要請している（留岡 1898→1995：15）。この「心の贈与」は、多くの論者が「偽の慈善」に対する「真の慈善」の例として提起している。例えば、先ほどの北村が、偽の慈善＝「貴婦人慈善会」に対して、真の慈善とするのも「赤心の涙」や「同情」[7]といった心の贈与であった（北村 1894→1976：166）。

これらに見られる「心の贈与」は、利己的な動機＝精神的報酬の徹底的な否定を意味するもので、〈純粋贈与〉

に向けた試行であると言えるだろう。しかし、やはり、次のような疑惑を簡単に召還してしまう。なぜ、見ず知らずの「貧者」に対して「同情」し「赤心の涙」を流すような高い強度の感情を発することができるのか。なぜ、それを道楽のように嬉々として行うことができるのか――ここに見られる意味の空隙は、実は贈与に隠された報酬がありそれこそが真の動機なのではないかという疑惑を、再び呼び込まずにはおかない。よって、当事者が実際にどのような意味に基づいていようとも、他から「報酬」目的と観察される可能性は排除されない。

つまり、「報酬」への疑惑は消しきられることはなく、〈贈与〉の意味的な過剰さとバランスを取ろうとするかのように、その「赤心」のもとに、隠された欲望がまさぐられていく。〈純粋贈与〉を志向するほど、動機の不純物が「発見」され、パラドックスに満ちた〈贈与〉へと引き戻される。このパラドックスを脱するために、再び強い利他性が要請される。このパラドックス化と脱パラドックス化の果てることのない循環は、援助者に強度の緊張を強いていくことになる[8]。この頃は、善をなすときは「左手のなしたことを右手に知らしめない」ように行うべきとか、「惻隠の情」を起こすべき、ということが頻繁に語られるが、そのように匿名的かつ行為の痕跡を残さないという方法ぐらいしか、この緊張に満ちたサイクルを打ち消し、〈純粋贈与〉に近接した表象を達成することは困難だろう[9]。

とはいえ、匿名性と痕跡の抹消を要件とするこの方法は、特に、顕名性が前提となる「事業」を行う上では困難である。そこで、〈純粋贈与〉への試行に不可欠な要素（動機の語彙や方法論）を、既存の規準（プログラム）に従って調達することが現実的な選択肢となる。ここで重要なのが宗教である。

（4）方法論としての宗教

宗教を用いて〈贈与のパラドックス〉の解決をめざす方法は、〈純粋贈与〉を間接的・近似的に達成しようとするものと考えることができる。

戦前の社会事業家と宗教との結びつきは強い。原胤昭が、内務省嘱託として明治四四年に全国の慈善事業を視察し、中央慈善協会の幹部用にまとめた『全国慈善事業視察報告書』によると、その施設の多くが、日々の実践や利用者への対応を規制するものとして何らかの思想的枠組を有していることが分かる（原胤昭 1911 → 1994）。[10]例えば、同報告書の一巻に挙げられた調査対象の八二施設のうち、仏教に依拠するもの二三、キリスト教一九、倫理二四、仏教・キリスト教混合二、なし七、記述なし（実態自体が不明の二を含む）七という結果になっており、記述がないものを除くと、仏教とキリスト教だけで六割近く、倫理を含めると九割が思想的枠組を保持している。また、現在まで名を残す著名な社会事業家は、ほぼ例外なく、宗教という思想的準拠枠を有している。[11]留岡幸助も前述のようにプロテスタントの枠組に依拠している。彼は、慈善事業を活性化させる二大要素の一つとして「精神」を挙げ、それを得るためには「宗教に拠るより他はない」と述べる。[12]宗教の精神なくて慈善事業を遂行しようというのは、「蒸気力なくして太洋を横断せんとする船長の如」きものである。ただ、特定の宗教を指定しているわけではない。キリスト教、仏教、儒教、神道など「どれでも自ら是なりと信ずる所のものを採用して差支はない」というように、宗教自体の効用をプラグマティックに強調している。[13]

宗教の機能として、本書の文脈で重要なのは、それが〈贈与〉に了解可能な意味を与えることを通じて、〈贈与のパラドックス〉を回避することに寄与する点である。例えば、留岡幸助の場合は、慈善をキリストが人間に対して捧げた愛と類比的なものとして理解する。慈善は宗教的意味を帯び、その報酬も宗教的な形（天父を喜ばす）で与えられる。[14]

先ほど見てきたように、〈贈与〉に際して無私を強調しても、その動機の空隙は、隠れた報酬こそが真の狙いではないかという疑念を招かざるをえない。これに対して、宗教的動機による〈贈与〉という表象を帯びれば、とりあえず動機の空隙が充填されることで、〈贈与〉の意味論的な過剰さは処理される。その一方で、社会平面上の報酬を否定することで、被援助者に対して〈純粋贈与〉の与え手として現れることにも相対的に成功する。この成功は、〈贈与〉物が属する価値体系（社会）と、それによって彼／女が受け取るとされる報酬が属する価値体系（宗教）とが異なる、という差異によって可能になっている。慈善に宗教が必要なことがくり返し強調されたが、語用論的に見ても、報酬と動機の語彙を――社会の外部から――安定的に供給できる宗教は、〈贈与のパラドックス〉の解消に有効であった(15)。

（5）慈善と犯罪の不分明地帯――隠れ蓑としての宗教

とはいえ、上記の宗教による解決も、暫定的なものでしかなかった。なぜなら、社会に内在する価値体系から報酬を受けていないと第三者に証明する手だてが欠如していたからである。よって、宗教は建前であり、別の報酬を得るための「隠れ蓑」にしているのではないかという外部観察を否定しきれない。

実際に、明治の終わり頃には、宗教を掲げる民間社会事業家がその陰で不当な営利活動を行っていたということが問題化していた。前述の原胤昭がまとめた『全国慈善事業視察報告書』には、次のような事例が見られる。例えば、育児事業に分類される個人経営の大阪孤児院は、「卍字」を商標のごとく用いているが、仏教に準拠しているわけではない。経営者は、売薬行商者であり、「行商の激労に耐へる男児のみ選抜」し、現在は文房具を売らせている。原は「他日綜合して当路の参考に供し事業の矯正、児童の虐待を免れしむる道を求めんと思へり」と記録している。同様に、儒教を掲げて育児事業を行う財団法人愛育社は、大阪府・市から救護費を得ていたが、「児童の虐待なり」と評価されている。ここでは児童に状袋を作らせていたが、平均的な生産性として大阪監獄の囚人が一時間一七〇枚なのに対し、「然に愛育社児は大概一時間に二百五十枚、優技者は一時間に四百枚を仕上げると院主及ひ主任保母の説明する所なり。幼児の自然に友して斯かる強熟をなさしめたる経過習練の期間には如何に多くの惨事ありしか」。このような状況の中で、収容者の死亡率が高く、「創立より収容総員一三四五人に対する死亡二一四人逃亡二十七人即ち一割八分」という状況である。このように、特に収容者が労働力として活用できる孤児院事業や免囚保護事業などにおいては、宗教を隠れ蓑として悪質な事業が頻繁に行われていた。生江孝之は、昨今の慈善事業の問題の中で特に弊害が甚だしい行為として、「収容児童中稍年長けたる者を選んで之に行商を営ましむること」を挙げている[16]。

慈善（利他）行為のはずが、最も逸脱的な利己行為の温床となっているという語りの中で、再び世俗的な価値体系内部における報酬・返礼は何かという問いを発さざるをえない。再び、〈贈与のパラドックス〉の中に送り返されるのである[17]。ここから、動機の純粋性をさらに厳しく吟味するまなざしが発生する。しかもこの時期に生じた吟味のまなざしは、単に個人の動機レベルの贈与-交換の枠内にとどまりきらなかった。ここで、もう一つの中心である、社会的なレベルにおける贈与-交換の問題が浮上してくる。

二　社会を経由する贈与-交換

（1）有用／非有用コードの分出

〈贈与のパラドックス〉を解決する上で有効と思われた「宗教」の意味論の上記のような躓きは、〈贈与のパラドックス〉が、主観的意味に照準した行為論的問題設定のみならず、社会的帰結にも照準した機能主義的問題設定を不可避的に伴うことを意味している。換言すれば、心を賭金とした〈純粋贈与〉への志向が、絶望的な試行としてくり返され、〈利他的／利己的〉という区別が機能不全に陥っていく一方、そうではない形での「真の贈与」を指し示そうとする営みが作動していくのである。それは、〈贈与のパラドックス〉を、社会的に有用か有用でないかという区別に従って処理しようとするものだった。

それでは何が「有用」とされたのか。それを見る上で、「有用でない」とされるケースに着目したい。大きく分けて二つのレベルがある。第一に、実践の効果が、明らかに低劣で逆機能が大きいという場合である[18]。第二に、事業が失敗しているわけでもないのに、観察の水準を一段階上げたとき「有用でない」とされることがある。例えば、浮田和民は「慈善事業の真義に就いて[19]」の中で、「苟くも慈善にして却て社会の人に害悪を及ぼすの憂あるときは断じて慈善を施すべからざる事である」と述べ、「自己憐憫の情を満足せしむる」のでなく、「慈善の目的と結果」を考慮することを重要とする。この「目的と結果」とは、「唯だ憐憫の情を満足せしむるのではなく、世の弱き人を強くし、小なる人を大きくし、疾病者を健康者となし、不徳義者を徳義者となし、一言に云へば独立なき人間を独立の人間となす」ことであり、一方で、「慈善を受ける人に乞食根性をもたらしむとは最も慈善の目的に反すること」である。

ここに見られるのは、心理的な次元とは区別される社会的な次元において、〈贈与〉の成否が測られるという規準の浮上である。この〈有用／非有用〉というコードを識別する有力な外部規準として、次に見るように「感化救済」と「健全な経営」があった。浮田自身の答も、感化救済的であることを正しい慈善事業とするというものだった。

（2）感化救済

「感化救済事業」とは、一般に、日露戦争後の一九〇八（明治四一）年の感化法改正を契機に、各地に公立の感化院が設立されるなど、主に内務官僚を中心に、防貧という枠組で社会事業を推進していこうという流れを指す。具体的には、一九〇八年から始まった感化救済事業講習会が、地方の中間媒介的な指導者（有力者、官吏、篤志家、教育者、宗教家など）の発掘・育成を通じて、報徳思想に代表される思想枠組を援用しながら、『国民の感化』すなわち救済の教化性」を強く打ち出すようになる（土井 2001：231）。この一方で、救貧という枠組は否定され、「現実の国民生活改善に果たす具体的効果をさらに弱めていった」（土井 2001：236）とされる。

本書の関心から重要な点は、この「感化救済」というフレームの浮上が、慈善の社会的な有用性を問うまなざしの上昇と同期していたこと、前者が、後者に内実を与える規準となっていったということである。先ほどの浮田の議論のように「感化」という視点から、それ以前の慈善のスタイルを批判する論法は、この時期以降、多く語られるようになっていく。例えば、留岡も、一九一二（明治四五）年に、「慈善も大抵にして置かねばならぬといふのが吾人の昨今最も痛切に感ずる」と述べている。慈善の目的を徹底しようとすると、『ア可愛想だ、気の毒に』といふ惻隠の心計りでは、いかなくなつて来る」ためである。[20]つまり、単なる精神的な動機の純粋さ（惻隠の心）では救済できない。そしてこの理由として、留岡は「彼等は惰民であるが故に、救助を受けねばならぬやうな境界に陥つた」ということを挙げる。それではどうすればいいか。留岡の答は、被救護者に仕事（労作）を教え、「独立自営することが出来るやうに」するというものである。その観点からすると、我が国にイギリスのように救貧法がないことを「祝賀せざるを得ない」。一方で、恤救規則は「萬止むを得ないものに限って、救助する。人を容易に救助してはならないといふ考へから、起つたもので、詰り救助するの場合は、必要的若しくは制限的にやらねばならぬ」。これは冷酷と言われるかもしれないが、「左り乍ら独立の人間を惰弱にすることは、寧ろ甚だ冷酷ではないか」。

感化救済事業は、左派の論者から、主体化させる規律訓練権力の典型とされたり（芹沢 2001）、階級分化と貧困問題に対して精神主義で対応しようとした結果と評価されることがあるが、[21]〈贈与のパラドックス〉の回避に失敗し続けていた慈善の意味論の文脈では、パラドックス回避のための全く新たな規準として積極的に受容されていくことになる。

（3）経営的健全性と顕彰

もう一つの規準が、十分な財源をもち、十分な保障および事業の継続性を担保すること――つまり、事業経営の健全性である。

例えば、留岡は、慈善事業の三大要素として、宗教、教育の他、資金を挙げる。[22] 財政的基盤が不十分で、設備が整わない施設は利用者にとって不利益を与えることになる（「其以前よりも更に優りたる地獄の子となすに等しからずや」）。[23] よって、経営的な安定性が機能的であることの指標となっていく。このようなプログラムが生まれてきたのは、先述したように、民間社会事業が増大し、問題のある事業（山師や失敗者たち）が増えていく中で、「善悪互に相混同」する状況を可視化していく必要があったためである。[24]

経営的に健全であるか否かを可視化・識別するために、様々な制度的枠組が出てくる。その役割を期待された組織が、前述の「感化救済事業講習会」を主催する、政府と民間が一緒になった中央慈善協会である。これは、「善悪混同の慈善事業を整理せしめて、健全なる発達を遂げしめんが為め」という目的を標榜していた。同様に、内務省では、慈善事業奨励資金が議会に承認され、一九〇九（明治四二）年から優良団体に表彰を始め、報奨金を出すようになる。[25] これも留岡によって、感化救済事業講習会と並んで、「慈善事業の整善を図り、進歩開発を促す上で効果が大きい」と評価されている。[26]

つまり、表彰と報奨金による〈顕彰〉という方法は、「発達の見るべきものを表賞」する一方、成績のよくないものに対しては「成績を挙げるか退きて之を中止するかの二者其一」を迫ることになる。[27] それは、取締りとは別の形で「奨励」と「矯正」を実現し、不透明な領域を整序していくテクノロジーであった。[28]

この時期は、政府からのみならず、民間の病院や富裕層からの寄付も増えていく。[29] さらに、皇室からも下賜金という形で資金が慈善事業に投入され、施設に提供されることも多くなる。[30] これは、慈善事業全体に財政基盤を提供することを意味したが、同様に可視化・整序の効果も期待されていた。[31] ちなみに、留岡の家庭学校も一九〇五（明治三八）年に千円の下賜金を受け、「爾来　皇室の御人恵を体して、専心経営の任に当り、之が為に子弟教養上に多くの裨益を蒙りたることを思へば、無量の御聖徳に対し奉りて、只管感泣の外なき次第なり」[32] という感慨を述べている。

このように、経営の健全性が社会的に有用である代替指標として機能し、評価されて表彰や下賜の対象になるということが、社会的な正当性を高めていくという循環を作っていく。しかしこのことは、〈贈与のパラドックス〉に対する、個人の動機レベルの解決（惻隠の情）と、社会レベルの解決との間のズレを先鋭化していくことになった。次に、その過程を見ていく。

三　価値体系の間

(1)　越境しないこと

この時期の慈善事業家が抱えていた問題とは次の通りである。もはや心理レベルでの利他性が真の贈与の必要条件ではなくなっており、「社会的有用性」が決定的な要件となっていた。しかし、そのためには経営的に安定しなければならず、積極的に事業を行い、寄付・会費を獲得することが不可欠となる。しかし、事業や寄付集めに邁進するということは、返礼の拒否の徹底化によって〈純粋贈与〉化をめざす個人的な心理レベルにおけるベクトルと、鋭く抵触する可能性がある。特に、寄付を求める主要なターゲットは、交換の領野において資本蓄積を進める資本家層であったことが問題をこじれさせた。

この問題への対応をめぐって、二つの立場が並存する。一つは、あくまで〈純粋贈与〉化を目指し、「事業」という交換の領野への接続を否定する方向である。

その代表的な論者・実践者の一人に内村鑑三がいる。内村は、社会事業のために、様々な方略を駆使することで社会的に効果を上げようという方向を、宗教的本義を挫折させるものとして否定する。例えば、彼が社会事業に失敗したとき、彼の耳元で囁かれてきた「悪霊」の声として、次の言葉を紹介している。

汝無智のものよ、方便は事業成功の秘訣なるを知らざる乎、精神のみを以て事業を為し遂げ得べしと一づに思ひし稚な心の憐れさよ、某大事業家を見よ、彼は学校を起すに方て廣く世の賛成を仰ぎ、少々は良心に恥づる所あるとも数萬の後進を益する事と思へば意を曲げ膝を屈し以て莫大の資金を募り得しにあらずや。

（内村 1893 → 1976：19）

内村は、この言葉を厳然と退ける。「人世の目的は事業にあらざるなり、事業は正義に達するの途にして正義は事業の侍女（Handmaid）にあらざるなり」（二〇頁）。重要なのは、超越者に位置する「正義」であり、現実の事業ではない。正義を曲げて方略を用いて事業を成功させようとすることは、本末転倒であり、「正義」という宗教的本義に逆立することになってしまう。「嗚呼嗚呼事業よ事業よ幾千の偽善と卑劣手段と嫉妬と争とは汝の名に依て惹起されしや」（p. 20）。

よって、彼は、宗教的理念なき資本家の贈与行為に対して、非常に厳しい態度をとる。例えば、一九〇二年に足尾鉱毒事件の当事者である古河財閥の社主の古河市兵衛が、教育機関や感化院・孤児院などの慈善事業に多額の金を寄附したこと、および慈善事業関係者の多くがそれに謝意を表したことに対し、内村（1902）は「慈善といえば必ず金を与ふることであると思ふのは大なる間違いである。慈善は金を与ふることではない、人を授けることである、爾うして多くの場合に於ては金を与へない方が却て大なる慈善である」と突き放し、金を与える「慈善」などよりも有益なことは、古河自身の「徳性を高うして、社会に華奢淫逸の害毒を流れさせざらんことである」と断罪している。

社会的効用より、精神的なレベルにおける〈贈与〉の徹底を優先させる言説は、内村に限らず、その後も見られることになる。しかし趨勢としては、事業という側面を擁護する形で、パラドックスを調停させる方向に向かっていた。

（2）越境すること――山師・郵便局・主体変容

前述したように、留岡幸助は、資金源として資本家の財政力に強い期待をしていた。これは山室軍平など、同時代の社会事業家の多くに共通している。家庭学校の運営、『人道』の発刊など、事業の多くを展開していく上で、寄付、会費、広告料などの形で得られる民間企業家たちからの資金は、極めて大きな役割を果たしていた。

しかし、これは、〈贈与〉の体系の中に、〈交換〉の体系が闖入することでもある。そしてその両方の合流地点では、「山師」的な表象が浮かび上がってくる。例えば、図1-1を見てみよう。これは、『人道』四六号（明治四二年二月五日）の表紙である。

「人道」という題字とフォントもポイント数もそれほど変わらない字体で、紙面の中央に「ライオンはみがき」の文字が躍っている。この紙面で最も目を引くのはこの「ライオンはみがき」であり、「人道」という言表が作り出そうとした〈人道的である／ない〉という意味論的空間は、力強い「ライオンはみがき」の文字によって、パフォーマティブに脱臼させられているかのようだ。

社会レベルの〈贈与のパラドックス〉を解決するために行われる、〈交換〉の体系との間でなされる取引は、このように〈贈与〉の体系を破壊する――山師化する――リスクを孕む。これをどう処理していくかが重要な課題であった。

留岡は、この問題に対して、〈交換〉体系との取引を積極的に擁護していく。その文脈で重要なのは、「慈善的寄付問題」（『人道』二号　明治三八年六月一五日）と名づけられた論考である。ここでは、富豪からの「其方法手段宜しからずして蓄積したる寄附金」を受けるべきか否かという問題が扱われ、アメリカにおける、ロックフェラーの「スタンダード石油会社」から教会への十万ドルの寄付金に対する論議を紹介している。反対者は、石油会社の寄付を「不浄財的寄附金」と見なし、「教会の道徳的勢力は、或る意味に於て大に滅却する」と主張するが、肯定する側は下記の三つの理由から寄付の受け入れに賛同する。第一に、寄付金の性質の評価は、教会や慈善会の権能にはない。第二に、「郵便局が物品を発送人より其宛名の受領者に送達するが如く此間道徳問題の起る可き理由なし」。つまり、教会・慈善会は郵便局と同じく、寄付者と当事者の間の媒介者にすぎないので、そもそも道徳的コミュニケーションに関与しない。第三に、「徳性」という評価軸は人間にしか適用できないにもかかわらず、金銭に適用しようとすること自体、「極めて不可」である。

留岡自身も第二・第三の立場に近い。「ロックフェラーの如き金満家は、崇拝はもとより、席を同じくして語ることも潔しとしない」としながら、「吾人は寧ろロックフェラーの如き寄附者の為にも、将た亦不遇の同胞の為めにも、此種の寄附を受くるを以て、至当の処置なり」と結論づけ、「金の出所や儲けた方法は研究する必要はない」と述べる。これは次の「貧富両全の道」という立場にもつながる。彼は、一九一二（明治四五）年に東京京橋の報徳銀行の総会における講演で、「儲ける人の富を永続させたいといふことは熱心に思ふて居る」と言った上で、「報徳の道は富を永続せしめるに最も適当な道である」と、彼らにとっての慈善の効用を説くのである。(33) 資本主義の撤廃を求めるわけではなく、貧富両方の利得上昇を説く〈犬〉的な立場を支えているのは、寄付自体は道徳に非関与という郵便局＝転用の思想である。もっとも留岡の場合、郵便局のメタファーではなく、二宮尊徳の「農

図1-1 『人道』46号表紙

業は不浄のものを化して清浄のものたらしむ」という言葉を補助線としながら、土壌を肥やす「糞便」として捉えるのだが[34]。

しかしこれは、〈贈与のパラドックス〉に抵触するリスクと隣り合わせである。留岡自身、〈純粋贈与〉も志向し、宗教の意味論に深くコミットしていた[35]。よって彼は、プラグマティックな転用＝郵便局の論理以上のものを、資本家の寄付に求めていく。では、〈贈与〉と整合性をもたせつつ、〈交換〉的体系から財を獲得するにはどうすればよいか。ここで先ほどの農業のメタファーが効いてくる。彼によると、農業＝慈善事業に用いられることで浄化されるのは「不浄なる金銭」だけではない。「寄附者彼れ自身をも浄化するの期なしとせず」。つまり、寄付という行為によって、再帰的に、寄付者も「浄化」されることになる。だから寄付は、「ロックフェラーの如き寄附者の為にも」なるのである。必ずしも事前に、宗教的世界観に依拠していなくても、あるいは〈純粋贈与〉をめざす「望ましい」主体ではなくても、寄付行為によって、事後的・再帰的に、望ましい「主体」が形成される。行為が主体に先行するこのメカニズムを、留岡は、「牛に牽かれて善光寺参り」と述べている。

寄付者に対するこのような捉え方は、「富者」にとっての慈善・寄付の効用の強調ともつながる。留岡は、大倉喜八郎、藤田傳三郎、三井家などの富豪が寄付や慈善事業を行うことを、「上下相離れ貧富互に相争奪せんとする悪現象」を克服する「慶賀すべき事」と評価する。それは「下層同胞のためだけではなく」、「富者自らも之に依りて以て大なる利益を享くるに到る」だろう。なぜなら「直接には己れの気品を高めて徳行の涵養に資し、間接には子孫の余慶に及ぶ」ことになるからである[36]。

このように、留岡も寄付者に対しては、実利的な報酬という、〈純粋贈与〉の意味論とは反対の要素を積極的に語る。社会事業家たちは、何とかして資産家たちから寄付を引き出す必要があり、そのために、資産家の属する経済的交換の意味論を一度受け入れざるをえなかった。だがそれは、経済的な交換体系への全面的な屈服ではない。自らを依然として〈純粋贈与〉を頂点に頂く〈贈与〉の系に属する者として指し示すことが可能だったのは、二つの価値体系の結節点に「主体の変容」という物語を導入したからである。確かに寄付を行う「主体」は、現在は経済的交換の体系にいるかもしれない。しかし、寄付行為を通して、事後的に〈贈与〉の意味論を受諾する主体となるだろう。このように、主体変容の瞬間を未来へと先送りすることで、〈純粋贈与〉を志向する意味論とギリギリのところで折り合いをつけたのである。

もちろんこの一方的な「約束」が、履行される保証はない。寄付する側は「周囲からの影響、即人真似、それから知つた人から頼まれた場合、将来何等かの利益のある場合、最後に厄介ひ即ち幾度も寄附をすゝめに来て煩い場合[37]」に行う程度のもので、その場合も、「道に落した」とか「掏摸にすられた」といった「勝手な理屈を附けて」諦めるようなものだった[38]。

結局、「この解決主体たるべき『篤志家』への期待は現実の『富者』が社会問題解決への関心が少ないという事実によって裏切られることにな」り、留岡は「此道理が富者に分からないのは実に情けない事である」と嘆いたり、富者が「もし自ら好んで推譲をしない時は、天は其の富豪に向つて強制執行をしても推譲させる」ことを夢想するようになる（田中 2000：77-78）。「約束」はいつまでたっても果たされず、主体変容はいつまでたっても生じなかった。よって、社会事業家たちは、〈贈与〉と経済的交換の境界に立って、寄付金集め、事業の宣伝に奔走し続けなくてはならなかった。それだけではない。この構造は、回避し続けてきた〈贈与のパラドックス〉を、再び呼び戻すものだった。

(3)「慈善事業家の悲劇」と技術論

鴨村生という署名のもとに書かれた「慈善事業家の悲劇」（一三八号　大正五年一〇月一五日）という題の社論の記事がある。そこで書かれている悲劇は、〈贈与〉と経済的交換という二つの体系のズレに起因している。一方で「世人が慈善事業家に要求するところは——其理非は別として——最も完全なる意味に於ける献身」であり、「殆ど絶対的の犠牲を求めねば承知せぬ有様」である。しかし、慈善事業家は宗教家と違い、「慈善といふ字の下に、事業と云ふ二次の加はつてゐる」。「慈善事業家は大に世間と戦ふ為には、却て大に世間の資本を借りねばならぬ」。ところで、交換の論理に従う「社会」は、「其投ずる資本に対して、必ず何等かの報酬或は結果を求めねば止まぬのが常態」である。よって、「借りる弱みを見て、頗る厳しく当ることがある」。この点について、利他的である〈慈善家〉と同時に、有用であること〈慈善事業家〉をめざした山室軍平の例を挙げ、資金集めに奔走せざるをえない山室を、「世間の半分はどんな眼を以て視てゐるであろう乎」と懸念する。この眼こそ、本当は資金集めが真の目的ではないのか、という猜疑心に満ちた〈贈与のパラドックス〉のまなざしである。

資本投資回収という枠組に基づくために強度な利他性を要求する社会と、それによって生ずる「悲劇」〈贈与のパラドックス〉の召還〉という構図は、この後長く反復される。この状況を改善するために、利他的であることをより上首尾に示す一つの手段として、組織内部の透明化に関する技術論が求められていく。例えば、内務省地方局長の床次竹二郎は、現在救済事業は四〇〇余りあるが、法人組織になっているものは一〇四しかないと指摘した上で、会計の透明性や法人格取得の重要性について、「則ち同情者をして信用せしむるといふことに就ては、先ず其の会計を明かにすることが必要」と述べる[39]。会計の透明性や法人格は、資金集め自体が目的ではないかという疑念を、部分的に解消させる。この技術論は、アメリカの社会事業経営術を参照しながら、カードによる名簿の整理や、統計による把握、財産台帳、寄附帳の管理などを紹介していく[40]。

とはいえ、その解決は限定的である。なぜなら、そもそも交換の意味論に従った、資本投資回収という枠組こそが、慈善事業家に無限定の利他的行為を強要し、また、猜疑心を招くほど寄付集めに奔走させるものだからである。問題は依然として二つの価値体系のズレにある。ここにおいて必要なのは、〈贈与〉の意味論の外部にいる人々を、その体系内におびき寄せ、〈贈与〉として財を出させるレトリックであった。新たな議論が求められていた。

四　「社会奉仕」の誕生――この平等なるもの

(1)〈社会〉の発見

内務官僚の床次竹二郎は、一九一三（大正二）年の時点で感化救済事業[41]について「世の中に同情者が沢山なければ到底成功することができない」と述べている。問題は、「社会の同情」を、どのような意味論のもとに作り出すのかということであった。

この答えは、感化救済事業から社会事業へという転換の中で与えられていった。同じ床次は、内務大臣となっていた一九二〇（大正九）年の第五回社会事業大会において、「社会事業の根本精神」と題する講演を行い、次のように述べている。

されば社会事業といふも、又社会政策といふも、帰着する所は、社会生活に於ける因果関係を正さんとするに外ならないのである。而して此の関係は一部と一部との関係でなくして、実に一部と全部との関係である。既に一部と全部との関係である以上、一部の欠陥は他の一部が連帯すべき筈で、これが即ち社会正義に伴ふ所の社会連帯の観念である。之を人体に譬へて見ると、左手を蚊が刺した場合に、其の苦痛は左手の苦痛ばかりでなく他の各部分の苦痛として、之を排除するの責は、左手にのみあるにあらず、右手も当然之に連帯して其の責に当らねばならぬ。

（『人道』一八一号　大正九年七月一五日　床次竹二郎「社会事業の根本精神」五頁　傍点引用者）

いくつか注目すべき点がある。まず「社会」の語の捉え方である。ここで社会という語は、単なる記述概念ではなく、社会連帯という文脈のもとに**規範概念**として捉えられている（市野川 2004；2006）。いわゆる有名な「社会の発見」である（石田 1984）。諸個人は、全体の中の一部として、新たな位置づけが与えられ、個人と社会は手と人体という有機体メタファーで捉えられるに至る。右手と左手の関係は、もはや、利他の純粋性を擁護するための「惻隠」的なもの——「左手のなしたことを右手に知らしめない」——であってはならない。むしろ、左手と右手は相互に協力・連帯することで、人体のために責務を果たすという役割が与えられる。なぜなら、諸個人同士（左手と右手）、あるいは個人と社会（左手と人体）には因果律が貫かれており、それを介して、特定の部分の問題は全体の問題でもあるからである。

この思想は、よく知られたように、一八世紀にヨーロッパで浮上してきた社会概念を源流とするものである。日本では、思想的にはフランスの政治家レオン・ブルジョアなどの思想を経由して広がっていく。以下ではこの意味での社会を〈社会〉と表記したい。この規範概念としての〈社会〉は、政府の福祉政策の中核に位置するようになっていく。例えば一九一七（大正六）年に内務省地方局に設けられた救護課は、一九一九年に社会課と改称され、さらに一九二〇年には社会局となる。地方公共団体でも、同様の部署が作られるようになる。一九二二年には、内務省の社会局はさらに外局として昇格し、一九二六年には労働部、社会部、保健部の三部局を含んだものへと拡大されていった。またこの時期は、「家計調査狂」と言われるほど調査が活発化し、〈社会〉を捉えようとする国家の欲望が極めて亢進する時期でもある。

この中で、慈善事業の位置づけも決定的に変わっていく。いわゆる感化救済事業から社会事業への転換とされるものである。

> 今日まで社会事業を或は慈善事業と称し、或は救済事業と称して来たが、是れ畢竟社会連帯の観念を多く考察せずして、単に此の事業を人道博愛の事業なりと思惟したからである。唯今日は社会に対する諸種の観念益々進歩発達し、社会正義又は社会連帯の観念を自覚するに至り、学者亦此の点を強く主張する結果、数年前迄兎

角危まれた社会なる文字が、慈善事業の上に冠せられて、人之を怪しまざるも、故あるかな。

（『人道』一八一号　大正九年七月一五日　床次竹二郎「社会事業の根本精神」五頁　傍点引用者）

この時期は、様々な防貧法規の成立[42]、社会事業関連財政の拡大など[43]、戦前の社会政策の大きな転機であった。社会事業への転換について社会福祉学者の一番ヶ瀬康子（1981）は、「米騒動を機としてその後の労働運動その他の社会運動の興隆を背景に、一応大正デモクラシーを消化しつつ、アメリカ社会事業論や諸科学の成果をくみいれたものであるが、「〝上から〟官民一体的性格を強くつらぬきつつすすめられていった」（一番ヶ瀬 1981：43-44）と評価する。また吉田恭爾（2001）も、「社会連帯の思想は、階級対立が尖鋭化していく過程のなかで、いかに連帯が可能となるかの正確な分析のないまま、緊縮財政に苦慮した社会局官僚が、そうあれば労働者・資本家および政府の三方がうまくおさまるという希望を託して提示した思想」（吉田 2001：255）と評価している。

本書の文脈において重要なのは、このような一連の変化の中で、かつて肯定的、少なくとも中立的な意味を帯びていた「慈善事業」という言表が、社会事業との関係において、否定されるべきものとして再定式化されていったことである。「昔でこそ社会事業と云つても、一種の慈善事業、救済事業の如くに考へられ、惻隠の情を以て敗残の人々を助けることに過ぎなかつたが、現今では社会事業に対する考へが大変に変化してきた[44]」というように。また左右田喜一郎も、これまでは「富豪高官貴婦人の慈善主義又温情主義」であったが、しかし、これからの社会事業は「単純に惻隠の情に促されて強者が弱者に対する同情と憐愍とに其の源を発してゐるが如きものでもなければ、或は又主人が其の従僕に対してする温情の如きもの」でもなく、「社会全体の為の問題であるといふと同時に他方社会全体夫れ自らの問題である」という観点に立たなければならないと述べている[45]。

それまで慈善事業は、自らを真の贈与として指し示すために、自らのうちによい慈善事業と悪しき慈善事業を区別する様々な基準（利他／利己、有用／非有用、健全／非健全）を発展させてきた。しかし、社会事業の概念が導入されたことによって、それまで慈善事業の特性とされてきたもの（例えば、惻隠の情）は全て否定的に捉えられ、肯定的な評価は「社会事業」の語に独占的に与えられるようになる。否定すべき対象を見出したとき、床次や左右田が上記で行っているように「慈善事業的」と言えば済むことになる。

なぜこのようなことが生じたのだろうか。本書の観点から重要なのは、慈善事業と社会事業の意味論が含意するトポロジカルな差異である。つまり前者が、上（事業者）から下（対象者）への贈与という形式が出発点――もちろんそれは克服の対象とされることがあるにしても――にあるのに対し、後者は、事業者と事業対象者は、共に、全体（＝〈社会〉）に対する諸部分という意味で等価（対等）という形式をとる。この形式は〈贈与のパラドックス〉の解決にとって有利である。〈贈与のパラドックス〉とは、贈与を行うことの意味が空虚であるため――精確には動機の語彙が十分に備給されないため――その返礼（自己満足・賞賛など）こそが真の目的ではないかという表象を召還するメカニズムであった。しかし、社会連帯思想を媒介とすることで、社会事業は、〈贈与〉という形象自体を否定することが可能になる。なぜなら、〈社会〉を称揚する論者が強調するように、社会事業とは、社会全体のために向けられるものであり、そこでは他者のためであることと自己のためであることは、不可分になるという表象を作り上げるからだ。それまでにも、援助者と被援助者が対等であるとする議論はあったが、それは特定の宗教的世界観を前提としたものだった。しかし〈社会〉という形象は、そのような宗教的意味論を必要とせず、相対的に低次の前提で済む。そのために多くの人に適用可能となる。

まとめよう。社会事業においては、「利己であり利他である」という思想財の利用が可能となる。このような形で、贈与と不可分になった返礼の存在を先に進んで認めることで、動機の追及を停止に追い込むことができる。これは、〈贈与のパラドックス〉に対し、慈善事業の意味論が〈純粋贈与〉を志向／試行する方向で解決を試みていたのに対し、社会事業の意味論は〈交換〉をめざすことを通じて解決を試みるものであると言える。

このような慈善事業から社会事業へという意味論の変化は、行為に関するある言表の増大を伴っていた。

（2）増殖する「奉仕」

一九二〇（大正九）年三月の『人道』一七七号に、天野藤男の「愛の社会」という論考が掲載された。内容は、人々に社会のために行為することを説く典型的な道徳論だが、注目すべきはその行為を示すために、同誌上においてこれまで見られなかった「**奉仕**」という言表が用いられている点である。

> 正直に真剣によく働くものは、皆貴人である。其の働きが多くの人の為になり、社会の幸福を増進するものである彼は益々社会から尊敬されねばならぬ。社会の為に人道の為に奉仕するといふことは最もたふたいことである。人々がみなこういふ心持に蘇れば世の中に暗闘も、嫉妬も、野心もなくなる筈だ。
>
> （『人道』一七七号　大正九年三月一五日　天野藤男「愛の社会」四頁　傍点は引用者）

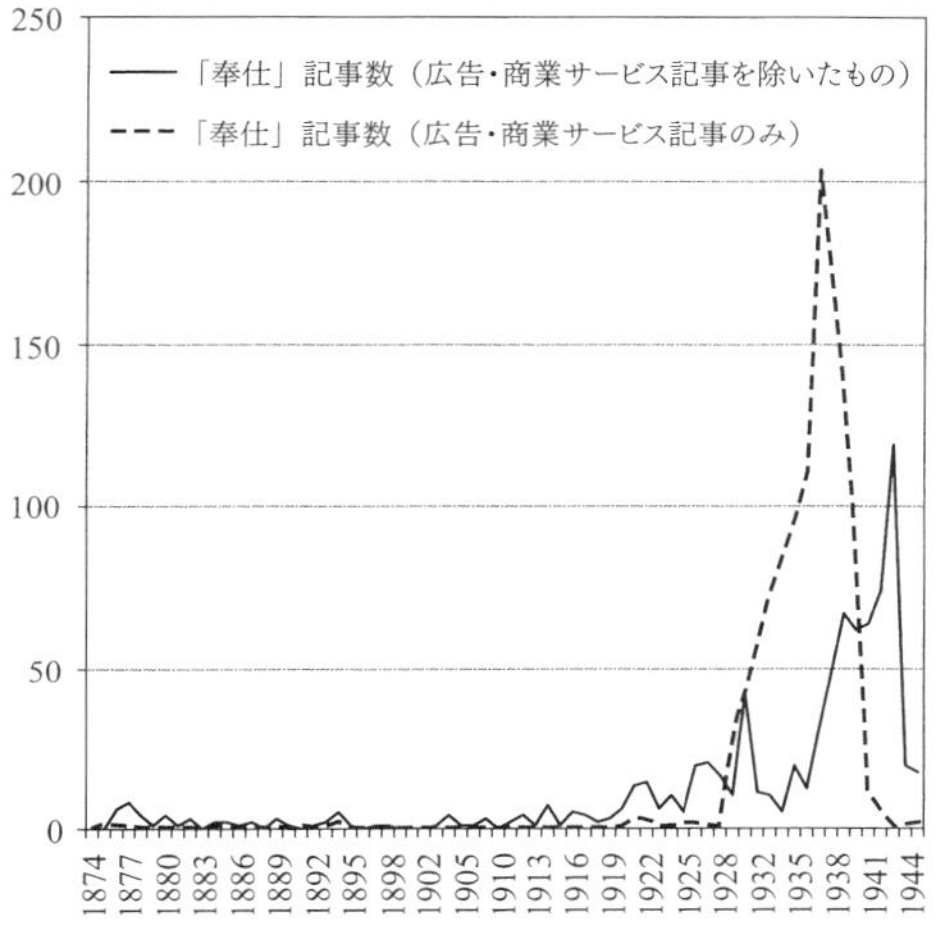

図1-2　読売新聞「奉仕」記事数（見出し）

この「奉仕」という概念こそ、規範概念としての〈社会〉を安定的に維持していくために諸個人に要請されるものとして、この時期以降、多用されていくものである。『人道』誌の外に目を向けても、その点は確認できる。図1-2は、読売新聞において「奉仕」の言表が見出しに用いられている記事数の戦前の推移を見たものである。ここでは実線（広告や商業サービスの記事を除いたもの）に注目してほしい。「奉仕」を見出しに含む記事数は一九二一（大正一〇）年に初めて一〇を超え、以後増減をくり返しつつ一九三七年以降の爆発的増加につながっていく。

そして、奉仕の言表には〈社会〉の言表が相性良く接合する。例えば床辻は、社会連帯の重要性を説く前述の文脈のもとで、「徳あるものは徳を以てし、能あるものは能を以てし、社会連帯の責を尽し以て社会奉仕の実を挙ぐることは、刻下我国の現状に鑑み、最も緊切な事と信ずる」と述べている[46]。

　この議論にはどのような種別性があるのだろうか。行為概念としての「慈善」と比較しつつ、以下の四点に整理したい。

　第一に、「奉仕」は、誰にでも適用可能である。慈善は、前項で見たように上下の区別を前提とし、上位に位置する者（経済的・階層的に）が下位者に贈与するという形が基本的な構造である。ところが奉仕の場合は、社会事業と同様に、全体／部分（＝社会／諸個人）の区別が有意味となる。各個人は、誰もが、社会全体に対して無償の贈与を行うことで社会の福利を向上させ、それは翻って、各個人の利得を向上させるという論理構成になる。これは言うまでもなく、〈社会〉のリアリティのもとにおいて初めて成立する概念である。

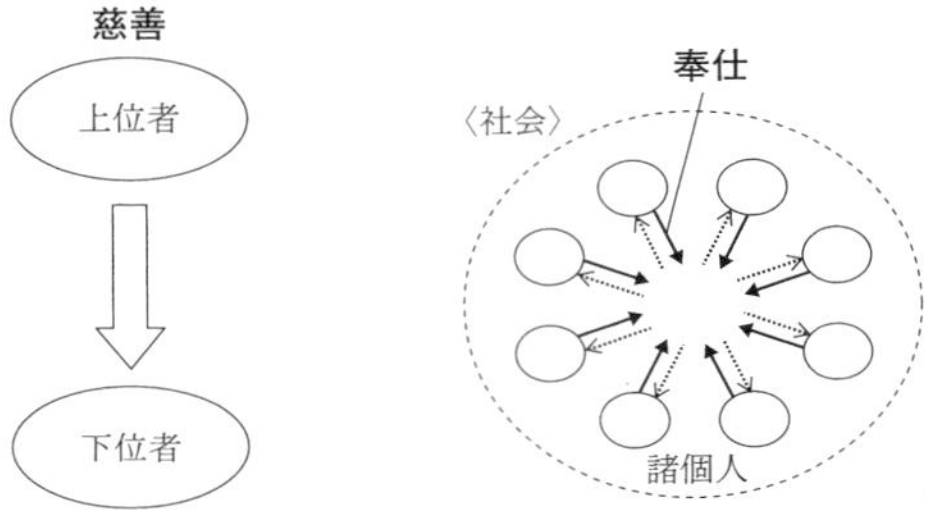

図 1-3　慈善と奉仕のトポロジー

　そしてこのことは、原則として、誰でも奉仕の行為者として名指されうるということを含意する。例えば、一九二〇（大正九）年一一月二一日に、京都府警察部は、「左側通行デー」として交通警察宣伝を行うにあたり、管内の小学生を「少年警察隊」として動員している。この際、校長は「児童をして社会奉仕心の涵養と実物教育上裨益する多大なるものあり」とし、小学六年生に対し「襷《たすき》の表に左側通行デー背に社会奉仕と書けるものを掛けしめ」、活動させている[47]。

　このように、小学生すら「社会奉仕」の担い手となりうる一方で、上位者に対しても「奉仕」は適用される。留岡幸助は「社会奉仕の精神」として次のように述べている。かつては、「東洋道徳は弱き多数の者が強き少数の者に奉仕する所の道徳であつた」が、現在の「社会奉仕の道徳は強大なる者が弱小なる者の為に奉事する意味」としても使われる[48]。つまり、場合によっては、国家[49]やさらには天皇までも「奉仕」主体になりうる。例えば、「而して天皇はこの祭殿で四日間神々を祀られ、皇祖の定められた道を守り、且つ日本国民の将来の寧福に奉仕せんことを誓はれる」というように[50]。

第二に、それは〈純粋贈与〉ではなく、〈社会〉を介した上で〈交換〉を志向する概念である。ここで言う〈交換〉とは、行為することが、利他的行為にとどまらず、〈社会〉を介して自己の利得にもなるという意味においてである。先ほど床次竹次郎が説いていたように、左手が蚊に刺されることは、右手の苦痛でもあるので、蚊を排除することは「右手も当然之に連帯して其の責に当らねばならぬ」。ここで人体にあたる審級は、言うまでもなく〈社会〉であり、この想像力のもとに、「一人は凡ての人ために、凡ての人は一人のために」行う「社会奉仕」の意味論は成立する[51]。とはいえ、ここで言う〈交換〉とは、即時的・経済的な等価交換とは異なる。前述のように、「奉仕」は〈社会〉の改善につながり、それが翻って自己の利得も向上させるという迂遠な時間軸の中で、贈与-交換を完成させるものだった。

第三に、それは、慈善と比較したとき、極めて多くの行為に適用可能である。それは社会事業に限って用いられるものではなく、あらゆる領域の行為に用いられた[52]。単に領域に制約がないだけではない。同時にそれは、上記の「少年警察隊」の例のように、純粋な行為概念としてのみならず、道徳的な態度を指し示す概念として機能した。一九二一（大正一〇）年に文部省が行った「現代児童悪傾向調査」の結果の一つとして、「著しく個人的となり奉仕の念が薄く、公共愛護の精神が弱くなつた事」（『人道』一九三号　大正一〇年八月一五日　三頁）を示すことなど、その典型的な用例である。このように奉仕概念が適用される領域に制限はなかったが、その中でも、社会福祉と並んで好まれた領域が、上記のように規律=訓練や人格の陶冶に関与する教育の意味論においてであった。これまでも、社会教育の専門誌上では、社会のために尽くすことで人格の向上を求める言明が頻繁に現れていたが、大正中期になるまでは、その行為を指すために、「社会奉仕」という語はほとんど見られず、その文脈に応じた言表が選択されていた。その後の時代ならば「社会奉仕」という語によって簡単に示すことができたものが、未だ不在なのである[53]。しかし、大正半ば以降は、社会教育の思想、実践を規定する中核的な概念として、「奉仕」の語が頻出していくことになる。例えば、文部省社会教育研究会が刊行した『社会と教化[54]』の創刊号を飾る論文は深作安文（東京帝国大学助教授）によるもので、そのタイトルはまさに「社会と社会奉仕」である。

> されば社会奉仕とは社会を以てこれを組立つる各個人の所有と信じ、何人も連帯責任の観念を以て互いに共同し互に扶助し、己が公的生命と社会の生命とを一致させ、誠心誠意、己が対社会的責任を感得し、己が対社会的義務を遂行することをいふのである。
> （深作 1924：9）

「奉仕」という言表が、高い汎用性を獲得して、福祉という領域を超えて使用されるようになる事態、これは、贈与-交換的行為一般に対して領域横断的に適用される独自のコードが分出したことを意味していた。

（3）奉仕の過剰と飽和

しかし、せっかく分出したこのコードには、ほどなく内実を空洞化させるベクトルが動き始める。それは汎用性の高さによって生み出された過剰によるものであった。それは〈社会〉の濃縮化と希釈化という両方のベクトルにおいてであった。

〈社会〉の濃縮化について。奉仕は、先ほども見たように、規範概念としての〈社会〉、つまり社会連帯思想との関係で規範的な意味を備給していた。社会連帯思想とは、部分同士は、全体（社会）を準拠点とすることで因果連関の中でつながっている、つまり、ある誰かの困難は別の（任意の）誰かの問題でもある、だからこそ他人の困難を無視してはいけないという当為命題につながるという構成をとる。そして定義上、その規範の適用範囲は、〈社会〉の全てのメンバー、「人生のあらゆる関係に[55]」無差別的に及ぶ。

ここから、次のような議論にも行き着く。一九二一年に首相の原敬が暗殺されたとき、犯人が巣鴨出身だったことについて、同じく巣鴨に家庭学校を構える留岡は「社会連帯（ソリダリチー）の観念から云って我々は西巣鴨町民として誠に世間に対し申訳ない」と述べ、犯人が大塚駅のポイント・マンだった関係から、同駅長が監督不行届として引責辞職を申し出たことについて、次のように語る。

大塚駅長が辞職したとすれば、道徳上、西巣鴨町長も辞職すべきものである。そは西巣鴨町から中岡良一（引用者注：原暗殺の犯人）を出したからである、否々豈只だ西巣鴨町長ばかりではない、我々西巣鴨町民も亦道徳上責任を痛感せずには居られない。

（『人道』一九六号　大正一〇年一一月一五日　留岡幸助「原首相の暗殺と青年団の必要（講演）」八頁）

ここに見られるのは、いわゆる「責任のインフレ」問題である（北田 2003：62）。この延長上には、家庭内の犠牲や奉仕が社会的に重要だとか、「家庭生活は社会奉仕の縮図」であるというように[56]、あらゆる行為を、社会的な効用という点から評価する論法が可能になる。そしてそれは、あらゆる行為を、社会の名のもとに統制・介入するという生-権力の作動を、意味論レベルで支えることにもつながるだろう。また容易に想像できるように、社会奉仕を行わないと観察される者に対して、排除や抑圧を生み出す論法にもなる。前項の深作安文は、社会奉仕を社会的義務とした上で、それを行わない「不生産者は寄生蟲に譬へられ、怠富者は盗賊にさへ比せられる」と述べている（深作 1924：9）。

しかし、この息苦しい〈社会〉の過剰は、同時にその空虚化の道も開いていく。そもそも、あらゆる要素を、それが埋め込まれた因果律を介して〈社会的なもの〉として名指し可能であるということは、わざわざ〈社会的なもの〉として同定する利得を逓減させることになる。よって、社会奉仕（「ソシアルサービス」）の真義は、「今迄と異つた仕事をし程度の高い犠牲を払ふと云ふことにあるのではなく」、「社会と自分との間に於ける根本的関係を理解する理解其のものにある」という論も成り立つ[57]。「ソシアルサービスは仕事の種類にあるのではなく、理解にある」——これは、あらゆる行為を「奉仕」と名指すことを可能にしていく。ここで生じてくるのは次の事態である。

留岡は、一九二五（大正一四）年の時点で、「社会奉仕」の語が流行していることを報告している。「近年社会奉仕という言葉は、蕎麦屋の行燈にも、散髪屋の看板にも命名されている[58]」。このような「奉仕」という記号の気軽な増殖は、そこに込められていたはずの〈社会〉の意味を希釈化させていくだろう。その典型が、留岡の報告のように、この「奉仕」の語が、何よりも商業用語として多用されるようになったことである。再び図1-2を、今度は点線に注目して見てみよう。一九三〇（昭和五）年頃から広告や商売文句としての「奉仕《サービス》」の語が激増していく。そこに見られるのは、購買意欲をかきたてるための大奉仕、特別奉仕、奉仕デー、奉仕価格、特価奉仕、奉仕大廉売といった語である。さらには、「犠牲的社会奉仕の安売りデー　松屋呉服店」（『読売新聞』一九二二年四月四日）とか「豆腐屋合戦　社会奉仕三銭売りが発端　売り子襲撃／東京・牛込」（『読売新聞』一九三二年八月四日）という記事のように、「社会奉仕」の言表にすら（贈与-交換ではなく）経済的交換の意味が浸潤していく。そしてこのような「奉仕」の増殖の果てに、「通行人へ奉仕　若者二人が店から奪った酒ふるまう／東京・小石川」というような用法も見られる。ここにはもはや〈社会〉の痕跡はない。

その中で、解決されたはずの〈贈与のパラドックス〉が再び呼び戻されてくる。なぜなら、すべての行為を奉仕と言いうるなら、その中で、あえて寄付・社会事業などの行為を選択する必要があるのか。〈社会〉を媒介として他者への支援が自分のためになりうる、つまり〈交換〉というファクターが含まれているとしても、もはや行為を説明することにはならない。なぜ困難を抱える者への寄付・支援という高コストの「奉仕」を行うのかということを説明する上で、やはり動機の空白が生まれるのである。いわば留岡らが理念化する「社会奉仕」は、純粋な〈交換〉であるには意味が過剰なのだ。そしてその過剰な部分が価値の源泉となると同時に、〈贈与のパラドックス〉を呼び込む核となる。曰く、その動機は何から来ているのか？　本当に〈社会〉を媒介にした限りでの〈交換〉行為なのか？　正規に申請している自己利益――「情けは人の為めならず」――だけではなく、それ以上の不当報酬――他者からの賞賛・自己満足・優越感など――を隠れて受け取っているのではないか？[59]

つまり、かつて贈与-交換は、慈善の語のもとで〈純粋贈与〉への上昇を試行し・失敗したが、ここでは〈交換〉への下降にも失敗している。上位者が下位者のために何かするという時に生まれる意味の空白と過剰、そこにただよってしまう偽善臭――。この問題に対しては、社会連帯や奉仕という意味財を得て幾分抵抗力が高まったとはいえ、基本的には問題が反復されることとなり、これをより上首尾に解決することが求められていく。その技術は同時代に生まれていた。

五　方面委員の意味論――〈贈与のパラドックス〉の社会工学的解決

（1）方面委員制度について

大正期に成立した社会事業において、最も特徴的な制度として方面委員制度がある。方面委員制度とは、一九一八（大正七）年に大阪府知事の林市蔵とその知事顧問の小河滋次郎が構想したもので[60]、方面委員とは、「社会のなかにかくれている困窮者」を見出すために、「各市町村において、およそ一小学校の通学区程度を一方面とし、この地区に居住するか、あるいは職業・営業その他各種によって、当該地区に密接な関係をもつ『善良なる公民』のうちから、地方長官によって選抜され嘱託されて、社会的奉仕的な実務に名誉職として携わる者たちのこと」（芹沢 2001：176）を指す。彼／女らに期待されたのは、主に「社会測量」であり、防貧を基本とした感化救済事業の実効性をあげるために、「救済が施される以前に貧困者の入念な調査を実施し、そこで得られた情報にもとづいて合理的かつ経済的な実践の投入を図りうる」（芹沢 2001：174）ことがめざされている。その後、全国に様々な同様の制度が生まれ、一九三六（昭和一一）年には、全国的な統一基準を定めた方面委員令が制定される。

この方面委員制度がもつ社会福祉史における意義については、多くの議論が蓄積されており、留岡幸助も、「報酬ではなく、心からの奉仕的精神に基づいて働く」ものであり、「近代の社会連帯の原理を最もよく具体化したもの」と評価している(61)。その一方で芹沢一也はこれを、〈社会〉を参照点とし、「人格」を対象化しながら法の射程外に対して遍く統治していく権力――「大正的な権力」――の政治的実践と読み解いている。言い換えれば方面委員制度とは、「社会主義が革命の火種としての役割を期待していた場に、役人でも資本家でもない無私の私人によって張りめぐらされた対人関係が、『有産階級と無産階級の諒解』（小河「方面委員事業報告」一〇頁）を図りながら、貧困が政治的な力を帯びることを未然に防ごうとする」（芹沢 2001：181）政治的技術だった。芹沢のこの研究は、中期フーコーの権力分析の枠組を近代日本に忠実に適用し、大正の権力布置を浮かび上がらせた重要なものだが、本書の観点から必要なのは、その**「大正的な権力」と「〈贈与〉をめぐる意味論」とがどのような形でカップリングし、相互にズレを含みながら作動したのか考えることである。**これは、具体的には、方面委員という政治的技術がこれほどまでに成功したのはいかなる意味論に支えられていたためか、という問いに重なる。実は、ここで開発された技術・意味財は、この時代の〈贈与のパラドックス〉を上首尾に解決するものであると同時に、現在の「ボランティア」論の射程を読み解く実験材料も提供しているのである。その技術について、小河のテキストを参照しながら、より具体的に見ていきたい。

（2）「社交」という技術

まず、方面委員の行為の意味であるが、次のように社会連帯思想を媒介とした、自然化された〈交換〉のメタファー（「情けは人の為めならず」）で語られる（小河 1920→1943：54）。その意味では、それまでの「奉仕」と大きな違いはない。しかし、これまでの言説との決定的な違いは、次に見るように、方面委員と対象者との相互行為やそこに芽生える（と期待される）感情が積極的に言説化され、それが贈与-交換の円滑な進行の基盤と言うべき地位を与えられている点である。

> かゝる次第なる故に、我が方面委員の念頭には、毛頭自ら優越者たるの地位にあるというやうな考へはない。人を救ふて慈善を施し、人を助けて恩恵を加へたといふ如き野心は塵計りも持たぬ。救助を救助と言わずして手伝いと称し、指導を指導と呼ばずして相談と唱へ、手伝いをするとか、相談をするとかいふやうな用語を避けて、常に手伝いをさせて貰ふ、若しくは相談をさせて貰ふといふ風な、謙遜なる語調に出づることを、努むるともなく、極めて自然的に慣用せらるゝやうになつて居る。勿論斯業の対象となるべきものに対しても、決して弱者とか劣者とかいふような考へを持つことなく、何れも隣人であり、同胞であり、若しくは**親しき友達**であり、歓待すべき珍客であるといふことを心から信じて居る。多数の方面委員の口からかつて一回も貧民とか細民とかいつたやうな差別的の言葉を発したことを聴いた例しがない。
>
> （小河 1920→1943：54–55 傍点引用者）

ここには、対象者を「**友達**」として見るという相互行為の規準が見られる。制度の中核に「友達」であることが組み込まれるのは、初めてのことだ。つまり、**〈社会〉の意味に貫かれつつ、〈社交（sociability）〉を源泉とする感情**こそが、方面委員の意味を安定させる賭金だったのである。

この意味論の成立条件について二点ほど考えられる。

第一に、援助者／被援助者の間には社会的地位上の近接性が想定されていた。方面委員は、施設にいる被援助者を対象とする既存の社会事業と異なり、地域住民が同じ地域住民を対象とする。しかも、被援助者は社会的事実として存在しているというより、その索出＝名指し自体が方面委員の役割とされていた。さらに、事業の担い手として期待される社会層も、それまで常識だった高階層ではなく、資本家と労働者の「間に立つて能く之が協調融和」

することをめざして「平均的」な**中産階級者**とされた[62](小河 1921→1943：311)。つまり、援助者と被援助者との間で、空間的・カテゴリー的・階層的な隔絶が小さい中で、顕名的な住人同士の相互行為として〈贈与〉を行うことになる。これは、相当慎重な感情マネジメントが必要となる。〈贈与のパラドックス〉を発動させないために「対等」な「友達」という表象を獲得することは、役割遂行の上で重要だったと思われる。

第二に、宗教に替わる動機の調達資源を必要としていた。方面委員では多くの人を担い手とするために、宗教を媒介とすることができない。小河も、社会事業に対する「宗教家の力」について、「予の期待は総ての点に唯だ裏切られたるの外なしと断言せざるを得」ないと述べる。とはいえ、「宗教的なもの」を完全に排除しているわけではない。彼は、「方面制度をもって宗教宗派のように信じている」人が多いと述べ、方面委員制度自体への没入自体が宗教と機能的に等価な効果をもちうることを示唆する(小河 1920→1943：38-40)。これは、留岡が慈善事業にとって不可欠とした「精神」の調達先が必ずしも宗教そのものである必要はなく、より調達コストの低い相互行為でも代替可能なことの発見でもあった。以上の小河の考察は、社交平面＝相互行為の外部——神や〈社会〉——を必要としない方面委員の実践が、それ自体、強い情緒的投入の対象となっていくことを意味しているわけだが、それは行為そのものが端的に**「楽しい」**という、動機の語彙のエコノミーとしては極めて節約的な——それゆえに反駁困難な——話法にも接続していく。方面委員の活動をめぐる次のような語りはその典型的なものである。「名誉が伴ひ来らなくとも、善事をした事態其のものが喜であり楽であるのだから、永続せざるを得ないものだ。この報酬即ち内部の喜と楽とはそれに就ての記憶の失はれざる限り消滅するものではない。古人が善を為す最も楽しと云つた言葉はかゝる体験のある人の口から出たことだらう[63]」。

(3)「成長」の物語

前項の最後で確認された「楽しい」という動機の語彙——実はこれは、〈贈与のパラドックス〉の解決策としても興味深い位置にある。

前述のように、「奉仕」の語と共にある〈交換〉の意味論は、〈贈与〉行為のコストに見合うだけの利得が、〈社会〉を媒介にすることで得られるという予期によって完成するものだった。しかし、その「利益」の発生まで時間がかかる上に、何が得られるのか分からず、その保証もない。うまくいったとしても、その〈交換〉は不十分な〈贈与〉＝贈与‐交換の域を出ない。ここに、動機の空隙と〈贈与のパラドックス〉の発生の余地が生まれる。これに対して「楽しい」という思想財は、行為をコストとしてではなく、それ自体効用を内包したものとして捉え返す。この意味論に従うなら、行為の「報酬」は即時的かつ確実に支払われているということになる。動機の語彙の充填と〈交換〉表象への接近は、より上首尾に行われる。

方面委員の意味論においては、これに加えてもう一つ「報酬」が付け加わることで、この表象の強化が図られていた。それが主体の成長＝〈教育〉という物語であった。

> 我が方面委員諸氏の中には、この職務に没頭せられたる以来、著るしく其の性格の変化を来し、益々博愛、謙譲、慣用、任侠、恭慎、勤勉、円満、快闊等の美徳に進み、かつては営業其他の境遇関係よりして、兎角悪評を蒙り、又は多少の非難や誤解を受けし所の者も、今は全く純道徳生活の模範的國民、市町村民としての尊敬と信頼とを博するやうに一新転化を見るに至つた者が少くない。予は本篇の冒頭に於て、「独り之を施さるゝ者に対してのみならず、之を行ふ者其れ自身に取つてもまた一つの大なる教育的効果を持ち来すべき筈のものである」と謂ふて置いたが、この一事亦以て其の徒爾の言に非ざることを裏書するに足りるものありと信ずる。
>
> （小河 1920 → 1943：55-56　傍点引用者）

被援助者のためのみならず担い手自身にとっても効用がある、という語り口は、〈社会〉をめぐって見られたものだが、ここではそれが主体の変化を通して生じている。とはいえ、主体形成の過程の後、成ると仮定されている主体というのは、マジョリティの社会における道徳的優位者（「純道徳生活の模範的國民、市町村民としての尊敬と信頼」）なわけだが。

いずれにせよ、これまで見てきたように〈社会〉ではなく、社会＝社交（sociability）内在的に意味を調達すること、より精確に言えば、友達・楽しさという相互行為内在的な形で動機を調達することで、大文字の「意味」を回避すること、これによって、〈贈与のパラドックス〉を処理するというのが、方面委員制度において初めて見られたということができる。これらの議論には、現在からふり返ったとき、一九八〇年代以降盛んになるボランティア論のレトリック構成との相同性を見ることができる（第8・9章参照）。

とはいえ、現在からの視線を投射すると、方面委員が保持するとされる思想財には一つ欠けているものがある。それは、「自発性」ということである。例えば、一九三一（昭和六）年一一月五日の東京朝日新聞には、方面委員のスキャンダルが大きく取り上げられた。これに対して小島幸治は「方面委員制度の欠陥に就て」という記事を寄稿し、その欠陥の第一として「我国の委員制度は国民の心から生まれたものでなく役人の手によってこしらへられた」ことを挙げている[64]。つまり、相互行為の楽しさや成長によって、贈与-交換の輪が閉じられるというストーリーは、そもそも方面委員がその精神的報酬によって行為を開始／継続しているわけではなく、任命されているという身も蓋もない事実によって、破綻させられていた。折しも一九三一年は、満州事変を境に、いわゆる「国防献金」などをはじめとする草の根の「自発的」な「奉仕」が本格化していく時期である（藤井 1985）。贈与-交換の意味論の中で、「自発性」の強度が求められるようになりつつあった。この趨勢については、本章の最後で概観するとして、その前に、「自発性」という意味を刻印された「ボランティア」の、戦前期日本における極めてささやかな痕跡について確認しておこう。

六　「ボランティア」のささやかな誕生——〈越境する身体〉の分出

(1)「ボランティア」の〈不在〉をめぐって——コトバなきモノ

われわれは、前節で、大正中期以降「奉仕」の言表が様々な行為に適用され、インフレーションを生じさせていたこと、また方面委員という制度が、ミクロな関係性を動機の備給源とする技術を発見しながら、自発性という点で十分に自己を正当化できなかったことを見てきた。戦前において「ボランティア」という言表は、これらの概念群とは確かに異なる位置にある。だが、その痕跡は微かな形でしか確認することができない。それは『人道』や新聞記事の中に見出すことはできず、学術論文の中で僅かに語られているにすぎないからである。第(3)項では、ボランティアを対象とする二つの論文を見ていく。ここではそれに先立って、言表の不在の意味を確認するため、現在の時点から遡及的に考えたとき、それがあったはずの場所を見ておきたい。

表1-2は、一九三五年の東京市の社会事業に従事する従業員数についてまとめたものである。興味深いのは、有給の者が八割程度でしかなく、「無給」あるいは「その他」の者が二割近くを占めているということである。ここで、「無給とは、全く金銭的報酬を受けざる者、其他とは有給、無給者にあらずして単に謝礼、手当、車代等の金銭的

表1-2　1935年東京市社会事業種別従業員数（施設総数513）

	従業員数				構成比	
	有給	無給	その他	合計	有給	無給＋その他
一般救護施設	341	92	36	469	72.7	27.3
経済保護施設	263	39	25	327	80.4	19.6
失業保護施設	264	13	15	292	90.4	9.6
医療保護施設	4688	707	256	5651	83.0	17.0
児童保護施設	991	128	60	1179	84.1	15.9
社会教化施設	411	147	59	617	66.6	**33.4**
その他	2	2	0	4	50.0	50.0
合計	6960	1128	451	8539	81.5	18.5

出所）東京市社会局　昭和10年調査『東京市内社会事業調査—東京市設を除く』（1936年刊）第3図より作成。

報酬を受くる者」である。つまり職業として成立しているとは言い難い社会事業従事者が一定程度存在しているということを示している。

しかし、これらの非職業的な従事者について、これまでほとんど言説化されていない。言説化の対象となるのは、事業主か、一般の職員、一般の寄付者がほとんどだった。いったい彼／女らは何者なのだろう――数としては一定の割合を示しながら、名前／コトバが与えられない者とモノたち。シニフィアンなきシニフィエ――。

本書の仮説は、この「名前のない者たち」こそ、「ボランティア」という言表がぎこちなく憑依していこうとする名宛人だったというものである。この時点で、そのコトバとモノの結合は十分に実現されていない。それは未だ、一般の有給職員とは異なる言表と意味論を配分されるべき独立の領域とは、見なされていなかったのである。しかしその痕跡をわれわれは確認することができるように思う。

再び表に目を向けよう。すると、施設の中に、とりわけ「無給＋その他」の割合が多い項目（三三・四％）があることに気がつく。[65] それは、「社会教化施設」、つまり「**セツルメント（隣保事業）**」である。これは注目すべきことである。なぜなら後で見るように、「ボランティア」という語を用いた日本で最も古い論文は、奇しくもこの領域において登場しているのだから。日本において「ボランティア」の言表が、自らの憑依対象として見出したものは、セツルメントにおける無給の活動者だった。

（2）「セツルメント」という〈教育〉空間

それでは「セツルメント」とは何か。教科書通りの説明としては、それは、法律や援助技術などの専門知識をもつ者が貧困地区や同和地区などに住み込み、地域住人に対して教育や援助を行う施設や活動のことを言う。日本では一八九七年に片山潜が東京神田三崎町に設立した「キングスレー館」が最初とされるが、関東大震災の前後から公立のセツルメント館、隣保館、市民館が増加していた。このセツルメントの位置について、本書の関心から二点ほど確認しておきたい。

第一に、この「セツルメント」という形象には——〈社会〉概念と同様に（市野川 2006：197）——階級対立が刻印されていた。戦前のセツルメント研究の代表的な一人である大林宗嗣は、セツルメントの説明を「社会の階級分裂と云ふ事実に其の源を発してゐる」（大林 1926：3）という一文から始めている。セツルメントは、その非政治的な装いにもかかわらず、社会主義的意味論を感染／伝播させる培養器ではないかという疑いを政府から絶えずかけられており、だからこそ、政府は公立のセツルメントという形でその領域を再領有する必要があると考えていた。まさに——社会主義と政府のどちら側から観察しても——〈犬〉という形象を帯びた場所であった。第二に、それは「教育」を主要な介入手段とする事業・実践の体系を有していた。大林は、セツルメントの事業の第一として教育事業を挙げ、そこには、学校教育体系に準じる「普通教育」と、職業教育（家庭科学）や市民教育を中心とした「特殊教育」があり、いずれも「市民的文化の注入でなくして事実に関する科学的知識を獲得する機会を与へて、彼等の生活中より新らしい無産階級の文化を創造せしめる事」（大林 1926：215）が必要としている。そしてセツルメントが、政治的諸力が交差する場だったにもかかわらず——いや、そうだからこそ——特定の政治的主体の生成を目的とせず、政治とは中立的な「人間的生活の完成」（大林 1926：215）をめざすことが是認された。市民教育の結果、「国粋主義者が出ようと或は社会主義が生れようと、そは《ママ》第三者の関する處ではない」のである（大林 1926：6）。政治的種別性とは独立の、自律的価値として構成される「教育的なるもの」（広田 2001）に準じながら、「人間的生活の完成」をめざす——これがセツルメントにおける主導的な意味論だった。ここから次の仮説が浮上する。「セツルメント」における「無名かつ無給の身体」も、その教育の意味論に機能的な形で位置づけられてはいなかったか。だからこそ、他の領域に先んじて早々に「ボランティア」という名称が与えられたのではなかったか。

次項では、上記のセツルメントの位置価を念頭に置きつつ、日本で初めて「ボランティア」の語を冠した論文を見ていこう。

(3) 越境するボランティア

一九七〇年代にボランティアに関する論文を広く渉猟した大阪ボランティア協会の柴田善守たちは、戦前における「ボランティア」に関する論文として、東京市立大塚市市民館長の内片孫一が書いた「隣保事業に於けるヴォランチアの役割」(一九三二年)と、青山学院大学教授であり愛隣団セツルメント総主事だった谷川貞夫が大阪社会事業連盟の『社会事業研究』に書いた「社会事業に於けるヴォランティアに就いて」(一九三七年)の二つを挙げている(大阪ボランティア協会編 1974)。両者とも、社会事業、特にセツルメントに関するボランティアの役割を高く評価している。以下では、両方に共通する要素について二点ほど検討していきたい。

第一に、「ボランティア」に、非専門家という位置が与えられている。内片は、ボランティアは何かの専門的知識や技術を有すべきとしつつ、「必ずしも専門家でなければならないと云ふ意ではない」「応々にして見る学生ヴォランチア……は専門家ではない」と述べている(内片 1932 → 1974:25)。谷川も、ボランティアを専門家ではなく「社会事業に於ける教育を受けた素人」としている(谷川 1937 → 1974:31)。

第二に、第一の点と関わって、ボランティアを、空間や社会空間を行き来する越境者としている。内片にとって、ボランティアは隣保館と居住地を行き来する存在であるが、ここで越境するのは地域=空間だけではない。「比較的恵まれた境遇にあるヴォランチアが、隣保館と関係を有つ事に依って、普通ならば与へられないであらう機会即ち、全ゆる階級の人々と直接親しく接する機会を与へらることは、ヴォランチア自身にとって得る所が多いばかりでなく、お互に異った境遇、異った世界に住む人々を理解し合ふ途でもある」。つまりそれは同時に階級と社会空間の越境でもある。二つの世界を越境しながら行われる相互行為は、階級間の相互理解とつながり、闘争心や反社会性の回路を絶つとされる(内片 1932 → 1974:26)。谷川も、ボランティアを越境する存在と捉えるが、ここでの越境は社会事業施設と一般社会の間である。ボランティアは「専門化されたる社会事業の**紹介者**として、及び社会事業と一般大衆との**連絡者**として不可欠の人的要素」であるとされ、「彼等が社会事業への参与者として体得せる新鮮なる知識は社会一般に対して社会事業の目的と方法とを説明するに十分である」と述べられる（谷川 1937 → 1974：30）。

さて、この越境という点において、一点目に述べた非専門家という特性は有効である。内片においては、恵まれた境遇にある非専門家だからこそ、境遇の異なる人に出会うことが大きな経験になり、理解し合うようになる。この相互理解は、社会にとっても重要なことである。なぜなら「社会階級の上下を通じて、その不和の根本を為すものは、相互の理解を欠く結果より来る嫉妬、闘争心、其他の反社会的感念に起因する」わけなので、「一人でも多くのヴォランチアが現はれることは相互受授の関係を作る上に最も望ましいことである」（内片 1932 → 1974：26）。これを上首尾に達成するために重要なのが、「人格」を介したコミュニケーションである。ボランティアの人格が対象者に影響を与える一方、心あるボランティアは「必ず相手の中に勝れたる人物、尊敬すべき点を見出して己が修養の資となす」。「此互に働きかける所の人格的反映の中に、真の人格の合流を発見するのである」（内片 1932 → 1974：27）。このようにボランティアに期待される人格的コミュニケーションには、階級的敵対性の馴致という機能が付与される。換言すれば、ミクロな相互行為上での〈贈与のパラドックス〉の回避が、マクロな社会統合へと接続されているのである。

越境性に対する非専門性の機能は、谷川においても発見されている。彼にとっては、『ヴォランティア』を社会事業に参与せしむることによって、一般に社会事業に対する理解を深めしむる」ことが必要だった。ボランティアは、活動を通して知識を得る存在でなければならないため、専門家でなく素人であることが望ましい。「而して妥当なる社会事業の計画を樹立するのは、専門家に非ずして、むしろ社会事業に於ける教育を受けた素人であることが屢々ある」（谷川 1937 → 1974：31）。谷川が、一般社会に求めた「理解」の内容とは、「彼等の仕事が政治的に利用されず、健全な基礎の上に発展するには何が必要であるか」だった（谷川 1937→1974：33）。この「政治的に利用される」という言明で意識されているのは社会主義である。言うまでもなく当時は、社会主義が禁忌の領域へと隔離され、そこへの回路がパラノイアックに査察・切断されていった時期であった。外部からどういう政治性を帯びているか見えにくい〈犬〉の領域としてのセツルメントや社会事業施設は、だからこそ、自らの「健全」さを、外部の「一般大衆」に対してアピールする必要があった。そして、それは「一般大衆」に近い者が行った方が——専門家たる社会事業家の自己アピールよりも——説得力は増す。だからボランティアは、「社会事業の目的と方法」を学ぶ一方で、専門家になることは要請されない。『『ヴォランティア』の準備は、専門事業家となることではなくして、より有用なる『ヴォランティア』とならんがためのものである」（谷川 1937→1974：31）というように、素人と専門家の境界線上に、あるいは学ぶ過程＝〈教育〉の意味論と時間軸に、とどめ置かれる。なぜなら、主体化が完了（専門事業家へと成長）した時点で、ボランティアの重要な機能が喪失するためである。本書で後に〈未-主体〉と命名するこの性格は、「ボランティア」という言表が、日本の言説空間への着床当初から、〈教育〉の意味論と親和性を有していたことを示唆する。

以上がこの時期のボランティア論の特徴である。社会関係／空間／時間の境界上に置かれた身体・主体という点が、ボランティアに与えられた位置価であった。とはいえ、非専門性、成長という物語、人格的交流といった点は、方面委員等大正期に作られていた諸テクノロジーの延長上にある。そしてこれらの諸要素は、戦争へと傾斜していく時期に発表されたものでありながら、現在のボランティア論とも共通するという若干不気味な相貌を呈している。越境しつつ、人格的コミュニケーションを媒介しながら、社会を縫し続けるボランティア——。

その一方で、これらの論文におけるボランティアは、社会事業施設における非専門家という極めて限定された役割にのみ用いられた用法であることも指摘できる。それは、行為概念でなく、地位・役割に付与された概念である。今のボランティアの用法とも、高い汎用可能性を有していた同時代の〈奉仕〉とも、概念の水準という時点で異なっているのである。

だが、この地位としてのボランティア概念も、それを越え出していく要素が含まれている。谷川は、ボランティアについて、「活動すべき仕事の種類は頗る多方面に亘って展げられて」おり、「最近に於ては、公共団体が『ヴォランティア』を用ふることも非常に増加の傾向を示している」（谷川 1937→1974：32-33）と述べている。その語が使用されているか否かを問わず、あらゆる領域の様々な行為に憑依して〈ボランティアである／ない〉という境界画定問題を発生させていく「ボランティア」という言葉の姦しい性格は、すでにここに徴候的に見られるが、重要なのはそのコンテクストである。前掲の図1-2でも見たように、谷川がこの論文を書いた一九三七年から「奉仕」の言表は、新聞上で爆発的に増加していく。そしてまさにその年日中戦争が勃発し、翌年には国民の自発性を最大限に喚起・活用することをめざす「総動員体制」がスタートするのである。

次節では、このコンテクストの変容と〈贈与〉の言表群と意味論との関係について、考察したい。

七　「滅私奉公」という最終解決

（1）〈社会〉の二つの因果性

本章第四節で確認したように、大正期に移入された〈社会（the social）〉概念は、貧困などの問題を、社会的な構造的因果性の中で捉える認識論的枠組であると同時に、だからこそ平等に向けて社会的な水準での解決を要請する「すぐれて規範的な概念」（市野川 2006：35）だった。と同時に、フーコー系譜学的なまなざしが明らかにしてきたように――またそのまなざしの中で市野川自身も明らかにしてきたように（市野川 1992；2000 など）――〈社会〉とそれが胚胎する生-権力は、〈社会〉の名のもとに人を死に廃棄する準拠点ともなる。これは、〈社会〉に内在する力であるが、それが日本に転位したとき、さらにもう一度、変形が加わることになる。

市野川は、日本では一九二〇年代後半から、内務省を中心とした政府が、階級概念が刻印された〈社会〉という言葉を避け、「厚生」という言葉で代替していったことを指摘する（市野川 2006：194–199）。ここにおいて多数性《plurality》を抹消し一者性《oneness》に塗り固められた「『日本的厚生』」と、これと連動する形で提示された「『国家的なるもの』」や「『国民的なもの』」（市野川 2006：198）が前景化してくる。ここでの「社会から厚生へ」という変化に関する説明には、アレントに抗って〈社会〉概念が孕む多数性を擁護する市野川の主張がよく現れている。〈社会〉概念がもつ〈多数性／一者性〉の配分に関する理論的検討にはここでは踏み込まないが、少なくとも「日本」という文脈では〈社会〉概念は一者性の刻印を強く帯びていたと言わざるをえないのではないだろうか(66)。

留岡幸助は、一九二二（大正一一）年にレオン・ブルジョアの「社会連帯主義の思想」を説明する中で、まずそれを、「他人の行為は吾に及び、吾の行為は他人に影響を与える」という考え方であるとする。その上で、人は「人類に蓄積された精神上、物質上の恩沢を受けて生まれた」「生まれながらの負債者」であり、また「人類は互いに勤労、奉仕を交換すべき必然的状態におかれている」という含意があることを示す。そして、次のように続ける。

> 此思想が徹底すれば公共団体の責務は権利義務の関係より一歩、否百歩を進めて、自分が尽す所の事は自分が負債を弁償するとなるが故に先人の徳と恩とに報ゆる所以であるといふ強烈な考となる。為に義務の領域より進んで感激の境涯に達するが故に、実行の力は熾烈となる。実に宗教的の報恩、道徳的の謝恩を社会的に転化した所に面白味が加わるのである。
>
> （『人道』一九九号　大正一一年三月一五日　留岡幸助「公民道徳と社会道徳」六頁　傍点引用者）

この留岡の言明について、少し検討したい。

前述のように〈社会〉という思想財は、基本的に、二つの要素から成り立っている。一つは、諸事は相互に因果関係にあるという事実性（……デアル）、もう一つは、だから諸事は相互に依存しており、相互に対して責任をもつべきという当為性（……スベシ）である。**〈社会〉は、事実性（デアル）から当為性（スベシ）を導出することをめざす命法**であった[67]。さて、この留岡の議論では、この事実性／当為性の水準が、以下の二つに設定されている。

第一に、「人類は互いに勤労、奉仕を交換すべき必然的状態におかれている」という文に見られるように、**共時的**に捉えられるコミュニケーションの総体としての諸関係の水準である。これは〈社会〉平面に内在するものと捉えることができる。第二に、「人類に蓄積された精神上、物質上の恩沢を受けて生まれた」「生まれながらの負債者」という言葉に見られるように、**通時性**を伴った因果性／責任の水準である。ここでは、現時点の〈社会〉の諸個人は、先行する諸世代の因果論的影響を受けると同時に、そのために先行世代から贈与＝負債を与えられたものとして設定される。共時的な因果性／責任が〈社会〉内部に設定されるものだとしたら、通時的な因果性／責任は〈社会〉の外部に位置し、それ自体を措定するものである。

留岡は、この議論を「百歩」進めて、「宗教的の報恩、道徳的の謝恩を社会的に転化した」ものと述べている。ここでいう「道徳的の謝恩」とは、二宮尊徳の報徳思想（報徳教）を指す。キリスト教徒である留岡は、日露戦争前後から報徳思想への傾倒を深め[68]、キリスト教信仰との接合を行っていた（室田 1998：509）。報徳思想とは、天道に従い「至誠」「勤労」「分度」「推譲」などの実践を行うことで、徳が報われ物心共に豊かになれると説くもので、宗教というより、道徳のプラグマティックな勧めと言うべきものだった。この報徳思想は、日露戦争前後に「一種のアノミー化した『民衆』の動向を収攬する」ために「報徳の実践を求める記念会が多く開かれ」るなど再評価されるようになっていった（田中 2000：66-67）。二宮の没後五〇年にあたる一九〇五年には、留岡幸助と、「内務官僚」平田東助、一木喜徳郎、井上友一、「財界人」早川千吉郎、鈴木藤三郎、「社会政策学者」桑田熊蔵などが発起人となって「二宮尊徳翁五十年記念」の祭典が開催され、一九〇六年には、同じメンバーが中心となって「報徳会」（中央報徳会）が結成され、報徳思想の積極的な普及が図られていく（田中 2000：66-67）。

ここに、ある種の統治性の存在を看取することは、無理な想定ではないだろう。「貧富の懸隔」とそれが駆動する社会主義への支持の高まりに対し、内務省を中心に、資本家／労働者や地主／小作人の間の敵対性を懐柔・抹消することがめざされていく。敵対性を転位し「一者」として融和する場所として見出された場所こそが〈社会〉であった。この文脈では、留岡幸助も内務省嘱託として、積極的に融和政策——地方改良運動——などを担っている。留岡にとっての主要なターゲットは社会的上位層であり[69]、「須らく貧者は其の道を守り、富者は其の義務を竭し、貧富の間和気靄然として互いに相提携し、相扶掖し、相同情することあるを要す[70]」と述べ、「富者」に「義務」を課している。すでに本章第三節(3)で見たように、留岡の議論の賭金は、富者が「篤志家」へと主体変容して「社会的推譲」をさせるという点にこそあった。

ここで〈社会〉に戻ろう。富者に「社会的推譲」の「責任」を負わせる意味論を作る上で——共時的な〈社会〉内部の因果関係／責任だけでなく——通時的な因果関係／責任という言説資源を活用することは、有効であった。なぜなら、立ち位置によって多様な解釈が可能な——つまり事実（デアル）レベルの解釈ですら抗争を孕む——共時的な貧／富間関係とは異なり、先行する諸世代の因果的先行性という命題は相対的な説得力をもつからである。しかも、それを「先人の徳と恩」という当時の日本社会で広い首肯性のある倫理的規準で媒介することで、道徳用語としての〈社会〉を移入する上での関税障壁を下げることができる。共時的かつ通時的な二重の〈因果関係／責任〉の意味論を帯びた〈社会〉——これこそが「レオンブルジョアの社会連帯思想を道徳上から云えば『報恩感謝の念[71]』」であるという言葉の意味であったと考えられる。

(2)〈社会〉の一者性と特異点

コミュニケーションの総体に内在する〈因果関係／責任〉に加えて、その範域自体を外部から措定する〈因果関係／責任〉という二つの存在論を纏った〈社会〉——あるいは〈「日本型」報徳社会〉——は、社会的〈交換〉の体系というより、常に-すでに受けている「負債を弁償する」(72)場としての意味を帯びていく。

もちろん——留岡自身が幾度となくいらだっているように——それによって「富者」が「篤志家」へと主体変容し、「責任」が果たされることはなかった(田中 2000: 67-83)。むしろこの〈「日本型」報徳社会〉は、「貧者」の権利を抑制する回路の中で運用されていく。例えば、文部大臣や内務大臣などを歴任し大日本報徳社社長でもあった一木喜徳郎は、修身教科書の「報恩」を「権利」に変えるべきという議論に反論する文脈で、次のように述べている。つまり、権利思想は自己を尊重する自尊心から起こるものであって、同様に報恩も自尊心から起こるものである。ところで自尊心とは、金を借りたら返すという心であって、恩恵を受けたままの「乞食思想」は自尊心が許さないはずだ。「社会から恩を受けて報いないのは、借金を返さないのと同様」である(73)。このように、一木にあっては、「権利」は「報徳」の意味論の中で換骨奪胎され、諸個人は〈社会〉から恩恵を与えられる——だからこそ返済が求められる——存在へと改鋳される。

〈社会〉が、一方的に恩恵を与える場としてあるということは、それが単なる社会的〈交換〉の場ではなく、〈純粋贈与〉的な特異点をもつということである。それは共時的な関係性だけでなく、通時的な「先人の徳と恩」とも重ね合わせることで、可能となる形象だった。〈社会〉を措定する「先人の徳と恩」は、本来、異種混淆的で敵対性を孕んだ〈社会〉に一者性を備給する。市野川が述べる、多数的な〈社会〉から一者的な「国家的なるもの」への変化は、その間に、一者的な〈社会〉を媒介としていたのではないだろうか。

昭和期に入ると、『人道』誌上においても、「社会の発見」の頃にもっていた〈社会〉概念の独自の存在感が薄れ、一者的なものとしての「国家」の意味論に吸収される形で、運用されるケースが多く目にされるようになる。

一九三〇（昭和五）年に書かれた、不景気で自殺や心中が続出しているという記事では、「国家の為とか、社会の為とか、自己の責任上止むに止まれず死を選ぶことは推賞すべきであると信ずるが」、「自己の責任を果さず、行き詰まりを打開する道を講せず」死ぬのは、「国民の体力精神力の衰弱せるものとして大に警戒覚醒をうながすべきであると思ふ」(74)と述べられている。また一九三二（昭和七）年の記事では、戦前の社会保障制度の一つの達成点とされる救護法の制定に関しても、「救民救助は国家の義務ではあるが、国民の権利ではない」とした上で、昨年の救護法の実施準備の際、「気の毒な生活をなす者の中に救助を受けることをよしとしない者が、各地方にあった」と聞き、「我等は日本魂、神州男児の気概、神の国女子の気概であると少からず痛快を感じた」と書かれている(75)。

ちなみに満州事変が起こる一九三一（昭和六）年以降、この社会事業の雑誌にあっても戦争に関する記事が徐々に増えていくが、それに伴う一者性を刻印した「国家」の前景化の中で、〈社会（的）〉という言表自体が阻却の対象となる。例えば、社会事業研究者の海野幸徳は、一九四二（昭和一七）年に、「民衆社会事業より国家社会事業への転換」という論文を書いている。「これまでの人道社会事業、人類社会事業」は、「任意的×私的×分散的×個別的」の性格をもち、「所謂『社会的社会事業』の範類に投入されるべきもの」だった。しかし、それは今や「国家社会事業」に転換し、「統制的×公的×集中的×集団的」という特徴をもつに至った。そこでは、われわれは「国家奉公の義を励まなければならぬ(76)」。

そして海野の言葉の最後に出てきた「奉公」——これは「一者的なもの」の上昇と相関的に多産されるようになった贈与-交換の言表である。最後にその意味論について仮説的に検討したい。

（3）〈奉公〉のトポロジー

上述の「一者的なもの」の前景化の中で、われわれがすでに見てきた「奉仕」にも、これまでと異なる意味が備給されるようになる。

先ほどわれわれは、本章第四節(2)において、「奉仕」の思想財の特徴として三点を挙げた。〈交換〉を志向する概念であること、誰にでも適用可能なこと、多くの行為に適用可能なこと、である。しかし、今や、その特徴は大正期的な「奉仕」概念のものだったと限定をつけねばならない。戦争が進むにつれ、次のような用法が頻出していくからだ。

「校内教職員一同の滅私協力の奉仕によりて、校長の責務を完ふしたい」。

（『人道（新版）』六八号　昭和一四年一月一五日　今井新太郎「家庭学校就任の辞」三頁　傍点引用者）

「吾等基督者は先行車《ママ》とし、多くの人を救ふ愛と犠牲の勇士であらねばならない。使命と信じる所には私心を棄てゝ、命を捧げる奉仕の精神をもたねばならない。」

「陛下の為め、皇国の為め天父のため、キリストの犠牲の精神によって、国家総力戦の第一線に愛と犠牲を捧ぐべきである。」

（『人道（新版）』七三号　昭和一四年六月一五日　生江孝之「中北支戦の視察より帰りて」三頁　傍点引用者）

「真個の人間生活は、相互扶助、自己犠牲、社会のために奉仕するの精神によって完ふせらる。……社会面から犯罪少年を除去するのには青年の生活精神の中に、僕、奉仕、犠牲の尊い精神、国家のために、自己を没してつくす愛国心を涵養することにある。」

（『人道（新版）』八五号　昭和一五年六月一五日　今井新太郎「生活意識の欠陥と吾等の教育」一頁　傍点引用者）

「一切を捧げて、国家、社会、人類の文化向上のために奉仕すべきである。吾等は一切の神有を思ふと同時に一生涯を公のために、奉仕すべきであると思ふ。」

（『人道（新版）』九八号　昭和一六年七月一五日　今井生「神有と奉仕」一頁）

これらの「奉仕」は、大正期のものとは、いくつかの点で異なっているように思われる。まずそれは〈交換〉という表象には還元されない。つまり諸個人が「奉仕」をするのは、もはや、〈社会〉の改善を通して長期的に自分の利得を向上させるためではない。実際に、読売新聞紙上において「社会奉仕」を見出しに含む記事は、一九三四年を最後に消える。

彼／女らは、贈与-交換でつながれた社会的交換の平面から放逐された。その代わり《ある対象》に対し、私を滅し命を捧げることが要求される。そして、この「奉仕」は、誰にも適用可能な概念ではなくなっている。《ある対象》は特異点として、自らは奉仕をしない。それは唯一の奉仕される客体である。あらためて言うまでもなく、その《ある対象》こそが「国家」であり、その実体としての「天皇」である。ここでの「天皇」の位置価は、そもそも〈報徳型社会〉概念において特異点を構成していた「先人の徳と恩」を、折り込み・包摂した形で構成されていると考えられる。当時の意味論では、「天皇」が「日本人」の通時的かつ共時的な存在を担保する審級だったのだから。この中で諸個人（＝国民）は、特異点としての「天皇／国家」に対して、原理的に返済不能な「負債」を負った存在――「天皇の御為めに〝私〟を滅する者〝己〟を無にする者」[77]――となる。ここでは自己を捧げる「奉仕」すら、無限の負債に対する、常に不十分な弁済でしかないのだ。このような純粋負債は純粋贈与と表裏一体であるが（今村 2000：114-126）、純粋贈与の担い手は言うまでもなく天皇である。

われわれは、このような「奉仕」の「変質」は、別の思想財によって意味を領有された結果だと考えている。その言表／思想財こそが**「奉公」**である。「奉公」の言表は、戦前の新聞に多数登場するが、その多くは、「奉公人」「年季奉公」という用法に代表されるように、他家の家事や家業に従事する意味においてであった。戦後の用法から想定される国家社会への献身という用法の記事は決して多くない。図1-4は、読売新聞における「奉公」の語

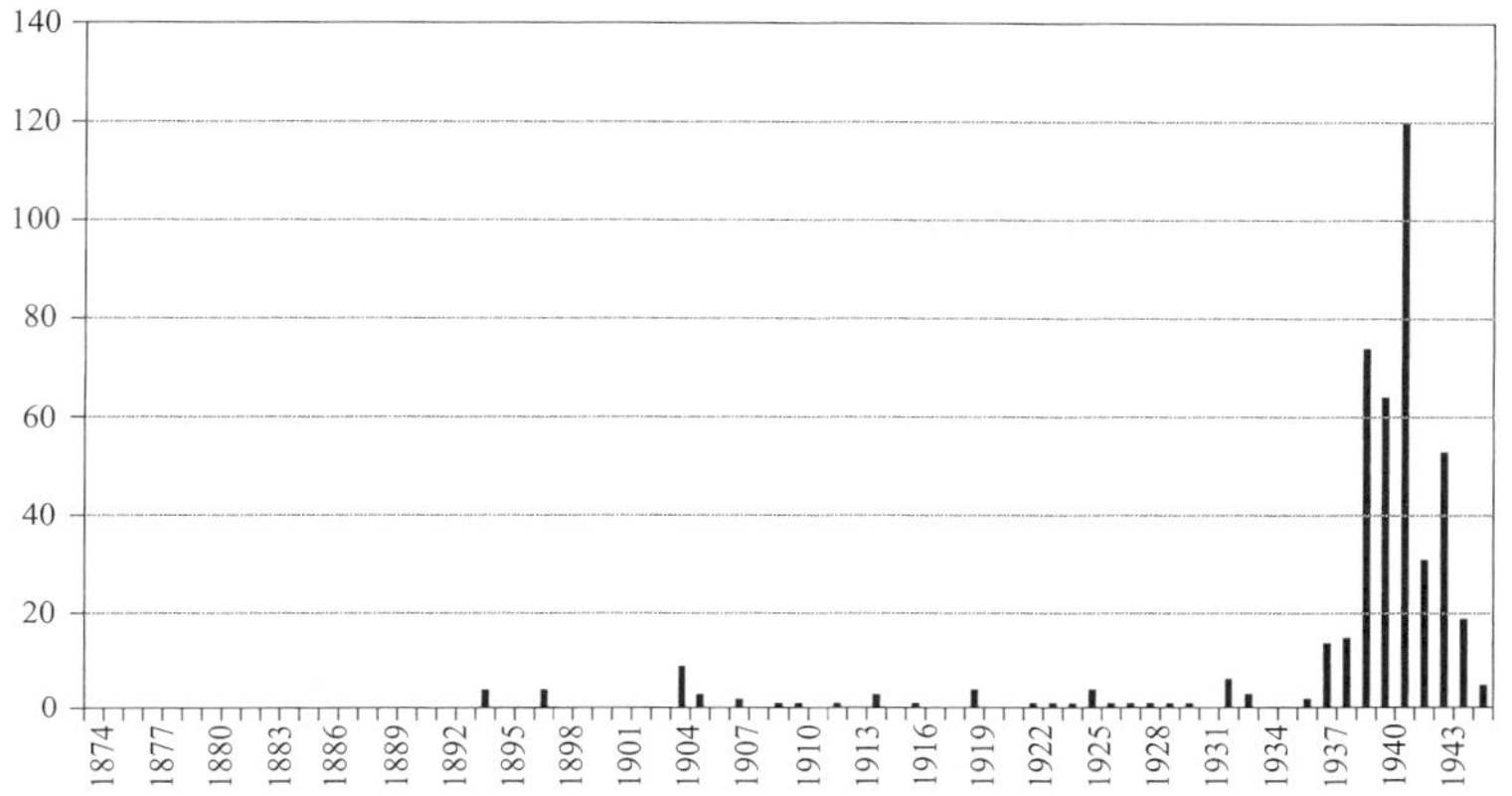

図 1-4　読売新聞「奉公」記事数（見出し）　国家・社会への献身の意味

を見出しに含む記事数の推移であるが、「奉公」を後者の意味で用いたものに限っている。初めて、この意味の「奉公」を見出しにもつ記事が登場したのが、一八九四年の日清戦争時であり、年間の記事数が一九三七年以前で最も多かったのが一九〇四年の日露戦争時である。このように「奉公」の語は戦争と強固に結びついていると言える。その一方で、大正期における「社会の発見」や「奉仕の増殖」には反応していない。奉仕と奉公は戦後のまなざしからは等価に捉えられるが、例えば、「社会奉仕」とは言っても「社会奉公」とは言わない点から、その射程には差異が含まれていたと考えられる（ちなみに「奉公」の一般的な接頭辞は「滅私」である）。とはいえ、戦時期が進むにつれ、両者は等価に用いられるようになっていく。「奉公」の言表が増殖するのは、「奉仕」と同様に、日中戦争が開始された一九三七年だった。

「滅私奉公」が初めて登場するのも一九三七年、首相の林銑十郎の国民に向けた声明、および政府の標語としてである。一九三九年には毎月一日は、国民に緊縮や献金を求める「興亜奉公日」とされ、総動員体制における象徴的な言表の一つとなる。(78) 一九四〇年には大政翼賛会が成立すると同時に、その最末端組織として町内会・部落会や隣組が整備され、諸個人や地域の諸活動が国家へと機能的に順接するための制度的環境が構築された。

同時期、『人道』誌上でも次のように「奉公」の言表が運用されていく。

「一、我等は皇国日本の使命を奉体し、其の理想を世界に宣揚せん事を期す。一、我等は祖国愛の熱情に燃え、挙国一致、国難を克服し、益々犠牲奉公の誠を致さんことを期す。」

（『人道（新版）』五六号　昭和一三年一月一五日　佐藤尚道「基督教徒祖国愛運動」二頁　傍点引用者）

「基督は此の青年に向って、汝一つを欠ぐと告げた。何を欠いたのであるか、身を棄て、仁を行う没我、滅私奉公、即ち玉砕精神を欠いてゐたのである。青年の進むべき唯一の途は死である。」

（『人道（新版）』一三〇号　昭和一九年四月一五日　今井新太郎「青年の進むべき道」一頁　傍点引用者）

「留岡先生は夙に此精神を奉し、此を実践せられた方である。即ち先生の全生涯は「滅私奉公」「背私向公」に終始せられたのである。」

（『人道（新版）』一三五号　昭和一九年九月一五日　今井新太郎「留岡先生頌徳碑除幕式辞」三頁　傍点引用者）

このような「奉公」及び昭和（戦時期）の「奉仕」概念について、「慈善」および大正期の「奉仕」概念と比べてみよう（図1-5参照）。

まず、「慈善」は上位者から下位者に垂直に贈与するというモデルで表せる。また、大正期に誕生した「奉仕」は、〈社会〉平面に水平的に埋め込まれた諸個人が、〈社会〉を媒介として相互に贈与-交換し合うというものであった。これに対し「奉公」、もしくは昭和戦時期の「奉仕」は、垂直面と水平面を共に必要とする三次元モデルである。〈社会〉を措定するとされる特異点が上昇し「天皇」として実体化する。そこでは「天皇」は、諸個人の存在意義の根拠となるものであり、諸個人に無限の恩恵を〈純粋贈与〉する存在である。一方で、〈社会〉の諸個人は、「天皇」に対して相互に平等（赤子！）でありつつ、全ての行為は、最終的には〈社会〉平面を超えて、「天

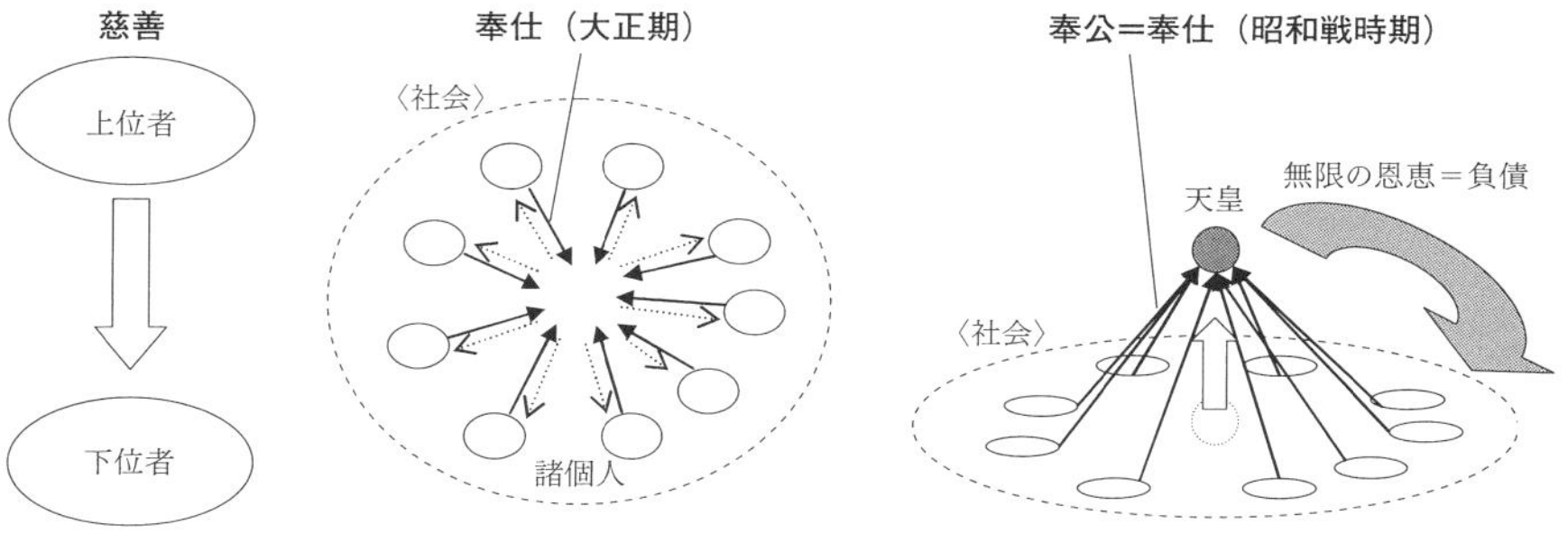

図 1-5　慈善・奉仕・奉公のトポロジー

皇」への報恩（＝負債返済）へと接続される（べきとされる）。つまり「奉公」は、もはや〈贈与〉ですらなく、その意味で〈贈与のパラドックス〉はあらかじめ解決されている。しかしその代わり、無限の負債の前で、諸個人は原理的に不可能な弁済に向けて終わりなく——最終的には「命」まで——「奉公」すべきという返済義務が課されることになる。例えば、興和奉公日に際して、「きょう〝生活正義〟の奉公日　一人の不心得者も国民から消せ」（「読売新聞」一九四一年八月一日）という新聞記事が紙面を飾るようになるが、〈贈与のパラドックス〉に替わり、奉公＝債務返済の強度を競うゲームが作動していく。

戦後、この〈奉公〉の意味論は、〈贈与〉をめぐる言説を展開させる否定的な準拠点となっていく。とはいえ、この言説空間も様々な揺らぎを内包していた。全ての要素を全体（およびそれを代表する特異点）との機能関係の中で観察する強度のシステム論的理性が浸潤したこの言説場は、かつての〈奉仕〉の意味論と同様に、あらゆるものが「奉公」と名指される可能性を帯びる。場合によっては野犬、古ペン先、猫柳等も奉公主体となるような、[79]いささか滑稽な要素も含んでいた。ここから、国民体育大会への参加を「体力奉公」、貯蓄を「貯蓄奉公」とするように、通常の行為の意味づけを上首尾に変更するだけで、「奉公」の表象を獲得することが可能な面もあった。[80]このゲームを習得すれば、運用次第で、実質的に「滅私」ではなく、自己の利得を上昇させることも可能だった。[81]一方で、〈奉公〉

のゲームを拒否あるいは上首尾に遂行できない者は「非国民」として排除され、真面目に遂行しすぎる者や他の選択肢が与えられない者は命まで奉仕させられる——これが、戦前における贈与-交換の意味論の展開の一つの終着点の光景だったと言えるように思われる。

最後に、本章がもつ含意についてあらためて検討しておきたい。

八 小 括——〈贈与のパラドックス〉の別の抜け方について

われわれはこれまで、戦前の贈与-交換の意味論の中で固有の位置価をもって出立した、「慈善」、「奉仕」、「奉公」の三つについて検討し、また、その間隙において徴候的に姿を見せた「ボランティア」の言表について検討した。それらはそれぞれの方法で、〈贈与のパラドックス〉を回避しようとしていた。しかし、それぞれは、結局何を回避したことになるのだろうか。

「慈善」が孕む〈上/下〉の意味論を回避するために、「奉仕」では〈社会〉を媒介に諸個人が対等に交換し合うという形象を造り上げた。しかし、その言表は増殖し・空虚になったために、贈与の動機という点において、次の二つの問題が生じる。第一に、動機が過剰になりすぎる。つまりその思想財が、多くの行為——特に商業行為にまで——に適用可能になる中で、なぜわざわざ「無償の贈与」というタイプの「奉仕」を行うのか、という動機の過剰を生む。第二に、それは動機の動員力としては過少である。社会保障を抑制し自立を強いる思想財としては機能しても、「富者」に寄付を十分に出させる動機としては弱い。いつまでたっても「篤志家」への「主体変容」の瞬間は訪れない。

第一の問題に対しては、対象者とのミクロな相互作用自体が、楽しさや自分の成長などの効用を得られるという動機を備給することで解決が図られる。つまり〈社会（the social）〉を前提とした社会＝社交（sociability）の水準で、動機の過剰＝〈贈与のパラドックス〉は処理される。これは、「方面委員」や「ボランティア」といった「越境する身体」の系譜において見出すことができる。とはいえ、そこでの「社交」は再び〈社会〉へと折り返されて、敵対性を封殺しようとするマクロな政治的回路へと誘導されるわけだが——。

第二の問題に対しては、〈社会〉概念の中に、返済不能な負債を課す特異点（先人の恩）を設けておくという補強策がとられる。しかしその特異点は、戦争に向けた社会編成の中で、「天皇」という強い政治的実定性をもつ形象へと実体化されていく。それは、諸個人の全てを供出することを自発的に引き出すための、絶対的な強度をもった思想財として活用された。それが、戦前日本においてすら鬼子と言える「滅私奉公」の意味論の中核を形作る。

この「奉公」の意味論が首肯性をもっていく中で、第一のミクロな相互行為＝社交レベルの意味論／実践も、矛盾なく回収されていく。つまり、「ボランティア」の語／意味論が戦争への動員を免れていた（逆に言えば『奉仕』という言葉が悪かった」）わけではない。われわれは探そうと思えば、「ボランティア」という言表と戦争という文脈の接合を容易に見出すことができる。例えば、一九四一年に『社会事業』誌に掲載された「女子学生の勤労奉仕としての保育事業」という論文は、津田英学塾（現在の津田塾大学）の女子学生が、一九三七年の盧溝橋事件以降、「銃後の任務」として行ってきた「奉仕」について紹介されている。その中で、次のような箇所がある。

一昨年の婦人団体連盟が東京市に移動テント託児所を設け数名の若きヴォランティヤー女子を助手として用ひたがその結果は決して不成功ではなかったと思ふ。又日比谷公園児童遊園地に於ても有閑女子青年が子供等のよき指導者として動員せられたと聞いてゐる。たゞ日本に於ては遺憾ながらヴォランティヤーについての観念がしっかりしてゐない。「どうせお金を貰ってゐるわけではなし。少し位なまけても。」この観念こそは今や完全に払拭されなければならない。ヴォランティヤーなればこそ尚更に一生懸命であるべきである。使命を感じなければ勤労奉仕を申出なかった筈ではないか。尊き使命感のもとに規則正しく責任をもって働く若き女性が多数託児所、殊に農繁期託児所に働く事を私はのぞんでやまない。また地方各女学校が託児所に於ける勤労奉仕の問題を真剣にとりあげらるゝ事をも望む次第である。（藤田 1941：71-72）

ここで語られていること（一生懸命であるべき）は、極めて「ボランティア論」的な――現在に至るまでボランティアの教科書にあるような――議論である。「銃後の任務」としての勤労奉仕という文脈から切り離すと、この文章から、時代的な種別性を見出すことができない。このことは、行為論／相互行為論的なボランティア論は、どのような政治的文脈とも矛盾なく接合するということを端なくも暴露していると見るべきだろう。

さて、以上のように、戦前という時代を語ろうとする際、終局に「戦争」を置き、結局すべてがそこに回収されていったという語りを伴うことが多い。本章もまたそういう語り口となっている。しかし、本章のストーリーとはズレを孕んだ贈与-交換の意味論の展開、つまり〈贈与のパラドックス〉の解決を模索する別の方向性も、いくつも存在していた。例えば内村鑑三は、日露戦争に際して、次のように述べている。「一方には孤児の養育を唱へ、一方には戦争の利益を道ふ、斯くて一方には孤児を扶けながら一方には盛んに孤児を作る、笑止千万とは主戦論者の孤児救済事業なり、彼等は孤児の敵なり、其友に非ず」（内村 1905→1981：263）、「私は今まで色々の慈善事業を研究し、又之に手を出して見ましたが、然かし、戦争廃止を目的とする平和主義に優さりて善且つ大なる慈善事業を思附くことは出来ません、……戦争廃止を一年早くすることは孤児万人を救ふに優さる慈善事業であると思ひます」（内村 1905→1981：284）。内村の非戦論については多くの研究が行われており、深くは踏み込まないが、贈与-交換論としての含意を簡単に検討しておきたい。

本章第三節(1)で見たように、内村は、資本家からの寄付を拒否すべしとする――慈善／社会事業を行う上ではいささか現実性に乏しい――主張を行っていた。実際に事業を経営する留岡幸助は、本章で見てきたように、富裕層から寄付を引き出す手管を考え、また天皇の意味論すら自らの立場に整合的な形で接合するしたたかさをもち（田中 1996）、社会事業家として大きな役割を果たした。しかし内村のシンプルな主張は、〈贈与のパラドックス〉について意外と多くのものを提示しているように思われる。〈贈与のパラドックス〉とは、贈与を意図して行われた行為が――別の観察視座に準拠するとき――反贈与的なものとして観察されるというものだった。内村は、主戦論者の孤児救済事業の「笑止千万」な矛盾（＝贈与のパラドックス）を批判しているとも言える。と同時に、「平和主義に優る慈善事業はない」という主張は、〈贈与のパラドックス〉を抹消する方向性を示してはいないだろうか。つまり、ミクロレベルで贈与を行う際には、マクロ政治／社会レベルにおいても、孤児を生産しないような構造的な方向性（ここでは反戦・平和）を見定めそこに寄与するべし、というわけだ。確かに「戦争廃止」が実現するなら、それは孤児に対する究極的かつ知覚も受け取りも不可能な――なぜなら「孤児」という存在自体が無化されるため――贈与であると言え、それこそ〈純粋贈与〉の名に値するだろう。また、それをめざす過程では、上記のマクロ政治・社会レベルを参照しながら意味論を組み立てることで、〈贈与のパラドックス〉の発生もある程度抑えられる。なぜなら、「戦争」（あるいは戦争を推進する者）という構成的外部（敵手）を設定することで、孤児との間に援助者／被援助者の関係を超えた〈共通の利害＝立場〉（戦争で苦しめられるわれわれ）を構築することができるからである。「戦争」という構造問題との関連で贈与を捉える彼の視線は、徒に〈贈与のパラドックス〉を指摘するだけのシニカルなメタゲームとは異なり、実定的な強度を有していると思われる。キリスト教における福祉思想を研究する室田保夫（1994）は、内村鑑三と同様に非戦を中核にして、第二次世界大戦への傾斜にも強く反対しながら社会福祉思想を組み立てた戦前の人物として、柏木義円[82]を挙げている。

とはいえ、彼らの主張が政治的な力をもたなかったのは確かであり、キリスト教に基づく主張も日本社会に対して浸透せず、結局は局所的なエピソードでしかない――その出来事を過大視すべきではない――という（社会学的な？）総括もまた、免れることができないように思われる。しかし戦後の贈与-交換をめぐる問題系では、この内村＝柏木的な問題設定――マクロ政治的に問題を考えよ――はマイナーなものではなくなり、むしろ〈贈与のパラドックス〉をめぐる重要な規準として前景化していく。次章以下では、その「戦後」という時代について、見ていきたい。

第2章　戦後改革と不分明地帯の再構築
——一九四五〜一九五〇年代前半

一　はじめに

戦時中の総力戦体制とは、あらゆる種類のアンペイドワークを、社会の諸中間集団を媒介としながら、アジア太平洋戦争の遂行に向けて動員するシステムだった。そこで主要な役割を果たした「奉公」という言葉は、大正期に成立した社会連帯思想から意味を備給された「奉仕」をフォーマットとしながら、その特異点を〈社会〉から超越的な「天皇＝国家」へと置換し、全ての自発的行為を天皇に対して負う〈純粋負債〉の返済として位置づけることで〈贈与のパラドックス〉を無効化するものだった。新しい意味を帯びて登場したはずの「ボランティア」の語も、この「戦時動員＝奉公」的意味論の中に矛盾なく接合し、行為論／相互行為論レベルの〈贈与のパラドックス〉解決の試みの限界を露呈させた。なぜならそれは、ミクロな〈贈与〉をいくら積み重ねたところでそれを無意味にするような、究極の反贈与的出来事＝戦争に対する、何の抵抗の契機も含まれていなかったからである。

「戦後」の自己意識は、このような戦前-戦時的なものへの批判・反省という形で成立している。この中で焦点があてられるのが、前章のはじめに二点確認したような、国家と社会の関係のあり方であった。(1)「社会に対する国の強い統制」は、民主主義の基盤となるべき自発的なアソシエーションが国家から自律的に活動・発展することを妨げてきた。⑵「社会権保障における国家責任の不在と社会による代替」は、国家が国民の社会権を保障しないだけでなく、社会に機能代替させるために、アソシエーションや近隣関係、家族等に対する国家の介入を生み出す契機にもなった。これらは、「社会の民主化」のために否定されるべきことだった。逆に言えば、「社会の民主化」に適した国家／社会関係は、上記の二つの特徴を反転する形で導出される。それは、①「国家に対する社会の自律」と、②「国家による社会権の保障」である。これを以下では社会の民主化の二要件と呼ぶ。本書にとって重要なのは、**これが〈贈与のパラドックス〉の解決のための規準とされていく**ことである。

本章では、終戦直後から一九五〇年前後に注目し、二つの要件を実効化する制度・政策の確認と、そのルールが早くも機能不全を起こしていくプロセスの検討を行う。二要件は実は両立困難性を有していたため、様々な「国家と社会の間の不分明地帯」を生み出していく。それこそが、〈贈与〉の意味論と、「ボランティア」の言表が息づく場所となっていくのである。戦後を長く規定することになるこれらの初期設定値について見ていきたい。

二　「社会の民主化」の二要件

①　国家に対する社会の自律

「国家に対する社会の自律」とは、社会の民主化のために、最も基層的なものと位置づけられた一つである。すでに見てきたように、町内会などの中間集団は、戦時中、国家との密接な連携のうちに総動員体制を遂行するものとして重要な役割を担った。その仕組みの解体は、ＧＨＱの主要な改革課題の一つだった。民主化の前提として、国家と社会の不分明地帯に切り込みを入れ、社会を独立した審級として自律させることが求められたのである。本書の関心に合わせるなら、国家による市民社会の動員可能性を、法制度レベルで制限したものと見ることもできる。なおここで、国家とは、中央政府と地方自治体政府を共に含んだ統治機構とし、中央／地方の区別は設けない。

さて、この要件を最上位で規定しているものが、憲法八九条であろう。この条項は、公金について、宗教団体や「公の支配に属しない慈善、教育若しくは博愛の事業に対し、これを支出し、又はこの利用に供してはならない」ことを謳ったものであり、国家が社会の諸集団に対し、財政的なサポートを通してコントロールすることを禁じたものである。公金を使った動員の禁止と言ってもよい。憲法制定に先立つ一九四六年には、ＧＨＱ覚書ＳＣＡＰＩＮ第七七五号（通称、公的扶助に関する四原則）に伴う補助金の廃止が行われ、「私的・準政府機関」への権限委譲や財政援助の禁止によって、「否応なく実在し高い比率を占めていた『民間』施設への財政支出が禁止された」。これによって「戦前から巣喰っていた補助金行政は廃止され、社会事業法は効力を喪失した」（高澤 2001：304）と指摘される。

また、国家の上意下達機関とされた町内会・部落会は、一九四七年五月に政令第一五号により禁止された。さらに、社会教育においては一九四九年に社会教育法が成立したが、憲法八九条との関係で、第一三条に「国及び地方公共団体は、社会教育関係団体に対し補助金を与えてはならない」という条項が設けられ、民間の社会教育団体に対する「ノー・サポート、ノー・コントロール」が法的に規定されることとなった(1)。

② 国家による社会権の保障

民主化要件①の国家と社会の分割は、各領域に固有の権限・責任を割り振ることによって実質化する。政府に割り振られた責任の一つが社会権の保障であった。その最終根拠は、国民の「健康で文化的な最低限度の生活を営む権利」および「社会福祉、社会保障及び公衆衛生の向上及び増進」に関する国の責任を明記した憲法二五条にある(2)。

一方で社会の役割は、この国の役割から逆算する形で否定的に導出された。つまり、国が責任を負うべき社会権の保障を、肩代わり・代替・補完しないことである。もし市民社会が、それを代替・補完してしまうと、そのために国は憲法に規定された責任をいつまでも果たそうとせず、結果として国家の民主化・近代化を遅らせるという〈贈与のパラドックス〉を体現してしまうというわけである。

早瀬昇（1992）によると、憲法二五条が含意する上記の意味論は、ボランティアをめぐる言説に大きな影響を与えた。つまり、この条項によって、国や地方自治体のみが社会活動の担い手であり、ボランティア活動のように市民が直接関わることは時代遅れだといった認識が広がったという。小野顕も、この条項によって、「社会福祉の全てを国が行ない、それ以外を排除する規定であるかのような誤解がひろがった」（小野 1979：245）と指摘している。

国家／社会の役割に関して何が民主的であるかをめぐって、このように相反する評価があり、本書ではその過程について確認していくことになるだろう。だが、終戦直後の初期値としては、国の責任を肩代わりしないということは、以下に見るように、社会の民主化のための重要な要件であった。

以上の二つを、本書では社会の民主化要件と捉え、〈贈与のパラドックス〉回避のための基準として機能したものと考える。この二要件は、常に同時に充足されたわけではなく、緊張を孕んでいた。例えば、①民間の任意団体が、国家から自律した形で活動を行っていても、それが国が果たすべき社会権保障を代替していると観察される場合、②に抵触することになる。両者は、一方が他方に回収されない楕円の二つの中心のような関係にある。この楕円上に、〈贈与のパラドックス〉をめぐる議論が分散していると観察することが可能であり、以下では、各言説に位置価を与えていくための枠組として二要件を用いていきたい。

三　再来する「不分明地帯」（1）――旧生活保護法・民生委員・社会福祉法人

（1）旧生活保護法の成立――賭金としての「意志」

社会権保障の帰責先を国家に割り振る形で社会の自律性を確保する試みは、しかし、簡単には成功しなかった。国家／社会の間に不分明領域が生み出されてしまうのである。以下では、その構築過程について、いくつかの代表的な制度を素材としながら検討していきたい。まず、終戦直後の重要な生活困窮者救済の制度である「生活困窮者緊急生活援護対策要綱」と「旧生活保護法」の概要について簡単に見ていこう（詳細については菅沼（2005）などを参照）。

一九四五年一二月一五日に閣議によって決定された「生活困窮者緊急生活援護対策要綱」は、戦後直後に成立した困窮者救済制度としてとりわけ重要なものである。約二億円が投じられ、衣食住の現物支給に重点を置いた様々な対策が実施された。しかしこれは、援護対象が限定され、現物給付と役務提供とに限る不十分なもの（高澤 2001：297-298）だったとされる。さらに本書の文脈で重要なのは、この対象確定・給付を実行するため、町内会長、部落会長、方面委員、社会事業団体などが動員されたということであった。つまり、社会政策として内容が不十分という点で民主化の要件②（国家による社会権の保障）を充たさず、また、それを実行するために既存の非政府の組織のアンペイドワークを動員しなくてはならない点で要件①（国家に対する社会の自律）を侵犯していた。

この問題を克服するために、一九四六年九月九日に「生活保護法」（通称、旧生活保護法）が施行されるが、ここでも上記の構図は反復される。旧生活保護法は、保護の国家責任などといったＧＨＱの命令を取り入れながらも、不適格者の規定（素行不良者）、市町村長の実施責任、民生委員の法執行担当、保護請求権などの権利規定の不在など救護法との連続性を多くもち、さらに、インフレやドッジ・ラインの強行による不況に伴う失業者の増大に対応できなくなる（高澤 2001：301）。これは、生の保障を国家が行うことに、再び失敗していることを示している（要件②の侵犯）。

この中で、増大する給付額を抑えるために、社会権の保障責任から国家を退避させようとする言説も見られる。厚生省社会局保護課事務官の内藤誠夫は、その第二条の「怠惰な者や素行不良な者には本法による保護は行わない」という規定について、「それに甘えて無為徒食する所謂惰民を養成する恐れがあるから」という理由を述べている（内藤 1946）。これは、国民の内部に「意志」を基準に分割線を引き、それに準じる形で国家による社会権保障の範囲を縮減しようとするものだった。この明確な要件②の侵犯は、強い批判を生み出す。社会党代議士の長谷川保は、「依然として救恤的」という論文の中で、「惰民」に照準するこの規定について、「現政府は戦争を引き起こして多くの悲惨な敗戦国民を作った大きな責任を忘れてゐる」と批判し、同じく社会党代議士の氏家一郎も「この法規の全体を通じ官尊民卑の考え方から一歩も出ていない」と批判している（長谷川 1946；氏家 1946）。また、後に「もてるものがもたないものにではない」というボランティア論で著名になる民間施設経営者の髙島厳は、端的に「特に国民の良心を表明する上から法律の総則に怠惰者や素行不良者といふ例外を持ち出すことは甚だ面白くない」と述べている（髙島 1946）。

ここで重要なことは、国家が受給対象者の「意志」を参照すること自体が、国家責任の放棄（民主化要件②の抵触）という形で、批判の対象となるという構図ができているということである。「意志」に関する議論は、次に見るように、民生委員について、国家に対する社会の自律（民主化要件①）をめぐる問題系でも反復されることになる。

（2）方面／民生委員について

旧生活保護法の中で大きな議論を呼び起こしたのが、人々や民間組織の動員／活用をめぐってであった。その論点は以下の二点である。第一に、方面委員を民生委員に改称した上、政府の補助機関としたこと、第二に、民間保護施設に設備費を補助することにしたことである。

第一の点から見ていこう。旧生活保護法では、方面委員は民生委員と改称されたが、これに伴い——非政府＝社会の側に置かれた戦前の方面委員とは異なり——政府機関としての位置が与えられた（内藤 1946）。厚生省社会局庶務課事務官の養老絢雄は、方面委員が、「隣保相扶の我が国の伝統の醇風美俗」と「互助共済の精神」に即して職務を行っていたのに対し、「今日に於いては、一般的社会救済のことは全国的に国家即ち政府の責任としてこれに当るべきものと考へられて」いるため、「方面委員を以つてしては十分とは言い得ない客観情勢に立至つてゐる」と述べる。そして、方面委員が、「生活保護法の如き政府が救済のことを全面的に直接自己の責任として取上げる立場」に立つかぎり、「当然直接政府の末端組織として救済の衝に当るものと観念せられねばならない」と指摘し、それを国家の側に回収することで、①②の侵犯を回避しようとする（養老 1946 傍点引用者）。

ここで一つ注意しておきたいのは、「方面委員を以つてしては十分とは言い得ない客観情勢」についてである。実は、養老においては、方面委員を主導してきたとされる「醇風美俗」と「互助共済の精神」は、民主化のプロジェクトを進めるため積極的に選択されたのではなく、それが不可能であるという理由で、やむをえず選択されたものだった。曰く、隣保相扶はわが国の伝統だが「かゝる道義感は言い得べくして行ひ得ないと言ふのが今日の実情である。隣保相扶とか、家族制度とかは我が国独特の制度であり、同一の社会基盤に立つものと考へられるけれ共、かうしたものは今日にあつては既に消失乃至滅却せられようとして居るのが実情であり、我々の日常生活或ひは社会通念より余りにかけ離れた存在となりつゝあるものと言ふべきではあるまいか」。

このように厚生官僚の養老は、戦前の社会事業の文脈で称揚された「醇風美俗」と「互助共済」と言葉に表される〈贈与〉的意志やその活動が、有用な資源でなくなったことを惜しんでいるが、逆に民主化という主題からは、〈贈与〉意志による社会保障機能の代替こそが問題なのであった。別言すれば、社会保障の実行過程において、人々の意志に依存する身振りを批判することが、民主的・戦後的とされることになる。

この言説形式のもとでは、国家機関に属することで民主化要件②を充たしたはずの新たな「民生委員」制度も、無給である点で、依然、〈贈与〉意志に依存する「篤志奉仕」的なものと批判されることになる。つまり、「現今の方面委員が無給でやっているのは社会事業家を冷遇しているのと同様に非常な誤」であり（長谷川 1946：16）、「市町村長の責任に属するものを篤志奉仕者たる私人にやらせるというようなやり方」は「誤謬」である（谷川 1951a：5）。その点で民生委員も、方面委員と同じく非民主的であり、「結局救貧的慈恵的精神を取つぐに過ぎない」（氏家 1946：17）。同様に、ＧＨＱからも民生委員に対する「集中攻撃」が行われるようになっていた（高澤 2001：304）。

結局、一九五〇年の生活保護法改正によって、現在に至る生活保護法の仕組みができるのと同じくして、民生委員は国家の職務に服するのではなく、あくまで協力機関であるという位置づけを得た。ここには要保護者が増大し、法の運用方法も次第に複雑化する中で、民生委員では対応できず、専門的な職員が対応する必要が出てきたという事情もある（谷川 1951a）。だが、この生活保護法の改正によって、民生委員の位置づけは再び不明確になった。自治体政府に属していないが自律もしていない「協力」という位置は、国家と社会の間に民生委員を留め置くことになる。このように、二つの民主化要件の侵犯を回避し続けた結果、結局、国家でも社会でもない不明瞭な領域を生み出すことになった。この不明瞭地帯、そしてそこに見出される贈与-交換性をどう処理していくかが、重要な問いとなっていく。われわれは何度となくこの問いに立ち戻ることになるだろう。

（3）社会福祉法人

この不分明地帯をめぐる議論において、最も重要なものの一つが社会福祉法人の位置づけをめぐるものであった。先ほど述べたように、国家／社会の分離によって、民間施設に対する補助金の廃止が行われていたが（ＧＨＱ

覚書SCAPIN第七七五号）、これは財政的に逼迫していた社会事業施設が危機的な事態に追い込まれることを意味した。そこで早くも区別の切り崩しの動きが生じていく。

まず一九四六年三月に、個々の救済措置に要する費用の経常至便が「民間」施設に対して行われることが承認され、いわゆる「措置費制度」が始まる。さらに旧生活保護法では、民間社会事業者に対する一般的監督規定（七条、三七条）が置かれ、同時に、憲法八九条において公的支出ができないとされた「公の支配に属しない慈善、教育若しくは博愛の事業」の「公の支配」に、「一般的監督」も含まれるという解釈が示された。この解釈をもとに、一般的監督を加える以上補助は可能という論理を導き出し、民間保護施設設備費の四分の三を都道府県が補助することを規定することとなる。これは「逆論理構成」と呼ばれる。

しかし、区別の曖昧化がこのように単線的に進んだわけではない。GHQは、旧生活保護法施行から間もなく、「公の支配」とは「一般的監督」を意味するのではなく、「再興・修理・拡張についてのみ例外的に補助を許すにすぎない」と厳格な解釈を示し、原則として民間社会事業に対する公的助成は禁じられることになった（初谷 2001：154）。さらに、一九四九年二月一一日の法務調査意見において、憲法八九条の政府解釈が変更され、同条による「公の支配」に属しない事業とは「国または地方公共団体の機関がこれに対して決定的な支配力を持たない事業を意味する」ことになる。これにより、「公の支配」は「一般的監督」ではなく、人事や財政に対する干渉まで含む「決定的な支配」という特別強力な監督を意味することになり、民間社会事業や私立学校は憲法解釈上も公的助成の対象となりえなくなった。

このように再強化された国家と社会の区別は、民主化要件①に叶うものだった。しかし問題は、民間社会事業も私立学校も、このように公的支出を完全に絶たれたら存立しえないということであった。ここで生じているのは、民主化要件①と②の両立困難性の問題である。

この問題を両方に整合的な形で解決するために、一九五一（昭和二六）年三月に公布されたのが**社会福祉事業法**

であった。ここでのポイントは本書の関心から二点ある。第一に、**社会福祉法人**が創設され、後にボランティア活動推進の主要アクターとなる社会福祉協議会、社会福祉事業団、共同募金会などが同法人として位置づけられた。第二に、社会事業が第一種社会福祉事業と第二種社会福祉事業に分けられ、前者の経営主体は国・公共団体または「社会福祉法人」に限られるとされた。ここで重要なことは、国や地方公共団体が責任を転嫁するのでなければ、民間主体に委託費を払って委託できることが規定され、民間事業経営者への公費支出が法制上根拠づけられた点である。これは、国家と社会の不分明地帯が制度的な基盤を持って設立されたことを意味する。まず、委託費制度の導入によって、民間社会事業が、民間でありながら政府のコントロールを受けるという二重性を帯びた存在となった。さらに社会福祉法人が、民間の公益法人でありながら、国・地方自治体に準じる権能をもつ形で誕生することとなった。この新たな不分明地帯＝社会福祉法人こそが、その後、「ボランティア」的なるものをめぐる言葉・身体・組織の編成に、大きな役割を果たしていく。このように①と②の矛盾を解決する試みが、制度化された不分明地帯を生み、後の「市民社会」の範囲確定に影響を与えるフォーマットとなっていくのである。

四　再来する「不分明地帯」（2）――赤い羽根と終戦直後の「総動員」

（1）共同募金の方へ――民主化要件の矛盾を解決するもう一つの方法

少し話を戻そう。前述のように、民主化要件①を体現するＧＨＱ覚書ＳＣＡＰＩＮ第七七五号は、民間施設への公的援助の打ち切りと、それに伴う施設経営の悪化をもたらした。「有力な民間助成団体も大部分その機能が低下し、加えて有力篤志家の解体により貴重な寄附源を失うに至った」（中央共同募金会編 1966：27-28）。

社会福祉法人の創設は、この困難を解決するためのものだったが、①②を両立させるための別の方法も採られた。それは民間施設の運営費を、社会内部から寄付という形で調達するものである。だが、それは戦前と異なる必要があった。なぜなら戦前の寄付は、中央社会事業協会研究所の吉岡正が述べているように、「個人の慈善心、博愛心」などといった〈贈与〉意志が突出する一方、合理性を欠いたものと捉えられていたからである。戦前の社会事業の多くは、「個人の慈善心、博愛心に依って設立され経営者の気儘に発展し」てきたため、「所謂対象の奪ひ合ひ、財源の奪ひ合ひ」や「相互の連絡の不徹底、資金の不足」に陥ってきた（吉岡 1946：6）。一方で戦後の寄付は、膨大なニーズに対応するためにも合理的に遂行する必要があるとされ、そのために**寄付の共同化**という方向性が追求されていく。その具体化の上では、やはりＧＨＱの示唆が大きく、アメリカで行われているコミュニティ・チェストを日本に導入するという形で提案された[3]。そして一九四七年八月六日に共同募金を全国に展開する中核体としての「社会事業共同募金中央委員会」（以下、中央委員会）が、総裁に親王の高松宮宣仁を据えて誕生した。同日の第一回中央委員会では、「共同募金『コムミュニティチェスト』運動実施要綱」が決定する。

しかしＧＨＱにとって、これは自らの提案によるものでありながら、注意を要するものであった。なぜなら共同募金は、国家が先導して社会から財を供出させるもので、明らかに①②の侵犯のリスクと隣り合わせだったからである。

侵犯を回避するためには、少なくとも二つの条件が必要となる。第一に、配分先が国家責任で充当すべき組織ではないということ、第二に、国家による強制ではなく社会が自発的に財を供出しなくてはならないということである。前者については「公の支配に属しない」民間施設が対象になるので、定義上問題はない。問題は後者についてである。この課題をクリアするために、様々な工夫がなされていった。

（2）「感性」を動員する

自発的な寄付という形態を実現するために、ＧＨＱのネフの指示のもと、厚生省と中央委員会が「実施上の留意事項」を作成した。そこには、「宣伝を十分徹底して所謂共同募金気分を作り、大衆をして寄付をせずにおられない気持にする」と書かれている。寄付をせずにおられない気持にする――この語に尽きているだろう。強制ではなく、宣伝によって、自発的に寄付する意志を作り出すこと。これこそが、社会の自律性の確保と社会権の保障という二つの課題遂行のために要請された技術だった。もっとも、自発的に行為するようにし向けるという、定義上「動員」に他ならないこの技術は、まさに日中・太平洋戦争を通して、社会を舞台に徹底的に行使された統治技術でもあったわけだが――。

その宣伝／プロパガンダの方法は次のようなものである。「とりあえず共同募金（コムミュニテーチェスト）なる言葉を機会ある毎に新聞、ラジオ、集会、学童を通じ家庭にまで入れること」。その方法は、新聞宣伝、教会・寺院・学校での説教や講義に「運動に対する援助を奨励する挿話を含めてもらう」などが考えられ、その媒体は「ラジオ、屋外広告（ポスター、電車広告、アドバルーン、自動車の正面の風除けの所の広告）、新聞広告、印刷物の送付、各家庭にビラの配布」などあらゆるものを用いる。さらには、募金の進行状態を表すために、「寒暖計型を利用し、「題目は『心の暖さのめもり』とすること」。つまり「「泣き叫ぶ子供」「病める母」「貧しい孤独の老人」「盲目不具の子供」「理性に訴えないで感性に訴えること」。そして、これらによって伝達されるメッセージは「理性に訴えないで感性に訴えること」。「新鮮な空気を要する子供」等の様な議論の余地のない人間的要求で相手が何事かせずにはおけない気持をもたせること」（厚生省・社会事業共同募金中央委員会 1947「実施上の留意事項」傍点引用者）。

新聞もこの方法論に従う。第一回目の共同募金が行われる一九四七年の年末には、「光なきどん底の人々へ血通う援護共同募金」や「母一人に慕いよる七十二人の子ら」といった見出しが紙面を飾ることになった（江川1948）。「理性」や「議論」を回避して「感性」に照準する共同募金――このメカニズムを視覚的・象徴的に表象する統一的なシンボルが、第二回目以降に登場した「**赤い羽根**」である。「赤い羽根」はフィーバーを巻き起こし、[4]『理性』ではなく『感性』で」という戦略の、最も華々しい成功例になった。とはいえ、この視覚的シンボルは、容易に流用可能でもあった。赤い羽根が登場した一九四八年には早速「赤い羽根を一円五十銭で売るという偽羽根売り」が現れている。また、日本水難救済会の募金では「青い羽根」が、日本道路協会の募金では「黄色い羽根」が用いられるなど、他の団体が行う募金でも羽根が飛び交うことになる。これに対し、一九五二年に中央共同募金会は両団体に羽根使用の中止を申し入れている。

このように、共同募金は、感性を介した社会の動員の場として、また民間社会事業への唯一の包括的な配分機構として、特権的な位置を占め続けることになる。とはいえ、その背景には、次に見るような隠微で強固な力が働いていた。

（3）道徳的コミュニケーションと相互統治

自発性の動員は道徳的な言葉を伴うことがある。共同募金もそのケースだった。「議論の余地のない人間的要求」（実施上の留意事項）とされる行為に協力した人々は、「社会奉仕の精神で募金に奉仕して下さる方々の犠牲的行動には、千万言を費しても感謝の意を尽すことはできない」、「寸暇をも割いて、我が事のように熱意を籠めて勧奨に廻られる戸別募金の奉仕者。風雨を犯して街頭に佇み、家路を急ぐ人の流れに懸命に呼びかける街頭募金の奉仕者」（江川 1948：18）と称賛される一方、このゲームに乗らないものは、道徳的に劣位な存在として位置づけられた。例えば、一九四七年に街頭募金を行った者は、募金に協力しない女に対し、「小さい子供が入れに来るのを見て、よく恥ずかしいと思わないで、そこに居る」と思い、「そんな時わざと私は叫んでやりました」と述べている（中央共同募金会編 1966：58）。

この種の道徳的コミュニケーションが、人々の行為に実効的に影響を与えたのは、「地域社会」の相互統治的な力が介在していたためと考えられる。その力は、各家を回って募金を集めていく戸別募金という方法において、最もその威力を発揮していった。戦後しばらく、地域では町内会、婦人会、民生児童委員会などの組織やネットワークが重要な役割を果たしていたが（岩崎他 1989）、この力の圏内で、募金の拒否という選択肢を取ることは難しい。特に戸別募金は、「村に割当てられた拠出額に対して封建制の強い村当局では仕方なしに拠出額をウ呑みにして、住民税の税額に拠って戸ごとの割当額を決めて強制的徴収をする」ため、「私的住民税と蔭口をきかれる」ありさまだった（村田 1951：30）。このゲームに乗れない／乗らないものは、サンクションを受けることになる。一九五〇年の『社会事業』誌には「共同募金と強制募金」という題で、次のような話が紹介されている。役所に勤める筆者のもとに、ある婦人が涙ながらに、面倒を見ていた甥が田舎に帰ると言い出したと訴えてきた。それは、甥の経験した次のような出来事が契機だった。

昨日の夕方、町の人が四～五人共同募金の箱を持って来て、貧しい人のために寄付をしてくれというのです。然し、妻子が上京して思わぬ出費がかさみ、室を見つけて貰ったものの未だ時計直しの仕事にもあり付けず、おまけに私が病臥して行ってやれず、面倒を見てやれなかったので、懐中に四十円しかなかったのです。それで、子供に買ってやるパン代と、夕食のおかずコロッケ二個代を引くと、十円しか残りません。この十円も甥にとっては、とても貴重なお金なのですが、せっかく、こうして貧しい人のために寄附を求めて来られたのだからと、その十円を差し出したんです。所が町の人は、割当てが一戸三十円だから三十円出してほしいというのです。そこで事情を話し十円だけ寄附しますからというと、たった三十円だとか、子供でも出せる金だとかいって、遂に、「十円なら返すよ」とい丶乍ら帰って了ったんです。然も出て行き乍ら、「あいつは共産党の奴かな」等と。

（佐藤 1950：31）

筆者は、この話を聞いて、「私共役所の人間が考えている当然すぎる趣旨は、現実に社会の個人に達する時は全く歪曲されていることに気が付いたのである」と述べているが、中央共同募金会が、募金当初から「批判や不満の声も相当多数にあがっていたことは事実」（中央共同募金会編 1966：56）と認めていることからも、この種の問題は、かなり広範に存在していたと思われる。

（4）終戦直後の総動員

この種の技法——感性に照準するプロパガンダ、道徳的コミュニケーション、相互統治——は、まさしく戦時期に活用されたテクノロジーだったが、二つの民主化要件を充たしていくという戦後的文脈で、再度活用されていたことになる。中央共同募金委員会事務局長の青木秀夫は「社会総動員的な性格を持たせ」る必要があると述べ、東京都民生局の村田松男も「地域社会の動員が大幅に得られなければならない」（村田 1951：31 傍点引用者）という。ここでは「社会総動員」「動員」という戦時中なじみの深かった語が使われているが、さらに村田の場合、それは「五人組制度の復活」という提案へと接続していく。村田によれば、五人組制度とは「あくまでも自発的設定に待ち」「社会福祉事業を住民のものとして」「漏救濫救を自発的道義的に絶」つことをめざす（村田 1951：31）。「五人組」や「隣組」の復活は、一九五〇年前後、盛んに主張されたことであったが、村田の言葉には、「隣保扶助」といい、困窮者が溢れているにもかかわらず「濫救を自発的道義的に絶とう」とする欲望といい、見事なまでに戦前の恤救規則的精神が謳い上げられている。

このとき意味論上で参照された審級は、大正期に導入された〈社会〉だった。曰く、社会福祉事業は、「社会共同の責任において処理されるべき性質を持つ」ため、「社会を構成する個々人すべての胸に自己の責任の所在を認識せしめた時において、社会福祉事業は成功への第一段階を卒業できる」（村田 1951：26 傍点は引用者）。戦時中、〈社会〉は国家の中へと意味論的に吸収される形になったが、ここでは、思想財としての〈社会〉が無傷で復活していると言える。そしてここで重要なのは、この〈社会〉の語が、社会保障を個人の責任へと帰する文脈で使われていることである。

このようにGHQなどが戦後の民主化を進めるために導入した共同募金という営為は、テクノロジーの面でも意味論の面でも、戦前との間に強い連続性を残すことになった。いわば それは、戦前と戦後の不分明地帯でもあったのだ。このような特徴を持つ共同募金は、第3章で見るように、特に一九五〇年代に入ってから激しい批判にさらされるようになる。

五　再来する「不分明地帯」(3)——社会福祉協議会をめぐって

(1) 復活する町内会

周知のように、戦後はたくさんの政治運動・社会運動が盛り上がり、政治をめぐるコミュニケーションが広範囲に展開していた。また、「運動」という自己定義を保持するセツルメントもこの時期「復活」している。(5) しかしその一方で、国家と社会との区別を厳格化する過程で否定されたはずの不分明なアクターが次々と復活していった。この中には、青年団のように、戦争を支えた存在と解釈されつつも、GHQによって既存の枠組を維持したまま再構築が許容されたものもあった。(6)

その代表格の町内会に対しては、戦後、解散と結成禁止という強い措置がとられていた。町内会は、戦時中、国家の末端組織として総動員体制の主要な装置であり、保守的・封建的秩序が根づいているとされていたため、民主化要件①(国家に対する社会の自律)を侵犯し、民主化のプロジェクトを阻害する存在として、一九四七年の政令一五号によって解散・結成禁止となっていた。しかし、表面的には解散されている間も、配給業務などの機能を果たしていた(名倉 1969 : 32)。総理府国立世論調査所が一九五二年に実施した実態調査結果では、多くの町内会が、実質的に継続・復活していることが明らかになっている(岩崎他 1989 : 124-125)。これは、行政の伝達機関や地域の秩序維持・諸活動遂行の上で、不可欠な存在だったためとされている。大阪市では町内会の禁止以後、占領軍の提言によって作られた日本赤十字奉仕団（日赤奉仕団）を、町内会の機能的等価物として流用的に用いていた。このような状況だったため、一九五二年一〇月に政令一五号が失効すると同時に、実質的に町内会の復活が進み、その後、行政と町内会の関係は再び密になっていく。また、共同募金活動をはじめとして、他の地域団体との共催事業も展開されるようになる。[7] 町内会がもつこの執拗な存在感は、町内会を日本における「文化の型」と見なす議論の背景にもなった（近江 1958；1969；中村 1965 など）。

しかしその一方で、GHQおよび日本で「民主化」を進めようとする人々は、町内会に替わる機能的かつ「民主的」なアクターを作り出し、不分明地帯を整序していこうとしていた。だが一九五〇年前後には、GHQは、「過度」の「民主化」＝社会主義化も警戒する文脈にもあった。そして封建制と社会主義という二つの敵手に対抗して、地域においてアメリカ型民主主義を着床させる役割を委ねられたものこそ、**「社会福祉協議会」**と**「日本赤十字奉仕団」**[8]であった。ここでは「社会福祉協議会」について取り上げる。

（2）社会福祉協議会の設立——上からの「民主化」という問題

社会福祉協議会（以下、社協と略）は、国家と社会の間に生み落とされた社会福祉法人（第三節参照）の一つであり、後にボランティア推進の中心となるアクターである。社協の場合、設立経緯に含まれた「矛盾」が、その後の性格規定に長く影を落とすことになる。

中心的な設立主体は、やはりGHQだった。一九四九年にGHQ公衆衛生福祉部が、社会福祉協議会の創設を示唆し、「全国の社会事業団体・施設による自主的協議会の設置」や「全国的民間社会事業団体の招集」を、一九五〇年八月一日という期限付きで示した。

これと並行して、日本の社会事業関係者の間にも設立を求める動きがあった。その中心となったのが日本社会事業協会である。これは、戦前の社会事業の推進団体である中央社会事業協会と日本社会事業連盟が合併して一九四七年に設立した団体で、社会事業の全国連絡調整を目的としていた。ここには戦前から活躍している社会事業領域の有力者が集い、谷川貞夫や牧賢一といった戦後初期にボランティア推進に大きな役割を果たす人々も要職に就いていた。彼らは社会事業の民主化を主張し、一九四九年に「社会事業組織研究会」をつくり「強力な指導力を持つ中央団体」の検討を行っている。とはいえ、民主化を進める彼らも、戦時中には翼賛体制を精力的に担った存在だったという事実（重田・吉田編 1977）が、この「民主化」の評価を若干複雑にしているわけだが――。

結局、社会事業組織研究会はGHQの提案に合流していき、一九五一年には都道府県段階に、一九五三年には市区町村段階に、それぞれ社協が結成され、一九五五年には市区町村社協の結成率が一〇〇％に到達する。組織体系としては、中央の全国社会福祉協議会（全社協）を中心に、都道府県社協と市区町村社協が、階層的に位置づけられている。

さて社協は、「施設や地域社会との間に、より緊密な有機的組織を作るのが第一のねらい」（竹中 1951：12）ではあったが、同時にそれを通して――町内会とは異なり――地域社会を民主化していくことも期待された存在でもあった。この社会福祉協議会の思想基盤は――実は共同募金を支える理論的根拠ともされていたのだが――アメリカで盛んだった**コミュニティ・オーガニゼーション論**であった。コミュニティ・オーガニゼーションとは、その主要な紹介者の一人でもある牧賢一によると、「当該地域社会における各種福祉団体の参加を原則として、それらの団体のもつ専門的指導計画の立案、社会資源の造成と活用、連絡調整、住民の福祉教育、ソーシャル・アクションなどの諸機能を総合的に実践すること」[9]と定義される。この時期のコミュニティ概念は、アメリカからのコミュニティ概念を、日本で大正期に定着した〈社会〉の想像力の中で捕捉していたという側面があるが[10]、そのイメージのもと、「『われら意識』を根底とした福祉の社会的有機体機構を育成すること」（竹中 1951：12）だという理解があった。この点から、地域住民は、「われら意識」に貫かれた〈社会〉＝コミュニティに対して主体的・自発的に参画していくということが肯定され、社協はその構造を作り出していく主要な存在となる。

同じく戦後の社会事業研究における主要な人物の一人である岡村重夫は、当時語られていたコミュニティ概念を整理した上で、コミュニティを次のように捉え直す。

> 今や急激な社会変化の流れが、既存の正常な社会制度を浸蝕し、これを無力化することによって、これに依存した多数の社会成員が、その生活上の欲求を現実的に又は可能的にみたしえなくなった場合、或は強く個人の尊厳が意識される社会に於て、たとえ少数者と雖も彼等の人間としての基本的欲求がみたされなかった場合には、人々は社会福祉事業を単に社会事業家に「一任」したものとかんがえることなく、切実な「自己の問題」として取り上げるに至るであろう。　（岡村 1951：21　傍点引用者）

そして、この問題意識が「日常的で感情的共感を伴う性質のもの」なら、『問題』は直接的接触を媒介にして普遍化され、問題解決に対する共同的志向によって更に広く現実的な結合的紐帯が成立する」という。そして、「今や社会福祉事業を組織し、生み出す主体者はコミュニティ自身」だとして、このような考え方を「コミュニティ・オーガニゼーション理論のコペルニクス的転換」と述べている（岡村 1951：21）。

このような思想的背景のもとに、社協は、国家（中央政府）に対する自律的・主体的な社会組織とされる。社会政策研究者の竹中勝男は、社協の意義を論じる中で次のように述べている。

> 社会成員がその所属する共同社会の平和と福祉を護る共同目的のために、自発的に有機的な組織活動を営むときに、全体としての社会の内部に問題解決の可能性をして潜在する資源や能力がはじめて現実的な力となって、その社会の需要を調達充足し得るのである。ここに国家に対する社会の主体性が、又、中央政府に対する地方的自治体のオートノミイが社会福祉の確立に則して認識されねばならない。　（竹中 1951：13　傍点引用者）

しかし、ここには一つの矛盾が存在している。それは、「民主的」であるはずの組織を「上から」作り上げるという設立過程自体が、国家／社会、自発／強制といった区別を曖昧にするということである。例えば、自ら社協設立に携わった竹内愛二は、その経緯について「結局ＧＨＱ→厚生省→各府県→各地方事務所、他方、ＧＨＱ→中央社協→各府県社協→各地区協議会という線で、上から下へ下りていった」と述べている。「しかも『下から上へ』に未だ十分訓練されていない我国民は、この逆の行き方を、寧ろ唯〻諾〻と受入れたが」「さて何をしたらよいのやら判らないということになった」（竹内 1952：18）。このような状況の中で、「下から上へ」という理想的な形を生み出すには、「もっと日本が民主化してからでないと、できることではない」という批判も多かった（竹内 1952：19）。「上からの民主化の矛盾」という問題は、言うまでもなく、日本の「戦後民主主義」それ自体に対して向けられてきたものであったが、地域の民主化機関と期待された社協には、その性格が典型的・戯画的に現れていた。

竹内が指摘するこの矛盾は、社協制度設立時の中心人物の一人であった牧賢一にも十分自覚されていたことだった。彼は、当時日本社会事業協会の常務理事であり、中央の社協事務局設立時には調査部長を務めている[11]。牧によると、社協は「コムミュニティー・オーガニゼーションの考え方によるものであり、その綜合的な実践機構」だが、「然し此の安易な理解は下手をすると、今我々の取り組んでいる運動は、アメリカの社協を模倣し移植することでゞもあるかの如き理解を、自分もし他人にもさせる危険がある」と指摘する（牧 1952：20）。なぜなら、「単なる形式として、或は上から下への指示による強制としてつくられたのでは何の意味もなさないだけでなく、反って弊害を生む」（牧 1952：21）からである。しかし結局は、実効性を求めて、このような「無理」は進められていく。

然し、実際問題となると、それでは誰がその土壌を耕作するのだと云うことになる。形が整わなければ誰も動きにくい、その形は上からの指示で容易につくられる。先ず僧衣を着せてから修業をさせる方が早いものだなど云う屁理屈も出て来る。そこで現実には急速に網羅的な社協組織が発展しつゝあると云うことになるのだが、その辺に日本的な性格の一つがあると云えるかも知れない。（牧 1952：21）

この結果、「多くの関係者が『民主的』と云うことに関連して多少とも拘泥し、或はひけめを感じ」ることになった。つまり、「最末端の組織から徐々に上の組織へ積み上げられて行ってこそ社協は正しい」のに、「現実はその逆を行かねばならないところに良心的な悩みを感ずる」（牧 1952：21-22）ことになる。そして牧は、「逆に又少しすると町村の協議会から上のほうがむしろ教育されるという時代が必ず来る」と願うのである（江川他 1951：6）。

いずれにせよ、「僧衣を着せてから修業をさせる方が早い」という論理は、先ほど竹内が紹介していた「民主化しないうちは、強制もやむをえない」という論理と同様、「上から下へ」を正当化し「国家／社会の区別」を失効させる上で、典型的なものであった。まずは形式を与えることで実質を育て事後的に帳尻を合わせるという意味論は、戦後の民主化を実行していく上でのフォーマットの一つだったように思われる。

われわれは、この形式を、社協によるボランティア推進の文脈でも見ることになるだろう。

(3) 存在証明としての「ボランティア推進」

上記のように、「無理」に作られた社協の多くは、「何をしたらよいのやら判らない」というい ささか喜劇的な状況に置かれていた。社協の役割は、公式には、コミュニティ・オーガニゼーションや地域や社会福祉の民主化、つまり「ある地域で住民が遭遇している社会事業の課題を、それに関係のある公私団体や市民が協力してその解決のために組織的・計画的な努力を行」（孝橋 1952）うことであった。しかし実際には、「社協は何をなすべきか」が「多くの社協の関係者達の一番悩んでいる問題」となり、「社協は具体的にはどんな仕事をしたらよいかと云うこと」が、現場で模索されるという事態になる（牧 1952：22）。このような状況では、「社会事業と縁遠い町村民のための、いわば社会事業の箱庭的見本」（小野 1952：18）と称される程度の活動しかできない。

この中でとりあえず着手したのが、共同募金への協力であった。ここには、共同募金の配分対象に社協自身が含まれるようになったという事情もあった（小野 1952：18）。しかし、自発的・民主的であることが求められながら上から作られるという疑惑の出自をもち、その役割も不明確であるという幾重ものアイデンティティ・クライシスを克服するには、すでに軌道に乗っていた共同募金への協力程度では不十分であった。この中で、注目された一つが、「ボランティア」と呼ばれる活動への関与だった。

この点については、やはり牧賢一の議論を参照する必要があるだろう。牧は、社協では「広く保健衛生及び社会教育或はレクリエーション」といった「国民の生活を向上させ豊かにするような凡ゆる問題」が取り上げられるべきだが、それらの問題に対して「そこの地域の人々が気付き、これを放置してはおけないと思うようになり、その対策を皆で真剣に考える時に」初めて、社協の事業が具体化してくる。「そしてそこまでもって来ることが社協の謂わば事業前の事業なのである。人々の生活意識の向上、社会福祉への理解、そして社会意識の自覚が社協の事業を生み出すであろう」（牧 1952：23 傍点引用者）。よりシンプルに言うなら、ここで社協の仕事——事業前の事業——とされているのは、地域住民の意識を変えること＝つまり〈**教育**〉である。

とはいえ、問題はその具体的な方法が分からないことであった。牧の議論で重要なのは、そのための有効な方法論として「**参加**」を挙げていることである。この文脈において、われわれは「**ボランティア**」という語を再び見ることになる。

> 社協の重要な任務の一つとして、一般市民の社会福祉事業への理解と参加を促進することがある。即ちボランティアー（篤志奉仕者）の養成と動員の仕事は今後社協に与えられた重要な課題である。その成否は社協自体の将来の盛衰を支配すると云っても過言ではあるまい。
>
> （牧 1952：25 傍点引用者）

ボランティアの養成と動員こそが社協に与えられた課題である――この宣言は、後に、事態を的確に示していたことを証明されるだろう。この「ボランティア」の位置価は、民生委員との関係で対比するとより明確になる。牧は、「社会事業の専門家」としての「民生委員は更に一般市民の中から広く社会福祉活動に対するボランティアーを養成する義務がある」（牧 1952：25）と述べる。民生委員と対照的に、ボランティアは「一般市民」＝非専門家であることが求められている。そのような一般市民が社会事業に「参加」することが、地域の「生活意識の向上、社会福祉への理解、そして社会意識の自覚」を実現していく上で重要な戦略的要点となる。

　しかしその具体的な方法において、再び捩れが発生する。

> そこで具体的には、民生委員が其の補助者として地区内から数名宛の優秀な男女青年を選び、地方社協会長の名によって例えば民生補助員或は福祉推進員とでも云ったような肩書を与え、必要な指導訓練を施してこれを社協に登録して置き、平時民生委員の助手的活動をなさしめると同時に広く社協の福祉活動に於ける第一線尖兵の役割を果たさしめる如き制度を考えてみてはどうであろうか。　（牧 1952：25　傍点引用者）

「ボランティアー」を動員する上で、民生委員が「社協会長の名によって」任命・指導・訓練を行い、助手＝手足として育てる。これは、社協が創設される方法として、牧自身が批判していた「上から下への指示による強制」を反復してしまっているとも言える。牧は、先ほど見たように、「自発的な熱意」でないと意味がなく「先ず僧衣を着せてから修業をさせる方が早い」というのは「屁理屈」であり「日本的な性格」だと批判していた。しかしここでは彼自身が、同じことを反復し、自発／強制の区別を曖昧にしている。

　このような議論は、前章で見たように最も早いボランティア論を書いた谷川貞夫をはじめ、この時期の多くの論者に共通している。谷川の場合、牧に比べ、民生委員を専門家よりも「一般人」に近い存在としているという微細な違いはあるものの、篤志奉仕者＝ボランティアを、上から「見出し」・「組織化」する欲望は共有している（谷川

1951a: 8)。

(4)〈未-主体〉としてのボランティア——〈教育〉の意味論を介した民主化要件①との接合

「上からの参加」を可能にする意味論的条件について、二点ほど考察したい。

第一に、「自発的」活動が「上から」与えられるという矛盾は、**〈教育〉のレトリック**を媒介にすることで、許容されることになる。上からの社協の設立にしろボランティアの任命にしろ、ここに共通しているのは、自発的で民主的な主体を育成するために、最初だけは、上からの働きかけ——非自発的契機——が必要だという認識である。この主体を作り出す原-暴力の行使こそが、牧が社協に見出す「事業前の事業」であった。つまり上記の矛盾は、**原-暴力の結果、事後的に自発的・民主的な「主体」が生まれる**という先物取引的な構図によって解消が約束されている。ここで「ボランティア」は、未だ自発的「主体」でないものの、それに向けて駆動される〈教育〉の意味論と時間軸に捕捉された〈未-主体〉(仁平 2002)と言うべき存在である。第二に、一般の地域住民を啓蒙していくためには、福祉の専門家(民生委員など)ではなく、そのような〈未-主体〉としてのボランティアこそが有効だとされている。「篤志奉仕者活動は、市民社会と社会福祉事業とを直結する紐帯的役割を果たすとともに、もっともデモクラティックな社会福祉事業創造への担い手ともなるであろう」(谷川 1951a: 9)。ボランティアが専門家ではなく、一般人の素人だからこそ、市民社会への浸透が期待できるというわけである。この議論の構図は、すでに見た戦前の方面委員について、素人であることの必要性が主張されたことと共通である。この時期には、民生委員が「専門家」として制度化されていたため、専門家と一般住民との境界線上にもう一層、両者を架橋する存在が求められていたと言える。また、戦前に刊行された数少ない「ボランティア」に関する論考も、セツルメントの価値を地域住民に広げるために、施設と地域を**越境する**〈未-主体〉としての「ボランティア」を必要だとするものだった。谷川はその言説の担い手でもあったが、牧もセツルメントとの関係が深い(重田・吉田 1977)。ボランティアは、日本に登場した最初から、越境と成長を続ける非‐主体であることに有用性を見出されていた。牧の議論もこの延長上にある。

以上の検討の含意は次の二点である。(1)自発的な主体を上から作るという矛盾は、〈教育〉というレトリックを通した自発性／強制の区別の失効化によって――いわば時間的に――解消されること、(2)「ボランティア」の語は、戦後登場した瞬間から、その文脈に捕捉されていたということである。これは、「国の介入によって参加する主体をつくる」という民主化要件①からの逸脱も、許容することを含意する意味論形式でもあった。

(5) 参加を通した政治的主体化――〈教育〉の意味論を介した民主化要件②との接合

さてここまでは、二つの民主化要件のうち①「国家に対する社会の自律」という問題系との関連について検討してきた。しかし、福祉活動に住民を参加させるということは、民主化要件②(国家による社会権の保障)に抵触しないのだろうか。つまり、主体的に地域の福祉問題に関わり解決をめざすというタイプの民主主義的行為は、国家に社会保障の責任を完遂させるという戦後の出発点に確認されたもう一つの「民主主義」の要件と、どういう水準で整合性をもたせられるのだろうか。

実際、先ほど触れた東京都主事・民生局総務課の村田松男は、「金持ちが単独で私財で投げ出すのは古い時代の慈恵事業」としながら、社会福祉事業は「社会共同の責任において処理されるべき性質」をもち、「社会を構成する個々人すべての胸に自己の責任の所在を認識せしめた時において、社会福祉事業は成功への第一段階を卒業できる」と述べている(村田 1951：26)。ここには国家や政府の問題系はいっさい現れず、〈社会〉という審級のもとで各個人の責任が語られているのみである。村田は、第四節(4)で確認した通り、「自由意志の発動を建前とする」としながら、その「自由意志」を「漏救濫救を自発的道義的に絶とうとする」という方向にも駆動させていこうとしていた――戦前の意味論に生きる――論者であった。社会福祉協議会の理論家たちの議論は、(彼らも村田と同じくコミュニティ概念を〈社会〉の想像力の中で捕捉していたわけだが）民主化要件②を侵犯する村田的な議論と、果たしてどの点で異なるのだろうか。

この問題は、次章において、もう少し広い文脈の中であらためて検討する。ここでは民主化要件②を遵守しようとする谷川貞夫（1951a）の議論を簡単に検討しておきたい。すでに見てきたように、谷川は戦前からボランティア論をリードしてきた人物であり、コミュニティ・オーガニゼーションの論者でもあった（谷川 1951b）。谷川のボランティアと民主化要件②の整合のさせ方には、二つの方向性がある。

まず谷川は、民生委員の位置づけを踏まえながら、ボランティア（この論文では「篤志奉仕者」）が「国や市町村が当然負うべき公的責任を不明瞭にしたり曖昧にする」ことを批判している（谷川 1951a: 5）。しかしその一方で、彼は「篤志奉仕者」の意義を「社会的には深く大きな意味をもつ」として擁護する。

ますます増加の傾向にある現実の貧困、疾病、罪悪等に苦悩する人々や、不良化する青少年にさし伸べられている篤志奉仕活動たる愛の手が、単に法規や事務的な適用に止まるものならば、それは暖かい愛の手とは言えないであろう。民生委員のそれは、機械的に動く単なる事務的で冷い手ではない筈である。温い真心と、深い思いやりに裏づけられた三十年の伝統につらなる愛の実践にほかならない。（谷川 1951a: 6）

ここでは、「暖かい愛の手」を、「法規や事務的な適用に止まる」「機械的に動く」「冷たい手」に対置させている。言うまでもなく「暖かい愛の手」というのは本書の用語における〈贈与〉性のメタファーとなっている。一方で、「冷たい手」という言葉は「法規」の語から分かるように制度的な社会保障と関連づけられるわけだが、法規に回収されない余剰＝〈贈与〉を、価値的に肯定しているのである。谷川は「もしも、一つの社会立法を作ったがために、篤志奉仕者を失わねばならないとすれば、わたくしは最善の法律よりも百人の篤志奉仕者を選ぶ」というソーシャル・ワークの創始者として知られるメアリ・リッチモンドの言葉も引いている（谷川 1951a: 6）。つまり谷川は、社会権保障において、国家が十分担えない領域があるとした上で、そこにボランティアを限定的に配分することで、民主化要件②に適うようにしている。これが一つ目の方法である。

もう一つ、ボランティアと民主化要件②とを整合させる議論が、ボランティアを市民運動と位置づける方向である（谷川 1951a：10）。谷川は「運動」の意味について十分に説明していないが、同年に開催された、谷川が参加している座談会での議論から知ることができる。この座談会は『社会事業』誌上で「昭和二六年の社会事業――その批判と展望」（江川他 1951）という題で行われ、社協の各部長や厚生省社会局課長、中央共同募金委員会の総務部長など、社協について議論する上で相応しい顔ぶれとなっている。[12] まず、厚生省社会局庶務課長の黒木利克が、社協が、近年の「反動」に対して抵抗する役割を担っていると述べている。「反動」とは、一九五〇年以降、議論にのぼっていた社会保障費の削減のことで、朝鮮戦争の開始や警察予備隊の創設に伴う軍事費の増大の影響を受けていると理解されていた。つまり、民主化要件②の「国家による社会権の保障」が切り崩されそうとしていることを「反動」と呼んでいるわけである（なお、この時、厚生省は社会保障費を擁護する立場におり、反動に「応戦」する側である）。黒木は、社協を「いわゆる反動に対して大体九割ぐらいは食い止めた、それは協議会の力ですよ。個々の民連なり日社なりの力だけでは厚生省が幾ら頑張っても駄目なんだね」（江川他 1951：5）と評価する。しかし、社協児童部長の牧野修二は、黒木が社協を過大評価していると述べる。なぜなら現在の社協は上から形式的な枠組を作っただけで、市民の下からの動きによって運動が駆動されたものではないからだ。社協広報部長・共募啓発部長の佐藤信一も同様の認識に立ち、「どうも協議会は結成途上にあって、今もってまごまごしているという印象が強い」（江川他 1951：6）と述べている。よって理想的な形は、下記の黒木の発言に見るように、市民が社会事業に参加し理解を深めることで、反動勢力に抗して「民主化の原則を崩さんよう」運動する勢力になることだった。

黒木「そういう反動勢力と闘うための協議会、問題はやはり地域の社会事業が組織化されて行って、市民が参加して行く。政府のやり方がだんだん官僚主義的になる傾向が制度的に必然的なのだから、それに対応すべく社会事業に市民が参加して民主化の原則を崩さんようにするということが狙いなんだね。たまたま政府として期待するところは、早く組織ができて、反動勢力に抗してもらいたかったのだが、これ又目的のためにつくることで、それは希望はするところであっても、やはり本当の形でないような気がする。」　（江川他 1951：7）

このように黒木は、早急に結果を求めることを自戒し、市民が社会事業に参加し、それを通して、運動が組織化されていくのを待つという立場に立つ[13]。ここで暗黙のうちに前提とされているのは、やはり〈教育〉の意味論的形式である。

議論を整理しよう。谷川は、なぜボランティア（社協が推進する参加）を運動として展開すべしと主張するのか。そこでの「運動」とは何か。この問いの解に、ボランティア推進と民主化要件②とを整合させるもう一つのポイントがある。それは、市民は、ボランティア／参加を通じて社会福祉に対する理解を深め、民主化要件②を否定する反動的な動きに対して抵抗する民主的・主体的な運動として、社協を成熟させることが期待されている。この回路が築かれれば、自発的な参加は、国家責任の放棄どころか、国家による社会権の保障を強化していく方向につながるというわけである。

これは、前項で見た民主化要件①に関する問題の解決法とも相似形をなしている。参加という形式を「上から」作り出すということは、国家／社会、自発性／強制の区別を揺るがしうるものである。そのため、「参加を通して、ボランティアが民主的主体に成長し、地域の民主化に貢献できる」という予期を約束手形として、民主化要件①の侵犯は辛うじて免罪される。つまり、参加／ボランティア活動を推進しながら、民主化要件①も②も充たすためには、参加を通して民主的主体へと成長させるという〈教育〉の意味論形式を、暗黙の前提とする必要があったのである。この論点は、時代が進み、民主化要件を今度は相対化・棄却する局面でも、顕在化することになるだろう。

（6）伝播する形態／伝達されない意味論

さて、上記のような位置づけを負った社協は、それぞれの地域で、様々な「参加」の枠組を作っていくようになる。全国社会福祉協議会・中央ボランティアセンター編の『ボランティア活動資料集』（一九七六年）などを手がかりにしながら簡単に概観していきたい。ただし注意したいのは、活動が行われた時点においては、各活動が「ボランティア活動」という上位概念のもとで理解されていたとは限らないということである。下記の「歴史」は、一九七六年の時点で、全社協が、様々な活動を「ボランティア活動」としてカテゴリー化することによって、事後的に「構築」したものである。

まず一九五一年に全社協が「子どもレクリエーション・キャンプ指導者講習会」を開催したが、これが「全社協がボランティア問題と取り組んだ最初の仕事」とされる。一九五三年からこれは「児童集団指導者講習会」という名称で、毎年二箇所で実施されるようになり、一九六一年まで続けられた。一九五二年には、この講習会の受講者が中心となってＶＹＳ運動（Voluntary Youth Socialworker 運動）が愛媛県で発足し、夏休みに県内数箇所で青年有志者の講習会を開いて二〇〇名の参加者を集めた。これを契機に講習会は毎年開かれ、有志の人の登録と地元ＶＹＳグループへの参加が進められるようになる。やがて四〇〇〇名を超える組織となり、愛媛県ＶＹＳ連合協議会へと進展した。その後、福島、群馬、沖縄へとこの組織は伝播されていく。

地域の社協に目を向けると、徳島県社協が一九五一年から「子ども民生委員」の活動を始めている。これは後に「善意銀行」として有名になる制度の前身だとされる。また、山形県社協では、一九五五年に「遊び場点検運動」が開始され、各児童遊園に「世話人」というボランティアを配置したと記録されている。一九五七年には、再び徳島県社協において「心の里親運動」が展開され、施設児童と文通を主な活動内容とする「あしながおじさん、おばさん」の発掘が行われた[14]。このほか、山口県宇部市、徳島県、その他いくつかの県において、「青年ボランティア」のトレーニング・キャンプが実施されるほか、上田市、大阪市では、今日のホームヘルパーの前身である「家庭奉仕員」が設置された。

以上が、全社協が一九七六年の時点で遡及的に紡いだ「ボランティア」推進の歴史の一部である。この時期には、VYS以外、「ボランティア／ボランタリー」という言表はほとんど使われていなかった。活動量も内容も限定的である。だが、「素人」を参加させる形態を作り出し、当該問題に理解のある主体として育てることを目的とする活動は、部分的にではあるが確かに行われていた。「コミュニティ・オーガニゼーションとしての住民参加推進」という社協に付与された役割が全くの空手形だったわけではない。

しかしそれは、活動に実際に携わった人々が、牧たちが想定したような民主的な意味づけを活動に対して行っていたことを意味しない。例えば、少し時期が遅いが一九五九年の『社会事業』には「福島県のVYS運動」について当事者が書いた記事が載せられている（横田 1959）。その著者は、行政に活動予算を出してくれるよう頼みにいくが断わられたため、ゲームや歌などの活動を手弁当で行っている。課題も多い。農村から参加している人は周りから「物好き」「仕事もしないで」と見られるし、青年団との競合にも苦労している。さらに、奉仕活動が「年寄りの、暇と金のある人のやること」と思われがちなことも残念である。ここに述べられているのは、政治や民主主義をめぐる意味論から全く自由な活動上の悩みや喜びである。つまり、ボランティアや参加という形態は伝播していくが、論者たちがそれらに込めた意味論は、必ずしも活動者に伝わっていくわけではない。むしろ、まわりから「物好き」とか「年寄りじみている」と見られてしまうといった、参加者のアイデンティティ・ゲームの方が、彼／女らにとっては「深刻」な問題だった可能性もある。逆に言えば、意味論抜きでも、形態は広がっていくのだ。

(7) 不分明地帯の増殖

この時期、参加という形態は、社協以外の領域でも進められ広がっていた。例えば、地区衛生組織、全国里親連合会、新生活運動協会などの団体が生まれ、「手足の不自由な子どもを育てる運動」「里親及び職親を求める運動」「蚊とハエのいない生活実践運動」「新生活運動」などが提唱され、進められていた。

それらは政府と民間とが協働して、人々の自発的な参加を求めるものであり、まさに国家／社会の不分明領域における活動だった。この背景には、終戦直後で膨大な福祉ニーズが発生する一方で、国家による社会権の保障が追いつかないという構造的不均衡があったが、意味論レベルでも、民主化要件①②の遵守という規範が十分な強度と広がりをもたなかったということがある。社協では様々な論理を駆使して参加と民主化要件とを整合させる努力が行われていたが、領域や文脈によっては、その種の努力も行われなかった。

ここでは、この時期にしては珍しく「ボランティア」という言表を用いていた事例を取り上げる。明石市社会教育課長の上月宗男は、一九五一年の論文で、明石市の社会教育の領域で行われている「ボランティア・ムーブメント」を紹介している。それは「社会教育を、ボランティアの組織を通してやって行こう」というので、「社会教育法の理解にもとづいて、社会教育を、組織的な教育活動たらしめること、実際生活に即する市民の自主的な教育活動たらしめること」が目的だという(上月 1951：38)。これを進めるために、明石市社会教育委員会が主導で、一九五〇年に「社会教育に関するボランティアの規約」が作られた。

戦後初期の社会教育法は、民主化要件①②を最も体現した法の一つだった。それに基づくことを掲げ、「市民の自主的な教育活動」の促進を目的とするなど、この事例は、民主化要件①に依拠しているようにも見える。だがその内容は、逆に国家と社会の区別を無効化していくものだ。例えば、社会教育委員会が「ボランティアの運営に関する専門委員を委嘱」して、ボランティア運営委員会を設置し、「新しいボランティアの推薦、ボランティア活動のプログラムの編成、ボランティア運営の全面的な批判と修正」を行う。また、「ボランティアの個人名簿、部門別名簿がつくられ、さらに、婦人会、青年団、ＰＴＡ、文化団体などの社会教育団体がボランティア運動の協力団体」とされるようになる（上月 1951：40）。上月はこれを県として進めるように提言し、「県の教育委員会が、県全体のボランティア名簿を作成して、県下のすべての市町村の社会教育活動を、ボランティアの組織を通して、推進させることは、むしろ望ましいことであろう」（上月 1951：42）と主張するのである。ちなみに、ここで期待されている「ボランティア」の役割とは何か。例えば規約の中には「道徳活動」があり、「ボランティアが、日常生活の上で、一般市民との接触を通じて、エティケットや公衆道徳について、よい模範を示すこと」（上月 1951：40）が挙げられている。つまりボランティアは、行政が望ましいと考える道徳的振る舞いを率先して行い、地域住民の範となることが、期待されているのである。

「市民の自主的な教育活動」を掲げていながら、ここに見出されるのは、市や県がボランティアを介して市民の社会教育活動や市民の振る舞いをコントロールする欲望である。この行政職員にとって、社会教育をめぐる国家と社会との緊張関係は、ほとんど意識されていない。民主化要件①②にどれくらいの強度で準拠するかは立場によって変わるが、政府の推進側から見たとき、民主化要件は偶有的なものだった。そして元より、参加という形態自体は、そこに込められる意味とは独立して様々な政治的立場と接合可能である。そのため政府は、民間との不分明地帯において、「新生活運動」など様々な参加形態を増殖させていくことができる。これに対し、次章では、民主化要件に厳格に準拠する立場からの批判的な議論を見ていくことになるだろう。

六 小括

戦前戦中に対する反省という自己意識と共に始まった戦後は、〈贈与のパラドックス〉を、国家／社会関係というマクロな水準で考える言説平面を浮上させた。本書では、国家／社会関係が「民主的・戦後的である」とされる要件を民主化要件と呼び、それを、①「国家に対する社会の自律」、②「国家による社会権の保障」と捉える。

この二つは理念的なものだったが、終戦直後の甚大な福祉ニーズを背景として、両者の両立困難性が顕在化し、国家／社会のどちらかに綺麗に位置づけることのできない不分明な制度的枠組が生まれる。戦後に多産された「参加」は、この領域において増殖していく。社会福祉の領域における代表的なものとしては、中央共同募金会による共同募金や、社会福祉協議会がある。特に後者は、社会福祉への住民参加を目的とするもので、ボランティアの言表も使いながら、自らのアイデンティティを組み立てていった。しかし社協は、参加推進において二つの理論的な問題に突き当たることになる。それは、上からの民主化として作られた社協が、今度は自発的な参加を上から作ることになる——この矛盾をどうするかという民主化要件①に準ずる問題と、参加の推進が社会保障の不備の温存につながるのではないかという民主化要件②に準ずる問題である。

社協の論者は、この二つの問題に対し、参加／ボランティアという形式を通して、人々は、民主的な主体として成長するという〈教育〉の意味論を前提にすることを通して、矛盾を解決できると考えた。つまり、「上からの参加推進」が民主化要件①②に抵触するという〈贈与のパラドックス〉問題を、〈教育〉の意味論形式を通して、時間的に解決するのである。この形式は、「ボランティア」という語と密接に結びついている。

とはいえ、参加という形態は、政府の関与の中で民主化要件①②への配慮がない形でも、推進されていった。参加という形態は、様々な政治的ベクトルと接続可能であり、不分明な領域は増殖していく。このグレーな領域に対して、〈政治〉という観察規準から批判的に整序していこうとする動きが、一九五〇年代に入って本格化していく。次章では、その過程について見ていきたい。

第3章 〈政治〉と交錯する自発性と贈与

――一九五〇年代前半〜一九六〇年

一 はじめに

一九五一年にサンフランシスコ講和条約が締結された。日本は再び「独立」国となり、戦後は新たな局面に入った。しかし、すでに日本は冷戦構造のただ中に――自由主義陣営における防共の砦として――置かれていた。戦後数年間の基調だった民主化・非軍事化は反転し、日本は「逆コース」を歩んでいるという観察が広がる。国家／社会関係における民主化の二要件についても――①国家の介入によって社会集団の自律性が脅かされ、②社会保障の削減が進むという形で――侵犯されつつあるという認識が前景化していた。一九五〇年代は、このように民主化を反転させようとする保守と、民主化をさらに（時に、「革命」という遠点まで）推進しようとする革新とが、政治を二分しているという図式（五五年体制）が定着する時期である。この保守／革新という区別は、政治領域を越え、様々なシステム（教育、福祉、文学・芸術……）においても適用されていく。

この流れは、アメリカの政治的位置の反転とも密接に関わっていた。前章で見たようにアメリカは日本の「民主化」を進めるアクターとして位置づけられてきたが、冷戦における極東政策の転換の中で、「保守」と観察されるようになっていく。アメリカの位置が両義性を帯びるに伴い、それまでGHQの民主化政策の中で作られてきた国家／社会の不分明領域や、そこにおける参加が、いかなる意味で「民主的」と呼べるのか厳しく再審されるようになっていく。〈贈与のパラドックス〉は、これまでになく〈政治〉の意味論と深く交錯しながら提起されるようになっていくのである。とはいえ、〈政治〉の意味論[1]に従属しつつも、なお、そこに回収されない――というか逆算的に見出されていく――〈贈与〉あるいは「人間的なもの」の居場所を探す模索も行われていた。そしてそれは、一九六〇年代以降の「ボランティア」をめぐる議論の型の原型を作っていく。この時代が、どのような言説を生み出し、次の時代に接続させていったのか、検討していきたい。

二 「自主性」の領有戦――「国家に対する社会の自律」をめぐって

(1) 社会教育と／の「逆コース」

本節では、まず民主化要件①「国家に対する社会の自律」がいかなる脅威にさらされていると観察されていたのかについて取り上げる。前章で見たように、町内会の「復活」が次々と進み、「五人組」や「隣組」の復活も唱えられる中で、戦前（＝反動）的な価値・実践が回帰するのではないかという懸念が語られていた。本節では、一九五〇年代の民主化要件①をめぐる議論の枠組の検討を、特に社会教育に焦点をあてて行っていく。社会教育では、社会の自律性に対する国家の侵犯というテーマが、組織や活動の自律性のみならず、国家による人々の内面への介入という、社会教育の根本問題として捉えられるという特徴がある。そのため非政府系の論者や活動者にとって、民主化要件①は強い準拠点になっていた。さらに、後述する社会教育法改正は、憲法第八九条のもとで成立した国家／社会の区別を否定する極めて「反動的」な出来事として、領域を超えて大きな注目を集めた。

一九五〇年前後から、社会教育では、ＧＨＱと日本政府の取り組みに対し、革新側が「反共政策下の社会教育」

として批判するいくつかの動きが生じていた。そこで問題となったのは、ＣＩＥ（民間情報教育局）映画の上映活動、ＰＴＡに関する指導・干渉、反共出版物の配布と普及徹底、青少年対策の進行などであった（藤田 1971：136-152）。いずれも「反共」と「秩序維持」のための「善導」という狙いが、観察されることになった。この文脈において、特に大きな議論となったのは、一九五一年の社会主事制度の設立（社会教育法一部改正）と、一九五三年に成立した**青年学校振興法**による**青年学級の法制化**をめぐってであった。前者については、『逆コース』が急速に進行していた時期」だったため「文部省の意図する社会教育の方向について懸念をもたれ」、「法改正により新たな社会教育主事が、国民の社会教育活動をコントロールすることになる」と考えられた（藤田 1971：161）。後者の青年学級の法制化をめぐっては、さらに広範な論議が起こった。

（2）非-政治としての「奉仕」

青年学級の法制化において、推進側は国家の統制の強化という狙いを隠そうとしていなかった。文部省社会教育局長の寺中作雄は、参議院文部委員会にて、青年の「国を愛する魂というようなものが自主的に発散するよう漸次仕向けて行く、即ち自主性を尊重することによって、青年が時局といいますか、国の事情というようなものにたいする認識を深め反省をいたしまして、そうして強い精神を持つように」（藤田 1971：179）することが目的と述べている。また、ある自民党代議士は、第一六国会の衆議院文部委員会で「いまの憲法はあきらかに社会党に有利である。青年学級の法制化は、教育の中立性の名のもとに、憲法のゆきすぎを是正しうる」と主張している（小川 1959）。これに対し、左派の社会教育研究者、日青協（日本青年団協議会）、日教組（日本教職員組合）などをはじめとして、法制化はそれまでの青年団の「自由な運営」を喪失させるものだとして、強く反対していた。

ここで注目したいのは、この対立する両者が共有していた、政治と奉仕の位置関係をめぐる認識である。青年学級法制化の推進側は、それによって、政治的ベクトルが混入する「青年団的なるもの」を腑分けし、整序することを期待していた。上述の寺中は、青年団は、政治活動をすべきでないとし、「かゝる政治運動参加の目的をもった青年団を一般教養、社交、共同奉仕等を目的とする青年団と明確に区別しなければならない」（寺中 1953：14 傍点引用者）と述べている。一方で、読売新聞社青年部長の渡辺智多雄は「青年運動に政治活動は不可欠」という論陣を張り、「かつては単なる道ぶしん、河ぶしんの如き**御用奉仕**が多かったのであるが、今や単なる**御用的な社会奉仕活動**ではなく、青年自らの意欲によって、共同福祉の増進をめざして、明るい住みよい郷土建設の活動につとめる」と述べる（渡辺 1953：10 傍点引用者）。

ここで「奉仕」の語に注目しよう。寺中は「政治運動」目的と対置されるものとして「共同奉仕」を挙げており、渡辺も「運動」や「政治につながる活動」の対義語として「御用奉仕」の語を用いている。[2] つまり、どちらを肯定するかという点で両者は反対の立場にもかかわらず、奉仕＝非政治的という定式は、政治的立場を超えて共有されていた。よって、「奉仕」（御用奉仕！）は——少なくとも革新側から見たとき——保守・反動に親和的な言葉ということになる。国家は「奉仕」へと人々の運動／活動を封じこめ、社会の自律性を浸蝕していくのである。[3] 逆に言えば、政治や運動に準拠することが、民主化要件①の遵守につながるという認識にもなる。この中である言表が重要な意味を帯びるようになってきた。その言表とは「自主性」「自発性」である。

（3）〈自発性〉の領有戦

自発性はボランティアの定義として、現在でも第一に挙げられるものである。前節で見たように、それは共同募金を正当化する概念としても参照されていたが、そこでの「自発性」とは、強制も明示的な報酬もないという形で否定的《ネガティブ》に規定された動機の行為論的カテゴリーである。これに対し、一九五〇年代には、「自発性／自主性／主体性」といった語群が、より実定的《ポジティブ》な意味を帯び、〈政治〉的な闘争における賭金として使用されるようになる。これらの語は、対立する政治的立場（左／右）のどちらもが使用可能なものだった。

例えば、先ほど引用した文部省社会教育課長の寺中作雄は、青年の「国を愛する魂というようなものが**自主的に**発散するよう漸次仕向けて行く、即ち**自主性**を尊重することによって」国に対する認識を深めるというように、「自主性」の語を、個人と国家をつなぐものとして用いている。この発言に対して、後に社会教育学者の真野典雄は「『自発性の尊重』という表現が、再軍備の精神的基礎としての愛国心の育成政策の手段として利用されていることを知りうる」（真野 1971：15）と指摘しているが、興味深いのは、これに抵抗する言葉も同じ言表群のもとに編成されていたという点である。例えば、青年学級法制化に最も反対した日青協は、法案の国会通過後に「青年学級法制化に対する声明書」を出しているが、ここでは国家介入への抵抗のために「自主性」という語が用いられている(4)。この点を検討するために、社会教育法改正および青年団の政治性をめぐる議論を少し詳しく見ていきたい。

一九五九年の社会教育法改正の最大のポイントは、「国及び地方公共団体は、社会教育関係団体に対し補助金を与えてはならない」（一三条）を削除するというものだった。これは社会教育における民主化要件①を否定する動きとして理解された(5)。一九五九年一月の『月刊社会教育』（一四号）には、主要な社会教育団体に対して、社会教育法改正をどう考えるか尋ねた回答が載っている（以下、月刊社会教育編集部 1959：53–55 傍点引用者）。まず日本青年団協議会（日青協）は、「戦後十三年の日時をついやして営々と築きあげた青年団をはじめとする社会教育関係団体の**主体性**をおびやかすおそれがある」とし、詳細に問題点を検討している。東京ＹＭＣＡも、「社会教育の基本である**政治的中立**、団体の**自主性**の問題といい、地方分権から中央統制へと一歩近づく点といい」、戦前のように社会教育を「時局に便乗させ国策に協力させる」ことにつながる怖れがある。よって「**自主的**社会教育を本質的にくつがえす心配のあるこの改正案に反対のたいどをとる」と立場表明している。また全国地域婦人団体連絡協議会も、「補助金交付はヒモ付になりやすく、十年かかってきずき上げてきた団体の**自主性**をそこなうおそれ」が強く、「今後政治的に利用される不安のあることを理由として反対」している。さらに、子どもを守る会も、「社会教育はもともと国民の**自発的な**学習運動であるから、統制がくわえられることは死命を制することで、すこしでも統制のにおいがすれば、当然おことわりするよりほかはない」と述べ、「教育に関するいかなる施策も、政府が教育の**政治的中立性**を、誠意をもって誓い、たとえば**民主的な**中央教育委員会を設置するというような事実を示さなければ、私たちは決して信用しない」と主張している。

ここで共通して問題になっているのが、補助金交付が国家による団体の統制に用いられることで、「自主性」「自発性」が喪失するという懸念である。これらの語は、単に否定的《ネガティブ》な規定でなく、国家の介入によって失われるとされる――民主的な――価値の存在を実定的《ポジティブ》に措定することで成り立っている。同様に「政治的中立」の語も、「民主的であること」を擁護するために導入されている。とはいえ、「自主性」「自発性」は、左派・革新側と一義的に接合しているわけではない。前述のように文部省の寺中作雄にとっては、それは「国を愛する魂」と接合するものだった。

これは当時の青年団をめぐる議論においても同様である。例えば、栃木県青連会長日青協常任理事の今井正敏は、「ゆれる青年団――危険な外部勢力の介入」という記事を『月刊社会教育』の創刊号に寄せ、「よい悪いは別として、自由主義陣営の日本、反共国家の日本の動きが、青年団の在りかたのなかに徐々にしかも根強く持ち込まれてきている」とした上で、当時の政治と青年団をめぐるいくつかの事例を紹介している（今井 1957：18）。その一つの大分県連合青年団では、左右の政治的対立から分裂が生じ、「右派」と呼ばれる代議員たちが「農青協」という団体を作るという騒ぎとなる。この農青協は「私たちは訴えます」という文章を配布し、その中で「青年団とは**政治に踊らされる青年をつくる団体ではない**」（今井 1957：19）と述べ、「社会教育団体としての青年団の限界、立場を認識して、地道に青年らしい活動をし、地域の良識に応える」ため、県連青の「左翼偏向」を是正し、「産業活動を活発にした」「理屈よりも実行」の「**自由的な**青年団、私たちの県連青を築きあげる」（今井 1957：20）と主張している。ここでは、「自由的」という語が、左翼偏向の是正という文脈で用いられている。一方で、これと対立する今井によると、そう主張する「右派」の「農青協」こそが、「偏向」し「自由」を裏切っている。なぜなら、「この脱退の背後には、政党的な争いもからんでいて、脱退組――いわゆる右派は、自民党青年部が結びつき、その脱退に一役買った形跡がある」（今井 1957：20）からである。今井によると、行政による青年団の実質的な選別が生じており(6)、地方だけではなく全国組織の日青協でも包絡と排除をめぐる葛藤が行われているという(7)。そして「特定の政党や、政治勢力あるいは、すでに青年でない人たちの後ろだてや、力によってつくられる青年団は、それ自体、も早**自主性**のないものであり、御用機関化されて、目的のために利用される単なる青年団に出してしまうおそれが、多分にある」と危機感を表明する（今井 1957：20）。

「左派」は、この背景に「日本をめぐる国際情勢、とくに『日米新関係』を約した自由主義陣営日本、反共国家日本」（今井 1957：22）を作ろうとする動きを見出し(8)、一方で、「右派」は、左翼偏向の背後に国際共産主義の策謀を見る。このように、自主性／自発性／主体的／自由的などといった思想財は――右派左派を超えて――敵手から自らが掲げる価値を擁護するために用いられる〈政治〉的なカテゴリーなのである。

とはいえ、これらの言表群が、それ自体として実定的《ポジティブ》な意味を有していたわけでもなく、むしろ「敵手」の「偏向」性から自らが奉じる価値を擁護するため（だけ）に使われていたという面が強い。例えば、第6章でも見るように、当時、日青協には、寒河江善秋を中心とした「主体性派」というグループがおり(9)、日青協の中で優勢な地位を占めていた。彼／女らを中心に、一九五四年度の第四回全国大会では、「青年団主体性確立三ヵ年計画」を立案・可決し、自主財源の確保や「全国青年問題研究大会」の開催などを決定した（日本青年団協議会編 1971：16-17）。しかし、寒河江によると「右からは左といわれ、左からは反動といわれ、あらゆる機会に攻撃され」（健青運動十五年史編纂委員会編 1964：229）、やがて力も失っていく。これは「主体性」の語を、政治的「中立」という実定的な意味を込めて使用したケースだが、この時期は、そこに十分な政治的意味をもたせることは難しかった。逆説的だが、実定的な内容を捨て非中立（左、または右の）に殉じることで、有用かつ多用される思想財となっていた。

前述のように「自発性」は、その後ボランティア論において、第一の定義要件とされるようになる。これに対して、動員批判論者の中野敏男は「ボランティア活動においては、諸個人は、まず『何かをしたい』とだけ意志する『主体＝自発性』として承認されることだ」（中野 2001：280）と指摘している。つまり、ボランティア論でいう「自発性」とは、行為論的かつ否定的《ネガティブ》な「自発性」規定にすぎないということである。**しかし、少なくとも一九五〇年代には――民主化要件①が切り崩されるという認識のもとで――「自発性」も、単に行為論的なものではなく、〈政治〉的カテゴリーとして運用されるものだった。**後で見るように、このような使用法は「ボランティア」論においても共有されている。これが、どう変容（行為論化）していくか、後続の章で検討していく。

三　社会保障削減と共同募金批判――「国家による社会権の保障」をめぐって

（1）一九五〇年代の社会保障費削減

本節では、民主化要件②（国家による社会権の保障）をめぐる議論を検討する。ＧＨＱの影響のもとで、一九五〇年までに「福祉三法」――児童福祉法（一九四七年公布・四八年施行）、身体障害者福祉法（一九四九年公布・五〇年施行）、生活保護法（一九五〇年公布・施行）――が成立した。翌一九五一年には前章で見たように社会福祉事業法が公布されていた。「戦後社会福祉の理念の形成」に対する「アメリカ合衆国の影響は筆舌につくせぬほど大きい」（高澤 2001：311）と指摘される中で、講和・独立に伴うＧＨＱの撤退は、社会保障の拡充に向けた推進力が失われることを意味する。例えば首相の吉田茂は、国民負担の軽減と経済自立を目標に据えて行政簡素化を図り、「最低生活・生存の保障の社会事業行政の簡素化も例外ではない」と述べていた。大久保満彦は、この行政簡素化の内容として「進歩的な法政制度と、その運営を、旧式な非能率的な非科学的な、慈善事業に戻すような内容さえ伝えられている」とし、また「巷で伝えられる保守政党幹部の声」として、次のようなものを紹介している。

「勤労者、農民、労働者が、人間らしい生活をしていないのに、極貧者救済の生活保護法などは国費を濫費している。」「戦後米国に教えられた社会保障制度の如きは、日本の実情にふさわしくない。」「日本の国力から見て、これ以上の結核病床は増加してはならない。」「日本の実情では労働者の労働権よりも、企業家の企業権の保障が第一である。」「社会事業の如きは、昔の方面委員制度で十分である。」（大久保 1952：9）

河合幸尾によると「当時の公的扶助における行政課題の中に、民主化の推進と同時に稼働能力者の引き締め、医療扶助に対する抑圧といういわば民主化とは相反する課題が併存」（河合 1979：40）しており、新設の社会福祉主事制度の導入によって「保護受給世帯を二割打切ることが期待され、定数の二割減で発足している」（河合 1979：75）という状況だった。特に一九五四〜五七年頃は「生活保護適正化第一期」と呼ばれ、「保護基準の改訂停止と医療扶助を中心とする保護引き締めが強化」された時期として知られている。これは一九五七年の朝日訴訟の契機ともなっている。この時期のケースワークにおいては、「ケースワーカーによって『申請の意思を無視』されるばかりでなく、インテークの目的も『いかにして保護を受けさせないで済むよう相手を説得させる』かにあると考えるケースワーカーまで現われ」る状況で、「さらには『保護打切りによる保護率の引下げが、ワーカーの成績を示す指標とされ、納得の伴わない一方的保護廃止の行われる』ことも決してめずらしいことではなかった」（加藤 1979：84-85）。

このような民主的要件②の危機に対して、社会保障を主題とした運動が空前の盛り上がりを見せることになる。特に吉田内閣による一九五四年の社会保障関連予算の大幅削減は、それが防衛予算の増強とセットになっていたこともあり、社会保障を政治の中心的イシューに押し上げた。これに対して、「社会保障を守る会」などを中心に、多様なアクターが参加する大規模な社会保障費削減反対運動が展開された[10]（本章第四節（4）も参照）。同時期には、それまで賃金闘争が中心だった労働運動も社会保障を取り上げるようになる。[11]

一方で、政治に関与しないとされる活動は、問題を黙認する悪しき〈贈与〉とする言説が見られるようになっていく。つまり、「社会事業家は、肚の中には愛の精神をもっていることは必要」だが、「愛の精神は国民に警告を発するという立場においては必要であるとしても、社会事業家みずからがひとりおどりをするような意味あいでは、愛の精神を掲げることは自己満足に終ってしまうのではないか」(横山 1956：36) という懸念である。この筆者が、「愛の精神」に対置するのは**「ソーシャル・アクション」**である。

民間の社会事業の機能と考えられるものに、国家が法的な制度を通じてやっているいろいろな活動というものを、国民とともに、あるいは国民に代って監視していくということ、場合によっては国民が気がつかない場合に専門家として監督、または監視するということについての責任をもっているのではないか、さらにその監督、あるいは監視した立場から当然国民とともに国家に対して、公的な社会事業に対して、こういう方面をやらなければならないという要求をどんどん出して、ソーシャル・アクションという方法を、民間社会事業は、公的社会事業と足なみを揃えてやっていくものであろう。(横山 1956：35)

このような言説布置の中で、国家と社会の不分明地帯の諸活動は、民主化／非民主化のどちらに与するのか、厳しい検討に付されるようになる。その再審の俎上にのせられたものの一つが、共同募金であった。それは、民主化要件①の観点からは、「政府の下請けではないか」という批判が、民主化要件②の観点からは、「国家責任を曖昧にしているではないか」という批判が行われた。これらの政治的批判は、より素朴な——政治の意味論に準拠しない——気分と絡み合いながら、[12] 共同募金に対する否定的まなざしを形成していく。本書では、〈贈与のパラドックス〉批判は、形を変えつつ通時代的に見られると捉えているが、この時期の批判の特徴として次の二つを挙げることができる。第一に、マルクス主義が社会を語る言説空間で大きな影響力を有していたために、「贈与的なもの」に対して二重の批判が向けられていた。二重の批判とは、まず福祉国家自体を体制延命的・矛盾糊塗的な存在として批判した上で、その福祉国家の完成すらも遅らせるとして批判するものである。第二に、前述の「逆コース」「福祉削減」という問題が可視的かつリアルなものとして経験されていた。ここから、共同募金が〈贈与〉の対価として構造的困難を再生産していくという、マクロな観点からの〈贈与のパラドックス〉批判が広く見られる。次項では、その例を見ていきたい。

（2）「赤い羽根」のポリティクス

大河内一男は、社会政策を「労働力確保のための資本の政策」（大河内 1963）として捉え、マルクス主義が優勢な社会科学の中で確固たる「社会政策学」を打ち立てた存在とされる。その一方で、彼は、社会政策を労働力政策へと封じ込めたことによって、労働者との関係が見えにくい領域に対しては「社会事業」の役割だとして、相対的に軽い位置づけしか与えてこなかった（真田編 1979；武川 1999 1章）。共同募金もその線において厳しく批判している。大河内は一九五二年に「社会的良心の免罪符『慈善行為』を解剖する――『美談』の社会的効用について」という論文を、『ニューエイジ』というキリスト教系の家庭雑誌[13]に発表した（大河内 1952→1974）。この論文は、後の一九七〇年代に、大阪ボランティア協会編の『ボランティア活動の理論』に再録され、より広く知られるようになる。

まず大河内は、前章で見たように、赤い羽根の共同募金をはじめとして「白い羽根、緑の羽根、水難救済会の青い羽根」などに見られる様々な美談が称揚される状況を、資本主義メカニズムとの関係で次のように解析する。つまり、資本主義社会では、「働く貧民」は救済すべきものではなく、あくまで仕事に就かせなければならない。一方で、働けない貧民は、経済社会の再生産にとって意味がないため、共同の負担でできるだけ安いコストで処理しなければならない。それを担うものこそ、色とりどりの「羽根」や「美談」に象徴される社会事業である。そして、〈贈与〉が社会的・政治的文脈抜きに行われるなら、その対価として「貧困や害悪」を存続させる偽善になるとして厳しく批判する。つまり問題を「立法措置や社会制度として解決処理することを怠っておき乍ら、たちまち話題になった個々の『美談』だけを大きく報道することは、たとえこの『美談』がそれ自体賞讃すべき麗わしい物語りや高い精神の発露であったとしても、若しもそれが社会的には却って基本的な問題を強いて隠蔽する結果となるなら、『美談』は最早や『美談』とならずに偽善になってしまいかねない」（大河内 1952→1974：57）。

まさに大河内の面目躍如たる文章である。本書にとっての重要なポイントは、「立法措置や社会制度として解決処理することを怠っておき乍ら」という条件節である。これは、政治的な解決抜きの〈贈与〉＝共同募金が、民主化要件②に抵触する構造を指摘している。逆に言えば、このテキストは、〈贈与のパラドックス〉は、〈政治〉を経由することで初めて解決するということを「社会科学的」に解説したものと言える。

後続する共同募金やボランティア批判の多くも、現在に至るまで大河内の批判と同型の構造を有する。その一つとして一九五三年に日教組（日本教職員組合）が行った共同募金批判がある。定期大会において鳥取県教組が「共同募金等の募金に際し児童の利用に反対する運動展開に関する件」を提案し、議論の結果、「学童の教育上好ましからぬ影響あり」と決議された（中央共同募金会編 1966：190）。この決議は、全国紙が取り上げたことで、広く知られることとなる。日教組の主張は、社会保障は「国の責任において行われるべきもの」だが、「現状は政治的貧困によってそこまで到達し得ないために」共同募金も「過渡的な段階として」やむをえない。だが「共募運動が徹底すればする程、一面では社会保障制度の実現を遅らせる働きともなる」ため、あくまで「将来における社会保障制度の確立を意図しての推進でなければならない」。よって、学校は「何故に共同募金運動が行われなければならないか？」について政治的・社会的に理解させるべきで、「共同募金運動に協力させるための教育が行われるべきではない」として、共同募金会が学童生徒を利用しようとすることに反対する（中央共同募金会編 1966：190）。これに対して、共同募金会は、社会保障の国家責任については同感としながら、「それればかりではないということも真実であり主張でもある。また本運動が社会保障制度確立を目的そのものとしたり、その制度の確立と共に打切ることを意図して展開するということも性格上困難である」と反論している（中央共同募金会編 1966：191）。このようなやり取りを経て、日教組も事態の収拾を図るべく、中央共同募金会に対し次の申し入れを行った。つまり「共同募金運動が社会福祉事業運動の一環として『国民たすけあい運動』の性格をもって正しく行われる限り」反対も否定もしない。街頭募金への動員に対しては反対するが、「児童、生徒が自治会等で（土、日曜等）自主的に決定し、自発的にこの運動に参加することまで規制するものでない」し、「学内自治活動の一環としてのお小遣いやオヤツ代を節約して自発的に共同募金に寄付する等はむしろ大いに奨励すべきである」（中央共同募金会編 1966：191）と述べる。日教組の最終的な申し入れでは、民主化要件②をめぐる論点はなくなり、行為論の水準――強制はダメ、自発的ならよし――で問題が回収されることとなった。そして教育現場では、この後も、共同募金への協力が継続されていくことになる(14)。

しかし、民主化要件②に準拠した共同募金批判は、この後もくり返される。例えば、一九六一年には、社会党による共同募金廃止論が産経新聞（八月二七日）等で大きく報じられる。これも「共同募金を廃止して国庫負担に切り替えるべきである」という主張である。これについて社会党は、中央共同募金会に対し、同党の事務局の起案がスクープされたもので、正式な党としての議決にはなってないと述べているが、九月末には党本部の発表という形で報道されることになる（中央共同募金会編 1966：188-189）。

以上見てきたように、共同募金に関しては、〈贈与のパラドックス〉批判が、〈政治〉を参照しながら、民主化要件②の侵犯への批判という形で行われてきた。このような身振りは、「左派」にとってはオーソドックスなものであった。しかし問題はその次にある。〈贈与〉的なもののイデオロギー効果を「暴露」し、〈政治〉的解決の不可欠さを説いた後、〈贈与〉にどのような位置を与えることができるのだろうか。「イデオロギー暴露」の後で、〈贈与〉性はどう扱われることが適切なのか。社会保障・社会福祉について真剣に考えることなく、批判のための批判というアイロニーゲームに興じる論者は別として、この問題を正面から考えるなら、社会政策による給付に回収できない余剰――「贈与的なもの」「人間的なもの」として語られる領域――に、触れざるをえない瞬間が出てくる。一九五〇年代は、社会保障における〈贈与〉の位置づけをめぐって、密度の濃い議論が蓄積された時期でもある。「ボランティア論」はその舞台の一つでもあった。

四　一九五〇年代の「ボランティア」論の構図

(1) 贈与的なものの場所を求めて

ここまで、逆コースという認識の中で、自発性や贈与の領域が、民主化要件①②が主導する政治的な意味論の中で批判的に問い直されていることを見てきた。とはいえ、それを完全に否定しつくすこともできない。なぜなら、特に社会福祉においては、生活保護一つ取ってみても、金銭供与だけで済むわけではなく、受給者とケースワーカーとの間のコミュニケーションを抹消できないからである。そこではケースワーカーの役割に、あるいはコミュニケーション自体に内属した「人間的なもの」「贈与的なもの」をどう運用していくかが問題となる。生活保護費抑制の中で、そしてケースワーカーが保護の拒否や打切りの役割を担うという報告がある中で、ケースワークの意義をどう位置づけるべきか――後に、「社会福祉論争」と呼ばれる一連の議論の中で、これらの運用・処理の仕方が激しい論争の的となっていた（真田編 1979）。一方で、社会保障における〈贈与〉に対する強い批判は、それを鍛えていった。

「ボランティア」をめぐる言説もこの言説磁場の中に置かれていた。ただ一九五〇年代には、「ボランティア」の名を冠する論文は非常に少なかった。そもそも「ボランティア」という語自体があまり登場しない。それでも「ボランティア」をタイトルに掲げた論文も少しずつ書かれ、「ボランティア」という言説領域が分出する前夜という様相を見せている。

以下では、「非政治的」とされ、この時期の基準では〈贈与のパラドックス〉を発生させやすい「ボランティア」が、いかに、自らの正当性を主張しようとしているのか、いくつかの形式を見ていきたい。

(2)「民主主義的なもの」としてのボランティア

前章で見たように、ボランティアという言表は、社会福祉協議会をめぐる議論の中で多く見出されていたが、その背景にあった思想はアメリカのコミュニティ・オーガニゼーション論だった。この文脈下でボランティア活動は、それ自体が民主主義的実践とされていた。

その論者の一人の岡村重夫は、前章第五節(2)でも登場したが、コミュニティ・オーガニゼーション論の紹介者の一人である。彼は、一九四九年に「アメリカ社会事業のボランティーア」という、アメリカの民主主義論に依拠しながらボランティアを紹介する論文を発表している。そこでボランティアは、社会事業施設に無報酬で働いたり「物質的援助」を提供する者と定義されるが、これが価値的に肯定されるのは、「市民が社会活動に協力している時は、その市民社会のデモクラシーが、もっとも健康状態にあるといえる」し、「この協力精神がボランティーアの精神」だからである（岡村 1949：36）。

同様の主張は谷川貞夫も行っている。谷川は、第1章で見たように戦前の時点でボランティアに関する論文を発表していたが、一九五九年にも「社会事業におけるヴォランティア・サーヴィス」という論文を書いている。内容の多くは戦前のものと変わらない中で、新たな論点の一つが民主主義とボランティアの近接性の強調である。彼によると『『ヴォランティア』運動」とは、「市民の社会事業への参加であり、庶民の社会活動への協力」のことであり、それは「その社会におけるデモクラシーが、もっとも健康な状態にあることを示すもの」であり、「デモクラティックな社会事業創造への担い手」でもあった（谷川 1959：6）。

岡村と谷川のいずれにおいても、行為論的な自発性と社会の「デモクラシー」とがダイレクトに重ねられている。この議論に説得力をもたせる上で用いられるのが〈社会〉の言表とイメージである。「如何に利己的なひとでも一歩家を出て道路に立つとき嫌でも応でも社会の一員とならざるをえない」。「道路工事に無報酬で働く」ことは、「工事の経費を節約すると共に有用な経験を学び同時に協同社会の公衆としての市民的責任を果」たすためである。「社会全体の調和的、均整的発達に対して責任を負ふものは、畢竟社会全体にほかならない。従って『社会病』の治療方法としての社会事業は、社会全体の人々が責任を分つべきものであり、またこれに参加すべきものである」（岡村 1949：37）。

岡村は、このような民主主義論の基礎づけの上に、サービス論を展開する。それは「サービスを与えるものは、サービスをうけるものと平等にたちつゝ、自己の利害や主張を離れて相手の利益をはかること」とし、両者の相互行為上の平等をめざしていくことを「第一条件」とするものである。そして、そのためには、「相手のためにのみ援助するという純粋な関心によって相手と係りあう」ことが必要であり、「特定の信仰や思想、恩義や感謝をこの間に介入させることは、サービスの純粋性に反する」と述べる（岡村 1953：20）。

以上の議論には一方で既視感もある。ここで用いられる論理構成は、大正期の社会連帯思想／社会奉仕の意味論であり、そこに「市民的責任」「市民社会」「市民運動」「デモクラシー」といった戦後・民主主義的な言表を付加したと言うべきだろうか。また谷川のボランティア論の構成も戦前のものと変わっていない。その連続性の意味を無視すべきではないだろう。**戦前との連続性のもとに成り立つ「デモクラシー」とは一体いかなるものなのか**。例えば岡本は、「奉仕」について、「身分的上下の関係が含意されている点で好ましくない表現」だが、「サービスを与えるものゝ利益とか立場を無にしている点では、サービスという概念と一脈通ずる」と述べる（岡村 1953：19）。谷川も、赤い羽根共同募金や民生委員を日本における「ボランティア」に含める（谷川 1959：4）。なぜなら

「社会事業における『ヴォランティア』の本質は、たとえば民生委員などの場合、まずなによりも善き隣人であるところにある」(15)（谷川 1959：3）からである。しかしこれまで見てきたように、奉仕の言表をはじめ、赤い羽根共同募金や民生委員は、民主化要件①②を脅かすものとして、厳しく再審されていた。一方で岡本や谷川の議論は、民主主義を掲げていながら、民主化要件やそれをめぐる〈政治〉を回避していると言える面がある。

とはいえ、民主主義としてのボランティア論が、全て〈政治〉的な観察を回避しているわけではない。「民主主義としてのボランティア」を理念型的に用いつつ、実際の日本の様々な活動を批判的に整序し、日本の非「民主」性を浮かび上がらせる議論もあった。それが厚生省社会局庶務課事務官だった早崎八洲の「ヴォランティア・サーヴィスについて」という論文である。早崎によると「ヴォランティア・サーヴィスとは、あるコミュニティにおいて、人間福祉の増進に関与する民主的な機関の責任の一端を分配しようと望む個人によって、報酬を受けることなしに行われる篤志的努力」をいう（早崎 1959：67）。しかし日本の社会では「こういう人の他人のための活動」は『物ずき』とか『道楽』とか」呼ばれる（早崎 1959：63）。本書では「『物ずき』とか『道楽』とか」見なすアイロニカルなまなざしを、〈贈与のパラドックス〉に起因するものと位置づけるが、早崎はそれを「日本的」特徴として理解する。そしてその日本的特徴のために民主主義的なボランティアが根づかない一方で、「ヴォランティア類似行為」が見られると述べ、その例として「民生委員」を挙げている。これは「一般にヴォランティアと見なされているが」、「厚生大臣の委嘱によること、実費弁償をうけることなど、外国のヴォランティアの概念には当て嵌らぬ面がある」（早崎 1959：66）。

日本では徳川時代に培われた思想傾向、慶安のお触書のような箸の上げ下しまで干渉するようなものにいためつけられていたので、自分で判断して行動する習慣が生長しないで、前例によったり他から云われたことにより易い。特にヘッドマンに頼まれることを喜ぶ習性が方々に残っている。旧くは方面委員の場合、近くはV

YS（ヴォランタリー・ユース・ソーシャル・ワーカー）などその例である。（早崎 1959：65-66）

このように早崎の議論は、民主主義としてのボランティアという位置づけは保持しつつ、日本で実際に見られる諸活動を、封建的で民主的要件①（国家に対する社会の自律）に抵触する「偽」のボランティア行為とする。谷川が、現存する諸行為と理念型とを早急に接合させようとするのに対し、早崎は現存する諸活動を棄却することで、逆に理念型の「ボランティア」を救い出している。

この一方で、谷川・岡村と早崎に共通する「民主主義のためのボランティア」という理念型自体に対する根本的な懐疑も存在していた。谷川らの議論は、対面的なコミュニケーションによって福祉サービスを提供していくアメリカ経由の援助技術論やコミュニティ・オーガニゼーション論の影響下にあった。これに対して、特にマルクス主義の影響が強い社会政策論などから、民主化要件②と抵触する「国家責任回避のための、つまり『政策の貧困からくるしわよせ論』」（河合 1979：59）として批判されやすい位置にあった。前述の大河内の議論もその前提から行われていたが、援助技術を伴うケースワークなどをめぐっても、この時期激しい議論が行われていた。例えば仲村優一は、ケースワークを民主主義への寄与という観点から擁護し、その固有の意義の一つとして、社会政策のもつ「官僚主義」や「機械的制度主義」に対して、「『自己決定の原理』に代表される民主主義的原理を前提として、人格の尊重と信頼に根ざした公的扶助の『実施過程の民主化』を推しすすめる」点を主張する（仲村 1957）。これに対し、岸勇は、仲村のケースワーク論における「人格への尊厳と信頼という、かの民主主義的原理の強調」は、援助対象者の「闘うエネルギーを圧し殺し、これを自助と適応の方向にみちびくものである」ため、「仲村氏の公的扶助ケースワーク論は反動的で且つ欺瞞的」（岸 1962：35）と激しく批判している（加藤 1979）。岸にとって、反動的でない社会福祉主事の役割とは、「階級的自覚を彼等のなかにしっかりと植えつけ」「要保護者自らをして闘いに起ちあがらせ、彼等の闘いを発展させるために、積極的に援助すること」にあった。

このように、「民主主義」を規範的な根拠としつつ、対人的な福祉サービスを重視するアメリカ経由の諸活動（ケースワーク、コミュニティ・オーガニゼーション、ボランティア）は、マルクス主義的意味論が強い中で、民主化要件②と抵触し「社会矛盾を糊塗する」ものとして、批判されやすい位置にあった。これを擁護するために、アメリカ型民主主義だけでなく、それ以外の言説資源も必要としていた。その一つが科学性・専門性である。

(3)「専門性＝科学性」としてのボランティア

前述のように「ボランティア」は、アメリカから直輸入された社会福祉概念の一つであったが、そこで強調されていたことの一つが、ボランティアの専門性の向上であった。一般の人々を、ボランティアとして訓練し専門性を向上させることは、社会事業の大衆化・民主化（＝デモクラシー）というテーマとも接続している。前述の谷川は、欧米の社会事業の発展の中で、第一次大戦後、専門社会事業者が「自らの有用なるべき協働者として『ヴォランティア』を訓練し、指導し、活動せしめるための組織的な計画を立てる必要を感ずるに至った」と述べ（谷川 1959：2）、マルクス主義とは異なる発展史観を導入しつつ、ボランティアの正当性・必然性を主張している。

その主張を共有したものとして、木田徹郎が一九五五年に発表した「ヴォランティア活動の意味――近代社会事業との関連について」という論文がある。ボランティア活動は、今のアメリカで「コミュニティ・オーガニゼーションの重要な要素となり、ケイス・ワーク、グループ・ワークと並んで、今や明白に必須の、絶対に欠くべからざる存在」であるが、それは専門家が「どんな人種の如何なる階層の人をも、ヴォランティアとして、社会福祉の仕組みの中に組み込み、これを訓練し、スーパーバイズし、オリエンテーションし、又評価しえたから」である（木田 1955：9）。ボランティアは、「専門家のスーパービジョンを受けながらこれを行う」「所謂協力機関」である（木田 1955：11）。

このような「専門家の指示」は、「ボランティア」を、無責任で恣意的な贈与とは区別する上でも重要だった。

なぜなら前述のように、ボランティアやケースワークなど相互行為的な社会福祉の実践に対して、マルクス主義的社会政策論から厳しいまなざしが向けられていたからである。それらの批判を回避するためには、戦前の「醇風美俗」「互助共済」等に見られる恣意的な善意を排し、「科学的・専門的」な方法論に基づいていることを示す必要があった（大久保 1952；木田 1953；黒木 1953；石井 1959 など）。例えば、黒木利克は、「ケース・ワーカーは方面委員とは違う」と述べ、「慈善とか仁愛と違って科学・専門的なもの」と指摘している（黒木 1953）。また、大久保満彦も「社会事業の企画と運営に対して科学化、技術化、専門化」することで「最低の経費を以て最高の能率を発揮する体制」を作ることが必要だとしている（大久保 1952：10 傍点引用者）。つまり「かような反動的な態勢下」だからこそ、「社会事業の科学的な、能率的な実践を期さねばならない」（大久保 1952：8）。大久保が科学や技術を重視するのは、「救済すべき個人に対する対人的、個別的、科学的な処置が社会事業活動の核心をなすもの」であり、「ケースワークに代表される社会事業の方法と技術こそ社会事業を成立せしめた基本的要素」だからである（大久保 1952：12）。これに加え、大久保にとって「科学や技術」は、「資本主義か社会主義か」という当時の政治の意味論における決定的な区別を超克するものだった。なぜなら、「社会事業が資本主義社会の発展の過程に生成進歩を遂げたものではあるが、その方法と技術は社会主義社会においても応用、利用されて差支えないもの」（大久保 1952：12）だからである。つまりそれは、**体制を問わず適用可能**なものであり、**〈政治〉とは非関与的**なものであった[16]。よって、「社会矛盾を糊塗する」としてマルクス主義から批判の目を向けられた社会事業も正当化される（大久保 1952：12）。

この大久保の立場を、素朴な近代化論であり、あまりに技術中立論的かつ技術機能主義的すぎると難じることは容易い。しかし、ここで用いられている「科学」「技術」といった思想財は、**贈与意志や愛情など「人間的」とされる要素を、戦前の救貧・防貧的なもの（＝非民主的）として否定する言説から、救い出す役割を果たしていた**ことを見落とすべきではない。それは、過剰に意味付与されがちな「贈与意志」を、科学・技術と身も蓋もなく言い切ることで、「戦後的・民主的なもの」として延命させる言説実践だったのだ。

> きわめて大胆で、又、危険とも思われるかもしれないが、愛情も又技術であるという立場を主張したい。技術とは嫌なひびきをもった言葉ではあるが、このような技術は決して小手先の不自然な形で行われる行為ではない。むしろ、その人のパーソナリティを拡げ、変化させることを目的とした技術である。　（石井 1959：35）

ボランティアの専門性・科学性の議論も同じ言説磁場にある。例えば木田徹郎（1953）は、「非世俗的＝超理実的、心情的＝非理性的、形而上的＝非科学的な慈善事業」を否定し、「事物的《ザッハリッヒ》で冷厳な、非私情的《インパーソナル》で打算・数量的に計算可能なビジネス倫理に基づく科学・世俗的な科学」が必要になったと主張する。「世俗の社会問題」は「神の倫理」や「心情の倫理」ではなく、「結果如何によって正邪を判定する責任倫理の科学主義に依ってのみ解き得る」（木田 1953：9）。しかしその一方で、彼は「科学」の徹底の先に「人間なるもの」を見出し、肯定する。つまり「科学化・計量化は益々精緻の方向に向かい、競争における申し合わせは益々精巧を極めるようになった」が、それらが「大雑把な制度尊重、型尊重に止まっては」ならない（木田 1953：10）。「社会科学も、ホーソン実験にみるように、『人間』に注目するようになってきた」（木田 1953：7）のだから。そして最終的に、「専門社会事業従事者の被保護者に対する関係は、只の『友情』――例えば私的な愛情の如き――でもなく只の『客観性』――例えば機械的な型に依る法律執行の如き――でもないと云う新しい認識」が必要だと結論づけるのである（木田 1953：10）[17]。

ボランティアが孕む〈贈与〉性を、科学・技術・専門・技法といった言表群の中に馴化しようとする言説は、「科学」の規範的価値に対する素朴な信認が減退した後も、現在に至るまで様々な形で見出すことができる[18]。「愛情も又技術」とあえて言い切る快楽は、〈贈与〉性＝「人間的なもの」がもつ過剰な意味を無化しようとする欲望――「意味への抗い」の欲望――とも接続している。しかし木田の議論に見るように、ボランティア論は、科学の徹底の果てに、再び「人間的なるもの」を出現させてしまう。ボランティアやケースワークが臨床／コミュニケーションに関わる限り、それは不可避なことであった。さらにボランティアが、第1・2章で見たように被教育主体＝〈未-主体〉であり続けること――専門性に包摂されないこと――が機能的に要請される場合にはなおさらである。科学・技術・専門性といった意味平面に回収しきれない相互行為上の〈贈与〉的要素は、マルクス主義との対峙の中で、あくまで政治的意味論内部で正当に位置づける必要があった。それは、どのようになされていったのだろうか。

(4)「運動」としての「参加」

〈贈与〉は反動なのか革新なのか。共同募金や民生委員をめぐる議論は、それを反動に寄与するものと捉えてきた。さらに、一九五〇年代には、「ボランティア」という言表を国家や「反動」に対する運動に接続させる論文はない。しかし、言説空間から遡及的に観察したとき、「『運動』としてのボランティア論」との相同性をなす議論は存在している。当時同志社大学の専任講師だった小倉襄二は、一九五五年に「社会事業における〝市民参加〟の問題」という論文を書いているが、彼は一九六〇年以降、同型の論理を用いつつ「『運動』としてのボランティア論」の中心的な論者となっていく。ここでは、ボランティアという言表が不在の形で何が語られているか検討していく。

この論文の直接の背景にあったのは、第三節(1)で取り上げた一九五四年の「社会保障費削減反対運動」だった。これは、多彩なアクターが関わった点に大きな特徴がある。[19]小倉の議論は、この運動を「市民参加」の範例と捉えるものであった。

小倉の言う「市民参加」の「参加」は――社会参加（人々の相互の交わりを意味する社会的な活動への参加）と政治参加（政治的な意思決定への参加）という二分法（武川 1996：8）に従うなら――「政治参加」を意味している。

その観点から、小倉は「コミュニティ・オーガニゼーション」と「ソーシャル・アクション」とを対比的に取り上げる。彼によると、コミュニティ・オーガニゼーションとは「問題の調査、施設機関の水準の向上を図ること、団体間の協力体制の促進強化、福祉計画の樹立等とともに市民の協力と参加」を意味する（小倉 1955：10)。一方ソーシャル・アクションとは「コムミュニティ・オーガニゼーションよりも、さらに集約的、ダイナミックな市民（大衆）行動によって、福祉侵害に対決し、とくに立法要求といった制度上の変革にまでひろがる」ものである（小倉 1955：10)。

彼はソーシャル・アクションをより強く肯定するが、そこで重視するのが労働運動との連携である。そして、一九五四年の運動で、総評をはじめとした労働組合が社会保障の問題を取り上げて統一行動の中心となったことを評価する。つまり、「労働組合が失業者の問題をとりあげ、生活保障の諸問題にとりくみ、自分たちの低賃金と被保護世帯の状態とのつながりを意識し、児童福祉や婦人、母親たちの要求、地域の福祉増進にかかわる領域まで関心を表明した」（小倉 1955：10)。彼にとって「市民参加」とは、このような連携を通して、問題を「せまいセクトや偏狭な社会事業内部」に内閉化することなく、「労働組合、社会事業関係団体（とくに社会福祉協議会など)[20]、市民団体などがむすびあわされ」「強力な統一行動」を行っていくことだった（小倉 1955：11)。例えば尼崎市では、「社会保障を確立せよ、という公約数のなかで、福祉事務所のケース・ワーカー、医療従業員、職安の職員、民生委員も参加し、地域の工場労働者、自営業者にも働きかけて生活保護世帯の人々の参加がなされている」（小倉 1955：11)。

では、「贈与的なもの」はどこに位置づくのだろうか。まず、彼にとって、それは運動＝市民参加と異なるものである。

市民参加が社会事業にとって新しい局面であるとさきにのべたが現在の社会福祉協議会や共同募金活動とは格

差のある分野のなかで動きつつあるわけである。この格差の問題点は基本的に貧しさからの解放を労、農、市民のていけいによって統一的に権力―（政治）の生活破壊に抵抗することに求められる。（小倉 1955：12）

ここで「社会福祉協議会や共同募金活動」は、「権力―（政治）の生活破壊に抵抗」しない非運動的なものとされている。それでも、社協の方は、文によっては「統一行動」を担うアクターの中に含まれるが、共同募金は明らかにその外部に置かれている。同様に、「善意」「善き行い」「愛」「ヒューマニズム」といった〈贈与〉の言表群も、運動＝市民参加と逆立した位置に置かれている。

ケース・ワーク、その専門的技術が国民の側―市民大衆の抵抗点を無視したやり方でやられるならば権力への奉仕者のすぐれた武器となる外ないであろう。また社会事業の現場は〝愛〟やヒューマニズムの美談にはことかかないところである。一人一人の善意や善き行いがたたえられるところである。そうしたことがせまい独善や、現状のみじめさを固定して対比したところから生まれる慈恵的なものであるならば、広い視野に立つ市民参加のさまたげとなる。（小倉 1955：14）

この議論は、大河内一男の議論とも相同的である。あらためて注目すべきは、〈贈与〉的なものは、単に非政治的なだけでなく、「抵抗点を無視」した場合、運動の障害（「権力への奉仕者のすぐれた武器」「さまたげ」）にすらなるという点である。これは逆に言えば、**贈与的なものも、民主化要件②に準じる運動に寄与しさえすれば、肯定される可能性を意味する。**しかし運動と〈贈与〉の接合は、どのようにして行われるのだろうか。小倉はこの点について何も語らないが、別のテクストからヒントを探っていく。

（5）「運動」と（しての）「助け合い」——「黒い羽根」のポリティクス

民主化要件②のための運動に準じる〈贈与〉——この一つの形は、小倉の支持する労働運動の中に見ることができる。

総評の福祉対策部長の塩谷信雄は、一九五九年の『社会事業』において、「労働者の〝助け合い運動〟」という興味深い文章を書いている。一九五四年の「社会保障費削減反対運動」において見られた労働者間の「助け合い運動」が主題である。

総評では、秋から年末にかけて、地域の失業者や生活困窮者の生活を守るため、ひろく社会事業団体、救援組織などによびかけ、全国的な「助け合い運動」を起こすことになった。この中でとくに、駐留軍労働者、中小炭坑の大量失業に悩む人々の実情を話し合い、労働者と一般市民が共通した利益を守るために力強い運動を起せるよう、職場地域の助け合いをふだんから重ねる。（塩谷 1959：41）

これは、運動／贈与という線を引いて後者を全否定するものでも、〈贈与〉を無前提に全肯定するものでもなく、〈贈与〉内部を民主的な運動に準拠するか否かで分割し、前者のみを肯定するものである。例えば、栃木のある町では、「明治神宮復興奉賛会の募金を一せいにボイコットし、行政機関による強制的な寄付行為には一さい応じないことに」なった。一方で、労働組合の助け合い運動は、「物乞いや、慈善ナベ式の救援活動ではな」いため肯定される。「貧乏し、失業して困り果てているのは、その人たち、私たちがなまけものやわるものだからではなく、はっきりとした社会的な原因があることを徹底的に啓発してきました。そしてその解決の方向をちゃんとさし示してきたのです」（塩谷 1959：41）。ここで棄却されるべき〈贈与〉とは、立場の非対称性を前提とする「慈善ナベ式の救援活動」であり、赤い羽根共同募金はその典型例として捉えられている。[21] これに対し、良き〈贈与〉とされるのは、「社会的な原因があることを徹底的に啓発」する運動を伴うものである。〈贈与のパラドックス〉を、〈政治〉の意味論の中で解決しようとする典型的な議論である。

しかしこのように位置づけようとも、労働組合内部からこの「助け合い運動」への批判が生じていた。この批判は、一九五九年に行われた「黒い羽根」運動に対しても反復されることになる。「黒い羽根」運動とは、当時の炭鉱失業者を支援するために、総評が提唱した「助け合い運動」であった。

> 今年の夏、炭鉱失業者を救援するために「黒い羽根」運動が提唱された時も、失業という社会的矛盾を助け合い運動でごまかすとは何ごとかと、猛烈な批判がとびだしました。
>
> われわれの労働組合の中からまず批判の声が起き、九月一〇日に推進本部が発足してからすでに一カ月を過ぎたのに、何一つ行動はおきていません。
>
> （塩谷 1959：40）

なぜこのような「助け合い」は批判されるのだろうか。塩谷の説明は辛辣である。

> 「黒い羽根」すら労働者からソッポをむかれるのは、「羽根運動」のもたらした数々の不明朗さが、ブレーキになっていることは否めないのです。名士や有閑マダムのお仕事といっては、善意で参加されている多くの方々には失礼ですが、「気持のよい慈善行為」で不幸な人たちを救えると思ったらとんだ思い違いだといいたいのです。しかも、お車で通い、柔いソファーにうづくまっている人たちには「お願いしまぁーす」の声もとどきはしないのです。町内会のボスや村の顔役が戸別訪問してくるのは、私たち大衆の「入りよい」ボロ家ばかりです。こうして集められた零細な金は顔のきく政治家の名によって養護施設や厚生施設に贈られる仕くみです。
>
> 贈られる側の施設や社会事業団体が、毎年々々、ささやかに要求している、社会保障予算の増額に、これらの名士は一体どれだけつくしてくれたというのでしょうか。ジェット機一台、汚職のおこぼれ一つだって、これらの事業にふりむけようとはしていないのです。このことをかくしていて「お願いします。お願いします」

の羽根運動で善意の人たちをかりたてているのです。

（塩谷 1959：41 傍点引用者）

ここでは、先に見てきた、赤い羽根の〈贈与のパラドックス〉批判がくり返されている。資本家や為政者は「労働者の戦斗性をなだめるため、すきあらばとその魂にくいいることをねらって」おり、「いくら羊の皮をかぶって『助け合いましょう』とつぶやいても、狼の本性にかわりはない」。だから「私たちはそのねこなで声を、不必要と思われる程に心配する」（塩谷 1959：40）。かつて共同募金に参加していた労働者も、「こうした助け合いだけではことは一歩もすすみませんし、かえって労働者の階級意識はねむらされてしまうことに気づいたのです。ですからいまでは殆ど一県もこの羽根運動に組織的な協力をしているところがなくなってしまいました。逆に社会保障推進協議会が各県につくられ、正当な要求の運動が起ってくるに従い、『赤い羽根』の助け合い運動を公然と批判し募金額の配分や運営を民主的に監視しようという動きがでてきています」（塩谷 1959：41）。

貧窮した炭鉱労働者を対象とした黒い羽根への批判も、このような〈贈与のパラドックス〉への徹底的な政治的懐疑・批判の果てに生じている。しかし、塩谷の議論には、**〈運動＝政治〉と〈贈与的なもの〉とをつなぐ細道**も示されていた。それを示す言表が**「カンパ」**である。それは「祭りの寄付や、羽根運動に象徴される〝助け合い〟と根本からその意義が異る」もので、「しいたげられ、支配されているもの同志の助け合い」（塩谷 1959：40）である。それは、「何ものにも強いられず、自らの意志として示した」連帯感を生み出し、「労働者階級の力の源泉」にもなる（塩谷 1959：39）。ここでは、労働者階級という同一のカテゴリーを前提とし、その内部の助け合いは、様々なパラドックスを生み出す〈贈与〉ではなく、彼／女らの階級的利益に寄与する互恵（＝交換）として理解されている。デモクラシーとしてのボランティア論では、〈社会〉概念を媒介に全員に互恵（＝交換）関係を成り立たせようとするものだったが、カンパの思想では、マルクス主義的世界観を基に社会を敵対性で区切り、互恵関係を労働者階級内部に限定する。その上で、「社会的な原因があることを徹底的に啓発し」「その解決の方向をちゃんとさし示」す運動も共に行っていく。これが、民主化要件②に準拠した〈贈与〉のあり方だった。
とはいえ、このような〈贈与のパラドックス〉の解決策は、「ボランティア」という言表をめぐって行われたものではなかった。運動と〈贈与〉の接合は、「ボランティア」の言表を経ることで、別の形をとることになる。

（6）「運動」としてのボランティア――疎外論を媒介にして

上記の二つの「運動」が、民主化要件②（国家による社会権の保障）との関係で構成されているとしたら、一九五〇年代における「ボランティア」の言表と「運動」との結びつきは、それとは異なる形式を有していた。ここで扱うのは木田徹郎が一九五六年に書いた「ヴォランティアをどう理解するか」という論文である。これは木田が前年に書いた上述の「科学性・専門性」としてのボランティア論とは趣が大きく異なる。本論文は、「ボランティア」という言表を用いつつ、そこに「運動」性を読み込んだ最初の論文の一つでもある。

この論文の特徴は、当時、社会福祉の領域で比類ない位置にあった「国家責任による社会権の保障」という問題を相対化し、リースマンの『孤独の群衆』の議論などを念頭におきつつ、「生活の機械化」や「社会的無関心」を真に取り組むべき問題とした点にある。そしてボランティア活動を、このレベルの問題に対抗する運動と位置づけるのである。

まず彼は、近年ボランティアが、「大衆社会を対象とする秩序化・組織化の方式として、アクション（運動）の形をとって」重要で不可欠なものとして姿を表してきたと述べる（木田 1956: 10）。だがそれは、かつての形とは大きく異なる。

> 慈善事業時代の気持ちで社会事業をやっているとすれば、その対象たる孤児・乞食・浮浪者等はドンドン少なくなっているのだから、対象が無くなるのかと思うに違いない。然し今日の社会事業は、それと違って、新た

な巨大な益々増大し行くボーダーライン層を問題とし、庶民の生活を対象とする。この事業は名前の如何に拘わらず違ったものになるのである。基盤たる時代・社会・社会事業が変わればヴォランティアも勿論変る。復古主義の旗の下に昔式の活動を復活してみても、実際の中味と対象が違っている。または違いかゝっている場合、自然とその手から逃げる。

（木田 1956：12-13 傍点引用者）

昔の方面委員のようなやり方は、「地区組織活動の一環としてヴォランティアとしては、一寸そのまゝでは無理」だし、「西欧社会の型に日本の現実をあてはめることは児戯に近いことだろう」。「今ヴォランティアというものを理解するには」「今社会事業と名付けられているものよりほんの一寸広い目で、自分の住む地区社会をみればよい」。そうすれば「ヴォランティアが如何に変化しつゝあるかゞ直ぐ分る筈だ」（木田 1956：13）。その「現実」とは次のようなものである。

凡てのものが巨大な団体・企業になり、生活の全体が機械化されていく現在、社会的無関心《アパシイ》性に忘れ去られんとする多くの余暇生活が組織化を待って待期しているのである。誰でもオートメーションには全生活を捧げきれない。僅かの余暇、僅かの奉仕のためのヴォランティア運動が、アメリカの「市民参加」のような新形式で現われなければ、その時間を矢張機会の如く映画とパチンコと麻雀に消してしまう外ない。そして誰でもそれで満足はせずただ疲れが残るばかりである。

（木田 1956：13）

議論を少し丁寧に見ていこう。まず、「孤児・乞食・浮浪者等はドンドン少なくなっている」という点からは、貧困や再分配問題の後景化という認識が見られる。一方で、「生活の全体が機械化されていく」というハーバーマスばりの社会規定――ここで参照されているのはフランクフルト学派ではなくリースマン＝アメリカ大衆社会論であるが――が行われる。この種の**「システム化」にともなう疎外・抑圧**という世界認識は、福祉国家化が進む二〇世紀の半ば以降、先進国で普及していくものである。以上の認識のもと、木田は、多様な活動をこの状況に抗う新しい「ヴォランティア」の誕生と見ることになる。

上記の認識は、一方で一九五〇年代を通じて左派の間で特権的な位置にあった労働運動の相対化にもつながる。つまり、「大衆社会におけるリーダーは只此の時代の権威たる大衆・庶民・労組にさえつけばよい、何か他の大衆運動の旗を担げばよいというのは、余りに小児病的で、社会事業というものゝ社会的役割、その特殊性を認めない」点で、一八・一九世紀の「社会改良家・思想家」と似ている。しかし、めざすべきは「地域組織化の方向」であって「これを担うものは専門社会事業家のみならず、素人たるヴォランティアでなくてはならない」(木田 1956：13)。ここに見られる「小児病的」という語は、まさに小倉のような議論に対して向けられていると考えてよいだろう。運動の捉え方をめぐって、両者は対照的である。

この議論の含意を整理しておこう。第一に、くり返しになるが、民主化要件②が相対化される一方、「運動」という言葉が、「生活面における機械化」という**戦後の初期設定時には考慮されていなかった問題**に対する変革可能性に対し、与えられている。第二に、その問題によって困難を被るとされる対象者＝受苦者は、社会的弱者ではなく「庶民」一般となる。つまり、『新』ヴォランティア」においては、**活動者と対象者は同一**になりうる。「現に東京には七〇以上の未認可保育所が御母さん方や其の他のあらゆる『新』ヴォランティアの手で運営されている。また所謂村づくり、所謂新生活運動、所謂ＰＴＡ、何々クラブの名の下に数えきれない程の多数のヴォランティアが現に活発に動き、叫びまた実施している」(木田 1956：13)。第三に、構成的外部＝敵手を「生活面における機械化」と規定したことによって、自ら活発に活動するという形態自体に運動性が認められるようになった。その結果、民主化要件①(国家に対する社会の自律)はあまり大きな意味をもたず、政治的な位置づけをめぐって論争の的となっていた「新生活運動」も、他の活動と等価に全て「ヴォランティア」として運動性を認定されることになる。

木田の社会認識は――貧困問題の消失といい生活の機械化といい――一九五〇年代半ばの日本には早すぎる感があったと言わざるをえない。しかし逆に言えば、それらの条件が整えば、このボランティア論の形式が広がっていく可能性があるということである。

＊

このように「ボランティア」の言表と運動の意味論との初めての接合が、社会保障拡充のための政治運動ではなく、「デモクラシー」や「疎外に対する運動」という形で登場したことは、「ボランティア」という語がもつ傾向性、あるいは政治との折り合いの悪さを示唆していて興味深い。次章では、「ボランティア」の言表が、これまで見てきた複数の上記の意味論形式と接合し、増殖しながら、固有の言説領域を形成していく過程を見ていく。

第4章　分出する「ボランティア」

――一九五九～一九七〇年

一　はじめに

もてるものが　もたないものに　ではない
しあわせなものが　ふしあわせなものに　ではない
もてるものも　もたないものも
しあわせなものも　ふしあわせなものも
ともに考え　ともに学び　ともに生きることなのだ

（髙島・村田 1969：8-9）

「もてるものがもたないものにではない」と題されたこの詩は、社会事業家の髙島巌(1)が「ボランティアの心」を表現したものとされ、その後、長く愛好されたものである。彼は、大学紛争が盛んな最中に、「闘いの『こぶし』より和ぎの『ほおずり』がよい」とも書いている。彼にとって、ボランティアの〈贈与のパラドックス〉は、政治を経由するのではなく、相互行為上で示される愛情によって解決されるものだった。〈贈与のパラドックス〉を、相互行為上で解消しようとする方法は戦前から見られたが、戦後は抑圧されてきた。髙島の詩の普及は、その抑圧が再び解除されつつあることを示している。

変化が見出せるのは言説の形式だけではない。一九六〇年代は、社会福祉協議会によるボランティア推進政策が本格的に進められた時期でもあった。社協だけでなく民間の推進団体も登場し、全国的な会議や集会が開かれ、ボランティアの専門誌が創刊される。このようにボランティア言説が生産／流通される場が整備され、言説量は急激に増大していく。

その一方で、安保闘争と大学紛争に挟まれた一九六〇年代は、〈贈与のパラドックス〉に対して政治的な観点から厳しいまなざしを向けられる時期でもあった。ボランティアに関する言葉は、「一九六〇年代のラディカリズム」との緊張関係の中で、自らを編成しなくてはならない文脈にもあった。

「ほおずり」と「こぶし」とに引き裂かれながら「ボランティア」は自らが何者なのか問い始める。自己言及性がシステムの要件だとしたら（Luhmann 1990＝1996：7-40)、一九六〇年代は、制度化された言説領域としてのボランティアが〈分出〉あるいは〈誕生〉した時期と言ってよい。社協と民間の推進グループとが競合・連携しながら、ボランティアを取り巻くコトバとモノが同時に生産されていくのである。意味論と制度の両方に注目しながら、一九六〇年代におけるボランティアの言説領域の分出過程を見ていきたい。

二　社会福祉協議会の「ボランティア」推進——生産されるコトバとモノ

（1）一九五〇年代の社会福祉協議会

はじめに、一九六〇年代のボランティア推進の一方の主役であり、またそれ以降の日本のボランティア推進の原型を作っていくことになる社会福祉協議会に注目したい。すでに見たように、制度・組織づくりが先行し一九五〇年代半ばには九〇%以上の結成率を見ていたものの、その多くは名目のみで実態は伴っていなかった。牧賢一などが提唱していた「福祉への住民参加」という社協のアイデンティティに、実質的な内容が与えられていくのが、一九五〇年代後半以降になる。

一つの背景には、財政問題があった。厚生省は一九五二年に郡市町村社協を援助・指導する姿勢を明確にしたが[2]、その財源を地方自治体に求めていた。これは憲法八九条に示される民主化要件①（国家に対する社会の自律）を脅かすもので、自治省も地方自治法第二三〇条に抵触する怖れがあるとして否定的な見解を示した。だが結局、社協の役割を調査・企画・連絡調整に限定することにし、自治体は社協の構成員として分担金を支出することとなる。だがその分担金の枠は狭かったため、今度は、補助金の法的根拠を得るために、市町村社協の法制化を要望していくことになる（全国社会福祉協議会・全国ボランティア活動振興センター編 1982：47-48）[3]。この法制化を進めるために、市町村社協の意義を明確にする必要が出てきた[4]。社協設立自体が自己目的化していた状態から、転換していくわけである。

一方で、政府も、社協の役割を求めていく文脈があった。一九五〇年代半ばは、終戦後の混乱が終わったという観察が広がる時期だった。一九五五年にはいわゆる神武景気が生じ、一九五六年には「もはや戦後ではない」という自己認識が成立する。前章で見たように、一九五六年に木田徹郎は、「孤児・乞食・浮浪者等はドンドン少なくなっているのだから、（社会事業の：引用者注）対象が無くなるのかと思うに違いない。然し今日の社会事業は、それと違って、新たな巨大な益々増大し行くボーダーライン層を問題とし、庶民の生活を対象とする」と述べ、社会福祉を取り巻く環境の変化を指摘していた。福祉の対象が、困窮者から「庶民」へと反転していく中で、福祉行政では生活環境の合理化を通じた「予防」が重視されるようになっていく。新生活運動はその一つだった。これは、一九五六年に当時の首相の鳩山一郎の提唱によって財団法人新生活運動協会が設立されてスタートしたもので、「国民の日常生活を総合的かつ合理的にすぐれたものとして仕上げていく地域ぐるみの活動」（全社協 1982：60）

とされ、近代家族的生活秩序を農村まで広げていくものと位置づけられる（野村 1998：80-81）。この運動の事務局は、都道府県の総務課と社会教育課が担っていたが、北海道や長野県などでは社協が担当していた。民主化要件①の前提となる国家と社会との区別を超えて、政府が国民生活に影響を与えようとしていた。

社協にとってさらに重要なものが、一九五五年に閣議決定された「蚊とハエのいない生活」実施運動であった。市町村および保健所を中心として、住民の参加のもとで衛生面を改善していくことをめざすこの運動は十分な成果を挙げているとは言えず、一九五九年に厚生省環境衛生部は改善を促すに至る。この中で保健所側は、社協が喧伝していたコミュニティ・オーガニゼーションの方法論に関心をもつようになってきた。社協にとっても、この運動とのタイアップは、自らの意義を高める上で望ましいものだった。厚生大臣の堀木は、社協や保健所、衛生関係団体などが一体となって、地域で保健・福祉に関する啓蒙などを行うための「保健福祉地区組織」の育成を掲げ、予算要求を行うようになる。そして一九五九年には、全社協、日本公衆衛生協会など八団体から成る「財団法人保健福祉地区組織育成中央協議会（育成協）」が発足し、社協の活動にとって重要な位置を占めるようになる。指導は、大臣官房企画室があたり、同年から国庫補助が交付されるようになる（全社協・全国ボランティア活動振興センター編 1982：59-63）。この事業は、住民参加を求めるものであった。

戦後設立された国家と社会の区別（民主化要件①）は、地域における予防・保健・衛生への注目の中で、さらに崩されるようになっていくが、その中心には社協があった。一九六〇年代に本格化する社協のボランティア施策もこの流れの中にある。

（2）「社会福祉のボランティア育成と活動推進のために」

ボランティア推進は、社協の存在意義の模索と、福祉環境の変化の中で地域と人々の生活に統治の中心が移っていったこととの交点に現れた現象の一つだった。しかし「ボランティア」という記号と動員のテクノロジーは、他の活動・事業とは異なる位置価を、その後有していくようになる。

社会福祉研究者の中では、「ボランティア」という語が初めに注目されたのは一九六二年としばしば言われる。例えば社会福祉学者の吉澤英子は、「『ボランティア』という言葉の一般化した契機は、昭和三七年の全国社会福祉大会に端を発する」（吉澤 1987a : 3）と述べている。しかし実はその三年前に、ボランティアの推進の画期となる重要な文書が出されていた。それが、一九五九年に全国社会福祉協議会（全社協）が出した、「社会福祉のボランティア育成と活動推進のために」である。

一九五九年は上述の「保健福祉地区組織育成強化事業」が進められていたが、この動きに対応して、社協は、ボランティア活動研究会を設け、これまで論文レベルでのみ実在していた「ボランティア」という社会的現実の創出に、本格的に乗り出す。「社会福祉のボランティア育成と活動推進のために」は、この研究会報告という位置づけで、各都道府県社協に通知された。その内容は、①ボランティアの必要性、②ボランティアの意義とそのあり方、③ボランティアの活動分野、④ボランティア育成の方途（特に市町村段階において）、⑤ボランティアの登録整備とその組織、⑥参考――民生委員とボランティア、に分かれている。ここでボランティアは、「『専門家』に対する『しろうと』としての補完的役割を果た」し、「住民自らが、社会福祉への関心を高め合い、その意欲を実践活動へ結びつけることによって地域を基盤とした積極的、組織的な福祉活動へ発展させ」ることをめざすものとされる。前章で見たように、「しろうと」をボランティアの中核的要件とするのは、社協で当時見られた典型的な議論の一つである。

その方向性のもと、社協が主要なターゲットとしたのは、組織化されていない個人や小グループだった。文書では「ボランティアの開拓領域」として、「1．学生、2．婦人、3．青年、4．各種専門家（弁護士、医師、商工金融関係者、教師、宗教家、芸術家、技術者、職能団体等）、5．ボランティア・グループ（VYS、BBS、婦人オパール、日赤奉仕団等）その他一般市民」が挙げられている。2の「婦人」は主婦とほぼ同義であり、3の「青年」は勤労青年を示している。学生と勤労青年という若年層のウエイトが高く、一九七〇年代以降、主要な担い手と期待される高齢者は担い手に含まれていない。また、すでに制度化されている大規模な既存の「ボランティア・グループ」は「その他一般市民」と合成されている上、文書中ほとんど記述がないなど、実質的に議論から除外されている。

この時期、青年層の活動は、セツルメントや施設慰問など、多様な言表と意味のもとで行われていた。「保健福祉地区組織」の中心という自意識をもった社協の役割は、これら有象無象の活動と、制度化された「奉仕活動」とを、「ボランティア」という一階層上の言表で包摂し、共に整序していくことだった。

この文章では、単に意味論のレベルのみならず、多様に発生する参加を実際にどう捕捉・統御するかという方法論のレベルにも具体的な記述が割かれている。一つは「登録」であり、社協は、「ボランティアとして積極的に奉仕協力しようとする人々」の「住所、氏名、性別、年令、奉仕分野と種類、奉仕可能な時期や時間、特技、所属する団体等」を登録する。もう一方で、社協は、ボランティアの能力や要求を把握し、加重負担にならない程度の、興味をもてるような仕事を探し、それを、施設との関係も調整しながら、十分に計画を立てて実行する必要があるとされている。施設など「ボランティアのサービスを受ける側」に対しても、「そのサービスを組織的計画的に受けられるような態勢をととのえなければならない」と配慮を求めている。かつての慈善家・篤志家とも民生委員とも異なり、「しろうと」としてのボランティアを円滑に活動させていくために、極めて行き届いた——どちらが「奉仕」しているのか分からないほどの——環境を作り出すことが、施設にも求められるのである。また、このようなボランティアは、社協をはじめ、民生委員や施設の代表などで構成された委員会などの場で、「話し合いや研究を行なう態勢をつくることが望ましい」とされた。あくまでも社協のまなざしのネットワークの中にボランティアを捕捉することが要請されていたのである。

登録、需給調整、ネットワークづくり——これらの方法論／テクノロジーは、ボランティア推進において現在に至るまで重要なものだが、すでにこの時期には出揃っている。

この文書を踏まえて、同年の全国社会大会の第二委員会では「民生委員・児童委員制度とボランティア活動の推進をはかるにはどうすればよいか」がテーマとなった。そして、その三年後の大会で、いよいよボランティアが中心的な議題となるのである。

(3) 散布される「ボランティア」——全国社会福祉大会第七専門委員会(一九六二年)

一九六二年の全国社会福祉大会は、前述のように「ボランティア」という言表が社会福祉研究者の間に流通するきっかけとなったと言われている。この大会の第七専門委員会では、「ボランティアの育成とその組織化をどのようにすすめるか」という研究課題のもと、①ボランティア活動の基本的な考え方、②ボランティアの種類とそのあり方、③ボランティアの育成という三項目について討議が行われた。

詳述はしないが、三点ほど確認しておく(以下、全国社会福祉協議会・中央ボランティアセンター編 1976)。

第一に、従来の社会事業が「要保護者の救済が主で、いわば消極的」だったのに対し、現在は「積極的な意味で全般的に幸福を増進せしめる方向になって」いるという認識が示され、これがボランティア拡大の意義と関連づけられている。先ほど見たように、一九五〇年代後半以降、「一部の人の貧困問題から一般の人の幸福増進問題へ」という議論が登場していた。この文章の三年後の一九六五年には生活保護基準も変更され、その対象は絶対的貧困から相対的貧困へと変化していた。ボランティアは、サービスの受け手だけではなく、**担い手側の福祉問題**としても位置づけられているのである。

第二に、ボランティア推進において**「善意銀行」**に特権的な位置が与えられた。文書では、ボランティアの種類については、「日赤奉仕団、BBS、点訳奉仕者グループ、VYS、学生セッツルメント、学生ボランティア・グループ、ワークキャンプ、等」が「ボランティア」の外延として挙げられているが、その具体的な活動事例としては、「愛知県のＶＹＳ運動とまごころ銀行、徳島県の善意銀行」のみが挙げられている。この文書は、社協オリジナルの組織である「善意銀行」を、ボランティアの言表と共に、全国に普及させていくものであった。

第三に、「ボランティアの育成」の役割が、施設や地域社会全体にまで期待された。そこでは「社会福祉に善意をもっている個人は極めて多い」という前提のもと、この個人的善意を社会的に高め、組織化することが社協の課題とされた。そのために社協は、ボランティアだけでなく、受け入れ側の施設および地域・全体社会に対して「教育・啓蒙活動」を行わなければならないとされた。これは、ボランティア参加型社会を誰が最も欲望していたのかをはっきり示している。施設や受け手側の要望で開始されたわけではない。「現在の社協では困難があるという現実論」に対し、「現在の実情は何であっても、その姿勢が問題であり社協の在り方として、育成に当るべきだと強調された」。

翌一九六三年に、全社協は都道府県・指定都市社協の「ボランティア担当」の職員を集め、「ボランティア活動推進都道府県社会福祉協議会職員研究協議会」を開始し、上述の一九六二年大会の結論を推進するための方策づくりと、善意銀行の組織運営の検討を始めた。そこでは、「ボランティア活動の推進は社会福祉事業の社会化、民主化への大道」であり「その推進は社協本来の目標である」ことが確認された。

（4）善意銀行――ボランティアの転用-生産装置

これまで見てきたボランティア言説の種別性は、「ボランティア」という言表を包括的なカテゴリーとして定立させ、その言表と意味を全国に普及させようとする意図をもち、実際に全国の福祉関係者に広げる上で一定の役割を果たしたことが挙げられるが、もう一つ、〈コトバ〉だけでなく「参加する身体〈モノ〉」を直接捕捉し管理する技術・装置の開発と普及を伴っていたことも挙げられる。その中核にあるのが善意銀行であった。

「善意銀行」とは、住民が社会事業目的に提供（＝「預託」）した労働力や金や物を登録・管理し、それらを必要

表 4-1　1964 年の郡市区町村単位における善意銀行の活動状況

都市部（市区単位）

種別	預託件数	払出件数
無形のもの（技術・労働など）	491	563
有形のもの（金品など）	1689	4502
その他	44	102
合計	2224	5167

農村部（郡町村単位）

種別	預託件数	払出件数
無形のもの（技術・労働など）	216	269
有形のもの（金品など）	1372	564
その他	3	3
合計	1591	836

善意銀行一つあたりの平均取扱件数（約 14ヶ月）

種別	市区単位		郡町村単位	
	預託件数	払出件数	預託件数	払出件数
無形のもの（技術・労働など）	32.7	37.5	9.4	11.7
有形のもの（金品など）	112.6	300	59.7	24.5
その他	2.9	6.8	0.1	0.1
合計	148.2	344.3	69.2	36.3

出所）全国社会福祉協議会 1964「郡市区町村単位における善意銀行の活動状況について――調査集計」より一部改変→ 1976 全国社会福祉協議会・中央ボランティアセンター編 1976：180-181。

とする社会福祉施設などに紹介・振り分け（＝「払い出し」）を行う仕組みである。社協の「ボランティア」に関する役割として強調されていた「登録」「需給調整」そのものと言える。(5) 徳島県社協が構想・開始したこの仕組みに、(6) 全国社会福祉協議会は強い関心をもって――アメリカの文献にあった「ボランティア・ビューロー」の日本における具体的対応物として(7)――これを迎えた。構想の発表の翌年の一九六二年五月には、徳島県社協と同県の小松島市社協で実際に活動がスタートしたことを皮切りに、大分県社協などをはじめ同種の制度を創設する社協も現れるようになる。そして全社協の大々的な宣伝もあり、爆発的な勢いで広がっていく。

すでに一九六三年一一月に全社協が行った「善意銀行に関する調査」によると、回答があった四二都道府県のうち、二六の都道府県社協および五一一の郡市区町村社協が善意銀行を設置しており、全ての都道府県に存在していた。表4-1では、サンプル調査で得られた三八の郡市区町村社協における、設立から調査時点までの期間（平均一四ヶ月）の預託件数と払い出し件数の結果である。なお「無形」とは自分が労働力や技能を提供可能なものとして登録すること、「有形」とは金品を提供することを表している。

表4-2　都道府県社協が設置・運営する善意銀行の活動状況（1964年8月1日現在）

	1964年度運営費	預託件数				払出件数			
		無形（技術・労働など）	有形（金品など）	その他	計	無形（技術・労働など）	有形（金品など）	その他	計
北海道	750,000	176	337	15	528	348	511	21	880
青　森	100,000	52	122	127	301	133	38	251	422
宮　城	200,000	47	15	3	65	39	8	2	49
秋　田	214,100	2103	15277		17380	1704	16348		18052
群　馬	42,000	31	63	6	100	21	54	5	80
神奈川	1,060,000	249	124	165	538	237	124	165	526
滋　賀	（社協経費で充当）		8	1	9		10	1	11
大　阪	300,000	33	46	5	84	18	20	1	39
鳥　取	53,500	9	15	1	25	8	18		26
愛　媛	100,000	133	154		287	102	323		425
福　岡	670,000	278	464	62	804	351	448	82	881
長　崎	480,000	270	121	55	446	153	101	35	289
大　分	（社協経費で充当）	21	7025		7046	32	6135		6167
宮　崎	50,000	12	46		58	6	41		47
合計		3414	23817	440	27671	3152	24179	563	27894

出所）全国社会福祉協議会1964「都道府県単位における善意銀行の活動状況（中間集計）」→1976全国社会福祉協議会・中央ボランティアセンター編1976：184-185をもとに作成。

市区では預託一四八件・払出三四四件、郡町村では預託六九件・払出三六件という結果になっており[8]、市区を中心に一定程度の活動実績が見られる。

また、都道府県における状況は表4-2の通りである（回答が得られたものだけ示している）。秋田県と大分県（有形のもののみ）において、極端に高い実績を見出すことができる一方、宮城・滋賀・宮崎などでは活動は低調である。これは、活動実態、および、あるいは何を計るかという定義や指標についても一貫したものがなく、分散が大きかったことを示す。このように質的なバラツキは大きかったものの、枠組が普及していったことも確かである。

さて、このように軌道に乗り出した社協のボランティア推進事業だが、ここで注意しなくてはならないのは、「ボランティア」が労働力や金品を贈与＝預託し、それを善意銀行が「需給調整」するわけではない、ということだ。なぜなら、**善意銀行で〈贈与〉をする以前に「ボランティア」は存在していない**のだから。

先ほど確認したように、一九六二年の全国社会福祉大会が「ボランティア」の語が一般の福祉関係者に広がっていく端緒であった。専門職の間でさえそういう事情なのだから、一般の住民の間にはほとんど流通していない。実際一九六八年の時点でも人口の一割程度しか「ボランティア」の語を知っている人はいなかった（内閣総理大臣官房広報室 1969)。「ボランティア」という言表と意味論に準拠しながら活動していた人は、ごく僅かだったと言える。この当時、萌芽的に使用されだした「ボランティア」の言表は、その対象を求めて浮遊している状況にあった(例えば、一九五〇年代の木田徹郎の場合、ＰＴＡや新生活運動や未認可託児所運動に、その対象を求めたわけだった)。戦前においては、名づけられない身体（シニフィアンなきシニフィエ）に「ボランティア」の語は与えられたわけだったが、今は逆に、過剰に生産される「ボランティア」の語（シニフィエなきシニフィアン）が張り付くべき〈モノ〉を探しているような状態である。善意銀行が登場したのは、このような状況下であった。

この文脈では、善意銀行の募集に応じて労働力の登録や金品の贈与に応じた人を「ボランティア」と呼ぶ。しかしそれは、彼／女らが「ボランティア」という言表や意味論に従っていたことを意味しない。なぜならば、彼／女らが経験する、登録・需給調整・活動という一連の過程の中に、社会福祉専門家が内属するターミノロジーや意味論に触れる機会は設けられていなかったからだ。よって彼／女らは、自らの行為を自分たちがよく知る言表と意味論——例えば「奉仕」「慰問」などといった——によって把握することになるだろう（この点については後で事例によって確認する)。実際、社協も住民の〈贈与〉が「些細な善意」によるものであることを認めている(一九六二年の全国社会福祉大会第七専門委員会)。しかし、そのような形で〈贈与〉を行う彼/女らに対して、社会福祉協議会は外挿的に「ボランティア」の名を与え、その行為を「福祉への主体的な住民・市民参加」という「大きな物語」に接続させていくわけである。つまり善意銀行が行った配分は、住民からの「些細な善意」を施設へと提供するだけにとどまらない。贈与する身体〈モノ〉に、「彼/女らこそボランティアであり民主的な主体である」という意味論〈コトバ〉を帰着させるという、もう一つの配分=〈転用〉も行っていたのだ。これによって「ボランティア」の表象は水増し的に生産されていく。

(5) 主体を捕捉せよ——〈教育〉への欲望

善意銀行の回路で生み出される「ボランティア」は、必ずしも社協が求める「ボランティア」の意味を生きていない。社協もこの状況に手をこまねいていたわけではない。彼/女らの主体に介入し、〈コトバ〉と〈モノ〉を——〈転用〉ではなく——実際に結びつけるための〈教育〉の装置/技術が、クローズアップされていく。

すでに一九六三年に全社協事務局長から都道府県社協の事務局長宛に出された通知(善意銀行〔ボランティア・ビューロー〕の運営と育成について)で、登録されたボランティアに対し「必要な一般的社会福祉教育及びその善意の奉仕を求める施設、並びにそのニード等について、簡易な教育を行なう計画をもつことが必要である」と述べていた。さらに、一九六五年から一九六八年まで開催された「善意銀行代表者研究協議会」[9]でも、教育の必要性はくり返される。

一九六五年の第一回善意銀行代表者研究協議会では、「ボランティアの開発と教育」が中心テーマの一つとなっている。そこでは、ボランティア活動が「専門社会事業の発展を支える重要な機能を果すもの」であると同時に「専門社会事業の活動を代替するものであってはならない」とした上で、「しかし、現実の善意銀行におけるボランティアの開発・教育についてみれば、一部を除いてかならずしも要求にみあったボランティアの開発・教育が行なわれているとはいいがたい」と述べる。ここで「専門社会事業の活動を代替しない」とあるのは、後で見るように、民主化要件②（国家による社会権の保障）を侵犯しないことに関連している。つまり、そうした要件を充たした「民主的」な活動であるためには、〈教育〉が必要だというのである。[10]

翌一九六六年の二回目の協議会では、これは「ボランティアにたいする福祉教育」として、やはり「現在までのところ系統的な経験をもっているところが必ずしも多いとはいえない」とされ、福祉教育が必要な理由、福祉教育の形態・課程について検討されている。「ボランティア活動を慈恵的な感覚にもとづいておこなっている個人やグループも決して数少ないものではない」が、「ボランティア自身にとっても、また奉仕を受ける側にとってもマイナス」なので「これを改善するためにも福祉教育は必要である」。ここで福祉教育は、「慈恵」という〈贈与のパラドックス〉を素朴に発動させかねない意味論を回避する手段として位置づけられている。

続く一九六七年の第三回の協議会では、「社協活動における善意銀行のあり方」がテーマとなり、社会福祉協議会の地区組織活動（コミュニティ・オーガニゼーション）と結びつく形でボランティア育成を行うための「方向づけ」が課題とされた。その「方向」として、次のようなことが述べられている。

> 重症心身障害児をもつ立場にたってみて、はじめて行政・福祉対策の不十分さがよくわかり、この陥没している問題点を自分たちの手で発見し、たすけあい、政策に発展させる役割こそボランティア活動であるということから一つの経験として、在害児のホーム・ヘルパー、一日里親などの例があげられた。
>
> （第三回善意銀行関係者研究協議会報告→全国社会福祉協議会・中央ボランティアセンター編 1976：154 傍点引用者）

ここでは、ボランティアを成長させる「方向」として、問題を〈政治〉的なものとして捉え、関与していく（「政策に発展させる」）ことが挙げられている。そして、このような方向の教育は、社協だけではなく、「受け入れ側」

の社会福祉施設の役割としても見なされることがあった。

施設対象児は戦後のように、孤児や貧困児ではなく、親が交通事故などでなくなったとか、働きに出ているとか、入所児の境遇が近年変わってきている。施設児童への固定観念を改めてもらうために、日常自分たちの身近におこりうる問題であることをはなすと同時に、福祉問題の本質を知ってもらうために、福祉予算対策運動に参加してもらっている。このようにボランティアの活動内容を工夫する必要がある。

（第三回善意銀行関係者研究協議会報告→全国社会福祉協議会・中央ボランティアセンター編 1976：154　傍点引用者）

一九七〇年代以降、社協のボランティア施策が、厚生省のもとで進められるようになると、社協は、市民主体を非政治的で従順な「ボランティア」へと動員していく尖兵として批判されるようになる。しかしこの時期には、社協も、「ボランティア」を民主化要件②に準拠する政治的な主体として捉えようとするベクトルもあった。

ただし、ここで重要なのは、一九六〇年代の時点では、ボランティア・スクールが実際に開講されることは少なかったということである。次の第5章で見るように、一九六五年に民間団体の大阪ボランティア協会で開かれたスクールが初めての体系的なものだったと言われている。その後、大阪ボランティア協会のモデルも参考にしながら、全国に広がっていく。次の資料は、一九七〇年度における状況である。

北海道：青年ボランティア活動については伝統があり、研修や交流の援助など積みあげがはかられている。
青　森：福祉講座を五地区別に開催。別に手話講習会（一七回、三五〇名参加）実施。
秋　田：ボランティア養成講習会を八地区で実施。二八二名参加、高校生増加。
山　形：ボランティア活動に対するニード調査実施、手話講習会実施。
茨　城：青少年対象にボランティア・スクール開催。婦人ボランティア・スクールの開催と婦人ボランティア世話人会の組織化援助。手話を学ぶ会の開催と手話奉仕懇談会の開催。福祉事務所単位にボランティア活動推進会議の開催。ボランティア活動資料の刊行、チラシ三万六千部、パンフレット一〇種類合計一万部。

栃　木：ボランティア・スクール地区別（四ヶ所）に開催。高校生中心、他にボランティア活動指導者研修会（一週間）。

埼　玉：ボランティア活動に関する調査、ボランティア・グループ懇談会の開催。

東　京：青年ボランティアの集い定期開催。

千　葉：ボランティア・グループ連絡会議、ボランティア活動研究協議会の開催。

神奈川：善意銀行。ボランティア・スクールの開催、ボランティア研究会、福祉の集い、ボランティアセミナーの開催、善意のロードキャンペーン、社会福祉モニター、ハガキの実施など。

新　潟：〝点字新潟〟隔月刊行をはじめる。

長　野：ボランティアグループ育成のための地区別連絡会・ボランティア懇談会開催。

岐　阜：ボランティア・スクールの開催・ボランティアグループの調査。

愛　知：ボランティア講座。ボランティアのつどい開催。

兵　庫：ボランティア入門講座開催・ボランティアグループの養成・ボランティアセンターの開設。

和歌山：第一回ボランティア大会（五〇〇名参加）開催。心身障害児愛の訪問員研修三回実施。一〇〇名に委嘱、四五年度中に八〇名が活動を行なう。手話ボランティア研修会（ブロック別）。

広　島：ボランティア交流会の開催。

山　口：社会福祉大学開催。地区別ボランティア研修会（七ヶ所）。ボランティア種別研修会。以上三事業に計六〇〇名の参加を得る。他に、ボランティア振興地区の指定（二ヶ所）。ボランティア活動に関する調査。

沖　縄：ボランティア・スクールの開催（四回）。ボランティア宿泊研修会の開催。

（『昭和四四年四五年社協年報』→全国社会福祉協議会・中央ボランティアセンター編 1976：188-189）

この種のボランティア・スクールや研修会は、誰が受けていたのだろうか。実は受講者の多くは、未経験者ではなく、すでに「施設慰問」「社会奉仕」など様々な名称のもとで、社会福祉施設などでの無償のサービス提供活動を行っていた団体のメンバー（若者）であった。一九六〇年代の「ボランティア・スクール」は他の意味論のもとにあった活動／身体に「ボランティア」の名を与え、それを通してそれらのグループ・メンバーのリスト化や「協議会」などの組み入れなどを進める役割を果たした。そして、それを通して、**「ボランティア」を類似の諸言表の上位カテゴリーとして離床させていく。**

この「ボランティア・スクール」のプロセスとメカニズムについては、次の第5章で民間の大阪ボランティア協会を事例に、より詳細に見ていくことにする。

（6）境界問題の発生

慈善銀行＝ボランティアという編成体が影響力をもつに従い、新たな問題が浮上してきた。他の言葉・組織・活動との間で、境界画定をめぐって葛藤が生じるようになったのである。

まず、赤い羽根共同募金との関係が問われた。共同募金は、民間社会事業に配分する金を社会内部から調達する仕組みとして、独占的に寄付のシェアを占めていた。統括する中央共同募金会は、どの組織にどう配分するかを決定する大きな権限を有していたが、善意銀行は、特に金品預託に関して、この領域を侵す怖れが出てきた。ただ、全社協と中央共同募金会の関係は深く良好だったため、調整はスムーズに進んだ。一九六三年八月には、両方の事務局長を兼任していた新国康彦の名で、「善意銀行（ボランティア・ビューロー）の運営と育成について」という文書が、都道府県の社協事務局長と共同募金会事務局長宛てに通知された。そこでは、社協と共同募金の「円満な協力連携」が求められ、特に重複の可能性が高い社協の「金品口座」を「共同募金の期間外寄付」という形で整理した（全国社会福祉協議会・中央ボランティアセンター編 1976：84）。

もう一つ問題となったのは、民生委員との関係である。社協としては民生委員も「ボランティア」のカテゴリーに包摂したかったが、都道府県知事に任命されるという形態が、「ボランティア」の要件を充たしているか否かという点が問題として浮上した。すでに見てきたように、民生委員は、政府からの社会の自律を求める民主化要件①に抵触するのではないかという疑惑は、絶えずなされていた。一方で民生委員側も「ボランティア」という珍妙な言葉の導入に困惑し、自らの存在意義の再確認を始める。早くも一九五九年の全国社会福祉大会の第二委員会で両者の関係が問題になり、これを受けて、前述の『社会福祉のボランティア育成と活動推進のために』（一九五九年、全社協）では、「参考」として「民生委員とボランティア」という項目が設けられた。それによると、民生委員は「無報酬の民間篤志奉仕者」なので「ボランティアであることに間違いないが」、「政令から法律へと法的根拠のもとに高度な資格要件と多面的、常時的活動を要請され、かつその指導訓練が都道府県知事の責任においてなされる点等から、多分に専門的要素を有するといわなければならない」。そのため民生委員は「『しろうとの中のくろうと』として公私のかけ橋となり」、「それ自体がボランティアであると同時に、地域住民が社会福祉に理解と関心を持ち、積極的に参加協力する機運をつくり、ボランティアの開拓育成、ボランティア活動の促進助長にあたる」「特異な」存在という位置づけが与えられた（全国社会福祉協議会・中央ボランティアセンター 1976：32）。先に見たように、牧賢一（1952）は、民生委員に「ボランティア」を任命・指導・訓練させる役割を想定していたが、同様の発想のもとにあると考えてよい。

ボランティアの推進をめざす社会福祉協議会としては、「ボランティア」の外延が拡大――水増し――することは基本的に望ましかった。しかしその一方で、ボランティアを「民主的な存在」として純化しようとする立場からは、民生委員をボランティアに包含することは許容できなかった。例えば、一九五九年には、日本女子大学の社会福祉学科の名で、都内二三区の民生委員二〇〇名などを対象とした調査をもとに、「民生委員はボランティアか——女子大生のみた民生委員制度への疑問」という論文が発表される。そこでは民生委員の属性が男性、中高年者、職業では自営業・無職・主婦層に偏っていることが指摘され、「層の偏りと民生委員のボス化が短所」とされている。支持政党は保守（六七％）が多く、「推薦制に問題があるのではないか」と分析している。さらに貧困の原因を「政治的・社会的な原因」とするものが一八％しかいないことが示され、「一体社会構造産業構造、それに伴った民衆、労働者をどう考えているのか、また社会保障と如何に関連づけているのか」と批判している（日本女子大社会福祉学科 1959：55）。ここでは、都道府県知事からの任命という形式に加え、意識構造も保守的である点が、「民主的」であるはずの「ボランティア」と異なると批判されているわけである。この点は、頻繁に指摘されることになる。(11)

これは共同募金との関係でも同様であった。先に見たように、共同募金に対しては、民主化要件②（国家による社会権の保障）の侵犯という批判が存在していた。一九六一年には共同募金の廃止と国庫負担への切り替えを求める共同募金廃止論が社会党から出されていた。善意銀行をめぐる議論でもこの文脈は意識され、例えば一九六五年の一回目の善意銀行代表者研究協議会では、金品口座について「行政として当然果たすべき責任の分野にまで払い出しをすることは、厳にいましめるべきである」という意見が出て、共同募金的なものから距離を取ろうとしている。

社協における「ボランティア」の言表には、そのもとに民生委員と共同募金とを包摂しようとする一方、それらと差異化しようとする相反する動きがあった。この相反する戦略については後ほど詳述するが、ここではそれに先だって、社協によるボランティア規定の到達点について確認しておきたい。

（7）特権化される〈身体〉――『ボランティア活動基本要項』（一九六八年）

全社協は、外部の専門家に委嘱して「ボランティア研究委員会」を立ち上げ[12]、一九六八年に「ボランティア活動基本要項」を発表した。これがこの時点での全社協の「ボランティア」に関する公式見解ということになる。以下では二つの民主化要件との関係を確認しつつ、ボランティアがどう捉えられていたか見ていきたい。

まずボランティアは、「住民主体の原則にたったもので」「憲法が指し示す主権在民の理念とも合致」し、「民主主義を支え、発展させるための基本的活動である」と規定される。つまり国家の「動員」ではなく、社会の側における自発的な活動である点が示される（民主化要件①〔国家に対する社会の自律〕への配慮）。一方で、「善意銀行・ボランティアビューローの財政」として、「できるだけ民間の資金でまかなうべき」としながら、実際には難しいため、「福祉国家建設の基礎となるボランティアを育成するという重要な事業であるから、ボランティアの自主性という原則を失わない限り、公費導入を考えることもありうる」としている。社会諸団体に公費を出さないという憲法八九条に代表される原則は、条件付きで緩和されており、それを代替するはずの条件は、「ボランティアの自主性という原則を失わないこと」である。しかし「ボランティアの自主性」が何を示すのか不明なため、その原則を失った状態と失わない状態との区別を確定できない。つまり運用によっては、民主化要件①をどこまでも空洞化させうる契機を含んでいる。

社協が、民主化要件①の解釈に関して、ボランティアを厳格な憲法八九条的地点から撤退させたことには、社協の位置も関係していた。前述のように、すでに社協は、市区町村社協への補助金の獲得や保健福祉地区組織への助成を実現していたため、ボランティアに対する公費導入を否定する論理をもたなかった。さらにこの文書では、民生委員と保護司も、「制度化されたボランティアあるいは委嘱、任命制のボランティア」として、ボランティアに含めている。公金の導入や知事による委嘱・任命もボランティアとして認めた以上、民主化要件①における自律性は、ボランティアの意志（自発性＝自主性）という一点のみに委ねられることになる[13]。これは第三節で詳細に見るように行為論的な自発性と言うべきもので、国家による動員という問題系とは本来異なる位相にある。

とはいえ、社協が、ボランティアを「政治」の意味論から退却させていたわけではない。社協が民主化要件①を侵犯していることに対しては、内外からの批判も強かった[14]。その中で、自らを民主的存在とするために、政治・運動的存在（ソーシャル・アクションとしての社協）という自己提示が必要であった。運動の方向は、先の「第三回善意銀行関係者研究協議会報告」にも見られるように、国家責任による社会権保障（民主化要件②）の実現の方向である。本文書でも次のように述べられる。福祉国家の実現には、住民による「制度やサービスの改善創設を求める市民運動─社会行動」や「地区組織活動」が必要であり、ボランティア活動もその一つである。さらに、「社会の変化発展とともに新しく発生する生活上の問題や、社会の矛盾をボランティアは新鮮な感覚で把握し、その解決のために、社会福祉の専門家に協力して国や行政に提言したり、また一般住民と力を合わせて運動を展開するなど、社会をよりよくするための原動力となることができる」。つまり社協にとって、ボランティアは、福祉国家の充実のための運動主体である。その一方で、この文章は、ボランティアを「素朴な善意」の持ち主としても捉えている。ボランティアとは、「素朴な善意」の持ち主にすぎない〈未-主体〉であると同時に、福祉国家の実現の原動力としての〈運動主体〉でもある。この二重性を──時間的に──解消するのが、やはり〈教育〉の論理であった。つまり、「社会福祉活動が単なる同情からではなく、対象者の問題や条件の理解の上に行なわれなければならないことを知ることによって、従来のものの見方、考え方を反省し、人格形成の一助となすとともに、強い市民的連帯意識に支えられた活動にまで高めてゆくことができる」というように、絶えざる「自己の開発」や「人格形成」が必要とされる。自己の〈教育〉を通して、「単なる同情」で活動するという〈贈与のパラドックス〉が解消される効果も期待できる。

このように、社協はボランティアの人格形成を求めるほど、その〈主体〉への欲望は強かった。それは一方で、金品預託の軽視やボランティアの定義からの実質的な排除にもつながった。例えば、「金品より技能、労働の開発を」という項では、「善銀・ビューローの基本的目的は、社会福祉事業に対する住民の直接的参加を促進すること、そしてそのためにボランティアを開発、育成しようとしているのであるから、むしろ金品より技能・労力の預託と払出しに積極的に取り組むべきである」とされ、「運営費に類するものには使用しない」という規制もかけられた。社協は、金品でなく、活動に参加する主体と身体を、自らの対象に据えるのである。それが基本要項の中でささやかに——しかし露骨に——示されているのが「ボランティア活動の種類と内容」について論じた箇所である。ここには、「金品預託を行うボランティア」という種類自体が存在しない。

とはいえ、スクールを開催できる社協はこの時期非常に限られており、実際は金品預託も多かった。例えば一九六八年の全国社会福祉会議では「ボランティア活動推進上の問題とその対策」がテーマとなったが、善意銀行が金品預託に偏って、労力の提供を行う「サービスボランティア」を活用する仕組みが整っていないことが報告されている。つまりサービス・ボランティアは登録されても、施設側の「払い出し」がないため、活動ができないのである。このような社協の機能不全を尻目に、民間のボランティア・ビューローが設立され発展するようになっていく（大阪ボランティア協会『月刊ボランティア』一九六八年九月号）。

以上のように、社協のボランティア推進は、未だ十分な実質を伴っていなかった。だが、**〈未-主体〉かつ〈運動主体〉という二重性を帯び、行動する身体をもつという現在まで続く「ボランティア」のイメージ**は、この時期の一連の言説を通じて確定していったと言えるだろう。

三　ボランティアの同定問題――〈人間〉と〈政治〉の間

(1) 包摂戦略と差異化戦略――〈ボランティア／奉仕〉コードの起動

これまで社協の文書に限定して、ボランティアに関する言葉を検討してきた。以下では、社協以外のテキストにも目を向けて一九六〇年代の言説編成を見ていきたい。ただし、「社協以外」のテキストの生産者が、社協と無関係だったわけではない。ボランティアに関する言説は、社協の『月刊福祉』誌上の論文や、ボランティア・スクールの講師、さらに社協の各種研修・大会・座談会などの講演者など、社協の回路を通して流通することが多かった。本節で見る論者も社協に所属していたわけではなかったが、ボランティア・スクールのテキスト編集や講師など様々な形で、社協のボランティア言説にも影響を与えていた。

以上を踏まえて、まずは、「ボランティア」という新奇の言葉がどのような言説編成圧力のもとにあったのか確認するために、社協文書を再訪するところから始めたい。当時のボランティア推進の文脈は、様々な隣接カテゴリーを「ボランティア」の語のもとに包摂して、その領域を拡大する戦略を要請する。これを「包摂戦略」と呼んでおきたい。前節で見たように、社協は、民生委員や共同募金を「ボランティア」に含め、人々の「些細な善意」も善意銀行を介して「ボランティア」へと変換していた。社協が最も強調したことは、「誰もがボランティアになりうる」ということであった。

ボランティア活動は民主的な協同精神によって社会の一員としての義務と責任をはたすわけですから、当然報酬を要求すべき性質のものではありません。また特別にぎせい的な奉仕をするわけでもなく、現代の社会に生きてゆくうえで当然やらなければならないことのわけです。その意味では「篤志」奉仕という定義づけはもう古いもので、こんにちではまさに「社会人みなボランティア」という言葉のほうがはるかに正しい意味をあらわしているものだと思います。

（東京都社会福祉協議会 1964『ボランティア活動推進のために――ボランティア活動の手引』p. 8 傍点引用者）

わたしたちの住んでいる社会を明るく住みやすいものにするために、共同社会の一員としての義務と責任を果たすための活動で、特別に犠牲的な奉仕をすることではなく、現代社会に生きてゆく上で当然やらなければならないことです。この意味ではボランティア活動を〝篤志〟〝奉仕〟という定義づけはもう古いもので、こんにちではまさに〝市民みなボランティア〟ということの方がよいともいえます。

（兵庫県社会福祉協議会 1966b『みんながボランティア』p. 3 傍点引用者）

これらは地域社協が発行した一般向けの啓蒙文書であるが、どちらも「みなボランティア」であることが指摘されている。

この種の議論は、社協のみが述べていることではなかった。例えば第5章で見るように、民間の支援団体である大阪ボランティア協会では、一九六八年頃から「一億総ボランティア」というスローガンを提唱する。全国民がボランティアになることで、福祉水準の向上と「善意」あふれる理想社会が実現するという壮大なものである。この種の議論は後ほど解剖するが、ここでは、ボランティアの推進をめざす言説は、立場にかかわらず包摂戦略を採用しやすいことを確認しておきたい。

とはいえ、ボランティア言説は、包摂戦略のみを有していたわけではない。民生委員や共同募金をめぐる議論で見たように、自らを他のカテゴリーとは異なる「良いもの」として提示する欲望も有していた。戦後、〈贈与〉的活動は、戦前のものとは異なる「民主的な存在」として自らを証明しなくてはならなかったことは、見てきた通りである。これを「差異化戦略」と呼びたい。言うまでもなく、この二つの戦略は緊張関係にある。自らを「良いもの」と示すためには、必ずその外部（＝悪い）を排除する必要があるからだ。

この緊張は、ある簡単な方法で解決することができた。それは〈良い贈与／悪い贈与〉の区別を、〈今／昔〉という区別に従って行うことである。〈悪い贈与〉を「昔の活動」とすることで、現在の行為者を排除することなく構成的外部を確保できる。先ほどの東京都と兵庫県の社協の文章でも、古い篤志や奉仕との対比で、「こんにち」の活動が全て肯定されている。

この「みなボランティア」論が意味論として本当に新しいのかについては、後ほど検討する。ここでは、「奉仕」「篤志」という言表の位置価に注目したい。一九五〇年代にも、青年学級の法制化などをめぐって、「奉仕」の言表は、非-〈政治〉＝非-民主的なものとして位置づけられていた。しかしそれは、〈政治／奉仕〉というコードのもとにあり、「奉仕」は、〈贈与〉の意味論の外部（＝政治）と対置されたものだった。しかしここでは、「奉仕」は、〈贈与〉の内部を分割したうちの一方——〈悪い贈与〉——を示すものとして、「ボランティア」に対置されている。これは注目すべき変化である。当時はまだ「ボランティア」の語は流通していなかったため、「奉仕」の語を使い続ける語用論的必要性はあったものの[15][16]、一九七〇年代以降顕著になっていく**〈ボランティア／奉仕〉という区別**は、この時期から見られるようになっていく。

では、なぜ「昔」の篤志や奉仕は「悪い」と言えるのだろうか。それを示すために用いられたものが、その行為が〈自発的か／非自発的か〉という区別と、対象者との関係が〈対称的か／非対称的か〉という区別であった。

（2）自発的／強制的——行為論と〈社会〉的デモクラシー

ボランティアの要件として「自発性」を挙げることは、この時期一般的だった。ボランティア推進の文脈でも、「ボランティアの人々の自主性、主体性が第一義的なものであって、関係者や行政がボランティアを操作したりどうにかするという性質のものでは断じてない」ということがしばしば語られていた（兵庫県社会福祉大会第二部会

1969)。この「自発性」には、大別して、行為論のレベルのものと、社会や政治を参照するレベルのものがある。行為論的自発性は、これまでも何度か登場したが、「強制」でも「貨幣や物品との交換」でもないと観察される動機を、否定的《ネガティブ》・消極的に規定／代補する名前である。ボランティアの定義に登場する自発性は、この水準のものであることが多い。

> ボランティアのあり方として、まず第一に重要なことは自発性である。ボランティア活動は、他人からたのまれたり、犠牲を強いられて行なうものではなく、あくまで、自分の発意で行なわれるものでなければならない。
> （全国社会福祉協議会・ボランティア研究委員会 1968「ボランティア活動基本要項」）

> 民生・児童委員も同様にサラリーを受けずに、しかも公務員としての法律の規制も受けないで、厚生行政のなし難い仕事を担当しているのである。この意味においてわれわれは、社会福祉協議会をボランタリー・エージェンシーと呼び、民生・児童委員をボランティアと呼ぶことができるのである。
> （三浦 1964）

> （「ボランティア」の定義として）(イ)自分の自由意志により、自らの選択した企てや仕事に参加し、それに進んで、自分の労力、サービスなどを提供する人、(ロ)報酬を得るためでなく、使命感、義務感から、進んでそれに加わる人
> （永井 1969）

ここで注意しなくてはならないのは、これらの「行為論的で否定的な自発性」は、前章第二節(3)などでも見たように、マクロな社会・政治のレベルには関与しないということである。よって「動員」とも矛盾しない。上記の三浦賜郎は、「行政施策を住民に浸透せしめることこそ、現代ボランティアの任務である」（三浦 1964：77）と述べているが、行為論に照準を合わせる限り民主化要件①（国家に対する社会の自律性）は視界から消える。われわれは一九五〇年代において、「自発性」の語が政治の意味論と交錯していたことを確認しているが、一九六〇年代

のボランティア推進の文脈では、行為論のレベルで捉えられることが多かった。なお、ここでの自発性の反意語は、強制（「犠牲を強いられて行なうもの」）ということになる。

一方で、「自発性」を、マクロな政治・社会のレベルから規定しようとする議論もあった。それは、一九五〇年代のボランティア論に見られた「民主主義」「専門＝科学」「運動」という三つの正当化形式を受け継ぐ形で見出すことができる。

このうち最もよく見られるのが「民主主義」としてのボランティア論である。なぜなら、一九六〇年代の社協のボランティア推進においては、戦前・戦後改革期に思想形成した論者の議論が、未だ大きな影響力をもっていたためだ。その代表的な一人が岡村重夫である。彼はボランティアサービスを、「人間の福祉の増進に与える民主的な諸制度、施設の責務を共に担おうという意志ある地域社会の個々人によって無報酬で篤志奉仕される努力」と定義し、「『志願』によって、あるいは『申し出』によって行われる」ものとしている。ここでは「志願」「申し出」が、実質的に「自発性」と等価な機能を果たしている。

この議論は、彼のボランティア論（岡村 1949）やそこにおける「民主主義」論がそうであるように、〈社会〉を媒介にした強度の責任論を伴う。ボランティアとは、「民主的な諸制度、施設の責務を共に担おうという意志ある地域社会の個々人」であり、「特種な人」だけがやるのではなく、「社会全体のために個人の余力を還元してゆくということ」である。これは社協的な「みなボランティア」の論理と整合的である。そして、「その〝余力〟は自分が勝手につかうものではなく、社会全体のために還元するものなのだから、それをつかうときには、その還元をうける〝社会全体〟の意向にそったやり方をしなければならない」（東京都社会福祉協議会 1964：9）。さらに、「〝社会全体〟の意向」は、専門家や行政職の意向へと横滑りされる。施設は「専門家によって一定の規準と規定に従って運営されている」ため、ボランティアは「それらの人々の意向を無視して勝手なことをしてはならない」（東京都社会福祉協議会 1964：14）。ここには、〈贈与〉を「専門＝科学」に従属させるという一九五〇年代の認識が継承されている。同様に運動との連携も説かれるが、社会連帯の範囲内に回収される[17]。

以上のように自発性は、マクロレベルを参照しつつも、〈社会〉という意味論を媒介に、「〝社会全体〟の意向」や「専門家や行政職」の指示を「無視して勝手なことをしてはならない」範囲に制限されていく[18]。社会の意向と個人の意志の一致が想定されているため、**自発性は、実質的に行為論と同じ水準に投げ返される**。よって民主化要件①は十分に満たされることはなく、また「戦前の〈社会〉がそうだったように『社会全体』や『専門家』が戦争に向かったら自発性もそれに従うしかないのか」という戦後的不安を解消する論理もない。

以上のように一九六〇年代の社協のボランティア推進の文脈で語られる「自発性」は、行為論と〈社会〉論の線分の中に設定され、戦前との種別性を決定的には見出せないものが多かった。

（3）自発的／動員的——行為論を超えて

これに対して一九五〇年代に「運動としての参加」論を展開した小倉襄二は、岡村重夫＝社会福祉協議会とは異なり[19]、〈社会〉（＝社会連帯思想）を前面に出すことなく、マクロな〈政治〉と接続する形でボランティアの「自発性」を規定しようとしていた。彼にとってもボランティアに重要な要件は「自発性」であるが、それは「市民みずからが、『基準』をつくりだすこと」である。そして、その「基準」は「権力がつくりだした『規則』」ではなく、その「修正原理」であり、「自分たちが本当に苦しんで、自主的な社会活動のなかから自分の手でうみだすもの」である（小倉 1967→1974）。

では「権力がつくりだした『規則』」とは何か。彼はまず、佐藤忠男の『斬られ方の美学』の引用から始める。佐藤によると、人情的な助け合いを表現するためには、「よほどセンチメンタルなオーバーな身ぶりをともなうか、あるいは、よほど道化た身ぶりをともなうかしなければならぬというきまりがある」（小倉 1967→1974：95）。そして、佐藤の次のような文章を引用する。「実は、日本にとっては、隣人愛というものは最も表現しにくい思想の一つなのではあるまいか。白樺派、赤い羽根、救世軍 etc 真顔で隣人愛を語る奴は、よほどお人好しか偽善者に違いない、というのがむしろ庶民の一般的なイメージだ」。「『慈善』はすなわち『偽善』だと意識できるものはインテリにかぎらず、庶民にとっても慈善家くらい嫌な奴はいない」（小倉 1967 → 1974：95-96）。

ここで表されているものこそ、まさに〈贈与のパラドックス〉に他ならない。しかし小倉の議論が興味深いのは、この〈贈与のパラドックス〉にこそ「権力の『規則』」が関わっているという点である。少し長いが、引用してみよう。

この場合の特徴は、決して権力支配の側に対して対決や批判めいた志向をもつことは許されなかったし、いささかでもそのような運動めいたことをともなうものはいっさいの評価を峻拒されたのである。善意や慈善の行動半径はつねに権力の実質にふれることを回避し、うんと手まえのところで自己展開するにとどまり、そのようなものが、慈善や善意のかたちとして受容されるようになった。……

くらしの窮迫、傷病、心身障害、子どものこと、老後、どの局面をとってみても、おたがいの反目とひきおとし合いのなかで、いっそうの惨苦におちこんでいった。このような事態にあって、特定の個人のおこなう善意や慈善はたしかに感謝されたり共感をよびさますものであったが、それと同時に、それだけではどうにもならぬカベやそのやり方につきまとううさんくさいもの、不正義、偽善めいたものにも鋭く反応したに違いない。権力の側が、構造的な社会問題対策に最低限度の公的責任をすっぽかしているときに、動機の熾烈さや純粋さはそれとしても、民衆がその効果や定着において散乱せざるを得ない慈善や善意による行為についてイメージとして偽瞞を感じたとしてもふしぎではない。まして権力が一定の意図のもとにそのような善意を顕彰することによって体制側の対策不在の代替物とし、「原理―原則」的なるものとして唱道することになれば、ますますその偽善としてのイメージはくっきりとしてくる外ないのである。（小倉 1967 → 1974：97）

国家が社会権の保障を放棄し、それを変える「運動」も「許され」ない中で、「善意や慈善」は「自己展開」し「偽瞞」を感じさせるものとなる。「権力の『規則』」とは、この一連の構造である。ここで注目すべきは、「権力」は狭義の強制を行うわけではなく、「一定の意図のもとにそのような善意を顕彰する」ことによって目的を果たそうとする、という点である。つまり民主化要件①（国家に対する社会の自律）の侵犯を問題とする上でも、行為論の水準を超えて、特定の主体自体を作り出す権力――フーコーの主体化権力（Foucault 1975＝1977）やルークスの三次元権力（Lukes 1974）的なそれ――を問題にしているのだ。よって、ボランティアの「自主―自発」性は、「権力の『規則』」に乗らない「みずからの基準」を作ることが必要なのであり、労働運動をモデルとした「社会正義への志向」が重要となる。「労働者としての生き方とつよい連帯のある場面で、ボランティア活動が進展するための認識が養成される。『だまってみすごせない』『不当なことが多すぎる』という鮮烈な『社会正義』にたった意欲も一つの通路である」（小倉 1967→1974：101）。

岡村や竹内よりも若い世代の小倉は、戦前の社会事業者の「愛」の論理と戦時体制とのつながりを終生の検討課題としていた（小倉 2007）。この問題意識をもつ彼は、二つの民主化要件①②に準拠したボランティア論＝自発性論を展開することになる。もちろん小倉の政治主義的な〈贈与のパラドックス〉批判の論理自体は、一九五〇年代の共同募金に対する大河内や労働組合の批判と同型のものである。小倉の議論の種別性は、その批判の系譜を「ボランティア」の言表の中に織り込んだこと、そしてボランティアの「自発性」には二つのレベルがあることを結果として明らかにした点にある。

「自発性」の二つのレベルとは何か。その反意語（非自発性）に注目してみると分かりやすい。一つは行為論のレベルのもので、ここで自発性は、**〈自発的／強制的〉**という区別によって与えられる。これは本人の意志さえあれば要件は充たされる。もう一つは、**本人の意志を超えて、社会との関係の中で措定される自発性**で、**〈自発的／動員的〉**という区別のもとにある。自発的か動員的かを分別する基準は当事者の意志に外在し、観察者の社会観察と相関的に決まる。民主化要件①②は、この水準のボランティア論において有意味になる。次の第5章で見るように、「運動の季節」たる一九六〇年代後半~七〇年代はじめは、この水準のボランティア論と「自発性」概念が、最も真剣に議論された時期でもあった。

(4) 疎外と〈人間〉(1)——竹内愛二

〈今/昔〉の区別を作るもう一つの基準は、かつては援助者と被援助者が非対称的だったが、今のボランティア活動は両者が**対称的な関係**にあるというものである。対称/非対称の問題は、言うまでもなく〈贈与〉言説における中核的な問題であり、特に戦前の主導的な問いだった。戦後は、相互行為上の対称/非対称問題は後景に退き、二つの民主化要件をめぐる政治主義的問題設定が前景化していたが、一九六〇年代のボランティア推進という文脈において、再び前面に出てくる。

> ボランティア活動において、最も基本的で重要なことは、人間に対する価値観の問題である。ボランティアも受け入れ側も、同じ人間として対等の関係にあるわけで、そこには決して上下の関係はない。したがってボランティアは、同じ仲間として友愛的な気持で働くのが当然であり、少しでも「やってやるんだ」といった相手を見下した気持が働いては現代的なボランティアとして失格である。
>
> (兵庫県社会福祉協議会 1968「社会の福祉」昭和四三年六月号→兵庫県社会福祉協議会 1976:117 傍点引用者)

この議論は、ある社会像を伴っていた。**疎外論**である。疎外論を介したボランティア論は、前章で見たように既に一九五〇年代に木田徹郎が展開していたが、これが一般化してくる。代表的な論者の一人が竹内愛二である。竹内は「専門社会事業論」の理論的な中心人物として名を残している。専門社会事業論とは、社会福祉の本質を「人間関係論を基盤とする援助技術のうちに存在」していると捉えるもので(古川 1997b:4)、本書の言葉で言えば、社会福祉における「人間」的なるものを科学＝専門性から擁護しようとするものである。戦後導入されたアメリカのケースワーク論の影響下にあり、マルクス主義的な社会政策論とは距離が大きかった。竹内の議論は社協で影響力をもつと同時に、第5章で見るように、彼は大阪ボランティア協会との関係も深く、社協と民間団体の両回路で当時のボランティア論に無視しえない足跡を残している。彼の議論を見てみよう。

「新しいボランティアは、決して往事の慈善や感傷主義ではなく……すなわち今や機械化、組織化、制度化、とくに官僚制度化等のマンモス的魔力によって人間が押しつぶされそうになった現実に対する反抗勢力、あるいは精神として、国家権力やその他一切の非人間的圧力に対して、共同社会を基盤とした人々の自由意志、あるいは自発精神――ボランタリズム――の発動としてなされるものなのである」。「すなわち人間性回復の努力が、ボランティア活動の形をとろうとしているのである」。（竹内 1967）

ここでは、国家権力や官僚制化など非人間的な圧力と、共同社会を基盤としたボランタリズムとが対置されている。ウェーバーを思わせる官僚制化の世界像を構成的外部とすることで、共同社会の「すべての人々」は、自らの人間性回復のためにボランティアをする理由が生じることになる。「今やすべての人々にボランティア活動は精神衛生上、あるいは人間形成上必要なものとなったのである」（竹内 1967：87）。先ほど言ったように、この認識は一九五〇年代にすでに木田徹郎が示していた。しかし一九六〇年代のそれは、異なるコンテクストのもとにある。高度経済成長は急速な都市化を進めた。第一次産業から第二次・第三次産業への転換が急激に進み、家族形態を変化させた。年平均の経済成長率は何度も一〇％を超え経済的に豊かになると同時に、大学紛争の原因になったとされるアノミーや喪失感が様々な形で表明される。疎外論は、このような文脈でこそ、リアリティをもって流通するのである。

ボランティア論にとっても、疎外論を媒介とした議論は、〈贈与のパラドックス〉の解決に有効なため、折り合いがよい。つまり、全ての人々が「地域社会を共同化するという根本理念に立つならば、もはや与えるとか、受けるとかいったことはたいした問題ではなくなる」からである。「一つの場合にあたえる立場にある人も、他の場合には受ける側にたつこともあり得る」（竹内 1967：82）。受け手と与え手の等価性を強調するこの議論は、〈社会〉の意味論形式と同型である。

大正期に導入された〈社会〉概念は、変形を加えられつつ、戦時期の総動員体制のイメージの備給源にもなった。それと歩調を合わせるかのように、竹内の議論も戦時動員体制に没入していった（小倉 2007：190）。戦後、彼は自分の「共同社会」概念を「コミュニティ」とも呼び、一九七〇年には『コミュニティ・デベロプメント』という本を出している。大正期の〈社会〉の想像力は、総動員体制、戦後の民主主義社会、さらに七〇年代のコミュニティ概念まで伸びているのだ。

さて、官僚制化による疎外という問題設定は、その反対側に、疎外されない〈人間〉の理念型を浮上させる。この構図のもとで、ボランティア活動には人間性の回復という機能が与えられ、また与え手と受け手は、共に被傷的な存在でボランティア活動によって回復するという点で、種差性はなくなる。**もはや、それ自体価値のあるボランティア活動を、誰が推進するかということは、問題ではなくなる。**例えば彼は、「ボランティア」を「国家権力やその他一切の非人間的圧力」に対する抵抗と言いながら、次のようにも述べる。

> 官民の関係も統治者と被統治者ということではなく、官民一体になって国、都道府県、市町村の各段階の共同社会開発・発達に協力するということになれば、官尊民卑などということもなくなるであろうし、また「公僕」などというわざとらしい表現も不要になるであろう。したがって新しいボランティア事業の前提として、われわれは共同社会中心ということを明確に把握しておくことが何よりも重要である。
>
> （竹内 1967：82　傍線引用者）

大正時代の〈社会〉が、また総動員体制が、階級対立などの内部の敵対性を曖昧にしたように、竹内的コミュニティも、敵対性や国家との緊張関係を含まない。つまりここには、民主化要件①（国家に対する社会の自律）を棄却するベクトルが潜在的に孕まれている。装いは新しいが論理構成は意外と古いこのボランティア論の形式は、一九七〇年代に入って、重要な位置を占めることになる。

（5）疎外と〈人間〉（2）——髙島巌

疎外論を媒介としてボランティア活動に人間性回復を求める議論は、その延長上で〈政治〉からも退却していく。その典型的な論者が、「もてるものがもたないものにではない」という詩で有名な髙島巌である（髙島・村田 1969；髙島 1971 など）。児童擁護施設の施設長にして社協の総合企画委員でもあった彼の詩は、一九六八年一〇月に全国社会福祉会議総会の講演で発表されて以来、ボランティア・スクールで教材やマスメディアで取り上げられて広く知られるようになった。

彼にとっての〈贈与のパラドックス〉とは、対象者との間に非対称的な「上下関係」が生じてしまうことであり、「主観的には善意であっても、客観的には、つまり、相手方にとっては、その反対」（髙島・村田 1969：36）になることである。それが生じるのはなぜか。髙島は次のように問う。もし贈物をもって児童施設を訪問した人が、「それを子どもたちにわたすとき、そのもようを写真にとって新聞にだしたいと考えたとする。子どもたちは、これを、まじり気のない善意としてすなおにうけとるだろうか」。「子どもは敏感で大人の思惑を見抜く。「このような不用意な善意のおしつけで、純真な子どもの心をスポイルしてもらってはこまる」。「善意が行動にうつされるとき、いちばん大事なことは、相手の立場や気持について、十分な配慮と用意がなされなければならないということである」（髙島・村田 1969：37）。

この指摘は、実践家としての髙島が経験の中で培った洞察であろう。さらに彼の議論の特徴は、この洞察を、ボランティアと対象者が共に同一のカテゴリー（人間）であるという認識で基礎づける点にある。「施設の子どもも、一般家庭の子どもも、スラムの子どもも、へき地の子どもも、一般人も、ボランティアも、地下水においては、みな、同じなのである」（髙島・村田 1969：29）。これは髙島の議論の大前提となる。

一方で、髙島は、問題をマクロな〈政治〉に還元しようとする議論に対して距離をとる。例えば、ある時髙島は「ボランティア生活の限界」に関する質問を受けた。質問は、政治の貧困こそが問題なのであり、「政治が正しく行われるなら、ボランティア生活など、いらなくなるのではないか」というものであった。髙島は次のように答える。

> ご質問の気持はわかるが、そのような疑念がでてくるということは、あなたが、ボランティアのはたらきを、だれかがする、だれかのためのはたらきだ、というふうに、考えておられるからではないか。
>
> ボランティアのはたらきは、人間としての生き方に関する問題なのだ、と考えられるのであれば、限界どころじゃない、一億総ボランティアでなければならないのだ、ということになるわけだ。（髙島・村田 1969：10）

質問者の問いは、すでにわれわれにとって馴染みのある、極めて「戦後的」なものである。髙島はこれを棄却する。なぜならそれは、単に社会保障の帰責先をめぐる問題（民主化要件②）ではなく、より大きな「人間としての生き方に関する問題」――別の箇所の表現を使えば「人間尊重」の問題――だからである。それは、他者の心を理解し・承認することを基本に据える生き方である。彼はそのことを、端的に「闘いの『こぶし』より和ぎの『ほおずり』がよい」と表現する。

この人間像と表裏の世界観は、再び疎外論である。髙島は、一九六八年の朝日新聞に掲載された「ゴーゴーバー」に集う若者の「疎外」や「不毛」さを嘆く記事を引用し、「このどうしようもエネルギーが、もし、われわれの考えるボランティア生活にむけられるのだったら、それこそ、すばらしい文化革命が、この日本に起こるのではないか」と夢想する（髙島・村田 1969：44）。髙島にとって「人間」を忘れさせる点で、「近代化」も同罪である。

一部指導者のいう、いわゆる社会福祉の近代化論に幻惑されて、職員だけが存在して、子ども不在の施設が、だんだんとふえてくるもようである。（髙島・村田 1969：48）

社会福祉の近代化は、当時の文脈において、政府責任を中心とする社会福祉の充実と同義だった。つまり民主化要件②（国家による社会権の保障）すらも、髙島においては絶対的なものではなく、むしろ〈人間〉を置き去りにしかねないものなのである。

以上、竹内と髙島に注目して述べてきたように、疎外論的世界観は、戦後の国家／社会関係の前提たる民主化要件①②を共に相対化するベクトルを孕んでいた。替わりに重視されるのが、「人間」概念を媒介とした、相互行為上の対称的な関係という基準であった。とはいえ、その議論の構成自体は新しいものではない。「まじり気のない善意」＝〈純粋贈与〉を志向する点は戦前の社会事業家に広く見られたし、相互行為上の〈贈与のパラドックス〉を共に得られるものがあるとして解決する方法も、方面委員をめぐる言説に見られたものだ。戦前から活躍していた論者の「古い」意味論形式が広く受容されるようになる事態は、戦後の条件が転換する徴候を示していた。

四　誰が「ボランティア」と名指されたのか？――〈身体〉の検出

本章の最後に、「ボランティア」の語が誰の身体に帰着していったのか確認しておきたい。大正期の方面委員には――明治期の篤志家とは異なり――中間層が担い手として期待された。また戦後は、一般市民が担い手となるこ

表4-3　グループカテゴリー別，グループ数ならびに構成人員（実数）

	グループ数	構成人数不明のグループ数	人　数	1グループ平均人数
学　生	26	2	1542	59
家庭の主婦(※)	7		936	134
職場の有志	6	1	116	19
地域住民	23	1	1148	50
同業者	10		133	13
趣味，同好者	18	2	446	25
その他	2		548	274
不　明	1	1	62	62
合計	93	7	4931	53

（※）ボランティア活動を行っている婦人会が，このカテゴリーに含まれている。
出所）1966年兵庫県社会福祉協議会「ボランティアグループの現状」→兵庫県社会福祉協議会 1976：17 より作成。

とが期待されていた。ボランティア推進が組織的に始まる一九六〇年代には、実質的に誰が対象となっていたのだろうか。

この時期の実態調査について残されている資料は少ない。社協のボランティア推進においては、教育、登録、需給調整などに加え「調査」が重要とされていたが、あまり行われていなかった。ここでは兵庫県社協が一九六六・六七年に行った調査を検討したい。

一九六六年の「ボランティアグループに対するアンケート」は、「本年二月、県が県下各福祉事務所や社会福祉施設からボランティア・グループの状況をとったもの」をもとに、郵送調査を行ったものである。二二七グループに調査し、有効回答数は一〇〇だった[20]。

表4-3は、各グループを、主にどのような社会的属性の人々から構成されているかという観点から分類したものである。例えば、グループが多様な社会的属性の人々から成り立っている場合も、一意的に特定のカテゴリーへと分類される。この調査で最も多いカテゴリーは「学生」であり、次章で見るような学生サークルが多く含まれていると考えられる。ついで多いのは「地域住民」だが、ここには既存の地域集団が含まれるほか、多様なカテゴリーの人々から成るグループも含まれ、残余的カテゴリー的な面もある。なお、「家庭の主婦」の平均人数が多いのは、ここに「婦人会」が含まれているためである。

また、表4-4は、各グループカテゴリーの合計を一〇〇としたときの、活動内容の割合（%）を算出したものである。施設／地域／特定の人という大分類のもと、下位分類のデータが示されている。ここでは二点注目したい。第一に、「施設（社会福祉施設）」を中心とした活動が半分（五二％）を占めている。これは、この調査が「各福祉事務所や社会福祉施設」を通して行われたこととも関係していると思われる。第二に、上記の調査法を前提に

表 4-4 グループカテゴリー別，活動の種類（%）

	施設を中心としたもの							地域を中心としたもの					特定の人を対象としたもの						
	訪問慰問	理髪・カット・はり等	民踊・茶・歌・人形劇	レクレーション招待	清掃、洗濯等	金品寄贈	計	交通整理、標識設置	災害予防	清掃花植など環境整備	金品寄贈	計	点字、録音等	児童を対象とした学習野外活動指導	その他	計	不明	合計（%）	合計（実数）
学生	14		14	4	11	4	46			18	7	25	4	21	4	29		100	(28)
家庭の主婦	29						29			14	14	29			14	14	29	100	(7)
職場の有志	14	29		14		14	71				14	14		14		14		100	(7)
地域住民	17		8			8	33	8	4	8	17	38		8	4	13	17	100	(24)
同業者		90					90				10	10						100	(10)
趣味同好者	25		20		10	10	65				10	10	15	10		25		100	(20)
その他	50						50			50		50						100	(2)
不明	50						50	50				50						100	(2)
合計	18	11	10	2	5	6	52	3	1	9	11	24	4	11	3	18	6	100	(100人)

出所）1966年兵庫県社会福祉協議会「ボランティアグループの現状」→兵庫県社会福祉協議会 1976：19より作成。

表 4-5　メンバーの職業

メンバーの職業	グループ数（実数）	%
学生・生徒	1082	23.0
主婦	830	17.7
無職	765	16.3
自営業	684	14.5
農林漁業	496	10.5
勤労者	417	8.9
工員	166	3.5
店員	132	2.8
自由業	85	1.8
教師	45	1.0
合計	4702	100.0

出所）1967 年兵庫県民生委員連合会「ボランティア活動実態調査結果報告」→兵庫県社会福祉協議会 1976：32 より作成。

すると、「金品寄贈が多い」という善意銀行対象の調査結果とは反対に、参加活動の割合が大きくなる。「金品寄贈」は合計で一七%にすぎない。「ボランティア活動基本要項」における「金品贈与者の忘却」は、上記の方法で捉えられたリアリティとも重なるものだった。

続いて翌一九六七年に、兵庫県民生部長が企画し、民生児童委員が調査員となって、「ボランティア活動実態調査」が行われた。方法は、「各民生委員が自分の担当地区内を調査してボランティアグループを発見し」、各グループの代表者を訪問調査したものである（対象は、神戸市を除く兵庫県の区域全部）。「ボランティアを開拓する存在としての民生委員」という社協が理想視する民生委員とボランティアの関係を、調査という形で実現した例と言えるだろう。一年間の活動回数が三回以上のものが対象となり、最終的な有効サンプルは一三一であった。この中には老人会や子供会なども含まれている。

グループの基本的な構成を見ていこう。一グループ平均人数は三七名だが、一〇人以下の小規模なグループも二四%を占めている。男女の人数差はほとんど見られない。メンバーの年齢は、どの層にも見られるが、特に一〇～二〇代の割合が四割以上と高い。この結果は一九九〇年代以降のボランティア論の「最近のボランティア活動は、高齢者と主婦だけでなく、若者も参加するようになった」という自己理解が、一面的であることを示唆している。表4-5ではこれを裏付けるように、職業カテゴリーも学生・生徒の割合が高い（これは表4-3の結果とも一致す

表 4-6　グループの活動内容（実数）

グループの活動内容	1年で1回でも左の活動を行ったグループ	左の活動を行った延べ回数
公共施設などの清掃や整備	69	987
施設に対する訪問，慰問	50	204
勤労青少年の相談相手，グループ活動の援助	43	369
児童の校外補導，学習指導，レクレーションの指導	38	341
施設に対する金品の寄贈	35	131
各種クラブ活動の指導者，補助者，世話人としての活動	34	266
老人の話し相手や慰問	31	157
公共施設の設置	26	77
身障児や精薄児の学習や遊びのための協力	21	61
健康相談，健康診断等保健福祉活動への協力	16	76
施設に対する洗濯，清掃等の労力奉仕	15	110
生活困窮世帯等の生活や家政への援助協力	15	30
施設収容者のレクレーション招待	14	31
理髪，園芸，はり等技術や趣味による奉仕協力	13	84
学習，農耕，趣味，各種技能等の指導	6	54
点訳奉仕，朗読奉仕	5	34
合計	431	3012

る）。

活動内容については、表4-6の通りである。まず目を引くのが、「公共施設などの清掃や整備」がトップに来ている点である。子供会、青年団、老人会、婦人会などが頻繁に行う公園や寺・神社の清掃なども含まれていることが背景にある。これらの活動は、福祉施設を経由する調査や、社協が行う調査では、見えにくい部分でもある。

以上二つの調査は、「ボランティア」という用語のもとで行われているが、一方、「ボランティア」ではなく、「社会奉仕」という言表のもとでは、どのような身体が浮かび上がってくるのか、比較のために確認しておきたい。内閣総理大臣官房広報室が一九六八年に行った世論調査（『婦人の社会的関心に関する世論調査』）によると、「社会奉仕活動」経験者の割合は、男性三五・七％、女性三〇・一％で、男性の四〇代〜六〇代が最も多く四割を超えている。また男女とも二〇代が最も少なく二五％前後である（内閣総理大臣官房広報室 1969）。先ほどの地域福祉関係の調査で、「ボランティア」と定義される主要な層が若年層だったことを考えると、ここには明らかにズレがある。それではこの「社会奉仕」経験とは何だろうか。一つ考えられるのは、町内会を中核とした地域組織における社会活動によるものだということである。強制加入的で包括的機能をもつ町内会が様々な社会活動を行うのは珍しくなく、また地域役員等と同様、町内会の中心的な活動者は中年以上の男性である（倉沢他編 1990：4-7, 11, 110）。

「ボランティア」と「奉仕」――この両者は、言表と意味論だけではなく、**身体の属性という点でも、種別性を有していた**。一九七〇年代以降は、「ボランティア」の名のもとに、言表・意味論・身体において異なる活動が一元的に捉えられていくことになる。

第5・6章では、そのような転換に先立ち、一九六〇年代の「ボランティア」の誕生＝分出の諸相について、事例に焦点をあてながら、もう少し詳しく見ていく。特にこの時期、相対的に参加率が高かった若年層は、どのような意味づけのもとでいかなる活動を行っていたのだろうか。そして彼／女らにとって「ボランティア」という新奇な語は、どういう意味をもったのだろうか。この問いに対して、一九六〇年代に設立され現在に至るまで大きな役割を果たしている民間のボランティア活動推進団体である大阪ボランティア協会と日本青年奉仕協会の事例に着目しつつ、検討していきたい。それは、左と右という対照的な方向から、「ボランティア」と〈政治〉とを交錯させていく事例でもある。

第 II 部

第5章　「慰問の兄ちゃん姉ちゃん」たちの《1968》
——大阪ボランティア協会とソーシャル・アクション

一　はじめに

一九五九年のある寒い日、兵庫県立伊丹高校の学生が五名、わずかな小遣いで買ったお菓子や学用品をもって知的障害児の施設を訪れた。活動は、子どもたちと一緒に遊んだり人形劇を上演したりするというものである。着実な活動を積み重ね、そのグループは「象の会」と名乗るようになる。彼／女らの悩みは、自分たちの活動を表す適切な言葉がないということだった。「慰問」も「奉仕」もしっくり来ない。そんな中、ある団体主催の学習会で、「ボランティア」という新奇な言葉に出会う。彼／女らはこの言葉を、〈贈与〉と〈運動〉とを架橋するものとして、驚きとともに、積極的に受容していく。

一九六〇年代には、このような出会いが様々に行われた。東京では、学生のボランティアの連携を作る学生ボランティア会議が開催され、一九六三年にはボランティア東京ビューローが設立された。これは一年ほどで解散するが、同時期に大阪で、やはり若者のボランティアグループの学習会を元に設立された「ボランティア協会・大阪ビューロー」（後の大阪ボランティア協会）は、現在に至るまで、ボランティアや市民活動の進展において大きな役割を果たし続けている。象の会に「ボランティア」という言葉を教えたのも、この大阪ボランティア協会であった。一九六〇年代のボランティアの分出においては、社協と異なる、このような**民間のボランティアの中間支援組織**が大きな役割を果たしていたのである。

本章と第6章では、民間のボランティア活動の中間支援組織の事例分析を行い、社協中心的な歴史像とは異なる一九六〇年代像を描くことを目的とする。まず本章では、大阪ボランティア協会およびそれと関連する施設訪問のグループを取り上げ、「ボランティア」という言葉の導入が、活動をどのように変えていったのかを検討する。ここでわれわれは、「ボランティア」の言葉が、**左派的な〈政治〉**の意味論に最も接近した瞬間の一つを目撃することにもなるだろう。続く第6章では、同時期に設立された日本青年奉仕協会（JYVA）に焦点をあてる。そこで注目するのは、JYVA設立に大きな役割を果たした末次一郎という人物であり、戦後から一九七〇年代にかけての彼の思想と活動経緯を検討する。彼は**「社会派右翼」**と呼ばれた活動家であり、大阪ボランティア協会を含めこれまで見てきた多くの言説生産者とは、対極の政治的意味論の中にいる。これは、既存のイメージとは異なる参加型市民社会の系譜を顕在化させると同時に、奉仕とボランティアの言表が、「國士」と「市民」を出会わせる異種混淆的な政治空間を構成していたことを明らかにするだろう。

一九六〇年代の若者の社会性／政治性のイメージは――実際には少数にすぎなかった――大学生の学生運動の表象に覆われている（小熊 2009a；2009b など）。本章と第6章では、当時それらとは対極の存在とされ、保守層から「健全」と称賛された――このこと自体、当時の若者文化ではスティグマにもなりうる――若者の社会活動に光をあてることで、**神話化された「1968」とはまた異なる、「若者と政治」の一側面を見ることになるだろう。**

以下本章では、大阪ボランティア協会を分析対象とし、インタビューデータ(1)、大阪ボランティア協会の機関誌『月刊ボランティア(2)』、同協会の各種刊行物などを用いて、活動と意味論について、明らかにしていきたい。

二　大阪ボランティア協会の設立と施設訪問グループ

（1）大阪市と「ボランティア」

大阪ボランティア協会は、大阪市で産声を上げた。ここでは、その歴史的・地理的特徴と、そこでのボランティア活動の展開について概観する。

大阪市は前述のように「方面委員」が制度化された場所である。戦後、「ボランティア活動」という名称で組織化が図られたのも、全国的に見て早い時期だった。まず一九四八年に、大阪市市民援護会[3]が、朝日新聞大阪厚生文化事業団や大阪中央放送局と図って、「今後の社会事業は市民の連帯意識で養われ、その協力と善意によって進められねばならない」という理念のもと「ボランティア運動」を展開し、一〇月に「大阪社会事業ボランティア協会」を設立した。この協会の行う事業は「ボランティアの趣旨の普及、組織の編成、指導と配慮」であり、一九四八年度末には登録者数は一六六人を数えた。学生が圧倒的多数で、希望する活動はレクリエーション、教育補助（学習指導）、子どもクラブ指導だったという。同年中には三二七施設に延べ七六七人が「ボランティア」としてサービス活動をしていたが、一九五一年の大阪市社協の設立に伴って、業務はそこに吸収され、協会は徐々に解消されていった（大阪市社会福祉協議会 1992：19-22）。次に、一九五七〜六一年にかけて「学生ボランティア協会」が活動する。これは大阪市の民生局が中心となって、青少年の健全育成を目的とし学生ボランティアを育てようとしたものだったが、十分な成果をあげられないまま活動は停止している。

このように大阪市では、戦後早い時期から「ボランティア活動」に関心をもち、推進を進めてきた一方、それに絶えず失敗してきたという評価があった[4]。両方の活動に携わってきた市社協の職員は「大阪ではボランティアは育たん」ということを述べていたが、それは大阪市の社会福祉関係者の多くに共有された知識だったようだ。とはいえ、一九六〇年代のはじめに、大阪市社協側にボランティア活動の組織化の経験があったこと、そしてその時推進の立場に立っていた一人の矢内正一が市社協内にいたことは、ボランティアの中間支援組織を生み出す上で有利な条件であった。

さて前章で見たように、一九六〇年代の前半は、社協による本格的なボランティア推進政策が開始された時期だった。一九六三年に矢内正一は、「自分たちは施設に行ってるが先方では喜んでいないようだ」という奉仕活動グループの新聞への投書をきっかけとして、大阪市立大学教授だった柴田善守と共に、同種のグループの調査を始めた。新聞の投書や募集記事を調べた結果、一五くらいのグループがあることが分かり、活動上の悩みを抱えているということが分かった。一方で、施設側からもボランティアが「子どもに勝手にお金などを与える」「施設のスケジュールを考えないで勝手な行事をして困る」等の問題が指摘されていた。こうした状況の中で一九六三年の六月には、柴田と矢内らは、新聞に投書や募集記事を載せていたグループに連絡をとって、大阪市社協の会議室に集めた。この呼びかけに応じて勤労青少年を中心とした三〇人程度が集まった。そして、「グループの活動上の悩みをグループ間で協同して解決するために（サービスの向上をはかり）、そして互いに横の連絡を保つために」（大阪ボランティア協会編 1988：12）、月一回の「月例会」が開催されるようになった。位置づけは市社協の事業である。この学習会は翌六四年の三月頃から盛んになり、七～一〇グループが参加し、出席者は二〇名程度であった。この七月の例会で第一回目の「ボランティア委員会」が生まれ、この場で初めて「ボランティア協会」の必要性が語られたという。しかし、順調に進んだわけではなかった。九月に月例会は社協を追い出される形になる。この背景の一つには、社協の専務局長が、メンバーの中に「イデオロギッシュな活動を持ち込むものがあった」として警戒するようになったためと言われている。社協の中には、ボランティアから政治性を排除しようとするベクトルがあったのである。

（2）協会設立の経緯

社協を出るにあたって、柴田は個人的な親交があった財団法人日本生命済生会の社会事業局長の川村一郎に相談をもちかけた。日本生命済生会は日本生命を母体する社会事業を行う事業体として、大正一三年に㈱日本生命済生会診療所（後の日本生命病院）として東区に開設されたものである（大阪府社会福祉協議会 1958）。当時の済生会はそれまで取り組んでいた事業が一段落したところで、経済的・労力的に余裕があった。川村は、戦争で不自由になった足で、精力的に財界からの資金集めに奔走していた。彼は柴田の申し出に快諾したものの、「ボランティアのことがよく分からない」ため、個人的なつながりのあった関西学院大学の竹内愛二、仏教大学の上田官治、終戦直後に大阪市民生局でボランティアの組織化に取り組んだ経験をもつ神戸女学院大学の池川清、そして日本生命済生会社会事業局の新進気鋭の職員だった高森敬久らに協力を求める一方、済生会理事長の承諾を取りつける。

以上の経緯で、一九六四年の九月に事務局は済生会に移り、月例会も同会が主催するようになった。翌一九六五年を通して、活動の幅が広がっていく(5)。月例会の出席者も六四年の下半期には平均八名だったのに対し、六五年の上半期には一四名、下半期には二四名に至っている（ボランティア協会・大阪ビューロー 1965：3）。そして、月例会に集うメンバーの中から「ボランティアスクール」のアイデアが出され、その事業を軸として協会を創設する流れへと向かうことになった。七月に「ボランティア協会発起人会」が発足し、第一次理事会、第一回運営委員会を経て、一一月に創立理事会および創立総会が開催された。そして「ボランティア協会・大阪ビューロー」（大阪ボランティア協会の旧名称）が創立された。

このボランティア・スクールは、全国で初めてのものと位置づけられている。前章で見たように、社協もボランティア育成事業——しかも金品預託ではなく参加活動を対象にして——の推進を唱えていたが、善意銀行を中心とした仕組みでは限界があった。柴田や高森の構想は、それを民間の立場から実現しようとするものだった。このスクールは、「慰問グループ」の活動上の要請によって作られたと言われているが、実際にはすでに柴田や高森の構想にあったようだ。孤児院で活動するグループ「一粒の麦友の会大阪支部」のメンバーで、月例会の参加者だったB氏は次のように述べている。

B：われわれが初めてサークル活動を始めた時、疑問だらけです。そういうグループをみんな集めて、グループの話し合いの場を作ってくれたのが高森さん。会合が終わったあとに高森さんらと屋台のラーメン屋に飲みに行ったもの。「われわれはどうしたらええねん」ということになってた時期に、うちのサークル仲間から「それでごちゃごちゃ言うならスクールこさえたらどうやねん」「勉強したらどうやねん」という意見が出た。「それもろた」と高森さんが。今考えたら、あの人（高森）がみんなにそう言わすようにし向けたと思う。

このように推進側の意図と、活動者の「たとえ踊らされたとしても、われわれも必死に何か求めていたもんがあったんですわ」（B氏）という切実さが合流する形で、一一月一八日に最初のボランティア・スクールが開かれた（八回講座で六六年三月まで）。その案内状には次のように書かれている。

最近ボランティアとして地域の社会福祉に貢献しようとしている方々は決して少なくないといわれ、更に今後も益々漸増の傾向を辿りつつあります。こうした方々が、真に喜ばれるような水準の高いサービス活動を行い又、ボランティア自身の教養、社会的見識を高めていただくために組織的なトレーニング活動は必須のこととなって来ております。

一九七〇年以降の多くのボランティア・スクールが、活動未経験者を対象としたものであるのに対して、ここではすでに活動を行っている者を対象としていた。有料にしたことによって参加者が来ないのではないかという危惧もあったが、参加者は三〇名を数えた（「修了者」は一七名）。参加者側は「ちょっとしたものめずらしさと、期待と、勉強しようというムードがあった」という（B氏）。その講義項目は次のようなものである。

ボランティア活動と民主主義（柴田善守）／社会福祉問題（碓井隆次）／社会福祉制度とサービス（上田官治）／ボランティアグループの運営方法（松田稔）／ゲーム指導技術（荒木たみ子）／歌唱指導技術（宮林茂晴）／話し方及びグループ講義の実際Ⅰ（脇田悦三）／話し方及びグループ講義の実際Ⅱ（高森敬久）

内容は、グループの運営やゲーム指導など実践的なものが多かったが、柴田による「ボランティア活動と民主主義」という理論的なものもあった。後に参加者の一人が、「柴田善守さんという人が『ボランティア活動というのは民主主義の学校なんや』ということを言ったねえ。それもものすごくいたく感激したなあ」（D氏へのインタビュー）と述懐しているように、スキルのみならず意味論を伝達することが、大阪ボランティア協会のスクールの大きな特徴となっていく。

（3）「慰問の兄ちゃん姉ちゃん」の群像

ここで、月例会をはじめとするボランティア推進事情に集まったグループとそのメンバーはどういう人々だったのだろうか。まず、一九六五年一〇月の時点で、月例会等に登録していた会員数は四五五名である（ボランティア協会・大阪ビューロー 1965：3）。これは団体会員の一九団体に所属していたボランティア全てをカウントしてあるため、実際に月例会などに出席した数とはかけ離れている。しかし、大阪市を中心にそれだけの施設訪問活動を組織的に行っていた人がいたということは言えよう。四五五名の内訳を見てみると、男性二三一名、女性二二四名。社会的属性としては勤労者九〇・三％、学生七・六％、無職二・一％であり、平均年齢は二四～二五歳で、最低一六歳、最高七三歳と記録されている。つまり、圧倒的に「勤労青年」が中心だったと言うことができる。(6) 一九六〇年代前半は、大阪ガスの「あなたの善意を」等のテレビの影響もあり、大阪府において施設訪問グループが多くできた時期だったと言われている。新聞の読者コーナーには、毎日のように「社会奉仕活動」や「施設慰問活動」のグループのメンバー募集の記事が見られたという。(7) 柴田の月例会に集まったのも、そのようにして形成された施設訪問や学童保育等のグループであった。若者のグループ活動の一環として、「施設慰問・訪問」が行われていたと言えるだろう。(8)

さて、具体的に大阪ボランティア協会に集まって来たグループはどのようなものだったのだろうか。ここでは、当初から大阪ボランティア協会に関わり、大阪ボランティア協会の事業運営に大きな貢献を果たしてきたグループを三つ取り上げる。

◎**親愛会**

親愛会は、大阪ボランティア協会の創設当初からの団体会員の一つである。特にメンバーのA氏は最初の月例会から参加し、やがて事業運営やボランティア・スクールの講師として、一九八〇年頃まで大阪ボランティア協会で精力的に活動することになる。一九三七年生まれの彼は、中学・高校とキリスト教の教会に通い、その中で「孤児院」(児童養護施設)を対象として人形劇の上演やワークキャンプなどの奉仕活動を行った経験があった。就業後に、再び施設訪問を通した奉仕活動を始めようとして、一九六二年頃に共に活動するメンバーを新聞にて募った。これを見て連絡をとってきたのが親愛会だった。親愛会は、主に地方から大阪へ集団就職してきた勤労青少年五〇名ほどで構成されていたサークルで、(9) 奉仕活動を目的として組織化されたものではない。仕事や生活上の悩みを話し合ったり、ハイキングなどの活動を行う親睦を目的としたグループだった。事実グループ内で何組も結婚したカップルが出たという。A氏によると、彼/女らを結びつけていたのは寂しさであった。「自分たちも一種満たされないというか、寂しいというか、例えば仕事を終わって独りぼっちになったときの寂しさみたいなものがあって、だれかと話し合いをしたいということで集まってきて」いた。だが、「しゃべってるだけでは何か物足りない」「社会のために何かできないか」という思いを、メンバーが抱くようになっていたという。A氏が入会したのは、そんな時だった。

A氏の加入を契機に、親愛会は社会福祉施設への訪問活動が開始される。訪問対象の施設は、大阪市内の精神薄弱児施設、和泉市の養護施設、堺市の養護施設の三ヶ所であり、それぞれ月に一回ずつ訪問していた。活動はこの他に定期的に例会がもたれている。施設における活動としては、人形劇などの上演、各種行事の企画や協力など、収容児童と一緒に遊ぶというものだった。人手不足に悩む施設側も親愛会を頼りにし、施設との関係は良好であった。

一方で、後述の他の団体のように、社会改善をめざしたり、政治との関係を考える意識は希薄だった。多くのメンバーは「遊びに行く」という感覚で「のんびり」と活動をしていた。活動後に、ビアホールなどでしばしば反省会を行ったが、話されたのは次のようなものだった。

A：自分たちよりも弱者に対して何かをすることがボランティア活動かな、という程度の意識でした。「してやった」という意識は持たないようにということだけは、一生懸命自分らに言い聞かせてましたね。弱者に対して何かをしたっていう、そういう気持ちを持たないようにという。弱者にすることが奉仕活動やという気持ちと、それを肯定しないで否定しようという気持ちがありました。そやけど対象としては、まず弱者を選んでますからね。

本書の用語系を使えば、〈贈与のパラドックス〉を「気持ち」のレベルで否定しようとするものであり、マクロな社会・政治を参照する志向はなかった。とはいえ、悩みがなかったわけではない。「われわれは施設へ訪問しているけれども、施設側はそういうことは迷惑なんちゃうやろかということもいろいろ議論しましたね」（A氏）というように、施設との関係は悩みの対象であった。この中で、月例会は、この種の悩みを話し合う上で有益だったという。高森たちも、グループに対して、施設側が「やっぱり喜んでるよとか、迷惑なこともありますよ」という意見を伝える「橋渡しみたいなこと」もしてくれた。

◎一粒の麦友の会

一粒の麦友の会（大阪支部）も当初から大阪ボランティア協会の団体会員であり、親愛会と同様に勤労者が中心であった。一九六九年には、会のメンバーの一人がボランティア代表として大阪ボランティア協会の監事に選ばれるなど、事業運営・推進において一粒の麦友の会のメンバーが果たしてきた役割は大きい。しかし親愛会に比べ、当初から奉仕活動を目的として組織され、全国組織をもっていた点で異なっていた。創設の経緯は次のようなものである。

一粒の麦友の会は、昭和三七年九月に一つの投稿が縁となって設立されました。当時二二才の一青年が、個人で養護施設を休日を利用して定期的に訪問し、子ども達と共に日常のあらゆる悩みについて親身になって語り合い、慰め、又励まし合いながら訪問活動を続けてきたが、一人での活動に限界を感じ、多くの人達に福祉施設の現状を理解していただき奉仕活動の協力を毎日新聞社に投稿して訴えました。この投稿が……全国版の社会面で報道され、同じ志をもって個人で活動している仲間達が共鳴し、昭和三七年一〇月に横浜市内で孤児・障害児・地域の子ども達の兄弟愛をもって児童福祉向上を目的とした奉仕サークルとして、一粒の麦友の会が誕生し、創立しました。

（一粒の麦の会編 1992）

A氏の場合と同じく、ここでも新聞投稿は重要な機能を果たしている。この記事は、全国紙の全国版だったこともあり、一九六六年時点で全国に二七支部六〇〇名の会員をもつほど広がった。一粒の麦友の会大阪支部（以下、単に一粒の麦友の会と表記する）は、一九六二年の一二月に発足し、一九六六年には勤労青少年七〇名から構成されていた。主な活動内容は定期的な養護施設への慰問、施設児童を招待して行うキャンプ、街頭募金、卒園生へのアフターケアーである（『月刊ボランティア』一九六六年一〇月号）。訪問対象施設は、親愛会と同じ和泉市の養護施設、柏原市の養護施設、茨木市の養護施設の三ヶ所で、訪問施設ごとに三グループに分かれて活動していた。活動内容は施設の要望に沿うようにし、和泉市の施設では「一日保母」、茨木市の施設では「学習指導」が中心だった。また、一粒の麦友の会が企画するキャンプに訪問施設先の子どもたちを招待する「招待キャンプ」も行い、リーダーシップ、プログラムの内容、荷物の運搬の問題点などについて厳密に議論した上で、企画している。一粒の麦友の会は、活動を次のように捉えていた。

この会の主目的は施設児童に信頼される兄姉となることであるが、この為にすべての活動の基礎は、ボランティアと児童の人間的な心のつながりを持つよう考慮されている。信頼の上にある援助は施設訪問のみに止まらず、一人の子どもの進学、就職の問題も共に考えている。常にボランティアとして、グループとしての何を、どんなに援助できるのか、その範囲を広め広げてゆくように、グループで討論されている。

（『月刊ボランティア』一九六六年一〇月号）

同じ勤労青少年中心の施設訪問グループでありながら、一粒の麦友の会は親愛会とは対照的に、サービス提供を越えて、活動を広げていこうとする志向性が強い。一九六四年から一九七九年頃まで活動し大阪支部長も務めたB氏によると、養護施設を出る子どもたちの社会的受け皿がないことに対して、強い問題意識を有していたという。「この子どもたちが卒園したらどうなるねん、そういう子どもたちを受け入れるものを何とか作れんのか」という疑問が「ものすごい悩みになって、それこそサークルが分裂するかなというぐらいの物議を醸した」。親愛会と異なり、施設に対して問題点を指摘したり、施設の希望を超えた活動を行ったりし、施設との緊張関係があった。

A氏にしろB氏にしろ、活動に関して多くの悩みを抱えていた。柴田らの学習会の呼びかけに対し、グループのメンバーが予想を超えて集まった背景はここにあった。

◎象の会

象の会は二つの点で特徴的である。第一に、勤労青年中心ではなく、学生、特に大学生が重要な役割を占めていたこと、第二に、ラディカルな志向性をもつグループとして記憶されていることである。兵庫県で活動していた象の会は、上の二つの団体とは異なり月例会ではなく第三回のボランティア・スクール（一九六六年六月九日～八月二五日）から大阪ボランティア協会に関わるようになる。

象の会は、本章のはじめに書いたように、高校生数名が、近郊の精神薄弱児施設の武庫之丘学園に訪問したことがきっかけで始まった。活動は徐々に校内に広がり、学園の運動会には二三名の高校生が参加し、クリスマス会には高校で募金を募りレコードプレーヤーを寄贈している。最初のメンバーが一九六二年に卒業するにあたって、進路が違っても活動を続けられるように、学校から独立したサークル団体として象の会が誕生した。その後も、伊丹高校とは、教員が現役生を紹介するなど良好な関係が続く。一九六四年には幽霊会員を整理する形で再出発が図られ、同年一二月のメンバーは三〇名だった。内訳は勤労者一〇名、大学生九名、高校生一〇名、中学生二名で、学生が三分の二を占めている。男女比はほぼ同数である。活動の中心は、施設の児童と遊んだり、劇を上演することなどであった。

後にラディカルな団体として知られる象の会も、初めの頃は親睦を主とするグループであった。一九六四年四月から刊行された手書きとガリ版刷りの機関紙『象』でもその様子は伺える。「精薄児」に関して大学助教授に聞き取りに行くレポートが掲載される一方、マンガのページがあったり、受験を控えるメンバーが東大見学に行った顚末を面白おかしく書いた記事が混在している（『象』一九六四年創刊号）。メンバーを相互に紹介し合うコーナーなど、随所に親密で和気藹々とした雰囲気がある。メンバーの加入も、強い問題意識をもって入るわけではなかった。メンバーの多くは友だちや先生に誘われて入ったケースが多く「友だちに誘われてはいったが、初め子どもが怖い」と感じたり、「社会福祉と書いてあったのでどんなお固いところか思っていたけど、ユーモアがあってよかった」と無邪気に語られている（『象』一九六四年創刊号）。一方で、「会の目的が社会福祉なのか、会員の和なのか曖昧」（『象』一九六四年九月）という指摘がなされたり、施設訪問や例会への集まりの悪さが常に嘆かれるなど、サークル活動には普遍的と思われる悩みも書かれている。

一九六四年は飛躍の年でもあった。七月には、「僻地教育」でのワークキャンプを七〇名程度の子どもを集めて、苦労の末、成功させる。「夢が次々と実現していく。ワークキャンプも実現不可能な夢だった。団結の力、象の会意識によって乗り越えた」（『象』一九六四年九月　C氏）。一〇月には会員の親の提供で会館ができる。その年、兵庫県の「善行をたたえる賞」である「のじぎく賞」を受賞し、朝日、毎日、読売、産経新聞から取材を受けることになり、「会が賞をもらったということを各自自覚して、賞に恥じない会を、人間を作るべく努力しなければなりません」と心構えが語られる。「象の会が大きくなるにつれて活動への自信が溢れてきた」（『象』一九六五年一月　C氏）。父母や施設職員などを集めて行われた創立六周年結成三周年記念大会をきっかけに、「社会の中で果たすべき我々の役割」を考え直し「さらなる大きな変革」が必要と考えるようになる。「文化の進展にもかかわらず以前にまして不幸が高まっている」中で「精薄施設の訪問だけに止まっていることはできなくなってきた」といい、「支部結成」が構想される（『象』一九六五年四月　C氏）。

一九六六年には、象の会は地域ごとに三部に分かれ、それぞれ訪問するようになった方法が試みられた。とはいえ「散遊的訪問」が多く「実質的には活動は空白化」と言われたり（『象』一九六六年四月）、模索が続いた。C氏は、SCI（国際市民奉仕団）機関誌の「主体とか、理念のない実践など、根のない草の様なもの」という記事を読んで、「ぎくっとする」と述べている。C氏たちが、大阪ボランティア協会に出会ったのはこのような時期であった。

以上三つの団体の概要について見てきた。いずれもメンバー間の懇親と奉仕活動という二つの目的をもったサークルとして活動している。また、彼／女らは、「ボランティア」だったわけではない。大阪ボランティア協会と関係する以前は、そのような言葉を知らなかった。周りからは「慰問の兄ちゃんとか慰問のお姉ちゃんと呼ばれてい た」（B氏）というように、社会奉仕の一つとして「施設慰問」をしているという自己／他者認証が一般的だった。ただ、この種の既存の言葉に違和感がもたれていた。例えば、象の会では「慰める」とうニュアンスを嫌い、『慰問やないんや、訪問や』っていうふうに言い換えてた」という（C氏へのインタビュー）。新しい言葉が求められていたのである。

三　何が伝達され、何が生まれたのか

(1) 大阪ボランティア協会のボランティア言説

以下ではまず、大阪ボランティア協会を取り巻く言説について、同協会の月刊の機関誌である『月刊ボランティア』とインタビューデータ、グループの機関誌などから再構成していく。

大阪ボランティア協会は、言説生産者であり、ボランティア・スクールの運営主体でもあったわけだが、単一的なものではなく、多様な立場からの言説が渦巻く、言説のネットワークという面もあった。とはいえ、そこに一定の合意された方向性を見出すこともできる。

会の設立時に作られた規約には「この団体はボランティア活動の効率化を図り社会福祉の向上に質することを目的とする」とされ、そのために需給調整、訓練、調査、広報の四つの事業が挙げられている。このうち「広報」は、ボランティア活動の普及向上のための「ソーシャルアクション」と位置づけられている。これまで見てきたよ

うに、この用語は、ボランティアの位置価を探る上で有効な指標である。ここでは、なぜボランティア普及がソーシャル・アクション＝運動と捉えられていたのだろうか。理論的支柱の一人で理事長だった柴田善守は、『月刊ボランティア』の創刊号のトップ記事で次の主張をしている（『月刊ボランティア』一九六六年七月号）。柴田によると、今の社会は闘争や功利主義が支配的だが、オルタナティブな価値として「善意」が存在する。「ボランティア活動」は「善意」の表現型であり、「ボランティア活動」を広げることは「共同体」を復活させることであり、「闘争」が基本である社会を「協働」を基本とした社会へ変えることにつながる。ここで出てくる「共同体」とは、理念型的に設定された「コミュニティ」の概念が想定されていた（柴田 1973）。前述のように、柴田はボランティアスクールにおいて「ボランティア活動と民主主義」という講座を担当しているが、民主主義とは、協働で社会を良くするというものであり、本書で見たデモクラシーとしてのボランティア論に非常に近かった。

柴田は、岡村重夫などと交流が深く、「民主主義」としてのボランティア論と親和性が高かった。ただし柴田をはじめ、大阪ボランティア協会の理論面をリードした上田官治や高森敬久などに、より大きな影響を与えていたのは第4章で見た竹内愛二の理論だった。前述のように、柴田が川村に相談をもちかけたとき、川村は竹内に協力を求めた。このような経緯もあり、竹内は月例会から関わりをもっていた。特に高森は、関西学院大学・大学院時代に竹内に師事しており、一九七〇年には竹内と共著で『コミュニティ・デベロプメント』という本を著している（竹内・高森 1970）。

竹内は、前述のように管理社会化に伴う疎外化という社会像を媒介として、それを克服するものとして「共同社会開発としてのボランティア活動」という議論を提示していた。そしてそれは、大正的な〈社会〉の論理を民主主義のイメージで捉え直したものであったことも確認した。スクールや紙面を通じて、ボランティア協会の主張として前面に出たのは、こうした竹内的な議論であったと言える。例えば上田官治は、ボランティア・スクールのテキストとしても使われた文庫本の中で、急激な近代化（機械化）と日本の特殊な社会体制（官僚と資本の強靭な癒着）

が様々な社会問題を引き起こし、一方でそれを解決するべき社会保障制度は遅れているという認識を示している。その上で、ボランティア活動は、近代化＝機械化と資本主義に起因する「無制限な利己主義」によってもたらされる「人間疎外」的状況への傾斜を引き戻し、「ゆたかな社会」実現の活動として捉えられている（上田 1969：20-52）。これは竹内の議論と共通している。

管理社会化や利己主義化に対して〈人間〉回復を求める「ボランティア活動」という位置づけは、ボランティアを普及させることで社会を変革するという議論と折り合いがよい。そこから川村一郎が提唱する「一億総ボランティア」という特徴的なスローガンが生まれてくるが、これは前章で見た社協の「みなボランティア」と相同的である。また、竹内の「官民一体」の議論が、民主化要件①に抵触する可能性があることも見た通りである。実際に一九六七年四月号には、竹内の「共同社会開発」という概念を使いながら、ボランティア局を厚生省内に開設すべきという主張記事も機関紙に出ている。

とはいえ、大阪ボランティア協会のメンバーは、竹内の議論を疎外論の方に傾斜させ、敵対性を封殺していく方向には行かなかった。共通するのは中核メンバーがもつセツルメントの経験である。柴田善守はセツルメント研究に携わっていた。かつて日本生命済生会にいた上田官治もセツルメントを経験していた。そして、一九七〇年から事務局長を務める岡本栄一氏も、月例会にも出ていたが、釜ヶ崎で八年間セツルメントをした後で、大阪ボランティア協会に一本釣りされた。岡本氏によると、セツルメントはＣＯＳ（Charity Organization Society）への批判から出たように、大阪ボランティア協会も「善意銀行へのアンチテーゼ」としての自己意識をもっていたという。

岡本：ボランティアの人はどっちかっていうとやっぱり善意運動だった訳ですよ。僕は、心の中では、善意運動ではダメだという気がずっとあってね。講座をずっとみていただいたら分かるんですけれど、善意運動ではなくて、もっと市民とか人権とか制度をもっと変えていく力になるとか、民主主義みたいなことが非常に出て来るんですよ。柴田先生の考え方とか、上田官治という人とか、僕とかね、そういうところから出てくるんですけどね。

（岡本氏へのインタビュー）

前章で見たように、善意銀行は境界問題を生み出したが、大阪ボランティア協会も大阪府社協と相互の関係を調整する話し合いをもっている。そこでは、善意銀行は預託と払い出しを専門にし、協会は「ボランティア教育」が行うという役割分担とした（『月刊ボランティア』一九六六年七月号）。「ボランティア・スクール」は、「ものや金というよりも、その中に、いかに人格的な人間に接触して、希望とか知識とかそういったものを高めさせていくか」（岡本氏へのインタビュー）というセツルメントの理念と一致していた。だが特に一九七〇年代になって、社協もやがてボランティア・スクールを開講するようになると、緊張感を増していく。

もっとも、大阪ボランティア協会の発する言説は一枚岩的なものではなく、紙面上では、多様なボランティア観が溢れていた。理事に限っても、例えば社会への「感謝」と「奉仕」を強調する大阪府企画部青少年対策課職員の言説は、明らかに戦前の奉仕の意味論に属している（『月刊ボランティア』一九六六年八月号）。また、川村一郎は明治神宮に欠かさず参拝する人物で、「絶対運動体なんか反対で運動の『う』の字を使うことも嫌がっていた」という（高森氏へのインタビュー）。月刊ボランティアにも「相互扶助こそ人間の美しい姿」で「奉仕の一致団結は戦争中でも美しかった」という記事が出ることもあった（『月刊ボランティア』一九六七年七月号）。岡本氏は、月刊ボランティア誌上に天皇制を批判する記事が出たとき、川村が怒ったためやり合ったと述懐している。各人が依拠する宗教・政治的スタンスはバラバラで「川村さん神道、私（岡本氏）キリスト教、柴田さん仏教」（岡本氏へのインタビュー）という状態だった。とはいえ、ボランティアの普及によって社会を改善していくというモデルは、政治的・宗教的立場を超えて共有されている。組織運営上の要請もあったが、管理化に抗う〈人間〉疎外という理論構成が、言説のゆるやかな共存を可能にする条件となっていた。

にもかかわらず、一九六〇年後半から、民主化要件①②に依拠してソーシャル・アクションを重視すべしという枠組が前景化していく。この背景を知るためには、言説生産者ではなく、一般会員について注目していくことが必要である。

(2)「ボランティア」という言葉に出会う

大阪ボランティア協会が、その複数的なボランティア言説を外部に伝達する機会が、ボランティア・スクールだった。前述のように、この時期のスクールは未経験者ではなくすでに活動しているグループのメンバーを主な対象にしていた。その受講者の中から、自分の団体だけではなく、大阪ボランティア協会の運営に関わる人も出てくる。

月例会設立の経緯で見たように、それぞれの団体は、対象者や施設との関係、メンバー間の関係、グループ運営、あるいは人形劇などのスキルアップなど、活動上の課題を抱えていた。月例会やスクールに求められていたのも、基本的にはそのような問題であった。とはいえ、大阪ボランティア協会の教育プログラムは、日常の課題解決の方法論だけでなく、そこに二つのものを加えていくことになる。一つは、「ボランティア」という言葉それ自体である。くり返し述べているように、この時期、「ボランティア」という言葉は一般的ではなく、社会奉仕や施設慰問などの語が使用されていた。施設で活動するグループメンバーの多くも、大阪ボランティア協会を通じて初めて「ボランティア」という言葉を知ることになった。

大阪ボランティア協会は「ボランティア」という言葉と共に、それが帯びる意味論もグループに伝達する。先ほど見たように、象の会では「慰問」という言葉を嫌っていたし、「慈善」「奉仕」という言葉も避けていた。「慈善家でも奉仕家でもありません」(『象』一九六五年六周年記念大会特集号　E氏)という記述が機関紙に何度となく登場する。象の会は活動の発展に伴い、活動を通して社会の変革を行うことが重要と考えるようになっており、「奉仕」「慰問」という既存の言葉は、自らの活動を十全に表すものだとは感じられなくなっていた。象の会の中心メンバーのC氏は第三期（一九六六年六〜八月）の、D氏は第四期（一九六六年九〜一一月）のボランティア初級スクールに、それぞれ参加している。そこで出会ったのが「ボランティア」という言葉だった。

C：私たちがやってた頃は「善意」という言葉がすごく光輝いていた頃だったし、それに「施設慰問」という言葉があったんですね。でも「我々がやってるのは『慰問』やないんや、『訪問』や」っていうふうに言いかえてたですよ。それで我々の活動というのはいったいなんや。「社会奉仕活動」という言葉が世間にはあったんですね。「きっとそんなもんじゃない」という思いはあったけど適当な単語がない。で、「ボランティア」というのを知って「これか、そうか」という気がしましたね。

（C氏、D氏へのインタビュー）

大阪ボランティア協会の機関紙で、ボランティアの定義は「社会事業活動に、他から強いられないで、自発的に無給で奉仕する人。単に善意と愛情だけではなく、教育・訓練をうけ計画的・組織的に活動することが必要」（『月刊ボランティア』一九六七年六月号）となっている。新たな言葉を希求していた彼／女らは、この言葉に強い意味を込めていく。

C：なんか、世の中を改革していくみたいな思いが若者の中にあったしね。で、そこにボランティアという道を示されてすごく新鮮で、これだ！　というのがあって。

D：そう！　それでこの道や！　という感じがしたなあ。

（C氏、D氏へのインタビュー）

これ以降、象の会の機関紙『象』には、「ボランティア」という言表が使われていく。直後の一九六六年九月の機関紙にも『『ボランティア』という言葉を知ったのもつい最近のこと。……やっと道を見つけた」というC氏の記事がある。C氏の反応は例外的なものではなく、象の会以外の活動者たちからも、スクールを通してボランティアという言葉と理念を得たことに大きな意義を感じていることが表明される。

……全ての人に〝一つでも多く学び取ろう〟そんな熱気が感じられる。V・スクールの風景である。V・スクールに入ってから思うことであるが、今まで私は自分のやっている活動がどのような意味を持ちどんな立場にあるか考えもしなかった。考えなかったのではなく活動を客観的に見つめる目も、それを測るための尺度も備わっていなかったため考えられなかったのだろう。ただ考える事はどの様な訪問が子供達に喜んでもらえるかという事だけであった。それは中心となる軸もしっかりした基礎もなく、ともすると誤った方向に行くこともあった。それは理念のない実践であったからだ。どうしても理念は不可欠だと思う。

（『月刊ボランティア』一九六六年九月号　傍点引用者）

とはいえ、「ボランティア」という語は歓迎されただけではない。従来の意味論を好む者は、「ボランティア」という言葉の登場を無用なものと考えた。親愛会のA氏は、大阪ボランティア協会と深いつながりがあるものの、「ボランティア活動」という言葉の採用やボランティア・スクールという実践に対しても違和感を感じていた。

A：私らはまだちょっとその前やから、「ボランティア」という言葉を使う必要があるのかという考え方を持っていました。教会でもともとそういう意識みたいなものを持ってたから、あえてボランティア活動なんて言葉を使う必要もないし、普通にしてたらいいことで、最初はボランティア協会を設立するとか、そういう人を集めて組織化するということに私は抵抗みたいなものはあったんです。

（A氏へのインタビュー）

よってA氏は、月例会に出ていたにもかかわらず、「多少反発して一回目からスクールを受けへんかった」。後にスクールを受けた時も、「奉仕活動」など「日本語にぴたっと当てはまる言葉」の方がよく、「教えられてスクールでこうしなさい、ああしなさいというかたちは必要ない」と考えていた。この観点からは、「ボランティア協会で勉強してきた人たちは頭でっかちな感じ」で「理屈が先に立って」いるように見えた。逆に言えば、A氏にとっても、「奉仕」から「ボランティア」への移行は、単なる言葉の変化でなく意味論の変化も意味していたということである。

(3) 意味論はどう変わったか——民主主義と民主化要件

ではボランティアという語のもと、どのような理念が伝達されたのか。C氏と同じく象の会の初期からのメンバーで中心的な役割を担っていたD氏は、第四回初級ボランティア・スクールで柴田や上田から学んだこととして、三三年後の一九九九年に次のように述べている。

D：印象にあるのが、上田官治先生がいて、「福祉とは何ぞや」という話。それは要するに底辺に連なる人々を何とかするということだと言ったな。あの当時ボランティア・スクールで流行っていたのが「のれんボランティア」という言葉。つまりね、上にはつながっているけど、下はスケスケやと。ボランティア活動が、例えば民生委員というのがあったでしょ。「あんなもんは、へのつっぱりみたいなもんで何の役にも立たへん」というのをね。
私なんてそれを聞いてハタと膝をうったというか、「わしらは間違ってもそんな道にはなるまい」というのがね、思いとしてありましたね。それから柴田善守さんという人が「ボランティア活動というのは民主主義の学校なんや」ということを言ったねえ。それもものすごくいたく感激したなあ。

ボランティアを「民主主義の学校」とすることで感激したのは、C氏も同様であった。「ベースが民主主義であって、一人ひとりの自発的な意志に基づいてて、組織やなんかに縛られないで、という発想がすごく新鮮やったな」（C氏、D氏へのインタビュー）。

先に見たように、大阪ボランティア協会は、柴田をはじめボランティアを民主主義と捉える立場に立っていた。一方で、一九六六年当時は、すでに論壇や社会運動家の間では戦後民主主義に対する懐疑や批判が高まっていた時期であったが（小熊 2002；2009a；2009b）、それは全体としては一部のことであり、一般的には依然擁護すべき理念とされていた。さらに、施設で活動を行う若者たちは、「奉仕」「慈善」「慰問」といった極めて戦前的な言表群に取り巻かれており、多くはそれに違和感を感じていた。その中で、「ボランティア」という語を媒介に、民主主義という戦後的価値の中核とダイレクトにつながれるということは、「ものすごくいたく感激」する出来事だったのである。

ボランティア論において、民主主義という言葉は、次の二つの点とつながっていた。第一に、当事者のニーズを考えることである。D氏は次のように述べる。

D：わしらがスクール行って学んだことは「民主主義の学校」というのもあるけど、「ニードとサービス」ということもあったね。「ニードがあるからサービスが成り立つんや」ということを言われた。ニードがないのにサービスするのは押売りに過ぎんとかね。そういうことを散々っぱら言われたな。

（C氏、D氏へのインタビュー）

C氏もボランティア・スクールで学んだことを踏まえ、象の会の機関紙に次のように書いている。

ボランティア活動はどうあるべきか。色々と考えられると思うが、一番大切なことは「地域の必要を十分考慮にいれ、その必要を充たす活動であること」だと思う。さして必要のない、毒にも薬にもならない活動なら、しない方がましである。いや、有害ですらある。学園は、たとえ自分にとって不必要な活動に対しても、独自の活動を停止して、我々のために時を与えねばならないし、はっきりした自覚もなしになされる子供への奉仕

〈あまり好きな言葉ではないが〉は、子どもの教育上マイナスになることすらある。……我々はこれらの分野において、自分たちの興味を優先して考えてきた。我々が面白いから、きっと子供にも面白いだろう、という考え方である。しかしこれも実は都合のいい合理化で、本当は、我々自身が楽しみたかったからに外ならない。おおいに考え直してみる必要があるのではないだろうか。

（『象』一九六六年九月）

ここで前景化しているのは、自らの活動を〈贈与のパラドックス〉の視線──「実は我々自身が楽しみたかったから」で、子どもにとって害ではないか──で反省するメカニズムである。「はっきりした自覚もなしになされる子どもへの奉仕」は否定され、地域の必要や子どもの教育にとって有益かどうかが重要な基準点として浮上する。ここでの重要な点は、何が重要かということが活動者や当事者のリアリティを超える点に設定されていることである。

例えば、象の会で通っていた施設の窓ガラスが割れたとき、それを彼／女らが寄付すべきか否かで、議論になったという。

D：何でそんなことまで、わしらがせなあかんねんて。そんな金を出してまで。そんなん、窓ガラス入れるのは県の責任やないか言うて。それはこういう解決をしてはならない、わしらはそういうボランティアにはなりたくないということを議論しましたなあ。

（D氏へのインタビュー）

窓ガラスを入れることは、施設や子どものニーズにかなうだろうが、それが、県の責任を放棄させることになり、正しい解決ではないと感じていたという。C氏はこのエピソードを、「やっぱり俺らの世代は民主主義ということにたいしてものすごく敏感やったとは思いますね」（インタビュー）と述べている。このスタンスは、本書の用語を用いるなら、〈贈与のパラドックス〉を回避するための民主化要件②（国家による社会権の保障）である。

この観点は、民主化要件①（国家に対する社会の自律）とも重なってくる。ガラスを入れないということは、「県の下請けでもないし、わしらが自発的にやっているんやということ」（D氏へのインタビュー）でもあった。先ほどのD氏のインタビューにあった「のれんボランティア」という言葉は、民生委員のように「上にはつながっているけど、下はスケスケ」という、行政の下請けにしか使われないものの象徴として捉えられており、「間違ってもそんな道にはなるまい」という否定の対象だった。そこには、「我々は穴埋めでやっているんじゃない、市民的発想でやっているんだという思い」（C氏へのインタビュー）があった。よって、行政がボランティアをコントロールしようとしていると感じられた時には、それを否定していた。かつて兵庫県から「のじぎく賞」をもらった象の会であったが、一九六六年後半に兵庫県がボランティアへの日当制度を予算計上していることが判明したときには批判を展開する。つまりそれは「紐付き」になることを意味するので「ボランティアを自主性と考えればおかしい」（民主化要件①）し、その金があるなら「施設や遊具を増やせ」（民主化要件②）という主張だった（『象』一九六七年三月）。結局日当制度は、「がんがん反対運動やってそれは結局潰れ」た（D氏へのインタビュー）。C氏やD氏より三歳下で当時会の代表的な立場にあったE氏も、「昨年の二〇〇円問題で象の会がクローズアップされてから、会全体に福祉行政へのV参加の空気が強く感じられるようになった。社会悪への正しい批判はVならばもたねばならない一ヶ条である」（『象』一九六八年四月）と述べている。自主性（自発性）も無償性も、行為論レベルにおいてではなく、政治的なカテゴリーとして捉えられている。

さて、以上のようなスタンスは、象の会だけに見られたわけではない。大阪ボランティア協会全体に、その意味論は普及していくことになる。

（4）ボランティア言説のラディカル化——「ソーシャル・アクション」の構成

先に見たように、民主化要件①②の観点は、ボランティアの評価基準を、自らの満足や当事者の満足を超えたところに設定する。それは、より根本的な問題解決を求めるドライブを作動させることになる。最初の『月刊ボランティア』の編集委員の一人だったH氏は、一九六七年七月号に次のようなコラムを書いている。

ボランティアを志した大多数の人が共通して感じることは自分があまりにも非力であると云うことではないだろうか。どの問題もその病根は深く、反面、自分達に出来るのはごく限られた皮相的な事柄だけであるからである。果して、根本的な対策は考えられているのであろうか？　自分達はこれだけやっていれば良いのだろうか？　このような疑問が、たえず心の中に湧いてくる。……むしろ大切なことは、自己の活動のなかで感じたそれらの疑問をお互いに持ち寄り、話し合いを通じて根本的対策を吟味しあうということではないだろうか。

（『月刊ボランティア』一九六七年七月号）

活動の評価基準が、当事者との相互作用を超えて、社会という水準に定位されるようになると、月に一度施設訪問をして収容児童と遊ぶといった活動は、「皮相的」と感じられるようになる。ここにおいて「根本的対策」の吟味が要請されてくる。一九六七年度から六八年度にかけて、ボランティアはどのような活動を行うべきかという問いが『月刊ボランティア』上に頻繁に見られるようになり、**ボランティアは「ソーシャル・アクション」であることが強調されるようになる。**

まず一九六七年七月の『月刊ボランティア』（一般会員による紙面編集が行われ、前述のH氏のコラムが掲載された号である）に柴田の「ボランティアと輿論活動」という論稿が載っている。この中で、重度心身障害児の数に比べて少数の民間施設しかなく放置されているという事実が示され、「ボランティアの諸兄姉はこの場合どうしたらよいだろうか。一度考えてほしい」と問題提起される。「このような重度の障害児を収容するための施設には多額の金がいるのである。多くの国では国家がやっている。国家がおこなうということは、国民の税金でまかなうことである。日本の福祉予算がなかなかのびないのは、大蔵省が福祉に対する理解がないからであることは、多くの人がのべているのであるが、その大蔵省を動かすものは、国会の良識にあり、その国会を動かすものは国民の理解でなければならない」。そして、「ボランティア活動の重要な一面」として、「社会に向って働きかけること」つまり『あなた方をふくめたわれわれの問題ですよ』と呼びかけ」ることが挙げられる（『月刊ボランティア』一九六七年七月号）。これは、ボランティア活動自体を疎外化に対する〈人間〉回復の運動という議論とは異なり、民主的要件②に軸足を置き、「與論活動」を社会改善のための「ボランティア活動の重要な一面」としている点で特徴的である。

さらに『月刊ボランティア』の一九六八年一月号では、「ボランティア活動へのビジョン」と名づけられた座談会が行われ、その発言が収められている。この座談会の参加者は、柴田、川村、上田、事務職員二名、一般会員五名（うち『月刊ボランティア』編集委員四名）の計一〇名である。この席上で、ボランティアの外延について議論する中で、柴田は、「政治の方へ結びつけていくアクションのボランティア」の意義を述べている。同じ号の用語説明のコーナーでは、「アクション・ボランティア」が「専門家・施設・役所等すべての社会的資源を活用しながら自主的に、自らの地域社会の福祉を増進させる活動」と定義される。「現在のところ単にボランティア活動と云えば一般にはサーヴィス・ボランティアを意味しているようであるが、今後、アクション・ボランティアが、各地域に多く生まれることが望まれる」（『月刊ボランティア』一九六八年一月号）。具体的には、ボランティア活動の対象者、いわゆる社会的弱者が置かれている構造的な状況を認識し、その改善のために、本人たちに代わって行政や社会に対して施設・福祉の充実を求めたり（施策要求運動や世論・啓蒙活動）、偏見を取り除いていく（啓蒙活動）などの運動＝「ソーシャル・アクション」を行うことを指していた。また従来のボランティア論では、施設職員も含んだ専門社会従事者の指示を受ける存在とされていたのに対し、専門家・施設・役所等からの「自主性」が強調されている。ここには施設も行政も批判の対象にしうるという含意がある。

一九六八年度以降、『月刊ボランティア』上には、「ソーシャル・アクション」を奨励する記述が多く見られるようになってくる。『月刊ボランティア』を見ると、一九六八年度には、ボランティア活動において「社会問題の解決」の重要性を説く記事が編集委員の書くコラムなどで見られるようになる（六、九、一一月号）。一九六九年度の機関誌では、実に三回も、「ソーシャル・アクション」の意義がトップ記事で論じられている。ここではそのうちの一つで一九六九年一〇月号に掲載された「V活動とソーシャルアクション——善意だけで社会は良くならない」の座談会記事に注目してみる。これには、司会の岡本栄一（事務主事）の他、柴田（理事長）、川村（理事・事務局長）、そして一般会員から『月刊ボランティア』編集委員のH氏やC氏など五名が参加している。まず柴田が、「社会的に望ましい目的のために、世論をよびさまし立法的行政的措置を講ずるよう、計画された組織的、合法的努力」と「ソーシャル・アクション」を定義して始まるが、ボランティア活動に「ソーシャル・アクション」が必要だということは全員に前提とされている。いくつか特徴的な部分を例示する（ただし、発言者の名前は変えてある）。

会員1：老人福祉の問題だけではなく、SA（引用者注：ソーシャル・アクション）によって市民に啓蒙していくことはたくさんありますね。ところが一般の人達は認識が足りない。V自身にもその必要性を感じないところがある。

C：Vにはつまり「良い子」が多すぎる。僕の属している会は来年十周年を迎えるので、今までのことを反省して、新しい姿勢ではじめよう、と話し合っているんです。口先では慈善じゃない、といっているが、実際はどうだったか。もっとSA的な立場を出そうじゃないかとかね。……

会員2：施設訪問をしても、ただ子どもと接触するだけで終っては不十分だと思うんです。僕たちのボランティア活動でも、施設の子どもに対する一般の人達の差別とか偏見が強いことを知ったんです。そういう問題を、正しく、どう訴えていくか、そこらにもSAの必要性があるように思うんです。

C：もっとVは「にくまれっ子」にならんとあかんと思う。今の社会では良い子になりすぎていると思う。Vの受け入れ側にしても、行政当局にしても、良い子達を歓迎するわけですね。その段階でわれわれは満足してはいかんと思う。SAは合法的でなければならない、という考えにしても、すごく疑問を感じるわけなんです。

この三人の会員の間では、ボランティアが〈運動〉でなければならないという認識が共有されている。また、ソーシャル・アクションに強くコミットしているのは、一般会員（編集委員）や若手の事務職員の岡本氏などの方であった。柴田もソーシャル・アクションを肯定しているものの合法の枠に納めることを重視しているのに対し、C氏は「SAは合法的でなければならない、という考えにしても、すごく疑問を感じる」と述べている。とはいえ、従来のサービス提供活動が否定されているわけではない。

C：……この間、仲間の一人が「みみず論」というのを出したんです。みみずはオスとメスと一緒なんですね。われわれはみみずじゃないか、オスとしてのSA的な外への働きかけと、メスとしての施設訪問。施設訪問というV活動を通して社会に訴えていこうじゃないかと。

岡本：僕はV活動の出発点は人間の疎外、苦痛、孤独から回復させるというところにあると思う。その解決の仕方を政治的な、あるいは立法的な配慮や施策にまたねばならないときはV活動はSAになる。つまりパパ的な役割を果さねばならない。ところが行政や金銭ではどうにもならない面にはママ的なV活動の必要があるという風に考えているわけなんです。ところが今日のママ的なVに偏してSA的なV活動をタブー視しているんじゃないですか。

ジェンダーバイアスの強い表現の可否は置くとして、両者のバランスが重視されている。しかし、全体の論調としては、「ソーシャル・アクション」に高い正当性を与え、サービス提供に専心する活動は批判の対象となっている。

この一方で、〈運動〉を規範とするボランティア論に対する反発も見られる。「私はボランティア活動というものは政治と直接関係をもたないものだと思いますね」（『月刊ボランティア』一九六九年六月号）という発言があり、ボランティアに対する「厳しい批判」に目を向けるためという趣旨で行われた座談会では次のように述べられている。

座談会参加者1「最近頭でっかちで活動しないボランティアが多すぎるように思いますが……。」「この間も東京の人がこのことを痛感していましたよ。ボランティアには専門的な理屈は不要だと思います。理屈は学者に任せておけば良いんですよ。……」

座談会参加者2「先程V活動がきれいごとになっているといわれましたが、それはV教育にも問題がありますね。例えば生じっか変な理屈を教えるよりも、もっと厳しさというものを教えるべきです。」

（『月刊ボランティア』一九六九年八月号）

また、「ボランティア活動」という言葉に否定的だったA氏も「ソーシャル・アクション」という意味づけには反対だった。ただ趨勢的な傾向としては、その意味論は会員の中に浸透していった。

（5）ゲバ棒とボランティア――「ソーシャル・アクション」の背景

ボランティアを〈運動〉として捉える議論はこれまでも論文の上では存在していたが、まさに活動者によって行われている。なぜこのようになったのか検討してみたい。

ソーシャル・アクションが主張されるとき、制度・施策レベルにおける「福祉の充実」との関係で語られることが一般的であった（『月刊ボランティア』一九六九年三月号、一〇月号、一一月号、一九七〇年一月号、五月号、七月号など）。例えば、一粒の麦友の会のメンバーは、「無自覚的に利用されるボランティアが多すぎるわけです。活動の中から現実を学び、行政や政治にまで反映させていく、世論にもうったえる。ボランティアは無自覚的である時に穴埋め的になったり、福祉の増進にブレーキをかけることになる」（『月刊ボランティア』一九七〇年一月号）と述べている。言うまでもなくこれは民主化要件②（国家による社会権の保障）であり、これに無自覚的なことは、民主化要件①（国家に対する社会の自律）に抵触していることになる。「穴埋めV」「つぎはぎV」「いい子ちゃんV」は、そのような視点に無自覚なボランティアに対する揶揄として、また自戒として盛んに使われた言葉であった。

このような枠組が前景化する背景には——実体論的に言えば——それがリアリティをもつような構造があった。例えば「一粒の麦友の会」のB氏は、養護施設の子どもが置かれた環境を知ることで、問題意識が生じたという。彼ははじめ、養護施設を「親のいない子どもの施設」と考えていた。だが、実際には子どもの親が存命なケースも多かった。「ここの子どもたちの両親も確かに働いているけど、『何でここにおらないかん？』というのが最初の疑問です。理論がどうじゃない、『何で？』ということから始まったんです」（B氏へのインタビュー）。この問いを突き詰めていくと、施設の要望に関わってサービス提供だけをしているわけにもいかなくなる。

B：「何で？」と感じたら、次に「どうしたらええねん」というのがありますわ。そうすると、ここだけで育つのではなしに、「われわれで何とかならんか？」と、できるだけ子どもを自分のところに遊びに来させる場を作ろうというのが動きやったけど、当時の施設から猛反対をくらったんです。訪問することそのものを最初は受け入れてくれなかった。（B氏へのインタビュー）

思考は、根本的な問題解決へと向かって進んでいく。「そうすると、これではまだあかんやないの、この子どもたちが卒園したらどうなるねん。そういう子どもたちを受け入れるものを何とか作れんのかという動きがあった」。

ソーシャル・アクションという枠組は、ここから自然に導き出される。つまり決定的な問題は、社会保障制度の不備であり、改善を本気で考えるならソーシャル・アクションしかないと――。

これはボランティア協会がスクールや学習会などを通じてそう考えるように方向づけていった面がある。一九七三年に主婦の立場から児童養護施設でのボランティア活動を開始したG氏も、「ボランティア協会の場合は、個々のボランティアにそういうアクションの部分を植え付けるための学習会が結構あったような気がします」（インタビュー）と述べている。スクールのみならず、大阪ボランティア協会では専門家などを呼んで講演会なども行っていた。例えば一九六六年の九月例会には小倉襄二が講演を行っている（『月刊ボランティア』一九六六年九月号）が、前章で見たように、彼はボランティアを〈運動〉と捉える代表的な人物であった。

このような内容は、各グループからスクールや例会に参加したメンバーがもち帰る形で、各グループの中にも浸透していった。例えば象の会では、スクールを受講したメンバーたちがグループ内で、勉強会や日常的な対話を通じて、「ボランティア」という言表と意味論は伝達されていく。「ボランティアグループが持っている情報の公開性みたいなね、あいつ知ってるならわしも知ってるみたいなのがあったと思うんですよ。それはいつでもより集まってガヤガヤやってるから均質な集団でした。均質というか情報に関してはね。そん中で集団討議というかね、お互いが勉強させられとったな」（C氏、D氏へのインタビュー）。象の会のメンバーは、この後、施設の創設運動など、より「根本的」な活動に向かっていく。

民主化要件とそれに依拠する〈運動〉の意味論が普及した背景は、このように、社会保障制度の不備と、それに適切な意味論を与える大阪ボランティア協会の教育実践という点で一つの説明がつく。だが、この時代に〈運動〉の意味論が非常に普及した理由を説明できるだろうか。

実際、普及の度合いは高かった。例えば、一九六九年の一一月にボランティア協会の会員に対してアンケート調査が行われ、調査対象者三二〇名のうち七九名から回答が得られた。ここで「ボランティア活動にソーシャル・アクションは必要であるか？」という質問に対し、「必要」と答えた者は実に八割（六三名）にのぼり、「必要ない」と答えた者は一人もいなかった（残りは「分からない」か無回答）。自由記述欄では次のように述べられている。「ソーシャル・アクションのないボランティア活動は行政の後始末的なものになる」「V活動だけでも一見、現状を穴埋めし進歩したかのようにみえるが、実質的な向上と発展はソーシャル・アクションにある」「V活動の問題点の底にあるものは外に向かって訴えなければ解決しないことが多い」「少数がやってもどうしても破れない限界を打破するためにソーシャル・アクションが必要」「国民の社会福祉意識が低いから行政が不十分なので、世論の盛り上がりが必要である」「自発的意思や個人の善意では限界があり、政治に働きかけて制度化（法制化）しなければならない」「社会に広く訴え皆が問題意識をもち、社会の連帯性を目覚めさせるために必要だ」（『月刊ボランティア』一九七〇年一月号）。

このアンケートは回収率が高くないことから留保が必要だが、〈運動〉の意味論が一定程度浸透していたと考えることはできる。その背景として、当時の若者が置かれていた文化的コンテクストを参照することができる。当時は、学生運動の最盛期で「反抗する若者」というイメージが流通していた。これは当然、ボランティアを行う若者の準拠枠にもなりうる。C氏も「世の中を改革していくみたいな思いが若者の中にあった」と述べている（インタビューデータ）。学生が多かった象の会は、特にそのコンテクストと接していたが、学生に限らず、ボランティア活動をやっている若者の間には、学生運動と自分たちの活動に連続性を見出そうという思いが、ある程度存在していた。それはボランティア概念の拡張という形でも現れる。

座談会参加者1：セツル（引用者注：セツルメント）の連中にいわせると、慰問屋……彼らはそういう呼び方をするんですが……体制の奉仕者なんていって、施設訪問している連中を快く思っていませんね。

座談会参加者2：私は、反体制こそ学生の特質だと思うんですよ。だから、セツルの連中のいうことが本当だと思うのです。

座談会参加者3：そうするといまはやりのゲバもボランティアだというわけですか……。

座談会参加者2：私はそう思っていますがね。（『月刊ボランティア』一九六九年六月号　座談会　参加者名を改変）

このような意見は例外的なものではない。先ほどのアンケート調査には「労働運動や学生運動の活動家もボランティアとみる人がいます。これについてはどう思いますか」という質問もあるが、二一・五％にあたる一七名が「彼らもボランティアと思う」と答えている。その他「どちらともいえない」が二二名（二七・八％）、「わからない」が八名（一〇・一％）で、「ボランティアとは思わない」とはっきり否定した者は三〇名（三八・〇％）である。彼らを「ボランティア」と見なす理由としては次のようなものが挙げられている。「進んでやる人間をボランティアとするなら、彼らは革命への志願兵といえるかも知れない」「活動家たちの目的は、社会における真実のものを求めること、あるいは小さな幸福を作り出そうとすることだと思う」「人間が人間らしい生活をするために社会変革をしているから、いつもソーシャル・アクションとして組織しなければ意味がないし、従来、真の福祉を要求してきたのは労働運動であり、人間の原点を追究してきたのは学生運動だから。唯ボランティアは両者の福祉的な側面（ともすれば忘れられがちだから）を強調しているにすぎない」（『月刊ボランティア』一九七〇年一月号）。この傾向は、年が若くなるほど顕著になっていく。象の会でも、一九四三年生まれのC氏やD氏よりも「下の代は反抗的に育った」。例えば一九六六年に高校生として会に入会したメンバーの中には、「ギターをやってフォークソングの、プロテストソングみたいなのを歌い出す連中がいて」ラディカルだったと認識されている（C氏へのインタビュー）。

とはいえ、学生運動とは一線を画したいという思いもあった。

民主化要件①（国家に対する社会の自律）に従い、政府に動員されたくないという思いを強くもっていたが、既成の政党やセクトに従って動くのも、同様の意味で動員と捉えていた。ボランティアの「自発性」「民主主義」は、右とも左とも違う道を表す政治的に有意味なカテゴリーであった。

D：いわゆる既成の組織みたいなね、例えば学生運動なら学生運動でいろんな、追っかけやないからよう知らんが、セクトがあったやん。そんなのにはみんな寄りたくないと。もちろんその右よりにも寄りたくないと。でそれはなんやいうと、民主主義の学校だったんやろな。（D氏へのインタビュー）

そしてそれは単なる「中立」ではない。新しい「ボランティア」という言葉と共にあったそれは、全く新しい道を示しうる魅力に満ちた概念でもあった。

C：そういう政党の人たちがうちの仲間に入らんか、みたいに声をかけられると、「ちょっと待って、それはちょっとこういうことで」といって、そこまで入り込もうとはしなかったね。結局ボランティアという生き方というのが、一番こう新しくて、これからの道はこれやろという気はありましたね。（C氏へのインタビュー）

その中で一番親近感を感じていたのは、やはり既成の組織やセクトと距離を置き、自発性の原理を標榜していた「ベ平連」であった。

C：小田実がやった「ベ平連」の活動というのは、あの時代「すごいな」と思いましたけどね。どっかに所属しとるからそれに行かなきゃいけないというんじゃなくて、「自分の意志で参加できる部分で参加せい」というのがあって、それなんかボランティアなんですね。

D：そうそう。

C：だからすごいあれには心動かされる部分はあったけどね。あれに近い部分はあったんじゃないかな。

D：そうやな。

C：あれほど世間に対して表立ってつっぱるという勇気はなかったけど。　（C氏、D氏へのインタビュー）

べ平連への憧れは、後に長く事務局長を務め、大阪ボランティア協会のみならず、日本のボランティア活動やNPOの発展に力を尽くしていく早瀬昇氏も同様である（早瀬氏へのインタビュー）。彼は一八歳だった一九七三年から、「大阪交通遺児を励ます会」のボランティアとして協会で活動している。

以上のように、ソーシャル・アクションという枠組は、「反抗する若者」という文化的文脈の中で、大きく普及していく。学生運動との連続性の中でボランティアを捉えようとする点は、柴田らの議論の範囲を超えたものだった。この流れの先に、後述する「ボランティアをなくすためのボランティア」やその後の障害者によるボランティア批判なども生まれ、協会は批判の矢面に立たされることになる。ただし、大阪ボランティア協会の理事や事務局側も、セツルメントの経験や思想をベースに、これを正面から受け止める力をもっていた。この点について、理事長の柴田は『月刊ボランティア』の一九六九年の一〇月号に「今後の大阪ボランティア協会活動」という論稿を書き、ボランティア活動を他の人々に先がけて、世論活動や対行政活動を行うものとして捉え、大阪ボランティア協会の「ソーシャル・アクション」という方向を実質化していくと宣言している。

（6）浮遊する「ソーシャル・アクション」と自己否定

言説レベルで増殖する「ソーシャル・アクションとしてのボランティア活動」——その言葉のもとで、いかなる実践が行われていたのだろうか。

前述のようにボランティア活動は、戦後アメリカのコミュニティ・ディベロップメントの一環として導入されてきた経緯があるが、その主唱者だった岡村重夫や竹内愛二などの議論の流れを汲む大阪ボランティア協会でも、

「地域」ということが当初から重視されていた。また、当時「コミュニティケア」の理念が立ち上がり、収容施設批判も高まり始めていた。よって、大阪ボランティアでソーシャル・アクションの実際として教えられることも、施設ではなく「地域に戻れ」ということだった。D氏も「施設が主体やったでしょ、福祉は。ところが当時ボランティア協会は、コミュニティケアということをしきりに言いおった」と述懐している。象の会でも施設のみでの活動から「脱皮を図ろう」として、メンバーの居住地や勤務先に応じていくつかの支部に分かれ、それぞれ活動していくことになる。

「地域」におけるソーシャル・アクションは具体的には次のようなものだった。まず、施設訪問活動者は、「施設と地域の橋渡し」という役割を果たすことが求められた。これには二つのサブカテゴリーがある。

第一に、対象を「地域」とし、施設および施設収容者に対する地域の偏見を取り除いたり、日本の劣悪な社会福祉の現状を世論に訴える「啓蒙活動」である。具体的な活動としてはビラ配りや映画上映、講演会の開催などが挙げられる。二つ目は、逆に「施設」を対象とする「施設の社会化」である。つまり、収容施設の「閉鎖性」を批判し、収容者——特に精薄施設の児童や養護施設の児童——を、キャンプやハイキング等を企画して、施設外に積極的に連れ出す等が代表的なものである。これは一方で施設との対立を生むことにもなった。施設の反対にかかわらず子どもたちを連れ出したり、対象者に対し施設のプログラムに沿わない「教育活動」を行うなどして、施設との関係が悪化するグループも出てきて（B氏へのインタビュー）、施設からボランティア育成の方向について問い直す声もあがるようになる（『月刊ボランティア』一九七〇年一一月号、一九七一年三月号）。

第二に、活動対象自体を施設から地域（在宅）に移すということが挙げられる。例えば、象の会は一九七〇年に解散して複数の支部に分かれるが、そのうちの一つ「宝塚象の会」は、特殊学級の子どもと、施設ではなく学校に集まって遊ぶ子ども会活動が中心だった。また在宅の知的障害児（特殊学級児童）の親の会と共同で、在宅児童を対象に子ども会やキャンプを行ったり、通所施設の建設のための運動に取り組んでいく（E氏、F氏へのインタ

各グループの活動内容

一粒の麦の会 児童養護施設訪問	POG 点訳活動	ぞうきんを縫う会 雑巾を縫う活動
グループ内話し合い／児童養護施設訪問（畑の作業・写生会）／例会	大阪ボランティア協会内にて点訳活動（2回）	記載なし
児童養護施設の子とハイキング／施設内畑作業	同上	雑巾を縫う会（2回）
児童養護施設で卓球大会と畑作業／グループ内話し合い	同上	同上
児童養護施設で卓球大会と畑作業／グループ内話し合い	同上	同上
児童養護施設訪問（2回）／児童養護施設キャンプ手伝い／例会	同上	同上
役員改選会／例会	同上	同上
児童養護施設訪問（ハイキング）	同上	同上
児童養護施設訪問の児童とボーリング大会／バザーの準備	同上	同上
児童養護施設訪問でクリスマス会／準備会	同上（1回）	同上
一日里親／児童養護施設訪問	同上（2回）	同上
児童養護施設で畑作業／次年度年間行事作成	同上	同上
記載なし	同上	同上

ビュー）。この方向は、特に一九七〇年代に入って、障害者自立生活運動の影響もあり、ソーシャル・アクションの中心的な形態となっていく。

その一方で、入居施設の建設もソーシャル・アクションの文脈で行われていた。コミュニティケアの理念とは逆だったが、施設の量的・質的水準が圧倒的に低い一九七〇年前後には、制度的受け皿を充実させる意義があると見なされていた。養護施設で活動する一粒の麦友の会では、前述のように、施設を出た子どもが行くところがないこ

表 5-1　1972 年度におい

	希望会 知的障害児施設訪問，老人ホーム訪問，児童養護施設訪問	親愛会 児童養護施設訪問	青い芽の会 知的障害児施設訪問
4 月	役員会／老人ホーム訪問／知的障害児童施設訪問	例会／学習会／企画会／精薄施設訪問／機関誌の編集	記載なし
5 月	老人ホームのバザーに参加	企画会／児童養護施設の子と動物園／学習会／ハイキング	新入生を囲んでディスカッション，フィルムフォーラム／児童養護施設の子どもと大阪城公園へ
6 月	10 周年行事打ち合わせ会（2 回）／知的障害児施設訪問／老人に関する学習会／10 周年大会	企画会／児童養護施設の子のピクニックの付き添い／学習会／隣保館見学	5 施設合同ピクニックに児童養護施設の児童の付き添いとして参加／ハイキング
7 月	児童養護施設訪問（キャンプ準備）／老人ホーム訪問／精神障害児施設訪問	企画会／児童養護施設訪問／学習会／キャンプ	記載なし
8 月	例会／老人ホーム訪問	企画会／児童養護施設訪問／学習会／キャンプ	キャンプ反省会／児童養護施設で盆踊り
9 月	児童養護施設訪問／知的障害児施設訪問	募金活動／企画会／児童養護施設訪問（お月見会）／学習会	老人ホームの大掃除／例会（ディスカッション）／一泊研修
10 月	児童養護施設の運動会に参加	ハイキング／青い芽の会と合同例会／児童養護施設訪問／学習会（2 回）／隣保館訪問	親愛会と合同例会／学習会（2 回）／児童養護の運動会に参加
11 月	総会／児童養護施設訪問／老人ホーム文化祭準備／老人ホーム文化祭	青い芽の会と私立聾学校の体育会手伝い／企画会／学習会（フィルムフォーラム）	親愛会と私立聾学校の体育祭手伝い／一泊研修
12 月	知的障害児施設訪問／老人ホーム訪問	忘年会／企画会／児童養護施設餅つき／学習会／児童養護施設クリスマス会	バザー反省会，機関誌発行／反省会，忘年会／学習会／児童養護施設でクリスマス会
1 月	老人ホーム訪問／あゆみ会等と知的障害児施設たこあげ大会	新年会と企画会／児童養護施設訪問／学習会	希望会等と知的障害児施設たこあげ大会
2 月	老人ホーム訪問／あゆみ会等と知的障害児施設訪問	児童養護施設節分／企画会／編集会／定例会／学習会	結婚祝賀会／勉強会／雪中登山／知的障害児施設訪問
3 月	役員会／老人ホーム訪問	企画会／児童養護施設訪問／一泊研修会／編集会	児童養護施設で作業奉仕／総会／親愛会の行事に参加／定例会

出所）大阪ボランティア協会『月刊ボランティア』1972 年 4 月号〜1973 年 3 月号より作成。

とに深い無力感を感じていた。このとき、岡山県に住む有志が私財で「終身の施設を作る」という話を聞き、「それに対しては全力を上げて協力しよう」と募金活動を展開し、施設実現に貢献している（B氏へのインタビュー）。

　とはいえ、このように実際にソーシャル・アクションが展開される例ばかりではなかった。表5-1は、大阪ボランティア協会と関連が深いグループの一九七二年度の活動内容をまとめたものである。

　これを見る限り、サー

ビス提供活動が中心だったことが分かる。ソーシャル・アクションへの志向と、実践との乖離が生じやすかったと考えられる。例えば七〇年以降にはしばしば次のような種類の質問が大阪ボランティア協会に寄せられるようになる。

私達は結成して四年になる肢体不自由児施設の訪問グループです。ボランティアによるソーシャルアクションということが盛んにいわれており、私達のグループでも施設訪問や行事だけでなく、社会へのアピールを行おうと話しあいがされました。しかし、具体的にどのような方法で行っていったらよいのか分かりません。他のグループではどのような方法で行われているのでしょう。

(『月刊ボランティア』一九七〇年一一月号)

これに対し回答では、多くのグループが同じような悩みをもっていることを指摘した上で、他のグループの「啓蒙活動」の例を出し「効果を気にせずまずビラ配りでもやってみること」を勧めている。また、別の養護施設訪問グループは会長が「市民運動の一環」と自己定義しているが、「運動」の内容については「施設と社会との橋わたしかな。それをするために、自分がどうしていけばいいのか今捜している所ですけれど……。現実には、子供達とのつながりということ、仲良くなるということかな」(『月刊ボランティア』一九七〇年一二月号)と答えている。このように通常の活動を超えた〈運動〉へと展開できない場合、通常の活動を新たな意味によって作り替えることで、自分たちをソーシャル・アクションの意味論に接続しようとしていたようである。「ソーシャル・アクション」の言葉は浮遊していく。再び象の会の例に戻るが、ボランティアという言葉が定着する一九六六年末から六七年にかけて、これまで行ってきた人形劇や紙芝居などの企画活動を「自己満足」と否定するようになる。そして、企画を介さず、子どもと直接関係をもつことが重視され、個々の実践が「教育的」か、すなわち対象者の「向上」につながっているか、が自省的に問われるようになっている。

Kちゃん（子供）が靴のヒモをむすんでくれと云ってくるのでNさん（ボランティア）は彼の横に座わり一緒にヒモをむすび自らやらそうとするが、全々する気がない。彼にはきつく言う先生が必要なのではないだろうか。みんなが彼に「ハイハイ」と言って手を貸すので出来る事も出来なくなっていっているようだ。我々はただ呆然と訪問を重ねるのでなく教育的な指導も必要なのではないだろうか。

（『象』一九六七年四月）

一年間休会した後に復帰した一八歳の女性会員はこの変化に戸惑い、「昔は楽しみながら活動していたが、現在は楽しみがなく深刻にならざるを得ないムードがあり、参加しにくい」と述べている（『象』一九六七年七月）。

〈贈与のパラドックス〉を回避するための自省的視線は、「ボランティア」という言葉自体を否定するところまで行きつく。一九七〇年代の前半には、大阪ボランティア協会内に「ボランティアをなくすためのボランティア」ということを提唱するグループが現れている。この主張は「ボランティア活動をやっているから、制度や体制が不完全なままになる。そんなボランティア活動はなくしてしまえ」というものである（『月刊ボランティア』一九七〇年五月号）。同時代の学生運動は、東大紛争を契機に「自己否定」がキーワードとなっていくが（小熊 2009a）、同様にボランティアの〈贈与のパラドックス〉批判も、「自己否定」のみを根拠とするソーシャル・アクションを生み出すことになった。また、明確な自己否定を掲げなくても、一九七〇年には、「従来の慈善的ボランティア活動の行詰まり、そして厳しく自己を見つめる姿勢」が原因となって、解散したり、サービス活動から学習活動へ移行したりするグループが各地で増えていることが報告されている（『月刊ボランティア』一九七〇年七月号、一九七一年三月号）。象の会でも、「訪問活動に対する評価」をめぐって「対象者の実質的向上のためのものか、ソーシャル・アクションに対する現実知識を得る場とするかの二極論」の対立が起き、「根本において互いに矛盾するものが同居していた」が「われわれを取り囲む状況が先鋭化するに従って、そうした中途半端な同居を許さなくなった」（『月刊ボランティア』一九七〇年五月号）という形で、一九七〇年の三月で解散している[10]。

四　小　括——〈犬〉と「楽しさ」をめぐって

「ボランティア」の〈贈与のパラドックス〉を、〈運動〉となることによって解決する——この極めて戦後的な意味論が、実際に活動者によって生きられたのが一九六〇年代後半だった。これは、一九七〇年代の住民運動や障害者運動などとも接続していく。第7章で見るように大阪ボランティア協会も、その後、障害者の自立生活運動とつながり、地域社会を変えることに貢献していく。本章で見てきた「ボランティア」という記号の位置価とその含意について、二点ほど整理しておきたい。

第一に、**政治的カテゴリーとしての曖昧さ**である。本章で見たように、一九七〇年前後に大阪ボランティア協会に集った若者たちは、「ボランティア」という言葉を、民主主義の意味論へ、さらには左派ラディカリズムの意味論へと接続させていった。その一方で、「ボランティア」を従来の奉仕・奉公という意味に従属させる回路もあった。川村一郎がボランティアを重視したのはその観点からだったが、それは保守層に共通したものだった。例えば、大阪ボランティア協会は、各政党にボランティアをどう考えているか公開の質問を何度か行っているが、自民党は「三派（引用者注：三派全学連）より支持」すると述べ、「規制も束縛もせず、公的機関建物などの利用提供、交通費等の一部支給」などを約束するとしている（『月刊ボランティア』一九六八年九月号）。このような反応は、民主化要件に準拠し、「反体制的ノンポリ」（C氏へのインタビュー）を自負する彼／女らにとって認めがたいものであり、「分かってない」と反発している。次号の『月刊ボランティア』にC氏が描いた一コマ漫画は、「ボランティア」と書かれた小屋の前で、上目遣いの犬が、「自民」と書かれた人物から、餌をもらっているというものだった。一方で隣の「サンパ」と書かれた犬小屋は、扉が釘で塞がれており、中で猛犬たちが暴れている（『月刊ボランティア』一九六八年一〇月号）。

学生運動が吹き荒れる中では、政府がボランティアを従順な存在と観察するのも無理ないことだった。だが、イメージ上の従順さと、内に潜むラディカリズムへの志向の共存は、「ボランティア」の記号を政治的に不分明で、したたかな〈犬〉の領域へと変えていく。D氏はささやかだが象徴的なあるエピソードを紹介している。彼は象の会の主催で行う市民講座のビラを刷って自転車で運搬していた。「もう一方ではべ平連のビラをこんなに作って自転車で走っとったわけや。下の方はべ平連のビラや。上の方に市民講座のビラ。ポリ公が通ったんや。それで『何積んでんや』言うて見て、『健全なほうやな』と（笑）」（D氏へのインタビュー）。岡本栄一氏も、一九七〇年のボランティア・スクールの出来事を次のように伝えている。

岡本：御堂筋デモっていうのが毎晩あるんですよ。その頃は安保の前夜ですんでね。「はんたーい」というのが講座やってる時に向こうから聞こえるんや（笑）。それで、デモが流れてきてナンバで開催するんだけどね、時々警官と衝突する時に逃げこんでくるんですよ。そういう時には「逃げ込め逃げ込め」言うて（笑）。

（岡本氏へのインタビュー）

ボランティアに隠れる運動——このエピソードは「ボランティア」の記号がもつ政治的な位置価／可能性を示唆すると同時に、実際に学生運動に挫折した者たちが「ボランティア」の領域に入り活動を担っていく一九七〇年代を暗示している。次章のキーパーソンの興梠寛氏は、後に「ボランティア概念が混沌としているところに、むしろある意味でのおもしろさと可能性があるのかも知れないと思ったりもするんです。ボランティアという言葉に隠れてしまうとあまり正体が見えないので、社会変革をやるほうもやりやすいかもしれない（笑い）」（興梠 1994：二二）と述べるが、それも、この時代が生んだ知恵の一つであろう。

第二に、ボランティアは政治と混じり合いつつ、**「楽しさ」という意味も封殺されていなかった**。最もラディカルだったとされる象の会についても、C氏は次のように言う。

C：社会と関連付けて考える傾向はあったと思うんですよ。だけどね、基本的に今と変わらんというのは、やっぱり楽しいからやれることなんですよ。今のボランティアが「楽しければそれでいいやないか」と言ってるわけでしょ。結局は一緒やったと思うよね。気負ってはいるけど、やっぱり自分たちがそれをやることが楽しいからやっていたという……

（C氏へのインタビュー）

これについては、C氏たちの後輩のE・F夫妻も次のように述べている。

E：象の会は割と遊びが得意なメンバーが多いんですよ。楽しみながら何かやろうというところがものすごくあるんでね。

F：知識を増やそうというんじゃなくってね、ほとんどが遊び。たむろしてるのが好きというか（笑）。何のために集まってるのか分からないんだけど、『わー』っと集まって半分以上が遊び。遊んでる中で、時々そんな真面目な話をざざーってやって、みんな「ふーん」といって、オピニオン的な子がぴょんぴょんといろんなところに行って、それをもってきて話し合ったり。

（E氏、F氏へのインタビュー）

〈政治〉への志向は「楽しさ」と並存していた。この点は、その後のボランティア論との関係で重要である。一九八〇年代以降、ボランティア論は活動の「楽しさ」を強調するようになる。そこでは、「今のボランティア活動は明るく楽しいけれど、昔の活動は暗く自己犠牲的だった」ということが、自らの正当化のために語られた。だが「楽しさ」は、「ボランティア」の語が最もラディカルな意味論に接近した時でさえ、失われていたわけではなかった。だとすると、一九八〇年代以降盛んになる「楽しさのためのボランティア」という議論はそのまま受け取ることはできない。「楽しさ」がどういう意味論と接続しているかこそが、その種別性を考える上で重要だからだ。この点については、また後ほど検討したい。

第6章　國士と市民の邂逅
——右派の創った参加型市民社会の成立と変容

一　はじめに

これまでわれわれは、戦後の出発点を、戦前・戦中の反省をもとに、〈贈与のパラドックス〉を〈政治〉の領域に転位させて捉えること、具体的には二つの民主化要件に準拠することに求めてきた。だがそれは、全ての人に共有されていたわけではなく、戦前＝戦中の意味論を否定し、民主主義を積極的に擁護する立場においてのみ有意味になるものだった。

逆に言えば、戦時中の滅私奉公の意味論を保持した者は、これとは異なる〈贈与〉をめぐる戦後を生きることになる。終生変わることなく、太平洋戦争開戦日の一二月八日と終戦日の八月一五日の早朝に、皇居の二重橋前に額ずき、「開戦の詔書」と「終戦の詔書」を黙読することを続けた末次一郎は、そのような人物の一人だった。一九二二（大正一一）年生まれの末次は、戦後、日本健青会という自発的アソシエーションの中心人物として活躍し、民族、天皇、領土などを重視して**「社会派右翼」**「**反動的**」と呼ばれる一方、海外青年協力隊や日本青年奉仕協会（ＪＹＶＡ）などの制度創設の上で大きな役割を果たしていく。それらは、国のために尽くす「奉仕」の意味論に依拠するものであった。本章は、この「奉仕」の意味について明らかにするために、日本健青会と末次の思想と活動、および彼を取り巻く人々との関係について、終戦直後から一九七〇年代まで概略的に再構成するという、やや趣の異なる章となる。この点に焦点をあてるのは次の二つの理由からである。

第一に、これまで描いてきた「歴史」が抑圧してきた「別の歴史」について目を向けるためである。ここまで対象としてきたような、社会福祉や社会教育の専門メディアなどに登場し「ボランティア」言説を生産した者の多くは、政治的なスペクトラムの「中道」から「左派・革新」に至る範域の中に位置してきた。だからこそ、マルクス主義的＝イデオロギー批判的な視座からの〈贈与のパラドックス〉批判が影響力をもってきた。このようなバイアスは現在に至るまで継続され、現在の「ボランティア活動」や「市民活動」は、一九六〇〜七〇年代の革新的な政治性の連続平面上にあるという歴史像が一般的である[1]。しかし実際には、地域組織や民生委員、さらに中間支援団体の中にも、戦前的な「奉仕」の意味論に依拠する者は多く[2]、だからこそ、左派は参加を民主化と接続するための言説実践をくり返してきた面もある。ここではその中心とも言うべき存在を捉えることで、意味論の構造を明らかにする必要がある。

第二に、より重要な点として、この事例に準拠することで、左派／右派というコードを失効させる参加型市民社会の領域について観察することができる。末次らが創り出した制度は、その後、様々な市民活動や運動を生み出し活性化させる培養器《インキュベーター》としての役割を担っていくのである。このような振れを追尾していくことで、戦後における「現存した（する）参加型市民社会」の異種混交性を捉えると同時に、民主化要件①（国家に対する社会の自律）が形を変えながら、異なる政治的立場にとっても準拠点となるような頑強性を帯びていることについて検討していく。

以下、第二〜五節では末次と健青会の思想と活動について内在的に追跡し、第六節ではそれが生み出したＪＹＶＡにおける一九七〇年代の「左旋回」について、その過程と背景を考察する。第七節では、その理論的な含意について検討する。

二　非-政治としての「奉仕」

以下では、日本健青会が刊行した『健青運動十五年史』（健青運動十五年史編纂委員会 1964）を多く参照するが、引用の際は「十五年史」と表記しページ数を記載する。

健青会の前身となる「健青クラブ」ができたのは、一九四八年、戦後直後の焼け跡の上野の地下道の事務所においてであった。元々は、満州引揚者の互助組織である「満蒙同胞援護会」の学生互助会として、満州から引き揚げてきた青年（学生や復員兵）――特に「建国大学」出身者たち――の進学やアルバイト等の問題に取り組んでいた。「健青クラブ」は、ここから、海外からの引揚者の援護活動に特化する部門として独立する。終戦時に海外に残った日本人は、東アジア、東南アジア、ソ連を中心に約六六〇万人と言われ、その「引揚」は、博多、佐世保、長崎、舞鶴、敦賀、函館などの各地の港を経由しながら行われた。上野を本拠地とする健青クラブは、舞鶴港に上陸した引揚者が、上野駅を経て各故郷へ帰郷するという流れの中で、当事者の世話を行う「応急援護」を専門にしていた。有給のスタッフはおらず、主に学生や旧軍人の若者が無給で行う「奉仕活動」から成り立っていた。「健青」という名称は、「当時、荒廃した人心、不健全極まる社会現象、まったく地におちた国民道義――そういった要素に対して、われわれは、健全な青年の集りなのだということを強調する意味で、命名」されたもので、「クラブ」という語は「占領軍の監視の目はわれわれ、かつて満州の建国を使命とした大陸引揚学生にもきびしくひかっていた」ため「対外的な一種のカモフラージュ」として採用された（十五年史：17）。この団体は「祖国再建の青年運動」を掲げてはいたが、政治思想的には、当時盛んだった社会主義運動とも関係なければ、逆に右翼運動でもなく、特に目立った政治的主張があるわけではなかった。初代理事長の小県栄治によると、その「基本理念」は「第一に人道主義であり、第二が共同社会主義、第三が非暴力主義」である。「共同社会主義」という語があるが、いわゆる「社会主義」とは無関係で、「友愛、共同、互助、互恵、みんながこれによって扶け合う精神的、経済的姿勢」のことであり、大正期的〈社会〉の意味に準じた相互扶助の意味に近い。一方で、「非暴力主義」の語には、「共産党など一部極左勢力」の「暴力主義」への否定が込められており、社会主義運動や共産党に対する距離感は強かったが、それも「暴力」という手段のみが論点となっており、経済体制や政治体制が主題になっていたわけではない。

会のメンバーの政治的思想はいろいろで、「当時流行の社会主義思想にそったもの、逆に、国粋論に立つもの、人道主義的理想論など、多様な食い違いもあった」が、「それでも彼らは仲良くつながっていた」という状況であった（末次 1981：39）。この中で、彼らが会として積極的にコミットする「思想」とは、むしろ〈政治的でない〉ということであり、そのスタンスを実定的に示そうとする思想財が〈奉仕〉であった。

観念論的な美辞麗句がもてあそばれ、祖国再建の方向をめぐって、空論議が行われる中にあって、「再建の出発はまず戦争の後始末から」という地道な、しかしひたむきな実践奉仕であった。（十五年史：19）

当時の、政治的方向性をめぐる激しい対立の中で、このような活動をしつつ、あえて非政治＝〈奉仕〉にとどまるということは、ヴァルネラブルな面をもっていた。というのも、引揚者は、政治的な資源として認識されていた側面があり、引揚問題は一つの政治的アリーナだったからである。例えば、引揚列車が着くごとに、「共産党が赤旗をもって、強引に、引揚者を代々木の共産党本部に連れ出そうとし」、一方でそれを阻止しようとする「学生同盟の若い学生と共産党員がとっくみ合いのケンカ」をするという有様であった（十五年史：18）。健青クラブはこの中で、両者を調停し、政治ではなく引揚奉仕を粛々と行うべきだと説くが、当然この立場は、左右から挟撃される。右翼からも共産党からも「合流」がもちかけられる一方で、両方とも断った後は、双方から批判されるということもあった(3)。

ここにある認識フレームは、一九五〇年代の青年学級法制化をめぐる言説配置に関して見たものと同様に、〈奉仕〉と〈政治〉とを逆立させて捉えるものである。そのうち、健青クラブの立場は、あくまで〈奉仕〉＝非-政治にとどまるというものであった。機関紙の2号では次のように述べられる。

> 暖かき同胞愛に出発して純粋なるべき引揚者の問題をその政治的野望達成のための一手段とするかかる行動は、引揚者を喰い物にして経済的利益を追求する一部腐敗分子と共に、断固として斬らねばならぬという純粋にして、真面目な立場を利用して政治的力を追求せんとする如きは、如何なる政党と雖も断じて許されない所である。
> ……われわれの立場は何処までも「奉仕第一主義」の一点に純粋に集中され、然も終始一貫している。
> （十五年史：28）

ここで重要な点は、「奉仕」を排して「政治」を志向する「革新」の意味論とは反対に、〃〈政治〉＝支援者の政治的利益（偽の贈与）／〈奉仕〉＝当事者の利益（真の贈与）〃という形で、〈贈与のパラドックス〉を回避するためにこそ、〈奉仕〉を選んだということである。

このような中で、健青クラブは、一九四九年に「日本健青会」として名前を変え、やがて引揚促進運動、戦犯釈放運動、青少年育成運動、「領土回復」運動など、政治的アクターとして脚光を浴びるようになっていく。以下にその過程を見ていくわけだが、次節では、〈奉仕〉の語に込められたものを腑分けしながら考えたい。

三 〈戦友〉の共感共同体

先ほど、彼らが、〈奉仕〉を、当事者の真の利益――支援者の利益ではなく――を擁護する思想財として、〈政治〉に対置させていたと述べたが、ここには若干の注釈が必要である。つまり、彼らの〈奉仕〉活動は、支援者と当事者が厳然と区別できるわけではなく、支援者＝当事者というイメージの中で理解していた・したがっていた部分があるからである。本節の課題は、末次と健青会の意味論を理解するために、どの水準で「支援者＝当事者」が成立していたか検討することにある。

まず、この問いの答は、支援者の多くもかつて引揚者だったということ、つまり会の出自からして「引揚青年の互助互恵の団体」であったこと、という形で与えられる。ただ、それだけでは不十分である。末次一郎をはじめとして会の中心者の中には「引揚者」でない者も含まれていたし、彼らも包摂する組織となるべく、同縁組織の「健青クラブ」は同志組織の「日本健青会」へと再編されるのである。では、「引揚者」に代わる新しい集合的アイデンティティの基盤とは何だったのか。「日本健青会」の綱領の第一には、「われらは進んで社会苦難の先頭に立ち、虐げられし人々の自由と解放のために挺身する」とあるが、上記の問いは、この「われら」と「虐げられし人々」とは誰かを問うことでもある。

この点を考えていく上で、「日本健青会」で中心的役割を担うようになる末次一郎の思想に注目したい。

末次一郎が、初めて健青クラブに「奉仕者」として志願してきたのは、一九四八年で二四歳の時である。その当時は、宮崎一郎と名乗っていた彼は、引揚支援活動の中で頭角を現し、ほどなく中心人物の一人となる。彼は、一九二二年に福岡県の農村で材木商の長男として生まれた。戦時中は、陸軍中野学校二股分校から福岡の西部軍管区司令部などに配属され、陸軍少尉として、下士官の教育や、「連絡網の設置や必要な市民情報」を集める任務についていた。敗戦時には、仲間と徹底抗戦を決め、アメリカ軍を迎え撃つ準備にあたったが、結局八月の終わりに計画を中止。その後、自決しようと決意するが、失敗する。

夜明け時に、というのが私の計画であった。支度を整えて瞑想ののち、尺三寸の愛刀長船を逆手に持って腹に突き立てたとき、一瞬の痛さにひるんだ。呼吸を整えて今一度と右手に力を入れたものの、ひとたびひるんだこころを持ち直すには時間が必要だった。拳銃を握っても見たが、引金への力がもうはいらない。如何にも恥かしいことだが、そのときはもう死を恐れてさえいた。（末次 1981：22）

その後、懊悩しつつ一ヶ月間さまよい歩く。禅寺に泊って老僧と語るなどしているうちに、ようやく吹っ切れてきた。

生き残ること。そして、やるべき課題の第一は亡き戦友たちへの供養としての「戦争の後始末」である。一人でやれることには限度があるのだから、同憂の仲間を集めて新しい青年運動を興すこと、ということであった。

眼を開かれた思いの私は、携えていた「終戦の詔書」を何度となく読み返した。私なりに、これからの生き方の原点をしっかりと確かめておきたかったからである。（末次 1998：30）

末次はその後家を出て、名前を変え、各地を点々としたあと、東京で「健青クラブ」に出会うことになるわけだが、そこでの活動とは、「亡き戦友の供養」としての「戦争の後始末」でなければならなかった。「亡き戦友」の中には、外地に送られた同期や後輩だけではなく、自らが教官として死地に送った者も多く含まれている。死にきれなかった自分という罪悪感も絡んで、これは、彼の準拠枠となっていく。

さて、末次たち日本健青会の引揚支援活動は、やがて、次節で見るように、日本政府や抑留日本人の存在を否定するソ連政府に対する抗議運動へと展開していく。さらに、現地で「戦犯」と認定され、引揚が認められず、死刑などの重刑に服する者が多くなるに従い、末次は、そのような「戦犯」の釈放を要求して内外の政府に働きかけたり、裁判の不当を訴える「啓蒙活動」を行うなど「戦争受刑者釈放運動」(4)に精力的に従事していく。つまり、健青会の綱領にあった「虐げられし人々」とは、「シベリア抑留者」や「戦犯」のことであり、それは「戦友」という「われら」の「仲間」であったことが分かる。

「支援者＝当事者」が成立するのは、まさにこの水準であった。支援に立つ彼らも、命令や戦況――あるいは運――次第で、「抑留」されたり「戦犯」になっていたかもしれない――この「偶有性」の感覚は、当時、非常にリアルなものだっただろう。

実際に、末次自身も、終戦末期に「油山事件」に関わり、「戦犯」になっていた可能性があった。油山事件とは、B29の搭乗員であった米軍捕虜を処刑した事件で、その処刑執行者を選んで指示したのが末次だった。この事件に関係して、その後、巣鴨刑務所に入った者も多かったが、末次は一九四六年に、MPや警察の呼び出しに対して、夜逃げするような形で家を出て、前述したように「宮崎一郎」と名前を変えて健青会で活動していた。

> この問題についての私の立場は複雑であった。というのは、もしもあのとき当局の呼出しに応じていたとしたら、かなり出鱈目であったあの裁判をうけて、あるいは受刑者になっていたかも知れぬ、からであった。
>
> （末次 1981：138）

末次にとってこの問題は、文字通り「他人事ではなかった」（末次 1981：138）のである。この経験をもつ末次は、B・C級戦犯が「身に覚えはないが偶々名前や顔を覚えられていただけ」などの偶然の要素に左右されている可能性を強調していた（末次 1981：148）。よって、戦犯への刑の執行を等閑視することは「それらの責任のすべてを、受刑者となった人たちに結びつけて、それで終わりとすること」であり（末次 1981：147）、「われら」も

「戦争犠牲を均等に負担」する「道義的責任」があると考えていた（十五年史：70）。よって、彼らは、「戦犯」を擁護することをもって「右翼」と呼ばれることは心外であり、むしろ自然な感情（「暖かき同胞愛」など）に基づいて「奉仕」や「運動」を行っていると認識していた。そして、戦後の支配的な言論空間には、彼らの立場を代弁する思想がないと慷慨し、自分たちがそれを生み出す「思想運動」にしていこうと考えた。

当時、世はあげて、社会主義か資本主義か？　と、日本の将来の方向が論議されていた時であったが、われわれはそうした旧い観念の物差しで測るのではなく、それを超えた新しきものを創らねばならぬということであった。（十五年史：43）

実際には彼らが掲げたものが新しい思想だったというより、それが受容される環境があったと言うべきである。例えば綱領には、前述の「虐げられし人々の自由と解放」のための「挺身」のほか、「友愛共同の社会正義と合理的秩序による祖国の新生」や「民族の自主独立と国際民主主義による世界平和の実現」などが挙げられているが、それらはとりたてて「新しい」というものではない。むしろ、戦時中の価値の否定に戸惑い、社会主義をはじめとする当時流行の思想になじめず、かといって、逆に右翼の政治運動に投企することにも違和感を感じる人々が、思想というよりその「実践」を媒介として、惹かれていったようである。例えば、シベリアでの抑留生活から一九四八年に帰国し、その過程で健青会の世話を受けて自らも活動に参加することになる久保悟は、次のように述懐する。彼にとって、当時盛んだった「労働運動は元来民族共同体としての日本には、受け入れられない掠奪主義」で、社会主義は「共産主義の奴隷」としか感じられなかった。

このような主義がインテリを含めて、敗戦の日本に吹き荒れていたとき、私は油が水中に落ちたときのように自分を閉じて、共感できる仲間を探していたのであろう。当時の日本の社会情勢の中では健青運動のようなはやらない、根気の要る、認められない運動というものは少なかった。しかし、それが私に一番気に入ったところであった。「踏まれても生きぬく民族の魂」「理屈ぬきで語れる共感」というものを求めて、得られたものは私の理論武装からいっても、やや幼稚で生硬な右翼主義ではあったが、この健青クラブを措いて他になかった。

（十五年史：53）

このように、健青会内部においては「支援者＝当事者」を成立させる〈共感共同体〉としての「戦友」のイメージは[5]——様々な形で揺さぶられながらも[6]——基本的に保持され続け、それは〈奉仕〉のみならず〈政治〉という異なる言語ゲームにおいても、言語資源の備給源として作動し続けていく。次節では、〈奉仕〉から〈政治〉へと上昇する中で「社会派右翼」として名をなしていく過程を見ていきたい。

四　〈政治〉への上昇・〈国民〉への拡張

健青クラブ／健青会は、設立以来、社会主義や共産党に対して批判的な視座を有していたが、共同で活動を行う時期もあり、むしろ政治的な「中立性」に依拠しようとしていた。しかし、引揚問題をめぐって、敵対性は亢進していく。ソ連は、一九四九年五月のタス通信で、送還予定者として、日本側の把握よりかなり少ない数を発表し、さらに一九五〇年の四月には引揚は完了という発表を一方的に行う。この中で、健青会では一度立てた〈奉仕／政治〉の区別を自ら破断させ、より〈政治〉的な引揚促進運動に積極的に取り組んでいく。「本当のヒューマニズムは引揚者が帰ってくるのをただ漫然と待って奉仕するのではなく、抑留された同胞を一日も早く内地によびかえすために積極的に立ち上がることである」（十五年史：61）。

ここから健青会は末次を中心に「引揚促進運動」として、署名運動、啓蒙活動、留守家族の団体と共にソ連代表部に対する座り込み陳情、「海外救出国民運動」の結成など活発に活動を展開していく。一九五一年には、対日講和条約において、条約の項目に「抑留者問題」を入れることを連合国側に要求するよう政府に求めたが、政府の代表の岡崎官房長官に素気なく拒否されたため、留守家族と共に抗議の「無期限集団断食」を行う一方、末次がロビー活動を続け、結局、講和条約草案に捕虜条項が挿入されるという成果を得ている。

これらの〈政治〉を遂行していく中で、健青会は、前節で見たような「戦争犠牲を均等に負担せんとするわれらの道義的責任」、さらに「同胞愛」「肉親愛」等の〝自然な感情〟を言語的資源としながら、社会的支持を集めていった。

これに対し、前述の戦犯釈放運動は、必ずしも同じようにはいかなかった。一九五二年六月一五日の機関誌『さきがけ』では、「これでよいのか？　戦争の後始末――独立に取り残された戦争受刑者」という記事を載せ、次のように主張する。「……すでに獄中の露と消えた九五三人の御霊には祖国独立の鎮守としてひたぶるな祈りを捧げるより他はない。占領下とはいえ、死刑を止め得なかったわれわれの罪は百万言を費やすといえども深い」。しかし「死刑囚五九名をふくむ比島・モンテンルパの一一一名、終身刑三三七名を含む巣鴨九三〇名」については、「特赦減刑仮出所についての猛運動を起す以外にはない」（十五年史：94）。しかし、彼らの考える〈戦友の共感共同体〉と、「一般社会」との意識のズレは明らかだった。巣鴨に収容されていたA級戦犯については、いくら「彼らの前に日章旗を打ち振って共に戦ったわれわれ国民もまた、共に裁かれるべき」（十五年史：102）と主張しようと、一方に存在していた「彼らに騙された」という人々の感情は否定しきれなかった。また逆に、現地で非戦闘員や捕虜の殺害や虐待を行ったとされるB・C級戦犯に対して、「許し難い」「憎むべき」という一般からの意見も多く見られた（十五年史：102）。

このようなズレに対していらだちを強め、「共に責を分ちあって事に処すべき国民道徳の失墜」「戦争受刑者への無理解と誤解、さらに他人のことはどうでもよい、というエゴイズムの横行」（十五年史：93）など、社会批判を強めていく。その一方で、末次を中心に、内外の政治家へのロビー活動や各地の収容所にいる戦犯への慰問や支援を精力的に展開していく。一九五二年には、アメリカで、大統領へ釈放要請書の提出、国務省要人へ陳情、弁護士団の組織などを行い、さらにフィリピンで、モンテンルパ収容所の慰問や大統領の弟への助命嘆願などを行っている。国内では、巣鴨プリズンに拘留されている「戦犯」への慰問を頻繁に行い、彼らから「『諸君は議員さんたちと違って野心がなくて……』と可愛がられた」（十五年史：97）。なお、これをきっかけに、末次は、巣鴨に収監されていた賀屋興宣や岸信介など、その後、有力な自民党の政治家となる人々と交流をもつようになる。また、諸運動を通して、自民党議員との間に様々なネットワークも培われていった。福田赳夫をはじめとする有力者から、中曽根康弘、竹下登、海部俊樹、中川一郎など若手政治家とも親交を深めていく。戦犯に対する責任の分有、日本の復興を担うという自負……これらの感覚は、同様の戦中・戦後経験を生き、〈戦友〉というホモソーシャルな共感共同体を理解できる保守政党の一部の人々の感覚と、確かにシンクロしていた。この後、自民党と末次＝健青会とは、沖縄や北方領土の返還問題や、海外青年協力隊の設立などをめぐって、しばしば呼吸の合った動きを見せるが、末次は、あくまで在野から「政治的野心」をもたずに活動を行う。彼の立ち位置は、保守政治家にとって希有にして有用であり、機会あるごとに彼に「一目置く」ことを表明していた。中曽根康弘は、末次を「私たち復員者の鑑」「戦後日本の『幕末奇兵隊』の高杉晋作にも比すべき烈士」と評し（末次 2002：4）、二〇〇一年に末次が死んだ時には葬儀委員長を務め、彼に「國士」という言葉を贈っている。

さて、その末次率いる健青会は、引揚支援と戦犯釈放といった「支援者＝当事者」である〈戦友〉たちの支援活動が一段落した一九五三年頃から、今度は「国づくり運動」として、独立憲法や「民族綱領」の制定を求める運動、国旗掲揚運動、沖縄・北方領土返還運動など、よりナショナリスティックな運動を行っていく。これらを「青年として見過ごすことのできなかった国民全体としての問題」（十五年史：149）と呼ぶように、〈戦友〉の共同性の皮膜を〈国民〉へと投射し、それを基盤として〈政治〉的実践を展開しようとするものだった。しかしその結果、実際の「国民」との距離は、逆に乖離していく。むしろ、健青会は「新興右翼」「社会派右翼」だというイメージが一般化していった。この距離を埋めるために、彼らは方針を変えるのではなく、実際の「国民」を少しでも彼らが信じる〈国民〉へと改鋳していこうとする。先に見たように、実際の「国民」に対して「国民道徳の失墜」「エゴイズム」という認識をもっていたからである。

次節では、その動きの中で、再び〈奉仕〉が位置づけ直され、参加促進の制度形成へと接続されていく過程を見ていきたい。

五　陶冶としての〈奉仕〉

(1) 身体と実践

巣鴨プリズンの閉鎖を翌年にひかえた一九五七年度の「運動方針」の第一は、それまでと一転して、「人づくりをつみあげて社会《むら》づくり、国づくりを！」というものであった。そして「自分の周囲を健全にし、国家を、世界を健全にする」ためには、「先ず自らを健全にすることが運動の出発点」(十五年史：162) ということから、この時期、会のメンバーを対象に研修会などが盛んに開かれた。

例えば、「研修のためのすべての集会は、当時の風潮としては逆コースと言われるような『錬成会』の名称をつけて呼ばれ、内容は生活の規律心身の鍛練を重視する厳しいものであった」(十五年史：162)。具体的には、全国から成員が一堂に集まって合宿し「神社の和太鼓を合図として起床五時半、夜一一時の就寝。早朝の夕闇をつく清掃、体操、合唱、講義、話し合い」を行うというもので「常住座臥のしつけの厳しさがあった」(十五年史：164-

165)。そもそも健青会は、日常場面における「肩肘ばった独特のスタイルと、軍隊調の起居動作」でも有名であったが、これらの軍隊プレイは、会を〈戦友の共同体〉との連続性の中で捉えようとする志向を、身体レベルで遂行するものだったと言える。

この身体へのこだわりは注目すべきものである。あえて錬成会という名前にしたことについて、「講習会の講義だけ受けて後の時間は自由という考え方で参加するようなインテリヤクザは参加者から除きたい」(十五年史：164)からだと説明するように、知以上に身体を通した陶冶を重視していた。しかしこれは、これまで見てきたように「観念論的な美辞麗句」「空論議」を否定し、「実践奉仕」を肯定してきた彼らの方向と一致している。よって、メンバーのみならず、一般の人々——特に「青少年」——を名宛人とした「人づくり」の活動においても、身体に照準を据え、知識ではなく「実践」を通して陶冶していこうと構想するようになる。そしてその構想は、制度的な形での実現がめざされていく。

(2) アジア・〈奉仕〉・道義国家

一九五〇年代を通して、政府の青少年政策に対する末次の発言力は次第に増すようになっていく。一九五七〜五八年には、文部省社会教育課の委嘱で、ヨーロッパ青年教育視察団長として欧・中近東の青少年団体の視察を行い、一九五八年には、総理となった友人の岸信介と、健青会代表として会見の上、「青年の海外交流、とくに海外移住を推進すること」や「総合的な国土開発青年運動の推進」などを要望し、了承の回答を得る。翌一九五九年は、第3章で見たように社会教育法が改正され、国や地方自治体が社会教育関係団体に対し補助金を与えることが可能になった年であり、民主化要件①の侵犯ではないかという議論が盛んに行われていた。まさにこの年、健青会の要望の多くは、増額された青少年対策の予算のもと、政府による青少年の社会教育施策の中で実現されていく。その中には「日本青年海外派遣団」の実施も含まれていた。

「日本青年海外派遣団」は、「訪問国の産業、経済、文化等の実情を視察、研究して国際的視野を広め同時に各国の青年と直接交歓して国際親善に寄与する」ことを狙いとして、青少年問題協議会の募集・選考によって選ばれた一〇〇名近くの青年を、東南アジア、アメリカ、ヨーロッパ、南米などに短期間派遣するものである。この実現には、健青会の要望だけではなく、東南アジアを日本の外交上の戦略的要点として重視していた岸の思惑が絡んでいた。岸は、総理になったばかりの一九五七年には、訪米の直前に、戦後の総理大臣として初めて東南アジアの諸国を訪問しているが、これは、アメリカに対して、アジアの「指導役」としての日本、という象徴的地位を強調するためだった。(7)

彼は、日本がアジアの指導役として主導権を握ることは「東南アジアにおける中共、ソ連の影響力を排除し」、「自由主義陣営の立場」を強化することになると考えていた（岸 1983：320）。そしてそれは、自由主義陣営内の日本のプレゼンスを高めることにもなる。ここには、岸が戦前傾倒した大川周明の大アジア主義の影響が見られる。

私のアジア諸国に対する関心は、大川さんの（大）アジア主義と結びつきますよ。もちろん、私が戦前満州国に行ったこととも結びついています。一貫しとるですよ。（原 2003：355）

「日本青年海外派遣団」もこの関心のもとで構想されたが、実際は単なる見学旅行と揶揄される面があり、自民党の内からも「物見遊山の青年大名旅行との批判の声」が相次いでいた（玉置他 1961：14）。その一方で、海外を経験することで、彼らが愛国意識に「目覚める」という「陶冶」の効果も発見される。例えば、一九六〇年度の参加者に対するアンケートでは、海外に行って日本に対して考えたこととして、「日本人はもっと自分の国に対する誇りをもち、国家を大事にしなければならぬ」（南米班、二三歳）、「伝統を重んずることを忘れすぎている」（アジア班、二七歳）、「国家意識が非常に欠けている」（米国班、二三歳）、「プライドと愛国心をもち」（アジア班、二六歳）、「国家に対する敬愛の念をもつべきである」（ヨーロッパ班、二三歳）などと、「民族の誇りや愛国心の必要を強調したものが、圧倒的に多い」（青年公論編集部 1961a：13）。

健青会からも多くが派遣団に加わったが、末次はこの事業を十分だとは思っていなかった。そもそも健青会は、独自にアジアに対する働きかけを行っており、アジア・アフリカ青年会議や世界青年会議に会員を送ったり、一九五八年からは中東や東南アジアから農業研修生などを受け入れたりする中で、情報と経験を蓄積していた。そして、一九五九年には青年団体や大学教師などと懇談会を作り、日本の青年を東南アジアをはじめとする途上国に派遣し、開発への協力をさせる「新興地域開発青年隊」の構想を打ち出す。これは各省庁の冷淡な反応にあって停滞するが（末次 2002：281）、同時期にアメリカのケネディ大統領が「平和部隊」（The Peace Corps）を創設するに至り、風向きが変わってくる。平和部隊とは、アメリカの青年の有志が、国から支給される低廉な生活費で、支援対象国に住み込んで開発を援助する事業である。末次はこれを機に、自民党に働きかけ、当時青年局長だった竹下登を中心に、青年部長の宇野宗佑、学生部長の海部俊樹などの支持を得る。そして、自民党政調会で特別委員会が開かれ、「日本版平和部隊」への構想ができていく。

自民党が平和部隊に関心を示したのは、それを共産主義の封じこめという観点で捉えていたからであった。実際に、平和部隊の構想は、アメリカの低開発国への経済援助が露骨な政治的意図や非効率性という点から批判され、より支持の得られる支援のあり方を模索する中から生まれていた（小坂 1963：26–27；末次 1964：25–29）。

……共産諸国の新興諸国に対する働きかけは日に日に活発強大化してきている。この際、アメリカが従来の方針に鋭い反省と検討を加え、新たな海外援助の途として平和部隊の構想を打ち立てたことは注目に値する。

（福本 1961：110）

よって「平和部隊」の概念は、軍隊のメタファーとも重なる形で、若者を共産主義との戦いに自発的に挺身させるという表象を召還するものだった[8]。同様に、「日本版平和部隊」も、日本がヘゲモニーを獲得するための国際戦略という文脈で理解された。自民党の青少年対策特別委員の玉置和郎は次のように述べる。

わたし共の青年への呼びかけは、かつて戦前の八紘一宇や強大武力国家建設のようなものでなくて、真に日本が、福祉国家として、また道義国家として、すっきりした体制に一日も早くすることに、青年がその情熱を傾けるべきであり、日本が世界のすべての国から理想政治のメッカとして尊敬を集めうる国づくりに励もうではないか、ということです。

（玉置他 1961：14-15）

「道義国家」として世界に顕現するというナショナリスティックな欲望——これを実現するために、青年は情熱をかけてアジアで奉仕すべし、これが日本版平和部隊の構想であった。その欲望自体は、確かに末次も分有していた。

ただし、ここで重要な点は、末次が自民党の構想に反発したことである。彼は、アジア協会の副会長だった岩田喜雄との対談（斉木他 1961）の中で、岩田が、アメリカを真似するような「《平和部隊》という字はあまり使いたくない」と述べたのを受けて、「同感ですね。自民党で計画している〝日本版平和部隊〟のはなしが出ましたが、あれでは駄目ですよ。アメリカの下請けみたいになったんじゃ青年の血は湧きません。当然日本独自のものでなくてはいけません」と述べている。彼は、一九六三年に、アジア各国で活動するアメリカの平和部隊の状況を四ヶ月にわたって視察して「日本青年奉仕隊要綱」を作成し、政府や自民党に提出した。その内容は事実上「平和部隊」と重なる点が多い。ただ、その「目的と性格」の第一には「これは日本青年の自発的意志に基づくアジア諸国への奉仕活動である」と書かれている。政府与党と緊密な関係を築き重要な案件を実現させていく末次は、観察地点によっては民主化要件①（国家に対する社会の自律）を侵犯する典型的存在でもあった。その一方で、彼自身は、政府に従属して行うことを断固排するという認識を保持していた。それらは、あくまで「自発的」に行われるべきことだった。その意味で、民主化という意味論に基づいてではないにしろ、彼もまた国家に対する社会の自律性を求めてもいた。「奉仕」は、その自発性を込めるために選ばれた言表であった。

ミクロ政治の文脈では青年を実践を通して陶冶し、マクロ政治の文脈ではアジアの国々に対して「道義国家」として顕現する——この両者を同時に、しかも自発性という表象と共に遂行する語として、末次にとって「奉仕」以上に適切なものはなかった。(9) 結局、自民党および外務省も、この要綱の内容を大きく取り入れ、「強力な官民協力体制」(福本 1964：84)で、プロジェクトを進めていく。これに呼応するべく、健青会は民間の青年団体などに呼びかけ、「日本青年奉仕団推進協議会」を結成した。その後、海外調査などを経た後、一九六五年に「日本青年海外協力隊」としてスタートし、現在に至っている。

(3) 陶冶としての〈奉仕〉

青年の陶冶の手段としての〈奉仕〉——末次は、この構想を、海外援助の文脈のみならず、国内開発という文脈でも考えていた。前述の通り、すでに岸に対して「総合的な国土開発青年運動の推進」を提言していたが、独自に他の民間団体と連携しながら進めていく。

健青会が、他の青年団体との関係構築に積極的になるのは一九五五年前後からだが、特に関心をもっていたのが、青年団の全国組織の「日本青年団協議会(以下、日青協と略記)」であった。当時の日青協は、戦時体制を担った青年団の「保守的」な性格を革新するということが大きなイシューであり、共産党員も含めた左派が大きな影響力をもっていた。その中で、健青会が接近していったのは「主体性派」と呼ばれるグループであった。主体性派は、第3章二節(3)でも見たように、寒河江善秋を中心として、左派(共産党)であれ右派(自民党)であれ、外部からの支配を拒絶しながら青年団独自の勢力を築くことをめざすという立場で、当時の政治的文脈の中では「右派でも左派でもない」という否定性の中で捉えられるものであった。「主体性」という語は、この否定性を実定的に捉えようとする瞬間に、しばしば姿を現す思想財である。(10) ただ寒河江自身が「右からは左といわれ、左からは反動といわれ、あらゆる機会に攻撃される」（十五年史：229）と言うように、ヴァルネラブルな面をもっていた。寒河江善秋は、中国や南方からの復員後、故郷の山形県での青年団活動から頭角を現していった人物で、産業開発青年隊[11]の実現などで注目を浴び、政治的にもかなりリベラルであった[12]。よって、健青会に対する感情は両価的なものとなる。末次と親交が深く、「時流に拮抗して軍隊調の内部秩序を確立し、傍若無人に男くさい臭気を発散しているあくの強い会運動に、好意を感じ」ていた一方、「率直にいって健青会の言動に全く危惧を感じなかったといえば嘘になる」と述べている。また、すでに「右翼」というイメージが一般的だった健青会と交流をもつことは、「中立」という主体性派の位置を切り崩すリスクを抱えることになった。寒河江について「健青会に属する右翼だというデマが盛んに飛ばされると、今まで行動を共にしてたものまでが去っていく。そのために主体性派の数が少なくなっていく」。よって、寒河江は「健青会の末次会長とは友人だが、健青会とは関係がない」という位置どりを続けた（十五年史：230）。一方で、健青会は、主体性派に対し「表面に出ないで、蔭から積極的な支援」を行い、役員選挙で応援するなどの関係を続けていく（十五年史：226）。この中で、両者の人的交流は深まり、やがて寒河江自身も、健青会の常任参与に就任するに至る。これ以降、末次と寒河江は、青少年育成の制度作りの上で車の両輪として活躍していく。右派というイメージが強かった健青会にとって、「青年団ではむしろ左より」（十五年史：230）の寒河江を得たことは、他の団体とネットワークを作り、〈政治〉から〈奉仕〉へと再参入していく上で、極めて大きな意味をもっていた。

前項の最後に触れた、日本青年奉仕隊を推進する機関である「日本青年奉仕団推進協議会」は、そのようなネットワークの中で生まれてきた。これは一九六二年に「活発に奉仕活動を実施している有志青年団体と、在京大学有志教官たちとの間で、青少年の社会奉仕精神を涵養し、各種奉仕活動の助長を図るため」に組織された（日本青年奉仕協会編『青年と奉仕』一九六七年九月号）。活動内容は、①「日本青年奉仕隊（海外青年協力隊）」の推進と、②「国内における青少年の奉仕活動を、社会教育的観点からすすめるため」、奉仕活動への参加を呼びかける啓発活動、各種奉仕グループへの援助、リーダー養成プログラムの実施などであった。このうち主に②を進めていく中心機関として、文部省などの協力も得て、一九六七年に財団法人「日本青年奉仕協会」が設立される。前章で見た大阪ボランティア協会の設立と、ほぼ同時期である。

「日本青年奉仕協会」とは、青少年の奉仕精神の昂揚、各種奉仕活動の奨励・援助、社会開発青年奉仕隊[13]の推進などを目的とした団体である。末次と寒河江は常務理事に就き、理事には、日青協、中青連、ガールスカウト、全国社会福祉協議会、日本ユースホステル協会など社会教育に携わる全国組織のトップが名を連ねている。設立披露会には、当時の文部大臣の剱木亨弘が呼ばれ、剱木は、青年に「奉仕活動を通じて、奉仕精神を養」わさせ、それを通して「社会や国土を、自分たちのちからによって住みよい立派なものに築き上げて行くという態度」を身につけさせるために、「できるだけの協力」を約束した（日本青年奉仕協会編『青年と奉仕』一九六七年九月号）。

これまでも述べてきたように、現在でこそ、ボランティア活動推進団体は数多くあるが、この時期においてはまだ珍しく、これだけの規模で行われることも初めてであった。ここで注目すべきは、何か支援を必要とする他者がまずあって、そのニーズを充足するために「奉仕活動」を推進するのではなく、活動を行う側である青少年の陶冶・教育を行うために作られたということである。「国民道徳の失墜」を嘆き、「人づくり」として青少年育成に強くコミットしていた末次にとって、[14]これはまさに本懐であった。

日本青年奉仕協会は、社会開発青年奉仕隊やワークキャンプなど独自の事業を行う一方、「奉仕活動」を実施・推進する団体や人々の交流する場を作る役割も果たした。機関誌『青年と奉仕』がその役割の一端を担い、また一九七〇年から毎年開催された「全国奉仕活動研究協議会」は、社協主催の「全国ボランティア活動推進研究協議会」と並び、全国規模で、しかも福祉・社会教育など分野を問わず関係者が一堂に集まる初めての集会であった。これは、後に「全国ボランティア研究集会」と改称し、近年まで行われていたが、後述するように様々な市民活動や運動、ＮＧＯ・ＮＰＯなどを生むインキュベーターとしての役割を果たすことになる。

以上の知見は、参加型市民社会の活性化に大きな役割を果たした組織が、実は、戦中とも連続する右派の意味論と人脈の中で形成されてきたということである。しかし、本章では同時にその先、つまり「國士」から「市民」へという流れが、いかにして生じたのかという点にも注目していく。次節では、「日本青年奉仕協会」の変化に注目しながら考えていきたい。

六　「國士」と「市民」の交錯 in 1970s

（1）〈奉仕〉と〈運動〉

次章で詳しく見るように一九七〇年代は、戦後日本の転換点として記憶される時期である。社会意識論では、中流意識が一般化し、政治的には無関心化あるいは保守化したとされ、運動論では、それまでの様々な社会運動が徐々に「停滞」していき、あるいは行政に「包絡」されたと捉えられる。一九六〇年代後半のラディカルな可能性が霧散していく時代――それが「一九七〇年代」に与えられた一つの典型的な評価ではないだろうか。ところが、「國士」たちが築いてきた「日本青年奉仕協会」とその意味論は、一九七〇年代に、それと逆行するような形の転換に直面している。その変化を見る上で、まず機関誌の『青年と奉仕』を通覧したい。これは、「奉仕活動」に携わる関係者を読者として想定し、協会の事業に関する情報の他、奉仕やボランティアに関する論考、社会評論、様々な実践例の紹介、他団体の活動・募集情報などを盛り込んだ月刊誌である（以下、引用では、発刊年／月のみ記載する）。

創刊からしばらくは、〝国家や社会に尽くすための奉仕精神の涵養〟の大切さを謳う論調の記事が、紙面を埋めている。特に、当時の社会運動や学生運動を批判して、「奉仕」を行う青年を賞賛するというパターンの論が目立つ。例えば、大学生といえば「ヘルメットに角材デモやバリケード」かと思っていたら、社会開発青年奉仕隊の若者を知り「ああ立派な青年達だなあ」と感心した福祉事務所の職員（一九六八／九）、自衛隊の航空師団の設置に反対する「ベ平連学生連盟」と「同じ学生でありながら麦藁帽子をまとい、作業衣でバスにのり込むワークキャンプの青年学生」とを対比させ、前者を「社会不適応型」、後者を「健全抵抗型」と分けた山形県行政総合対策室の職員（一九六八／一〇）、学生運動を「暴力団と何ら変るところがない」とする一方、「同じ若い世代の人々」が「黙々と奉仕を続けている話」を聞いて「救われたようなすがすがしい気分が一っぱい」と述べる社会教育学者（一九六八／一二）、学生運動・フーテン族・非行化現象などの中で「奉仕活動に生き甲斐を見いだしている青年がいるということは、社会のうるおい」と述べる文部省社会教育官（一九六九／一）など、切りがない。「奉仕活動の青年」は、運動を行う若者に動揺する者たちを慰撫する表象として機能していることが見て取れる。換言すれば、〈運動／奉仕〉という区別を前提とし、そのうち〈奉仕〉を肯定するパターンが反復されている。

しかし、徐々に、このような構造と異なるテキストが闖入するようになってくる。そこでは〈運動〉が肯定される、というより〈運動／奉仕〉という二値コード自体が機能不全に追い込まれていくのである。

まず一九六九年の後半には、全国社会福祉協議会の木谷宜弘が、「真に人間福祉優先の政策」を進めるために「行政を動かすような市民運動のエネルギーの結集が必要」になるが、「この市民運動の先達となって、ボランティアがどのような役割を果たせばよいか」と問う記事が載る（一九六九／一〇）。また同じ号の「奉仕活動の内容とすすめ方」というコーナーには、「公害追放の狼煙をあげる住民（市民）活動を展開するための啓蒙活動を主体とした奉仕活動」が紹介されている（一九六九／一〇）。これを機に、様々な記事が載るようになる。一九七〇年五月号には「石油コンビナート反対運動と総合開発計画樹立に取り組む」という記事が二回にわたって連載され、六月号には同じく三島のコンビナート反対運動を扱った「『公害』と住民運動」という高校教員の記事が載るが、その運動に取り組んだ農業青年を「〝奉仕〟の名にふさわしい献身的なもの」と呼んでいる。

さらに、一九五〇〜六〇年代の〈贈与〉をめぐる言説空間や、大阪ボランティア協会における議論でも見られたように、〈運動〉を上位とし〈奉仕〉はそれに従属するべきもの――つまり〈奉仕〉も〈運動〉であるべき――とする議論が出てくる。一九七一年の三月に開かれた「奉仕活動研究委員会」では、会員たちから「もっと社会運動的なものとして、体制批判を目指してやるべき」とか、「若いボランティアの中には、体制を変えるとか、改善することに活動を結びつけて理解する傾向が多い」という意見が出ている（一九七一／五）。なぜなら、「真剣に活動すればするほど」「施設の内部も知り、施設の待遇も知り、批判が生まれ」るため「社会体制に対する批判がつのってくる」からである（一九七一／六）。このような論調は加速していき、事例においても、環境破壊の告発（一九七一／五）、「福祉予算確保決起大会」へのデモ参加（一九七三／五）、精薄施設の告発（一九七四／四）、ラディカルな当事者運動（一九七四／六）などが、続々と紹介されるようになる。ワークキャンプなどの教育事業は継続されるが、その教育の意味もかつての〈陶冶〉ではなく、「ボランティア自身が疎外から解放される展望と人間性を回復させ」るための「自己教育運動」として位置づけられるようになる（一九七五／一二）。また、協会自身の事業に対しても、批判が見られるようになる(15)。

このような〈運動〉の優越は、もう一つの極めて重要な記号論的変化とセットになって生じている。それは「奉仕」という言表自体の消滅である。

(2) 〈奉仕〉の消滅

「奉仕」には、時に等価に用いられ、時に競合する言表が存在する。言うまでもなく「ボランティア」である。ただしこれまで見てきたように、一九六〇年代には、「奉仕」の方が一般的で、「ボランティア」は新奇な語であった。『青年と奉仕』においても、創刊後しばらくは、「奉仕活動」という語の頻度が圧倒的に高く、協会外部の人が寄稿する記事の中に「ボランティア」の語が使われることがあっても、編集部の記事は「奉仕」の語で、ほぼ統一されていた。

しかし、一九七〇年以降、「ボランティア」の語の使用頻度が徐々に大きくなっていく[16]。一九七一年五月号では、事務局長の三浦清悦の名で「ぼらんてぃあ」というコーナーができるが、これは編集部が「ボランティア」の語を使って行った最初の企画である。同年七月には「ボランティア講座」という連載がスタートする。さらに一九七二年度の「事業計画基本方針」は、各事業のタイトル以外、本文は「ボランティア」の表記で統一される（一九七二／四）。そしてこの一九七二年には、紙面では、ほとんどの場合「ボランティア」の語が使われるようになり、「奉仕」の語はめったに見られなくなる。

これと平行して、それまで等価だった「ボランティア」と「奉仕」の語に、種別性が設けられるようになる。詳しくは次章で見ていくが、それをテーマとした一九七五年六月号の特集記事では、日本ユネスコ協会連盟事務局長の竹本忠雄が、「奉仕」という概念は「社会と我との断絶」の不在を前提にしているが、「ボランティア」という概念は「社会と対立する〝意欲〟」から発しており様々な社会問題と「闘う」意志を表していると述べている。また、同じ号に掲載された「ボランティアの言語性」という記事でも、「奉仕」は上下関係を前提としており天皇に「仕え奉る」というところから発しているのに対し、「ボランティア」は自由意志を表し「自主的な決断のもつ重さを強調している」と整理されている。この文脈で、「ボランティア」は「奉仕」に対して価値的に上位の位置を与えられている。

そしてこの変化は、前項の〈運動／奉仕〉のコードの変容とも、密接に絡んでいた。先ほど見た通り、〈運動〉と〈奉仕〉の区別においては、徐々に〈運動〉が上位価値となり、〝〈奉仕〉も〈運動〉的であるべき〟という認識が広がっていた。その区別に、「ボランティア」と「奉仕」の語の区別が、重ね合わされていく。つまり竹本の記事などにも見られるように、〝「ボランティア」＝〈良い贈与〉＝〈運動〉的〟、〝「奉仕」＝〈悪い贈与〉＝非〈運動〉的〟という図式が成立する。この意味論において、「奉仕」の語は、負の価値を帯びることになった。

これを反映するかのように、一九七五年頃から、協会名からも「奉仕」の語が後景に退いていく。つまり、この時期の前後から――現在に至るまで――英語名の頭文字をつなげた「ＪＹＶＡ（ジバ）」が通称として、広く流通していくのである。また、『青年と奉仕』という名を冠した機関誌も、一九八二年に『グラスルーツ』という後継誌に道を譲ることになった。

本書を通じて見てきたように、〈奉仕〉は、終戦以降、末次の体現する右派の意味論における主要な思想財だった。しかし一九七〇年代において、革新の系譜で捉えられる市民運動の意味論に凌駕されるように、〈奉仕〉の消滅――〈運動〉への従属と語の使用停止という二重の消滅――が生じている。ここで何が起きたのだろう。ここでは、末次の後継者として「日本青年奉仕協会」に深く関わった、もう一人の人物に注目したい。

（3）「市民」との邂逅

一九七〇年代以降、日本青年奉仕協会（ＪＹＶＡ）で事務局長などを長く務め、協会をリードしていったのが興梠寛氏[17]である。彼は、日本におけるボランティア推進の第一人者の一人であり（興梠 2003）、国際ＮＧＯのシャプラニールをはじめとする多くの市民社会組織の設立・運営に携わってきた。さらに、経団連の一％クラブの設立や企業の社会貢献部門創設の促進、ＮＰＯ法成立などの文脈でも、彼の果たしてきた役割は大きい。以下では、興梠氏へのインタビューをもとに、一九七〇年代における変化について、整理していきたい。

一九四八年に宮崎県に生まれた彼は、一九六八年に大学生の時に、友だちの付き添いで協会の「ワークキャンプ」を訪れる。協会の名前から右翼団体ではないかと警戒した彼は、参加する気はなかったが、研修所で寒河江善秋と出会い、人柄に感銘を受けたことがきっかけで、キャンプに参加することになる。そこには驚くべきことに、朝日新聞の記者、盾の会、べ平連、新左翼の社青同解放派、統一協会など政治的立場を異にする若者が一堂に介しており、「毎晩二時三時までケンカしていました、一ヶ月間」という状況であった。

当時の〝政治と運動の時代〟にあって、「奉仕」や「ボランティア」という枠組が、多様な政治的立場の人々を同時に惹きつけ、同じ空間に留めおき、討議を続けさせるバッファーのような機能を果たしていた点は興味深い。彼らはそこに何を見ていたのだろうか。

この点について、興梠氏は、学生運動に対する微妙な心的距離について語る。彼の入学時は、学生運動の頂点だったという。よって、彼より「二つ三つ上の人は、登りあがって卒業」なのに対し、彼らは「組織間の中でかなり厳しい自己否定や粛清が行われていくという、どっちかというと下り坂の始まり」だった。そんな「セクト間の争い」を見て「戦後の引きずっている左翼運動や社会変革運動もひょっとして戦前から引きずっている延長じゃないか」という「胡散臭さ」や「疑問」を感じるようになる。また、運動が当時二割にすぎない大学生のもので、「地道に働いて、毎日毎日仕事で生きてる」八割の人を無視しているという意識も「熱狂できない」原因だった。ただ、運動に「醒めた」と思いつつも、社会状況については「変えなきゃいけないという意識」は強かった。

その運動に対するアンビバレントな観点から見たとき、「奉仕／ボランティア」は、一つの行為の可能性として浮上してくる。

醒めた連中が、何か自分のもう一つのね、社会的に生きていくアイデンティティというものを求めて走っていく受け皿になったのがボランティアになったんだと思いますね。

しかし彼らは、「奉仕」や「ボランティア」に対しても、シニカルな距離感を保持していた。

でね、ボランティアの世界に入ってきてるのにボランティアを批判するわけ。ボランティアの世界に「すいません」って入ってきながら、「俺はボランティアなんか嫌いだ」「こんなのは欺瞞だ」「こんなので世の中は変わるはずがない」「ボランティアは小さな親切大きなお世話じゃねえか」と言いながら、ボランティアの世界に入ってるわけですよ。そういう連中がだいたい全V研、全国ボランティア研究集会の中核なんですよ。

さて、その「全国ボランティア研究集会」の前身である「全国奉仕活動研究協議会」では、最初は、「地域で農村青年団とか、地域で社会教育活動をやってるとか、地道に福祉の運動をやってるという人たち」が中心だった。しかしやがて、「全共闘運動で挫折した人間達」が入ってくる。彼らは、運動の新たな展開を、「第三世界」と「地域社会」に求めていったためである。「地域社会」というのは、「コミュニティ」や「コミューン」などの理念を投射できる場であったためだが、いずれにせよ、「学生運動崩れのやつ」が「愛と平和とか人権とかね、市民運動なんてものを持ち込んでくる」ようになる。

しかしこれは、当然、末次が生きる〈奉仕〉の意味論とは、かけ離れたものだった。

旧来の奉仕活動派といわゆるその市民運動派を標榜する「ボランティアは市民運動じゃねえか」というのとが、混在していって対立があるんですよ。七〇年代の前半ぐらいは。

この過程は、前述のように『青年と奉仕』誌上でも確認できる。ただ、疑問としては、末次は、なぜこの流れを止めなかったかということである。彼は、常務理事を務め、一九八八年からは会長になるなど、強い権限を有していたにもかかわらず、である。

ここで興梠氏の存在が重要になる。彼は、ワークキャンプ終了後も、事務局に顔を出し、無給ながら「評議委員」などの役職に就く。「かなり勝手なことを言って、『青年と奉仕』の編集なんかに関わってみたり、事業を提案」していた。当時は、理事会など通さず事業を計画・実行できる「大らか」で「参加型の協会だった」という。その中で興梠氏は、機関誌の紙面をラディカルにし、事業のコンセプトをどんどん変えていった。

そして僕はどっちかというと「奉仕」が嫌いで（笑）、これを変えようと言って、末次先生からすごい嫌われていたんです。『青年と奉仕』というこの情報誌そのものがおかしいと。「奉仕」という名前が右翼的だから変えろとか、日本青年奉仕協会の名前を変えろとか言って、英語のJ・Y・V・Aを「ジバ」って言い出したのは私なんです。で、言っちゃえ、言ってしまえばいいや、と。

「市民運動派」と意味論を共有する興梠氏は、名前などをめぐって末次と何度も対立し、説得のために、前項で見た「ボランティア」と「奉仕」の違いに関する特集を組んだりもする。末次たちに対し「ことごとく反対するわけ（笑）、ものすごい衝突ですよ」。しかし末次は一方で、そんな興梠氏を気に入り、力を認め、事務局長に就ける。

興梠氏によると、末次は「国を憂い、純粋に非営利で、一点の私利私欲もなく、社会のために献身的に働くという人」だった。「曇りがないんですよ。全くどうしようもない『右翼』ですね（笑）。『右翼』って言ったらおかしいけど、何というか『國士』ですね」。逆に言えば、「私利私欲」で接する人を嫌い、「たてついて、絶対言うことをきかない若いの」を好んだ。また、国家や政府に頼らず民間の力でやるという点でも市民派と共通していたという。「あの人はね、『國士』のわりには役所が大嫌いな人ですから。民間性というものに関してピタっと一致するわけですよね。民衆派なんですよね」。

もちろん両者は、日の丸の掲揚などをめぐっては真っ向から対立する。全国ボランティア研究集会では一切日の丸を貼らせなかったが、「奉仕協会の二五周年の時につけるつけないでもめて、事務局長として外したんだけど、そしたら当日に本人が持ってきてですね、貼りました（笑）。しかも、三倍ぐらい大きな日の丸つけて。もう、僕らも苦笑しちゃってね（笑）」。

しかし、事業に関する様々な興梠氏の提案に、末次は噛みついたり反対したりしつつ、最後には、納得して認めていく。このような中で、運動や市民活動を豊穣化させる様々なネットワークが生み出されていく。特に、全国ボランティア研究集会は、全国から三〜四千人が集まり、「もう倒れそうになるまでケンカして議論して帰るわけですよ。そこに来るとともかくおもろいやつが一杯いるわけですね。右から左まで」という状況だった。

そしてその全V研で出会った人たちが新しい組織作りをやっていくわけです。だから、NGOのJANICだって、ほとんど全V研で会ってるんですよ、だいたいの人はね。そこからネットワークが生まれる。あと、日本NPOセンターとか、コーディネーター協会とか、ボランティア学習協会とか、どんどん生まれてくるんですよ、そういうような新しいネットワークというのがね。

「國士」が作った制度的枠組に、既存の運動に影響を受けつつそれとは異なる方向性を探っていた人々が「市民」として参入し、それらを換骨奪胎あるいは転用していく——これが、一九七〇年代において生じていたことだった。

末次一郎はその後も在野にいながら、沖縄やロシアをめぐる国家事案についてキーパーソンの一人として大きな役割を果たし続ける。中曽根康弘の言葉によると「戦後、真の野人で、これくらい大きく国家的懸案に取り組み、前進させて日本のために活躍した人を私は知らない」（末次 2002：4）。最期まで精力的に活動を続けた末次は、二〇〇一年に癌でその生涯を閉じる。その枕元には、「亡くなるまでかわいがってもらった」興梠氏が付き添っていた。

七　小　括

本章で見てきた、「國士」と「市民」との出会いの含意について、二点ほど仮説的に考察したい。

第一に、両者が交錯した平面についてである。末次は右派と呼ばれ、自民党議員との親交があった一方、官僚や政治家の「下請け」と感じられた活動は頑として行わなかった。政府の方向性と重なる時でも、自民党や政府を「弱腰」などと批判し突き上げながら運動を展開してきたし、活動の自律性を何より重視していた。このメンタリティは、左派の運動や市民活動などの担い手とも「ピタっと一致する」。政府や上位者に対する追従を拒み、理念に従って「社会」に対する／関する運動や活動に従事する興梠たちとの間に――たとえ政治的志向性が左右逆であっても――末次は、共在する地平の存在を感じてはいなかっただろうか。この点を考える上で、丸山眞男（1960→1992）の「忠誠と反逆」が想起される。その中で彼は、「国粋主義者」の三宅雪嶺が、大逆事件を起こした「無政府主義者」の幸徳秋水を「忠君愛国者」として弁護するという一見奇妙な出来事について論じ、それは、三宅が幸徳を自分と同じ**ノンコンフォーミズムの平面**に位置づけていたからだと指摘する。ノンコンフォーミズムとは、コンフォーミズム――国家への愛を機械的にくり返す「御用的忠君愛国者」や一見その反対の「頽唐的個人主義者」のような事大主義（長い物に巻かれろ）――に対する「アンチ・テーゼ」であり、反逆・反抗をもって「世の進歩を促がす」精神だという（pp. 77–103）。広田照幸（2005）は、これを踏まえて「既存の国家のあり方を批判する者」は「『国家のあるべき姿』について高い関心を抱き真剣に考える、ある意味での『国士』である」（p. 143）という命題を引き出している。末次の「市民」に対する寛容は、この平面で理解することができるように思う。

第二に、民主化要件①（国家に対する社会の自律）は、戦争への反省からスタートした政治的左派のみならず、右派にとっても支持されうるということである。「『國士』のわりには役所が大嫌い」というノンコンフォーミズムは、国家に対して社会の自律を擁護し、自発性を重視する立場だった。彼自身のエピソードを踏まえるならば、「天皇陛下万歳」の唱和は、国が音頭をとるよりも、自発的・自然発生的に起こった方が感動的ということになる（末次 1998：49–55）。つまり**民主化要件①は、意外なほど左／右という政治的種別性から自由な規準**である。[18] そしてこれこそが、参加型市民社会の政治的な異種混淆性を作り出す背景でもある。次章以降で見ていくように、一九七〇年代以降、民主化要件は二つとも相対化されていくが、民主化要件①は、形を変えながら維持され続け、ネオリベラリズムが現勢化する二〇〇〇年代にはむしろ上昇していくのである。その頑強さの理由が、ここには刻印されているように思われる。

＊

以上、第5章と第6章では、「参加」をめぐって対極の政治思想的系譜をもつ二つの民間団体の事例を検討してきた。これから見ていく一九七〇年代以降の意味論の展開では、これまで右派／左派の種別性を超えて「國士」と「市民」とが「参加」に刻印してきたノンコンフォーミズムの政治平面が、転位されていく過程を見ることになるだろう。

第 III 部

第7章　ボランティア論の自己効用論的転回

――転換する「戦後」：一九七〇年代

一　はじめに

一九七〇年代は、戦後の転換点とされている。

追いつき型《キャッチアップ》経済政策に主導された高度経済成長は、一九六八年には日本を世界第二位のGDPにまで押し上げ、敗戦の記憶や後進国という自画像を過去のものにしていった。一方で、一九七三年のオイルショックを契機に低成長時代へと突入する。それは単なる経済成長の終焉にとどまらず、経済成長の理念も――公害への異議申し立てや住民運動の中で――相対化されていくことを伴っていた。一方で、マルクス主義に主導される左派の運動も、人々の生活水準が大きく底上げされ、新左翼運動が内ゲバへと内閉化していく中で、かつての訴求力を失っていった。このように一九七〇年代は、左右とも「大きな物語」を失い、消費社会へと転換していく時期として記憶されている。

このような戦後の転換は、ボランティアに関する民主化要件をめぐる環境の転換でもあった。民主化要件①（国家に対する社会の自律）に関しては、国家が直接の担い手となって、ボランティアの推進政策を大規模に進める中で、純粋な意味における「社会の自律」は揺るがされていく。逆に、民主化要件②（国家による社会権の保障）に関しては、社会保障予算が急速に拡大し、充足されつつあると認識されるようになる。これはいずれも、戦後当初に想定されていた国家／社会関係の前提を大きく揺るがすものであった。

民主化要件の相対化はいかなる形で進んでいったのか。その中でいかなるボランティア論が前景化していくのか。この二つの問いを軸に展開していく本章は、私たちが今知る「ボランティア」の意味論のためのプレリュードでもある。

二 「民主化要件」のコンテクストの変容

(1) 民主化要件① (国家に対する社会の自律) と文部省のボランティア政策

一九七〇年代のボランティア政策の口火を切ったのは、文部省であった。少なくとも関係者が、政府からの介入を明確に意識したのはこの時である。文部省が、自発的参加を自らの政策的対象としたことは初めてではなかったが[1]、一九七〇年代のボランティア政策は、意味論のレベルにおいて、これまでとは決定的に異なる種別性があった。

一九七一年三月に社会教育審議会が出した「急激な社会構造の変化に対処する社会教育のあり方について」と題する答申は、高齢化や都市化などの社会的条件の変化を背景として社会教育への期待が増大しているという認識のもと、「今後の社会教育のあり方を総合的、体系的に明らかにすること」を目標としたものだった。社会教育から生涯教育への転換を示すものとされるこの答申には、ボランティアに関する記述が三点ある。第一に、成人が「青少年の社会教育に有志指導者として奉仕」することが奨励された。第二に、「団体活動、ボランティア活動の促進」という提言が掲げられ、民間人のボランティア活動が、社会教育に関する団体活動展開のための方策の一つと位置づけられた。ここで主に期待されたのは、「居住地域における中心的な存在」としての「家庭婦人」層である。第三に、高齢者の社会奉仕の活動への参加が奨励されている。実はこの三点目には、新たな言説を見ることができる。**それはボランティア活動を、活動を行う高齢者自身の「生きがい」を見出すためのものという観点から捉えている点である。**(2)

確かにこれまでも、ボランティア論は、活動を通して〈未-主体〉が「特定の価値観」を帯びた〈主体〉になるという〈教育〉の論理を伴っていた。戦後においては、その「特定の価値観」の代表的なものが民主主義的価値である。**しかしこの「生きがいづくり」という文脈では、内容（特定の価値観）への関心は示されず、〈未-主体〉→〈主体〉という形式自体が有意味となっている。つまりその形式がもたらす担い手にとっての効用こそが重視されているのである。これを、〈教育〉の自己準拠化と呼びたい。**

さてこの答申と時を同じくして——前年（一九七〇年）の九月に行われたこの答申案の中間発表を受ける形で——早くも一九七一年には、「家庭婦人」を対象としたボランティア施策が開始された。これは一〇市を対象に「婦人奉仕活動促進方策研究委嘱」が実施され七四二万円が計上された。同じように七二年度は六市、七三年度には五市が委嘱を受けている。これは「家庭婦人の余暇の増大に伴いその有効な活用をはかるため、個々の婦人の適性に即した奉仕活動を促進する具体的方策を研究する」という趣旨で、婦人奉仕活動研究委員の設置、婦人奉仕活動育成講座の開設、研究報告書の作成を主な内容とするものである（鹿海 1971：44）。その研究委嘱を踏まえて、一九七六年度には「婦人ボランティア活動促進事業」が開始されている。これは、「婦人の能力を開発し、婦人に適した社会参加を促進するため、婦人会館や公民館などを中心に婦人のボランティア活動に関する学習の機会を提供しあわせて学習の成果を活かした各種のボランティア活動を促進しようというもの」で、八六市を対象に六、〇二〇万円が計上された（塩津 1976：48）。

そしてここでは、答申において「高齢者」に対して語られていたのと同じく、ボランティア活動が婦人の「生きがいの発見」という観点から捉えられることになった（萩原他 1976）。これは、一九七七年度から開始された「高齢者人材活用事業」における「参加」の場合でも同様である。一九七〇年代の文部省のボランティア施策の特徴は、ボランティアが自己準拠化した〈教育〉によって意義づけられるという論理構成を有したことであった。

（2）民主化要件①（国家に対する社会の自律）と厚生省のボランティア政策

厚生省は、第4章で見てきたように、一九六〇年代にはボランティア言表の生産には直接関わらず、基本的に社会福祉協議会が主導していた。一方で、一九六二年「老人家庭奉仕員制度」、一九六八年「老人社会活動促進事業」、一九七〇年「手話通訳奉仕員養成事業」「点訳奉仕員養成事業」など、既存の福祉制度を周辺的に補完する事業は一九六〇年代から行われていた。一九七〇年代には、厚生省は「コミュニティ」の重視と共に、ボランティアの育成・推進に本格的に乗り出すことになる。端緒とされるのは一九七一年一二月の中央社会福祉審議会答申「コミュニティ形成と社会福祉」において、コミュニティケアの促進が提言されたことである。そこでは貧困問題などの「貨幣的ニード」から対人福祉サービスなどの「非貨幣的ニード」への転換と、施設収容から居宅・地域福祉への転換が、主なポイントとされた。その一方で、家族のニード充足機能が弱体化していること、個別的で多様なニードと行政のサービスが必ずしも適合的でないことが指摘され、『厚生白書』などでもコミュニティにおけるサービスの実施主体として地域住民と社協に焦点があてられるようになってきた（早瀬 1987：135-137）。厚生白書で「〝隣人の暖かい善意〟の必要性」が説かれた一九七三年に、厚生省は三、〇二四万円の予算を計上して、全国に奉仕銀行を設置し活動費の補助を開始する。奉仕銀行とは、都道府県社協もしくは、「ボランティア活動育成事業に実績を有し、かつ、現にこの事業を行って」いる公益法人などが設置の資格をもつとされたが、その多くは前身を善意銀行とし社協のもとに置かれていた。善意銀行に比べ、金銭・物品提供よりも人的な労力提供に重点を置くことが特徴とされ、「青少年、婦人、老人等地域住民の社会奉仕に関する理解と関心を深めるとともに奉仕活動の育成援助と必要な連絡調整を行ない、もって社会福祉の増進に資すること」が目的とされている（全国社会福祉協議会・中央ボランティアセンター 1976：86）。奉仕銀行の事業は、①社会奉仕活動に関する調査研究、②社会奉仕活動に関する広報、③社会奉仕関係の育成援助、④社会奉仕活動に関する連絡調整、⑤社会奉仕団体に対する助成などであり、この事業の開始によって都道府県に一〜二ヶ所ずつ、全国合わせて六五ヶ所に奉仕銀行の窓口が置かれた。続いて一九七五年度から都道府県・指定都市を対象とした奉仕銀行に加えて、人口五万人以上の二四三の市を対象として「奉仕活動センター」の補助が開始された。[3] この「奉仕活動センター」は「地域住民の社会奉仕に関する理解と関心を深めるとともに組織的な社会奉仕活動の育成援助などを行ない、もって社会福祉の増進に資すること」を目的としている。

翌一九七六年には、奉仕活動センター、善意銀行、奉仕銀行は「**ボランティアセンター**」として統合され、中央ボランティアセンター、都道府県ボランティアセンター、市区町村ボランティアセンターが、それぞれのレベルの社会福祉協議会のもとに置かれることになった（呼称は地域によって異なることがある）。ボランティアセンターは、ボランティア希望者やグループの登録、需給調整、情報提供、器材貸出、ボランティア・スクールや福祉講座の開講を行っている（全国社会福祉協議会・中央ボランティアセンター 1976）。このうち中央ボランティアセンターは、一九七七年に「ボランティア活動の全国的展開と福祉教育の充実強化」のため「全国ボランティア活動振興センター」として全社協のもとで再発足している。

さらに福祉行政からのボランティア政策の特徴として、ボランティア活動がもつ教育効果への高い関心が挙げられる。一九七一年には全社協が福祉教育委員会を設置し、「福祉教育」を学校で行うための組織的枠組を整えた。そして一九七七年には、厚生省が「学童・生徒のボランティア活動普及事業」を二三都道府県社協で開始し一五四校に助成を行った。この対象校は年々増加している。[4] 学校への介入ははじめは文部省ではなく、全社協や厚生省によって進められたのである。

以上の厚生省のボランティア政策は、一般の人々が「ボランティア」という言表に触れ、参加する身近な制度的枠組を準備すると同時に、「ボランティア」の典型的な表象を形作ることになった。例えばこれ以降、ボランティア活動者数の指標として、社協（ボランティアセンター）への登録数を用いることが一般的になる。**地域における最も身近なボランティア参加の枠組と、国家規模のボランティアの典型的指標・表象を、厚生省のボランティア政策は同時に創り出すことになった。**

（3）民主化要件①（国家に対する社会の自律）とコミュニティ政策

上述の文部省と厚生省のボランティア施策は典型的なものだったが、人々の参加促進に対しては、より多様な政策的文脈から関心がもたれていた(5)。それらをつなぐ結節点を、ボランティア政策の中でくり返し出てくるある言葉に求めることができる。その言葉とは**「コミュニティ」**である。一九七一年の社会教育審議会答申はコミュニティ形成の文脈に位置づけられていたし、奉仕銀行への助成開始はコミュニティケアへの対応を目標にしていた。

これまでも見てきたように、「コミュニティ」の語は、社会福祉の専門家の間で、戦後早くから使われていた。それを政策のターゲットとする動きは一九六〇年代後半から見られる。その代表的なものとして一九六九年に国民生活審議会調査部会・コミュニティ問題小委員会が出した答申「コミュニティ――生活の場における人間性の回復」がある。専門委員に奥田道大、倉沢進、安田三郎などの社会学者が名を連ねたこの答申は、高度経済成長を目的とする政策からの転換を示し、崩壊した「かつての地域共同体」に代えて、人間性の回復や生活の豊かさを実現する「コミュニティ」の形成を求めたものと評価される（園田 1979：29）。

与党自民党には、別の文脈もあった。当時、反公害や福祉政策を掲げるいわゆる「革新自治体」が東京都（美濃部亮吉　一九六七〜七九年）や大阪府（黒田了一　一九七一〜七九年）をはじめ全国に成立していた。これとの対抗上、開発や経済政策ではなく、「国民の安定した生活の確保と住みよい環境の形成という課題に取り組む必要」があった（松原 1978：121-122）。その一方で、自治体は地域への介入の手管を見失っている時期でもあった。大都市では「人口集中と流動化の激化によって、行政が市民を補足することが困難になってきた」ため、「量としては捕捉出来ても、市民一人一人の生活にコミットすることは難しい」という観察が前景化していた（鳴海 1969：23）。さらに地方行政の機能が拡大・高度化するに従って、行政の下請け的な仕事を町内会などの地域組織が担いきれなくなり、その重要性も低下していった。「地域共同体の崩壊」という認識には、このようなガバナンスの転換という文脈もある。行政は、機能不全に陥っていた既存の地域組織＝町内会・自治会に替わる、新たな住民への回路を欲していた。

一方で左派の側も、保守的とされる町内会とは異なる、新たな地域組織を希求していた。一九七〇年代になっても、町内会に参加しなかったために、選挙の実質的な権利が妨げられたり「村八分」的な状況に陥れられたという報告があるが（中井 1973）、町内会・自治会を「封建的」「非民主的」なものとして貶価する解釈図式はこの時期も流通していた。これに対して「コミュニティ」概念は、理念的な市民参加を可能とするものとして期待され、活発化する住民運動はそれを予示するものとされた（奥田 1971；松原・似田貝 1976；松原 1978）。「『コミュニティ』は、なにからなにまで、徹底的に『町内会・自治会』と異なるもの、対立するものとして構想されていた」（竹中 1998：31）のである。

このような複数の文脈が交錯する中で、自治省の主導のもと全国でコミュニティ施策が開始された（地方自治協会 1978）。自治省は、一九七一〜七三年「モデル・コミュニティ地区」（八三地区）、一九八三〜八五年「コミュニティ推進地区」（一四七地区）、一九九〇〜九二年「コミュニティ活動活性化地区」（一四一地区）といった指定地区を中心にコミュニティ施策を進めていく。この政策に対しては、当時から、自治の側面を切り落とした「コミュニティ」へと住民を包絡するもので、「官製コミュニティ」や「住民運動ごろし」という批判が向けられていた（玉野 1998：43）。現在でも、それが「上から」の地域社会の再編であり、自治を形成しえなかったし、むしろ地域にある異質性を封殺するものだったという評価が一般的である（倉沢 1998；竹中 1998；玉野 1998）。コミュニティ施策を国家による包絡・組織化としてのみ捉える見方には一方で批判もあるが（山崎 2010）、動員論的な視角は、同時代の研究者・活動家たちに強く意識されていた（自治体問題研究所編 1976 など）。そこで賭けられているのは、言うまでもなく民主的要件①（国家に対する社会の自律）である。

多様な文脈で進められた「コミュニティ」形成は、国家による社会への介入という批判を生みつつ、それを常態化・自然化することで、**民主的要件①の規準を空洞化させていく**ことになる。そしてそれは同時に、民主化要件②の相対化にも大きな役割を果たすことにもなった。この点について次に見ておこう。

（4） 民主化要件②（国家による社会権の保障）をめぐる環境の変化

初めに確認したいことは民主化要件①は民主化要件②と連関しているということである。先に見たように、民主化要件①は国家と社会とを明確に区別することを要請するが、その区別の規準の有力な一つとして、民主化要件②の「国家による社会権の保障」、つまり社会が国家責任で行われる社会保障の代替・下請けとならないということが求められていた。しかし民主化要件②は、社会保障支出のGDP比などあらゆる指標が示すように、十分に実現されてこなかった。「福祉国家」は——マルクス主義からは貶価の対象だったとはいえ——果たされない約束だったからこそ、現存の社会や政府・与党を批判する準拠点として機能してきたし、民主化要件①に基づくボランティア批判を有意味なものにしていた。

一九七〇年に入ってから、この言説磁場が変わっていく。一九七〇年に閣議決定『新経済社会発展計画に関する件』が出され、ここで、社会保障の充実が強調された。同年、厚生省大臣官房企画室は『厚生行政の長期構想——生きがいのある社会をめざして』を発表して、新経済社会発展計画に呼応した福祉や環境保全をめざすことが提言された。各政党も——自民党も含めて——福祉を政策目標として積極的に取り上げるようになり、一九七二年末の選挙ではまさにこの「福祉」が争点となった。特に自民党の田中角栄内閣は――革新自治体の「福祉優先」「環境重視」への対抗という文脈で――いわゆる「日本列島改造論」による地域開発構想を打ち出し、年金や医療費の給付を積み増し、一九七三年には「福祉元年」を宣伝した。

三重野卓によると、一九七三年前後が日本における「加速化」――社会指標が一定の水準に達した後、加速度的に社会保障費が増加すること――が始まる時期である（三重野 1987）。またこの時期、経済開発政策と福祉政策の優先順位の逆転が生じている（三浦 1985：121-158）。「経済成長が多くの問題を引き起した」という認識は「革新」の立場だけではなく、広く見られるようになっていた。例えば一九七二年の『経済白書』では、経済成長が国民の福祉の増大につながるという「パイの論理」が否定され、「経済開発に伴う『歪み』の予防・是正」や「経済開発に均衡のとれた社会開発」という観点から、経済開発自体の抑制と福祉拡充が政策として設定されている。国の一般会計予算に占める社会福祉費の割合は一九七〇～七五年の間に一・四％から二・九％に伸び、社会福祉施設も、一九七一年を初年度とする「社会福祉施設緊急五ケ年計画」が策定され、一九七〇～七五年の間に急増する(7)。

この事態は、民主化要件としての「国家による社会権の保障」の位置価を大きく変えることになった。「福祉国家化」は、これ以降、民主化要件としてかつてのような決定的意味をもたなくなっていったと考えられる。もちろんそれ以降も――現在に至るまで――「福祉」は尖鋭な政治的論点となり得ている。また、一九七〇年代の「福祉国家化」も、結局、企業福祉と家族福祉と低失業率に依存した「日本型生活保障システム」（大沢 2007）という名の「擬似福祉システム」（宮本他 2003：299）から脱却できたわけではない（Esping-Andersen 1990＝2001）。しかし「福祉国家」が、〈見果てぬ夢〉なのか、虚構であったにしろ〈一度見た夢〉なのかの違いは大きい。**戦後を通じて「民主的であること」の到達点だった「福祉国家」は、これ以降、相対化されるようになっていく。**

この点について重要なのは、日本のモデルとされた先進国では、すでに一九六〇年代には、福祉国家は右派からだけでなく、その抑圧性・非合理性を左派から批判されるようになっていたということである。批判理論における

「変革すべき社会」は、「資本主義」から官僚制／テクノクラシーを配備した「福祉国家＝介入国家」へと重心が移っていく[8]（仁平 2001）。つまり、福祉国家は、希望の場所から抑圧を生み出す場所へと転位していたのである（Offe 1981＝1988；1984；Giddens 1994＝2002；武川 1996 など）。日本でも、周回遅れで——そして一度も福祉国家を経験することのないまま——公教育[9]や公共政策[10]に対して、かつてない批判が向けられるようになっていく。そこでは、体制変革などというマクロな政治（だけ）ではなく、「抑圧された生の形式・アイデンティティ」の解放／取り戻しをめざすライフ・ポリティックスとして小文字化していく。この中で、集合財を供給する〈社会〉国家的なるものに対する敵対性が構成されることが多かった。これが、イリイチやフーコー、フランクフルト学派たちの議論を広範に受容する基盤を形成していく。

　つまり、社会国家＝福祉国家による「国家による社会権の保障」は、実現したと思われた瞬間、リアルポリティックスの面でも、規範的準拠点という面でも、相対化されていくのである。そして、貨幣的・物質的ニーズを充足する福祉国家から、QOLや関係性などの非貨幣的ニーズを充足する**福祉社会へ**という、新たな歴史哲学が導入されていく。ボランティア政策の背景とされたコミュニティ政策や生きがい対策も、福祉国家の次の段階として位置づけられていたものだった。

　このように、一九七〇年代のボランティア政策は、民主化要件の変容をめぐる複数のベクトルの中で捕捉されるべきものだった。まず、民主化要件②「国家による社会権の保障」が一段落したという認識のもとで、そのさらなる豊潤化のために、貨幣的ニーズに代わる非貨幣的ニーズが、あるいはコミュニティケアが重視された。厚生省や文部省のボランティア施策は、民主化要件①「国家に対する社会の自律」をある意味で決定的に侵犯するものだったが、このような福祉国家の「発展段階論」に基づいていた面があった。

　しかしその段階論は、早くも一九七〇年代後半からの**福祉抑制の政策趨勢**の中で裏切られていく。一九七九年に自民党が**「日本型福祉社会」**を発表し、同年、経済審議会が『経済社会七か年計画』を出している。ここでは、

「中福祉中負担」の「新しい日本型福祉社会」の実現が求められる。そして、福祉支出を抑制するために、「日本固有」の「福祉の含み資産」である家族・親族・近隣・企業・地域社会による相互扶助と連帯を基軸に「社会による福祉」を構築すべき、とされた。一九七九年に国民生活審議会長期展望小委員会が発表した『長期展望小委員会報告』では、「バラマキ福祉批判」とそれを踏まえた福祉の「公私の役割分担の問題提起」がなされている。そこでは、福祉は「助けあう精神」によって活性化するため、ボランティア活動が福祉サービスの重要な役割を果たすとされている。その意味で、「自助精神の高まり」「分権と参加」は望ましいが、あくまで代議制民主主義の補完とすべきとしており、住民運動など〈政治〉に接続するものは否定されている。さらに、一九八〇年には、社会経済国民会議が『社会福祉政策の新理念──福祉の日常生活化をめざして』を出す。これは、家族機能と近隣のボランティア活動を日本の長所とし、「日本型福祉社会」の文脈でボランティアを称揚するものだった。

以上のように、一九七〇年代後半までには、民主化要件①②はかつてない変動圧力に晒されていた。しかしこれらの環境の変化が、直ちにボランティア論における民主化要件の重要性を低下させるわけではない。一九五〇年代の社会教育法改正をめぐる議論のように、民主化要件①が侵害されていると意識される時こそ、それが強く意識されることもあるのだから。しかし実際には、一九七〇年代のボランティア論の中で、民主化要件①②は徐々に相対化されていく。次の第三節と第四節では、一九六〇年代にボランティアの正当化のために参照されていた二つの基準である自発性と対称性をめぐる言説に注目しつつ、この過程を検討していく。

三　〈ボランティア／奉仕〉コードの完成

(1) ボランティア施策への批判――強制と動員

文部省のボランティア施策は、ボランティア関係者に大きな影響をもって捉えられた。それがスキャンダラスだったのは、言うまでもなく、民主化要件①に対する侵害だと見なされたからだった。逆に言えば、この時点では、ボランティア論者にとって、民主化要件①は遵守の対象とされている。

例えば日本YMCA同盟研究所主事の松本勉は、一九七一年の答申と事業について、「民間の自発性」を勘案するというのは〝たてまえ〟にすぎず、「〝ほんね〟は訓練と育成強化の姿勢を強めることになるのではという心配」を表明している。そして「ボランティア活動の表面的な繁栄が予想されるとしても、それは行政の過保護的な育成を偽装するみせかけの発展であり、ボランティア活動の生命とする自発性の枯渇から、実際には活動の衰頽に拍車をかけることになるだろう。自由のないところにボランティア活動もまた育たない。およそ奉仕そのものが外から強制されるようになっては、そのこと自体が既に形容矛盾である」（松本 1971：22）と述べている。

同様の観点から文部省のボランティア施策に対して最も強い批判を行った一人が社会教育学者の真野典雄であった。真野は、一九七一年の答申に関して「生涯教育の観点を前面に押したて、社会教育の全般にわたる権力支配を貫徹しようとする、きわめて反動的・非民主的性格を色濃くもっている」（真野 1971：10）と批判する。ここには、左派が進めてきた「社会教育」に対する文部省による「生涯教育」推進という対立構図があり、生涯教育政策としてのボランティア推進に批判の矛先が向けられる。だが、「ボランティア」自体が批判されているわけではない。未だ政府の介入が顕著でない社会福祉のボランティアは、「慈恵的、前近代的なにおいのする篤志奉仕者から国民の権利意識を前提とした新しいボランティアのあり方」へと変化しているとして肯定する。「わたしはこうした社会福祉活動のなかにみられる、自発性、内発性を持った善意のボランティア活動を否定するつもりは毛頭ないし、今日の国家独占資本主義が必然的に生み出す幾多の社会福祉問題、そして住民不在の行政への対決を内に含んだボランティア活動の民主的発展に期待するところは大きいといわねばならない」（真野 1971：10-11）。これと対比しながら、社会教育のボランティア政策について、「本来自発性、内発性を生命とするはずの『ボランティア活動』が、まさに政策として打ち出されているということ、先にふれたように今回の社教審答申が露骨な反動的、非民主的な提言のなかで、ことさら『ボランティア活動』を政策的に強調していること」（真野 1971：11）を批判している。

上記の二人とも民主化要件①に基づいて政策を批判している。だがここには、ささやかだがやがて重要になる二つの立場の差異が刻まれている。松本は、「訓練や育成強化」によって「奉仕そのものが外から強制され」「自由のない」事態になることを批判している。一方、真野は、「政策として打ち出されているということ」を批判している。両者はほとんど同じに見える。だが前章で検討した「自発性の反意語」を考えると差異が明確になる。松本は「自発的」の反意語として「強制的」を想定しているが、真野が対置するのは「政策的」（＝動員的）である。松本にとっては、政府が「訓練と育成強化の姿勢を強め」て強制に転じるという政策の様相が懸念の対象であるが、真野はボランティア政策の政策ということ自体を批判の対象としている。いわば、松本は行為論的に、真野は動員論的に事態を考えていると言える。

このようにボランティア政策による自発性の侵害には、強制と動員という二つのイメージが混在していた。だがその差異はあまり意識されていない。この含意については後に考えるとして、先に、ボランティアをめぐる論議が、一九六〇年代から見られるようになっていた二つの言表の対比を強化しながら進んでいったことを見ておきたい。

(2) 〈ボランティア/奉仕〉コードの完成

社会教育学者の河合慎吾は、この社会教育審議会が発表された直後の、ある地域の社会教育関係者たちによる次のようなやり取りを紹介している。婦人会長のA氏が「突然、〝ボランティア〟といわれてもピンときませんね。なんと訳すのですか」と尋ねたのに対し、社会福祉主事が「自由意志で自発的に奉仕する篤志家」「民間における有志指導者」と訳されており、さらに、もとは兵語で「正規軍に対する義勇兵、志願兵」を意味したという説があることを紹介する。以下のやり取りはそれに続いて行われたものである。

旧在郷軍人連合分会長Bさんがいう。『義勇公ニ奉ジ』か！　なるほどおもしろい。そうあるべきである。」

A会長がふたたびいう。「つまり、わたしたちがボランティアということで、わたしたちのしていることが、ボランティア活動というわけですか。婦人会は昔からよく、奉仕活動をしてきましたからね。しかし、この頃はうちの子どもにいわれるのですよ。『奉仕、奉仕というて、大事なおとうさんの命まで奉仕させられてしまったことを忘れたんか。戦争の経験に学ばないのは、戦争を知らない子どもたちのボクたちではなくて、おかあさんの世代ではないか。一体、奉仕とはなんか』とね。」

主事さんが答える。「そこですよ、まさに、Bさんには悪いが、昔の強制的な奉仕と今の自発的な奉仕とは、本質的にちがっているのですよ。だから、わざわざボランティアなどという舌をかむような外来語をつかっているのですよ。」

Bさんが怒気を含んで反論する。「どこがちがうか。言葉がちがうだけではないか。自己をおさえて、社会公共のために奉仕する、その精神に変りはあるまい。社教審だか文部省だか知らんが、新しい言葉だけをもち出して、現実直視を妨げるような、一種のムードづくりをすることはやめてもらいたい。言葉の談義はもう、

けっこうだ。ちがうのなら、どこがちがうのかはっきりさせてもらいたい。」（河合 1971：47-48 傍点引用者）

社会福祉主事は、「昔の強制的な奉仕と今の自発的な奉仕」という明確な対比を行い、後者に「ボランティア」の言表を与えている。一九六〇年代にも萌芽的に見ることができたが（第4章三節、第5章）、「ボランティア」という言表の普及は、「奉仕」を「古い否定されるべき」ものとして葬送しつつ行われていった。

これは「奉仕」という言表を掲げていた前章の日本青年奉仕協会でも同様である。同協会が一九七〇年から毎年主催した「全国奉仕活動研究協議会」でも「奉仕」の言表をめぐって論争が起こり、一九七二年の第三回大会以降この語は避けられるようになっていった（佐藤 2001：19；興梠 2003：69）。日本青年奉仕協会の機関紙『青年と奉仕』の一九七五年六月号では、日本ユネスコ協会事務局長の竹本忠雄が、「奉仕」は「社会と仲良くしていくところから始まる」のに対し、「ボランティア」は「対立から始まる」として、「ボランティア」を「奉仕」の意味で『道徳観』として捉える考え方」に対して、「反発を持つ青年ボランティアが増えてきている」と指摘している。

また、同じ号では、『ボランティア活動基本要項』（一九六八年）の作成者の一人だった専修大学の中田幸子が、「奉仕」と「ボランティア」の語源論的な検討を行っている。それによると「奉仕」の初出は、『日本書紀』にさかのぼり、蘇我氏が推古天皇に「仕え奉らん」と送った言葉から来ているという。その一方で、「ボランティア」については、「自由意志をあらわすラテン語。自分の意志で、自発的に、自分たちの生活をよりよくするために、進んで働き、全ての人が、最大限に『人間』としての生活ができるようにする営み」としている。ここから、「奉仕」は服従に、「ボランティア」は自由意志につながり、両者は全く「別の言葉」という結論が導かれる。

第1章で大正期の「奉仕」概念について検討したように、この中田の議論には若干の問題も含まれている。[11] だがそれ以上に重要なのは、この中田の議論が、「ボランティア」の言表を「民主」の意味論のもとで普及させるという要請に、見事なまでに合致していたということである。ここにはプロデューサーが存在していた。その人物こそが前章で見た興梠寛である。日本青年奉仕協会において若くして頭角を現していた興梠は、保守的なコノテーションを帯びた「奉仕」という語を嫌い、それに替えて「ボランティア」という語を肯定するべく、右派の意味論を保持する理事長の末次一郎らと対立していた。一九七五年六月号の記事は、興梠がその主張を論証するために、彼自身が竹本忠雄にインタビューし、中田幸子に記事を依頼して作られたものだった。興梠氏は次のように述懐している。

（末次に対し：引用者注）それから「日本青年奉仕協会」の名前を変えろと、「日本ボランティア協会」か何かにしろとか、そういうことを言ったわけです。（末次が：引用者注）「なんでお前、奉仕が悪いんだ」というので、腹立ち紛れに「奉仕」と「ボランティア」の違いとか調べるわけですよ。それでわざとこういうところに特集組んではですね、変えよう変えようとしていた。（興梠寛氏へのインタビュー）

この実践は見事に奏功する。例えば、東京のボランティア推進団体の富士福祉事業団の枝見静樹も、中田の論を元にボランティア論を生産するなど、影響は大きかった[12]。大阪ボランティア協会、日本青年奉仕協会、富士福祉事業団という三つの代表的な民間のボランティア推進団体がそうであったように、〈ボランティア／奉仕〉コードは、ボランティア政策の中で、「上からの強制としての奉仕」というボランティアの構成的外部を成立させながら展開されていくのである。これは研究者が生産する言説でも同様であった[13]。

（3）行為論の回帰

ところが、この〈ボランティア／奉仕〉コードの隆盛の傍らで、あるラディカルな立場が相対化されていった。それは意外にも、前述の真野典雄のように『ボランティア活動』が、まさに政策として打ち出されているということ」自体を批判する立場である。**「国家からの社会の自律」を厳格に保持しようとする動員論の立場**といってもよい。

どういうことか考えるために、先ほどの河合慎吾が紹介したやり取りをふり返ってみたい。河合の話に出てくる社会教育主事は、〈ボランティア／奉仕〉の区別を用いて「奉仕」を否定するのだが、ここで用いられるのは〈自発的なボランティア／強制的な奉仕〉の二項コードである。そして、主事は文部省のボランティア政策を否定せず、それを地域住民に対して啓蒙する立場にある。むしろ、文部省の政策を批判しているのは、旧在郷軍人連合分会長のB氏の方である。つまり主事がこだわっているのは、動員か否かではなく、**行為論的に見て〈自発的か／強制的か〉である**。だからこそ主事は、国民が行為論的な自発性に基づいて戦争を遂行したと信じるB氏を説得できない。同時に、「民主的」立場に立ちつつ、（真野の立場から見ると）「国家に対する社会の自律」を脅かすボランティア政策を支持することも可能になる。

新奇な「ボランティア」と古色蒼然とした「奉仕」――ボランティア施策をめぐる議論が強化していった二つの言表の区別は、「奉仕」は、個人に犠牲を強いる強制的な勤労奉仕との連想と共に、封建的・前近代的・反民主主義的・天皇制的……といった個人の自由を圧殺するあらゆるイメージで捉えられることになった。しかし、このような「奉公＝奉仕」のイメージが、民主的・自発的な「ボランティア」の構成的外部として広がるにつれ、問題は「個人の自由か犠牲か」という**行為論レベルのものとして理解されていく**。

ここには、三つのコンテクストが考えられるだろう。第一に、ボランティア政策は、ボランティア推進関係者、社会教育関係者、社協関係者などによって、基本的には肯定されていた部分があった[14]。ボランティア関係者にとっては、「ボランティア」というこれまで社会に認知されてこなかった領域を政府が認める画期的なものでもあり、長期的には財政援助等が得られるという予期も成り立った。また実際に助成金を受けていたものも多かった[15]。この中で政策自体を批判することは行いにくく、批判対象は、封建的で非民主的なイメージが刻印された「奉仕」という言表へと向かった。第二に、ボランティア政策、および、それが依拠するコミュニティ政策自体に、市民の力を高める民主的な政策という認識があった。ボランティア政策の文章上は、自発性への配慮が掲げられていた。その上、古く封建的な地域秩序の解体の上で、自発的な市民が支える民主的なコミュニティを作るという意味論を有していた。住民運動からコミュニティへの発展が語られる中で、コミュニティ政策は「政策」であっても、左派にとって肯定すべき対象としても見なされていた（奥田 1971；松原 1978など）。第三に、当時は、旧在郷軍人連合分会長のB氏や末次一郎のように、奉公との意味論的な連続上で「奉仕」の語を肯定しようとしていた人々が、実際に一定程度存在していた。よって、〈自発的＝ボランティア／強制的＝奉仕〉としながら、新奇な「ボランティア」の語を普及させる戦略はリアリティがあった。しかしこの行為論への転位と動員論の後景化は、結果として「国家に対する社会の自律」という民主化要件①を相対化させることと連動していたとも言える。

とはいえ、動員論が消え去ったわけではない。特に、一九七〇年代後半からの福祉削減の文脈は、動員論的問題設定とその準拠点としての民主化要件①②を再び活性化させていく。例えば都立教育研究所の南里悦史は、「行政のイニシアティブによる地域の主体形成が政府・財界筋から深刻に求められている」（南里 1977：13）と述べ、ボランティアが、財政的に効率の良い「受益者負担の論理」を伴う『『上から』の『地域づくり運動』』に回収されていると批判している（南里 1977：14）。民主化要件①②の相対化を容易に許さないこの動員論の視線は、しかし、それを相殺していく意味論的磁場にも置かれていた。これを考えるためには、一九六〇年代から〈ボランティア／奉仕〉の区別を主導してきた、〈自発的／非自発的〉と並ぶもう一つのコード（対称的／非対称的）をめぐる議論にも目を向けていく必要がある。

四　「ボランティア」の自己効用論的転回

(1) 生涯教育と自己効用的ボランティア論――〈対称的／非対称的〉をめぐって

〈対称的／非対称的〉のコードは、戦前からの議論にも見られるように、〈贈与のパラドックス〉における中核的な区別である。一九六〇年代にも、髙島巌や竹内愛二らによってこの解消がめざされてきたのは見た通りである。しかし、ある領域においては、この問題は初めから解決されていたと見ることも可能である。それが「社会教育」の領域である。

一九六九年に日本ＹＭＣＡ同盟名誉主事の永井三郎は、『社会教育』誌上にて、「社会教育とボランティア」という論文を発表し、「社会教育関係の諸団体、ことに青少年団体において、ボランティアの必要が叫ばれていることは久しい」（永井 1969：103）と述べた上で、「ボランティア」の語が、なぜ他の言表（有志、篤志、奉仕……）をおさえて要請されるようになったのかについて、次のように考察している。

> 「篤志家」というと、あることに熱心であるという意味と共に、親切な心ざし、慈善心、という意味もあり、これはみな大切ではあるが、相手と対等にある社会教育の場における「ボランティア」に代るものとしては、語感からもぴったりしないものが、ある人たちには感ぜられるのであろう。「奉仕者」も前述の「サービス」に対する日本語としてほとんど確立したものといってもいいにも拘らず、一部の人々が使いたがらないのは、「奉」の字の与える連想がじゃまをしているのではないであろうか。（永井 1969：106　傍点引用者）

ここに見られるのは、社会教育という領域に、〈相手と対等＝対称的〉という性格が内在しているという認識である。同様のことは、社会教育学者の吉田昇が、『社会教育』の同じ号に収録されている座談会でより顕著に述べている。

> （ボランティアは）はじめは社会福祉のほうでつかわれてくるのです。自分はある程度暮らしている、だけれども気の毒な人がいるから、その人をなんとかしようという慈善的なボランティア思想です。それとある程度並行しながら、社会教育活動でもボランタリズムが問題になってくる。その方は、啓蒙思想が、強く流れています。つまり、国民の知的自己形成を、なんとか助けていこうという考えです。これは福祉の場合よりも、一緒にやっていこうという感じが強いんです。福祉のほうは、自分は豊かだから、貧しい人を、という発想ですが、啓蒙運動になりますとそうではなくて、自分たちも知識をもっていなければならない、それだから、知識を得ようとしている人と一緒にやっていこうという姿勢が主軸だと思います。（根岸他 1969：12 傍点引用者）

> たとえば啓蒙思想が強ければ、老人も自分も同じ人間である、という発想に立ちますね。そうすると、老人を保護し、いたわるのは、社会福祉的な活動だけれども、老人と一緒になってものを考えようとか、老人にも勉強する気を起こさせようという活動になれば、立派な社会教育活動なんです。（根岸他 1969：13）

〈福祉／社会教育〉の区別が、〈非対称的／対称的〉の区別と重ね合わされている。社会福祉は「自分は豊かだから、貧しい人を、という発想」で、社会教育は「一緒にやっていこうという姿勢」があるという区別は、関係の非対称性と〈贈与のパラドックス〉を解決しようとし続けてきた社会福祉の努力の歴史を無邪気に捨象した、社会教育側の（勝手な）観察にすぎない[16]。しかしこの吉田の主張は、同時に正鵠を射てもいる。社会教育では、社会福祉と違い援助者／被援助者の区別を前提とする必要がない。〈教える／学ぶ〉という教育独自の区別はあるが、社会教育では、学校教育とは異なり〈大人／子ども〉のような明確な属性的区別をもたない。しかも当時、**社会教育から生涯教育という転換の中で「啓蒙」という意味が希釈化される流れ**にあった。ここでは簡単な意味論上の操作

――例えば「共に学び合う関係」――で、対称的な関係という表象を獲得することができる。つまり、生涯教育のボランティアは、〈贈与のパラドックス〉を容易に解決できる。

例えば、社会教育＝生涯教育の観点から「ボランティア」と名指された杉並区消費者の会の寺田勝子は、次のように述べている。

> さて、表題のボランティア活動の方向ということだが、ボランティア活動というと、いままでの感覚からすれば、誰かのために奉仕をするという多少おしつけ的な感じがしないではない。しかしいまの私たちにはそういったことは考えられない。ボランティアときいたとき、オヤ、私たちはそんなことをしていたかしら？ と一瞬とまどった。私たちは私たち自身のためにこそ、この運動をすすめているのであり、私たちが住む社会がよくなるために学び、話し合い、働きかけているのである。そこには人のためとか奉仕とかいった言葉のもつニュアンスよりもっともっと強いもの、身近なもの、必要なもの、という感じがある。
>
> （寺田 1971：38 傍線引用者）

すでに見たように、これまでは、社会連帯思想を媒介として「ボランティア活動（または奉仕）は人のためにあらず」と説き、それをもって〈贈与のパラドックス〉を解決しようとする議論が多く見られた。それは、他者への贈与行為が集積することが、その社会を良くすることになるため、結果として自分の利得をも向上させるという遠大な贈与-交換であった。これに対し、寺田の発話は力点が微妙に、しかし決定的に異なっている。ここでは被援助者たる他者は存在しない（その意味で〈贈与〉ですらない）。当該行為は、そのまま行為者（行為者集団）の利得を向上させるものであり、その波及効果として社会（一般他者）の利得をも向上させるという構図をとっている。つまり**利己（私たち自身のためにこそ）の集積が、社会＝他者の効用をも生み出すという意味で、社会連帯思想のもとで伸長した〈奉仕〉の論理とは、逆の論理構成となっている**のである。これを**自己効用的なボランティア論**と呼ぶことにしたい。

本項の以上の議論について三点ほど注釈を加えておきたい。第一に、〈社会〉という思想財が不要になっているわけではなく、「利己から利他へ」を導くために密輸入されている。つまりこの時期の自己効用的ボランティア論は、古典派経済学的な、あるいは「蜂の寓話」（マンテヴィル）的な市場＝社会のイメージと等価ではない。当事者が「私たちが住む社会」と述べているように、ここでの自己は、純粋な意味での利己的自己ではなく、自分の利得を向上させるために社会に働きかける程度には社会を志向する自己である。

第二に、〈教育〉の種別性について。これまで見てきたように、ボランティアを教育的意味論で捉えることは、一九七〇年代以前も珍しいことではなかった。それどころかボランティアは、被教育的存在〈未-主体〉であることを、しばしば求められてさえいた。しかし、一九七〇年代の「生きがいづくり」のためのボランティア政策では全く異なる教育の意味論が浮上してくる。これまでの議論では、ボランティアの〈未-主体〉性は、外挿的な社会目標（例えば、社会の進歩）のために機能的に要請されたものだった。それは例えば「地域の啓蒙」や「運動主体への成長」のために必要だった。しかし、**生きがいとしてのボランティア論では、目標が外挿されることなく、参加という形式それ自体が、担い手にとって価値を有するという議論**になる。そこでは〈未-主体〉は特定の価値・態度（民主主義など）に向けて方向づけられることなく、〈主体〉に備給される「価値」の中身も問われない。〈未-主体〉がその状態を脱却する（自己の回復や生きがいの獲得）という過程自体が重視されたものが多くなる。いわば**〈教育〉のレトリックが自己準拠化**されていくのである。

第三に、このような形式は、援助者／被援助者の区別を必要としない生涯教育という意味論においてこそ無理なくとることができた(17)。よって社会福祉の領域からは、自己効用の論理に対して、批判が行われていくことになる。次は、この点について見ていきたい。

(2) 教育vs福祉

前項で見たように、社会教育は社会福祉のボランティア論を、〈贈与のパラドックス〉を生み出す古いものと貶価していた。一方で社会福祉側も、一九七一年の社会教育審議会答申の前から、教育におけるボランティアの捉え方を問題視するようになっていた。一九七〇年には、全国の「ボランティア」関係者が一堂に介する場が作られるようになり、教育と福祉との葛藤を伴う出会いが生じるようになっていた。一九七〇年の二月には、日本青年奉仕協会が文部省の後援のもと「全国奉仕活動研究大会」を主催し、同年四月には、全社協主催で「全国ボランティア活動育成研究協議会」が行われている。

大阪ボランティア協会では、このどちらにも参加している。このうち「全国奉仕活動研究大会」の感想として、「育成関係者の発言内容をみると、社会教育関係者はボランティア活動を教育活動の一つとして、人間形成の立場から捉えようとするのに対して、社会福祉関係者は、生活福祉問題にかかわる住民運動、福祉運動として、ボランティアを捉えようとしていて微妙なくい違いがみられた」としている。その上で、文部省が後援していたこともあり「戦争中の『滅私奉公』などのことを思い出」すとし、「だんだん復古調になって、いわゆる『奉公』を国が意図的計画的に教育の中に位置づけようとしているのではないか」と懸念を示している。「国家が『奉仕』を問題にするのは、六〇年代後半における過激な学生運動とは無縁ではないような気がする。変革的人間ではなくて奉仕的人間の教育という方向がね」(『月刊ボランティア』一九七〇年三月号)。また、「全国ボランティア活動育成研究協議会」では、社会教育の立場のボランティア活動が一部の部会で「問題」となり、「社会教育の分野でのボランティア活動は、ともすれば対象者の権利を守るという理解と姿勢に欠け、対象者を手段化しやすい」という批判が行われたと報告されている(『月刊ボランティア』一九七〇年五月号)。

一九七一年答申によって開始された文部省のボランティア政策は、第三節(1)で見たように強い批判を生み出したが、それは民主化要件①に準じた批判だけでなく、一九七〇年から見られる教育と福祉とのサブシステム間の葛藤にも転位されつつ行われた[18]。大阪ボランティア協会でも答申に対して、岡本栄一が「社会教育の立場からとらえられる奉仕活動はえてして福祉対象者や活動そのものを『青年の教育』とか『婦人の教育』という名によって教育的に手段化するきらい」があるが、「教育権の名をかりて、基本的人権をふみにじることがあってはならない」（『月刊ボランティア』一九七一年一一月号）と警告している。

換言すれば、文部省の政策への批判は、〈自発的／非自発的〉という区別をめぐってのみならず、「自分自身の人間形成が目的となり、対象者を自己啓発の手段化してはいないか」（阿部 1973）というように、**関係論的な〈贈与のパラドックス〉をめぐっても行われていた**ということである。パラドックスを、〈交換〉の側で解決するにしても、あまりにも反対報酬（＝自己の利得）を露骨に強調してはいないかというわけだ。もちろん、社会教育＝生涯教育においては、被援助者＝他者を想定する必要はないという意味論的条件が、このようなボランティア論を作り上げたわけだが、それが社会福祉の領域に導入されるにあたり、被援助者＝他者の位置づけが問題となっていた。

このような自己効用論に対する批判は、どのように懐柔されていったのだろうか。言い換えれば、自己効用的ボランティア論は、どのようにして福祉の領域においても利用可能になっていったのだろうか。結論から言えば、**疎外論を媒介として、援助者と被援助者とは共に「被害者」である点で対称的だとする意味論的操作**が重要な役割を果たした。

（3）疎外論を共有する教育と福祉

疎外論は一九五〇・六〇年代にも見られたが、言説量が増大する一九七〇年代にはボランティア論の基本的な社会認識となる。これは第一節で述べた、民主化要件②の環境の変化と同じ磁場の中にある。貧困問題に代わり、システムの介入と消費資本主義による人間性疎外が、社会問題の中心テーマだと観察されるようになっていた。ボランティア論でも、次のような議論が目立つようになる。

現代資本主義社会における疎外された日常の中で多くの人は人間性を失いかけている。その中で、ボランティア活動を行うということは生活にリズムをもたせるものであり、生きがいを見いだすものであり、何よりもその失いかけている人間性を回復する機会である。

（松田 1974）

高度成長＝金銭の物神性。その物質化により人間の内的〝自然〟が第一次元的な物質に切り取られる中で、ボランティア活動の主体的任務は、そのような状況下の矛盾を集中的に背負っている社会福祉対象に主体的に働きかけることを通じ、連帯の実現を図ると共に、自己もまた、失われた人間性の回復を図ることになる。

（吉田 1977）

疎外から解放を求めたマルクスもまた、人間を自由と自発性に生きる創造的生産的人間たらしめようとした思想家であった。現在の社会構造と現代人の生き方そのものが、自発性を圧殺するか、弱化する傾向を助長している。……ボランティア活動を通して、無償の愛をもって奉仕する人々にとっての最大の報酬は、充実感と生きがい感で、消費中毒から抜け出すことを容易にする。

（飯坂 1978）

これらの議論の重要なポイントは、すでに木田徹郎（木田 1956）や竹内愛二（竹内 1967）の議論などで明らかなように、活動の担い手（＝ボランティア）をも「被害者」と表象することによって、活動者と対象者（被援助者）との間の種別性を無化できることである。

しかしボランティア活動を展開する団体もじつは都市化・工業化の余波を受けて混迷する被害者

（松本 1971：18）

社会福祉の努力は究極的には人間の価値を実現し、すべての人間の幸福を実現することである。それはすべての人間が「生きがい」をもって生活をする社会を実現することにある。しかし、そのためには障害者も老人もうけいれられ「われわれ」の一員として参加できる社会でなければならない。（柴田 1973）

この種の疎外論は、木田や竹内と比べ新味があるわけではない。しかしGDPがすでに世界第二位になり福祉予算の飛躍的に伸びた一九七〇年代には、心の疎外こそが新しい問題とする解釈枠組はよりリアリティを獲得していただろう(19)。この中で、福祉の立場からもボランティア活動の「効用」や、学校での「福祉教育」の意義などが強調されるようになっていく。一九七七年には厚生省が「学童・生徒のボランティア活動普及事業」を開始しているが、同じ年に、著名な社会福祉学者の吉田久一は、「受験競争体制の中で人間性を取り戻すために福祉教育が必要」であり、そのために「主体的な自己開発」たるボランティア活動が重要だとしている（吉田 1977）。

福祉の立場から自己効用的ボランティア論に批判的だった大阪ボランティア協会も、論調を少しずつ変えていく。岡本栄一も答申が発表された一年後に「社会福祉の本質をはずさない」ことと「ボランティア教育を受けた人が、単に行政サイドに立たず、主体的に住民サイドで活動する」という「条件付」で、教育的意義を強調するボランティア論を肯定している（『月刊ボランティア』一九七二年三月号）。また同年、中央教育審議会の席上で作家の有吉佐和子が「社会奉仕活動」を学校の実習で行うように提言し、これをテーマに座談会が開かれているが、有吉に対する批判もあったものの、最終的には、対象者を生み出す「社会的な諸矛盾や不合理」へ気づかせる等の条件がつけば、「ボランティア活動を通した体験教育」は肯定されている（『月刊ボランティア』一九七二年八月号）。ここでのボランティア活動の「教育」への導入は、いずれもその結果、社会矛盾に気づき「真の」ボランティア活動へとつながるようなものならいいという「条件付き」であった。ここで重要視されているのは活動者＝被教育者ではなく、あくまでも対象者や「福祉の充実した社会」であり、その意味では「ボランティア活動」を捉えるスタンスは変わっていない。

しかし一九七〇年代を下るにつれ、徐々に「条件」が付かないものも目立つようになっていく。例えば、一九七七年の厚生省「学童・生徒のボランティア活動普及事業」に対しては、民主化要件①に即して自発性を損ねるなどの観点から批判されているが（『月刊ボランティア』一九七九年七月号、一一月号）、「教育効果」をボランティア活動の目的とすることへの批判は見られない。さらに一九八〇年代以降は、ボランティア活動を通じてやりたいことができる人間になったことが賞賛され（『月刊ボランティア』一九八三年一一月号）、アイデンティティを確立できない青年にボランティアは重要だと説かれる（『月刊ボランティア』一九八三年一二月号）。また、文部省が「人間的成長」を主眼に置いた青少年社会参加促進事業を始めることを踏まえて、学生に施設のボランティア活動を体験させる自分たちの事業を紹介し「人間的成長の場」と位置づける（『月刊ボランティア』一九八四年四月号）。以上の変化は、大阪ボランティア協会でも「人間形成」が重要な社会問題と認識されるようになったことと関連している。例えば、「教育の危機とボランティア活動」という講演会が行われたり（『月刊ボランティア』一九七九年六月号）、高校生のボランティア体験の事業が「知育偏重、受験本位の現代教育への小さな挑戦であり、新しい人間教育の試み」と位置づけられる（『月刊ボランティア』一九八四年四月号）。

ここには学校教育の危機という認識の増大という個別の文脈もあったが[20]、成人を対象にしたものでも同様にボランティア活動がもつ人間解放・回復の意義が強調されており（『月刊ボランティア』一九七六年一月号）、より広範な文脈として、疎外論を媒介とする、活動者＝援助者が同時に被害者＝被援助者であるという形のコードの変化があったと言える。

（4）政治的なものと疎外論

疎外論を配備した自己効用論は、ボランティア論を席捲していくことになる。これが、民主化要件の相対化といかなる関係にあったのか次に見ておきたい。

本章第三節(3)で見たように一九七〇年代半ばから後半にかけて、二つの民主化要件を準拠点とする動員論は再び活性化していた。つまり、革新自治体の停滞、住民運動と革新自治体との齟齬の広がり、「バラマキ福祉」批判と福祉抑制への転換などの文脈の中で、「行政が、住民運動に対抗して、コミュニティづくりなどを通じて、参加を非政治的な回路へと馴化・包絡しようとしている」という議論が、左派の間で広範に行われていた（自治体問題研究所編 1976など）。この視座の中でボランティア政策の目標は、批判的な社会教育学者の姉崎洋一が述べるように、「行財政的には、高負担と相互扶助による行財政の合理化、いわゆる日本型福祉社会論、都市経営論の実現の方法として、地域課題、生活課題の解決を上からの住民の『組織化』と『連帯』の形成によって『体制的解決』への合意に持ち込むことにある」と観察されることになる（姉崎 1980：11）。

この視座は、一九六〇年代にも見られたように、ボランティアに〈運動〉的意義をもたせて動員を超えようとするボランティア論と親和的である。例えば、社会福祉研究者の右田紀久恵（1974）は「無償性と行政の補充的役割を結びつけて、行政の役割・機能を肩代わりさせ『善行』と称え、犠牲的精神力のみに依存する実態はボランティアの姿ではない」とし、「本来、制度が行政が人間のために存在するという前提から、それが本来の目的にそって十分機能しているかどうか、人間の自己実現のために障害となっていないかどうかを、つねにWatching（監視）するための「番犬」としてボランティアを捉える。大阪ボランティア協会も、一般向けのボランティアのテキストに「小さな思いやり、善意の心を大切にしながら、このようなソーシャルアクションの視点を決して忘れてはならない」と依然書いていた（大阪ボランティア協会・皓養社編 1976）。さらに松田次生は、端的に「住民の自発性・自主性による運動ならばそれが政治問題とかかわりがあっても、それはボランティア活動といえる」と言い、消費者運動、障害者運動、住民運動などもボランティア活動としている（松田 1974）。

一方で、運動としてのボランティア論も、一九七〇年代にはその教育的意義を強調するようになっている。しかし、そこでの〈教育〉の論理も自己準拠したものではなく、活動を通して構造問題に自覚的な運動主体・市民主体に成長するという枠組で捉えられる。前述の姉崎も、「婦人の市民的自発的活動としてボランティア活動は、それが学習活動から始まったものであるにせよ、奉仕活動に始まったものにせよ、終局的には、婦人の生き方の社会的自覚を内に含まざるをえない」（姉崎 1980：14）とし、次のように述べる。

> ボランティア活動に参加している人々の主体形成の論理を追求することなくして、政策的なボランティア育成の矛盾、および、のぞましいボランティアの育成のあり方（主体形成）の方途は探りえない。言いかえれば、このボランティアの主体形成の可能性の追求は、今日の生活、環境、福祉、医療、教育などの全般的諸矛盾に対して、何らかの解決を求めて、個人的善意から出発している多くのボランティアの人々が、課題解決の実際的努力と自らの主体形成とを統一させる道筋でもある。（姉崎 1980）

また都立教育研究所の南里悦史も、「行政の事業の名によって組織された『自主性』『責任性』の活動の枠をこえ、より積極的な活動をめざし、真に住民主体のものにつくりあげる意図的、目的的なかかわりが必要である」（南里 1977）と述べている。

さて、ここで注目したいのは、姉崎や南里は、ボランティア政策を動員のテクノロジーと批判しつつも、それらを**全否定するわけではない**ということである。実は、疎外論的世界観に主導される事態、つまり「国民の政治的アパシーや生活不安、教育の荒廃」（南里 1977：14）などの事態は、「政府・財界筋」だけでなく、**彼／女らにとっても同時に重要な問題であった**。よって、ボランティア政策に懐疑的でありつつ、民主的要件①②に準じて全否定するということはしない。南里は、行政のコミュニティ政策を「行政のおしつけや、責任回避として否定することは勿論正しくない」（南里 1977 傍点引用者）とするし、姉崎も「上からのボランティア育成の急速な組織化こそが、活動に参加している婦人たちに、自分たちの活動が社会的にいかなる役割を果たしているのかを問い直し、再吟味する契機を付与しているといえる」（姉崎 1980：14）としている。

これは**疎外という問題が、政府／民間や、左派／右派といった区別を超えて、克服すべき対象として捉えられていた**ことを示す。例えば、文部省社会教育官の田中精之助は次のように主張する。まず彼は、「人びとは、近代企業の巨大組織の中にあって単調化され、メカナイズされ、その結果、失われた人間性を回復する場を家庭に求めようとする」と捉える。また、都市化現象が『郷土』に対する愛着や地域社会の連帯意識を希薄にしてきた」ため、「社会的連帯感を失い、私生活の孤立化現象が進み、人間性が疎外され」、「生活の統合は失われ」、「『生きるよろこび』がなくなった人びとが増加することは予想される」と述べ、「自分の住む地域社会の形成に直接参加する権利と義務とをあわせもつ市民的自覚として考えられるボランティア活動への積極的な志向は、余暇を人生の充実のために活かすという一つの価値観として認識し得る『生きがい』であると考えられる」と主張する（田中 1974）。つまり、文部官僚と「運動」に準拠する論者の間で、社会認識および処方箋が共有されているのである。

動員論という最もラディカルな観察視座においてすらボランティア政策は否定されきるわけではなく、その留保の分だけ、民主的要件①は相対化されることになる。

五　自己効用的ボランティア論の環境

（1）定義の拡大とカテゴリー使用空間の拡大——コンテクストの変化①

これまで見てきたように、自己効用的ボランティア論は、様々な立場を超えて受容されるようになっていった。この中で、ボランティアの定義も、「自分たちが自分たちの生活をよりよくするために自分たちでする自発的活動」（兵庫県社会福祉協議会 1974）というものが多くなっていく。この定義のポイントは他者（被援助者）を必要としないということであり、外延は社会福祉の活動を超えていく。さらに、生きがい対策という文脈では、活動の種別を問わず、「社会参加」という形式自体が肯定されるため、潜在的には、**あらゆるものを「ボランティア活動」と名指すことが可能になっていく**。ここから、地区社協の手による次のような素朴な規定すら見られるようになる。

ボランティアという言葉は大変むつかしく感じられますが、決して言葉にとらわれず昔からの人の道、相手の人がお困りの事で自分のできる事をお手助けをする。ただ、それだけの事で少しも新しい事ではないと思います。……お互いに大きな事を目ざさず、自分の手のとどく程度のお手伝いをしましょう。健康を授って、何かをさせていただける幸せを味わいましょう。この本をお読みいただき、皆様も隣近所を見まわして下さるようお願いします。

(住吉区ボランティア連絡会編 1978)

これは、民主化要件などを用いながら、〈贈与〉の領域の政治的ベクトルを精査しようとする戦後的まなざしから、「ボランティア」の言表が自由になりつつあることを意味していた。逆に言えば、政治的な基準で〈贈与〉の領域を整序しようとする論者は、その不透明度の上昇を前にいらだちを深めることになる。前述の姉崎洋一は、社協などボランティアを推進する文書やパンフレットで、「今日からあなたもボランティア」「住民すべてボランティア」という主張が多く見られることに対して、次のように揶揄している。

こうした議論の中では、一冊のパンフレットの中で、二頁にはボランティア活動は「誰でも出来ること」で、「義務」といいながら、三頁では資格のない人はできないとして、更に時間、経済、家族で理解のある「自分の特技とか、能力とか、資力とかをはっきりつかむ」ことが必要であると言い、四頁では次に「幼児とボランティア活動」を説き起こされるといった具合で、誠に支離滅裂な印象を与えている。

(姉崎 1980 : 14)

〈社会〉のイメージと自己効用論の出会いは、幼児すらも担い手になることが可能なほど、無規定に外延を拡大させていくボランティア概念を可能にした。しかし、このカテゴリーの拡張は、上記の意味論上の変化のみならず、制度的な背景（＝コンテクスト）も伴っていた。この点について、本節では簡単に確認したい。

一つは、「ボランティア」という言表のもとで政策が進められることにより、奉仕・篤志・慰問など競合する言表ではなく、「ボランティア」という言表への包摂を求めるような制度的圧力が加わったことである。第4章で見たように、全社協を中心に、一九六五年から「善意銀行代表者研究協議会」が毎年開催されていたが、一九七一年答申を出した社会教育審議会が組織された一九七〇年からは「全国ボランティア活動推進研究協議会」へと改称されていた。また、日本青年奉仕協会（ＪＹＶＡ）では一九七〇年から毎年「全国奉仕活動研究協議会」を開催し、福祉・社会教育など分野を問わず「奉仕活動」という枠で関係者を一堂に集めていたが、これも一九七五年の第六回大会から「全国ボランティア研究集会」と改称している（ちなみにこの年の六月号に、ボランティアと奉仕の区別を論じる中田幸子の記事〔本章第三節(2)参照〕が掲載されている）。また、ローカルなレベルでも、地域でボランティアを集めて開催される集会などが行われるようになってきた。多くの場合、社協やボランティア・センターが主催だったが、大阪では大阪ボランティア協会が、一九七二年から「ボランティア活動研究集会」を開催している。

これらは、社会福祉や教育など領域を問わず、様々な言葉・意味のもとで行われていた活動を、一つの場へと召喚することになった。そして、「善意銀行→ボランティア」「奉仕活動→ボランティア」と大会の名前の変化が示すように、それらを統御するカテゴリーは「ボランティア」へと収斂しつつあった。

（2）身体の変容・言説の変容——コンテクストの変化②

上記の変化は、名称／カテゴリーの拡張だけに見られるものではない。「ボランティア」の語のもとに集う身体の増大と変化も伴っていた。

われわれはすでに、一九七〇年代以前には、「ボランティア」という言葉で定義される活動の担い手には若者層の割合が高く、一方で「社会奉仕」経験率は男性の壮年層が高いことを見てきた。それに対し一九七〇年代のボランティア政策のターゲットは主婦・高齢者と学齢児童であった。政策以後、誰が「ボランティア活動」と名指されるようになったのだろうか。

一九七〇年代の後半から「ボランティア活動」経験について尋ねる世論調査が行われるようになる。それを通覧してみると二〇歳以上の男女の「ボランティア活動」の経験率（括弧内は「現在している」人の率）は、一九七七年：男一八・八（七・四）女一二・九（四・二）、一九八〇年：男一九・七（七・九）女一八・〇（六・二）、一九八二年：男二二・〇（八・六）女一八・二（五・二）、一九八三年：男二三・九（九・七）女二一・九（八・五）、一九九三年：男三〇・〇（一〇・五）女三〇・二（九・四）、二〇〇〇年：男三〇・九（一〇・四）女三〇・六（七・五）である（単位は%）[21]。実は、これらの間には「ボランティア活動」の定義にズレがあり厳密な比較は困難なのだが、それを踏まえた上で若干検討を加えたい。

まず目を引くのが、一九六八年の「奉仕活動」経験率（男三五・七%、女三〇・一%）に比べて、一九八三年までの「ボランティア活動」経験率の数値がかなり低いことだ。「奉仕」と新奇な「ボランティア」との間に認識の上でギャップがあったことが分かる。その後「ボランティア」経験率は増加していくが、ここにはそれまで「奉仕」という言葉で経験されていた社会活動が、「ボランティア活動」という言葉のもとで経験し直されていく過程も含まれていると考えられる。次に、「ボランティアブーム」と言われた一九九〇年代は実は目立った伸びは見られず、統計上の大きな変化は一九七〇年代後半から一九八〇年代に起こっていることが分かる。この変化の中で、ボランティア政策の主要なターゲットだった女性は、男性より伸び率こそ高いが、経験率では上回っていない。細かいデータは示さないが、職業別でも「主婦」層は一貫して平均を下回っており、一方で「自営業」が高い率を示す。また年齢では男性の四〇代以上が平均的に高く、六〇歳以上の「高齢者」は男性のみ高率である。以上の結果は、「現在活動している」に限ってもほぼ同様である。女性の高い伸び率など政策的意図の実現の跡も見られるが、全体的な傾向としては「社会奉仕」経験のパターンも引き継がれていった。これは、「ボランティア」という言葉のもとで、以前の「奉仕活動」的な活動者のパターンも引き継がれていったということである。つまり、かつて様々な言葉と意味づけのもとで行われていた諸社会活動が――身体の分散ごと――「ボランティア活動」という言葉のもとに一括して捉えられるようになったことを示唆している。

しかし、データを別の形から見ると、ボランティア政策の意図通りに身体が再編された面も確認できる。例えば、内閣総理大臣官房広報室『社会調査に関する世論調査』の一九七七年と一九八〇年のデータに注目してみたい。両方とも、「本来の仕事を離れて自分の能力または得意なことを世の中のために進んで役立てる奉仕活動を『ボランティア活動』といいますが、あなたは、めぐまれない人達のための社会福祉に関するボランティア活動を現在行っていますか。過去にしたことがありますか」というワーディングを共通に用いていて、ワーディングの変化による回答の分散の変化をある程度統制できる（全国二〇歳以上の男女を対象。一九七七年：N＝二四四二、一九八〇年：N＝二三九四）。その結果、現在、および過去の経験率の合計は一五・六％から一八・七％へと増加しているが、男性は微増（〇・九％増）にとどまっているにもかかわらず、女性はその三年間で大きく増加して（五・一％増）いる。年齢別に見ても、女性は全ての年齢階層でコンスタントに四～六％の上昇を示しており、男女共に七〇歳以上の経験率が他の年齢階層に比べ増加率が大きい。一方で、二〇代の男性は、むしろ減少してさえいる（一九・二％→一四・一％）。

このような傾向は、「ボランティア」を別の形で抽出することでより顕著に見出せる。一九八一年に行われた別の調査では、ボランティアセンターや民間のボランティア団体などが把握しているボランティアグループのメンバーが調査対象となっている（経済企画庁国民生活局　一九八一年『ボランティア活動の実態』）。それによると対象者の内訳は、男性二九・二％に対し女性七〇・八％で、職業別でも主婦は五一・六％と圧倒的である。つまり、従来から「ボランティア」と呼ばれ一九七〇年代に政策的なてこ入れが行われた領域では女性や主婦の占める割合が高く、しかも学生や勤労者を逆転しつつ拡大している（神戸市社会福祉協議会 1981）。また、一九七〇年代後半から学校教育の中にボランティア活動が盛んに導入されるようになるが（全国ボランティア活動振興センター 1998）、それは一九七〇年代以前の「学生」のボランティアとは異なり、学校教育の一環として経験されるようになることを意味する[22]。

以上より、新たに政策的なターゲットとなった「ボランティア」の領域では「主婦」や「高齢者」が中心的な担い手になっていったと考えられる。これは、「ボランティア」と名指される層に断絶があることを意味しているが、それは同時にボランティア言説の断絶とも連動していたのではないだろうか。

大阪ボランティア協会を例にとってみよう。一九六〇年代に盛んだった〈運動〉に準拠したボランティア概念を保持していた若者のボランティアの多くは、一九七〇年代に活動を辞めていく[23]。もともと若者のサークルという性格をもっていたため、結婚や就職を機に辞めることが一般的だった。例えば一九七四年の九月に大阪ボランティア協会がグループ（N＝一〇三）に行った調査では、四～五年でグループのメンバー約七〇％が入れ替わっているという結果が出ている（『月刊ボランティア』一九七五年三月号）。そして若者層に代わって、新しくボランティアとして活動の中心と報告されていたのが主婦や高齢者層だった（『月刊ボランティア』一九七九年二月号）。このような新しいボランティアの多くは、ボランティアに対する明確なイメージがあったわけではなく、「何かやりたい」という動機のみをもつ存在だった。事務局長だった岡本栄一は、次のように述懐している。「はじめ来るでしょ、『ボランティア活動やりたい』って言って。でも、西も東も分からんで『ボランティアってなんですか？』とか言うので、『何がやりたいんですか？』って聞くと、『いやー、何かやりたいんですわー、何でもいいんですわー』と言う人が多いんですよ」（岡本氏へのインタビュー）。

社協のボランティア推進では、自己効用を強調し、「普通さ」「気軽さ」「自己実現」等のレトリックが多用された[24]。また、マスコミに取り上げられ宣伝される場合でも、同様に「気軽さ」や「生きがい」が強調されることが多かった[25]。このような中で、〈運動〉としての意味を強調するボランティア論は、一九七〇年代に「気軽に」始めた人々にとって距離があるものだった。[26] このような参加層の変化の中で、大阪ボランティア協会自身も、スクール受講者などを募集する際には、「普通さ」「気軽さ」といった言表を使用するようになっていった。一九七〇年代後半のボランテイア・スクールの募集の案内のパンフレットには、「電車の中で、席をゆずることや道端のゴミを拾うことは、実は小さいながらもりっぱなボランティア活動なのです」とアピールしている（大阪ボランティア協会一九七八年「第39期初期スクールごあんない」）。

このように、**一九七〇年代の「ボランティア」の言表・意味論の拡張と爆発的増殖は、そこに集う身体の再編と共に生じていた**可能性がある。

六　小　括――〈贈与のパラドックス〉の解決とその外部

これまで見てきたように、一九七〇年代は、国家によるボランティア政策の進展と、意味論レベルにおける自己効用論的転回が大きな特徴として挙げられる。これは、民主化要件①②の相対化など、戦後の転換と言うべき大きな変化と密接に関わっていた。このような中で、「ボランティア」という言表は、「奉仕」という対照項を産出しつつ、かつてない規模で人口に膾炙していった。そしてこの「ボランティア」は、自己効用論という自己準拠化された〈教育〉のレトリックに貫かれていた。

一九七五年に「ボランティア」を「奉仕」と語源論的に異なるという文章を発表して大きな影響を与えた中田幸子は、一九七九年に「ボランティア活動は福祉教育たりうるか」という文章を書いて、ボランティアは「自分自身を知る、人間理解、自己啓発、自己実現の機会になる」ほか、「この他にも、友だちができるとか、活動が『生きがい』になるなど、活動者自身が提供するサービス以上に、活動者にかえってくるものを通しての自らの成長も多い」と主張している（中田 1979：23）。中田がこのように強調するのは、ボランティアを「『偉い』『よくやる』『好き』などの目で見る声」に対する対抗言説という文脈だった。ボランティアを「変わった人」と見る振る舞いは、〈交換〉を基準とすると理解不能な〈贈与〉行為を、パーソナリティの異質性に還元して理解する営みである。〈贈与〉という表象が、通常の文脈ではそのままの形で受容されないという〈贈与のパラドックス〉と密接に絡んでいる。中田が行ったのは、このボランティアという行為が、「活動者自身が提供するサービス以上に、活動者にかえってくる」という形で自己に対する効用を強調することで、〈交換〉に近似させて、理解／受容可能なものにするという通常化《ノーマライゼーション》の操作であった。

「ボランティア」という言表を、自己効用論と共に流通させるということは、**あらかじめその意味の中に〈贈与のパラドックス〉に対する解決を内蔵させて普及させる**ということを意味した。しかし、この上首尾な解決法は、以下のような問題系を等閑視させていくことにもつながる。

第一に、民主化要件①②との関係である。すでに述べたように、一九七〇年代にはこの二つはボランティア論において相対化されていった。例えば、一九七九年全社協は「ボランティア活動振興懇談会[27]」を組織し、『ボランティア活動振興のための提言』を発表している。ここでは、ボランティアが教育的効果をもつことが強調され、様々な年齢層や立場に応じたボランティア活動の推進が提言されている。しかしここでは、日本型福祉社会論の文脈が前提とされている。つまり、「わが国の場合、老親と同居する家族が多いといった多くの社会的、経済的特質がある」ため、「これらを生かしながら、『活力ある福祉社会』の形成をはかるべき」という形でボランティアが意義づけられているのである。これは、かつてなら民主化要件①②のもとに棄却されるべき態度であった。自己効用論的転回を経て〈贈与のパラドックス〉をミクロな行為論のレベルで「解決」したボランティアの意味論は、それ自体としては、もはや日本型福祉社会論に対する「批判」のための準拠点をもたなくなっていた。

第二に、〈贈与のパラドックス〉を解決する別の選択肢を後景化させていく。例えば、「当事者主義の運動」を扱っている大阪ボランティア協会の『月刊ボランティア』（一九七二年一一月号）には、「差別意識をもった自己を変革するという意識がないと行政の肩代り」になるため、「矛盾の根源を問わねば真の問題解決にならない」として、「障害者を食いものにした『生きがい』」を批判する記事が載っている。ここではボランティアを、自己準拠化した〈教育〉のレトリックではなく、社会変革のための自己変革という物語の線上に位置づけている。この問題系を先鋭に意識させたのが、**一九七〇年代の障害者運動**であった。一九七〇年代には、家族の「愛情」や医療・福祉関係者の「善意」が、障害者に対する抑圧となることに対して当事者から徹底的な批判がなされ、自立生活運動が大きく盛り上がったが、批判の対象は「ボランティア」にも向けられた（「健常」者がこの運動とどう向き合ったかについては山下 2008 を参照）。

例えば、大阪ボランティア協会では、啓蒙のために一九七三年六月三日に「『ボランティアの日』の集い」を開き、日本生命本店講堂に三五〇名を集めて集会を行ったが、この時、脳性マヒ者の当事者団体の「青い芝の会」や「リボン」、その「自立障害者友人組織」を名乗る「グループゴリラ」との間に、ディスカッションが行われ「障害者不在」という厳しい批判が投げかけられている（『月刊ボランティア』一九七三年六月号）。さらに、同年の九月三〇日には「グループゴリラ」が主催となり「叛ボランティア集会」が開かれた。ここでは当事者によって徹底的にボランティアが批判され、障害者差別が「健常者自身の問題であるにもかかわらず、十分認識され得ていない」ため「障害者自身による解放斗争を起こさなければならない」と主張され、「ボランティア」に強いショックを与えた（『月刊ボランティア』一九七三年一〇月号）。同じように、『月刊ボランティア』誌上では、当事者によって「ボランティアの気の毒だから奉仕をしてあげようという考えが積み重なって差別が生まれる」（『月刊ボランティア』一九七四年三月号）という批判が行われたり、大阪ボランティア協会が主催した一九七四年三月に主催した第三回ボランティア活動研究集会では「青い芝の会」などが参加し、再びボランティア批判を行う。これは一般のボランティアと「意識の開きがかなりあ」り、多くのボランティアは戸惑った（『月刊ボランティア』一九七四年四月号）。

このような障害者運動に対して、ボランティアから「安物の全学連のような連中」という反発の声もあったが、大阪ボランティア協会の中から、正面から批判に応える形で、関係性の構築をめざし、前述の「エレベーター設置運動」などの実践につながっていく。大阪ボランティア協会の論者の多くが、その後もミクロな自己効用にボランティアを回収する議論に与しなかったのは、当事者運動との緊張感が長く保持されたからと考えられる。

本章で見てきたような、一九七〇年代に台頭した自己効用の強調による〈贈与のパラドックス〉の解決は、あくまでも被援助者=「他者」のいない〈教育〉の意味論に適合的な〈交換〉の論理であった。よって、それが福祉という意味論に転位されるとき、そこには緊張が孕まれざるをえない。当事者運動が突きつけた「他者性」は、その自己効用的ボランティア論の「他者」不在の構造と、〈贈与のパラドックス〉を〈社会〉を介して別様に解決する必要があることを開示するものだった。

しかしその後も、ボランティアの意味論の編成の基本的な方向は、自己効用論のさらなる純化であった。高度消費社会・バブルという形容詞が伴う一九八〇年代に、その自己効用論の深奥において、静かな、しかし決定的な転換が生じることになる。

第8章　実体化する〈交換〉・忘却される〈政治〉

——一九八〇年代

一　はじめに

どの時代も、自己像を形成するための「鏡」としての時代をもつ。鏡には、「現在」とは反対の姿が映る。それは反対であると同時に、「現在」の実質的な起源でもあるとされ、憧憬と反発が混じった複雑な感情が向けられる。ゼロ年代にとってのそれは、正の鏡像としての高度経済成長期（昭和三〇〜四〇年代）と、負の鏡像としてのバブル経済期（一九八〇年代）である。前者には、日本の繁栄の礎という評価が与えられると同時に、貧しいが人々の心の豊かだった時代（『Always』!）という幻想が投射される。後者は、爛熟した高度消費社会を謳歌し、その欲望の亢進の果てにバブル崩壊を招き長期不況をもたらしたと非難される反面、未だ妖しい魅力を放っている。ゼロ年代は、それらの廃墟または犠牲として位置づけられる——。

経済的繁栄の一九八〇年代は、性別役割分業と日本型経営に支えられた日本型生活保障システムが最後の輝きを見せた時期でもあった。一方で、女性の職場進出と高齢化によって、そのシステムが保たないことが予測されていたにもかかわらず、一九七〇年代後半から続く福祉抑制政策と「日本型」と呼ばれるシステム全般への自信の中で、持続可能な社会保障制度へと転換するタイミングを逸することになる。一方で、制度的・文化的に「標準」に回帰させる強い同調圧力を伴っていたこの仕組みに対し、「運動の季節」を担ったかつての若者たちは、積極的に離脱はしないものの、信じることもないというシニカルな乖離技術で応じていた。この時代に、「戯れ」がキーワードとなったのは、故のないことではない。

上記の構造は、参加型市民社会における制度的・意味論的変化と無関係でない。日本型生活保障システムを補完するため、低コストのケアを社会的に提供する仕組みの構築が急がれた。この中で、「ボランティア」的なものは、実際に労働やサービスを提供する資源として日本型生活保障システムの中核に位置づけられていく。その中で、「有償ボランティア」「住民参加型福祉サービス」などの隣接概念が生み出され、既存の「ボランティア」との間で新たな境界問題を発生させていく。一方で、セクト化と過度のリゴリズムで自壊した一九七〇年代の学生運動の記憶から逃走するように、ボランティア言説における〈政治〉や〈運動〉の位置価は低下していく。これを代替していくのが、行為論・相互行為論的に語られる**「活動自体の楽しさ」**の言説である。以上の動きは、〈交換〉の意味論へのより徹底的な準拠として整理されることになるだろう。それは、民主化要件だけではなく、**「ボランティア」という言表の存立構造自体を脅かす**ことになる。「ボランティア」がそれまでになく重視され、統計上も活動経験率が増加する一九八〇年代は、同時にそのカテゴリーを融解させるベクトルを徴候的に生み出していたのだ。

二　統治性と接合する「ボランティア」

(1)　臨調と福祉抑制下のボランティア政策

一九八〇年代の社会保障政策は、一九七〇年代の後半の構造を踏襲している。少しふり返ってみよう。一九七〇年代前半に経済成長は終わったが、財政規模の増加率は高い水準に維持されたため、財政赤字が一挙に増加していくことになる。このため一九七五年度の補正予算で初めて大規模な赤字国債が組まれ、一九七九年には大平内閣が一般消費税の提案をする。しかし、自民党は衆議院総選挙で大敗し、一九八〇年代の政策の基本的な方向性は「増税なき財政再建」へと選択肢が狭められることになる。ここでは、財政赤字の削減が目的とされ、歳出の一律抑制が推進された（新藤 2002：62）。社会保障給付費も例外ではない（図8-1参照）。

しかし本来ならば、「歳出の一律抑制でなく、在来型のバラマキを大胆に整理すると同時に将来のために必要とされる分野に大胆に予算を配分する『改革』が必要とされていた」（正村 2000：197）はずであった。高齢者人口比率や女性労働力率の上昇など「社会支出の拡大を促進すると考えられる社会的趨勢は、一九八〇年代以降も継続した」からである（武川 1999：280）。よって比較的経済的余裕のあった一九八〇年代こそ、高齢社会にそなえた基盤整備を行うべきだった（武川 1999：301）。にもかかわらず有効な整備は行われず、社会政策学者の武川正吾は「八〇年代こそ『失われた一〇年』」（武川 1999：301）だったとする。

社会保障費抑制のために、選別主義の導入と「相互扶助」の活用が進められるようになる。生活保護制度では、一九八一年に「適正化」という形で選別主義が強化されることになる（宮本他 2003：324-325）。また、無報酬あるいは低報酬による「相互扶助」の活用としては、前章で見たように自民党や経済審議会、社会経済国民会議などが提示した「日本型福祉社会」論が典型的なものである。この文脈に「ボランティア」も配置される（右田 1983）。

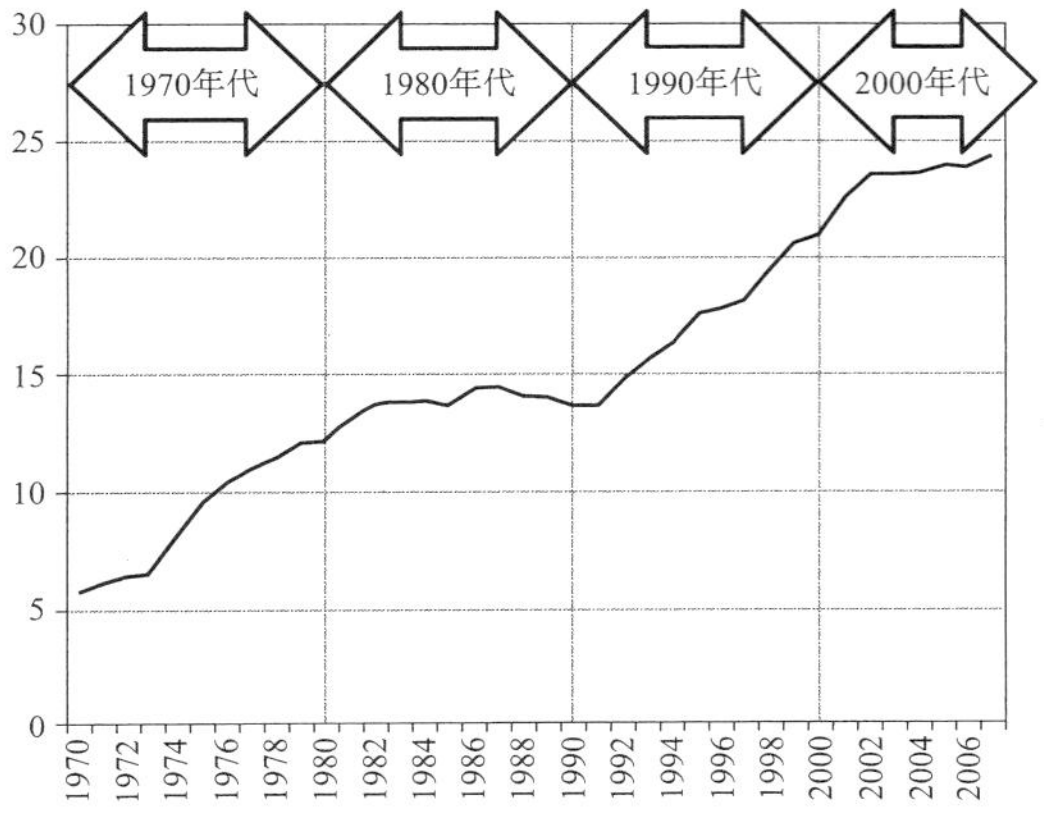

図 8-1　社会保障給付費の対国民所得比（%，1970～2007 年）

出所）国立社会保障・人口問題研究所。

一九八〇年代は、この流れが政策の基本線となっていくが、それを体現したのが「臨時行政調査会（臨調）」であった。一九八二年の『行政改革に関する第三次答申（基本答申）』では、社会保障について、人々の「主体性」や「自主性」が強調され、家庭・近隣・職場の連帯と相互扶助の重要性が説かれた。そして、次のように「ボランティア活動」が「受益者負担」と同じ位相（民間の活用）で位置づけられ、意義づけられる。

今後は、高齢化の進展等に伴う需要の増大や国際化の進展に対応し、社会保障制度が引き続き国の政策として安定的に機能し得るよう、国民の合意の得られる負担水準との関係に考慮しながら、現行制度における不合理の是正、効率化、体系化を図るとともに、受益者負担やボランティア活動等民間の力の活用も考えていくことが重要である。

これは福祉国家批判――「日本は『福祉国家』などになっていないのに『福祉国家』を批判する流行」（正村 2000：198）――と表裏で行われた。臨調第一部の会長であり、武田薬品工業の取締役副社長であった梅本純正は、上記の箇所の背景として「英・独・仏のように国民の負担率が約五〇％あるいはそれ以上ということは、勤労者が働いて所得を得ても、その半分は租税と社会保障負担等公的なものに持って行かれてしまう。これでは勤労意欲がなくなってしまうのではないか」（梅本・福武・仲村 1983）と述べている。

一九八五年は、ボランティア政策に関する重要な提言や事業が次々と行われた年となった。臨時行政改革推進審議会は『行政改革の推進方策に関する答申』を出し、民間活力の発揮・推進のための方策として、「国民の自立・自助推進の観点に立った保護助成の見直し」や「企業の効率導入のための官業の民営化、民間参入、民間委託」と並んで、「地域・社会集団の連帯を助長するボランティア、公益組織活動などの促進」等を挙げた。また、臨時行政改革推進審議会・民間活力推進方策研究会は『民間活力の発揮推進のための行政改革の在り方』の中で、「社会変革の主体は民間部門」として、「それぞれ自立・自助の能力を求める一方、国内外の問題に対する関心をもち、社会的利益に自発的に貢献できる、活力に溢れた主体となりつつある」としている。「活力ある社会福祉は、自立・自助、互助・連帯を基礎とする国民の活力と創意を基礎にしてこそ存立し得る」一方、「福祉の行き過ぎは活力を失わせる」。よって、「社会公益のためのボランティア活動、寄付、民間公益組織活動の活性化等を進め、必要な条件整備を図る必要がある」。まさに、その後「ネオリベラリズム」と総称されるような合理性の中で、「ボランティア」が位置づけられている。さらに、同年、社会保障制度審議会が『老人福祉の在り方について（建議）』を出し、ボランティア活動を学校教育や社会教育の中でも進めていくよう提言している。

このような流れの中で、厚生省は一九八五年四月から「福祉ボランティアの町づくり事業」、通称「ボラントピア事業」を開始する（野呂 1993）。前章で見た通り、厚生省は一九七五年度から、ボランティアの育成や斡旋事業の運営費として、市町村社協の社会奉仕活動センター（ボランティアセンター）に、一ヶ所年間四五万円を補助してきた。助成先は一九八四年度で四七三ヶ所にわたった。一方、この「ボラントピア事業」は、人口一〇万人以上の都市の法人化している社協に対し、年六〇〇万円を二年間助成するというものである。助成金は、国、都道府県、市が三分の一ずつを負担することになる。一九八五年度は全国五三ヶ所の社協が指定され、五年間、毎年新規指定が行われる。指定された社協は、地元関係者で「ボランティア活動推進協議会」を設け、「基金」の創設、「ボランティアルーム」等の基盤整備、ボランティアの登録、スクールの開設などの事業をすることが要請されていた。初年度の事業経費だけで総額三億四千万円という、かつてない規模の事業であった。

この他にも政府が組織した委員会等によって、福祉の担い手として、ボランティアの活用・促進を要請する提言が多くなされる[1]。これと連動して地方自治体でも、様々な施策文書の中で、ボランティアの育成・活用の重要さが説かれるようになる[2]。福祉抑制の文脈で、その機能を、市民社会の「自発的」な活動を育成することで代替させようとする点で、かつての民主化要件①②は、これまでにない規模で侵犯されていることになる。

（2）教育政策とボランティア

前章で見たように、一九七〇年代から教育政策の中でも「ボランティア活動」が取り上げられるようになっていたが、学校教育での推進は、文部省以上に厚生省が大きな役割を担っていた。これに対し一九八〇年代は、文部省や教育行政が、教育におけるボランティア推進の牽引役として前面に出てくる。

まず、青少年を対象とした施策から見ていこう。一九八〇年のはじめに、総理府の諮問機関である青少年問題審議会が「学校での授業時間削減により生まれた時間を児童・生徒の自主性や創意工夫を生かす場と」し、福祉ボランティアの親子参加などを提唱した。一九八一年には、「高等学校生徒指導要録」の改訂が行われ、特記事項として「奉仕活動など学校生活以外の場における顕著な諸活動」を記入する道が開かれた。また一九八一年の初頭には、兵庫市や京都市などの教育委員会が、教員採用の選考に当たり、学生時代クラブ活動やボランティア活動に積極的に参加していた人を優先したいという考えを明かにして話題を呼んだ。この観点は一九八二年の文部省初等中等教育局長通知の中に盛り込まれ、教員を採用するとき、教育者としての使命感や実践的指導力を見るため、クラブ活動や社会的奉仕活動等の経験を積極的に評価すべきだと提言された。一九八三年には「青少年社会参加促進事業」が開始され、「豊かな心を育てる高校生等ボランティア」の育成がめざされると同時に、文部省の助成で「高校生ボランティア養成講座」が各都道府県で開始された。さらにボラントピア事業と同年の一九八五年には、文部省が、青少年に「社会的責任を伴う生活体験」の機会を与えるため、七五〇〇万円の予算で、各都道府県教育委員会等に二ヶ所ずつ「青少年ボランティアバンク」を設けた。さらに、中曽根内閣のもとで招集され、「萌芽的」なネオリベラリズム政策とされる臨時教育審議会（臨教審）の第二次答申では、新任教員の「長期研修」の具体化試案として、夏期の校外研修の一環としてボランティア活動への参加が挙げられている。これは、生涯学習における社会教育施設でのボランティアの受け入れの推進(3)とも、表裏をなしていた。また、一九八七年五月に成立した「社会福祉士及び介護福祉士法」によって、社会福祉従事者の資格が法制化されたが、「資格試験の受験資格」を得るのに必要な履修科目の一つとして「ボランティア」に関する科目が要請されることとなり、これ以降、社会福祉系の短大などを中心に「ボランティア」に関する講義が増えていく。このように、一九八〇年代の教育におけるボランティア施策は、子どものみならず、教員すらも自らの対象として見出している点に特徴がある。

次に、社会教育・生涯教育について見ていこう。一九八五年の第一次臨時教育審議会答申以降四回の答申によって、社会教育・生涯教育は、**生涯学習**へと名称の転換が行われた。文部省社会教育局も生涯学習局と改名される。ここに見られる、教育→学習という言表の置換にはある意味論の転換が伴っていた。つまり正統化された特定の価値・知識を、〈上位の教育者／下位の学習者〉という区別に基づいて伝達することを意味する「教育」は破棄され、学習行為そのものが価値を内包しているとする「学習」が肯定された。つまり前章で確認した〈教育〉の自己準拠化の中心に「生涯学習」は位置づき、ボランティア政策はその連関の中に定位される。そして重要なことは、この**臨教審の「生涯学習社会」というスタンスは、当時の――管理・詰め込み教育などと形容される――学校教育に対する批判・改革としての位置価も有していたことである。**

この「生涯学習」という意味論の中で、様々なボランティア関連事業が行われるが(4)、そこでは自己効用論的なボランティア概念が前提となっていた。例えば、一九八六年の社会教育審議会社会教育施設分科会報告では、「ボランティア活動そのものが一つの重要な学習活動」という立場に一貫して立ち、「自己の成長のために行う自発的で無償の行為であり、その趣旨が生かされることが重要である」としている。その上で後に見るように、ボランティアの「データ・バンク」の設置や、就職や入学の選考基準への導入、そしてマスメディアや学校教育などでのボランティア促進の呼びかけなど、あらゆる手段でボランティアを普及させることを訴えている。

（3）越境するボランティア施策

さらに一九八〇年代のボランティア施策では、ボランティアが、特定のシステム内（例えば福祉や教育）のみで有意味になるわけではなく、あらゆる領域で活用可能な財であることが認知され始めていた。その文脈を顕在化させたものこそが、公的支出の削減を目的としそのために「民間の活用」を掲げる「臨調」の意味論であった。例えば、経済企画庁の国民生活局は、「ボランティア」が諸システムの機能を代替する上でどの程度の有効性を有しているかという観点から早くから関心を示していた。一九八一年には、全国調査をもとに『ボランティア活動の実態』を発表するが、これは、社会福祉や教育といった特定の領域に限定されない形で、システム越境的に「ボランティア」の布置を捉えようとした初めての調査である。同様の視座の下で、一九八三年には『自主的社会参加活動の意義と役割——活力と連帯を求めて』を、一九八五年には『社会参加活動の実態と課題』を、刊行している。

さらに同時期に、社会福祉や教育以外の領域で、「ボランティア」を政策の対象としていった代表格が環境庁である。一九八四年に「環境ボランティア構想」を発表し、「国民が幅広く環境行政に参加し、環境問題に対する関心を高めてもら」うために、「環境ボランティア」を育成する方針を出した。具体的な事業内容としては、国立公園でのゴミ拾いや道標の整備に当たるボランティアの登録体制の整備であった。また、一九八五年度から二ヶ年計画で、教師などがボランティアとして国立公園で自然の解説に当たる「自然保護教育活動モデル推進事業」を実施している。また、環境関連では、建設庁の「ラブリバー制度」も同じ時期にスタートしている。

環境庁の構想で興味深いのは、「将来的には各行政でのボランティア活動を包括した『ボランティア法』の制定を政府に働きかけていきたい意向」を示した点であった（『月刊ボランティア』一九八五年一月号）。これは、政府が「ボランティア」を、各サブシステムの文脈から自律した水準において捕捉・規制しようとする欲望を、端的に示すものだった。同様に自治省は、一九八七年に、行政活動に協力するボランティアの「身分上の取り扱い」について検討を始めている。これは、各省庁でボランティアの「身分上の取り扱い」が異なっていることを踏まえて、整理をめざしたものである。(5)

このように政府の省庁レベルでボランティアがターゲット化されていくと同時に、地方自治体独自の「ボランティア」に対する施策も様々な領域にわたって展開されるようになってきた[6]。国家と自治体政府の両方向から、ボランティアを捕捉しようとする動きは濃度を増していく。それは、「ボランティア」を総体的に捉えるための、テクノロジーの発達を伴うことになった。

（4）データベースと保険──テクノロジーについて

ボランティアの動員／活用のために機能的なテクノロジーの配備・発達として、ここでは二点ほど注目したい。一点目は、ボランティアの**データベース化**である。すでに見てきたように、一九六〇年代以降、各地域の善意銀行や奉仕活動／ボランティアセンターでは、ボランティアの登録が進められていた。一九八〇年代も同じ統治性（govermmentality）[7]のもとにあるが、コンピューターが活用されるようになる。一九八六年には、全社協が「ボランティア事業におけるパーソナル・コンピューター導入事業」を開始し、神戸市社協や横浜市社協などにコンピューターを寄贈し、ソフトウェアの開発が行われた。それは、ボランティアの属性（性別、年齢、住所、活動内容、活動条件など）と対象者それぞれのデータベースを作り、コンピューターで両者のマッチングを行うことで、対象者のニードに合うボランティアを瞬時に検索しようとするものだった。これまでも同様の登録／需給調整は、社協系・民間系を問わずボランティアセンターでは行われていたことだったが、ボラントピア事業の開始にあたり、ボランティアを要望する件数が飛躍的に高まっていたため、作業の効率化のために、コンピューターの導入が要請されていた。

また、この時期は、社協のボランティアデータベースとは別に、各事業固有のデータベース作成が求められ始める点でも、特徴的であった。例えば、前述のように、一九八五年には文部省が「青少年ボランティアバンク」を作成しているが、一九八六年の社会教育審議会社会教育施設分科会報告「社会教育施設におけるボランティア活動の促進について」では、社会教育施設を対象とした「ボランティアに関するデータ・バンクを設置し、ボランティア情報のネットワークの整備を図ること」が提言されている。また一九七六年から一九八七年度にかけて行われた文部省の「婦人ボランティア活動促進事業」では、独自の登録制度を構築することが要請されており、事業が終わった一九八九年の段階で「補助事業終了後の活動が行われている一九六市町村のうち、ボランティア登録制度を有しているのは八二市町村で約四二％」という状況だった。ただし、その半数は、登録／データベース化／需給調整を行う機関を、社会福祉協議会やボランティアセンターに置いているような状況であり、社会福祉ではなく、社会教育独自の「ボランティア」を蓄積するように文部官僚が要望するという事態も見られた。[8] 独自のデータベースは、「ボランティア」が各システムを越境する可能性を縮減し、自らの領域に囲い込むための装置として認識されていたのである。一方で、社会福祉においても、一九八八年に「高齢者が健康で安心して暮らせるまちづくり懇談会」が出した報告書では、「登録制やボランティアカードの活用など各人が自分の特技を生かしてボランティア活動が行えるようなシステムを考えるべき」だと提言されている。このように、「活発な市民」に関するデータベースが、様々の回路で行政に蓄積されていく事態が、この一九八〇年代に本格化していった。

二つ目の重要なテクノロジーが、**「ボランティア保険」**である。これは、ボランティア活動中に、本人が怪我などを負ったり活動の対象者に損害を与えた場合、補償する保険制度である。その転機となったのは、一九七六年に三重県で起こった、子ども会活動中に児童が水死して、ボランティアが過失致死罪に問われた事件であった（いわゆる「ボランティア裁判」）。一九八三年四月に、刑事責任は問われなかったものの、「ボランティアは監視態勢を整え事故を防止する注意義務を怠った」として責任者三人に約五三〇万円の支払いを命ずる判決があり、刑が確定している。この事件が起こった翌年の一九七七年に、全国ボランティア活動振興センターが「ボランティア活動保険制度」を発足させる。

またこれとは別に、自治体が独自に傷害保険制度などを整えるケースも増えていく。中でも特徴的だったのが、三重県が一九八五年度から始めた保険制度である。これは「ボランティア裁判」の刑確定後、市町村教育委員会が県に要望したことから実現したもので、三重県下で活動する子ども会などの指導者が活動中に起きた事故で賠償責任を課せられた場合に備えたものである。被保険者はその指導者や責任者であり、掛け金は、県下の全市町村が人口一人あたり二円の割合で人口分を拠出する。社会教育活動として認可・登録した団体[9]が事故を起こした場合、対人賠償で一人最高五千万円、対物では一事故最高三〇〇万円の保険金が支払われる。

一九八〇年代を通じて、このボランティア活動にあたって保険に加入するという形式は一般化するようになり、一九八五年には、加入者は六二万人を超え、発足時の二〇倍となった[10]。

以上のように、「データベース」と「保険」という二つのテクノロジーが、ボランティア政策に随伴する形で発達していく。このような一九八〇年代における「ボランティア」を取り巻く制度・技術の上昇は、「上からの国家・行政権力」の一方的な介入などではなく、市民社会の側も共に求めたものであり、その意味で、統治性によって支えられているものとして理解すべきであろう。つまり「市民的なもの」の活性化とそのための諸技術／制度／言説は、様々な立場から希求されていく。民主化要件①の前提たる「国家に対する社会の自律」の失調は、このような統治性の前景化と表裏の事態だと考えられる。

(5)「停滞」するボランティア

このようにボランティア政策が政府・自治体の両方で多産されていく中で、一九八〇年代は**「ボランティアが新聞に取り上げられない日はない」**と観察されるほどになってきた(『月刊ボランティア』一九八四年一一月号)。大手の新聞でも、一九八六年半ばから読売新聞で「ボランティア募集欄」が設けられるようになり、毎日新聞やサンケイリビングなどに続き、四紙がこのような欄を設けることになる。一九八七年に開催された「全国ボランティア研究集会」(日本青年奉仕協会主催)では過去最高の一〇〇〇人以上が参加するなど、ボランティアの「隆盛」は、時に関係者が戸惑うほどだった。

その一方で、ボランティアが、各システムが要請する機能を有効に担うには、量的に不十分であるという認識もくり返し見られる。例えば、一九八五年の社会保障制度審議会『老人福祉の在り方について（建議）』では、ボランティア活動に期待しつつ、その活力は乏しいため、学校教育や社会教育で一層の創意工夫が必要で、情報を適切に提供するべきと主張している。また、東京都福祉局も、一九八四年に発表した『東京都におけるこれからの社会福祉の総合的な展開について』の中で、「ボランティアの増加にかげりが見える」という認識を示している（東京都福祉局 1984）。

このような停滞の背景として語られた原因は、女性の職場進出だった。文部省生涯学習局婦人教育課専門職員の瀬田智恵子は、「近年、パートタイム就労に参入する女性が増加して、ボランティア活動促進事業への参加希望者が停滞気味であるということを、都道府県等の婦人教育担当者から聞くことが多い」と述べている。そして、一九七六年から一九八七年まで行われた「婦人ボランティア活動促進事業」の参加者も、一九八三年に一〇、六〇〇人でピークを迎えた後、一九八四年以降は漸減傾向にあったことを指摘した上で、この一九八四（昭和五九）年という時期について次のように述べる。

> 昭和五九年は、奇しくも女子雇用労働者数（一、五一八万人）が家事専業女性の数（一、五一六万人）を初めて上回った年と一致しているのは、全くの偶然とも言い切れないものを感じるのである。（因みに昭和五八年の女子短時間労働者数を一〇〇とした時、六二年度のそれは一二〇になっている一方で、五八年の「婦人ボランティア活動促進事業」参加者数を一〇〇とした時、六二年は七五になっている。）余暇時間に恵まれた主婦専業の女性の自己実現のための学習機会として、ボランティア活動促進事業が施策化されたという前提に立てば、パートタイム就労女性が増加したために、ボランティア活動への関心が薄れたということは、一見、理にかなっているように見える。
>
> （瀬田 1989：42）

一九八〇年代は、専業主婦率が最高だった一九七〇年代とは異なり、女性の職場進出が進む時期だった。この中で自己効用的ボランティア論が前提としていた、主婦の「生きがいづくり」「自己実現」は、ボランティア活動ではなく、就労（パート）によって充足されると見られるようになっていく。一九八〇年代の「ボランティアの停滞」言説は、ボランティアを国家や自治体の「含み資産」として活用しようとする立場から、危機の表明としてなされたものだった。その意味で、**期待＝称賛の言説と、危機の言説は、表裏一体**だったと言える。そして、危機の原因として「女性の就労（＝パート）の増加」が注目される中で、ボランティア活動の実効性を高めるために、「ボランティア」をペイドワークに漸近させていくという選択肢が模索されることになる。一九八〇年代に隆盛した「有償ボランティア」など〈交換〉の実体化への志向は、このような文脈と接続している。この点については、また後ほど検討していきたい。

三　自己効用の規範化――〈楽しさ〉の位置価をめぐって

（1）〈社会〉から「自由」へ――継続／反転する民主化要件

前節のように、一九八〇年代は、政策の中に「ボランティア」が顕著に位置づけられていく時期であった。このなかで、大阪ボランティア協会など、かつてから「ボランティア」を「市民」の自律的な活動として、〈運動〉の意味論に準拠しながら理解していた人々は、どのように反応したのだろうか。

この時期は、すでに民主的要件①（国家からの社会の自律）は相対化され、ボランティア政策を批判する議論はかつての勢いを失っていた。とはいえ、例えば大阪ボランティア協会などは「国家の介入」に対する警鐘を鳴らし続けていた（岡村 1984；1987；早瀬 1987など）。本節では、この特徴をもつ大阪ボランティア協会で見られた議論を概観、さらに政府関係者の言説も含めた、より広い議論について見ていく。それらを通して、**「抵抗」の言葉が捻れた回路に入ってしまう**一九八〇年代の言説磁場を浮かび上がらせていきたい。

一九六〇年代から民主化要件を重視してきた大阪ボランティア協会では、この時期も、動員論批判の観点から、ボランティア政策に対する警戒の姿勢を崩さない。例えば事務局長の岡本栄一は、「ボラントピア政策」や有償ボランティア政策などによって、ボランティア活動が「分水嶺」に立っているとし(岡本 1987)、次のように主張する(『月刊ボランティア』一九八五年四月号)。

> 今、国や地方自治体は、「マンパワー」としての、ボランティアに熱いまなざしを注いでいる。これは、高齢化社会の進行による福祉ニーズの拡大に対し、福祉的財源が追いつかないことから来ているという背景がある。この計画が進められる過程で、大量の金が動くであろう。つねに大量の金が動く時は、要警戒である。たとえばVスクールの受講料が無料になり、そして参加者が動員されるようなものなら、受講は止めるべきだ。ボランティア保険も一杯のコーヒー代を節約してでも自分でかけるべきである。ボランティア表彰には、簡単にのってはならない。

ここには、民間のボランティアセンターである自分たちの経営が脅かされるという危機感もあるが、ボランティア政策の批判の根拠は、あくまでも民主化要件である。社会保障は国家責任で行われるべきであるが、「ボランティア問題は社会保障や社会福祉における国家責任の対象ではない」ため、安易に金を支給するべきではない。よって、この事業の対象となる社協は、「行政から独立した活動主体、運動主体として、当事者の権利を守る側に立ち、また自分たちが身銭を切ってでも社協のセンターを支えるような足腰の強いボランティアの育成を目ざすべき」である。民主化要件に準じたブレのない主張だが、政策が大規模に進みマスコミもボランティアを盛んに称賛する中で、国家不介入という議論が支持を広げる可能性は少なかった。前章で見たように、ボランティア政策で開拓された新しいボランティアにとって、ボランティアと〈運動〉との結びつきは自明ではなく、〈運動〉の意味論を成り立たせるはずの「疎外論」的世界観も、むしろ民主的要件①を掘り崩すように機能していた。つまり、現実にいらだちつつも、明確な「抵抗」の足場がないのである。

大阪ボランティア協会の悩みはこれだけではなかった。前述のように、社会保障支出抑制と、増大する高齢者の福祉ニーズへの対応という相反する課題は、ボランティアに期待と負荷をかけつつあった。大阪ボランティア協会でも、ニーズが増大する一方、それに全て対応できるだけの人材や資金がなかった。その中で、ボランティアが対象者を選んでもよいのではないかという議論が一九八五年頃に出ていた。つまり、ボランティアが『私、がんばるんや』『こういう社会にしたいんや』という発想を持っている人のところへ、まず、行く。そういう選択しても良いんと違うか」という思いと、「でも、選ぶというのは駄目なんと違うか」という思いに引き裂かれる悩みが生じていた（『月刊ボランティア』一九八六年一月号）。

ボランティアは何をどこまでするべきなのか。国家と市民社会（ボランティア）の線を引き直し、自らの存在意義を担保する規準が必要となっていた。この状況にあった一九八五年に、東京大学教授で地方分権などを専門としている行政学者の大森彌へのインタビューが行われる（『月刊ボランティア』一九八六年一月号）。大森彌は、一九八〇年に『ジュリスト増刊号』に「『ボランティア活動』論断章」という文章を書き、ボランティア活動を「相手の喜びを我が喜びとする心情と理解と支援の手をさしのべる活動」（大森 1980）と述べて、関係者に影響を与えていた。インタビュアーは、その後、ボランティア活動や市民活動推進の上で大きな役割を果たしていく早瀬昇と筒井のり子である。

インタビューの中で、大森は、まず「行政」と「民間」の差異について次のように述べる。行政は、公平性を行動原則にするために、個々人の個別性に応じることはできない。その意味で「冷たい」のだが「それが元々の良さ」である。これに対して、民間は、公平性は遵守できない代わり、個別のニーズに応じられる。「暖かいことが誰にできるかというと、相手の個別に応じることができる人しか、暖かくありえないんじゃない。だから、それをやれるのは、民間なわけ。皆さん方が出て行ってやるのなら、その人たち個々に応じて構わない。誰の制約も受けずに、自由に、のびやかにやれるんだから」。

この明快な区別は、インタビュアーに強い感銘を与える。前述のように、大阪ボランティア協会では、対象者を選んで良いかという問いが生じていた。大森は上記の論理のもとで、「そう思うよ。僕、そう思う」と選択者を選ぶことを力強く肯定する。この「ボランティアは対象者を選別してよい」（＝公平性より個別性を優先する）という基準は、現実的で合理性をもった規準であった。と同時に、長い間〈贈与〉をめぐる語りを規定してきた〈社会〉の意味論から離床しつつあることも意味していた。すでに見てきたように、〈社会〉とは、一つの問題を、社会全体の問題として因果連関を見出し、社会全体に解決の責任を帰責する意味論である（一人はみんなのために、みんなは一人のために）。社会連帯思想と密接に結びついたこの意味論のもとでは、ボランティア活動は一種の社会的義務として定位される。「左手（他者）の痛みは、体（社会）を媒介とする限り、右手（自分）の痛みでもある」というわけだ。そしてそれは、〈贈与のパラドックス〉の解決プログラムの有力な一つでもあった（左手の痛みを取り除くのは右手自身のためでもある）。一時期（一九六〇年代～七〇年代）盛んに語られた「一億総ボランティア」というフレーズは、単に人材育成の観点からではなく、この〈社会〉の意味論から導出されたものだった。問題を限りなく積分していく〈社会〉の意味論は、〈社会的に対応すべき問題／すべきでない問題〉という選別の規準を直接は導出しない。むしろ、「対応すべきでない問題」を、「対応すべき問題」へと変換し続けるという、いささかパラノイアックな運動を孕みもつ。しかし、この〈社会〉に忠実に準拠する場合、原理上、すぐにキャパシティ以上の責任をかかえ込むことになる。ここから北田暁大の言う「責任のインフレ問題」も発生する（北田 2003）。どの問題も〈社会〉的な問題である以上、どの問題にも対応されるべき同等の権利が発生するからである。ボランティアが対応すべきとされる「ニーズ」が社会福祉施設など比較的限られていた時には、この問題は顕在化しなかった。しかし、一九八〇年代の政策的文脈は、「ボランティア」を人材として見出し、多くのニーズに対応することを求めるようになる。その中で、〈対応すべき問題／対応すべきでない問題〉を区別するプログラムが、いや、そもそも〈対応すべき問題／対応すべきでない問題〉というコード自体の使用を正当化する意味論が要請されるようになっていた。〈社会〉の意味論は、この問題を処理できない。

大森が示したのは、社会的な問題は行政が遍く公平に対応すべきで、民間は〈社会〉の規範的含意の適用を免れ、〈対応すべき／対応すべきでない〉というコードを自由に使用してよいということだった。この時のインタビュアーの早瀬昇は、一九九〇年の『月刊社会教育』（三四巻一〇号）で『社会的に必要なことだから多少の犠牲をはらってでもするべきだ』という奉仕活動と違い、ボランティア活動は『するべきだ』という強制が伴わない。極論すれば『しなくてもよい』活動なのだ」（早瀬 1990：26）と述べ、二〇〇五年の大阪ボランティア協会三〇周年の記念講演でもこの大森の議論に触れている。

大森の議論が強い首肯性をもったのは、それが新たな「抵抗の論理」とも接続したからだと考えられる。大森のインタビューが掲載されてから一年後の『月刊ボランティア』一九八七年一月号には、「もてはやされている今だけど……　やっぱり自分のしたいことをしよう」というタイトルの座談会が行われている。参加者は、協会で中核的な役割を果たしていた岡本栄一、筒井のり子、橋本義郎、早瀬昇、牧口明である。ここではまず、ボラントピア事業について、高齢化社会で増大する介護のニードを、老人ホームの増設やホームヘルパーの増員のみで対応するのは無理なので、その補完をボランティアに期待するものだと分析される。そして、ボランティアがその機能を十分果たせていないと言われていることに対し、次のように批判が行われる。

B「〝介護面には十分に係われない〟とか〝活動の限界〟といった表現は、ボランティア活動にマイナスの印象を与えるけど、本来、ボランティア活動というのは、〝したいから、やる〟ものでしょう。だから、今、やっている人が少ないというのは、やりたくない人が多いからですよ。だからボランティアはそれをしていない。現象的に見て〝していない〟以上、ボランティアはしないものなんです。そういう活動なんですよ。ボランティア活動というのは、本来、〝したい〟人が〝したい活動〟をするわけだから。それを当事者でもない人間が、これこれのことを〝するべきだ〟とか〝していないから、駄目だ〟なんて批判することはナンセンスだ。」

B「ともかく、何から何までボランティアで係わらないといけないというものじゃない。誰かが、「ボランティアはこういう活動に係わるべきだ」と決めたところで、無理に係わらそうとしたら、その強制が働いた時点で、もうボランティアではなくなってしまう。何をやるべきかは、やっている人自身が自分で考え、そこからスタートしたらいいんだと思うね。」

（『月刊ボランティア』一九八七年一月号　傍点引用者）

これは一見、〈自発的／非自発的〉という行為論上の区別を用いて、国家から社会を擁護しようとする議論と似てはいる。しかし、ここには大森の議論を踏まえた上での、新たな批判の論理が示されている。この議論のベースにあるのは、「行政は公平性を、民間は個別性を行動原理にする」という大森の区別である。よって、政府の政策的要請によって、「何から何までボランティアで係わらないといけない」と「強制」されることは、端的に「ボランティア」として誤っていることになる。それこそ、政府の役目の穴埋めになってしまう。だから、政府の動員に抵抗するためにも、「何から何まで係わる」のではなく、「したいこと」を好きなように行うべきなのである。言うまでもなく、ここにある基準は、民主化要件①（国家に対する社会の自律）と民主化要件②（国家による社会権の保障）である。しかし、その運用のされ方は、かつてと異なっている。かつては、自発的に恣意的に〈贈与〉を行うことが、制度的不備を隠蔽し、二つの要件を侵害するとされていた。しかし、ここでは、自発的に、そしてあえて恣意的に（＝自由に）行うことこそが、二つの要件を充足するための必要条件となっている。これは、**多くのボラ**

ンティアにとって自明でなくなった〈運動である／ない〉というコードに訴求することなく、一般のボランティアのリアリティに即した形で、民主化要件①②を遵守していくという、巧みな意味論上の操作でもあった。そしてそれは、「抵抗の言葉」を、無理なく作り出すことができる。

例えば、「若者のボランティア離れ」について、次のように「国家の機能を代替させるための動員として行われるから」という理由が考察される。

人々に活動に参加してもらおうという場合、よくなされるのが、その〝社会的意義〟を強調することだ。特に国によるボランティア活動の奨励策が大々的に展開されるようになるにつれ、こうした論調が目立ってきた。いわく「高齢化社会を前に、ボランティア活動の重要性が高まっている」、「ボランティア活動に対する国民の理解がされに深まることが期待される」……。しかし、こうした意義づけや一方的な期待によっては、ボランティア活動本来の自発的な参加が大きく広がるとは思えない。特に若者は、他者から、その意義を云々されようとも、いやことさらに意義付けをされればされるほど、そのウソッぽさを見ぬいてしまう。……

そして、その社会的意義＝社会機能上の重要性に対置されるのが、主観的な効用である「面白さ」である。

そもそも福祉活動には、このシンドイだけ、与えるだけというイメージがつきまとう。実際にはそんなものでないことは、現に活動に関わる皆さんがご存じの通りだろうが。無償で、忙しい時間をやりくりしてまで活動に関わるのは、そこに他では得がたい〝面白さ〟があるからに他ならない。

（『月刊ボランティア』一九八七年七月号）

社会的意義ではなく、個人的効用＝「面白さ」に動機づけられながら、好きなことを自由にやる――これが、民主的要件①②を注意深く踏まえつつ、大阪ボランティア協会が見出した「抵抗の論理」だった。

この「抵抗の論理」は、一九八〇年代の言説空間の中で、どのような位置価を有していたのだろうか。以下、検討していきたい。

(2)「時代精神」としての〈楽しさ〉

社会的意義を否定し、個人的効用を強調する――これは、どこまで「抵抗」としての意味論上の機能を果たしたのだろうか。これを考える上で、まず注目すべきは、政策としてボランティアを推進する議論(本章第二節(2)参照)も、マスメディアも、ボランティアの個人的効用を強調していたという事実である。これは一九七〇年代の自己効用論的転回を考えると当然ではあるが、それも、疎外論を介さず、ミクロな行為論レベルでのみ主張される頻度が多くなっていた。例えば、一九八六年の社会教育審議会社会教育施設分科会報告「社会教育施設におけるボランティア活動の推進について」では、端的に「ボランティア活動を志す人々の中には、好きだからとか何かをやってみたいからというような動機で参加する例も少なくない。ボランティア活動の出発点として、そのような動機は大切なことであり、尊重されなければならない」と書かれている。また、臨教審専門委員や社会教育審議会専門委員を務め、ダイヤモンド社会長の坪内嘉雄も、その名も「ボランティア、生涯学習、レクレーションの融合」という論文の中で、次のように述べる。

> ボランティアというものは、もともと義務感から無理をしてやるようなものではなく、できることを、自発的に、楽しく、だれかに提供して、ともに満足のいく人生を送ろうという活動のはずである。
>
> (坪内 1989：2　傍点引用者)

ボランティアも生涯学習も、究極のところレクレーションと一致し、三者の融合が進むというのが私の見方である。いずれの活動も、他から強制されてするのではなく、自発的に、楽しく行われ、その結果、満足のいく人生、真に豊かな人生を生み出す。

（坪内 1989：3　傍点引用者）

義務ではなく「自発的に、楽しく」ということがくり返し強調される。大阪ボランティア協会が、動員に対する抵抗として駆使したロジックが、そのまま政策としてボランティア推進を進めた委員によって用いられている。

つまり、このようなロジックが政治的立場を問わず肯定される意味論的地平が成立していたのである。例えば、批判的なメディアとされる朝日新聞の論説委員で、『いま学校で』の著者としても有名だった西村秀俊も同様の主張をしている。まず西村は、「私たちは、豊かな社会の中で、『生きている』という充実感を味わうことが少なくなっている。もっぱら、物やサービスを『消費』することに、それを求めている。だが、そんなものは、どこまで行ってもとめどのない欲求不満とのイタチごっこにすぎない」という疎外論的世界観から出発する。西村によると、「生涯学習はその一つの答として登場した」が、「盛りあがっていない」（西村 1989：2）。なぜなら、「要するに『楽しくない』のだ。何かを学んで『よかった』と、しんから感じられる活動になっていないのである。そんなふうに感じられれば、行政が掛け声をかけなくても、だれだって始めるし、やめろといっても打ち込んでやまない」（西村 1989：3）。西村によると、この「楽しさ」とは、「生きている充実感」であり「効用感」であるが、これは「ボランティア」にも通じる。「いま社会福祉の分野では、ボランティア活動の振興が、盛んにいわれている。ここでも、『ボランティア活動は、人のためにしてあげるのではない。自分の生きがいのためだ』と説かれている。効用感の理屈からいって、まさにそうだろうと思う」（西村 1989：3）。

このように、行為論的な自己効用は、もはや「自己の成長」等といった時間的な遅延を伴うことすらなく、活動自体の「楽しさ」という行為に付随するもの、つまり行為に対して即時に支払われる対価となった。**介在する時間が極限まで圧縮されている**のである。デリダによると、〈贈与〉（＝贈与-交換）と〈交換〉の区別は、贈与と反対贈与（返礼）の間に時間が介在しているかどうかにある。「交換が直接的でないかぎりで、贈与があるわけです。

もし私が与え、そして人が私に直ちに返すなら、贈与はありません。交換があるだけです」(Derrida 1989：91)。この議論を踏まえるなら、**ボランティアの意味論は、〈交換〉のレトリックにかつてなく接近している**のである。

このように「ボランティアの楽しさ」を抽象的な形で記述する言説は、「ボランティアの楽しさ」を語る当事者の声＝事例を求めていく。一九八〇年代半ばから、次のような事例が数多く報告されることになるのだ。次の文章は「山武ボランティア協会」という団体に関する記述である。

もうここではなんでも思いつきでことがなりたっているようです。それも、口をそろえて「おもしろいから」やるのだそうです。おもしろいからこそ自主的な行動になるわけで、さりげなくそれが社会課題解決へとむけられていくところが山武らしさでしょうか。反省や総括をしないという山武ボランティア協会は、酒を交わしながら次の夢にその日の総括を飲み込んでいるようです。社会の仕組に捕らわれない、個人の自由な意志による、ネットワーキングとしてのボランティア活動と生きがいのある生活のありかたを山武は問いかけているようです。

(阿部 1987：36)

このような「ボランティア」と「楽しさ」の接合は、ボランティアの普及・推進にとって機能的だった。それは、活動者の動機を備給するという意味にとどまらず、活動者に「動機の語彙」を提供するという意味においてである。「動機の語彙」とは、当該社会において、ある行為の動機を第三者に説明する上で、理解／受容されやすいレパートリーのことをいう(Gerth & Mills 1954＝1970)。第三者が指摘する「ボランティア」の〈贈与のパラドックス〉を解決する上で、活動の「楽しさ」という効用＝報酬を強調することは、「他者」や「社会」に訴求した形で動機を組み立てるよりも、ずっと有効性が高かった。この点を理解する上では、一九八〇年代当時は、若年層を中心に、性格記述としての〈明るい／明るくない〉が、〈人格的に好ましい／好ましくない〉という区別と、強固に結びついていたという文脈を想起するとよいだろう。その状況については、ＪＹＶＡの興梠寛が座談会で次のように語った言葉からも、理解できる。

ある高校生がボランティア活動をやりたいと先生にいったところ、「お前は偽善者だ」といわれて非常に困ったというケースもありますし、ボランティア活動をやりたいと思う中学生が友だちに話をしたら「ええ格好しい」なんていうことをいわれたりというふうに、やはり何かまだボランティアというのは少数派で、物好きな人たちであるというようなイメージがあるわけです。

そうではなくて、もっと何か楽しくて、自分の暮らしの中でさまざまな発見があって、そしてそこに自分自身の幸せだけではなくて、ひとつの社会的な大きな役割を持つんだというふうなボランティアに対する認識です。

ボランティア即福祉というのではなくて、もっと明るく普遍的なものであるようなボランティアに関する啓蒙というのを、やはり社会教育施設などの仕事の中でやっていただきたいというのがまず前提なんですけれども。

（加藤他 1987：26　傍点引用者）

以上見てきたように、自己効用的な、しかも活動から即時的に得られる（とされる）「楽しい」「面白い」という心理的反応を「ボランティア活動の動機」と同定することは、立場を超えて主張されていた。時にそれは「ボランティアを推進する上で他に選択肢がない」と言わんばかりに、特権的な地位を与えられていた。「社会的意義ではなく、楽しさや面白さに従って、自由に活動する」——一九七〇年代に介在していた**疎外論を忘却した形で純化されていく自己効用の意味論**は、「抵抗の言葉」というより、当時の「時代精神」に近かったように思われる。

（3）「自己志向的ボランティア」の身体化

そして、このような自己効用を強調するボランティア論は、実体としての「自己効用を志向したボランティア」

を構成していく。ボランティアの新しい類型として「身体」を獲得していくのである。この類型を作り出す上で有効な機能を果したのは、当時大量に行われ始めたボランティアに対するアンケート調査であった。

例えば、東京都社会福祉協議会が運営する東京ボランティアセンター[11]は、一九八三年から実施した「ボランティア活動推進のための地域評価に関する調査研究」の中間報告を一九八六年に刊行しているが、そこでは調査をもとに、ボランティアを、①役割義務型、②社会的義務型・他者志向型、③自己志向型という三つの類型に分けている。①役割義務型は、「町内会の役員など、なんらかの地位にともなって期待される役割を遂行」する「お世話型」であり、②社会的義務型・他者志向型は、「社会福祉活動、とりわけ社会的に見て重要性が高く、困難で、かつ貢献のしがいがあるとされる活動（老人や障害者への介助活動など）の参加者」に多く、「『社会の一員として当然の行為』などとする社会的倫理感や他者への善意に基づいている点が特徴」である。これに対し、③自己志向型は、「新たに登場してきたタイプ」で、「ボランティア活動を、自己の能力・経験・知識・技術などを、生かし、伸ばす『自己実現の機会』としてとらえている点に特徴がある。また、心理的に充足し、成長が得られるならば、地域活動、福祉活動を問わず、積極的に参加する」とされる。まず目をひくのは、この類型が、活動の「社会的機能」などではなく、あくまで活動者の動機によって区別されている点である。その上で、「②社会的義務型・他者志向型」と「③自己志向型」の区別について注目したい。

まず「②社会的義務型・他者志向型」であるが、このカテゴリーが、「社会の一員として当然（社会的義務）」と「他者への善意（他者志向）」とを同一としている点で、興味深い。これまで見てきたように、「他者への善意」という〈贈与のパラドックス〉を招きやすい思想財に替わり、〈社会〉を媒介とした「贈与-交換」がより安定的な思想財として導入されてきた歴史があった。くり返しになるが、〈社会〉を参照する議論は、迂回路をとりつつではあるが、自己効用を前提にしたものである。しかしここでは、そのような種別性は捨象されており、非自己志向的なものとして一括されている。つまりこの「③自己志向型」というカテゴリーの設立は、他にありえた別様の「自己の利得向上」の意味論を抹消し、心理的な充足のみを「真の自己効用」とする操作を行為遂行的に行っているとも言える。

また、近藤正は、上の分類を用いて、いくつかの既存の調査データを整理している[12]。各カテゴリーの説明は、東京ボランティアセンターのものとほぼ同じだが、「社会的義務型・他者志向型」の説明として、「ボランティア活動を社会奉仕としてとらえる点でこれまでボランティア活動の中心的な担い手として考えられてきたタイプ」としている（近藤 1987: 91 傍点引用者）。

以上の分類法について、興味深い点が二つある。第一に、一九六〇年代以降、〈良い贈与／悪い贈与〉の区別は、〈今／昔〉＝〈ボランティア／奉仕〉という区別と連動してきたが、ここでは、**「社会や他者を志向する動機」に一括して「奉仕」という言表が配分されている。**これはこれまで見られなかった——しかしその後、多く目にするようになる——言説のパターンである。その一方で、「自己志向型」については、「新しく」「ボランティア活動における『新人類』！とでも言える存在」（『月刊ボランティア』一九八六年五月号）という賛辞（？）が寄せられる。実際、このカテゴリーには、〈今／昔〉だけではなく〈良い／悪い〉という価値判断にも漸近していくベクトルを見出せる。例えば近藤は、東京ボランティアセンターの調査で三割を占める自己志向型について、「活動への意欲や関心の高いボランティアは、自己志向型の動機による活動参加であるといえよう」（近藤 1987: 90 傍点引用者）と述べ、自己志向型は活動に順機能的という認識を示している。この種の議論は、特に一九九〇年代に入って、類型論と段階論とを無媒介に重ね合わせた上で[13]、「新しい」とされる「自己志向型」を価値的に肯定する議論として、叢生していくことになる。

第二に、上記の類型＝段階論では、劣位に位置づけられる「社会的義務型・他者志向型」は、さらに、「社会福祉活動」（老人や障害者を対象としたもの）という領域と関連づけられる。これに対して、「自己志向型」は、「心理的に充足し、成長が得られるならば、地域活動、福祉活動を問わず、積極的に参加する」として、そのシステム越境性を特徴として同定されている。確かに、生涯学習や地域活動の場合「他者」を措定する必要がないため、社会福祉において「社会的義務型・他者志向型」とコード化される人が相対的に多くなるのは当然である。逆に言えば、「ボランティア」という言表が、社会福祉という領域を超えて、「他者」を必要としない領域にも適用されるようになったことが、「自己志向」＝自己効用の意味論が広い首肯性をもつようになった背景とも考えられる。「ボランティア」は、他者がいない中では、純化した〈未-主体〉と捉えることに何の問題もないからである。しかしそれは、社会福祉における「ボランティア」論にも再帰的に適用され、社会福祉における「他者」問題＝〈贈与のパラドックス〉を処理する「自己効用」以外の方法を、長期的には貶価していくことにもなる。

近藤正は、上記の分類を検討した後で、全てに共通することとして、「そこから得るものがあれば、その人を変える契機となるとともに活動を持続させる誘因として作用する」（近藤 1987：91）と述べる。このように「自己効用の獲得」は、「自己志向型」という下位カテゴリーにとどまらず、全ての類型に適用されるものという二重の存在身分を与えられている。つまり自己効用性をもつことは「ボランティア」概念の内奥を構成するものとして、捉えられているのである。

以下では、ボランティアにおける自己効用の強調が、意味論の変更にとどまらず、実際に制度として成立・運用されていく面に注目したい。

四　実体化する〈交換〉

（1）有償ボランティア／住民参加型福祉サービス／時間預託制

上述のように、「ボランティア」の意味論では、活動の対価として即時充足的な効用を強調するものに、つまり

〈贈与〉ではなく〈交換〉のメタファーに漸近していくわけだが、このような〈交換〉への志向は、「ボランティア」という言表の内部にとどまらず、それを内破させるような形で高まっていく。

まず「ボランティア」という言表の境界に位置するものに**「有償ボランティア（paid volunteer）」**がある。「有償ボランティア」とは、一九八〇年代初期から論議され出したもので、在宅福祉、特にホームヘルパーのニーズの増大と、行政の措置による一律のサービスではなく個別のサービス提供が求められるようになったことが背景にあるとされる。これらのニーズに対しては、自治体が独自に対応する形で、一九七〇年代から取り組みが行われていた。一九七九年には、全国社会福祉協議会が設置した在宅福祉サービスのあり方に関する研究委員会が『在宅福祉サービスの戦略』を発表し、自治体が試作的に行ってきた在宅福祉サービスに理論的な裏付けを与え、在宅福祉への転換の上で重要な契機となったとされる（右田・高澤・古川編 2001：413）。「有償ボランティア」的なものは、まずこの文脈で生じている。つまり、財政支出の抑制への圧力が強いために通常のホームヘルパーを自治体が十分に雇用できない一方、無償のボランティアでは安定したサービス提供が困難だった。この中で、活動の対価として最低賃金以下の金銭的報酬が支払われる「有償ボランティア」に関心が向けられるようになった。これは、労働市場と参加型市民社会という二つのシステムの臨界的な形象と言える。一九八一年度から活動を開始した東京都武蔵野市の福祉公社などが、その先駆的な例として知られており、徐々に様々な自治体でこの導入が検討されるようになる（札幌市地方社会福祉審議会 1984 など）。

とはいえ「有償ボランティア」という言葉が、この臨界的な形象を指し示す言表として安定性を有していたわけではない。ヘルパーとボランティアの「間」の活動の必要性は認めつつ、しかし、そこに「ボランティア」という言表を与えるべきでないという立場は、いくつも見られた。例えば、一九八四年五月に開催された「都道府県・指定都市社協ボランティア・センター推進研究協議会」では、場合によっては必要な活動経費の一部を実費弁償することもあるが、基本的に「ボランティア活動は無償の自発的活動であって、『有料ボランティア』『有償ボランティア』はありえない」という議論が出ている。このような主張は、東京都福祉局や大阪ボランティア協会[14]などにも見られる。東京都福祉局は、一九八四年の『東京都におけるこれからの社会福祉の総合的な展開について（中間答申）』の中で、有償ボランティアについて「ボランティアという用語をこのように用いることは、もともと同じ共同社会に属し運命を共にする成員の間で行われ、純粋に無償の助け合い活動の延長線上に発展してきたボランティア活動の精神的基盤を危うくし、ひいては福祉国家の基礎として不可欠な精神的土台を崩すことにもなりかねない」と、かなり強い調子で警告している。

　そして、その中でも最大の勢力であった全国社会福祉協議会は、有償ボランティアの言表を批判したのみならず、それに代わる言表を提示している。具体的には、全社協は「住民主体による民間有料（非営利）在宅福祉サービスのあり方に関する研究委員会」を組織し、一九八七年に『住民参加型在宅福祉サービスの展望と課題』を発表している。そこでは「有償・有料はボランティアとは異なる」とした上で、「有償ボランティア」に替えてこの境界的な活動に「**住民参加型（在宅）福祉サービス**」という名を与えた。武川正吾によると、これが後のＮＰＯへとつながっていくという（武川 1998）。

　この「住民参加型福祉サービス」は、次の三点において、本書にとって重要である。第一に、市場で得られるはずの報酬より低廉な価格（最低賃金以下）が設定されていた点。第二に、〈交換〉の範囲をメンバーシップを有した住民（会員）に限定した点。この二つの点は、〈交換〉の範囲を際限なく広げないことで、〈交換〉に回収しきれない剰余――「住民意識」「人格的関わり」「主体性」等々――を随伴しているという意味論を成立させる余地を作った。第三に、この言表は、「金銭的報酬」だけではなく、様々な対価を伴う〈交換〉を包括することが可能なものだった。「金銭的報酬」以外の代表的な対価のシステムが、「**時間預託制**」である。「時間預託制」とは、「ボランティア活動」を行った時間を「預託」して、その時間分、自らがホームヘルプサービスを受けることができるというシステムで、自治体の金銭的援助のもと、社会福祉協議会が運営するケースが一般的であった（東京都福祉局

1984)。同様に、活動を、時間ではなく点数として蓄積し、その点数分だけ自分がサービスを受けられる「労力銀行」や、その点数をさらに現金に還元することも許容する愛媛県松山市の「地域福祉サービス事業[15]」など、類似のシステムが次々と誕生する。これらは〈交換〉との距離――〈交換〉の外部（贈与性）をどの程度含めるか――の度合いによって、様々なバリエーションが存在しうる。

このように、一九八〇年代には、「ボランティア」という形象の臨界において、様々な形態の〈交換〉と〈贈与〉の中間的な活動が増殖することになる。

（2）〈交換〉の射程――〈贈与のパラドックス〉との関係で

このような〈交換〉の実体化が求められた背景には、言うまでもなく、福祉サービスを供給する人材を低コストで確保するという目的があるが、同時にそれは、「ボランティアの停滞」（本章第二節(5)）を打開するための手段でもあった。ボランティアの供給源のはずの主婦層が、パート労働に流れていくと認識される中で、何らかの報酬を出すことで福祉の労働市場につなぎ止めることが模索されていた。

ただ、「有償」の方向は、このような人的資源の要請というマクロな文脈とは独立して、〈贈与のパラドックス〉をめぐるコミュニケーション内在的にも求められる面があった。〈交換〉が〈贈与のパラドックス〉を解決する上での有力な方向であることは、すでに何度となく示されてきたことではあったが、ここでは、この時期盛んに議論された、サービスの受け手側にとっての効用に注目したい。

それは端的に言って、「**無償による『たすけあい』がもつ気詰まりやサービス提供の一方性から来るスティグマを回避できる**」（全国社会福祉協議会・住民主体による民間有料（非営利）在宅福祉サービスのあり方に関する研究委員会 1987）というものである。与え手に照準する限り、〈贈与〉は、与え手を〈贈与のパラドックス〉に陥れるものだった。それは同時に受け手に対しては、二者関係において、相手に優位性を与え自らを劣位に置くことを意味してしまう。相手からの〈贈与〉は、象徴的な負債となり、「感謝」といった返礼を与え続けることで、人格的に自らを劣位に置くという表象を召喚してしまうのである（Blau 1964＝1974）。ここで重要なのは、このブラウ的説明が権力論として説明可能性が高いか否かではなく、それが実際に問題として認識されていたということである。〈交換〉化は、このような問題を解決する一手段として確かに有効であった。例えば、生協では、一九八三年度から「コープくらしの助け合いの会」という有償のホームヘルプサービスを開始している。これについて、灘神戸生協の福祉部門担当の成田直志は、次のように述べている。

話し相手でさえそうなのに、もっとドロ臭い、看護や介護、家事援助では遠慮や気兼ねが働いて、本当に援助が必要であっても、援助してほしいことを率直に言いにくい状況になりやしないか。ならば、いっそのこと負担にならない低額に抑え、言いだしやすい条件を作り、合理的に割り切れる仕組みが必要じゃないか。わずかでも自分で出すことにより、一方的に受ける立場の卑屈さから解放される。また、お金のいることはギリギリのところまでおいて、出来ることはなるべく自分でしよう。このようになれば、その人の自立、自助という生活の主体性を促すことにもなるのではないか。

そこで有償というものが出た。わずかでも受け手も負担することで、相手と対等の関係に立てる。協同互助の精神という生協の理念に立ち、お互い良き仲間として活動が進んでいく。こんなことで、あえて有償にしたわけです。もちろん、サービスの担い手を「有料ボランティア」とは決して言わないし、ボランティアの実費弁償の範囲を越えるものになっているから、一緒にはしませんけど。

（『月刊ボランティア』一九八五年一一月号　傍点引用者）

成田は、このような〈交換〉の導入を、社会福祉システムの変容と関連づけて理解している。行政の一方的な「措置」制度とそれを通じた選別主義から、利用者が「選択」することを通じた普遍主義へという方向への転換は、日本の社会福祉制度において重要なことでもあった（武川 1996）。

このような〈交換〉への志向を、受益者負担の増大＝市場化と位置づけ、福祉削減のネオリベラリズム的ベクトルを読みとることも可能だろう。しかし、「福祉における消費者主権」を、そのような観点からのみ理解することは、〈贈与のパラドックス〉が生み出すスティグマの問題を解決する努力とその成果を、見落とすことにもなる。このことを捉えるためには、福祉における「消費者主権」が、障害者の自立生活運動とも密接に関わっていたことを踏まえる必要がある。

例えば、障害者自立生活研究所所長の谷口明広は、重度障害者の自立生活において重要なものとして、ピア・カウンセリングと、「消費者としての市民」という考え方について述べている。ピア・カウンセリングは、「仲間同士――つまり障害者同士のカウンセリング」であり、「障害者の気持ちが本当に理解できるのは障害者同士」という思想に支えられたセルフヘルプグループと同一地平にあるものである。属性を参照しながら〈与え手／受け手〉という区別に準拠するタイプの援助論とは異なり、関係の非対称性を限りなく無化できる。「消費者としての市民」も、その関係の非対称性の解決という文脈で導入されている。「この〝消費〟とは、サービスは買うものだという発想です。消費者精神を持った障害者にしていこう。甘んじてサービスを受けるのではなく、自分から積極的にサービスにお金を出して買っていくという立場です。そこから所得保障の問題も出てくるわけです」（『月刊ボランティア』一九八七年五月号）。このように受益者負担の議論は、社会保障支出削減の文脈だけでなく、当事者主権の主張とも接合しえた。しかも谷口の議論では、「サービスを買える消費者」となることが、所得保障を行うこととセットで提示されており、社会保障削減＝ネオリベラリズムの議論とはその含意を正反対にする。

このように〈交換〉の実体化／制度化は、二者関係における〈贈与のパラドックス〉の解決の真剣な模索とも地平を接していたことは、理解しておく必要がある。その意味で、社会福祉の削減とその豊穣化のどちらとも接合可能性を有するものであったと言えるだろう。次項では、これまで見てきたものとは異なる形での、〈交換〉の実体化／制度化のケースについて検討したい。

（3）「人格」に帰属する評価

前述のような金銭的報酬や時間（点数）預託などは、メンバーシップの範囲を確定し、〈交換〉の対象となるサービス内容を限定することで成立するものだった。特定の地域の、しかも福祉の対人サービスという領域においてのみ、成立するものだったと言える。しかし、報酬の実体化は、そのような限定を超えて追究されていく。それが顕著に表れるのが、入試や就職における選抜基準として「ボランティア歴」を取り入れるというものだった。

その代表的な政策文書が、これまでも何度も検討した一九八六年の社会教育審議会社会教育施設分科会報告「社会教育施設におけるボランティア活動の推進について」である。これは、特に教育を通したボランティアの拡大を執拗に追究する典型的な文書である。報告では、「わが国では、ボランティアに対する見方に問題がないわけではない」ため、雰囲気づくりのために「関係機関が新聞、テレビ、ラジオ、広報紙等を通じてボランティア活動の実際を周知させたり、何らかの形で優れたボランティア活動を表彰したり、学校教育におけるボランティア活動の促進を図るなど、多くの人々にその活動が理解されるような方途を講ずる必要がある」（傍点引用者）としている。その観点から、「就職や入学の選考等でボランティア活動の経歴を人物評価に取り入れる動きがみられる」が「それは人物評価として大切なことであり、ボランティア活動を促進する上からも望ましい」。

同じような提言は、教育政策文書以外にも見られる。一九九〇年代に入ってしまうが、一九九一年の全国社会福祉協議会・社会福祉ボランティア活動研究委員会が発表した『『地域福祉』とボランティア活動の今後』では、「若い世代」は「人とのかかわりの未熟さ」と「生活体験不足」という問題を抱えているとして、教育におけるボランティア活動の重要性を述べ、推進のための一つとして、「履歴書にボランティア活動記入欄を設け、社会的な評価を高める」ことを挙げている。

これらのボランティア経験の選抜基準への適用は、社会福祉における、活動経験をサービス受給のための「時間」「点数」へと変換／預託する交換システムとは大きく異なっている。最も異なるのが、それが単なる行為間の〈交換〉ではなく、**「人格」に照準を当て評価する指標**として使用される点である。しかも驚くべきことに、ボランティア活動経験を指標とした人格評価は、学校‐教育システムを超えて、その適用範囲を社会に全域化する欲望も孕んでいた。前述の、一九九一年の全国社会福祉協議会・社会福祉ボランティア活動研究委員会の文書では、「全国共通の『ボランティア手帳』又は『ボランティアカード』を発行し、活動の時間数等を記録して、ボランティア自身の評価、社会的な評価に結びつける」という記述もある。この「ボランティア活動」の記録は、社会福祉や教育という特定のサブシステム内で有意味になるものでは、もはやない。**汎用可能性の高い形式合理性を配備され、社会全域に適用できるような「人格」評価システムの構築**――〈交換〉への志向が開いたボランティアの報酬の実体化は、二者間関係における対称性の実現という意味論を超えて、「人格」評価の制度化／実体化とそれを通した社会の道徳化の欲望へと、無制限に接続していく[16]。

この時期以前にも、戦後長い間、自治体長などの名前で、ボランティア活動をする個人やグループを表彰することが行われていた。しかし一九八〇年代に見られるこれらの提言は、進学／就職の選抜基準の定型とすることで、それまでボランティア活動を行ったことが／行う気がない学生・生徒に対しても、その基準を遍く適用していくという点で、決定的な種別性がある。この方向性は、一九九〇年代に入って、さらに徹底的に追究されていくようになる。第9章であらためて、検討していきたい。

（4）揺らいでいく定義

これまで見てきたように、一九八〇年代のボランティア論においては、「自己実現」「楽しさ」「金銭的報酬」「時間／点数預託」「『人格』評価」など、報酬とされるものが、様々な形で提起されてきていた。〈贈与〉から〈交換〉

へという移行が、意味論の変化と制度的変化の両面で進行したのである。ボランティアの言説空間では、この変化が「ボランティア」の定義を脅かさないように、それを慎重に制御しようという議論も見られた。例えば、大阪ボランティア協会や全国社会福祉協議会などに見られる、「有償ボランティア」という撹乱的な言表を使わず、別の言表を配分しようという議論などがそれである。しかし、「有償ボランティア」という言表や「ボランティア」に実利的報酬を与えることに対する批判は、特に大阪ボランティア協会の場合、語法の伝統や定義にトートロジカルに準拠しているわけではなく、社会保障抑制という文脈においてなされる国家による市民社会への介入／統制を批判するという民主化要件①②に準じたものであった。

　逆に言えば、この民主化要件に準拠しない立場から見れば、「有償ボランティア」批判の主張は、根拠がなく古いボランティアの定義に教条主義的にこだわっているようにしか見えない。「ボランティア活動」自体をア・プリオリに価値あるものと捉え、その推進の正当性を疑わないプラグマティストは、「ボランティア」の定義を「ボランティア育成・推進」に機能的なように改鋳していくことを躊躇わなかった。一九八〇年代の趨勢としては、民主化要件に準じた「ボランティア」概念の厳格な解釈保持の努力は十分に実を結ばず、**「ボランティア」の「定義」は空洞化していく。**文部省社会教育局社会教育官の加藤雅晴は、公共性、無償性、自発性というボランティアの「三原則」について、「たとえば無償性ということを捉えた時にですね、これからボランティア活動がまったくただだということはどうなんでしょうか」（加藤他 1987：25）と、疑問を提示している。また、ボランティア論の構築にあたって大きな役割を果たしていた社会福祉研究者の吉澤英子は、「在宅福祉サービスの担い手として、ボランティアの立場が評価されるように」なるにつけ、「その枕に、有料とか有償とかがつけられ」るようになり「『今時、何もかもただで働けといっても、誰も動きゃしませんよ』と有料なることを得意とする関係者（行政）もいる」と報告している。「私は、怒りにも似た気持ちがこみあげてくるのである」（吉澤 1987a：3）[17]。

　このような現場の活動を組み立てる言葉の変化の中で、「ボランティア」論も現状に適合していくようになる。

社会保障研究で著名な三浦文夫は、一九八三年にボランティアの定義について、「何が自発性かにわかに判断できない」し、「有償ボランティアという妙な言葉も出てきた」ために「無償性も厳密な区分は困難」と述べている（三浦 1983）。同じ一九八三年に刊行された佐藤進編著の『勤労青少年とボランティア活動』というテキストでも、ボランティアの「無償性」の定義について、原則は自己負担としつつ、「実際の状況に応じて」実費支給も外延に含めている（佐藤 1983）。また、社会教育研究者の白石克己は、『社会教育』誌上において「近年の『社会教育ボランティア』や『学習ボランティア』の出現が、ヘルパーなどの福祉ボランティアを連想させた固定的なイメージを少しずつ払拭しつつある」として、「ボランティア」の定義とされる「自発性・無償性・公共性」について、「この三つの要素は、現代の複雑なシステムの影響を免れないため、要素間の重みづけによって今後、ボランティア概念の拡張や収縮を余儀なくされることになるだろう」（白石 1989：7 傍点引用者）と予言する。そして、「無償性」については「ボランティアの気持ちを傷つけない範囲で関係団体が交通費や食事代を出すことは許される」し、「公共性」については「ボランティア活動の公共性と行政の公共性との差が縮まり、ボランティア活動が行政の肩代わりをしている面もあろうし、ボランティア活動が行政作用に踏み込むこともあろう」と述べる。ここで重要な点は、この「三つの要素」が、**現実に合わせて伸縮自在に解釈すべきものとされている**点、その変化が、教育の意味論と接合したことで生じたとされている点である。

批判があった「有償ボランティア」という言表も、様々な形で使用される中で定着していき、再帰的に「ボランティア」の定義を融通無碍なものへと変えていく。このようにして、〈贈与〉→〈交換〉という意味論の転位の中で、「ボランティア」の内包／定義も、実質的にどのような形態も含まれるような形に変容していく。

（5）「ボランティア」の言表を超えて

このような中で、行政のボランティア施策に批判的だった立場の中に、これまでとは異なる言説が見出されるようになっていく。大阪ボランティア協会では、前述のように「動員」と観察される「有償ボランティア」の言表を一貫して批判する立場に立ってきた。これは「ボランティア」概念を、あくまでもかつての民主化要件に準じる形で規定しようとする立場である。しかし、それとは一見反対に、「ボランティア」という言表から距離を置いていこうとするベクトルも徴候的に観察される。

例えば、本章第三節(1)で取り上げた『月刊ボランティア』一九八七年一月号の座談会では、次のようなやり取りが見られる。

B「それから、僕は、ボランティアというより、ボランタリー（自発的）ということの方に注目した方が良いように思うね。〝ボランタリー〟というのは、自主的に「枠」を越えて何かをするということでしょう。実態を見ると、そういうものになっているから。

たとえば地域のボランティア・センターに行くと、何も保健婦さんはケース検討会に来なくても良いのに、ボランタリーにやって来る。保健婦さんだからボランティアとは違うけれど。他の人も同じような要領で、ボランタリーに来はるんや。制度化され義務づけられてはいないけれども、来はる。そんな人間の動き方がすごく面白いね。」

B「逆にいうと、ボランティアという表現の方は、あんまり本気にならない場合に、かえって使いやすい時もあるんじゃないかな。」

A「本気にならない場合に？」

B「そう、『私はボランティアですから』ということで責任を放棄したりすることがあるからね。本気にならないための道具に使われる危険性もある。」

A「もちろん、〝ある一定水準以上の活動をしないとボランティアではない〟ということはないから、よけいに逃げとして使える。」

ここでは、国家／社会の区別なく称賛・推進されて、〈交換〉の意味論上で伸縮自在に用いられる「ボランティア」という語に替えて、新たに「自発的であること」の価値を投射できる言表が模索されている。ここで選ばれているのは「ボランタリー」という言表である。この語が、その後「ボランティア」を代替していったわけではないが、[18]「ボランティア」という語から離脱しようとする志向性自体は興味深い。しかも、ここで注目すべきは、「ボランタリーであること」は、意志を唯一の規準とすることによって、〈無償／有償〉〈職業／社会活動〉という区別を完全に無効化しているということである。

さらに、『月刊ボランティア』一九八五年一二月号では、「どこまでが『ボランティア』か　費用負担に関する整理――呼称より内容にこだわろう！」という記事が書かれる。これは「有償ボランティア」問題、つまり、「自発的・献身的に問題の解決に取り組みながら、結果として金品の報酬を得る場合は、ボランティアと呼んでも差し支えないのではないか」という問いを整理するために書かれている。まず、ありうる形態として、「①全額自己弁償、②交通費のみ支給、③交通費・食費のみ支給、④交通費・食費・お茶代支給、⑤低額な報酬の支給（献身的）、⑥平均的報酬の支給（献身的）」という六つが挙げられる。そしてこれらの種別性について「これらの形態相互の違いは、わずかなものであり、こうした段階を経て、①から⑥までの形態はつながっているといえる」とする。そして、大阪ボランティア協会や全社協の「有償ボランティア」概念を認めようとしない立場は、①〜③もしくは④の範囲を「ボランティア活動」に含める立場だとした上で、次のようにそれを自ら覆すような主張を行う。

しかし、これら①から⑥までの形態相互の違いは、わずかなものだし、しかも⑤、⑥でカッコに示した献身的という表現が示すように、多分に客観化しにくい要素も絡んでくる。現実の複雑な状況を整理し、ある言葉（概念）をあてはめようとすると、こうした問題が出てくる。

そして、「有償ボランティア」という表現の論議は、結局「言葉の問題」であり、最終的に①から⑥のどこまでを含めるかは「決断の問題」であるという。その上で、「元来、無償性の原則は、活動が主体的になされなければならないというボランティア活動の原則を、活動形態の面から支えるために言われているもの」なので、「ボランティアと呼ばれようと呼ばれまいと、ともかく主体的に課題の解決に取り組む姿勢こそが、重要なのである」（傍点引用者）と述べる。ここでも「ボランティア」の語が相対化され、その一方で、「主体的に課題の解決に取り組む姿勢」という意志が全ての賭金となっている。意志が絶対的な規準となる一方、〈有償／無償〉などの形態に関する区別、および「ボランティア」という言表が偶有化するという構造は、先ほどの座談会の発言と同じである。

これらには、戦後「ボランティア」が含意してきた意味論にどこよりも忠実であるがゆえに、逆に「ボランティア」という言表を棄却するベクトルが見出せる。と同時にこの議論においては、〈よき贈与／悪しき贈与〉を識別する規準が、行為論的なレベル（意志）に置かれていることも注目しておきたい。このベクトルは一九九〇年代に入って、これまでとは異なった形で現勢化していくことになる。これについては第9章にて検討したい。

五　〈交換〉と他者——自己効用論が見落としたもの

ここまで見てきたように、様々な〈交換〉への志向は、〈贈与のパラドックス〉を解決しようとするものであった。〈贈与〉という過剰な意味付与が行われる意味論を上首尾に脱することで、「ボランティア」をめぐる語りはこれまでになく普及していく。

これを、単なる「動員の技法」と考えることが単純過ぎる見方であることは、本章第四節(2)で述べた。また、かつての「黒い羽根」をめぐって示された「カンパの思想」などに見るように（第3章四節参照）、あるいは「ボランティア」の〈贈与のパラドックス〉を批判する多くの「運動」がそうであるように、援助者／被援助者の区別を無化し対称的な関係を構築することは、それ自体、民主的な実践であるとされていた。〈交換〉の意味論／制度の導入は、その意味で、立場を超えて首肯性をもつものであった。

しかし、活動者の効用を強調することによって得られるタイプの〈交換〉表象は、〈贈与のパラドックス〉解決の唯一の方法だったのだろうか。これが見逃したものはなかったのだろうか。このことを考える上で、非常に興味深い座談会が、『月刊ボランティア』一九八七年九月号に掲載されている。これは、司会者も含めポリオや脳性マヒなどの六名の障害者によって行われた「ボランティアって、何だ——障害者いいたい放題」というものである。ここでは、ボランティアの〈楽しさ〉を強調する自己効用論的なボランティアの形が、首尾一貫して批判されている。例えば、次のような調子である。

金「(ボランティアが：引用者注）なんで応援センターに来るかいうたら、お見合いしている。恋人探しや」

司会「応援センターじゃなくて、結婚センターみたいやったからな、三年目の頃。障害者と健全者のカップルができるんやったら大歓迎やけどね。」

金「自分らだけ結婚して……。(笑い）そういうの困る。キャンプ行くのやめた。見合いの場所を提供してるみたいなキャンプになっちゃう。なんで、しんどいめせなあかんねんと思った。」

（『月刊ボランティア』一九八七年九月号）

糀谷「健全者が主導権をもってしまうと、結局、障害者が困るわけだから、その位置付けはバシッと飼育せんとやっていかれへん」

（『月刊ボランティア』一九八七年九月号）

糀谷「僕は思うねんけど、脳性マヒ者だけでキャンプやるでしょ。そしたら今のような問題が生じるわけやから、しゃべれる筋ジス者とか脊損者とかを一緒に連れていってさ、障害者同士で健全者に負けんよう補い合う知恵出したらええ、僕らはあくまで障害者全体のことを考えたいし、違う障害者や軽度の人をもっと仲間に入れて、あくまで主導権は僕らがとらないと。キャンプ行って、あいつらだけ遊んで、僕ら横でぼそっとおる。これほどみじめなことないもん。絶対、しゃべらしたらあかん、あいつらに。（笑い）」

（『月刊ボランティア』一九八七年九月号）

辛辣に、しかし笑いを伴いながら、座談会で提示された論点とは——本書の視座に準拠するならば——、自己効用論的なボランティア活動では、〈贈与のパラドックス〉は解決しない＝〈交換〉の輪が閉じない、ということである。

障害者の介助においては、アクセル・ホネットやナンシー・フレイザーの言う「承認」の問題が関わってくる。ボランティアが障害者との関係とは別の回路から精神的報酬（楽しさ、恋人づくり……）を得ること、しかもそれが偶発的ではなく高い蓋然性を伴って構造的に生じることは、そのまま、共に同じ場にいる障害者を疎外することになる。これは、「ボランティア」という概念そのものが含意する関係の非対称性とも密接に関わっている。

杉山「今、私の中のボランティアというのは『友達』になれない気がする。というのは、この人とは友達になれたなって思ってた人に、別のところで『私は杉山さんのボランティアをやってる』なんて言われると、やっぱりボランティアと障害者の関係なんだなって思い知らされて、『ボランティア』という言葉を、好きか嫌いかと言われたら、嫌いだなぁ。」

（『月刊ボランティア』一九八七年九月号）

ボランティア活動では承認の問題系も伴うため、承認を欠いた「労働力の提供」だけでは〈贈与〉ですらないこと、その中でボランティアが報酬＝自己効用を追究することは、〈交換〉どころか一方的な収奪にしかならないこと——まさに二者関係における〈贈与のパラドックス〉が尖鋭な形で提起されているのである。では、その解答は、「ボランティアは、承認や他者理解を重視すべき」ということになるのだろうか。それは果たして、どこまで可能なことなのだろうか。

この座談会は『読売新聞』に紹介されたこともあって大きな反響を呼び、次の号（一九八七年一〇月号）ではボランティアからの反論の記事（「ボランティアって何だ！」って何だ？——九月号「特集」に反響続々）が掲載され、次々号（一九八七年一一月号）では、それを踏まえた上で、障害者とボランティアとの座談会（雨降って、地固められるか？——再特集・障害者とボランティアの関わりを考える）が掲載される。その一一月号の座談会では、脳性マヒ者の谷口明広から、ボランティアに承認を求めることについて疑問が示される。

谷口「ボランティアは、単なる介護提供者なのか、それとも友人関係まで発展しなければならない人なのかということですが、座談会に出てくる皆さんは親友関係まで築きあげることを目的としている。……結局、介護の専門職とボランティアを重ねて考えること自体、間違いではないかと思うわけです。……ところが、介護とボランティアをオーバーラップさせて、それこそボランティアに『心技体』を求めるわけでしょう。世の中、ボランティア的な精神があって、技術を持ってて、体もでかいという人は、いないと思うわけですよ。」

（『月刊ボランティア』一九八七年一一月号）

それでは介助のボランティアに承認のニーズ充足までを求めることは、過剰な要求なのだろうか。一九八七年九月号の座談会で司会を務めた牧口一二は、これに対して、次のように答えている。

牧口「障害者の立場から言うと、日常生活の最低限の『必需品』と言われる介護は、行政の責任で徹底的に保障してほしい。保障という言葉が使える形をとってほしい。それ以外の人間性の面でボランティア活動との接点をと、みんな、前からそういう姿を描いている。だけど、そうならん。

その辺の境界があいまいで、しかも行政もきっと保障してくれないから、行政の役割までボランティアが馳せ参じている。それが現状やと思うんや。そういう状況の中で、たとえば事務的だからとホームヘルパーを障害者が嫌うてしまう。本当は事務的な関係は事務的でいいわけよ。それ以上、望まなければ。」

（『月刊ボランティア』一九八七年一一月号）

これは非常に重要な論点である。現在の構造（「最低限の介護」が政府によって保障されない）を与件にする限り、ボランティアに「介護」と「承認」のニーズの両方を求めざるをえない。これは過剰な（＝現実的でない）要求だという観察も成り立つ。しかしこの「要求」が真に含意するのは、その与件＝構造自体を変えるという選択肢があるということである。実際に、一九八七年九月号の障害者同士の座談会では、次のようなことが指摘されていた。

入部「それから、ボランティアの悪い面ばっかり言うてきたけど、ボランティアにかかる負担とか、保障とかは今のところ社会的に考えられてへん。障害者も社会的に権利とか保障とか無いわけやんか。そんなところでお互い関わってるんやから、当然ギクシャクする。健全者は今まで他に生活拠点を持ってたから、そこでは何も困らなかったわけやん。それが障害者と一緒にやっていこうとなれば経済的保障をせなあかん。これが出来ない限り、一緒にでけへんわけ。そういう意味で障害者自身が行政レベルで保障しろと、健常者自身も保障せえと社会にぶつける。これを並行してやらなあかんと思う。健全者を使うなら、彼らを食わせる保障を障害者が獲得せんと、対等な関係にはいつまでもならへん。なんぼ運動論を言うても基盤が違うもん」

（『月刊ボランティア』一九八七年九月号　傍点引用者）

この含意は、障害者と介助を行う側両方に対して制度的な社会保障が行われれば、「ボランティアに労働力と承認の両方を求める」という過剰な要求をせずに済むということである。別言すれば、障害者／ボランティア間のコミュニケーション不全と〈贈与のパラドックス〉は、ミクロなコミュニケーション内在的には十全に解決できず、マクロな制度・構造の変化を促す〈運動〉が必要だという――民主化要件が広く受け入れられていたころには自明であった――指摘が、ここではなされている。**〈贈与のパラドックス〉を解決する〈交換〉＝プラスサムゲームは、ボランティアの自己効用の獲得を通してではなく、両者が無理なく活動から利得を得られる制度＝与件のもとで可能になるし、その方向に向けてゲームの規則を変えていく〈運動〉こそが、両者に共通の利得を生み出す**ものである。ボランティアに対しこの点を説得して変化を強いるため、座談会においては、撹乱的とも言える激しい言葉でボランティアを批判し、あえてコミュニケーションに大きな負荷をかけたと考えられる。

しかし、自己効用を求めて自由に活動を行う「リベラリスト」としてのボランティアたちにその含意は届かず、この障害者の撹乱的実践に対し、困惑あるいは激高した。

ボランティアは障害者に飼われるものではないし、私も障害者と接する時、飼われているつもりはありません。障害者も一個の人間なら、ボランティアも一個の人間です。ですから、「飼育」などと言う言い方、又、考え方はおかしいと思います。……

「一番困る人ってのは……、結婚したらスパッとやめてしまう……。障害者は別物」ってありましたが、障害者もボランティアも自分の生活、生き方、考え方を守る権利が互いにあると思います。「結婚したらやめる」のは確かにいろんな面で多少の影響があるのかもしれないけど、それはボランティアが自分自身の生き方の上でそうなったわけで、「〝障害者は〟別物」って言うのとは、なんか少し違うと思います。障害者も、ボランティアも、まず第一に「自分」と言う人間がいて、そして毎日を生きているのですから……。（井上幸子・一八歳高校生）

（『月刊ボランティア』一九八七年一〇月号）

一時介護に行く気がしなくなった、というのが正直な感想です。……

いくら恋人さがしが目的でも、その人が介護に全然関心がなかったとは思えません。なぜ、少しでもある関心を良い方向へ広げてほしいと願うのではなく、「来るな!」と切り捨てるのでしょうか。これは被差別者による反差別運動の、多くに共通する悪しき傾向だと、ぼくは考えます。(寺島正祐・二三歳学生)

(『月刊ボランティア』一九八七年一〇月号)

これらの反論について、牧口一二は次のように応える。

牧口(「飼育」という表現について)

「言葉通りとったらまったくおかしいわけで、そんなこと障害者は百も承知だと思うんです。つまりこれは、現実の社会の中で、障害者とボランティアといわれる立場の人が、同じ土俵で生きてないことを知ってほしいから言っているわけです。本当に平等と言える社会で生きてるなら、飼育なんて言葉は出てこない。やはり置かれている状況が違うということを、この言葉から察してほしいというのが、障害者の立場での僕の気持ちです。」

牧口(結婚について)

「ボランティア活動やってる中で、健全者同士のカップルができた。本当はめでたい話や。おめでとうと、みんな思っている。ただそのケースが多すぎて、障害者とのカップルがでけへんこの社会に、僕らは皮肉を言っているると受けとってくれたらいいんだけどな。」

障害者/健常者間のコミュニケーションに負荷をかけて、コンフリクトを顕在化させ、構造的=制度的矛盾を開示する。この戦術の「真意」を、牧口は親切にも説明している。しかし、それぞれが自己効用のためにボランティア活動を行うことで、社会の幸せは増進する——これを信じて疑わない「臨調＝臨教審の子どもたち」にこの言葉は届かない。

寺島（ボランティア）「でも、いろんなボランティアがいていいと思うんです。介護に行くだけでいい人もいれば、運動に飛び込む人もいる。僕はどの人も、ボランティアやと思う。あえて言えば、介護はするけど、すごい差別的な人がおるとしても、そういうボランティアの存在も許されると思う。」
牧口「確かに、いろんなタイプの活動があっていい。だけど、方向性くらい持ってほしい。何やってもいいということにはならない。やはり、すべての人が住みやすくするように社会を変えていく、その一環としてのボランティア活動であってほしい。」
寺島「方向性を持たないかんのですか。」
牧口「もたないかん。それこそ言葉尻をとらえて申し訳ないけど、介護はするけど差別的な人がおるとする。寺島くんは許せると言うたけど、俺は絶対許さへん。だけど、人間は許さんというたって、そう簡単には変わらへん。だから『どうしようもない』というのやったら、まだ分かる。」
寺島「あぁ、そうですね。」
牧口「だけど、許されると言ってしまうと、絶対許されへん。そこの違いや。」
（『月刊ボランティア』一九八七年一一月号）

ここに見られる「いろんなボランティアがいていい」というリベラルな言明は——「差別（する人の存在）はどうしようもない」と「差別（する人の存在）は許される」との種差性を見失うほどに——その外部＝他者という契機を欠いたものだった。みんなが自己効用を求めて自発的に参画するリベラリズムの楽園は、「差別される他者」のまなざしを捨象するほどに、社会福祉の意味論からの脱却に「成功」していたとも言えるだろう。

このように、一九八〇年代の、楽しさと自分の効用を強調する「明るく」「健全な」ボランティアの意味論は、〈社会〉〈政治〉〈運動〉といった、ミクロな〈交換〉の輪から外れるファクター群を異端的なものへと変えていった。〈交換〉が〈政治〉を抹消していくわけではない。そうではなく、〈政治＝運動〉によって〈社会〉構造の配分ルールを変えていくことでプラスサムゲームを実現するタイプの〈交換〉の意味論が異端となり、諸個人が活動に関わることでよって利得を得合うタイプの〈交換〉が、〈贈与のパラドックス〉の「正しい」解決策とされるようになるのである。このような意味論的形式をあらかじめ備えた上で、ボランティアの言説は一九九〇年代を迎えることになる。

第9章 「ボランティア」の充満と〈終焉〉

——互酬性・NPO・経営論的転回：一九九〇〜二〇〇〇年代

一 はじめに

現在の多くのボランティア論は、日本におけるボランティア活動の実質的な歴史の始まり——ボランティア元年——を、阪神淡路大震災が起きた一九九五年に設定する。その「正史」のもとでは、これまで本書で見てきたことは、全て「前史」となる。

戦後半世紀を経過した一九九五年は、一九七〇年代前半と並んで、確かに「戦後の転換」に相応しい相貌を帯びている。同年に起こった阪神淡路大震災と地下鉄サリン事件は、前後に生じた長期の自民党単独政権の終わりや長期不況への突入など、「五五年体制/戦後体制の崩壊」という一連の出来事の象徴的な中心にある。終わりの物語は始まりの物語を伴う。大震災では、後手後手に回る政府の対応が非難される一方、全国から駆けつけたボランティアの活躍が連日報道された。これらは、戦後体制の揺らぎと、『「市民」の時代』(今井編 1998)の到来という表象を増強するものだった。

このように、確かに一九九〇年代は、ボランティアに関する政策や表象/言説の増大という点で、未曾有の隆盛期だった。また阪神淡路大震災が、人々のボランティアへのまなざしを変えただけでなく、ボランティア・NP

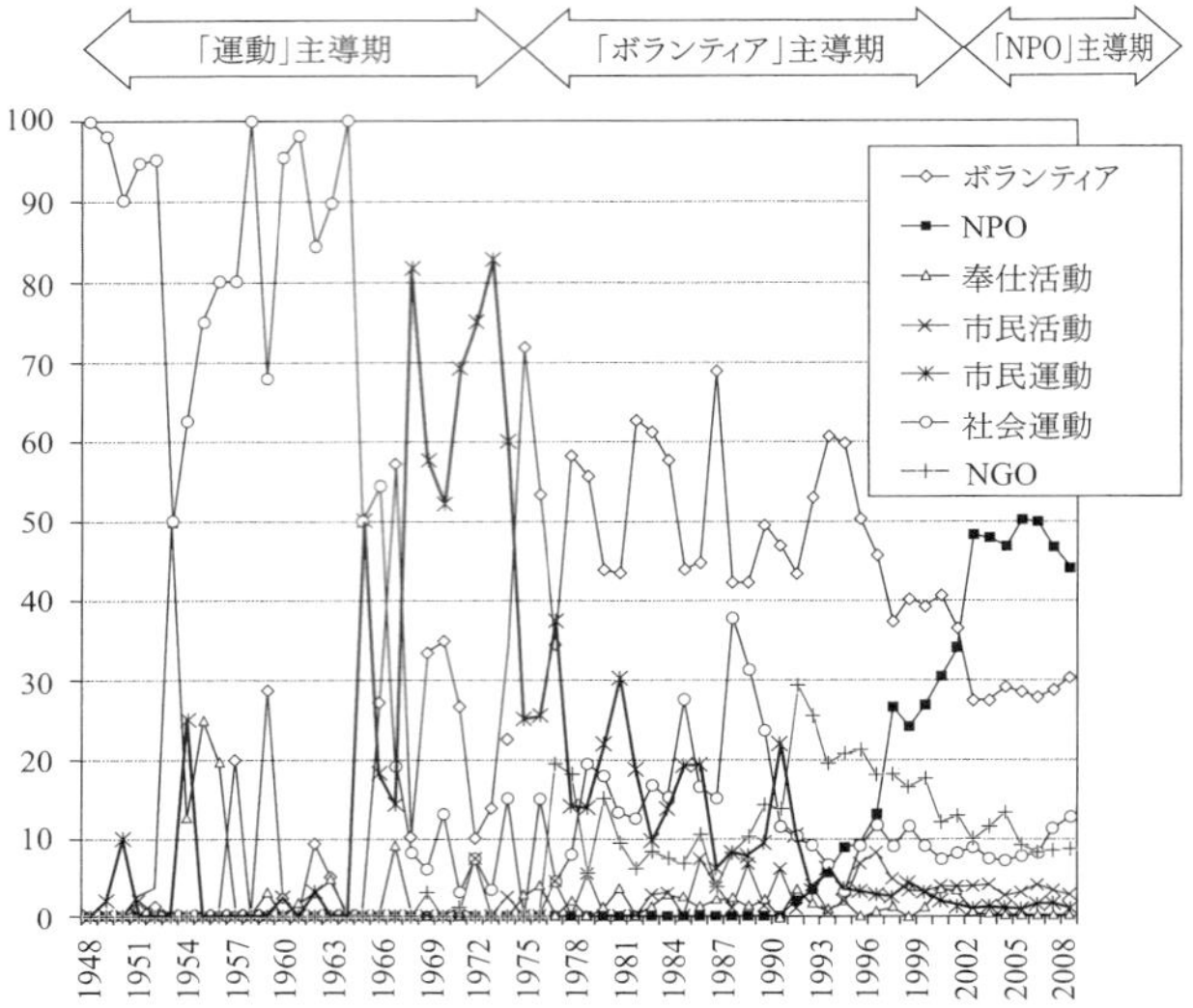

図 9-1　各言表を扱った論文の割合の推移（%，1948〜2009 年）

出所）国立情報学研究所 CiNii より作成（データベースは 2010 年 7 月 28 日時点）。

O活動の経験値を飛躍的に高め、災害支援や支援そのものに関する厚みのある共有知を残していったことも間違いない（阪神・淡路大震災　被災地の人々を応援する市民の会 1996；立木編 1997；山下・菅 2002；西山 2007；似田貝 2008；佐藤 2010 など）。さらに一九九八年のＮＰＯ法の成立は、市民社会組織に制度的基盤を与える画期的な出来事だった。

一方で、一九九〇年代がいかなる意味で決定的な「転機」だったと言えるのかは、慎重な判断も必要であろう。例えば序章で触れたように、ボランティア活動経験率は、一九八〇年代は増大したと言える面もあるが、一九九〇年代には大きな変化は見られない（本章第四節(2)を参照）。

言説に関しても以下のことが言える。図9-1は、ボランティア、ＮＰＯ、奉仕活動、市民活動、市民運動、社会運動、ＮＧＯの言葉がタイトル・キーワード・抄訳に含まれている論文の総数に占める、それぞれの言表を含んだ論文の割合の推移を、一九四八年から二〇〇九年までの間に示したものである（国立情報学研究所が提供する論文・雑誌記事のデータベース「CiNii」を用いている）。

簡単に概要を見てみよう。戦後しばらく、上記の言説集合の中で、シェアのほとんどを占めていたのは、「社会運動」を含んだ論文だった。「社会運動」の言表は一九六〇年代後半に「市民運動」に代替され、一九七四年までトップに立っていた。つまり、終戦から一九七〇年代の初めまで――一九六〇年代に「ボランティア」の語の台頭を許しつつも――政治性を刻印した「運動」の言表が圧倒的なシェアを占めていたのである。この時期は、〈贈与のパラドックス〉の解決法として、〈政治〉の意味論に準拠することを要請する言説が多かったのは、すでに見た通りである。この状況が変わるのが一九七五年であり、以後ほぼ四半世紀にわたって、「ボランティア」の言表がトップを独走する。一九七〇年代は本格的に政府のボランティア政策が始まった年で、言説における自己効用論的転回が起こった時期でもあった。さて一九九〇年代の「ボランティア元年」の痕跡は見出せるだろうか。確かに論文数は増大しているのだが[1]、割合として見たとき、阪神淡路大震災前後の一九九四〜九五年に一つのピークを迎えるものの、その後シェアを減らし続ける。そして二〇〇三年には、長らく守ってきたトップの座を失う。**代わってトップに立ったのが「ＮＰＯ」であった。**奇しくもこの年、設立以来ボランティア推進で大きな役割を果たしてきた大阪ボランティア協会は、一九六六年から続いた会報誌の表題を『月刊ボランティア』から『ウォロ（Volo）』に変えている。

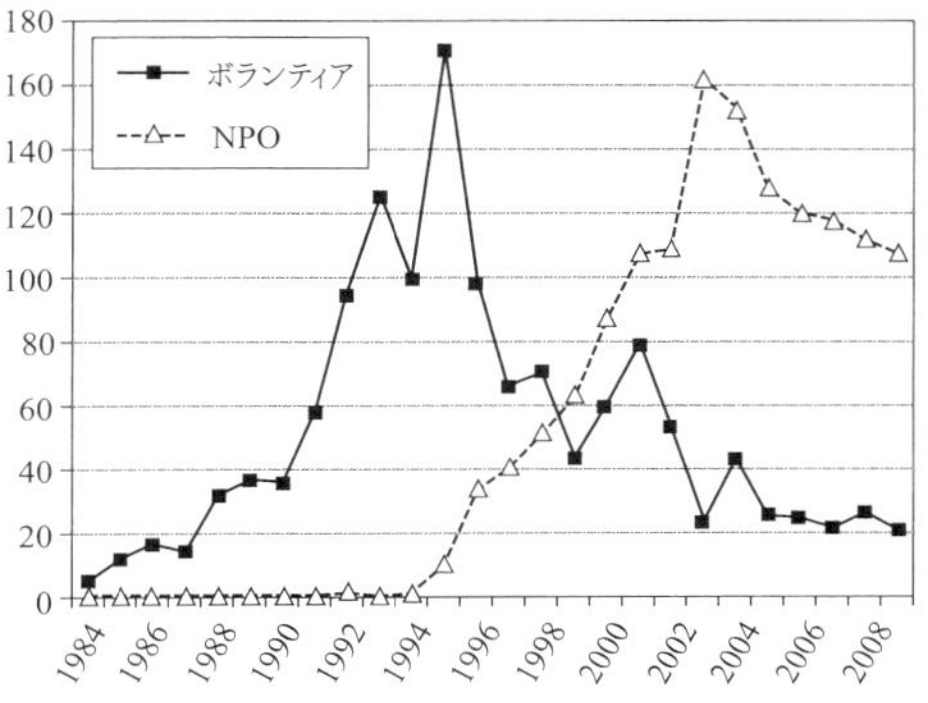

図 9-2　「ボランティア」「NPO」を見出しに含む朝日新聞記事数の推移（1984〜2009 年）

データベース）聞蔵Ⅱ

ボランティアとＮＰＯの言表の量的な逆転については、新聞記事でも確認できる。図9-2は、朝日新聞における、「ボランティア」と「ＮＰＯ」の文字を見出しに含む記事数の推移を示したものである。一九九〇年までほぼゼロだった「ＮＰＯ」の見出し記事は、一九九五年から急増していく一方、「ボランティア」の見出し記事数は一九九五年をピークとしてその後急減し、ＮＰＯ法施行直後の一九九九年に早くも逆転されている。

本章では、この量的な変化が、いかなるボランティアの意味論形式のもとで生じたかについて検討する。この時期は「これまでの自己犠牲的な『奉仕』、『献身』、『慈善』から、気楽に自然体で行う『自己発見』、『自己実現』、さらには『生きがい』そのものへ」(岩波書店編集部編 2001：ⅶ) ということが盛んに言われたが、それはこの時期に特徴的なことではない。前述のように、この種の意味論形式なら、すでにそれまでの時代——前史——に出揃っている。しかし、**その自己効用の論理を純化させることが、ボランティアの「終わりの始まり」と言うべき事態に接続してしまったのではないか。**これが本章の仮説となる。そして、その仮説は、一九九〇年代後半以降の「ネオリベラリズム」という社会編成と、参加型市民社会を編成する言葉が、期せずして軌を一にするという事態の一端を説明するのではないだろうか。本書の問いである「ネオリベラリズムとの共振」という問題系について、「権力(国家・資本)によるネオリベラリズムへの市民の動員」という説明図式とは距離を置き、〈贈与のパラドックス〉の展開の果てに出現した事態として、捉え直していきたい。

二　民主化要件①とボランティア施策——介入／自律化

(1)　民主化要件①の融解——拡散する「ボランティア施策」

上述のように、阪神淡路大震災をボランティアにとっての歴史的画期(元年！)として強調することは、いくつかの点では過剰である。ボランティア政策という点でも、すでに一九九五年までにボランティア推進に関わるかなりの制度的枠組が作られていた。もはや、民主化要件①(国家に対する社会の自律)を参照することが無粋に思えるほど、ボランティアは国家レベルの政策のターゲットとして位置づいていたのである。阪神淡路大震災やナホトカ号重油流出事故における活動はその中ではむしろ例外的な出来事である。例外が典型として表象され、自発的な活動という物語が多産されることで、実際には未曾有の規模で政策的な包絡が進められていた事実は焦点から外されることになった。

一九九〇年代の政府による「参加」推進は、様々な領域から起こっていたが、その代表格は、やはり厚生省を中心とする社会保障分野と文部省を中心とする教育分野だった。直接ボランティアという言表をターゲットにした推進政策を大量に行い、参加をシステムの中核に組み込もうとしていた。

まず、厚生省を中心とした社会保障領域でのボランティア政策については注(2)で整理しているが、一九九三年を中心に福祉サービス提供への人々の参加を促す文書が次々と出された[2]。重要なこととして二点挙げられる。第一に、後述のように一九九〇年代は高齢者福祉を中心に社会保障の拡充の時期だったが、ボランティア推進もその文脈に位置づけられていた。特に、「地域福祉の主流化」(武川 2006)の中で、ボランティア活動や住民参加型在宅福祉サービスは位置づけられていた。**一九九〇年代の前~中期は福祉削減ではなく、「福祉国家」の達成した水準を踏まえて、さらなる充実のために推進する、という民主化要件②とも整合的な位置づけが与えられていた。**第二に、〈教育〉の意味論と強く結びつき、教育行政の中で進めることがめざされた[3]。つまり〈教育〉としてのボランティア活動の意味論は、教育行政のみならず、他のサブシステムからの要請によっても進められるようになっていたのである。

もちろん文部省に主導される学校教育/生涯学習の政策領域でも、ボランティア活動の推進は進められていく。一九九〇年代には、そこに「教育改革」という文脈があった[4]。詳しくは注(4)でまとめているが、この中でボランティアの要件とされていた自発性は、それまで以上に容易に〈教育〉の意味論に従属するようになっていく。

従来、ボランティア活動を青少年の間に広げるための方策を講じることについては、これらの基本的性格の一つである『自発性』を損なうとの懸念から、積極的に促進することを避ける傾向も見られた。しかしながら、青少年の『自発性』を高めるためには、社会が何らかの働きかけを行うことは不可欠であり、今後、身近にボランティア活動を体験できる機会や場を設定する等、青少年がその魅力を理解できるようにするための積極的な取組を行うことは重要であると考えられる。
（青少年問題審議会、一九九四年、『「豊かさとゆとりの時代」に向けての青少年育成の基本的方向――青少年期のボランティア活動の促進に向けて（意見具申）』）

この制度的な現れとして、「学力試験の偏重を改め、選抜方法・尺度の多様化の推進」（中央教育審議会一九九七年『二一世紀を展望した我が国の教育のあり方について』答申）のためにボランティア活動経験を大学推薦入試の指標にしていくということが、常態化していく。この〈教育〉の欲望を亢進させる中で、一九九〇年代の終わりから、「奉仕」という言表／意味論を教育政策の中に導入するという奇妙な事態も生じてくる。これについては、第四節であらためて検討したい。

教育とボランティアの関係についてこの時期、もう一つ特筆すべきことは、ボランティア活動は被教育主体に関連づけられるだけではなく、**教育供給側にも「ボランティア的なもの」を取り入れることが期待されるようになっていた**ことである。[5] 学校のスリム化や学校の個性化が求められる中で、親や地域住民がボランティアとして学校の企画や運営に参画する「学校参加」が様々な形で述べられるようになり、学校評議員制度、コミュニティ・スクールの構想に結実していった。注(5)でも述べているように、この領域は、教育改革における「市民参加の活性化」と「ネオリベラリズム」という二つの流れが、最も深く交錯する場所でもあった。以上のように、教育される側とする側の両方にとって、ボランティア的なものは大きなプレゼンスをもつようになっていた。〈教育〉とボランティアの結びつきは、政策文書のレベルにおいてもかつてなく強固になっているのである。

ここまで見てきたように、ボランティア政策においては、厚生省と文部省の動きが顕著であった。しかしその一方で、前章でも見たように、ボランティア施策は領域越境的な形でも展開されるようになっていた。表9-1は、一九九九年度に各省庁が予算計上したボランティア関係施策の一覧である。同年度の施策数と予算、および一九九八年度の予算が記載されて、上から施策数順に並べられている。施策数は全部で一四七にのぼっており、「ボランティア等関係施策」が、決して福祉・教育といった領域のみによって行われているわけではないことが分かる。文部省が、施策数順でトップであることは、ボランティア施策が社会教育／生涯学習という枠のもとで展開されてきたことを考えると、さほど驚くことではない。しかし、二位には建設省が入り、自治省、警察庁などと続く一方、厚生省は七位である。また、表9-2は、同じ表を一九九九年度の予算額だけ取り出して、額の多い順に並べ替えたものである。予算総額は約四三七億円である。ここでは建設省が一位であり、文部省は五位、厚生省は八位でしかない。

表 9-1　1999 年度のボランティア等関係施策（施策数順）

	1999年度施策数	1999年度予算（百万円）	1998年度予算（百万円）
文部省	27	4, 316	2, 604
建設省	19	10, 834	11, 153
自治省	18	3, 005	5, 409
警察庁	14	281	247
農林水産省	13	5, 599	4, 922
法務省	11	4, 465	4, 238
厚生省	10	2, 403	2, 525
環境庁	7	1, 506	1, 929
郵政省	7	2, 882	3, 220
総務庁	4	20	20
総理府	3	12	13
経済企画庁	3	235	151
外務省	3	8, 006	6, 881
運輸省	3	16	6
労働省	3	134	129
国土庁	2	29	23
合計	147	43, 744	43, 469

注）未確定のものは含まず。
出所）経済企画庁「1999 年度ボランティア等関係施策一覧表」より筆者作成。

ここには、直接的なものばかりでなく、間接的にボランティア推進に関わるものまで含まれているものの[6]、**各サブシステム固有のコンテクストを越えて、人々の参加を創出・活用しようとする共通の力線**を見ることができる。

例えば、施策数順で厚生省より上に来る警察庁に注目しよう[7]。同庁は、「少年補導員制度」（一億一一八〇万円）、「地域防犯対策パイロット事業」（五一〇〇万円）、「長寿社会対策パイ

表 9-2　1999年度のボランティア等関係施策（予算額順）

	1999年度予算（百万円）
建設省	10, 834
外務省	8, 006
農林水産省	5, 599
法務省	4, 465
文部省	4, 316
自治省	3, 005
郵政省	2, 882
厚生省	2, 403
環境庁	1, 506
警察庁	281
経済企画庁	235
労働省	134
国土庁	29
総務庁	20
運輸省	16
総理府	12
合計額	43, 744

ロット事業」（一一〇〇万円）、「暴力追放運動中央大会の開催」（四一〇万円）、「暴力追放モニターの委嘱及び活動の支援」（二四〇万円）、「少年を非行から守るパイロット地区活動」（一〇八〇万円）などの事業をしているが、この背景には、警察活動における「参加」の重視がある。警察庁は一九九三年に「地域安全活動」という概念を導入し、「地域と一体となった」警察活動を制度化した。「地域安全活動」とは、「安全で住みよい地域社会を実現するため、生活の安全に危険を及ぼす犯罪、事故、災害を未然に防止する活動」であり、地域の特性に応じて「警察と市民、ボランティア、防犯協会等の民間地域安全組織がそれぞれの立場で必要とする活動を行い、地域のなかで自主的に問題を解決していこうとするもの」とされる（小宮 2001：39-40）。一九九四年には警察庁に「保安部」から格上げされた「生活安全局」が誕生し、多くの自治体で「生活安全条例」が制定されるようになった。ここでは、治安維持は地域住民の責務とされ、防犯活動のための市民の組織化や自発的なネットワーク化が要請された（石碕 2003；大日方 2003；高村 2003）。警察活動への協力を行うボランティア・NPO活動においても、行為論レベルで語られる言説は、その他のボランティア論と変わらない。人々の参加動機は、まさに自己成長や自己実現の言葉に彩られている。曰く、「いろんな事が体験できそうだから、やりがいがありそう」「専門的な知識を得ることができる。町内会・自治会などでは体験できないことも体験することができそうだし、活動に広がりを感じる」「充実した体験が出来そう」「かっこよさそうだし、大変だろうが、やりがいがありそう」「何か大きさを感じて楽しそう」（小宮 2001：200）――。ちなみに、NPO法人認証の第一号は、犯罪統制専門の活動を行う「ガーディアン・エンジェルズ」である。「社会参

加」が、あらゆる政治的文脈と接合することがあらためて確認できる[8]。

さらに表9-1において興味深いのは、参加に関わる各省庁の政策を「ボランティア」という名のもとで省庁を越えてリスト化したこの「一覧表」の存在自体であり、これをあらしめた欲望である。この表を作ったのは、経済企画庁であった。遡ること四年、一九九五年二月には経済企画庁が事務局となって、一八省庁から成る「ボランティア問題に関する関係省庁連絡会議」が結成され、ボランティア支援の法律整備の検討を開始していた。一二月には「関係省庁連絡会議・中間報告」が提出されたが、NPOに向けた議員立法の動きが進んでいたため結実しないまま終わっている（今田 1999）。また一九九八年には、「アンペイドワーク」の経済価値の試算を行っていた。これは、大量の介護需要が発生する高齢社会の到来を前提に、家事労働やボランティア活動などのアンペイドワークを含み資産として捉え、把握しようとするものとされた。このように経済企画庁は、ボランティア、NPO、市民活動などといったものを、各領域の文脈を越えて、メタ的なレベルから活性化・把握しようとする政府の欲望を象徴していた。この表も同じまなざしの中にある。

しかし、それを、市民社会に介入しようとする政府の欲望（民主化要件①の侵犯）としてのみ捉える必要はない。この表に代表される統治性は、同じ一九九八年に、NPO法をも制定させているからである。

（2）民主化要件①の実効化——NPO法

一九九〇年代における民主的要件①の位置づけは両義的である。上記のように国家による「社会」に対する関心は多大なものがあったが、その関心は、介入という方向だけに向かず、それを通した自律化という形でも出現していた。その代表であるNPO法人制度の設立は、一九九〇年代のボランティア施策における中心的な出来事であったと同時に、明治以来の公益法人制度にとっても、最大級の出来事だった。成立の過程については、今田（1999：98-101）が詳細な整理を行っているが、一九九〇年代前半から、前述の政府だけでなく、政党[9]や民間団体[10]

がそれぞれの立場から、NPOの法制化に向けた動きをしていた。

法制化に向けた提言――特に民間からの提案――における大きなポイントは、法人設立にあたり準則主義を採用するということだった[11]。これは、形式的に一定の条件を充たしていれば法人の設立が認められることを意味する。第1章で見たように、公益法人制度は、一八九六（明治二九）年制定の民法以降、許可主義の原則に立っていた。これは公益性を国家が排他的に――しかも基準の恣意性を内包した形で――定義するもので、市民社会の自律性を、つまり民主化要件①を脅かすものと捉えられてきた。新しい法人制度は、民主化要件①を充たす組織的基盤を保証することを目的としていた。

このような複数の回路からの働きかけの中で、超党派の議員立法という形で、一九九七年六月に「市民活動促進法」案が衆議院を通過する。しかし、参議院の自民党議員から「市民活動」という言葉に対する異議の声があがり、参議院及び臨時国会で継続審議となった。ここには「市民」という言表を、それが帯びてきた意味論的歴史ごと排除し、非政治的なものとして参加領域を整備しようとする欲望が素直に表明されている。これを代替する言表として選ばれたのが「非営利」だった。結局一九九八年三月に、「特定非営利活動促進法」（いわゆるNPO法）という形で成立し、一二月一日施行と決定された（今田 1999：101）。設立の要件は準則主義にはならず、形式上は所轄庁の認証を必要とする認証主義の形態がとられたが、実態は準則主義に近い運用を可能としたものだった。また、「公益性」を有することが法人格取得の要件となったが、「公益」の語を「不特定かつ多数のものの利益」とすることで、所轄庁が恣意的に特定の団体を排除できる余地を極小化した（富永 2007）。さらに、二〇〇一年には、税の優遇措置がある認定NPO法人制度が設けられる。NPO法人数は、順調に伸びており、一九九八年一二月一日から二〇一〇年五月三一日までの間に認証されたNPO法人数は四〇、一一二（うち解散が三、七四五）である。

この特定非営利活動法人の制度的系譜とは別に、既存の公益法人制度の改革も行われ、二〇〇六年に「公益法人制度改革関連三法案」が可決され、二〇〇八年一二月から施行された。これによって、「一般社団法人・一般財団法人」になる場合は準則主義が適用され、設立時の財産保有規制も撤廃（社団法人）・緩和（財団法人）された。また「公益社団法人・公益財団法人」になるためには認定が必要だが、公益性の認定は、政府の恣意性に委ねられず、有識者からなる合議制の委員会（公益認定等委員会）によって行われるため、自律性を制度的に保証される余地は格段に広がった。

上記のＮＰＯ法制定と公益法人改革は、市民社会に制度的・財政的基盤を与えて、その自律化を可能にするという意味で、民主化要件①に関して大きなプラスの意義をもっていた。**ボランティア推進に関しては民主化要件①の侵犯が常態化するのに対し、ＮＰＯなどの法人レベルをめぐっては、その要件を強化する方向で制度化が進められていく**のである。この点は、後に検討するボランティアの〈終焉〉という事態を考える上でも重要な意味をもつだろう。

三　民主化要件②とボランティア施策——社会保障の拡大／ネオリベラリズム

（1）社会保障の拡充／抑制——「失われた一〇年」の終わりと始まり

増税なき財政再建と、そのための手段としての「日本型福祉社会」論は、一九九〇年代を迎えて、ようやく破棄されることになる。『失われた一〇年』としての一九八〇年代」の終わりである。一九八九年には「高齢者保健福祉十か年戦略」、いわゆる「ゴールドプラン」が策定され、二〇〇〇年までに整備すべきホームヘルパー、住宅サービス、施設などの具体的目標が提示されるなど、対人社会サービスの強化が図られる。翌一九九〇年には、いわゆる社会福祉八法の改正が行われる。高齢者については、この他「老人福祉等の一部を改正する法律」（一九九〇年六月）やガイドラインの「老人保健福祉計画の作成について」（一九九二年六月）が出され（辻 1993；武川

1999：282）、一九九四年には「ゴールドプラン」の目標値の上方修正が行われた（新ゴールドプラン）。

一九九〇年代後半には、いわゆる「社会福祉基礎構造改革」が行われる。一九九七年に児童福祉法が改正され、介護保険法が制定される。一九九八年には中央社会福祉審議会社会福祉構造改革分科会が『社会福祉基礎構造改革について（中間まとめ）』と『社会福祉基礎構造改革を進めるにあたって（追加意見）』を公表し、翌一九九九年になると社会福祉の増進のための関係法律（仮称）制定要綱が策定され、これが二〇〇〇年五月の社会福祉の増進のための社会福祉事業法等の一部を改正する等の法律の制定に結びつき、社会福祉基礎構造改革は一つの区切りを迎える。(12)

以上の変化は社会支出の指標からも確認できる。一九八〇年度に一二・四一％だった社会保障給付費の対国民所得比は、一九九〇年度でも一三・六六％にすぎなかった。しかし一九九五年度には、一七・〇五％へと急増しており、この増加の速さは、一九七〇年代後半に匹敵する（武川 1999：283）。

しかし、これらの変化を単純に「福祉元年の再来」と言祝ぐことはできない。武川正吾はその理由として、第一に、一九九〇年代に入ってからの社会保障給付費（の対国民所得比）の伸びは経済成長の低下によるところが大きいこと、(13)第二に、対人社会サービス政策の変更の効果を過大に見積もることはできないこと、(14)第三に、介護の問題に関しては抑制策が解除されたものの、年金や医療に関しては依然として抑制策が継続・強化されていること、(15)第四に、社会政策に対するニューライトの言説が、一九九〇年代に入ってからの方が力を増していること、の四点を挙げている（武川 1999：283-284）。

現在から見ると、ここに、次の二点を加えることができる。第五に、高齢者福祉政策や介護保険では、保険方式の採用による普遍主義化の一方、応益原則が取り入れられていたため、経済的条件でこの枠組に入らない層が生じたこと（宮本他 2003：324-325）。第六に、特に二〇〇〇年代に入ってからの「構造改革」によって、社会保障抑制・削減が進められたこと。政策の基本線については注(16)にまとめてあるが、(16)具体的な政策としても障害者自立支援法の創設、生活保護の運用上の厳格化、老齢加算・母子加算の廃止、後期高齢者医療制度の創設、医療保険制度の改革などが行われた。経済財政諮問会議が毎年二二〇〇億円に上る社会保障費削減を求め、第8章の図8-1に見たように、二〇〇二年以降、社会保障給付費の対国民所得比は抑制された。さらに一九九九年から三度にわたる労働者派遣法の改正により非正規雇用者が増大し、二〇〇〇年代には格差や雇用劣化の問題がクローズアップされた。さらに二〇〇〇年代後半には「格差」とは異なる存在位相をもつ「貧困」の問題が、ホームレス／ネットカフェ難民やワーキングプアの増加の問題群と絡み合いながら、広く告発された。

民主化要件①では、介入を通した自律の生成が、一九九〇年代の基本的な流れだった。ではこれは、上記の「ネオリベラリズム」の一連の動きとどういう関係にあるのだろうか。以下では、一九九〇年代の「ボランティア」「ＮＰＯ」関係の施策を、社会福祉政策との関係について検討したい。

（2）ネオリベラリズムとボランティア・ＮＰＯ施策

一九九〇年代に大量に行われた社会保障関連のボランティア政策は、前述のように、少なくとも一九九〇年代半ばまでは、民主化要件②（国家による社会権の保障）に十分配慮したものだった。例えば、厚生省告示『国民の社会福祉に関する活動への参加の促進を図るための措置に関する基本的な指針』（一九九三年指針）では、参加推進にあたっては、活動の「自主性」が発揮できるように注意すること、また行政が第一義的に供給した上で、公的サービスでは充足が難しい福祉需要にボランティア活動が対応することなど、民主化要件①②を侵犯しないことが記載されている。また同年の、中央社会福祉審議会・地域福祉専門分科会の『ボランティア活動の中長期的な振興方策について（意見具申）』（一九九三年意見具申）でも、「福祉国家の成果を踏まえつつ、これをさらに発展させた福祉社会」の実現のためにボランティアが位置づけられており、参加と福祉国家とがトレードオフとならないための配慮がなされている。ＮＰＯ法についても、武川正吾は、社会福祉の脱商品化戦略の文脈で捉えている（武川 1999：

208–209）。社会保障におけるＮＰＯの権限拡大は、介護保険に代表される措置から契約へという転換とあわせて、サービスの選択肢を増やし、利用者に主権を移行させる点で、福祉国家の解体（民主化要件②の侵犯）ではなく、福祉供給の豊穣化につながるポテンシャルを有していたと考えられる(17)。

しかし、その後の政策的趨勢は、このＮＰＯを、再商品化＝ネオリベラリズム的文脈に配置しようとしていたことも否めない。

二〇〇〇年に、「社会保障構造の在り方について考える有識者会議」が出した『二一世紀に向けての社会保障』は、「高福祉・高負担」を否定したもので、低コストの介護・福祉システムに向けて「ＮＰＯ・企業など多様な事業者の参入・競争等を通じた利用者の選択の拡大」が位置づけられている。同年の社会保障制度審議会『新しい世紀に向けた社会保障』では、社会保障の最終的な責任は政府にあるとしながらも、その前提は、民間企業・市場やＮＰＯを活用した主体的な自己決定と自己責任にあるとしている。その上で、ＮＰＯの基盤がまだまだ弱いため、支援するよう提言されている。

さらに小泉純一郎が首相になった二〇〇一年には、「聖域なき構造改革なくして真の景気改革なし」と謳った閣議決定『今後の経済財政運営及び経済社会の構造改革に関する基本方針』では、福祉削減／抑制のために、自助と自律を基本とし、競争原理を取り入れた社会保障制度の改革を掲げているが、ボランティアを自助＝自律の系に——共助として——位置づけている。同じ二〇〇一年の総合規制改革会議『総合規制改革会議「重点六分野に関する中間とりまとめ」について』では、規制改革＝競争とイノベーションがあらゆる領域で重要とする一方、社会福祉に見られる「善意」は「非収益」であり、これが規制や官業構造の温床となったと厳しく批判する。その上で、契約制度の移行によって、「慈善・博愛事業という恩恵的な考えから脱することができた」としている。同年、同会議の『規制改革の推進に関する第一次答申』でも、「非営利」性が規制や官業構造の温床となると批判している。これらの公的文書では、〈贈与的なもの〉は否定され、競争・契約が対置されている。

二〇〇二年の閣議決定『構造改革と経済財政の中期展望』では、規制や非効率な政府活動のために脆弱な経済構造と財政赤字を生んだため、「経済と調和した持続的な社会保障制度」の必要性が謳われるが、ボランティアやＮＰＯも限定的な役割しか担えていないという認識が示される。一方で、総合規制改革会議『規制改革の推進に関する第二次答申――経済活性化のために重点的に推進すべき規制改革』では、ＮＰＯや民間企業を含む多様な経営主体の実質的な市場参入条件を確保することにより、良質で多様なサービスの供給を大幅に増大させることが、福祉分野の規制緩和の目標とされる。また二〇〇四年の総合規制改革会議『総合規制改革会議の活動を総括して』では、官製市場の規制改革アクションプランとして株式会社、ＮＰＯ等の学校経営の解禁や、労災保険や雇用保険の民間開放が挙げられる。

言うまでもなく、これらのネオリベラリズムの基本戦略は、政府の財政支出の削減・抑制、社会国家からの脱却・転換にある。もちろんそれは、単に「小さな国家」になるわけではなく、「民営化」した部門は、評価／監査のテクノロジーを介して管理され、国家の影響力は行使され続けるわけであるが――。**しかし、このような統治性の変容は、民主化要件①の視座からは、国家に対する市民社会の自律性の強化を意味する。**ＮＰＯのような市民組織の基盤強化が行われたことに対し、民主主義の深化のための条件整備という観点から高い評価が行われたことは根拠のあることだった。しかしそれが、〈戦後〉という時代の風化と共に忘れられてきたもう一つの民主化要件――国家による社会権の保障――の等閑視と共に行われるとき、言説レベルにおける、ネオリベラリズムとの同型化も観察されることになった。この点については、後ほどあらためて検討する。

＊

ここまでの議論をまとめたい。一九九〇年から二〇〇〇年代にかけて、政府と参加型市民社会との関係は、民主化要件①②をめぐって、いくつかの点で捩れがある。

民主化要件①に関しては、その対象がボランティアかＮＰＯ・公益法人かによって、対照的な値をとることになった。ボランティアに関しては、厚生（労働）省・文部（科学）省に限らず、他の省庁でもボランティア的なものの振興が行われるようになった。ボランティアは、政府にとっては各種事業の前提として、個人にとっては自己実現や成長をもたらすものとして位置づけられ、システム統合と社会統合の幸福な調和が図られることになる。この中で、民主化要件①は実質的に無効化されていった。しかしその一方で、民主化要件①は、ＮＰＯ法人の設立や公益法人改革を通して、制度的に強化されることにもなる。

民主化要件②に関しては、一九九〇年代と二〇〇〇年代とで、参加の位置づけが反転する。一九九〇年代は、ボランティア・ＮＰＯの振興が福祉の拡充に寄与する形で行われた。一方、構造改革が本格化する二〇〇〇年代は、それは社会保障抑制の文脈に位置づけられ、民主化要件②の否定が行われるようになる。

では、同時期のボランティア論やＮＰＯ論は、いかなる意味論形式を有していたのだろうか。そこにネオリベラリズムとの「共振」が見出せるのだとしたら、いかなるレベルにおいてなのだろうか。以下ではこの問いについて、国家による動員というモデルとはなるべく距離を置き、意味論形式の変動との関係で考えていく。つまり同時期に、〈贈与のパラドックス〉の解決の試みの果てに観察されるようになったボランティアというカテゴリーの〈終焉〉という徴候――カテゴリーの融解と言表の衰退――が、ネオリベラリズムという問題系とどのように関係しているのか検討していきたい。

四　ボランティアの〈終焉〉（１）――充満と融解

以下では、一九九〇年代における「ボランティア」という言表に与えられた意味論的位置価について、〈終焉〉

というタームで読み解いてみたい。もちろん、一九九〇年代は、これまでとは比較にならない規模でボランティア政策が進められ、言説の量も格段に増えた。本章のはじめに見たように、二〇〇〇年代に入って言説量も活動率も減少傾向にあるにせよ、単純な意味で「ボランティア」が消滅したわけでは、もちろんない。ここで〈終焉〉と呼ぶのは、次の二つの意味においてである。第一に、一定の自律性をもって捉えられていた**「ボランティア」の意味論的区分が融解**すること、第二に、**（参加型）市民社会の主導的なカテゴリーの位置から脱落**することである。

本節では、第一の〈終焉〉について検討していく。

（1）金子郁容のボランティア論とは何だったのか？

一九九〇年代のボランティア論は、基本的に「楽しさ」「自己実現」「自己成長」などを強調するものが主導していく（木下 2002）。しかしそれらは一九八〇年代から見られたものであり――かつてない規模でボランティア論が生産されたにもかかわらず――意味論の変動が新たに生じたとは認めがたい。あえて言うならば、その自己効用的ボランティア論が、ボランティアを語る上で踏まえるべき自明の前提のような位置に着いたとは言えるかもしれない。それは、政策文書の中にも折り込まれ、それ以外のボランティア観／論は「昔の棄却されるべき奉仕活動」という文脈のみで登場している。

このような一九九〇年代のボランティア論を象徴し、また最も重要と思われるものが、金子郁容が一九九二年に出した『ボランティア――もうひとつの情報社会』という本である。金子はもともと情報論が専門であり、ネットワーク論、組織論の分野でも業績をあげた後、本書を一般向けに刊行した。その意味で福祉やボランティアに関しては専門ではない。しかしだからこそ、彼の議論は多くの読者を獲得するに至ったように思う。そこで主張される論理の形式は、当時のボランティア論と大きく異なっていたわけではなかったが、そこに新しい用語と概念群を接続させることで多様な読者層を獲得し、日本のボランティア論史上、最も多く読まれた本の一つとなった(18)。

彼の議論でまず目を引くのは、次のような点を出発点に据えているところにある。

> ボランティアは、人を――ボランティアする人も、それを見ている人も――不安にさせる。……よかれと思ってしたことなのに、非難される、文句を言われる、誤解されることがある。しかし、することを決めたのは自分だから、誰のせいにするわけにもいかない。それで、人はボランティアであることをはじめから避けるか、ボランティアになった人は、寡黙になり防衛的になる傾向にある。
> （金子 1992：4）

これは、本書が〈贈与のパラドックス〉と呼んでいるものと同じコミュニケーションのパターンを扱っている。これに関する彼の議論のポイントを、本書の関心との関わりで二点ほど挙げたい。

一つ目は、ボランティアのミクロな相互行為から得られる「報酬」＝自己効用を強調することで、明快に〈贈与のパラドックス〉を解決しようとする点である。[19] もちろんそれは彼のオリジナルではなく一般的ですらあるわけだが、彼の議論の特徴はその議論を広く運用していく点にある。例えば彼は、〈交換〉との近さゆえに様々な議論を呼んだ時間預託制度も、換金可能性の有無を問わず「ボランティア」と考えるべきだとする。そして、両者に別の概念／言表を配分しようとする立場を「ことの本質を取り違えたもの」として批判する（p. 166）。これは、以下に見るような、「ボランティア」の外延の広がりと、様々な領域との接続可能性を担保する上でも、有効な議論構成である。

二つ目のポイントは、ボランティア活動に伴う「つらさ」「苦しさ」「ひ弱さ」「バルネラブル（vulnerable）なこと」に焦点を当て言語化している点である。「ボランティアは、ボランティアとして相手や事態にかかわることで自らをバルネラブルにする」（p. 112）。なぜ「バルネラブル」になるのか。それは、「自分ですすんでとった行動の結果として自分自身が苦しい立場にたたされる」という「自発性パラドックス」に陥るからである（p. 105）。「自発性パラドックス」として例示されるものは「言いだしっぺの損」（p. 105）から、前述の「よかれと思ってしたことなのに、非難される、文句を言われる、誤解される」（p. 4）という経験、さらに募金する際いくら入れても『なぜもっと出せないのか』といわれるかもしれない」（p. 103）という不安まで、多岐にわたる。金子によると、ボランティアとは、このような「自発性パラドックスの渦中に自分自身を投げ込むこと、つまり、自分自身をひ弱い立場に立たせること」（p. 112）である。

この経験を正面から取り上げることで、金子の議論には、「ボランティアは楽しく、自己実現できる」と言祝ぐ凡庸な自己効用的ボランティア論にはないリアリティが生まれる。つまり、「ボランティア」とはそもそも「精神的報酬＝自己効用」どころか、その反対の「つらさ」を抱え込むかもしれない危うい活動である。しかし――金子によると――あえて「自分から動」き「自らをバルネラブルにする」ことで、別の他者が協力してくれたり、相手から力をもらうきっかけが生み出される。そこに「ネットワーク」や「つながり」が形成される。つまり「弱さ」が「『無限』の潜在力の源」となるのである。金子は、このボランティアのプロセスは、（動的）情報と同じものだと述べ、これが本書の（意外な）副題である「もうひとつの情報社会」につながる。

この議論の含意を二点ほど検討したい。

第一に、ボランティア活動を行う「不安」という経験をその概念の中核に据えただけでなく、これまでのボランティア論者が考えつかないような（しかも「最先端」というイメージを伴う）言表・思想財・意味論と接続して、古い議論構成に新たな広がりを与えた。それが顕著に見られる例として、ボランティアと「全体性」をめぐる議論がある。彼は、「『ボランティアのかかわり方』が基礎をおく個人と社会の見方は、『宇宙船地球号』の発想と基本的には同じものである」（p. 88）と述べ、自分と他者との間で構成される「相互依存性のタペストリー」という全体概念を導入する。これは意味論的にはかつての〈社会〉の機能的等価物とも言える。[20] ここで彼の議論の巧みなところは、この「全体性」の概念を、「オメガ・ポイント」「宇宙被膜」「ＶＡＬＩＳ」など、学問領域やテキストの種別性を越境しながら様々な思想財と接続させる点である。この概念／用語操作は、編集工学者という顔をもつ彼ならではのことだが、表層的かつ衒学的な印象操作とばかりは言えない。ここでは、ヒューマニズムやロマンティシズムを召喚しやすい――だからこそ読み手のシニシズムやアイロニーをも召喚しやすい――全体性〈社会〉や「宇宙船地球号」など）の意味論に、**内容の含意はそのままに、形式のレベルで斬新さと他の文脈との接続可能性を与えることで、シニシズム／アイロニーの発動を最小限に抑えている。**そして同時にそれは、「ボランティア」という語がこれまで使用されてきた文脈の限定性を解除して、多様な行為やコミュニケーションとの間に概念上の接続性を与える操作でもある。

第二に、「自発性パラドックス」を中核に据えることは、「ボランティア」というカテゴリーを拡張する上で有効である。例えば、「自発性パラドックス」は、贈与-交換の質とは別の位相上に位置するため、「時間預託制」や「有償」などの差異にかかわらず「ボランティア」へと包摂することができる。別言すれば、**〈贈与のパラドックス〉（の「つらさ」）は、「自発性パラドックス」（の「つらさ」）の中に、包摂・回収される**ことを意味する。言うまでもなく、後者は前者より広い。なぜなら「自発性パラドックス」とは、起業すること、告白すること、ブログを始めることなど（ボランティアにかかわらず）あらゆる「新しく始める行為」に憑依する不安だから。そして、〈贈与のパラドックス〉の解決も、「自発性パラドックス」の解決――つまり、「不安に打ち勝って新しく踏み出せば、力になってくれる人が出てきて結構うまくいくものだし、そのプロセス自体から得られることも多い」という啓発本的な真理――へと転位することで図られる。贈与-交換の意味論が孕んでいた隠微な権力性の問題も、上記の極めて健全な一般論という形で解消することが示される。

既存のボランティア論の言説範域を超えて、「ボランティア」をより一般的な行為として通常化《ノーマライゼーション》し、その概念の拡張と偶有化の中で、様々な同定問題も解消していく言説――金子郁容のボランティア論は、かつてない規模で進んでいた「ボランティア的な諸行為」の推進／育成のための言葉と共通の平面上にあった。その中核にあった言表こそが**「互酬性」**であった。

(2)「互酬性」概念の効用

「互酬性」は、木下征彦らも指摘するように、一九九〇年代以降のボランティア論において最も参照された概念である(遠藤・土志田 1995;木下 2002)。これは基本的には、ボランティア活動による「報酬」を指し示すもので、既存の自己効用的ボランティア論のもとにある。しかしすでに見てきたように、自己効用が実体化する中で「無償性」という思想財との間に齟齬が生じ、一九八〇年代を通じて「ボランティアの同定問題」が発生することになった。この中で、「互酬性」という思想財を、「無償性」に上書きする形で導入することは、〈無償/有償〉という区別による「ボランティアの同定問題」を回避し、「推進」に邁進する上で極めて有効だった。いわゆる「一九九三年意見具申」では、ボランティアは、「慈善」や「奉仕」に基づくものではなく、生きがいの追求や自己実現など「互酬性」に基づく動機に変化してきたと指摘される。この観点のもとで、「有償ボランティア」という言表が採用され、推進することが奨励される。[21] また、同年の厚生省告示の「一九九三年指針」では、やはり「従来、ボランティア活動は一部の献身的な人が少数の恵まれない人に対して行う一方的な奉仕活動と受けとめられがちであったが」、今後は「地域社会の様々な構成員が互いに助け合い交流するという広い意味での福祉マインドに基づくコミュニティーづくりをめざす」(傍点引用者)と述べられる。そして、「ボランティア意識を基盤とした新しい取組」として「福祉公社」などの「自主的福祉組織による福祉活動」を挙げ、その特徴として会員制かつ「互酬性及び有償性」を挙げている。同様に、一九九三年に全国社会福祉協議会がいわゆる「住民参加型在宅福祉サービス」についてまとめた『住民参加型在宅福祉サービスにおける時間貯蓄・点数預託制のあり方について』でも、同サービスを「互酬的活動のシンボル」と述べている。

このように、「互酬性」は、「ボランティア」の内包の中核を指し示すものとされると同時に、「有償ボランティア」や「住民参加型福祉サービス」といった、一九八〇年代に〈それはボランティアであるか/ないか〉という同定問題の対象となった諸活動を全て外延として包摂できる便利な思想財だった。「相互依存によって得られる報酬」

を強調する金子郁容の議論でも、「有償ボランティア」や「時間預託制」などは、全て「ボランティア」の語のもとに統合されていたが、「互酬性」という思想財は――「無償性」などと異なり――報酬の種別性を問わず報酬の存在自体を要件とすることで、多様な外延に対する適用可能性をもつ。

一九九〇年代の厚生省のボランティア政策の上で重要な役割を果たした厚生省社会福祉専門官の栃本一三郎は、「一九九三年指針」を「チャリタブル（慈善的）ボランティアからレシプロシティ（互酬性）ボランティアへ」と解説し、次のように述べる。

従来、福祉関係ではボランティア活動が一部の献身的な人が少数の恵まれない人に対して行う一方的な奉仕活動であると受け止められがちであった。しかし、住民の自主的なたすけあいなどにみられる行為はさまざまなかたちの組織に属しているものの、それを個人レベルでとらえた場合、明らかにその意志はボランティアといえるものである。ボランティアの定義にとって、自発的に何らかの形で役に立ちたい、地域で活動したい、自分を生かしたいという、この一点が重要なのである。

（栃本 1993：27　傍点引用者）

栃本にとって、「互酬性」とは、「ボランティア」を一部の人が行う行為から「多数派へ移行する」ために必要な思想財だった。また、活動者の効用は、同時に政府によるボランティア推進（パラノイアックなほどの市民社会への介入）[22]の根拠ともなる。[23]ちなみにこのような――かつてなら〈国家／市民社会〉の区別の侵犯と観察されていたであろう――「介入」のための「指針」「意見具申」は、栃本自身によって、他でもなく「ボランティアに市民性原理を導入した」ものとして評価される（栃本 1994　傍点引用者）。彼のような「福祉活動への総参加をめざして」[24]という立場からすると、有償／時間預託制／ボランティア……という区別は不要となる。よって、「政府による育成は『自発性』要件に抵触する」とか「有償による動員は『無償性』という観点からも問題だ」といった批判は、この動きの中の「抵抗勢力」でしかない。栃本は、「一九九三年指針」や「一九九三年基本方針」について、「議論の目線をボランティア・イデオローグにおいていない」反面、「現に地道にボランティアを行っている人」と「世間一般」に向けていると述べている。「自発性・無償性」や民主化要件①にこだわることは、もはや「ボランティア・イデオローグ」として異質な存在として排除される。そして、推進にとって逆機能の方が目立ってきた「自発性・無償性」といった思想財に替えて、「互酬性に基づく人と人とのネットワーク」（栃本 1994）がボランティア概念の中核に据えられる。

互酬性を核に据えた栃本のボランティア論は一定の影響力をもち、彼の議論を踏まえて、「ボランティアの社会的価値を日本社会が共有していくために、ボランティアの意味を報酬に限定する（矮小化する）必要はなく、ボランティアの多義的な意味内容をゆたかにひろげていくこと」（高萩 1996：11）を重要とする議論が盛んになった。同時に、栃本の示した「慈善から互酬へ」という枠組に呼応するように、同様の様々な二項図式が参照された。「charity」と「mutual aid」（日本地域福祉学会地域福祉史研究会編 1993：366–369）、「事業型」と「地縁型」（杉野 1995）、「philanthropy」と「mutual aid」（森定 1997）などが一例であり、さらにその二項枠組をもとに、互酬的な相互扶助活動を、「日本におけるボランティア活動」の「伝統」や「特徴」として理解する議論も見られる（安立 1996b；1996c など。次項の鈴木広の議論もその典型である）。

このような「互酬性」を基盤に据えたボランティア論は、古くからのボランティア論者にも歓迎された。阿部志郎もその担い手の一人である。彼は、社会福祉施設[25]の運営者であると同時に、一九六〇年代以降ボランティア推進や言説生産において重要な位置にあり[26]、社会福祉に関する政府の審議会などにも多く参加してきた[27]。阿部は一九七三年の時点では、ボランティアの報酬性を明確に否定していたが[28]、一九九四年には態度を一八〇度と言ってもいいほど「軟化」させている。彼はまず、共同体や地域社会において不可欠な行為として「互酬性」を取り上げ、「香典―香典返し、結婚祝い金―引き出物、中元、歳暮の風習」を例示する反面、その基盤は失われてきているという。その一方で、新たに登場してきた「協同組合、農協、労働組合、福祉公社、時間貯蓄等」「相互に有料で利用し、有償でサービスを提供する」「市民参加型福祉サービス」に、「互酬の近代化・組織化」を見る。彼によると、これらは「(1)会員の自主性にもとづく、(2)友愛・協同の思想にたつ、(3)有償とはいえ実費弁償的性質のもので収益を目的としない、(4)グループとして、ボランタリー・アソシエーションの性格を保つ」ことから「広義のボランティアの原則からはずれていない」と述べる（阿部 1994：52）。ここでもやはり、「互酬性」の思想財を媒介として、「ボランティア」の言表の中に、多様な外延を包摂する言説パターンが見られる。

このように、ここで「互酬性」という思想財を獲得することによって、「ボランティア」という言葉は**高い汎用可能性**を配備することが可能になった。担い手にとって効用があると言えるなら、経験・楽しさ・友達づくり・評価・金銭的対価などを、区別なく堂々と「ボランティア」として肯定できる。むしろ「楽しくなければボランティアじゃない」のである（久保田 1996）。〈贈与のパラドックス〉は、このような形で「解決」されるべきこととなった。(29)

（3）併呑される「奉仕」

このボランティア論も当然、おなじみの〈新しいボランティア／古い奉仕〉という二値コードを伴っていた。だが、**今や「ボランティア」は、「奉仕」という外部を失いつつあった。**どういうことか。都市社会学者の鈴木広は、一九八〇年代半ばに、「ボランティア」という言葉のもとで理念本位的に行われる高階層者の自発的な参加活動と、「ボランティア」という言葉自体よく知らないまま下位階層の人々によって行われる「共同体的構成にもとづく、……伝統的ないし自然に見られる、相互援助的な慣行」（鈴木 1987：29-30）とが、並存しているという仮説を提示した（鈴木 1987; 1989）。この仮説のうち両極の階層が活動の担い手となるという仮説（Kパターン）は、他の実証研究で必ずしも支持されなかったが（平岡 1986; 三上 1991; 豊島 1998; 2000; 仁平 2003a）、一九八〇年代の段階で「ボランティア」言表が社会に一様に普及していたわけではないという知見は興味深い。つまり、福祉領域等を対象とした活動では比較的早く流通していたが、伝統的な地域活動（地域における清掃や町内行事、防火・防犯活動）の領域では流通に時間がかかり、比較的長い間——一九八〇年代半ばに至るまで——〈ボランティア／奉仕〉の言表の差異が、活動領域の差異と重複する形で存在していた可能性がある。これは統計的な例証も可能である。

図9-3は、世論調査によって示された、「ボランティア活動」経験率と「奉仕活動」経験率を時系列的に並べたものである。[30] 棒が「ボランティア活動」という言葉を用いた値、丸が「奉仕活動」という言葉を用いた値である。

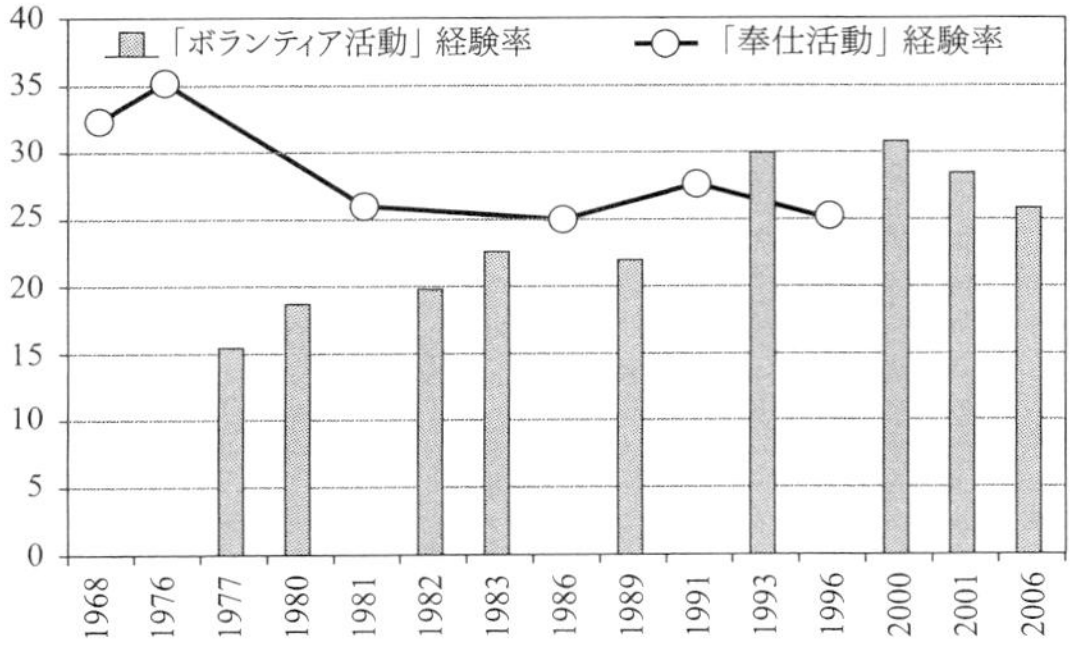

図 9-3　世論調査に見る「ボランティア活動」「奉仕活動」活動率の推移（%）

一九八〇年代までは「奉仕活動」の経験率が「ボランティア活動」経験率を上回っているが、一九九〇年代に入って両者の値は同じになり、さらに「ボランティア活動」という言表を用いた値の方が上回る。そもそも「奉仕活動」という言葉を用いた世論調査自体、一九九六年を最後に行われなくなる。これは、実態としての「ボランティア活動」が実態としての「奉仕活動」を上回ったというより、これまで「奉仕」という言葉のもとで理解されていた活動が、「ボランティア」という言表の浸透に伴い、その言葉で解釈され直されるという過程として理解されるべきだろう（仁平 2003a）。いずれにせよ一九九〇年代には、「ボランティア」の言表は、それまで外部にあった「奉仕」の言表を飲み込むことになった。もっとも飲み込むと同時に、「外部」の活動の特徴とされた「相互援助性」（＝互酬性）という規定は、「ボランティア」の意味論の中核へと転移したわけだが——。

このようにして「奉仕」という鏡像的な他者を失った「ボランティ

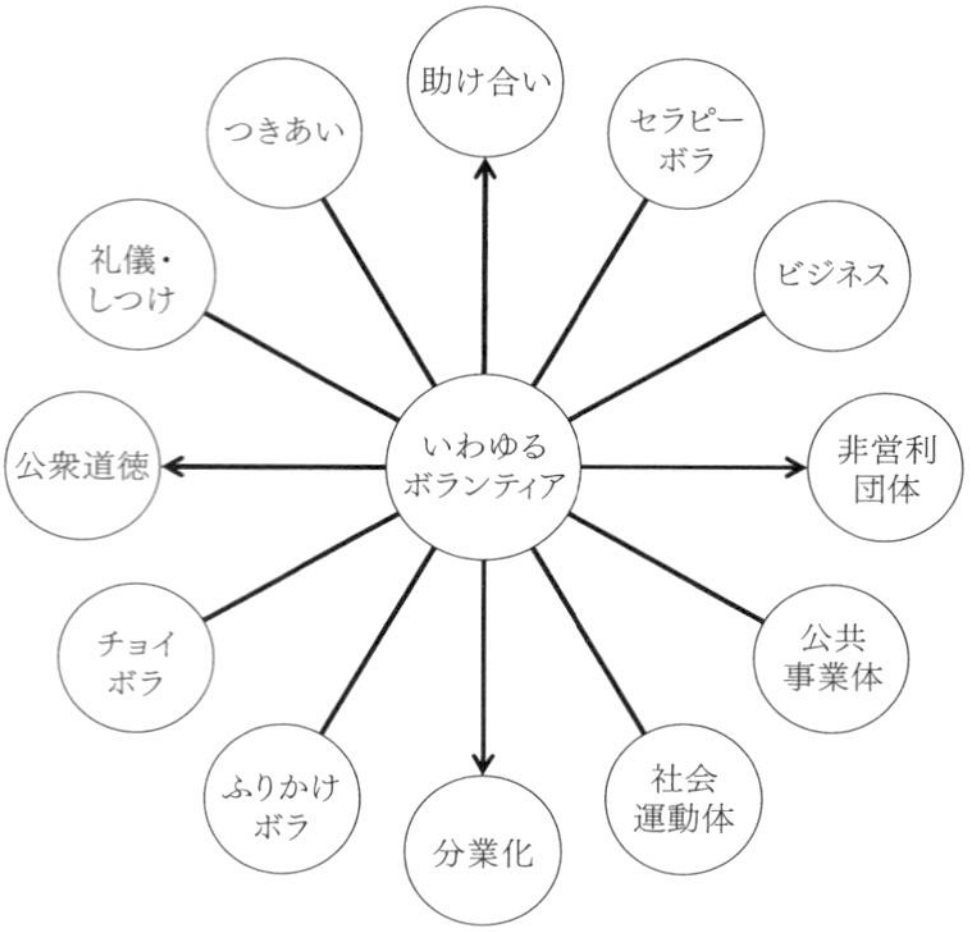

図 9-4　木原（1994）の「ボランティアの多様化マップ」

出所）木原（1994）p. 171 より引用。

ア」の言表は、それまでの〈ボランティア／奉仕〉の適用範囲とされていた領分を超えて、さらなる外部に向けて拡散していくことになる。

（4）融解する「ボランティア」

「互酬性」による「ボランティア」カテゴリーの汎用可能性の上昇は、ボランティア論を増殖・隆盛させることになったが、一方で「ボランティア」の境界を解体する言説を生み出していった。

　この点については中山（2007）も分析しているが、ここでは象徴的な事例を一つ取り上げておきたい。「福祉教育研究会」を主催し一九七〇年代からボランティアについて積極的に発言している木原孝久は、一九九四年の文章の中で、「『一億総ボランティア』が合言葉になり始めた」（木原 1994：170）と述べ、その「一億総ボランティア」の具体的な形として図9-4のような図を示している。図の中心が「従来の『篤志家』的なボランティア」であり、これは「たいして増えていない」が、「その周囲に、多少の差はあれ『ボランティア』の要素が含まれていると思われる営みが無数に分布するようになった」（木原 1994：171）。この中には、「礼儀・しつけ」「つきあい」「ビジネス」「公共事業体」など、**あらゆるものが含まれており**、自ら「『ボランティアの領分はここまで』の抑制がはずれた」（木原 1994：171）と宣言している。

　木原によるとこの中で「自発性」とか「無償性」なども「ファジーになっていかざるをえない」。まず「自発性」については、ボランティアとしての「礼儀・しつけ」は「半ば義務的に要求される資質」だからである。

> よくボランティア活動推進関係者がこの「自発性」の原則に縛られて、例えば児童生徒を半ば強制的に「ボランティア」活動をさせることに対して疑問を抱く傾向があるが、生徒たちに人間としての基本的な資質としての「公共精神」を身に付けさせることに「自発性」もへったくれもないはずである。この強制と自発性の間は、われわれが考えているほど対照的なものではない。ある意味で紙一重の差でしかない、ともいえる。
> （木原 1994：174　傍点引用者）

同時に、「無償性」についても、「ボランティア」概念の中に、「助け合い」さらには「ビジネス」まで含まれるというのだから、説明するまでもないだろう。そしてそれは、「相互的」（＝互酬的）という意味と結びつくことで、「これまでの『ボランティア』観を大きく変えることになる」（木原 1994：174）と捉えられる。一方で木原は、ボランティア概念を限定的に捉えようとする主張（例えば、ボランティア活動経験を成績評価に使うことを否定する議論）に対して、次のように厳しく批判する。

> このように「ボランティア」をいつまでも「特別な営み」にしておきたいと願っている勢力が残っているのも事実だ。「ボランティア」を厳密に定義し、それにあてはまるものとそうでないものを区分けする、いい換えるとボランティアを（商業用語で）「差別化」することに異常な執念を燃やし続ける人たちの立場は、しかしだんだんと弱まりつつある。
> （木原 1994：170）

木原の議論では、〈ボランティアである／ない〉という区別を適用する営み自体が、否定される。それは**〈〈ボランティアである／ない〉ではない〉という同定問題の禁止**である。

しかし、この木原の議論は、「ボランティア」を言祝ぐことに性急なあまり、その外延を限りなく拡張することで、「ボランティア」の境界自体を解消し、結果としてボランティアというカテゴリー自体を空虚なものにしてしまった。**「ボランティア」が他の行為の中に回収されるなら、もはや「ボランティア」という言表を使い続ける利得はないのではないか。**このようにあまりにも拡張し、その結果空虚化した「ボランティア」概念に変わって、次節で見るように、「ＮＰＯ」が、より有意義なカテゴリーとして運用されていく。

「ボランティア」の境界を解体し、カテゴリーを限りなく融解させる「ボランティア殺し」は、ボランティアを「促進」する欲望に駆動され、担い手の効用を前提とした「互酬性」の名のもとに行われたものだった。担い手の効用を高めるという欲望は――木原の議論でも見られたように――〈教育〉の意味論と同期化することで亢進していく。本節の最後に、その点だけ確認しておきたい。

（5）〈ボランティア／奉仕〉区分の不具合――〈教育〉という生存ルート

「ボランティア」の語が融解し周辺化する中で、その言表は消え去るのだろうか。本書では、「ボランティア」の語は、〈教育〉との強い連関を保つことで、当面は存在を残し続けると考える。実際、ボランティアと〈教育〉との連関は、構造化されていると言えるほど安定している(31)。イギリスなど他の先進国でも、ボランティアの自己語りが、自己実現やキャリア形成といった文脈でなされるという現象は見られ、ハスティンとラマーティンは、それを再帰的近代に特有な「再帰的ボランティア」と呼んでいる（Hustinx & Lammertyn 2003）。

しかし、日本のボランティア言説の〈教育〉の意味論との結びつきは、「ボランティア」に併呑されたはずの「奉仕」という古い用語を、再び表舞台に引っ張り出すという奇妙な事態も引き起こした。この過程と含意について、近年の教育政策論議における鬼子である「奉仕活動義務化」に焦点をあてて見ていこう。

二〇〇〇年三月に内閣総理大臣の私的諮問機関として発足した教育改革国民会議の第一分科会審議会は、青少年に「奉仕活動」を一定期間義務づけることを提言し、大きな話題を呼んだ。メンバーで作家の曾野綾子らが七月にまとめた「日本人へ」という第一分科会審議報告を経て、結局同年の一二月に出された最終報告「教育を変える一七の提案」では、高校までの各学校段階で「共同生活などによる奉仕活動」を義務づけたうえ、「将来的には、満一八歳の青年が一定期間、環境の保全や農作業、高齢者介護など様々な分野において奉仕活動を行うことを検討する」という文言が盛り込まれた。これは、制度的には首相の私的諮問機関にすぎないものであったはずだが、文部科学省は『二一世紀教育新生プラン』（二〇〇一年一月）を作成し、「奉仕活動・体験活動の充実」が、二〇〇一年度から推進されることになった。その具体化として、同年七月「学校教育法・社会教育法の一部改正」が施行され、これによって社会教育法第五条（市町村の教育委員会の事務）に「青少年に対しボランティア活動など社会奉仕体験活動、自然体験活動その他の体験活動の機会を提供する事業の実施及びその奨励に関すること」が追加規定される。さらに、学校教育法一部改定案の第一八条の二に、小学校では「児童の体験的な学習活動、特にボランティア活動など社会奉仕体験活動、自然体験活動その他の体験活動」の充実を求める文言が加えられた。

戦後、参加の負のイメージを一手に担い続けてきた「奉仕」の語は、ここにおいて一躍脚光を浴びることになった。**この「奉仕活動」騒動を通して、逆に「ボランティア」と〈教育〉の接続の強さが、逆照射された**と考えられる。どういうことか、以下で見ていこう。

まず、この「奉仕活動義務化」をめぐっては、これまで「ボランティア」の言表／思想財に準拠していた人々から、強い批判が寄せられた。その中核的な主張は、「『ボランティア活動』と『奉仕活動』はあきらかに同義語ではない」（興梠 2003：67）というものである。例えば、日本ボランティア学習協会は、会員アンケートに基づいて二〇〇〇年一〇月に教育改革国民会議中間報告へ意見書を出した。佐藤一子によると、それは二点にまとめられる（佐藤 2001）。第一に、「『奉仕』という言葉は自己犠牲的イメージが強く、ボランティア活動がもつ『互助的精神』や活動者とサービスの受け手との『双方向性的』で『共生的』な関係や『相互学習的』な関係にゆがみを生む危険があり、今日の水準にふさわしくない」。第二に、「奉仕活動の義務化」は「教育活動が目的とする『学ぶ者の自律性や主体性を育むこと』、『個性を尊重し合うこと』、『他者や社会との関係を進んで作ること』に実を結ばない」。

いずれもボランティアの意味論の中で〈悪い贈与〉の特性とされてきた「非対称的」と「非自発的（強制的）」という二つの要素を、「奉仕活動」に付与する形で批判するものである。ここでは、奉仕活動の義務化が「強制的」で、自律性・主体性・個性の形成や他者との関係づくりを阻害するという批判を検討したい。

ここで問題にしたいのは、その批判の強度である。まず、奉仕活動義務化の主唱者である曾野綾子の発言を見ていこう。

まず私は奉仕活動とボランティア活動はまったく別物と考えています。ボランティアというのは金子さん（引用者注：金子郁容）の言われる自発的コミットメントにあたる。誰にも強制されなくとも、究極には命まで賭けてコミットするのがボランティアでしょう。それに対して、奉仕はもっと限定的なものです。国家から、義務教育とか健康保健とか国民年金を受け取る反対給付として、義務としての奉仕活動を行うべきだ、と私は考えているんです。権利には義務が伴う、誰もがみんなのために為さねばならないことを為す。そのことを教えるためにも、奉仕活動は義務であるべきだと考えています。教育は、必ず強制の要素を含むものです。だから奉仕活動を強制したらいけない、という批判は成り立たない。（浅利他 2000：96）

これを踏まえて、ボランティア論の金子郁容も次のように述べる。

十八歳時の奉仕活動については、ある意味で人間がすごく利己的にもなり、社会的な損得が強く意識されだす年齢で、そうした活動を行なうというのはとても意義のあることだと思います。それは、義務だからこそ意味がある。ボランティアを義務化するのはおかしい、というのは批判になっていません。（浅利他 2000：98）

保守派の論客の曾野とボランティア論者にしてネオリベラリストとも呼ばれる金子は[32]、ここで共通して奉仕活動の教育効果の重要性を強調している。しかも注目すべきは、両者とも〈ボランティア／奉仕活動〉の区別の慣行を熟知した上で、「奉仕活動」の語を選んでいるということである。そして「奉仕活動」を強制することは、教育そのものが強制である以上、何の矛盾もないと論陣を張る。

同様の議論は、当時の遠山文部科学大臣の答弁にも見られ、「ボランティア活動は個人の自発的意思に基づく活動であるのに対しまして、奉仕活動は、自発的意思に基づく活動はもとよりでありますが、非自発的活動も含まれるという点が挙げられる」（文部科学委員会議録第一七号 二〇〇一年六月八日）と述べている。つまり、「ボランティア」の自発性・自律性を、強制批判の根拠に据える議論は、「ボランティア」の言表を自ら放棄した立場には、有効ではない。

さらにここで検討したいのは、批判者側の依拠する「ボランティア＝自発的」という図式自体がどこまで成立しうるのかということである。上記の日本ボランティア学習協会の批判でも、「ボランティア」の教育への導入の意義自体（「学ぶ者の自律性や主体性を育む」等）は積極的に認められているし、佐藤一子も、一九九〇年代の一連の「〈教育〉としてのボランティア施策」を評価している（佐藤 2001：21）。ボランティア＝〈教育〉を認めるとしたら、ボランティアと奉仕活動の差異は、〈教育〉的方向づけを、「強制的」に行うか「自発性」の契機を取り入れるかという相対的な程度問題となるのではないだろうか。

しかもその「相対的な程度」は、「奉仕活動」関連政策が展開する中で、微細なものになっていく。まず教育改革国民会議の最終報告では、曾野らが最初に提言したものより、義務化のニュアンスなどが大きく後退した。さらに、これを実効化させる二〇〇二年の中央教育審議会『青少年の奉仕活動・体験活動の推進方策等について（答申）』では、奉仕活動を「『自分の時間を提供し、対価を目的とせず、自分を含め地域や社会のために役立つ活動』としてできる限り幅広く考える」とし、外延がこれまで「ボランティア活動」と呼ばれてきたものと実質的に重なるようになる。内包に関しても、「用語の厳密な定義やその相違などに拘泥することの意義は乏しい」として、両方の言葉（奉仕／ボランティア）を等価に捉えることが述べられている。

その方法論として挙げられているものも、「校内推進体制の整備」や地域による「学校サポート委員会」の設立、単位認定や大学入試への導入など、一九八〇〜九〇年代の学校への「ボランティア」推進策の中で、くり返されてきたことである。比較的ユニークなところでは、「青少年の日常の活動の証としたり、高等学校における単位認定や、就職や入試への活用、文化施設、スポーツ施設等公共施設の割引や表彰を行う」ための全国標準の「ヤング・ボランティア・パスポート（仮称）」を設けることが示唆されているが、それすらも一九九一年に全国社会福祉協議会・社会福祉ボランティア活動研究委員会が提示した「全国共通の『ボランティア手帳』又は『ボランティアカード』」のアイデアの後塵を拝している（第8章四節(3)参照）。

議論となっている「自発性」については、どうだろうか。

奉仕活動等においては個人の自発性は重要な要素であるが、社会に役立つ活動を幅広くとらえる観点からすれば、個人が様々なきっかけから活動を始め、活動を通じてその意義を深く認識し活動を続けるということが認められてよいと考えられる。特に学校教育においては「自発性は活動の要件でなく活動の成果」と捉えることもできる。

社会教育研究者の長澤成次は、これについて、「子どもが学びと生活の自主的な創造主体であるという発想はなく、時間をかけて自発性を育てるという発想もない非教育的論理になっている」（長澤 2002：16）と述べているが、このレベルの文章を「非教育的」として否定するなら、これまでの「ボランティア教育」論の多くも、同じ罪状で否定される必要があるだろう。「望ましい特性はボランティア活動の結果事後的に構成される」という〈教育〉のレトリックは、政府・民間[33]を問わず、ほとんどのボランティア教育推進文書の前提となっているのだから——。

しかし多くの社会教育／生涯学習関係者は、学校教育へのボランティア活動の推進を求めるため、教育におけるボランティア政策自体は棄却しきれない。大田区教育委員会社会教育指導員の越村康英は、この答申を批判する論文の中で、次のように述べている。

確かに「まず活動ありき」であっても全く無意味とはいえないであろう。活動してみることによって得られる「気づき」「発見」が課題意識を芽生えさせ、自発性・継続性につながっていく可能性も十分に期待できる。しかしながら、「まず活動ありき」を前面に押し出すことが、自主性・自発性の軽視につながり、奉仕活動の強制・義務化を容認する理論として機能する側面をもっていることには注視する必要がある。

（越村 2003：15）

「まず活動ありき」に対して越村の歯切れが悪いのは、「まず活動ありき」の立場を前提にして、教育領域へのボランティアの導入が進められてきた歴史があるためだと考えられる。上記の、「自発性・継続性につながっていく可能性」と「自主性・自発性の軽視につながり、奉仕活動の強制・義務化を容認する理論」の区別は、教育学から一歩出たとき、社会的にどこまで有意味なのだろうか。

つまり、〈ボランティア／奉仕活動〉という区別にもかかわらず、ボランティア活動を通した主体形成という両者の欲望に、ほとんど種別性は認められない。ちなみに、一九九三年に全国社会福祉協議会が出した『「ボランティア活動推進七ヶ年プラン構想」について』では、七年間のうちに「国民の過半数が自発的に福祉活動に参加する」ことを基本目標に掲げている。これに比べると、一八歳の奉仕活動義務化も規模的にはささやかに見えるほどだ。

左派右派を超えて夢想される「ボランティア」による主体形成——これによって「主体化」した人々が参与するとされるものこそが、次節で検討する〈政府／市場／市民社会〉の不分明地帯であると思われる。上述の二〇〇二年の中央教育審議会ではその領域を「新たな『公共』」と呼ぶ。答申によると、それは次のようなものである。

個人や団体が地域社会で行うボランティア活動やＮＰＯ活動など、互いに支え合う互恵の精神に基づき、利潤追求を目的とせず、社会的課題の解決に貢献する活動が、従来の「官」と「民」という二分法では捉えきれない、新たな「公共」のための活動とも言うべきものとして評価されるようになってきている。

本答申では、このような、個人が経験や能力を生かし、個人や団体が支え合う、新たな「公共」を創り出すことに寄与する活動を幅広く「奉仕活動」として捉え、社会全体として推進する必要があると考えた。

次節以降で見るように、〈政府／市場／市民社会〉の区別が融解した領域では、全てのセクター／アクターが、「公益」に向けて、「世のため人のため」（小林 1998：81）に尽力するとされる。そこに敵対性のラインはない。左派も右派も政府担当者も市民も、その領域を――それぞれの価値をそこに投射しながら――規範論的に是認する。その場所は「ＮＰＯ」に領有されていくが、「ボランティア活動」の意味論も、その場所に適合的な主体の形成を自らの役割として位置づけることで、〈終焉〉後の居場所を確保する。このような形でのＮＰＯとの分業体制は、「ボランティア」の意味論変動の自然な終着点だと思われる。

五　ボランティアの〈終焉〉（２）――経営論的転回とＮＰＯ

本節では、「ボランティア」が、市場という意味論的／機能的地平に接続する中で訪れたもう一つの〈終焉〉について、簡単に触れておきたい。そこでは、「ボランティア」が、市民社会の意味論の中で周辺化されていく事態が観察されるだろう。

（1）「企業」と「市民社会」の邂逅――新たな不分明地帯の上昇

厚生省のボランティア施策を主導した一人の栃本一三郎は、「一九九三年指針」や「一九九三年意見具申」の特徴の一つとして、「経団連を初めとする企業関係者、連合、農協、生協といった、日本を支えている中間層を形成する人々が議論に参加していること」（栃本 1994）を挙げている。経団連を「中間層」と言い切るセンスの善し悪しは置くとして、企業関係者がボランティア言説生産に関わるようになっていたことは妥当な言明である。金子郁容のボランティア論でも「企業の社会貢献活動はなぜ必要か」というテーマに一節が割かれているが、この時期企業は、市場における〈交換〉とは種別性をもった〈贈与〉の領域を、自らのうちに組み込むことに関心を有していた。

経済界が、「非営利」の領域に関心をもち、「現在の企業の社会貢献活動の下地」ができたのは、一九八五年九月のG5によるドル高是正のための「プラザ合意」が契機になっていると指摘される（島田 1999；伊藤 2003 など）。プラザ合意による協調介入は、円高ドル安を引き起こし、日本企業ではアメリカやアジアなどへの工場移転が生じた[34]。一九八〇年代は日本車を中心とした海外輸出超過による影響で日米間の貿易摩擦があったため、現地の雇用に悪影響を与えにくい海外現地生産が模索されていたという背景もあった。対外的には「日本企業のグローバル化」を進め、国内では低金利政策からバブル景気の原因にもなったこのプラザ合意が、日本企業によるフィランソロピーの導入を進めたというのは示唆的である。つまり、アメリカへの集中的な工場進出によって、再び大きな摩擦を引き起こした日本企業は、その摩擦を緩和・解消し社会的な参入障壁を下げるために、欧米企業が地域社会に処する手法である「コミュニティ・リレーションズ、フィランスロピーの考え方を学んだ」（伊藤 2003：64-65）。

具体的には、経団連は、一九八六年に訪欧を八八年には訪米を行い、欧米の企業の社会貢献について調査を行った。その結果をもとに一九八九年一一月に、企業の経常利益の一％を社会貢献に支出しようと提唱する「一％クラブ」が創設され、翌一九九〇年に一七六社が加入して正式発足する。一九九〇年七月には二九〇社からなる「企業の社会貢献推進委員会」が、一九九一年四月には「社会貢献部」が経団連事務局に設置された（島田 1999：172）。この中で一九九〇年については「フィランソロピー元年」という表現もプロデュースされている。また主な企業の社会貢献担当部署は、製造業の企業を中心にその多くが一九九〇年前後に設立されている（出口 1999：64）。当時の日本企業には、バブル景気を背景とした資金的余剰があり、またやはり貿易摩擦などを背景に余暇時間の増大＝労働時間短縮をめざすことが奨励されているという文脈もあった。ボランティア推進のための提言において「企業・労働組合の社会貢献活動の振興」や「ボランティア休暇制度」が必ず盛り込まれるようになっていた。

このような動きは、企業の景気によって変動し、景気が低迷した一九九〇年代以降から二〇〇〇年代前半にかけて、社会貢献の実額も経常利益比でも減少している[35]。とはいえ一九九〇年代に、「参加型市民社会」をめぐる意味論において、企業はその比重を大きくしていった。NPOやフィランソロピーを研究する出口正之は「企業とNPOの良好な関係を『スィート・カップル』と呼んでいるが、九〇年代前半に『スィート・カップル』が少しずつ形成されていったと考えている」（出口 1999：65）と述べている。

「市民社会」の側も企業へと開いていく。例えば一九九一年一〇月には、大阪ボランティア協会と日本生命財団が協力して、「企業と社員のボランティア活動を応援していくため」に、「企業市民活動推進センター」を発足させた。大阪ボランティア協会のような民間の支援組織にとっても、企業がボランティア活動に関心をもつことは、新たな事業展開のチャンスでもあった。経団連でも、一九九三年度から「ボランティア体験セミナー」が開始されている（出口 1999：64）。

様々な形で「企業」と「(市民）社会」が出会う場所が作られつつあった。ボランティアの意味論が〈贈与〉から〈交換〉へ向かうベクトルの中にあるとしたら、「企業の社会貢献」は〈交換〉の場所から〈贈与〉に向かうベクトルの中に求められる。日産自動車広報部で経団連の懇談会座長[36]なども務めている島田京子（1999）は、企業の社会貢献の要件として、「直接の見返りは求めないが、間接的な見返りは求める」と述べている。「社会貢献活動の結果、望ましい社会へと近づくことによって、よい市場が獲得され、企業の永続性も可能になるのが間接的対価である。間接的対価を求めることは、営利企業である以上、株主や顧客、社員などステイクホルダーズに対する義務でもあろう」（島田 1999：181–182）。

ここで注意したいのは、島田の議論は、〈交換〉の平面から離脱すること（「直接的効果を求めるものではない」）の必要性を述べているが、一方で、〈贈与〉に接近しすぎないこと（「間接的対価を求めること」）も強調している点である。同様に一％クラブの事務局長の伊藤一秀は「単なる慈善活動や利益の社会還元ではなく、企業の社会参加の一形態であり、会社を変革する契機となる活動」（伊藤 2003：65）と述べている。さらに日本青年奉仕協会の斉藤信夫は、一九九二年の時点で、「企業の社会貢献というと、従来は『世間への恩返し』や『利益の社会還元』といった慈善活動を意味していた」が、現在は異なる動きが見られるとして、「イメージアップのための社会貢献」という「戦略的・能動的な社会貢献活動」の意義を積極的に評価している（斉藤 1992：60）。このように、「企業の社会貢献」も「ボランティア」も、〈贈与〉でも〈交換〉でもない領域の中へと導かれ、そこで企業／（市民）社会の区別は偶有的なものになっていく。この点について、島田京子は、次のように表現している。

> 一九九〇年代に新しくスタートした社会貢献活動は、それまでの「企業の社会的責任論」とは基本姿勢において大きな違いがある。すなわち、それまでは「企業」対「社会」という対立的構図で企業の「責任論」が語られていた。しかし、九〇年代以降は、「企業と社会」ではなく、「社会の中の企業」、つまり、「企業もまた社会の一員である」との考え方を確立しようという動きが顕著になった。社会の課題の解決に直接参加していく活動を捉えられるようになったのである。（島田 1999：176–177）

「企業」と「市民社会」の区別が――「スィート・カップル」として――融解していく。しかも、すでに述べたように、「ボランティア推進」などの文脈で、〈政府／社会〉の区別も偶有的になっていた。経済企画庁国民生活局余暇・市民活動室長の小林裕幸は、全社協全国ボランティア活動振興センター所長の和田敏明との対談で、ボランティアやＮＰＯを「行政がコントロールすることは、基本に反する」と言いつつ、「活動側も行政と敵対するのではなく、社会的活動を共に営む仲間だと考えてほしい」と述べる。なぜなら、『世のため人のため』という基本方向は同じ」だからである（小林 1998：81）。ここに〈政府／市場／市民社会〉のどこにも還元不能な空間のリアリティができあがっていく。

ここに成立した新たな不分明な領域の「担い手」として主導性を獲得した意味財こそが――「ボランティア」ではなく――「ＮＰＯ」であった。

（2）「ＮＰＯ」の上昇――経営主体としての「市民」

先ほど見たように、「ボランティア」の意味論は、「互酬性」という思想財を手にすることで、多くの外延に対する高い適用可能性を獲得することになった。しかしこれは、「ボランティア」自体の強度の向上というより、〈ボランティア／その他〉の区別を超えて包括するカテゴリー自体が要請されていたことを示すものだったとも言える。逆に言えば、「ボランティア」の語以上に、適用範囲の点で有効な言表／思想財があれば、「ボランティア」の言表は放棄されうるということである。

前述のように、「互酬性」の語のもとに、「ボランティア」の範囲は、実体化された報酬を伴ったものにまで広げられていた。一九九三年基本方針に見るように「民間非営利の有償サービス活動を『ボランティア活動』の一形態といいきる」ることも不自然とされなかった。しかし一方で、推進のために「ボランティア」という語に、〈有償／無償〉の種別性を放棄して、あらゆる活動を包含していくことに批判的な議論もあった。大阪ボランティア協会と深く関わる筒井のり子は、その観点から鋭い考察を行っている（筒井 1993）。とはいえ、大阪ボランティア協会でも、〈有償／無償〉の区別を超えて、「ボランタリーな領域」を名指し・肯定する志向は共有していた（第8章四節

(5)参照)。ただそこに「ボランティア」という言表を与えることに否定的だっただけであった。

一九九〇年代は、「ボランティア」に「互酬性」という思想財を与え適用可能性を高めると同時に、その「ボランタリーな領域」を指し示す包括的な言葉として「ボランティア」に資格喪失を宣告し、別の言葉に移し替える作業も行われつつあった。

その新しい言葉こそが「NPO」である。

本章第二節(2)で述べたように、一九九四年頃から「NPO」の法制化を求める動きがあったが、これは、個人の行為概念＝ボランティア活動、組織形態＝NPOという言表配分にとどまらなかった。「NPO」は、「ボランティア」と同一平面上に置かれた上で、それを超えるものとして位置づけられた面もあった。

例えば、厚生官僚の栃本一三郎（1994）は、『月刊福祉』誌上で長期に行われた「ボランティア革命」と題されたリレー特集の文章において、〈ボランティア

表 9-3　栃本一三郎による〈ボランティアである／ない〉の表

Volunteer is	Volunteer is not
セルフ・ヘルプ，自治，自律	慈善，救済
いつでも	
どこででも	特別な場所で
だれでも（多くの人が，健常者も障害者も）ボランティア	少数の人が，特別な人が，豊かな人が
お互いのため	恵まれた人から恵まれない人へ
双方向	一方通行
多様性の許容	非寛容
普通の人	選民意識
気軽に	自己犠牲
楽しく，喜びをもって	自己犠牲，耐える
自己学習的	教育的
目的はさまざま	目的はひとつ
ネットワークの増殖	受け手と担い手の関係に収斂
責任をもって	やる方の自由
受け手の視点	本人の気持ち優先
コミュニティ活動	コミュニティとは無関係
経費はかかる	**すべて手弁当**
（組織について）NPO	**ボランティアの集まり**
社会的評価も否定しない	陰徳
するのは私	他人がすること

出所）栃本一三郎 1994「ボランティア革命 3　分権的で多元的な参加型福祉社会の創造」『月刊福祉』77(3)：p. 51。

である〈Volunteer is）／ボランティアではない（Volunteer is not)〉というリストを作り、前者に、彼が「真にボランティア的」と考える特徴を挙げている（表9-3参照）。これまでの「ボランティア」の言表をめぐって行われてきた〈よい贈与／悪い贈与〉の区別の集大成のようなリストで、「ボランティアではない」という方には、これまで「悪い贈与」という値を与えられてきた項目を並べている。その中で興味をひくのは、「ボランティアではない」として「ボランティアの集まり」「全て手弁当」が挙げられており、「ボランティアである」に「NPO」「経費がかかる」が挙げられていることである。つまり、無償の「ボランティアの集まり」の団体は「真のボランティア」ではなく、逆に、経費がかかる活動をして「NPO」という事業体であることこそ「真のボランティア」ということになる。

〈贈与のパラドックス〉を回避するために否定し、報酬を強調する〈交換〉を志向していく「ボランティア」の意味論の運動が行きついた果てが、**"Volunteer is not Volunteer." という自己論駁**であった。一九九五年は「ボランティア元年」と言祝がれる年だが、実は意味論的にはその同時期に、「ボランティア」の場所は偶有化され、「NPO」の思想財に主導されるカテゴリーの下位分類として再編されつつあったということである。量的に見ても、ボランティアとNPOとの間で序列が入れ替わったことは、図9-1・9-2で確認した通りである。

この「NPO」の意味論形式について二点ほど挙げておきたい。

第一に、「NPO（活動）」という言表は、「ボランティア（活動）」以上に〈有償／無償〉の種別性を完全に無効化することができ、その分高い適用可能性を有している。

厚生省社会・援護局地域福祉課長の樋口正昇は、「NPO」およびその前身とされる「住民参加型在宅福祉サービス団体」の意味論的含意として次のように述べる。つまり、「昔のボランティアグループの活動は、自分でお金を出して、人のためにやるということ」だったが、「これでは継続性に欠ける」。その中で「無理なく事業をまわすものとして対価を受ける『住民参加型在宅福祉サービス団体』が誕生」した。その結果、「ボランティア活動というのは、無償であることが大事なのではなくて、非営利であり自発的な活動であることが重要であるということが確認」された（小林他 1998）。まさに、"Volunteer is not Volunteer but NPO."というわけだ。「ボランティア」は、「NPO的なるもの」の下位カテゴリーに位置づくことで、「NPO的なるもの」の中では、「ボランティア＝無償であること」は、偶有的な変数となる。

第二に、そしてこの「NPO」の意味論は、これまでの〈贈与〉を基準としながら〈交換〉へと広がっていく「ボランティア」の意味論とは対照的に、**〈交換〉の意味論に軸足を置きながら〈贈与〉の領域をも統御していこうとするもの**だった。NPO論には、アメリカ発の組織経営論の影響も強いが、その文脈で、経営合理性をもつことが「市民」にとって重要な要件と見なされるようになっていく。ボランティアやNPOへの資金支援に関する『月刊福祉』上の座談会の中で、神奈川県社協のボランティアセンター所長の髙島さち子は、ボランティアグループにも「組織運営のノウハウ」が必要だと述べ、財団法人安田火災記念財団専務理事の堀内生太郎も「代表者や会計責任者が明確で予算・決算をやっているなど、最低限の決まり」をしないと「同好会ではあってもボランティア団体とは違う」と述べる（近藤他 1997：23-24）。同様にNGOのAMDAの日本支部事務局長である近藤裕次も、積極的な「経営」の観点を主張する。「私たちは、NPO、NGOとしての経験と知恵をもって、社会的な隙間にあるニーズを見つけ、民間としての自由な発想を生かして活躍の場をつくっていくことが大事です。つまり、商品価値を出すために『付加価値』戦略を考えるということです」（近藤他 1997：24）。

ここでモデルになるのは、言うまでもなく市場における〈交換〉の意味論であり、企業の行動である。前述の経済企画庁の小林裕幸は「ボランティア団体やNPOには、営利企業のような競争原理が働」かず「必要な知識や力が蓄積され」ないため、「他の団体のマネジメントの知恵を学び取っていく努力が重要」になると述べる（小林 1998：83）。同様のことは政府官僚だけではなく、日本青年奉仕協会の斉藤信夫も「企業経営の視点で、ボランティア活動や民間非営利団体の運営管理に助言することは地域活動を充実発展させる可能性を秘めている」（斉藤

1992: 61）と述べる。

一九九七年に全国社会福祉協議会・全国ボランティア活動振興センターが出した資料は、「ボランティア・NPO活動への資金支援の実態と課題」というものであった。そこでは自主財源を確保することと共に会計報告の重要性が説かれる。「支援団体への報告等がおろそかになるようなケースがあるが、『いいことをしてるのだから理解・支援をされて当然』という気持が出て、外部の理解や評価を求める努力や自分達自身で活動を自己評価することすらおろそかになっていないだろうか。これらのことを含め、自分たちの社会的使命（ミッション）を明確にし、その達成のために最も効果的・効率的に資源を投入するという意味のマネージメントは十分だろうか」。ここで〈贈与のパラドックス〉の解決は、「外部の理解・評価」という監査的視線に耐えうる透明性をもつことに求められている。それは、外部から資金を調達する前提であると同時に、社会的な責任なのである。そして、情報と資金（寄付など）の流れが透明な「社会貢献マーケット」の構築を呼びかける。

> 「社会貢献マーケット」とは、市民、支援団体、NPOとの間で、どのような社会の課題があり、それに対してNPO（支援団体）はどのようなプログラムを用意し、参加や支援を求めたいのか（支援しようとしているのか）、という情報が活発に交換されることにより、双方の自由な選択と結びつき（＝参加や支援）や評価が行われるようにしていく機会・場、機能を意味する。（p. 32）

「参加型市民社会」と構想される／されていた領域は、「市場（マーケット）」のイメージと重ねられ、その意味論とテクノロジーのもとで実効的に作動する領域だと定義／上書きされている。

*

われわれはすでに戦前のある時期において、経営体としての健全性が〈よい贈与〉の指標とされ、アメリカの社会事業経営の技術が重視される過程を見てきた。そこでは、〈純粋贈与〉への志向との緊張関係の中で、「富者」の主体変容や、社会を啓蒙するために、社会事業の領域と一般社会とを往復する「越境する身体」としてのボランティアが求められた。これが、経営主体としての社会事業施設とは明確に区別される「ヴォランティア」の言葉が、日本で誕生した時の風景だった。

一九九〇年代以降の言説空間では、市場からの寄付が「不浄」だと述べることは、もはや滑稽さすら漂う。市場と市民社会は「スィート・カップル」であり、政府／市場／市民社会は「世のため人のため」という点で「同じ」である。この中で、どこからどこへ「越境」できるのだろうか？　どこか「啓蒙」すべき領域が残っているのだろうか？

〈政府／市場／市民社会〉のいずれへも還元不能なこの空間においては、情報が透明に公開され、健全で効率的な経営の精神と技術をもつことこそが、何より重要とされる。この中で「ボランティア」は消滅するわけではない。**ただ冗長になるだけである。**「ボランティア」はもはや、〈贈与のパラドックス〉の生起／解決の反復が行われる舞台ではない。〈交換〉への接近を強いられた「ボランティア」は、その臨界まで行ったときに、静かに放棄された。贈与-交換の意味論は、それによって、〈交換〉の意味論へより漸近することができ、パラドックスはかつてなく上首尾に解決されたのだ。

この洗練された解決法によって、後景へと追いやられたテーマについて確認しておきたい。

六 〈終焉〉後の風景——〈贈与〉と〈政治〉の場所

(1) 剥落する〈贈与〉と〈政治〉

経営的合理性を伴った透明な〈政府／市場／市民社会〉の混成体の意味論は、企業に社会的責任を問う回路を開くと同時に、市民社会の財政基盤の強化につながるもので、民主主義を拡張させるポテンシャルを有していた。その一方で、この平面からはじき出された要素がある。〈贈与〉と敵対性を孕んだ〈政治〉である。

〈贈与〉については、これまで述べてきた通りである。

そもそも〈贈与〉は、〈贈与のパラドックス〉の生起／解決の歴史を通し、絶えず査問にかけられてきた。〈交換〉への接近も、被援助者＝他者への抑圧を解除するという文脈でも見出された。第8章四節(2)でも見たように、それはライフ・ポリティックスと結びついていたのである。

しかし、一九九〇年代の〈交換〉への漸近は——「ボランティア」という語をも振り落としながら——「経営的合理性」の意味論への接近という形をとっていく。言説上において、ネオリベラリズムとの関係が最も問われるのはこの瞬間である。サプライサイド派経済学者の一人であり、経済財政諮問会議民間議員や政府税制調査会会長[37]も務めた本間正明は、一九九〇年代を通じて、『フィラン・ソロピーの社会経済学』(一九九三年)、『ボランティア革命』(共編、一九九六年)、『コミュニティビジネスの時代——NPOが変える産業、社会、そして個人』(共著、二〇〇三年)なども積極的に著し、「参加型市民社会」の実効化に向けた発言を行ってきた。彼にとって「地方分権、規制緩和とならんで非営利組織の制度改革は、戦後一貫して日本を特徴づけてきたこの官主導型の社会に対する真剣な問いかけ」(本間 1996 : 3) である。

すでに、本章第三節(2)で確認したように、政府の社会保障の削減・抑制の文脈のもとで、「NPO・企業など多様な事業者の参入・競争等を通じた利用者の選択の拡大」（社会保障構造の在り方について考える有識者会議『二一世紀に向けての社会保障』二〇〇〇年）が進められており、透明で健全なＮＰＯ組織の構築は、（準）市場を作動させるための必要条件であった。この中で〈贈与的なもの〉は、（準）市場が円滑に機能する上で、阻害要因となるとされる。前述の二〇〇一年の総合規制改革会議『総合規制改革会議「重点六分野に関する中間とりまとめ」について』では、規制改革＝競争とイノベーションがあらゆる領域で重要とされる一方、社会福祉に見られる**「善意」は「非収益」であり、これが規制や官業構造の温床**となったと厳しく批判される。その上で、契約制度への移行によって、「慈善・博愛事業という恩恵的な考えから脱することができた」とされている。

つまり、ここでは、ミクロなライフ・ポリティックスとネオリベラリズムとが、介入する国家、および、善意＝〈贈与〉意思の否定という点で、同じ意味論的形式を有することになる。この両者の邂逅を象徴的に示しているのが、一九九八年に行われた宝塚ＮＰＯセンターでの講演であった。ここでは、本間正明と上野千鶴子が共に演壇に立っている。上野は次のように、〈交換〉のレトリック（＝自分のため）によって、〈贈与のパラドックス〉を解決せよと述べる。

> でも、たった今言ったことと矛盾するかもしれないけれども、なぜボランティアをやるか――それは自分のためと心得よ、ということです。ボランティアは誰のため？　世のため、人のため……違います。あんたのやっていることなんて、しょせん自己満足やないか。そう言われたってひるむことはありません。それでええやないですか。その通りです、どこが悪い、と言えばいいんです。さきほど本間先生も同じことをおっしゃいました。モノのわかった人って、同じことを言うんですね（笑）。
>
> （上野 1998：53–54）

ラディカルなフェミニストであり、「当事者主権」の観点から〈贈与〉の抑圧性を告発し続けてきた上野と、ネオリベラリズム経済学者の調和に満ちた邂逅――これは〈交換〉の意味論（自分のためと心得よ）の広大さと強度を物語っている。

*

そしてもう一つ、この〈交換〉の平面から、ノイズとしてはじき出されるものがある。それが〈政治的なもの〉である。確かにNPO法は、民主化要件①の実効化に大きな役割を果たし、国家の介入を排して自律的に活動できる制度的基盤を――不十分ながら――与えた。その一方で、政治をめぐる意味論に関して、次の事態が観察される。図9-5は、図9-1のカテゴリーのうち、市民運動・社会運動・NGO（非政府組織）に関連する論文数のシェア（割合）の推移を示したものである。一九七〇年代半ばから減少を続けていたが、一九九〇年代には三割に落ち込み、二〇〇〇年代には戦後最低の二割前後で推移することになる。

この状況が生じている一九九〇年代のボランティア論では、以下のような議論が多く見られる。例えば、代表的なNPO論者の一人と見なされる山岡義典は、一九八〇年代後半から次第に「ボランティア」の活動内容が変わってきたとして、次のように述べる。

それまでは正義感や社会運動的な意識で参加する団体や活動が多かったのに対して、日常感覚で、あるいは楽しみながらやるように変わってきた。（堀田他 1995）

〈今／昔〉のコードを、「楽しさ」という自己効用と接続する理解は、一九八〇年代から見られたものだが、ここで「昔」に割り当てられているものは、〈贈与のパラドックス〉を生起するとされる非対称性、強制、自己犠牲などではなく、「正義感や社会運動的な意識」である。この変化は注目すべきだ。京極高宣はより端的に述べている。

（かつてのボランティアは）一方で行政責任を追及しすぎ、他方で奉仕性を強調するあまり、本来的に地域の人々の間にあった相互援助的機能、互酬性の尊さを見失ってきたのではなかろうか、ということである。
（京極 1993）

ここで尊い「互酬性」に対置されているものこそ、「奉仕」のみならず、「行政責任を追及」する〈運動〉の意味論である。

かつてのボランティア論では、民主化要件①②の充足のために、〈運動〉が規範的準拠点とされたことがあった。その観点から鋭い論考（牧里・早瀬 1981 など）を発表してきた大阪ボランティア協会事務局長の早瀬昇は、一九九四年に「変りはじめたボランティア――『正しさ志向』から『楽しさ志向』へ」という文章を書いている。そこでは、ボランティア・ブームが到来しているという認識のもと、その背景に「最近、注目されだしたボランティア活動の魅力」があるという。その魅力とは、自分の可能性を高めたり活動自体が楽しかったりするもの――本書の言葉では自己効用である。しかし早瀬によると、数年前まではこれらのボランティアの魅力を正面から指摘することは極めて少なかったという。「それどころか、そもそも『ボランティア活動を楽しむ』といった表現など使えない雰囲気があった。ボランティア活動とは、もっと神聖で献身的であるべきものだったからだ」（早瀬 1994：21）。ボランティアは、周囲の理解も得られなかった。

そんな時、この〝少数派の活動〟を支えてきたのが「社会的意義」、つまり〝正しさ〟の強調だ。つまり「たとえ仲間は少なくとも、われわれは正しいことをしている。やらない人

図 9-5　市民運動・社会運動・NGO を含む論文の割合の推移（%，1948〜2009 年）

は問題意識が低いのだ」という発想である。（早瀬 1994：21）

しかし〝正しさ〟の意識は、人を許せなくなり偏狭にもなるという。よって、必要なことは、第一に「正しさ」を「好き」によって包摂すること、[38] そして第二に「運動」ではなく代案の提示＝ＮＰＯ的活動に展開することである。

これまで、「善意」に基づきつつも社会科学的な認識が低い〝社会奉仕〟型活動と、人権保障に向けて行政責任追及のための告発・問題提起を中心としてきた〝社会運動〟型活動に二極分化して取り組まれていた。（早瀬 1994：24）

しかし今や、社会運動型が告発運動にとどまらず、「代案の提示とその実践に取り組みだし」た。それは「問題提起を繰り返すだけで結局、行政に問題解決を依存する〝社会運動〟活動でもない、新しいタイプの活動」である。「この活動は、近年、『ＮＰＯ』（民間非営利活動）として自らのアイデンティティを確立しつつある」（早瀬 1994：24）。

早瀬自身は、市民社会における運動の役割を決して軽視しているわけでなく、現在も市民活動の公共的・政治的意義をアクチュアルな形で論じている（例えば、早瀬 2010）。だが、運動の可能性を対案提案型に縮減しようとする議論は、このころから広く見られるようになる。例えば、全社協・全国ボランティア活動振興センター（1996）の文章では、「主体性」について、「行政に要求するだけではなく、建設的に提案していく力が必要」と述べられる。主体性は、例えば一九五〇年代にあっては――左右どちらをとっても――自らの〈政治〉的立場を擁護する概念だったが（第３章二節(3)を参照）、今や逆に、敵対性を顕在化させないことに奉仕する概念となっている。

この意味論上における敵対性＝〈運動〉の封殺は、参加型市民社会が、経営的合理性に主導される〈政府／市場

／市民社会〉の不分明地帯へと転位されたことの、一つの帰結だった。それらの間には、〈敵／友〉を起動させる〈政治〉は存立しえない。なぜなら、そこでは互いに共通の利益のために建設的に協力し合う領域とされるからである。

ちなみに、この領域の意味論においては、〈政治〉に接続する可能性のある回路を切断するという、それ自体〈政治〉的な作動の痕跡を、様々な形で発見することができる。「社会運動」の忌避がその一つであるが、「市民活動促進法」という言葉が「特定非営利活動促進法」に代替されたように、「市民」という言葉すら遠ざけられることもある。例えば、経団連一％クラブの事務局長の伊藤一秀も、「『市民』ということばに今でも違和感がある」(伊藤 2003：63) と述べる。また本間正明は「ミッション」という言葉を「大嫌い」と述べる。「今までなぜ日本のボランティア・NPOが広がっていかなかったかというと、この『ミッション』という言葉にインプライ（含意）されている『自分はいいことをやっているのに、おまえたちはなぜ気づかないのか。やらないあなたたちは責任放棄だ』といった責任追及型の活動が、市民のなかで断絶を生み、一般の人々がそれにコミットするのを妨げてきた。そんな状況があったのではないでしょうか」(本間 1998：20–21)。

行政や企業と関係を結ぶこと自体が問題なのではない。それらのセクターと良好な関係を取り結びそこから資金を調達することと、ミッションを貫くために自律的に運動を展開することが必ずしも矛盾しないことは、実証的にも明らかである(39)（丸山・仁平・村瀬 2008）。重要なのは、普段は良好な関係を結んでいても、必要であれば敵対性を明確にし「追及」や「抗議」といったレパートリーを選択できる意味論を有しているか否かなのである（道場 2006）。〈政治〉の排除は、協働か敵対かの二者択一を迫り、どちらかに色分けするオペレーションを伴う。かつて「ボランティア」の言表は、色分けが不可能なグレーゾーンを形成し、そこから運動につながる攪乱的な実践も見られていた(40)。だが現在は、計量的な分析結果を見ても、「ボランティア」が敵対性／政治性と接続することは限られており、「市民活動」の言表の方が、その意味で攪乱的な機能を有している（仁平 2009d）。喩えるなら、〈犬〉

の形象もまた、「ボランティア」という棲家から追い出されつつある。だが、〈贈与〉と〈政治〉の形象が混じり合うことの意義を、もう一度、積極的に捉え直す必要があるように思われる。

(2)「新しい公共」

敵対性を孕んだ「政治」や「運動」が忌避された領域には、それに相応しい言表が求められた。その代表的なものが「非営利」や「公益」である。後者は「公益法人」などの形で長く使用されていたが、一九九〇年代に総合研究開発機構(NIRA)が「市民公益活動」という言表を使用し、新進党や国民生活審議会[41]も一時期採用していた。山内義典によると、これは「市民活動の中でも社会的な役割の大きいもの」に対して付与されるもので、「市民公益活動という語は市民活動よりも一般受けした」(堀田他 1995:52)。

「公益」という言表を用いていた新進党は一九九七年に解散し、その一部が合流していく民主党は「新しい公共」の語を正面に掲げるようになった。この語については、前述のように小泉政権下の中央教育審議会(二〇〇三年)が「新たな『公共』」という言表を用いていたが、二〇〇九年の政権交代で首相となった民主党の鳩山由紀夫も、所信表明演説で「新しい公共」の意義について強調している。これは「人を支えるという役割を、『官』と言われる人たちだけが担うのではなく、教育や子育て、街づくり、防犯や防災、医療や福祉などに地域でかかわっておられる方々一人ひとりにも参加していただき、それを社会全体として応援しようという新しい価値観」とされるが、ここまで言説を追ってきた後では、「新しさ」を探す方が困難である。むしろ注目したいのは、そこでの政治の役割である。鳩山は、政治ができることとして、「市民の皆さんやNPOが活発な活動を始めたときに、それを邪魔するような余分な規制、役所の仕事と予算を増やすためだけの規制を取り払うことだけかもしれません」と述べており、規制緩和の文脈にのみ限定している。その後、内閣府で「『新しい公共』円卓会議」が開催され、二〇一〇年六月には「『新しい公共』宣言」が発表された。その目的は「私たち国民、企業やNPOなどの事業体、そして政府が協働することによって、日本社会に失われつつある新鮮な息吹を取り戻すこと」とされ、「それらの事業体が、市場を通じた収益以外にも、それぞれの事業体が生み出す社会的価値に見合った『経済的リターン』を獲得する道を開く体制をとること」に向けた提言がなされている。市場との機能連関に関する十分な配慮と対照的に、敵対性に繋がる言表は極力消去されている。(42) 会議の構成員にも、社会保障拡充などの「運動」に関係した人々は含まれておらず、金子郁容や寺脇研などネオリベラリズム的な教育改革を提言してきた論者が名前を連ねている。

この事態を、民主党がもつ「ネオリベラリズム」的性格（渡辺他 2010）といった分析枠組で理解することもできるだろう。だが、そのような政治学に回収する前に想起すべきは、一九九〇年代以降のボランティア論やNPO論内部でも、民主化要件②（国家による社会権の保障）はほとんど参照されることがなかった点である。外部からは民主化要件②に準拠しながら参加型市民社会を批判する議論もあったが言説量としては周辺的だった。むしろ内部では、国家批判という身振り自体、古くさく「主体性」に欠けたものとされることが多かった。国家／社会関係の規準として、**民主化要件②が忘却され、かつてそれと緊張関係にあった民主化要件①（国家に対する社会の自律）のみが突出する意味論形式のもとでは、話者が誰であれ、上記の内容と近似せざるをえない**。例えば社会学者の長谷川公一は、「新しい公共」を説明する文脈で、現在の市民セクターの役割として、かつてのような抗議行動や直接行動などではなく、自立しつつシステムと協働することが重要だとしており（Hasegawa 2004：240）、同じく社会学者の牛山久仁彦（2003；2004）や高田昭彦（2001；2004）も、運動から協働へという歴史哲学を前提にしている。(43) また、NPO論者の田中弥生（2006）は、NPOの自立を、行政からの事業委託に依存しない、事業を通した経済的自立と同値化している。国家が市民社会の自律性を脅かし続けた日本において（Estévez-Abe 2003；Pekkanen 2003；2006）、政府によるNPOの下請け化は絶えず警戒する必要があるし、それを避けるための政府との対等な協働関係の構築や自己財源の拡大が有意義であることは論を待たない。だがそこには、活動の政治的・社会的帰結を批判的にリフレクトし、場合によっては敵対性を発動させるような補完的な基準が伴っておらず、民主化要件①は協働論・経営論の平面でのみ位置づけられる。だからといってこの論者たちが全て「ネオリベラリスト」なわけではなく、長谷川、高田、牛山などに関してはそれに批判的なスタンスを有している。彼らはただ、協働や事業の基層部分が、敵対性に満ちた〈政治〉に支えられているという事実を忘却しているだけだ(44)。

ネオリベラリズムと同型的な、しかしその「陰謀」と言うにはあまりに広範に見出される意味論形式は、〈贈与のパラドックス〉の解決の進化の果てに出現してきたものだった。本質的に不安定な贈与-交換は、〈交換〉秩序という「父」に承認されることでようやく一人前になれるかのように、その合理性のもとへ自らを委ねていった。しかし、その合理性に彼岸にある、古くさいとされた敵対性／政治性は、二〇〇〇年代末にネオリベラリズムの帰結に対する反対運動という形で再び回帰し、ゲームの構造自体をラディカルに問い直すことになった。それは新政権確立後、再び「新しい公共」の外部へと締め出されつつあるが、その周囲に充満している。〈贈与のパラドックス〉の解決を、マクロな分配規則の変更を通して達成しようとするこの種の〈政治〉は、排除しきれるものではなく、〈交換〉に向けた「合理性」の意味を——棄却するのではなく——複数化する形で、これからも何度でも再来するだろう。だが、「ボランティア」の言表がその政治性を孕む器となることは、再びあるのだろうか。

(3) ケア倫理との接続／離脱

上述の意味論的形式の広がりの中で、〈政治〉と共に外部に周辺化された〈贈与〉だったが、やはりそれも抹消し切れるわけではない。自己効用論や経営的合理性論とは異なる形式のボランティア論が、二〇〇〇年代に見られるようになった。それは、ボランティアを相互行為の相で捉えつつ、八〇年代的〈楽しさ〉の追及ではなく、他者との関係の質を深化させる方向をめざす。具体的には、他者の生の固有性／個別性に寄り添う、主体性ではなく相手からの〈呼びかけ〉に対する受動性・応答性を起点にする、問題の解決という視点とは別に／それ以前に〈共にいる〉こと自体に価値を置くことなどが、重視される。これは、ケアと呼ばれる関係性のあり方に近い。ケア論は、規範理論（ケア倫理）としても、男性中心主義的な価値秩序（そこには「正義論」的リベラリズムも含まれる）へのオルタナティブとして重要な地平を開き、様々な「臨床の知」とも接合しながら、近代合理主義に対する根底的な問い直しという面ももっている。日本では近年大きな潮流となっており（森村 1999；川本 2005 など）、社会学でも――内在的な批判を含みつつ――重要な知見が積み重ねられている（三井 2004；三井・鈴木編 2007；山根 2010 など）。ボランティア論では、特に阪神淡路大震災の経験を言語化するためにケア倫理的な議論形式との接近が進んできたが、今やその観点抜きでのボランティア論は考えられないほど、豊かな理論的貢献をなしている（鷲田 1999；渥美 2001；西山 2003；2007；澤 2007；三本松・朝倉編 2007；似田貝 2008；佐藤 2010 など）。

とはいえケア／ケア倫理を文脈抜きで強調しすぎることには、いくつかの問題点がある。(45) 政治理論という観点からも、動員モデルからの批判に応える形でこの種のボランティア論を鍛えようとする議論があるものの（田代 2007 など）、その多くは、ケア倫理自体がもつ「他者の線引き問題」を孕む形で、結果的にネオリベラリズムと共振する可能性を解除できない。(46) 通常、ボランティア論では、「地震など偶有的・外在的な出来事によって苦しんでいると認識される『弱者』」が対象とされる一方で、自己責任の結果と表象され、われわれに象徴的・直接的に危害を及ぼしうると表象される存在は、端的に語られないか、統制・監視の対象として登場することが多い（仁平 2003c；2005）。これは「他者をケアするボランティア」と自己理解するボランティア論にとっての忘却点である。ここでは〈他者〉と表記するが、(47) この〈他者〉表象の解除のためには、社会的因果論の拡張などを通して、本人への問題の帰責という解釈図式を破綻させていく必要がある。だが、それはケア倫理だけでは導出できない（仁平 2005）。

次に、〈贈与のパラドックス〉の解決という課題における、ケア論的ボランティア論の性能はどうだろうか。原田隆司は、これまでのボランティア活動は「『する側』の意志や姿勢だけ」を捉えるものだったが、今後は「もう一方の主役である『相手』を視野に入れて考え直してみること」が必要と述べる（原田 2010：iii）。(48) 実際には、相手を視野に入れて考えるという意味論形式は新しいものではなく古典的ですらあるが[49]、興味深いのは、それが〈贈与のパラドックス〉の解決という文脈に位置づけられていることである。「自発的に人のために無償でおこなうという理解に立てば、本心からそうしているのではなくて、他に目的や意図があるのではないかと訝られることもある。偽善としての『ボランティア』である」。これに対し、相手の個別のニーズ（望み）から始まり、対話の中で組み立てられる活動なら、「偽善という憶測も避けられるかもしれない」（原田 2010：212）。

しかし、〈贈与のパラドックス〉の作動形式から考えて、「憶測」を避けることは困難である。原田自身も、すぐに続けて「それでも、やはり第三者には理解されない側面もある」という不安について言及しているが、私見ではその理由は単純である。例えば原田の議論に従って、ボランティア活動の出発点を、担い手側の意図（善意）から受け手の「外に向けて声を出す」行為に、置き直したとしよう。そこに接続するのは、ボランティアによる「その声に応答する」という行為である。まさにその瞬間、「なぜ声を聴き・応答するのか」という点をめぐって再び意図の外部観察が行われる。ちなみに意図／主体的選択という要素を希薄化するために、何らかの倫理学的な理論装置――例えば「他者の受苦に対する選択以前の受動的応答」――を挿入することは現実的でない。「我々は常にすでに他者の声を聴いてしまっている」としても、それを排除することもできるのだから。結局、一段遅れで意図が回帰するが、行為の意図は、外部の観察者によっていかようにも読み込み（uptake）をされる可能性がある[50]。これが生み出す不安は、「赤心」の証明に悩んだ明治時代の社会事業家の不安と隔たったものではない。

むしろ原田の議論で興味深い点は、「ポスト・ボランティア」という彼の書名が示すように、「ボランティア」という言表／意味論からの離脱を主題としていることである。ボランティアという形式よりも「何をすることが求められているのか」が重要なため、「『ボランティア』という呼び方を超えて考える」ことが必要であり、結局ボランティアは「当座の対応」なので、「一刻も早く別の手段によって担われなければならない」（原田 2010：234）。これまでも指摘されてきたように、「ボランティア」という言葉は、援助／被援助の関係をいつまでも想起させる。

相手との相互共感＝共歓的な関係性を築く上で、最終的には妨げになるだろう。障害者運動が何度となく「ボランティア」の言表自体を批判してきたのも、この点と関連している。さらに、もし望ましい関係性が築けたとしても、原田も指摘するように継続性という点で「ボランティア」は脆弱である。かつてケア論的なボランティア論を展開した西山志保（西山 2003）も、その後、ケア的な関係を支える組織的基盤としての非営利事業や社会的企業に研究の重心を移している（西山 2006 など）。一度は幸せな結合を果たしたはずのケア論から、「ボランティア」の言表が外れていく事実もまた、〈終焉〉の一側面を示しているように思える。

終　章　〈贈与〉の居場所

——まとめと含意

一　〈贈与のパラドックス〉の展開の果て——知見の整理

（1）博愛主義者の談話室

ナイジェリア系イギリス人のインカ・ショニバレ（Yinka Shonibare, 1962〜）は、アフリカに注がれるコロニアリズム的視線を鋭く捉え返す作品を作ってきた現代芸術家である。その作品の一つに、「ヴィクトリア朝、博愛主義者の談話室（Victorian Philanthropist's Parlour）」というインスタレーションがある（図終-1）。それは一九世紀のイギリス人の慈善事業家《フィランソロピスト》の室内装飾を模したものだが、よく見るとインテリアは、アフリカ系の布で装飾されている。植民地のアフリカで慈善事業を行う資本家が、同時にそこからの搾取で富を築き、自らを飾る象徴資本に用いる偽善的な構造を、われわれは皮肉なまなざしで眺めることになる。ところで、部屋の中心には大きな鏡がある。この部屋を冷笑的《シニカル》に眺めていた者は、そこに自分自身の姿を発見することになるのだ。これは何を意味するのだろうか。最も妥当な解釈は、善意を装いアフリカを収奪してきた者こそ他ならぬお前（西欧／白人）自身だという告発である。同時にもう一つの解釈も可能なように思われる。つまり、**このフィランソロピストの部屋は、偽善ぶりを批判的に眺めるまなざしがあって、初めて完成する。**メタレベルから否定するまなざしは、この部屋に外在する

図終-1　インカ・ショニバレ「ヴィクトリア朝，博愛主義者の談話室」（1996〜1997 年）
出所）Kent（2008）p. 151 より引用。

のではなく、その不可欠な要素としてすでに内部に組み込まれている――。

「ボランティア的なもの」をめぐる言説空間も、この部屋の構造と似ている。ボランティアをメタ的に批判しようとする言説は、メタレベルに立ちきることなく、同一平面上に流れ込み、再帰的に言説を作動させていく。もちろん言説の再帰性は普遍的なメカニズムと言えるが、ボランティア言説の場合、偽善（＝贈与のパラドックス）という外からの批判は、肯定する側も、自らの否定的準拠点として共有しているという特徴がある。その意味で、一次《ファーストオーダー》の観察と二次《セカンドオーダー》の観察が、同じ存在身分で言説空間を形作っている。動員モデルの検証を課題の一つとする本書も、この部屋の住人となるだろう。

ここではまず、慈善、奉仕、ボランティアといった〈贈与〉をめぐる言説の変化の軌跡をふり返った上で、ボランティアという言葉の失調、および、そのネオリベラリズムとの共振が、最終的にいかなる形で生じたと言えるのかを再確認する。それは、動員モデルをはじめとする「外側からのまなざし」を問い直す端緒にもなるはずだ。

（2）〈誕生〉と〈終焉〉

〈贈与〉をめぐる言葉を追尾するわれわれの旅は、明治三〇年代の慈善事業をめぐる言説から出発した。そこでの主要な語り手は、民間の慈善事業家である。彼／女らの団体の多くは――政府の強い統制の結果として――法制度的な保障がなく、にもかかわらず、福祉サービスを政府に替わって担うことが期待されていた。慈善事業家の多くは寄付に頼るしかなかったが、そのために「偽善」という外からのまなざしは、何としてでも回避する必要があった。贈与の純度を高めることで自らの無私性を示すというのが、そのための方法だった。これを本書では〈純粋贈与〉への試行と呼んだ。なおこの意味論は、与え手と受け手との間に明確な差異が存在していることを前提としているが、それは慈善事業家の多くが社会的に高階層であったという構造とも対応している。

これに対し大正期には、相互依存と責任の体系としての〈社会〉のイメージを背景に、〈贈与〉は――「情けは人のためならず」という意味で――〈交換〉であるという意味論が広がる。それを端的に示す言葉が「社会奉仕」であり、代表的な制度が方面委員だった。この意味論の変容は、期待される担い手像の変化とも連動している。慈善事業とは異なり、大正期の方面委員制度において期待される担い手は地域の中間層だったため、与え手と受け手の間の差異を相対的に希釈しやすかった。この条件下で、〈交換〉を相互行為論／行為論上で実現しようとする「活動自体が楽しい」「自分の成長になる」といった動機の語彙も発見される。

日本における最初の「ボランティア」の語は、その贈与＝交換の意味論的形式に、「自発性」という要素が加味される形で登場した。主に用いられたのはセツルメントの領域であり、非専門家（素人）としての「ボランティア」が、一般社会と施設とを往還することを通じて社会を啓発するという意義が語られる。ボランティアは意味論上、空間的・社会的に越境する存在であり、成長し続ける存在とされた。その意味で「ボランティア」の言葉は、日本に現れた瞬間から、〈教育〉の意味論に捕捉されていたとも言える。

昭和の戦時期に言説磁場は大きく変化する。総動員体制下で使われる「滅私奉公」に象徴される意味論に、大正的な「奉仕」や「ボランティア」の言葉も矛盾なく接合していった。奉公とは、〈社会〉の特異点＝天皇に対して、返済不可能な純粋負債を返すという意味が含まれている。ここで期待される担い手は等しく「全国民」となるため、天皇との関係でも国民相互の関係でも、〈贈与のパラドックス〉の発生は抑制される一方で、より強度の奉仕を——自分の命に至るまで——求め合うことを可能にする言説資源としても機能した。

戦前への反省として始まった戦後において、〈贈与のパラドックス〉の解決は、民主化への寄与という社会的・政治的なレベルで求められるようになった。その活動が、国家から自律しているか（民主化要件①）、国家が行うべき社会保障を代替していないか（民主化要件②）が、民主的とされる基準である。その中で一九五〇年代頃までは——例外的に出現する「ボランティア」の言表も含め——〈贈与〉的行為に対し、その政治的効果を「動員」という観点から批判的に問う言説がくり返し出現した。

一九六〇年代には、社会福祉協議会や民間の団体がボランティア活動の推進を開始する中で、自己言及を伴う「ボランティア」の言説領域が分出／誕生する。そこでは〈昔の奉仕／今のボランティア〉という言表配分で境界画定する慣行が始まり、後者には常に「自発的」「対称的」というプラスの特徴が付与された。ただし、何が「自発的」かつ「対称的」かをめぐって、ボランティアが政治に準拠することを求める動員批判論的な言説と、疎外論を媒介に相互行為上の他者との対等な関係を重視する言説とが混在している。後者の議論は、戦後復興と高度経済成長が進む中で、貧窮者が減り、問題はむしろ一般大衆に生じつつあるという社会認識とセットになっていた。この世界観のもとでは、与え手と受け手は共に受苦者という点で対称的で、活動は双方の疎外状態を改善するものであるため、決して「偽善」というパラドックスに陥っていないとされる。一方、「政治の季節」であるこの時期は、前者の議論の方が、当時の主な担い手である若者の間で優勢だった。そこでは、ボランティア活動も「運動」でもあるべきとされ、それを通して動員への隷従というパラドックスを、根本から解決することが求められた。

一九七〇年代は「ボランティア」を取り巻く環境の大きな転換点となった。まず、社会保障費の増大と政府によるボランティア政策の本格的な開始の中で、動員論の基準だった民主化要件①②が相対化されていく。それと共に、一九六〇年代にも見られた疎外論的問題設定が前景化し、ボランティア活動は担い手にとっての「人間性回復」「自己実現」「自己成長」につながるという――本書で「自己効用論」と名づけた――意味論形式が、広く共有されるようになった。この意味論の広がりは、ボランティアの推進が、高齢者と主婦の生きがい対策という観点から行われたこととも関係している。この意味論の中では、〈贈与のパラドックス〉は主にミクロな行為論／相互行為論的水準で捉えられ、その平面上で、双方の疎外状態の脱却を通したウィン・ウィンゲーム（=〈交換〉）の成立によって、解決がめざされる。その意味で、この時期の自己効用論は、未だ社会批判という意味をもち、政治の意味論と踵を接していた。

続く一九八〇年代は、社会保障の抑制期であり、政府が、無償および市場より安く提供される労働を、福祉サービス供給における一つの柱として位置づけようとしていた。「ボランティア」は〈交換〉の意味論平面の中により深く包摂され、自己効用的ボランティア論から「疎外」という政治的な含意が消え去り、その代わりに、衒いなき〈楽しさ〉のためのボランティア」論が広がっていく。なお現在、「多様な価値観を持ち自分の興味関心といった私的選好による」（高木 2009：67）ボランティアを「エピソディック・ボランティア」として、「新しいタイプのボランティア」とする議論もあるが[1]（Hustinx & Lammertyn 2004；Macduff 2005；高木 2009）、その意味論形式は特に新しいものではなく、日本では一九七〇年代から政策的にも進められ、一九八〇年代には一般化していたものである。また、有償ボランティア、住民参加型福祉サービス、時間預託型サービス、進学評価の指標化など、〈交換〉をより実体化させた境界事例が様々に生み出され、ボランティアの同定問題が先鋭化する。

以上の「前史」を経た上で、一九九〇年代に「ボランティア」は政策・言説・制度のレベルで、未曾有の隆盛期を迎えた。しかし本書では、そこに既存の意味論的前提の剝落が見られるのではないかという仮説を立て、これを「ボランティアの〈終焉〉」と呼んだ。それは、次の二つの意味においてである。第一に、「ボランティア」を特徴づけるとされる概念が、〈交換〉の意味を中核にもつ「互酬性」となることで、カテゴリーの適用可能性は飛躍的に高まるが、それと同時に、カテゴリーとしての同一性と実定性が掘り崩され、空虚な記号となっていく。第二に、〈交換〉をめざしつつ〈贈与〉の意味を抹消しきれない「ボランティア」は、より上首尾に〈交換〉の意味を織り込んだ言表に代替されていく。その言表こそが「ＮＰＯ」である。これによって、有償／無償の区別は徹底的に無化され、「ボランティア」の言表は冗長なものになっていく。ＮＰＯは、機能上は国家に対する市民社会の自律化をめざすもので、民主化要件①の再興という意味をもっていた。一方で、参加領域において、経営的合理性と協働の意味論が主導的な言説となり、敵対性を伴う〈政治〉は――〈贈与〉と共に――外部に放逐されるようになる。ここで重要なのは、それが民主化要件②の忘却の中で行われたことである。市民社会の活性化と社会保障の削減とが順接するというネオリベラリズムとの共振が観察されるのは、この瞬間である。

以上の〈終焉〉を経た後でも、「ボランティア」という言葉が消えることはなく、これからも参加の一カテゴリーとして役割を果たしていくと思われる。だが、もはや市民社会領域の中心的なカテゴリーとなることはないだろう。その言説空間では今やＮＰＯだけでなく、〈交換〉と〈贈与〉の間で新たに次々と生み出される用語群――ＣＳＲ、社会的企業、プロボノ、ＢＯＰなど――が競合している。〈贈与のパラドックス〉に憑依されやすい「ボランティア」の言表は、アンペイドな労働力の需給と〈教育〉の意味論とが接触する限定的な領域において、ささやかに生を送っていくものと考えられる。

（3）反復される自己肯定

以上が、「ボランティア的なもの」の言表と意味論の変動に関する大まかな構図である。それは、〈贈与のパラドックス〉との緊張関係の中で、自己を肯定する言説が形を変えながら多産される歴史でもあった。その基本形は、否定すべき諸特性を全て「昔の活動」に振り分けることで、「今の活動」を肯定するというものであり、現在流通している「これまでの自己犠牲的な『奉仕』、『献身』、『慈善』から、気楽に自然体で行う『自己発見』、『自己実現』、さらには『生きがい』そのものへと、まさにそのイメージも認識も変わりつつある」（岩波書店編集部編

2001：vi）という言明も、その一つである。意味論形式の変化において興味深いのは、否定的な特徴とされるものはほとんど変わらないものの、**肯定的な特徴とされるものは、時代や立場によって可変だ**ということである。例えば、上の例の「自己実現」「生きがい」は、一九五〇年代には、決して「よい贈与」の特性とはなりえなかっただろう。むしろそれらは、活動を担い手の心の問題へと矮小化するもので、自己満足のために社会矛盾を糊塗することを通じて結果的に相手を搾取する「悪い贈与」の一種とされていたはずである。一方で、同時期の「よい贈与」とは、例えば「『社会的弱者の社会権の拡充による政治的かつ根本的な解決』に寄与すること」であった。

変わらない否定的な特徴の一つが、例えば、相手にとって真にプラスなことは何かを考えずに一方的に贈与するというものである。つまり、対象者との関係が「非対称的」ということである。だが、何が「非対称的」かという解釈は複数化し、その解釈と相関的に、「よい贈与」の諸特性は x_1、x_2、x_3……と様々な値をとることになる。

〈よい贈与／悪い贈与〉＝〈x_i／非対称的……〉

ボランティア言説における自己肯定の形式では、〈贈与のパラドックス〉を発生させる「絶対悪」的な「定数」と比較して、自らを、それを克服したものとして提示する。しかし、その「絶対悪」を超える方法は、他にいかようにもある。よって、「あるボランティアの意味論（x_1）」を本当の意味で肯定するためには、「定数」とではなく、「変数」の他の値 x_2、x_3……と、その射程と問題点を比較考量する必要があると考える。

では、本書の射程を踏まえた上で、望ましい x とは何だと言えるのだろうか。この規範的な問いに直接答えることは本書の射程を超えている。だが、本書の含意を明確にするためにも、本書のはじめに提示した二つの問題設定と連動させる形で、二点ほど考察を行いたい。以下で考える問いは、第一に、動員（特にネオリベラリズム的動員）という問題系においてボランティアはいかなるあり方が望ましいのか、第二に、ボランティアや〈贈与〉をメタ的に観察／批判するという営み自体はいかなる意味をもち、その位相における〈贈与〉の機能とは何か、というものである。

二　動員モデルを再考する

(1) 動員モデルの限定的解除——楕円の再構築と複数化

本書の一つ目の問い——現在のボランティア言説はネオリベラリズムへの「動員」とどういう関係にあるのか——に対しては、ひとまず次のように答えることができる。ボランティア論は、自らの活動がどのような社会的／政治的帰結と接続しているかを問う基準を忘却し、脱政治的な基準（自己効用、ミクロな相互行為、経営論的合理性、協働……）のみで〈贈与のパラドックス〉を解決しようしたときに、国家のネオリベラリズム的動員と適合的となった。よって再び〈政治〉という問題系を取り戻し、動員に対する批判的な視座をもつことが重要である——。

この答には一定の妥当性があるだろう。だが同時に、一抹の空しさもないだろうか。すでに見てきたように、この回答の形式は、くり返しボランティア言説において生み出されていたものでもある。メタレベルに立ったはずの動員モデルは、その対象の中に自ら（動員モデル）を見出してきたのだ。その旅路の果てに、再びこの形式にたどり着くことに、いかなる意味があるのだろうか。いつの時点でも成立する万能の批判形式——それは、むしろ動員モデルの問題点も指し示してはいないだろうか。

もう一度、動員モデルを検討しよう。その基本形は、ある「敵手」（国家、資本、支配階級、システム……）が人々を、強制的あるいは自発的に、それに奉仕するようにし向けるべく介入しているというものである。民主的要件①（国家に対する社会の自律）はこれに制約を与えるための基準であった。ここで重要なのは、動員の存否は、敵手＝動員主体の観察と相関的に決まるということである。単純に言えば、それを「近代」や「システム」という形で措定すれば、ほとんどの諸活動は、それらの再生産に寄与し、その延命を図るものと観察可能になる。近年の動員論でも、その敵手は高階位に設定されている。例えば、山之内靖らの動員論は、ハーバーマスの図式すらも失効した世界、つまりシステム化が生活世界を包摂し、両者が不可分になった世界を前提にしており（山之内 1995）、国家の過剰介入である戦時動員も国家の撤退であるネオリベラリズムも、連続線上で捉えられる（大内 2000）。ここでは抵抗のための賭金もつり上がる。高度化した動員モデルにおける権力概念は、主体自体を作るフーコー的なもの、もしくは、作動にすら気づけないルークス的なもの（Lukes 1974）であるため、政府から距離を置き自発的／主体的に活動すれば動員を避けられるというボランティア・ＮＰＯ論の素朴な想定は、問題にされない（中野 1999→2001）。これに「抗う」には、より徹底的にシステムの外部をめざす「新しい社会運動」であることが必要とされ（山之内 1995；中野 1999；Melucci 1989＝1997；1996）、それ以外のあらゆる諸活動には「動員」が見出されることになる。[2]

この種の根源的《ラディカル》な批判の視座は、決して手放されるべきではない。だがそれだけでは、改善のための指針を示すには適さないし、ほぼ全ての現象にシステムの作動を見るシステム・シニシズム（Sloterdijk 1983＝1996：52）に転じてしまう怖れもあるだろう。だからといって動員回避の基準を、かつての民主化要件①の解釈のように「国家から距離を置くこと」まで緩和することにも問題がある。それは左派右派を超えて擁護されてきたもので（第6章参照）、政治的ベクトルを種別化するコードとしては内容が貧弱であり、特に政府の撤退を主導するネオリベラリズム的動員に対して全く反応しない。よって、民主化要件①は、より実定的な内容で補完される必要がある。ネオリベラリズムという問題系に限って言えば、社会権保障の帰責先を問う民主化要件②のような基準は、やはり重要性を失っていない。これはボランティア論が忘却してきたものだが、動員論を主導する社会理論でも、この基準に対して冷淡なものが多かった。例えば山之内靖は、福祉政策の進展を社会のシステム化の過程として捉えるが（山之内 1995：37）、福祉の拡充を通した動員の調達という枠組は山之内だけのものではなく、むしろ批判理論においては一般的である。資本主義の廃棄を掲げるマルクス主義にとっては、福祉国家は資本主義の延命策でしかなかった。アレント、フーコー、ハーバーマスなども、人々の生の増進を掲げて膨張する福祉／社会国家を批判の対象として、豊かな権力理論を鍛え上げていった。このような二〇世紀半ば以降の批判理論をたどるように生じたボランティア論における民主化要件②の忘却は、社会保障制度の拡充期にあたる一九七〇年代前半／一九九〇年代前半的なボランティア動員と、その削減期にあたる一九八〇年代／二〇〇〇年代的な動員とを、種別化することを不可能にする。だが、その区別および異なる評価の配分こそが、重要な賭金ではないだろうか。

以上の議論の含意は、「全ての動員は悪い」と総称的に論じるより、その動員が何と接続しているのかを個別に精査／評価する方が、有意義だということである。文脈抜きの動員批判は、文脈抜きの協働擁護と同じぐらい認識利得が小さい。中野敏男（1999）に端を発する近年のボランティア動員批判も、政策への従属自体を問題とする民主化要件①の観点からのみ受容されていった面がある。[3] だが、ボランティア活動が政策に「従属」していたとしても、その政策が規範理論的に擁護可能なら、その「動員」への批判は限定的に解除されてよい。

とはいえ、民主化要件②の偏重は、国家の肥大を容認し市民社会の自律性（民主化要件①）を脅かすことはないのか。この懸念は依然重要である。戦後、民主化要件①と②は、しばしば尖鋭な緊張関係を築いてきた。しかし結論から言えば、それは疑似問題である。社会保障の拡充と市民社会の自律性は、決して二者択一ではない。例えば、ＯＥＣＤデータとWorld Value Surveyを用いて、ＧＤＰに占める社会保障支出割合（横軸）と、団体への参加得点[4]（縦軸）の平均値の関係を国ごとに見てみよう（図終-2）。

中央に引いてある縦と横の線は、これらのサンプル内の平均値を表す。左上に、アングロサクソン系の国々が位置し、社会保障支出割合は低く参加は盛んなパターンを示す。一方、右下には、大陸ヨーロッパ系の国々が並び、社会保障支出割合は高いが参加が低調な類型を示す。この二パターンを見る限り、確かに社会保障支出と参加は負の相関を描き、両者のトレードオフ関係（矢印部分）が示唆される。しかし、右上に並ぶ北欧の社会民主主義レジームの国々は、両方とも高い値を示す。つまり福祉国家と市民社会のトレードオフ関係とは、アングロサクソン系と大陸ヨーロッパの関係を不当に一般化した「真理」にすぎない。より政治的な参加活動についても結果は同様である（仁平 2009a）。

また非営利セクターの国際比較研究では、例えばオランダのように、社会権は政府の責任で保障しつつ、実際の活動は市民社会や非営利組織が自律的かつ柔軟に担うモデルの存在がよく知られている（Kramer 1992；Taylor 1992；Salamon 1995；川口 1999；Evers & Laville (eds.) 2004＝2007；後 2009）。この類型については、北島健一（2002）が多角的に検討しているが、次の二点がポイントになるだろう。それは、(a)財源は国家が保証し、サービスの供給を多様なNPOが担うこと、(b)NPOが国家からの自律性を保ち、アドボカシーの機能を保持し続けることである。これによって、政府による再分配だけでは対応できない承認のニーズに対しても、NPOやセルフヘルプグループによって――公的な財政基盤に支えられながら――対応することができる。[5]

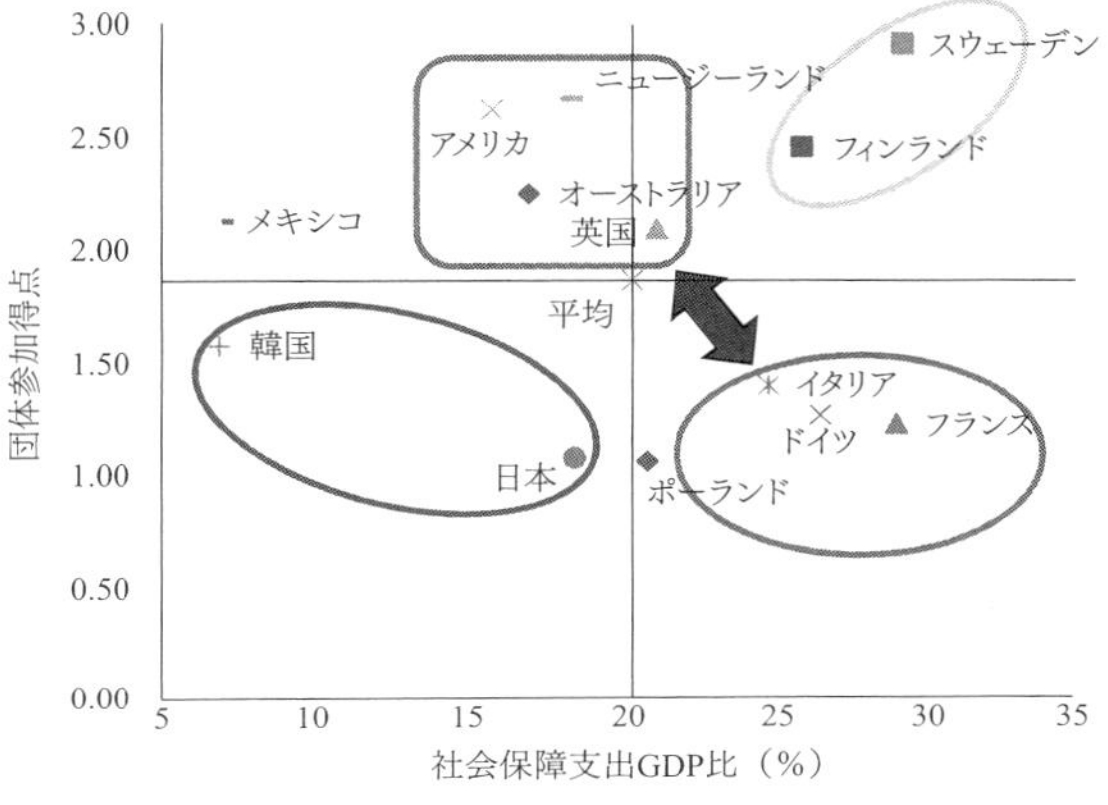

図終-2　社会保障支出割合と団体参加得点

出所）仁平 2009a；2009c。

「供給／ファイナンス分離モデル」等と呼ばれるこの類型も、二つの民主化要件が緊張関係をもって形作る楕円構造を内に備えたものと言える。日本の市民社会組織に対する調査結果でも、前述（第9章六節（1））のように、政府からの財源を用いることと自律性やアドボカシー機能を保つことは矛盾しなかった（丸山・仁平・村瀬 2008）。これは、民主化要件①の実現条件を、憲法八九条の平面を超えて、政府からの財政支援と市民社会の自律性とを両立させる方向で考えることでもある。ＮＰＯ法人制度や新公益法人制度がこの方向に——小さな一歩であるとはいえ——踏み出したものであることは確かだ。

ただし、楕円は単数でないことに注意が必要である。ここまで民主化要件②を社会権保障の問題に限定してきたが、それ以外の環境保全、平和構築、国際支援、治安（第9章二節（1））といった領域ごとに、国家／市民社会の機能分担に関する基準は異なるだろう。楕円もその基準ごとに複数化していく。領域ごとにいかなるセクター間の線引きが望ましいかということは、当然、公共的な討議に開かれる必要があるが、その前提となる討議的公共圏を保証するためには、民主化要件①が一貫して重要となる。

また、楕円はサブシステムごとに複数化するだけでなく、空間のスケールに応じても複数化する。本書で論じてきた楕円構造は一国を前提にしたものだったが、貧困問題や人権の危機、環境問題などがグローバルな位相をもつ中で、資本の制御や環境リスクへの対応、国際的な再分配のためには、国民国家という単位だけでは決定的に不十分である（Beck 1999a）。様々なイシューをめぐって、国際機関などのグローバルな制御システムと、ローカルな社会や国際ＮＧＯのネットワークとが、対峙したり連携する事態はもはや常態化している。今後はセクター間だけでなく、楕円相互の関係を考える知が不可欠になるだろう。

（2）**参加所得と消極的動員**

動員の問題系に関して、もう一つ考えるべきことがある。

戦後長い間、民主化要件①を体現してきたものは憲法八九条だった。市民社会の活動に政府が助成・補助を行うことは動員につながると見なされた。有償ボランティアへの批判にもそのような背景があった。しかし前述のように、公金の投入と自律性の維持とは、制度のあり方によっては矛盾しないため、公的な財政援助と動員とを同一視する必要はない。

だとしたら、逆に、無償で行為するよう方向づけることの意味が問われてくる。ネオリベラリズム的動員においては、定義上、国家のコスト削減のためにボランティア活動を称揚するものなので、無償で行わせることこそ動員であり、民主化要件②に抵触しているという批判が成り立つ。また、少額の報酬で活動を担わせる「有償ボランティア」も同様の面がある上、活動の方向や内容について、自律性がほどんどない。

それでは、ボランティアの有償／無償問題に関して、民主化要件①（市民社会の自律性）と民主化要件②（国家による社会権の保障）とを両立させる方向は何だろうか。

ここで注目したいのは、参加所得（Atkinson 1996；Jordan 1998；福士 2009）や市民労働（Beck 1996b；2000）と呼ばれる選択肢である。それは、これまで無償で担われてきたアンペイドワークやボランタリーワークに、生活できる対価を支払うという仕組みである。社会学者のウルリヒ・ベックはそのための「二つの原則」として、「自発性つまり自己組織化」と「公的な財政援助」という二つの原則を挙げているが（Beck 1999b＝2005：267）、それは本書における二つの民主化要件と一致している。参加所得／市民労働が注目される背景には、二つの理論的文脈がある。第一に、近代のアンペイド／ボランタリーワークは、賃労働との関係で絶えず貶価され（Edgell 2006）、主な担い手である女性に対する搾取の現場だったという主にフェミニズムからの告発である（ダラ・コスタ 1986）。日本でも特に一九八〇年代のボランティア政策などは、ジェンダー秩序に支えられた家庭内のケア労働を地域に転位させるための「ボランティアという名の強制労働の未曾有の組織化」（古田 2000：12）と言える面があった。これらに対してアンペイド／ボランタリーワークに対して収入を保証することは、賃労働とアンペイドワークの間の価値序列の見直しにもつながる。第二に、賃労働の空洞化への対抗という文脈がある。これまで社会権と呼ばれていたものは、事実上、被用者のみに保障される限定的なものだったが、雇用の空洞化によりその範囲も縮小しており、もはや「権利」と呼べる水準にない（Little 1998：71）。よって賃労働のみならず、様々な活動に対して支払いがなされるべきとされる[6]（Gorz 2005）。

参加所得／市民労働が実現すれば、ボランティア活動は多様な支払い対象の活動の一つとなるため、〈贈与〉表象が付与される圧力も低減するだろう。これは、受け手との相互行為上でも「対称」的な関係を築く上でも有効である。第8章五節で見たように、障害者運動におけるボランティア批判の中には、「健全者」の「経済的保障」を求める声が、批判と共にあった。そうしない限り「対等な関係にはいつまでもならへん」からだった。職業的介助者に十分な経済的保障が行われることがまずは大前提だが、ボランティア活動を通して収入が得られることも、二者関係の〈贈与のパラドックス〉の解消には有効である（立岩 2000）。

とはいえ、次の問題は残る。参加所得／市民労働の場合、活動によって〈支払う／支払わない〉の線引きが行われるが、それは当該社会の支配的なモラルや価値観に沿った〈社会に有用である／ない〉という基準と相関的である。[7] これは、社会的な共感を調達しにくい〈他者〉（第9章六節(3)参照）への支援活動や、「国益にならない」とされる活動（イラクでの支援活動に対する反応を想起）が、支払いの対象とならない可能性も意味する。

これは、限定的に方向づける積極的《ポジティブ》な「動員」ではないにしろ、活動を特定の範囲内に抑えておく消極的《ネガティブ》な「動員」と言うこともできる。このレベルの「動員」を失効させるためには、社会的な〈共感可能領域／共感不可能領域〉および〈参加所得の内部／外部〉の境界線を、絶えず引き直すことを通じて、後者を前者に変換していくことが必要となるだろう。[8] これは、「ボランティア」が越境をくり返しながら社会を啓発していくという戦前からの古典的テーマが、未だ重要なことを示している。

（3）時間をかけること

政治学・政治思想の観点から市民社会を研究する岡本仁宏（1997）は、政府とボランティアとの関係を論じた重要な論考の中で、ボランティアの役割として次の二つを挙げている。第一に、政府が権利の実現に最終的な責任を負うのに対し、ボランティアは非権利領域の実現に努める。第二に、ボランティアは権利の限界領域を支える活動を通して、非権利領域を権利領域に移行させていくことに寄与する。この二点目は、ボランティア活動が権利領域の拡張に貢献することを求めるもので、民主化要件②を発展的に定式化したものとも言える。

この〈権利領域／非権利領域〉の区別と、消極的動員を解除するための〈共感可能領域／共感不可能領域〉の区別とは一致するわけではないが、ある程度相関する。いずれの区別においても、ボランティアは、「国家が保障する社会権の外部」および「社会的共感の外部」へと越境することが、民主化要件を充たすための賭金であることが示唆される。

ボランティアが外部に出る場合、意味論的形式としては「非政治的」な〈贈与〉であっても――制度化した「運動」以上に――ラディカルな力をもつ。イラク戦争中の支援活動で拉致されたボランティアが後に発した「それでもイラク人を嫌いになれない」（高遠 2004）という〈贈与〉の言葉の凄味は、そこにあるのではないだろうか。このことは、言葉の追尾のみによって〈政治的なもの〉に迫ろうとする本書の方法の限界も教える。

一方で、社会的な共感の外部に出るということは、その分、「偽善」という強度の〈贈与のパラドックス〉のまなざしを生むことも意味する。この問題についてどう考えればいいだろうか。一つのスタンスとして、上首尾に解決しようとしすぎないということがあるだろう。自己効用論やNPO＝経営論は、即時的に〈交換（win-win）〉の表象を獲得する点で、スマートではあった。しかし、共感の外部で活動することに伴う〈贈与のパラドックス〉のまなざしは、より強固な発生基盤をもつため、位相の異なる解決が必要である。

その主要なものとして、くり返しになるが、社会の啓発を通して、共感不可能領域の活動を可能領域へと変換していくという方向性がある。「偽善」と語る相手の主体位置自体を変えるのである。もちろんこれで、〈贈与のパラドックス〉の観察が消えるわけではないが、共感可能領域の外部に出ることに伴う強度の〈贈与のパラドックス〉の観察を、通常の〈贈与のパラドックス〉の観察へと、ある程度、無力化することはできるだろう。主体の改変／社会の啓発ほど、成功が約束されず時間がかかるものもないが、それを遠点上の目的としながら漸近をめざすことは継続されてよい。

同様に、非権利領域の活動を法制度的に保障される権利領域に組み込んでいくことは、援助者／被援助者の関係に生じうる〈贈与のパラドックス〉の解決に有効である。そのレベルの〈贈与のパラドックス〉は、両者の関係が非対称的だという観察に起因するが、それは、ボランティア言説の歴史が教える通り、制度改革によってある程度改善できる。健常者と障害者の、あるいは支援者とホームレスの間が〈対称か／非対称か〉は、社会制度の関数であるからだ。つまり、ある制度下（活動者に支払いがあり、受け手の権利が十分に保障されている場合）では「対称的」と経験され、別の制度下（活動者の無償の働きに支えられ、受け手はそれに依存するしかない）では「非対称的」と経験される。今、両者の関係が「非対称」に見えるのなら、目の前のニーズに応えると同時に、その〈贈与のパラドックス〉を引き受けつつ、それが「対称」になるまで時間をかけて制度に働きかけ権利領域の拡張をめざす。(9) 迂遠かつ成功が保証されないパラドックスの解決策——。これは障害者運動が鍛え上げてきた思想でもあるし（第8章五節）、「平和主義に優る慈善事業はない」（第1章八節）や「ボランティアをなくすためのボランティア」（第6章三節(7)）といった言葉に込められていたのも、このようなことではなかったか。**〈贈与のパラドックス〉の気持ち悪さを、〈政治〉レベルの解決を志向するためのインセンティブへと変換していくこと**——この形式に斬新さはないが、頑強な確かさがあるし、〈贈与〉の質を決定的に変える点で、〈純粋贈与〉と呼ばれる問題系と接続しうるベクトルも孕んでいるように思われる（第1章八節、本章注(9)を参照）。

同時にここで決定的に重要なのは、それが、〈楽しさ〉の禁欲や、「プロテスタント的『真面目』」さ（岡本2002：66）や、過度な倫理主義につながる必然性はないということである。第5章四節で見た、ある魅力的なボランティアグループの事例が教えるように、〈政治〉への志向と、遊びや楽しさへの志向とは「共生」するのだから。むしろその二者択一を選ばせようとする語りこそが一つの罠なのだろう。「ボランティア」という言葉をめぐって紡がれた歴史には、両方をしなやかに両立させる実践も確かに編み込まれている。

三　シニシズムをくぐり抜ける

(1) シニシズム／転移

ここまで「メタ」レベルからボランティア言説を検討し、その含意として、ボランティアに要請されるあり方も提言してきた。だが、外から観察するまなざしも、「メタ」レベルに立ちきれないということを確認してきた以上、含意の宛先は自らにも向けられる必要がある。最後に考えたいのは、〈贈与のパラドックス〉を外側からシニカルに観察してきた側は、この〈贈与のパラドックス〉というテーマを前に、いかなる態度が要請されるのか、ということである。この問いについて、本項と次項で二つの角度から考える。

第一に、ボランティアに対し偽善という言葉を発することは、それ自体、言語行為だということを確認したい。これは先ほどの、人は必ずしも他者の声に応答しない（第9章六節(3)）ということを考えると、ある含意をもつ。例えば次のような場面を想像してみよう。

テレビは先程から、どこかの国のストリートチルドレンについて報道しているようだ。別に関心はない。ただチャンネルを変えるのが面倒だから（リモコンが見あたらないのだ）、何となく眺めているだけだ――。急に日本人が映った。仕事を辞めて現地で支援のボランティア活動をしているとのこと。その人は言う。「本を読んでこの事実を知ってから、居ても立ってもいられなくなって活動を始めました」。スタジオのコメンテーターは声のトーンを一つ上げた。「すばらしいですね。なかなかできることじゃない」。あなたは舌打ちする。「こんなことやっても自己満足じゃないの」。

テレビに映る子どもの〈顔〉に反応しなかった反レヴィナス的なあなたも、「ボランティア」という形象に対しては、迂闊にも応答してしまったのだ。もちろんそれは些細な出来事である。テレビの前の無関心からシニシズムへの転換は、絶望的に無意味かもしれない。だが、この応答が、いつも個室で起こるとは限らない。「自己満足じゃないの」という応答は、ボランティア本人の前でなされるかもしれないのだ。それは最悪の出会いかもしれないが、確かに対話／討議の契機に開かれる可能性を孕んでいる。大阪ボランティア協会で行われたある対談では、この種の出会いがユーモラスに描かれている。

> ところが、現実によくあるタイプは、「君たち、ボランティア活動をやっても仕方ないよ。やはり、制度が問題。世の中を変えないかん」とか言うわけ。そんな時は「なるほど。あなたの言うことはごもっともだ」と、一応は僕も言うわけ。そして聞くんよ。「そしたら、あんたは、その制度を変えるために、具体的に何をしてはるんですか」と。そしたら、何もしていない。しかも、そういう人が何をしてるかというと、喫茶店でコーヒー飲んでるんですわ。（笑い）
> ……僕は、どちらの形態（引用者注：運動とボランティア）でも良いと思うねん。ともかく本気になって、どちらかをやったら良い。徹底してね。本当に本気でやったら、どちらであっても綺麗事ではすまなくなる。[10]

彼はいつまでもコーヒーを飲んでいるだけかもしれない。だが、少なくとも彼は「ボランティアを否定する」という言語行為を行った。媒介項を否定した瞬間、彼は、ストリートチルドレンと、ある形で向き合うことになる。それでは代わりに何をするのか？　それとも何もしなくてよいのか？　もししなくてよいならその根拠は何か？――このような問いが、彼の選択／行為の結果として開かれる。

もちろん、問いが開かれるだけで終わることもある、というよりそれが大部分であろう。だが、他者に開かれることの根拠を「受動的に声を聴く」とか「共在」といった行為以前の水準に求める類の倫理学的論議に比べ、これは――かなり捩れた回路ではあるが――彼を近代的な〈行為―責任〉の圏内にまで誘き出すことに成功しているのではないだろうか。自らの行為でボランティアを否定することを通して、他者への応答責任が転移したのだ。「ボランティア」という言葉には、戦前から、他者と一般社会の境界線を越境し、両者を〈つなぐ〉という意義が与えられてきた。他者の困難を一般社会に伝えることで共感を高め、世論や制度を変えることに寄与する存在として。本書も〈つなぐ〉役割を重視するが、これまで指摘されてきた点に加え、**〈贈与のパラドックス〉をめぐるシニカルな欲望を刺激し、否定の言語行為を誘発し、それによって他者と直面する責任を転移・分有させるという罠としての役割**にも注目する。その罠は、他者とわれわれをめぐる討議的／政治的コミュニケーションを散種させていく可能性もある。いずれにせよ、メタ的に／シニカルに「解説する《あれこれ言う》（give a commentary）」という、ある意味で社会学的な「贈与」も、潜在的には、このような反対贈与を受けているのではないだろうか。

（2）排除型社会の《倫理的正しさ》を超えて

〈贈与のパラドックス〉を外側からシニカルに批判する行為に、他者への応答責任が転移するということには、もう一つ、重要な含意がある。これは特に、動員モデルの主要な担い手だった政治主義的立場に対して、ある意味をもつ。

二〇〇〇年代の政治空間の特徴として、右傾化／保守化という現象が指摘されてきた。ゼロ年代末には政権交代が起こったものの、その構造は基本的には変わっていないとも言われている。[11] 社会学や政治学でも、排外的なナショナリズム運動の拡大やフェミニズム等に対するバックラッシュなどの現象に注目が集まっている。それらは、右派に対する積極的なコミットメントだけでなく、左派という立場に対する忌避という形で生じている部分もあるという（小熊 2003 など）。この背景について、〈贈与のパラドックス〉という切り口から考えたい。

スラヴォイ・ジジェクによると、左派とは——外からの侵略者によって共同体が脅かされていると観察する右派とは対照的に——敵対性によって内的に引き裂かれていると政治空間を観察する立場である（Butler, Laclau & Žižek

2000＝2002：152)。ここでは被抑圧者は、外敵によってではなく、内部に生じる矛盾の犠牲者であるため、自らの社会構造を批判的に組み替えることで問題を解決することが必要になる。逆に、根本的な解決を求めずに、〈贈与〉によって縫合しようとするのは、左派の観点からは問題の隠蔽に等しい。この文脈で、ボランティア的なものが批判されるのは見てきた通りである。よって政治的左派は、自らが帯びる〈贈与〉表象を、注意深く処理しようとしてきた（第3章四節(5)など参照）。古くは労働者を支援する学生の位置づけが問題となり、近年も文化的他者やサバルタンを〈代理＝表象〉することの暴力性について尖鋭な問いが提起されてきた。このような議論を積み重ねてきた左派にとって、「ボランティア」は、あまりにも素朴に〈贈与〉と他者の問題を考えており、それがもつ抑圧性に無自覚なように映る。〈贈与のパラドックス〉批判としての動員モデルは、このような経験に裏打ちされていた。

一方、右派にとって、左派のスタンスは、「社会的弱者」を盾に、社会の亀裂を過剰に言い立て解体に追いやる所作と映る。さらに、「弱者」と異なるポジションにいるにもかかわらず、その側に立って社会に敵対する自己欺瞞に満ちた立場でもある。例えば、社会批評家の宮台真司は次のように述べる。

> じゃあ左はどうか。……不安に煽られて「断固」「決断」に吸引される「ヘタレ右翼」がいるのと同じで、不安に煽られて「救済の神学」にすがる、あるいは、左翼仲間であり続けるべく「弱者の味方」自己イメージにすがる、「ヘタレ左翼」がいるだけじゃないか。
> （宮台・北田 2005：321）

> 日本のヘタレ左翼を見ると、ヘタレ右翼と同様、互いに交わされる言説は脆弱な実存の投射にしか見えません。「ドラえもん」に、ソレをかけると花も木も泣いているのが見えるという「ファンタグラス」というのがある（笑）。ヘタレ左翼が「ファンタグラス」をかけたがるのは、心地よいからです。（宮台・北田 2005：200）

宮台はこのような「左翼」を、「偽善」でありそれゆえに「非倫理的」であるという。彼自身の政治的立場はここでは検討しないが、注目したいのは、この「左を忌避するポピュリズム」(小熊 2003)の典型的な「実存」語りの形式が、自らを非偽善＝倫理的とする自己理解を伴っている点である。

当事者運動は、右派からの「偽善」という批判に対する一つの答となる。その意味論形式は、自らのポジショナリティを発話位置に据えることを通して、〈贈与のパラドックス〉も「偽善」表象の発生も抑えることが可能である。「自分たちの政治的実践は、自分たちのため」であり、その意味で「当事者主権」は〈交換(win-win)〉の文法で語ることができる。それ自体として全く正当な「当事者主権」の論理は、しかし、右派も使用可能な意味論的形式である。[12] 右派は、今ある「私」から「われわれ」の範囲を所与の「国民」や「民族」に設定し、その範囲のみを擁護する。またいわゆるゲイティッド・コミュニティ(gated community)も当事者主権のレトリックで擁護可能である。

一方で、左派においては、「当事者主権」を掲げる立場であっても、抑圧されている他の立場との連帯を志向する場合が多い。つまり、自らが被抑圧者であることをアイデンティティ・ポリティックスの賭金としつつも、自らの抑圧性に対しても敏感であり、それを通して他者へと開かれる。また、亀裂を生み出す支配的な構造を構成的外部として、「われわれ」という共通のカテゴリー(＝当事者性)が構築・拡張され、「当事者主権」の意味論が継続される。しかし、「当事者」概念が拡張すればするほど、〈贈与のパラドックス〉の観察――「左翼仲間であり続けるべく『弱者の味方』自己イメージにすがる、『ヘタレ左翼』」――が発動する余地を広げることになるだろう。多くの左派にとって、他者との連帯を志向することは、譲れない点であるため(「全世界の当事者よ、連帯せよ」〔中西・上野 2003：208〕)、その「当事者主権」論は、その論理だけでは自らを記述しきれず、所与のカテゴリーやアイデンティティを組み替えて他者へと跳躍し続ける、という論理の外部こそが重要な賭金となる。

「ボランティア」表象が惹起する〈贈与のパラドックス〉と、左派の言説が惹起する〈贈与のパラドックス〉は、後者の方がより自覚的に問題化され、解決への試みも洗練されているが、その基本構造自体は同型である。よって、「ボランティア」の独善・偽善を問う――左派からのものも含めた――視線は、左派自身に対しても向けられることになる。一方で、自らのポジションの絶対性を自明視し、跳躍すべき他者の存在を要件としない右派には、そのまなざしは向けられにくい。そして、「偽善」を問うまなざしが、他者との〈贈与〉的関係に対してのみ向けられるようになったとき、その規準はネオリベラリズム的な、あるいはゲイティッド・コミュニティ的な《倫理的な正しさ》と同値化するだろう。宮台自身が自らの議論を「ネオコン」(新保守主義)的と認めているように、その《倫理的な正しさ》は、自らのセキュリティを第一の基準とする「排除型社会」(Young 1999＝2007)にこそふさわしい。この《倫理的な正しさ》が、左派に対する「嘘くささ」という忌避感情、および、右派の「正しさ」の感覚の源泉となっているように思われる。

この文脈で、左派的な言葉の居場所は縮小する。二〇〇七年に注目を集めた赤木智弘の論考は、三一歳のフリーター男性の立場から「左翼の傲慢」を徹底的に批判したものである。彼によると、既存の左派は、アジアやマイノリティや女性を「弱者」と見なして崇める一方、彼のような貧困労働層を「日本人男性」であるがゆえに「強者」として無視するという(赤木 2007)。赤木の論考の事実レベルの誤認については数多く指摘されてきたが、「問題は赤木の無知ではない」(小熊 2009b：847)。誤認の多さにもかかわらず、彼の論考が広く共感と関心を呼んだのは――実際に既存の労働組合の多くが非正規雇用を差別してきたなどの理由に加え――左派の立場が発動する〈贈与のパラドックス〉と、それに対するアイロニカルな気分とが、うまく言い当てられていたからではなかったか。この言論空間の中で、近年は、左派的な主張がなされる時も――「ナイーブで偽善的な左翼」という戯画的な表象を構成的外部とした上で――自らを「右翼でも左翼でもない」と示す位置取りのゲームと共に行われることが多い。

この種の《倫理的正しさ》が規範化したところでは、奇妙な公/私の逆転が見られるだろう。社会学者のニナ・

エリアソフによると、アメリカの市民活動の場面では、「自分たちのため」という私的（private）で利己的（selfish）な語りのみが規範化され、自分たち以外の他者に開かれた（open-minded）、公共的な（public-minded）語りは避けられる傾向にあるという。そして、「私たち」の地域を脅かす薬物を取り締まる運動などへの参加は盛んだが、他地域や他国に関する問題には関心をもたない。歴年の活動家でさえ、今や、公衆を前にした演説では私的・利己的な語り方に終始し、本当に語りたい公共的な語りは活動家同士の狭い裏局域で語られる（Eliasoph 1998）。本音と建前の捩れた反転――。エリアソフはこれを政治の忌避と呼んでいるが、ここで忌避されているのは政治の中の〈贈与〉の要素でもある。〈政治なき贈与〉が様々なパラドックスを生むことは動員モデルをはじめ多く指摘されてきたが、〈贈与なき政治〉も自らの可能性を貧しいものにしていく。逆に言えば、両者が接続したとき、大きな力が生まれる可能性があるのではないだろうか。現在のラディカルなアナーキストの議論でも、外へと広がる「愛」の意義が（意外にも？）強調されている（高祖 2009）。〈交換〉の平面の外側における〈贈与〉と〈政治〉の連帯――。赤木智弘が「左派に無視された存在」とした不安定就労者や貧困者についても、その社会権の擁護のために、二〇〇八年以降「反貧困」を旗印とした運動が大きなうねりとして登場した。それは、不安定就労者や貧困者たちの当事者運動としてだけでなく、立場を超えた連帯の無数の連なりがあったからこそ、政権交代にも接続する日本の運動史上まれに見る大きな成果を収めたと言える。

とはいえ上記の議論は、左派の立場と〈贈与〉とが、等価な形で抑圧されてきたことを意味しない。左派もこれまで、動員モデルの担い手として、〈贈与のパラドックス〉批判の中心にいたのだから。むしろ、ナイーブな贈与的行為を厳しく否定することを通じて、自らの偽善表象を希釈するという利得を得てきた面もある。よってここでは、左／右という区別――それが必然的に生み出す「右でも左でもない」という第三項も含めて――を、〈贈与〉をめぐる次の区別で代替・再編成したい。

一つは、〈贈与のパラドックス〉のコードに従って〈贈与〉性を極小化し、自らの《倫理的正しさ》を守り抜く立場である。「われわれ」に準拠する以上、少なくとも偽善という表象は帯びずにすむ。「日本を（あえて）肯定する」という語りが、現在、左右を超えた支持を得ているが、その語りには、社会経済的な不安を懐柔するとともに、話者が「日本人」の場合、「表裏なき率直さ」という道徳点を稼げる特典がある。カテゴリーが「労働者」、「女性／男性」、「民族」等に変わっても、そこにとどまる限りは同様の含意をもつだろう。あとは、各カテゴリー同士の決断主義的なパワーゲーム《アイデンティティ・ポリティックス》しか残らないにしても。

もう一つは、〈贈与のパラドックス〉のまなざしに怯むことなく、〈贈与〉の領域を――純粋贈与や交換へと性急に逃避せずに――引き受ける立場である。パラドックスの指摘と向き合いつつも、他者のもとへと自らを配送させていくことを断念しない立場とも言える。これは決して左派の専売特許ではなく、戦後、「社会派右翼」と呼ばれた人々も一つの発送元であったし（第6章参照）、何より、〈政治〉の意味論に依拠しない数多の人々が様々な形で行ってきたことでもあった。そこでは、〈贈与〉は誤配されざるをえないという批判を、個別の文脈に還元しながら、一つずつ解決がめざされてきた。もちろん、それでも「偽善」というシニカルなまなざしは――〈贈与〉の意味論自体が召喚するものなので――完全に消えることはない。だが、「われわれ」の《倫理的正しさ》の実在よりも、それが貶価する「偽善」に賭ける、その何がいけないのか――このような反問を返すことを通じて、討議に開き、他者への問いを分有させていく権能が、〈贈与〉の意味論には残されている。

動員モデルに即しながら、「ボランティア」の〈贈与のパラドックス〉を批判的に検討してきた本書は、最終的に、贈与的なものを肯定する地点に至った。これは当初の問題設定と異なるが、本書もまた、〈贈与のパラドックス〉をシニカルに批判するという欲望を餌に誘き出され、予期せぬ気づきが与えられたのかもしれない。この「一撃」に対する反対贈与は、別の機会に行うこととし、しばらくは〈交換〉の輪を閉じないでおこう。

注

序章

（1）古代ギリシャから現代までの市民社会概念を体系的に整理したエーレンベルク（Ehrenberg 1999＝2001）によると、近代の「市民社会」概念には二つの系譜がある。一つは、近代資本主義の進展と共に上昇していった領域で、ロック、ヘーゲル、マルクスなどによって諸個人・諸階級の利害闘争と相互依存の体系として規定される場であり（Ehrenberg 1999＝2001：128-205）、諸利害が規律＝訓練によって「普遍的なものへと包摂され飼いならされる場」（酒井 2001：104）である。本書では後に〈社会〉と表記することになる。この領域は、国家に対する一定の自律性と法則性——例えばデュルケムが『自殺論』で示したような——が備わっているとされ、諸現象の背後に〈社会〉的原因が措定されていくようになる。ここから〈社会〉が生み出す諸問題やリスクに対し集合的に対処するような福祉国家の枠組が形成されていった。もう一つが、トクヴィルやアレントらによって彫琢されてきたもので、物質的必要や階級的利害から切り離された市民が、自らの関心や理念に基づいて結社を作り、公共的な活動を積極的に担う領域だと理念的に規定される「市民社会（Zivilegesellschaft）」である（Ehrenberg 1999＝2001：206-241）。これは自然発生的な存在という表象を帯びているが統治の政治的技術の相関物として構築されて初めて存在する（Rose 1999：168）。本書で市民社会、または参加型市民社会と呼ぶ時は、後者を指す。

（2）詳しくは酒井隆史（2001）の議論を参照のこと。また近年は、ネオリベラリズム内部の種別性が指摘されることも多い。例えば、ジェミー・ペックとアダム・ティケルは、イギリスにおける新自由主義を、ロールバック（撤退）型とロールアウト（侵攻）型とに区別している（Peck & Tickell 2002）。ロールバック型新自由主義は、サッチャー政権によって遂行されたもので、規制緩和と政府支出の削減を基調にし、福祉国家に対する破壊を目的としたものである。これは一見派手だが、調整を放棄しているため、再生産能力を欠き最終的に不況を招く表層的なものだった。この反省のもとに出てきたのが、ニューレイバーのブレアによって主導されたロールアウト型新自由主義である。これは政府介入による制度の再調整を伴うものであり、金利政策やインフレ防止政策、自由貿易や労働の規制緩和といった経済政策を進める一方、社会問題に関しても積極的に介入し、福祉改革、都市秩序の生成、コミュニティ再生などをめざした。市民社会やボランティアを活用すると指摘されるとき、論者が想定するのは、ロールアウト型であることが多い。また、ニコラス・ローズは、フーコーの統治性論を用いながら、ロールアウト型に対応するネオリベラリズムをアドバンスト・ネオリベラリズムと呼び、精緻な分析を加えている（Rose 1999）。

（3）東一邦によると、現在の「市民」による「ＮＰＯ」活動には、「反戦や反権力を掲げる市民運動に対する排除の論理」が含まれており、その根底には「『フツーの側にいたい』という強迫的なほどの思い」があるという（東 2004：25）。暴力と敵対性を混同した上で、敵対性も忌避する感覚が、新しい運動やＮＰＯの中にも見られる（酒井 2004；道場 2005）。道場親信は、現在の「新しさ」を標榜する運動やその支持者においては、敵対性を「古い」「暗い」運動というイメージと重ね合わせて、共に排除しようとする傾向があることを指摘している。そしてそれが誤認に基づいていること、「『排除』のポピュリズムを支える心性をそのままにして」いることを問題視している（道場 2005：649-650）。

（4）例えば仁平（2005）では、「ネオリベラリズム」との共振が生じるとされるポイントを四点に整理した。それは、①ボランティア活動の増大が公的な福祉サービス削減に寄与するために動員される場合、②社会参加経験に階層差が生じ、ゆとりのない層がまちづくりなどの公共性形成活動から実質的に排除される場合、③活動が自分たちと価値観や階層を同じくする「われわれ集団」のためにのみ向けられ、それ以外の〈他者〉に対しては抑圧・排除的な意識を内包する場合、④セキュリティ強化の活動へと動員され、異質な〈他者〉の監視・排斥へとつながってしまう場合である。逆に言えば、この四つの問題を回避しているとき、ネオリベラリズムとの共振は解除されると言える。

　このような一般的な共振条件の検討の他、個別の政策文脈における検討も進められている。例えば、教育政策という観点からは平塚（2004）が、都市政策という観点からは渡戸（2007）が、それぞれ鋭い論点を提示している。

（5）例えば、一九九三年の中央社会福祉審議会をネオリベラリズムに含めているが（橋本・石井 2004：104）、第9章で検討するように、時期的にも社会政策論上の位置づけとしても問題がある。

（6）実際には、ベ平連を作った小田実は「戦争の恐怖にも生命の危機にも全く身をさらしていない」どころか、大阪空襲で逃げまどい、人間性の醜さに直面し、「黒焦げの死体」を「無造作に片づける」自分の「コッケイな」体験を原点としている（小熊 2002：751）。この点を踏まえるなら、この佐伯の文章には、「戦後を知らない世代」が「気分」によって、戦争体験に裏打ちされた思想と行動を「自己欺瞞」と呼ぶという（それこそ「コッケイな」）倒錯が見られると言わざるをえない。「市民社会」を批判するゲームに興じることで、アイロニスト＝優位な存在として自らを提示することは容易であるが、その容易さと表裏となった「底の薄さ」については——それを本書で遂行している筆者も含め——自己欺瞞なく自覚する必要がある。なお、「自らの優位な位置を保証する努力として、アイロニストとして自己提示する」という凡庸で痛々しい機制については、北田（2005）の分析を参照のこと。

（7）例えば、交換理論を提唱したブラウは次のように述べる。「人々が慈善献金をするのは、会うことのない被恩恵者の感謝を得るためではなくて、博愛的な運動に参加している同輩からの是認を得るためである。献金された金銭をもらうものと是認を与えるものとは同一ではないが、献金は社会的是認と交換されている」（Blau 1964＝1974：82）。ここで注意したいのは、ブラウの議論の当否ではない。そうではなくて、ブラウが、いかに簡単に献金した者の「真の動機」を語れてしまっているか、ということである。ブラウのこの言明は、献金者に実際にインタビューしたわけではないだろう。いや、たとえインタビューした結果、ブラウの仮定を否定したとしても、ブラウの理論構造は揺るがないだろう。当事者の意図がどうであれ、彼／女は反対贈与を求めている、と表象される。たとえ意識では返礼を求めていないとしても「深層で」、「客観的に」、「構造的に」は、反対贈与を求め、獲得していると表象されるのだ。本書が対象とするのも、この表象のレベルである。

（8）中沢新一（2003）は、デリダの「不可能なこと」としての贈与を「純粋贈与」と呼び、デリダの贈与／贈与-交換／交換の三幅対を、純粋贈与／贈与／交換の用語で置き換えている。本書もその用語法に従う。

（9）このメカニズムには本来必然性はない。だが、贈与的行為が、社会的に「徳」と価値化されやすいことが、贈与者以外の人に「相対的に剥奪された」という感覚をもたせうる。つまり、贈与者の贈与の価値を貶価することで、失地を回復しようとする「動機」を、贈与者以外の観察者は潜在的に有しているのだ。この人間的と言えばあまりに人間的な感覚をベースに、社会を体系的に説明できると夢想したのがブラウであった（補論二参照）。

（10）動員モデルでは、言説の外部に社会をかなり素朴に措定した上で、社会が言説に影響を与えるという因果関係と両者の媒介項としての権力作用を実定的に想定する。同時に、社会を措定した時点で、言説の外部の「実態」もなし崩し的に想定せざるをえなくなる。一方で、意味論的形式の分析は、言説に外在する「社会」や「実態」を素朴には仮定する必要がなく、言語論的転回以後の世界を前提としている。本書では、何でも「イデオロギー」として処理する無骨な動員モデルの磁場を遮断するために、意味論形式の分析に重要な役割を与えているため、方法論／認識論のレベルでも、言説と社会や実態との対応関係を積極的には前提としない。とはいえ、問題設定の面では動員モデルと共有する本書はその方法論／認識論的立場を貫徹できず、それが本書の曖昧な位置づけを生み出している。

（11）もちろん、「全てのモノは言説（コトバ）相関的に構成されている」という言語論的転回以降自明となった公準を踏まえるなら、上記の言明は冗長なものでしかない。しかし「ボランティア」は、その点が比較的顕在化しやすいと言うこともできる。

（12）ただし、ボランティア的なものに何らかの「本質」を措定するタイプの社会学と銘打つ研究もある。その例としては、「ボランタリズム」や「サブシステンス」を実体的に捉える西山（2003；2007）がある。受難＝受動を軸に据える似田貝香門（2008）も同様である。

（13）この問題を提起したのはウールガーとポーラッチ（Woolgar & Pawluch 1985）であり、それは存在論的恣意的線引き（オントロギカル・ゲリマンダリング：OG）批判と呼ばれる。OG批判とは、構築主義のプログラム自体が、その乗り越え対象だった構造機能主義者がかつて犯したような問題を反復してしまっているというものである。つまり構築主義は、(a)状況の一貫性と定義の可変性を対置するという論証形式をとる時点で状況の客観的な言明を含んでいて論理的な一貫性を欠いており、そして、(b)そのようにして産出された構築主義者による状況の記述は、それ自体、定義づけのクレイムの一つでしかありえない。このＯＧ批判に応える形で、構築主義は、再帰派、エスノメソドロジー派、脱構築派など多様な立場が存在することになる（Holstein & Miller 1993）。中でも代表的なのは、後にベストによって厳格派、コンテクスト派と名づけられる立場である。このうちコンテクスト派は、「実際の状態」を記述者から独立して存在すると想定すること、および「状態」に関する他の資料（統計など）を参照しながら「根拠づけられた（warranted）」クレイムと「根拠づけられていない（unwarranted）」クレイムとを区別することなどは積極的に行われてよいとするが、それは、認識論的／方法論的厳密性・一貫性の追及よりも、社会に積極的に介入できる「有用」な知の提供を重視するためである（Best 1993）。ＯＧ問題については、中河伸俊（1999）はＯＧ論議に状態（ＯＧ１）と実在（ＯＧ２）の両レベルが混在していることを指摘し、ＯＧ１のみを問題にするべきという明快な指針を与えている。

（14）マンハイムにおける「存在」には、階級の他、世代、生活圏、宗派、職業集団、学派などが含まれる（Mannheim 1931＝1973：166）。

（15）ルーマンの用法における社会の意味論（ゼマンティク）とは、言語学や記号論の用法とは異なり、ある社会が利用しうる諸形式の総体であり、意味を加工するために用意された諸規則のストックと定義される（Kneer & Nassehi 1993＝1995：143-144）。

（16）これに対し、「ボランティア」の意味論を主導するコードは、〈贈与〉ではなく、他のもの（例えば自発性、無償性、公共性……）ではないかという批判はありうる。もちろん、当該対象のコードを何と措定するかは、観察者相関的に決まるので、他のコードに準拠しながら記述することも原則として否定されない。その上で、〈贈与〉に照準することの利得を述べておくならば、先述のように〈贈与のパラドックス〉の意味論形式は否定的な準拠点として、通歴史的な安定性を有していることが挙げられる。これに対し、例えば、「自発性」が主導的なものとされるようになったのは、戦後しばらくしてからである。さらに、後ほど、「（ボランティア活動を通して）『公共精神』を身に付けさせることに『自発性』もへったくれもない」（木原 1994：174）といった言説を見るように、「自発的」か否かのコードは意外にも大して頑強でない。これは、例えば「（ボランティア活動を通して）『公共精神』を身に付けさせることに、相手にとって迷惑もへったくれもない」という類の言説が決して出現しなかったのとは対照的である。

（17）ちなみに、末次一郎が「奉仕」の言葉を使い続けたことを、「ボランティア」という言表選択の恣意性／偶有性の証左として用いているが（中山 2007：95）、末次が「奉仕」にこだわったのは、彼の政治的立場のためであり、記号の偶有性のような一般命題に回収されるべきことではない（本書第６章を参照）。この例も含め、各論者が自らの語りを現勢化させた条件についての検討がない。その検討を欠いて「『ボランティア』と『奉仕』という冠をつけ変えているに過ぎず、結果的にどちらが支配的な位置を占めることになったかという歴史だけがその後の方向性を決めていくのである」（中山 2007：95-96）と述べることは、単に勉強不足の表明でしかない。他にも、協会が生み出す言説を一枚岩的に捉えたり、立場の異なる論者間の差異を時代の差異と読み込んでいるところもある。つまり、言説分析／構築主義をめざす以前に、知識社会学としてもまだ行うべきことがあったように思う。

（18）本書では、ボランティア的なものに関する言説を網羅することをめざしておらず、分析対象としたテキストの範囲と、その中から仮説化＝ストーリー化していく上で用いたテキストの範囲という二つの点で、偏りがある。本書の議論は一つの仮説＝ストーリーであって、別の仮説＝ストーリーの存在を妨げるものではなく、現象の説明力や説得力をめぐって競合する関係にある。戦前（第1章）については、留岡幸助が編集した『人道』を中心に、議論に関連する範囲で論文・本・新聞記事も分析に用いている。戦後は、雑誌記事検索システム（CiNii）で、「ボランティア」というタイトルが付いている論文のうち理念、制度、政策に関すると判断されるものを、できる限り網羅的に収集した（グループマネジメント、コーディネーション、援助技術などの方法論や、事例紹介などは分析対象から外している）。また、大阪ボランティア協会が、ボランティア関連論文を網羅的に収集した『ボランティア活動の理論』（高森・小田・岡本編 1974）、『ボランティア活動の理論Ⅱ』（小笠原・早瀬編 1986）に収録された論文も分析対象とした。同時に、『月刊福祉』（前身の『社会事業』も含む）、『社会福祉学』『社会福祉研究』『季刊・社会保障研究』『地域福祉研究』『社会教育』『月刊社会教育』『青少年問題』『都市問題』『都市問題研究』『日本ボランティア学会学会誌』については、関連する論文を通覧した。この他、全国社会福祉協議会（ボランティアセンターも含む）のボランティア関係文書および福祉行政や教育行政のボランティアに関する資料については、可能な限り検討した。また、第5・6章をはじめ、いくつかの章では、民間のボランティア推進団体である大阪ボランティア協会や日本青年奉仕協会（JYVA）の月刊誌や資料も分析に用いている。それぞれの説明は、該当する章で行う。その他、議論の展開上、検討が必要なテキストは随時、分析の対象とした。

（19）このイメージは、ソシュール言語学／構造主義的なものである。つまり、一つの記号は、隣接する諸記号との差異の関係の中で、否定的かつ相対的に決定される。一つの記号がなくなれば、その場所を別の記号が埋めることになる（丸山 1981）。

（20）ソーシャル・キャピタル論者は、次のように反論するかもしれない。ソーシャル・キャピタルとしての「信頼」は単なる贈与ではない。なぜなら他者への信頼や関係性が、時間的・空間的に蓄積されていく中で、地域全体の、さらには自分の利得にもなるという意味で互酬的なのだから、と。この論理構成には、社会連帯思想（第1章参照）を合理的選択理論で味付けしたような趣がある。いずれにせよ、この種のソーシャル・キャピタル論の意味論形式は、〈贈与〉と解釈されうる諸行為に〈交換〉の意味を供給して安定化させるものと見ることができる。

（21）この点についてはMouffe（1988）、Virno（2001＝2004）などを参照のこと。

（22）村上俊介（2004）によると、戦後日本の市民社会派は、経済過程と市民主体の関係をめぐって、二つの系譜へと分類可能である。まず、高島善哉や大河内一男らの「第一世代」は、市民主体になる契機を、経済過程の外部（徳、正義、仁恵・仁愛、自覚……）に求める。「経済過程から『徳』を切り離して、経済過程をコントロールするという構図は、何も現代の新しい傾向ではない」（村上 2004：28）。これに対し、内田義彦は、この「外在的『自覚』論」を克服するために、「市民社会とその主体の形成を経済過程そのものの中に見出そうとすること」（村上 2004：27）を、自らの理論的課題とした。それは平田清明や望月誠司らも同様である。しかし、この流れを汲むはずの斉藤日出治（1998）や今井弘道（2001）らの現在の市民社会論は、その理論的挑戦を行わず、最終的には経済・国家を統御するとされる市民「主体」の根拠は――第一世代と同じように――経済外部に置かれる。一方、この議論を尖鋭に批判する中野敏男や山之内靖らにあっても、ラディカルな運動主体の成立根拠を、やはり経済の外部から調達している。この点で、両者は共に「市民社会論の先祖返り」（村上 2004：31）に陥っていると指摘される。

（23）コミュニケーション行為の理論では、発語内行為の言語行為論的な特徴――行為遂行中に「当該行為は……である」という高階の自己指示をしており、それゆえに「かかる行為を遂行することが妥当か」という規範的な再帰的問いが、間主観的かつ明示的に提示されやすいこと――を踏まえた上で、発語内行為／発語媒介行為という語用論上の区別を、コミュニケーション的行為／戦略的行為という行為類型へと対応させ、前者を、国家や経済（つまり「システム」）とは異なる社会空間（「生活世界」や「市民社会」）を基礎づける根拠として位置づけられる（北田 2003：6）。

（24）西阪仰（1987）は、コミュニケーション行為における妥当請求のうち、誠実性請求が全ての前提という位置にあり、結局は行為者間の「意図の純粋性」に支えられていることを指摘している。つまりコミュニケーション行為を戦略的行為から区別する根拠は、『意図の純粋性』によって均質化された相互行為、あるいは全き透明性をもった対人関係が決断的に選び取られることに基づいており、そのかぎりで、もはや『根拠づけ』とは言い難いものである」（西阪 1987：176）。また、樫村愛子も端的に次のように述べる。「ハバーマスは、こういった行為内部で正当性を承認し合うコミュニケーションの根幹に、やはりコミュニケーションの相手への『信頼』という変数を導入せざるをえないとしている。『信頼』は、コミュニケーションの内部で互いに認め合う再帰的な行為の対象ではなく、やはり前提とされているのである」（樫村 2007：67）。

（25）発語内行為と発語媒介行為の区別不可能性に関するデリダのサールに対する批判を援用したものとして大澤（1985）、西阪（1987）。また北田暁大（2003）は行為の同定不可能性という観点から、この区別を否定している。

（26）ラディカルデモクラットのムフ（Mouffe 1993＝1998）は、多種多様な運動の間に、等価性連鎖に基づいた連帯が築かれることをめざすべきとする。この連帯は、「民主主義の拡充と徹底化という共通の関心」（Mouffe 1993＝1998：168）に基づき、またそれを否定する勢力（構成的外部）との敵対性を通じて構築される対等な関係（等価性）であり、そこにはラカンを流用した否定神学的な基礎づけも行われている（Laclau & Mouffe 1985＝1992）。つまり通常の意味の贈与でないのは明らかである。だが、「何はさておき他者を自由で平等な人格として処遇せよ」という命法の徹底化を求める態度（Mouffe 1993＝1998：141）は、自らの利得上昇のみを求める合理的経済人や、他との連帯を拒絶し自らの勢力の拡大だけを求める原理主義的運動を対照項とすれば、〈贈与〉的なものと uptake される可能性が相対的にある。だがその理論的な「隙」こそが重要ではないか。この点については、終章第二節（4）も参照。

（27）例えば、人類学者ではM・サーリンズ（Sahlins 1972＝1984：197–201）が、丁寧なテキスト読解を通して、ハウが、「世俗的な意味内包だけ」にとどまらず、自然の豊穣力と生産力——多産性——に結びついていることを指摘している。また哲学者は、贈与概念が社会平面を超え出る側面に注目する議論も多い。バタイユ（Bataille 1949＝1973）は、ポトラッチを等価交換としてではなく、消尽と捉え交換的秩序を破壊し、純粋贈与の実現と聖なるものの顕現につながる可能性を見る。中野昌宏（2006：126-147）は、デリダ（Derrida 1989）のモース／レヴィ＝ストロース解釈を踏まえ、構造全体を創出するマナ的な力を、社会秩序（＝象徴界）を超え出る純粋贈与として概念化する。このように贈与に対しては相反する見方があるが、ポトラッチやクラなどの贈与-交換に関する記述自体に、社会関係の存続／維持という機能と、それを超える過剰さとが同居しており、どちらに注目するかで議論の含意が反転する。この点に関してモーリス・ゴドリエは、ポトラッチを行うクワキウトル族の言葉には、等価交換を示すヤクワと、与えることで相手を粉砕することを意味するパサがあると指摘する。モースが対象にしたのは、ヨーロッパの植民地交易経済の浸透などによって大きな社会変動が生じ、ポトラッチの中にパサの要素が突出するという「暴走しだし、狂気じみてきた」形態であった。このように考えると、バタイユが魅せられたのは、贈与の深奥などではなく、そのような市場経済化によって生じた狂気だったにすぎないとも言える（Godelier 1996＝2000：111-113）。

（28）レヴィ＝ストロースによると、ここで見られる贈与-交換は、言語と同じような全体的・綜合的な構造であり、それらは「一挙に意味あるものになった」（Lévi-Strauss 1968＝1973：39）ため、ハウに現象の出発点・駆動因を探し求めることは見当はずれである。ハウは実体的にではなく、浮遊するシニフィアンと捉えるべきである。贈与-交換の説明は、交換のネットワークの構築を通じて連帯と秩序を作り出す、無意識的な心的諸構造に求められる。

（29）贈与-交換から一般理論を構築しようとする試みは、社会学のみならず、社会心理学（Homans 1961＝1972）、政治学（Ilchman & Uphoff 1969）、経済学（Bolding 1973＝1974）など、この時期、学問領域を超えて広く見られるものであった。

（30）ブラウは、権力を「定期的に与えられる報酬を指し止める形態をとろうと、罰の形態をとろうと、脅かすことで抵抗を排除してでも、人々あるいは集団がその意思を他者に押し付ける能力である」と定義している（Blau 1964＝1974：105）。ブラウによると、他者が提供するサービスを人々が必要とする場合、①彼に相応する対価を提供する、②別の回路からサービスを調達する、③彼に強制する、④価値志向の変更などによって、このサービスがなくてもよいと諦める、という四つの選択肢があり、そのいずれもとれない場合、⑤彼に服従するという形で、権力関係が生成する（Blau 1964＝1974：106-107）。

（31）例えば、永田えり子（1986）は、数理モデルを用いてその不可能性を明らかにしている。もっともこれに対しては、大澤真幸（1987）が、やはり数理モデルを用いて、権力の記述様式を変えることで交換理論の救済を図っている。また、盛山和夫（2000）は、ブラウの失敗を個人主義的権力論の限界という文脈で捉えている。

（32）「現代人類学の偉大なる著書は、モースの『贈与論』であるよりは、むしろニーチェの『道徳の系譜』である」（Deleuze & Guattari 1972＝1986：231）。ただし、ドゥルーズ＝ガタリは、負債の発生を贈与-交換にあると見ておらず、土地／身体の「登記」から直接生ずると見ているのだが。

（33）だからといって、ニーチェ＝フーコー的視角をとることが、あるいは、〈贈与〉批判をすることが、規範論的に優位であることを意味しない。哲学者の永井均は、現時点で「ニーチェ的」に批判することの凡庸さ、というよりそれ自体が端的に反ニーチェ的な営為であることを指摘している。「今日、ニーチェを持ち上げ、ニーチェを後ろ盾にしてものを言いたくなるとき、そこには必ず何らかの復讐意志が隠れている。それを見逃してはならない。心からニーチェ思想を愛することができる人には、警戒心を持って接しなければならない。ニーチェがキリスト教に対して持ったのと全く同じ種類の警戒心を、である。もしあなたが、ニーチェに頼って元気が出るような人間であるなら、ニーチェ的批判のすべては、あなたに当てはまるのである」（永井 1998：11–12）。卓見である。これに関連する問題系については終章でも考察する。

（34）とはいえこの見方が、主体化／規律訓練の不可能性という議論に横滑りしたとき、現代社会と権力のあり方を捉えそこなう点にも注意が必要である。この点については仁平（2009c）を参照。

（35）フーコーはこのような「非行者」の典型としてラスネールの例を挙げている。「この没落小市民は、ちゃんとした学校教育を受け、話したり書いたりする教養を備えていたので、もしも一世代早く生まれていたならば革命家、ジャコバン党員、国王殺害者になっていたかもしれないし、ロベスピエールの同時代人であったならば彼の法律拒否は直接的な歴史の場で実効をあげえたかもしれない。一八〇〇年生まれのこの人物は、ほぼジュリヤン・ソレル同様こうした可能性の余地をとどめているはいるが、その可能性は方向を変えて盗みや殺人や密告へ向けられたわけである」（Foucault 1975＝1977：281）。

（36）周知のように、マルクスとエンゲルスは『共産党宣言』の中で、様々な「似非」の社会主義に対して、辛辣な批判を投げかけている。例えば「保守的社会主義またはブルジョア社会主義」に対しては、次のように述べている。「ブルジョア階級の一部は、ブルジョア社会の存立を確保するために、社会的弊害を除去したいと願う。これに属するのは、経済学者、博愛主義者、人道主義者、労働階級の状態の改良家、慈善事業家、動物虐待防止論者、禁酒教会設立者等、ありとあらゆる種類のへぼ改良家である」（Marx & Engels 1848＝1951：79）。さらに、いわゆる「空想的社会主義」に対しては、「かれらは最後まで、階級闘争をふたたびにぶらせ、対立を調停しようとする。かれらは依然として、かれらの社会的ユートピアの実験的実現、個々の共産団《ファランステール》の創設、国内移住地《ホーム・コロニー》の建設、小イカリアの設立——新エルサレムの小形判——を夢み、そしてこれらすべての空中楼閣を建設するために、かれらはブルジョアの心と財布との博愛に訴えざるをえない。だんだんかれらは、うえにのべた反動的または保守的社会主義の範疇におちいる」（Marx & Engels 1848＝1951：84）といった具合である。

（37）荻原（2005）は、贈与と詐欺師の、社会空間上の近さについて論じ、両者が息づく場所を規範の失効する「零度の社会」として捉えている。

第1章

（1）許可主義が採用された背景として、雨宮（1998）は、法典調査会で起草委員だった富井政章・梅謙次郎の発言をもとに、「公益」の美名のもとで悪事をはたらく者が多発することを警戒したこと、および、営利は経済力を伴わないものは自然淘汰されるが、公益目的の団体は期限がなく消滅しないために、団体が財産をストックする器として営利目的に利用されては具合が悪いという判断が働いていたと見る。これを受けて初谷は「そこに見られる政府セクターのNPO観、公益法人観は性悪説といっても過言ではない」（初谷 2001：138）と述べ、この観点が「その後の政府セクターのNPO政策の底流をなしていった」とする。

（2）その代表的なものとして、片山潜によるキングスレー館（一八九七〔明治三〇〕年、東京神田三崎町）、留岡幸助（一八九九〔明治三二〕年）による「家庭学校」、野口幽香（一九〇〇年）の保育施設「二葉幼稚園」、呉秀三（一九〇二年）の「精神病者慈善救治会」など、創設者たちの固有名と結びついた施設も次々と作られていく。

（3）例えば、一八九九（明治三二）年から、「北海道旧土人保護法」「水難救護法」「罹災救助基金法」「行旅病人及行旅死亡人取扱法」、さらに「感化法」「精神病者監護法」、日露戦争との関係で「下士兵卒家族扶助令」「廃幣院法」などが成立している。

（4）研究会に参加したメンバーは、井上友一・清野長太郎（内務省地方局）、岡田朝太郎（東京帝大教授、法学博士）、桑田熊蔵（東京帝大教授、社会政策）、原胤昭・留岡幸助（警察監獄学校教授）、安達憲忠（東京市養育院主事）、久米金弥（内務省参事官）、有松英義（内務省警保局）、小河滋次郎（内務省監獄課）、松井茂（警視庁）、窪田静太郎・相田良雄（内務省衛生局）などであり、「日本の社会事業を成立させるのに貢献する先駆者たち」（田代 1981：38）と呼ばれている。

（5）その専門誌が『慈善』であり、これが後の『社会事業』、さらには現在の『月刊福祉』の前身となる。

（6）例えば、『人道』一八九号（昭和四年一一月一五日）の小塩高恒「新に社会事業に従事せんとする人々へ」など。戦後は、後に見るように一九八〇年代以降、別の意味論と接合しながら、この自己準拠的な動機の語彙が隆盛していく。

（7）現在のわれわれがもつ意味論において、「同情」は上下の地位コードを前提とした憐憫的なものであるというコノテーションをもち、しばしば否定的な感情用語とされる。しかし、当時留岡や北村が提示している文脈において「同情」は、現在使われるより肯定的な言表――例えば、共感など――と等価的であった。

（8）例えば救世軍で有名な山室軍平は、ある社会事業家の例を紹介している。彼は、官職を捨てて孤児の支援を始めた上、徹底的に孤児と同じ立場に立つために、一緒に靴磨きをする生活をしたが、「結局、夫婦とも血を吐いて死んだ」という（山室軍平「社会事業家の資格（下ノ下）」『人道』二三六号　大正一四年六月一五日）。

（9）山室軍平は『人道』紙上で次のようなエピソードを紹介している。ある道楽者の男が悔い改めて救世軍に入り、新宿駅わきの坂道で、重荷を付けてきた荷車の後押しをすることにした。毎日出かけていっては「そら押すよ」とかけ声をかけて荷車を押し、車力に「有難うございます」と言われるのがたいそう嬉しかった。しかしあるとき、「一偏一偏現金に有難うございますと言はれて喜んで居るやうでは、まだ考へ方が足りない」と思うようになり、翌日からは、車力に気づかれないように黙って押し段々力を抜いて退くという「お礼をいはせないで親切をする」方法を採ることにした（山室軍平「社会事業家の資格（下ノ上）」『人道』二三三号　大正一四年三月一五日　四頁）。彼の発見は、デリダの「贈与を贈与として、そのものとしてただ認知するということが、贈与を贈与としては廃棄してしまう」という発見に接近しており、「『不可能なこと』としての贈与」である〈純粋贈与〉にも迫っている。これは、報酬・返済の不可能な贈与を試行した果てに出現した実践である。

（10）ここで「倫理」が何を意味するのか不明確だが、「儒教」としているものが一施設ある。また、留岡幸助が一九〇二（明治三五）年に調査した報告書である『復命書』によると、特に児童施設や「貧民教育」施設の多くが、主義として「教育に関する勅語」を挙げているところから、この「倫理」の中身も同様であると思われる。

（11）例えば、石井十次、留岡幸助、有馬四郎助、石井亮一、小橋勝之助、林歌子、山室軍平、賀川豊彦などはキリスト教徒である。

（12）『人道』一号　明治三八年五月一五日　留岡幸助「社会事業の二大『活』」二-三頁。

（13）同様の主張は、内務官僚の床次竹次郎など、他の論者の議論にも様々な形で見られる（『人道』五七号　明治四三年一月五日　床次竹次郎「欧米の文明は宗教が根本」四頁）。

（14）『人道』九二号　大正一年一二月一五日「苦痛の賜」二-三頁、留岡（1898→1995：41-42）など。

（15）ここから賀川豊彦のように、宗教の意味論に従って〈純粋贈与〉を徹底していった結果、「慈善」「同情」自体を否定するというところにまで行きつく者もいた（賀川豊彦『人間苦と人間建築』一九二〇年）。彼は、通常の生活を捨て、神戸の新川の貧民窟に住み込む。これは報酬の否定という点で徹底しているが、彼がめざしたのは、〈立場を共有すること〉を通じ、与え手／受け手という区別自体の失効を通じた〈贈与〉そのものの否定であった。もちろん、ここで同情・慈善といった贈与性を否定するといっても、援助者がその行為を行う（立場の共有をめざす）という選択をしている時点で、メタレベルの贈与的行為を行っている（＝〈贈与のパラドックス〉は再帰する）と見ることは可能である。しかし、たとえ暫定的なものであれ、「贈与の破綻」を行うことが〈贈与のパラドックス〉のかなりの部分を封じこめるという発見は、後で見るように極めて重要である。とはいえ、この「『贈与の破綻』という形で行われる〈贈与〉」の動機・意味を備給するのは賀川においては、やはり神であった。

（16）『人道』五九号　明治四三年三月五日　生江孝之「現今我国の慈善事業に就て」四-六頁。

（17）ここでわれわれは〈犬〉の形象を想起せざるをえない。贈与者と非行者がそれぞれ特異な値＝「零度」（荻野 2005）をとる規範の座標平面は、法とは交錯しない領域であり、荻野のいう贈与者と詐欺師が混じり合う不分明な場所である。無償の贈与を装う詐欺師は、その蔭で過剰なまでに利益を得ているかもしれないという、贈与-交換が孕みもつコノテーションをそのまま具現化する存在だった。

（18）例えば、『全国慈善事業視察報告書一』では、賀川豊彦の宿舎救護である「神戸無料宿泊所」は、「志し美たるも行動の稚拙」であって「筆以上の惨状」と評価されている。また、仙台在留キリスト教宣教師の共同事業として運営されている救貧事業の「自営会」も、「極めて旧式の施し慈善にして老衰虚弱の無能力者を哀憐救極するまでのもの」であり、施設は「乞食小舎の観あり。経営者を促して改良するか寧ろ廃止せしむべし」とされる。篤志家の小林佐兵衛が経営していた小林助産所も「乱雑なる一般救貧」であり、「老侠を任じる小林佐兵衛氏老も老たり。時代も今は斯かる救護請負人的のものに委ねるを許さず」と全廃が提言されている。極めつけは、石井十次の岡山孤児院に感激して農家出身者が始めた「丹波育児院」であり、「宗教家の熱愛より出でたる所為とすれば其方法愚なり危険なり。宜しく行政者は保護を求め＊此の無告の可憐児を救護せざる＊＊ず」と警告されている。

(19)『人道』六号　明治三八年一〇月一五日　浮田和民「慈善事業の真義に就いて」四-五頁。

(20)『人道』八一号　明治四五年一月五日　留岡幸助「慈善事業の骨子」二-三頁。

(21) 社会事業史的には、この背景には、日露戦争後の経済的圧迫とそれに伴う民衆の貧困化、また他方で、労働争議やストライキの発生など社会主義運動が次第に広がっていくことに対する対応という側面があったとされる。田代（1981）は「この意図の根底には、危険思想の防止、階級分化と貧困問題に対し、伝統的な『美風』・隣保相助、報徳思想などを重要視させることによって『富国強兵』と皇室中心社会の発展をはかろうとすることがあり、その結果かなり精神主義的になっていた」（田代 1981：40）と整理している。

(22)『人道』一五号　明治三九年七月一五日　留岡幸助「慈善事業の三大要素」二頁。

(23)『人道』一五号　明治三九年七月一五日　留岡幸助「慈善事業の三大要素」二頁。

(24)『人道』二六号　明治四〇年六月五日　留岡幸助『中央慈善協会』将さにうまれんとす」二頁。

(25) 第一回（明治四二年二月一一日）は七七、第二回（明治四三年二月二九日）は一一八、第三回（明治四四年二月一一日）は一一四団体が表彰を受けた。

(26)『人道』七一号　明治四四年三月五日　留岡幸助「最近慈善事業の進歩」二頁。

(27)『人道』四七号　明治四二年三月五日　「社論　慈善事業と政府の奨励」三頁。

(28)『人道』八八号　大正一年九月七日　留岡幸助「明治聖代の慈善事業」八-九頁。

(29)（表彰は）「富豪特志の人物を覚醒し、三井慈善病院や渡辺慈善病院、前田侯爵家が金沢などの慈善事業に投じるなどを促した」（『人道』七一号　明治四四年三月五日　留岡幸助「最近慈善事業の進歩」二頁）。

(30) 明治三〇年に英照皇太后が死去したとき、一万名の囚人に特赦すると同時に約三七万円の下賜を行ったが、これは各府県に分配され、利殖しながら感化救済事業の補助に使用された。これは明治四四年には、公債及び現金を合わせて二三六万円となっている。また、さらに天皇から、施薬救療資金として一五〇万円が下賜された。

(31)『人道』八八号　大正一年九月七日　留岡幸助「明治聖代の慈善事業」四頁。

(32)『人道』八八号　大正一年九月七日　留岡幸助「明治聖代の慈善事業」四頁。
(33)『人道』八六号　明治四五年六月一五日　留岡幸助「貧富両全の道」二-五頁。
(34)『人道』二号　明治三八年六月一五日　留岡幸助「慈善的寄付問題」三頁。
(35)例えば、彼は、一八九七年（明治三〇年）頃、同じクリスチャンの三好退蔵と共同で感化院の設立を計画し、意見の相違から挫折することになる。両者ともクリスチャンであったが、外部の一般社会に対して、キリスト教教育を標榜することをめぐって明確に対立が生じた。「三好氏は、一般社会はキリスト教を嫌い、異端視しているから、キリスト教教育の看板を掲げて、公然とこれを標榜するのは、得策ではない」と主張したが、留岡は「事業の生命である基督教をかくして、何の教育ぞ、キリスト教の看板をおろす位なら、感化院をやらぬ方がよい、といって、譲ら」（室田 1998：394）ず、たとえそれで寄付をくれなくても、「神様を信じて善い事をすれば、神は必ず助けて下さるに相違ない」と言って妥協しなかった（『人道』二九九号　昭和五年九月一五日　留岡幸助「感化教育の基礎的概念」二-一一頁）。
(36)『人道』一九号　明治三九年一一月一五日　留岡幸助「富豪の慈善」二-三頁。
(37)『人道』二三六号　大正一四年六月一五日　内片孫一「社会事業基金問題」一〇頁。
(38)『人道』三二二号　昭和七年八月一五日　早崎八洲「動物の胃の腑の話から共同募金の問題へ」九頁。
(39)『人道』六九号　明治四四年一月五日　床次竹二郎「感化救済事業当局者の心得（昨年一二月二九日第三回感化救済事業講習会での講演）」九頁。
(40)『人道』一二四号　大正四年八月一五日　相田良雄「救済事業経営に関する注意」五-六頁。
(41)『人道』九三号　大正二年一月一五日　床次竹二郎「社会の進歩と救済事業（講演）」五-七頁。
(42)「結核予防法」「精神病院法」などの一連の公衆衛生立法や、職業紹介所法といった雇用対策、借地法・借家法などの住宅対策、未成年飲酒禁止法・矯正院法といった少年犯罪対策、そして一九二六（大正一五）年に健康保険法が成立した（ただし工場法の適用を受ける労働者のみを対象）。
(43)国家財政においては、それまでの恤救費に加え、職業紹介所法に基づき、紹介所建築費および初年度調弁費の二分の一、その他の諸費の六分の一を補助するにすぎず、それ以外は、地方財政の負担に任された。地方財政は、社会事業の成立と共に、社会事業財政はほぼ一〇倍の増加を示してはいるが、しかし、財政総額の中でのその割合は決して高いものではなく、ことに教育費にくらべれば微々たるものだった。とはいえ、公立の施設の数も、徐々に増えていくなど、着実に福祉制度の拡大は見られるようになっていく。特に東京市の場合は、関東大震災をきっかけに急増し、一九一八年には公対私の比率は一対九だったが、二六年には約二対三になっている（以上、一番ヶ瀬 1981：51-53）。
(44)『人道』一九二号　大正一〇年七月一五日　床次竹二郎「社会奉仕と人物と」三頁。

(45)『人道』一九二号　大正一〇年七月一五日　左右田喜一郎「社会政策の眞意義と横浜社会館の事業」四-五頁。
(46)『人道』一八一号　大正九年七月一五日　床次竹二郎「社会事業の根本精神」。
(47)『人道』一八六号　大正九年一二月一五日　［書簡往復］京都市の少年警察隊」六頁。
(48)『人道』一九九号　大正一一年三月一五日　留岡幸助「公民道徳と社会道徳」五頁。
(49)『人道』一九四号　大正一〇年九月一五日　床次竹次郎「日本青年館設立と青年日」三頁。
(50)『人道』二八〇号　昭和四年一月一五日「日本の天皇——印象深き京都の大典」（週刊ロンドン・タイムズ一九二八年一一月一五日の邦訳記事）四頁。
(51)『人道』一八七号　大正一〇年一月一五日　豊州生「多事多端の社会事業界——新春雑感」。
(52)『読売新聞』の記事から例を挙げると次のようなものがある。「赤坂御所の門前に奉仕の青年　炎天に毎日草むしり　人を感激させた発心の動機」（一九二六年九月四日）、「家政をとるのも社会奉仕の一つ　どんな勤めにも尊い意義」（一九二七日一〇月二一日）、「ラジオ・ファンへの福音　簡単に真空管が若返り　放送局が無料で奉仕」（一九三一年六月一七日）など。また後述のように、商業上のサービスを「奉仕」と呼ぶことも一般的だった。
(53)例えば、一九一二（明治四五）年　長谷場純孝（文部大臣）「青年学生に対する余が一希望」『青年及青年団』第三巻第一号五-六頁、一九一二（明治四五）年　長谷場純孝（文部大臣）「青年学生に対する余が一希望」『青年及青年団』第三巻第一号五-六頁など。また、青年団体に対する一九一五（大正四）年の内務省・文部省訓令（青年団体ノ指導発達に関スル件）や同次官通牒（青年団体ニ関スル件）にも見られない。
(54)一九二四（大正一三）年以降は、社会教育協会による『社会教育』となる。
(55)『人道』一八七号　大正一〇年一月一五日　豊州生「多事多端の社会事業界——新春雑感」八頁。
(56)『人道』二四六号　大正一五年四月一五日「家庭生活と社会生活（社論）」一-五頁、『人道』二七二号　昭和三年六月一五日「社会問題から家庭をどう見る（社論）」一-三頁など。
(57)『人道』一八九号　大正一〇年四月一五日　武田眞量「期成の所与を脱して永久の創造へ」。
(58)『人道』二三六号　大正一四年六月一五日　留岡幸助「自治の訓練（下）」。
(59)『人道』二三六号　大正一四年六月一五日　内片孫一「社会事業基金問題」一〇頁。
(60)林が創案者であり、小河がその制度的輪郭を、ドイツのエルバーフェルト・システムや岡山県の済世顧問制度などに学びながら構想していった（遠藤 1981：32-33）。
(61)『人道』二一六号　大正一二年八月一五日　留岡幸助「社会の必要が生んだ方面委員制度」九-一一頁。
(62)もともと小河は、方面委員と対象者が同一階層にあることをベストだと考えていた。なぜなら、彼／女らほど、彼／女ら自身のことを熟知した者はいないからである。しかし、「無産者には、事情精通の長所あるも、動もすれば感情に流れんとするの短所がある」。一方で、「有産者には、公平の判断を誤らざる理性に富むの美点あるも、兎角実際の事情に迂闊なるを免れざる欠点がある」。よって、「平生公共の事に志の厚き所謂世話好きの」「中産階級の隠れたる有志家」が最適とされる（小河 1921→1943：310）。とはいえ実際には、高階層にある者がこの任につくことが多かった。

(63)『人道』二六五号　昭和二年一一月一五日　「社論　民衆の福祉と方面委員制度（上）」二-四頁。

(64)『人道』三一四号　昭和六年一二月一五日　小島幸治「方面委員制度の欠陥に就て」五頁。

(65)大林宗嗣は、これらの人々を、セツルメントの構成員の一つとして「篤志職員」と呼んでいる。その「多くは大学生その他教養ある人々で一日中の幾時間か又一週中の幾時間かを斯業の為めに捧げるものである」（大林 1926：203）。

(66)その回路は多様な形で解明されており、本書の枠組はその一つにすぎない。例えば、川島章平（2005）は、日本における福祉国家論の先駆者であり、生存権の理論家でもある福田徳三の理論を検討し、彼の考える〈社会的なもの〉が、国家として顕在化するメカニズムと、またそれが個々人の生を軽視・排除するベクトルを孕んでいた点について分析している。また冨江直子（2007）は、〈社会的なもの〉の発動と捉えられる救貧が、実は、生存の義務、つまり国家への参加の義務という意味において行われたことを詳細に描き出している。

(67)事実性から当為性を導出することは自然主義的誤謬であり、論理的な破綻を抱え込まざるをえない。

(68)留岡は明治二〇年代後半から報徳思想とキリスト教の接合に関心をもち始め（室田 1998：510）、一九〇三年に内務省嘱託として、内務官僚・井上友一の下で静岡県の「報徳社」や模範村の調査をしたことが、その思想をもとに社会的介入していく一つの契機となっている（室田 1998：509-510；田中 2000：65）。

(69)例えば留岡は、地域の改良が図られる模範村を作るためには、村長・学校長・篤志家・宗教家という、彼が「四角同盟」と呼んだカルテットの協力と協議が不可欠だとしている。この四者は「共同心」「至誠」「公共心」をもち、「自分の市町村の為に尽すという新愛国心が必要」とされる（『人道』四二号　明治四一年一〇月五日　「社論　町村自治の四角同盟（下）」）。

(70)『人道』一九号　明治三九年一一月一五日　「社論　富豪の慈善」。

(71)『人道』二〇三号　大正一一年七月一五日　「社論　反射道徳」。

(72)『人道』一九九号　大正一一年三月一五日　留岡幸助「〔自治〕公民道徳と社会道徳」。

(73)『人道』二二六号　大正一三年七月一五日　一木喜徳郎「思想判断の標準」。

(74)『人道』二九四号　昭和五年四月一五日　「時事諸感　家庭悲劇の続出」。

(75)『人道』三一五号　昭和七年一月一五日　「時評　救護法の実施」。

(76)『人道』新一〇六号　昭和一七年三月一五日　海野幸徳「民衆社会事業より国家社会事業への転換」。ただし、傍点引用者。

（77）『人道』新一二七号　昭和一八年一二月一五日　今井新太郎「皇国青年の理想」。

（78）興和奉公日は、一九四二年に毎月八日が「大詔奉戴日」と設定されるに伴い、廃止された。

（79）「野犬も皮でご奉公　農林省が軍献納着手」『読売新聞』一九四〇年一〇月一六日、「古ペン先が再度ご奉公」『読売新聞』一九四一年二月一五日、「猫柳も代用綿に奉公」『読売新聞』一九四三年四月九日。

（80）「第一二回明治神宮国民体育大会　第一日　体力奉公の敢闘譜」『読売新聞』一九四一年一一月一日、「標準衣服で貯蓄奉公　日婦神田支部の総進軍」『読売新聞』一九四三年六月一六日。

（81）戦前の天皇制教育と立身出世との入り組んだ関係を極めて精緻に分析した広田照幸によると、「天皇への忠誠、国家への奉公がもっとも強力に徹底して教え込まれた場合ですら、私的欲求――この場合は立身出世――がイデオロギーへの心酔に『とって代わられた』わけではなかった」。そして「これらのことは、戦時体制に積極的にコミットしていった人々の心情を『滅私奉公』と呼ぶことが誤りであることを意味している。彼らは『活私奉公』だったのである」（広田 1997：399）。つまり実際には、行為（奉公）の「報酬」が実際に期待されなくなったわけでも、不可能になっていたわけでもなく、個人の報酬を動機として表明するという行為が禁止されただけと考えることができる。ちなみに私的欲求を充足の回路を内部に組み込んでいない「滅私」奉公の意味論は、その派手な外装とは裏腹に、動員のイデオロギーとしてはむしろ効率が悪いもので、戦争が「私」の利得拡大へと順接しなくなった構造を補填するように上昇してきたものと考えることもできる。この点のメカニズムについても、広田から学ぶことができる。「敗色が濃厚になるにつれて、空虚な超国家主義的言説が充満し、『非国民』だけでなく『国民全体』にも国家が、『恫喝と監視をもって臨』むようになったのは、個人→家→国家という同心円的拡大とちょうど逆向き経路（国家→家→個人）での個人の私的欲求を充足させることができなくなった時に、別のやりかたで民衆の自発的・強制的献身を何とか引きだそうとせざるをえなくなった、そういう戦術転換を意味している」（広田 1997：400）。

（82）柏木義円（一八六〇～一九三八）は、群馬県の安中教会のキリスト教の牧師である。『上毛教界月報』というメディアを発行して、日露戦争頃から――戦争を容認する日本の教会の指導者層にも抗って――日本の軍備拡張や韓国併合などに反対し、絶対不戦の論を展開した。また日本のキリスト教が帝国主義と一体化して朝鮮伝道に乗り出すことに反対し、一九二二年には軍籍離脱行動をとった須田清基を支持している。「満州事変」から「日中戦争」に至る流れに対しても『上毛教界月報』誌上で徹底的に批判したので、しばしば弾圧された。

第2章

（1）社会教育法の制定過程については碓井編（1971：89-132）を参照。

（2）戦後しばらくの間、福祉行政の指針となった前述のＧＨＱ覚書ＳＣＡＰＩＮ第775号にも、生活困窮者の保護は国家責任であり、この責任を民間または半官半民なものに転嫁してはいけないという「公私分離の原則」が明記されている。

（3）とはいえ、これはGHQの一方的な指示というわけではなく、厚生省でも独自に検討を進めていた。この過程では、神父のフラナガンの紹介と勧めも大きな影響を与えていた。また、民間からも共同募金の必要性については指摘されていた（福山 1946）。

（4）赤い羽根は、アメリカで行われていた寄付者に水鳥の羽根を赤く染めた羽根を渡すやり方を模倣したものである。ただし日本の場合、財政不足のため水鳥ではなく鶏の羽根が用いられた。準備の段階では、「突飛すぎると、赤い羽根にきめることにはかなりの難色が示された」が、実際やってみると、「意外の好評を受け、全国から追加注文が殺到して製作が間に合わないという情況になった」。中央共同募金委員会総務部長の江川二六によると、「巷の人気を浚い今年の運動は文字どおり羽根で持ちきりの観」があり、「どの府県の共同募金委員会でも〝愛の羽根〟の所要数は予想外の需要に大番狂わせとなり、躍起となった中央委員会から昼夜兼行で各地に追加を送っても間に合わず、遂に発送総数一千万本に達した」（江川 1948：16）。

（5）一九四九年に、キティ台風の被害地の救援を契機として東京大学の学生によって設立され、一九五五年には全国学生セツルメント連合が組織された。

（6）戦前の青年団体は、出立の経緯は多様であり、一概に国家の統治によって作られたと言うことはできない。しかし、日露戦争前後から、政府（内務省・文部省）や軍部が青年会に関心を寄せ始め、明治の末期から大正期にかけて、政府による全国組織化および政府による訓令という形での統制が進んでいく（この動きの背景には、田中義一を中心とした陸軍の影響があった）（日本青年団協議会編 1971：10-17）。そして、昭和期には、「戦争の段階が進むにつれて、青年団のなかにあった自由思想はかげをひそめ、国家目的にそって動く傾向が増大し、軍の圧迫もともない、全国青年団の連絡提携に当ってきた大日本連合青年団は昭和十四年、統制指導団体としての大日本青年団となり、団長に海軍大将を迎えた」（日本青年団協議会編 1971：21）。さらに一九四一（昭和一六）年には「高度国防国家体制建設の国家的要請にこたえて」、他の青少年団連盟との統合によって大日本青少年団が結成され、一九四五（昭和二〇）年の五月には「戦時教育令」の公布によって、学徒隊に編成され、青年団は名実共に消滅したとされる（日本青年団協議会編 1971：21）。

終戦直後は、市町村単位の青年団は姿を消していたものの、「その下の村落の段階」には、部落における共同機能遂行のために、様々な名称（分団・校下団・若者組・若連中・若衆など）のもとに存続していた（日本青年団協議会編 1971：39）。さらに、「新生青年団がまさに雨後のタケノコのように続々と誕生」してくる（日本青年団協議会編 1971：38）。他方で、政府も、一九四五年九月二一日の閣議報告「青少年団体設置要領」、および、九月二五日次官通牒「青少年団体ノ設置並ニ育成ニ関スル件」によって、青少年団体の設置・育成を奨励しているが、これらは、「はなはだしく官製の色彩の強い、かつての青少年団時代の考えからほとんど抜け出ていない性格のもの」（日本青年団協議会編 1971：44）とされ、GHQからも復活を「極度に警戒」されるようになった。しかし、実質的な「復活」や全国組織化の中心的担い手となった「新生青年団」は、上世代との対抗関係から〈民主的であること〉を準拠枠としていることが多く、さらにＧＨＱの民間情報教育局（ＣＩＥ）青少年部長のラッセル・エル・ダーギンが青年団の擁護と進展に尽力したこともあり、禁止ということにはならず、既存の器は残したまままそれを改変する方向、つまり「民主的青年団体の育成をはかる方向」で政策が進められていく（日本青年団協議会編 1971：52）。

（7）また体育振興会と少年補導委員会は、ハイキング、登山などを共済事業とし、非行防止パトロールは育友会と少年補導委員会との、家庭看護法講習会は日赤分団と婦人会との共催事業としていた（岩崎編 1989：112）。

（8）日本赤十字奉仕団は、ＧＨＱが民主化を進める中間集団として創設したものである。村上邦夫（1955）によると、「発足以来既に七年の歴史を持ち、わが国のボランティアの集団組織としては最大の規模」であり、「全国の団数は七八〇〇団。その団員総数は五一七万三〇〇〇余人」とされている。しかし、民主的担い手として作られたものの、上から自発性を求められるという後述の社会福祉協議会と同じパラドックスを抱えていた。しかもその多くは、婦人会などの既存の地域組織を当てはめたものであり、「地方行政へのサーヴィス機関的な役割」を果たしていたとされる（村上 1955）。

なお終戦直後、隣組のような防犯組織を作るために、各警察署管内に地区防犯協会が結成された。ＧＨＱによっていったんは解散されたが、その延命のために隠れ蓑として用いられたのも赤十字奉仕団であった。なお地区防犯協会は、ＧＨＱの特別許可を得て現在まで全国的に活動が行われている（小宮 2001：41）。その意味では「上からつくられた民主的組織」といっても社会福祉協議会とは全く異なり、既存の地域組織に新たに与えられた――融通無碍に利用できる――名称にすぎないという側面もあった。

（9）磯村英一編『新訂　都市問題事典』鹿嶋出版会、牧賢一執筆。

（10）例えばこの時期の社会事業理論の論客の一人の竹中勝男（1951）は、「共同社会（コミュニティ）」を、「何らかの自然的に又内部的に基礎づけられている相互作用の圏」（p. 7）と定義する。その上で、アメリカに比して、日本のコミュニティが実質を有していないことを指摘し、日本に有効なコミュニティを作るために、組織化して〈社会〉的なものを作らねばならないと指摘する。

……その一体的共同意志の内容を、凡ゆる分化的成員の意志と人格とを通して統合しようとするものこそ民主主義原理に他ならない。したがってこの社会的基礎こそ、社会事業にとっても亦その「社会的なるもの」であり、福祉増進における客観的妥当性を裏付けてゆく合理的な基礎であると言わねばならない。（竹中 1951：11　傍点引用者）

そして、社会福祉協議会は、施設や地域社会との間に、より緊密な有機的組織を作るのが第一の狙いであって、「個人としての市民や住民に直接的奉仕を第一義的目的としているのではない」と結論づけられる（竹中 1951：12）。

（11）牧賢一は、戦前戦後を通して社会事業の中心人物の一人でもある。一九〇四（明治三七）年に生まれ、戦前は、内務省社会局、中央社会事業協会、セツルメント、東京市社会局などで働く。セツルメントでは主事となった上、それをテーマにした論文が高く評価されるが、このことは、前章で指摘したセツルメントとボランティアとの関係の深さを物語っている。戦時中は、大政翼賛会の文化部主事や総務部副部長の役に就いている。戦後も、厚生省社会局嘱託や日本社会事業協会理事などを務め、日本社会事業大学の理事にも就任している（以上、重田・吉田 1977）。

（12）参加者は次の通りである。江川二六（中央共募委員会総務部長）・長田宥一（社協民生委員部長）・黒木利克（厚生省社会局庶務課長）・佐野惠作（社協施設部長）・谷川貞夫（社会事業研究所所長）・中川幽芳（社協総務部長）・牧賢一（社協調査部長）・牧野修二（社協児童部長）。この他、司会として、佐藤信一（社協広報部長・共募啓発部長）。

（13）とはいえ、ここには市民の参加／運動の範囲を限定していこうという意見も当然存在している。例えば、中央共同募金委員会に勤務している小野顕は、「市民の能動的な参加というのは福祉計画全体に覇をとなえるような思い上がりを慎しみ、公的事業の分野との重複を避け、専門家の技術を尊重しつつ、自律的に制限した範囲に立場を守るのが堅実な発展にふさわしいと思われる」（小野 1952：19）と述べている。なお、小野は社協全般に対して警戒を示している。なぜなら、市区町村社協は共同募金の配分先となるため、施設と競合する怖れがあったからだ。この種の警戒は、小野だけのものではなく、当時、社協に向けられたまなざしとして一般的なものの一つである。

（14）この取り組みは、北海道札幌市でも始まり、一九七六年までに会員数千人という規模になった（全国社会福祉協議会・中央ボランティアセンター編 1976：32）。

第3章

（1）本書では、「政治」を、カール・シュミットの議論に沿って捉えている。シュミットによると、政治とは、〈友／敵〉という固有の区別を打ち立てて敵対性を顕在化させ、闘争を遂行することである（Schmitt 1932＝1970）。また「運動」については、社会学者のシドニー・タローの社会運動の定義、つまり、「エリート、敵手、当局との持続的な相互行為の中での、共通目標と社会的連帯に基づいた、集合的挑戦」（Tarrow 1998＝2006：24）を参照する。この定義では、「エリート、敵手、当局」という構成的外部（＝「われわれ」というまとまりを創り出す他者）が重要な要件となっており、〈友／敵〉という政治のコードに準じている。

（2）渡辺はまた、政治活動は二〇歳以上が行うもので、それ未満は「狭義の教養団体として、内面的な教育活動に重点を置き、外部活動では、政治活動に入る一歩前の準備訓練として社会奉仕的な活動を行なうのがよかろう」と述べているが、これも「社会奉仕」を非政治の典型として捉えていることを明示している（渡辺 1953：11）。

（3）ここで問題とされるのは「奉仕」の語だけではない。「運動」の言表にも複数の政治的なベクトルが胚胎する。その代表的な例が「新生活運動」である。新生活運動は、「新日本建設国民運動」として、一九四七年に片山内閣のもとで、運動の「要領」が閣議決定され、一度進展せずに終わったものの、鳩山内閣の提唱もあり、一九五〇年代を通じて、広く行われるようになっていく。その活動の一例として、新生活運動協会事務局長の岩田岩二は、日立造船因島工場の新生活運動の紹介をしている。そこでは「労使一体となって新生活運動にとっ組んで」おり、「門松廃止、回礼廃止、新旧正月の一本化」を行った。その運動のねらいとしては「新時代にふさわしい生活たいどや、家庭の新しいあり方」を取り上げ、正月の過ごし方や心がけについて事細かに、指示を出している（岩田 1959：59）。革新の側から見ると、この「運動」は、「主権者である国民に、政府がモラルを示し、従わせる」という「民主主義の原則にそわない運動」（藤田 1971：66-67）であり、労使の間の敵対性を、労使協力のもとでの生活改善という形で転位・懐柔していく「家族ぐるみ労働運動つぶし」という評価が一般的である（野村 1998：81）。とはいえ、これを、当時のより一般的な用法における「運動」――社会秩序の変革を求める「左派」の文脈におけるそれ――に近接させよう、という議論もあった（戸崎 1956）。

（4）「青年学級法制化に対する声明書」の三には「今後、単位団に現われるであろう所の青年学級の画一的統制化に対しては断乎たる抵抗を展開し、最後まで、われわれの育ててきた青年学級の自主性を守る」、四には「将来、さらに自由かつ自主的な青年運動の強化発展を期する」と表明されている（藤田 1971：181 傍点引用者）。

（5）当時、社会教育学者の小川利夫は、その問題点を次のように整理している。「政党の支配と官僚統制を招来するおそれがある」「社会教育主事の養成に関し、大学の主体性を無視し、文部大臣が独自に養成する道をひらいた」「社会教育委員に直接の権限を与えた。これは地方政治に関係ある委員が多い中で、社会教育の中立性をあやうくする」「憲法八九条との関係において重大な疑義がある」（小川 1959：42）。このうち民主化要件①の根拠たる憲法八九条との関係については、法制局が、憲法八九条の「教育の事業」には、学校教育のような形態をとるフォーマルな教育活動のみが該当すると狭く規定し、文部省がこの解釈を用いることで、社会教育法第一三条の改正と整合性をもたせた（藤田 1971：121-122）。

（6）例えば「東国東郡（註＝この郡が分派の中心）安岐町で、この町の青年団が、県青協側に加盟しないからといって、町から助成金の執行停止を受けた事件が起きた」。そして、「形はどうあれ、左翼排撃健全な青年団への立ち返りを目ざす第二青年団、官制青年団が、青年団以外の人たちのうしろだてによってちゃくちゃくとつくられているということになるので、この動きは、決して安易には見すごすことができないとおもうのである」（今井 1957：21）と述べている。

（7）「一例をあげると、選挙に、さかんに日青協内部の左右の対立と、左の分子の追い出しということが宣伝された。それらはいずれも、『いまの日青協は、左翼分子によって独占されている。だから、総評や日教組の後押しばかりする左翼団体になってしまったのだ。』『役員の某はアカだ。日青協からアカを追い出せ。』……それのみか、右翼の外郭団体や、バクロ記事で名を売る雑誌までが、このアカ追放のあおり立てに直接介入するしまつで、日青協は、いったいだれのための団体なのか、首をかしげたくなるような状態があらわれたのであった。しかも、この一連の動きの主流をなしたものは、〝健全な日青協への復帰〟であり、〝日青協らしい日青協〟のよびかけであったのである」（今井 1957：22）。この問題については、逆の政治的ベクトルからの観察を、第6章において検討する。

（8）例えば今井は、青年団に対する国際的な呼びかけの動きについて、次のように述べる。「百名におよぶ青年団関係者を対象にしておこなわれたＭＲＡの動きと、来年東京で開催を予定されている、東南アジア青年会議のことは、じゅうぶん考察してみる必要がある」。なぜなら、前者は特定の宗教が食い込んでくる怖れがあり、後者は安易に取り組めば、「ただ政治的なもの……たとえば反共青年会議というようなものになりかねないおそれがある」からである（今井 1957：22）。

（9）寒河江は、青年団運動の革新は、左右を問わず既成組織の成人の支配を受けるのではなく、青年が自主的に運営することで実現すると考えていた。当時は、左派が「青年団を特定政党の下に納めよう」と攻勢をかけ、一方で「保守政党をバックにした右派勢力もあった」が、いずれにも同調できない寒河江は、主体性派を作り、「文部省との青年学級の法制化や青年大会では、最も先鋭な立場だったほど」だった。「主体性派は、生活記録運動、産業開発青年隊運動、共同学習運動あるいは沖縄復帰運動などを提唱し、一時、青年団運動の主導権を握ったが、外部との勢力との結びつきがなかったため孤立無援」となり、退潮していく（健青運動十五年史編纂委員会編 1964：229）。

（10）「社会保障を守る会」は、一九五四年一月に厚生省職員組合、日本社会事業職員組合、全日自労、全医労、日患同盟、全生連などを中心に一六団体で結成されたもので、同年末には総評なども参加して二七団体になっている。これが中央に生まれると、北海道、岡山、神奈川などでも地域の「守る会」が結成され、多彩な活動が展開された。この運動では、多くの学者や文化人、民生委員、全国知事会議、都道府県の労働局部長会議、民生部長会議、地方自治体なども、削減反対の要請や抗議活動を行った。多様なアクターによる波状的な反対運動は、同年末の吉田茂内閣の総辞職の一因にもなった（社会保障運動史編集委員会編 1982：97-100）。

（11）この時期労働組合が社会保障に目を向けるようになったのは、一九五二年にＩＬＯが「社会保障の最低基準に関する条約」を、一九五三年に世界労働組合連盟が「社会保障綱領」を、採択・決定したという外からの動きによるところも大きかった。一九五四年、総評は、労働組合が積極的に要求していかねばならない闘争課題として「社会保障要綱」を発表する。ここには、社会保障は国民の権利であり、費用は政府・資本家が全額負担するものといった基本的考えが掲げられ、運動の指針となっていった。労働運動の中心は依然賃金闘争にあったが、一九五八年には、総評、医労協、全看労、全生連、日患同盟、全社協職組、民医連などを中心に中央社会保障推進協議会が結成され、以後社会保障に関する運動の中心になっていく（社会保障運動史編集委員会編 1982：101-103）。

（12）例えば、一九四八年二月号の『中央公論』の巻頭言には「社会的感覚」という題で、第一回目の共同募金に対する「インテリの無関心はまことに顕著な現象であった」と述べられている。「無関心であることが、それこそかけがえのないインテリの証拠であるかのような空気さえ感ぜられた。日本の社会事業全般に対して基礎的な意味を有するこの企図について何故インテリは無関心なのか。その質問に彼らはこう答えるであろう。『僕はもっと大きな仕事で、いや僕にだけできる仕事で社会につくしているのだ』それから少し考えたあげくこうつけ加えるかもしれない。『共同募金などという中途半端なことで社会悪を除くことは思いもよらぬ。それはかえって反動的な役割を果たすだけだ。今は現存社会制度そのものの廃棄が必要なのだ』」（中央共同募金会編 1966：57）。

これに対して筆者は、「だが大多数のインテリの場合は、その反動性云々も、ただ一片の口実であるにすぎぬ。一杯のコーヒーの為には、喜んで投げ出す十円、それが何としても惜しいという単純な理由に基くものだ」(中央共同募金会編 1966：57) と批判しているが、この「インテリ」が用いるレトリックは、戦後における、〈贈与のパラドックス〉批判の典型的な形式の一つである。

(13) 壺井栄の「二十四の瞳」が連載 (一九五二年二～一一月) された雑誌としても知られている。

(14) その一つが、全国の小・中学校の児童・生徒を対象として一九五三年から六二年まで行われた「全国たすけあい作文コンクール」であろう。中央・都道府県共同募金会が主催し、後に日本放送協会と全社協も主催者に加わった (文部省、厚生省の後援)。この目的には、「作文の学習を通じて、児童・生徒の社会福祉にたいする理解を深め、隣人愛――たすけあいの心情をおこすため」(共同募金年報二九年版) といったことが挙げられている (中央共同募金会編 1966：167)。

(15) ちなみにこの「善き隣人」という言表は、言うまでもなくキリスト教的なものである。「よき隣人たることは『己のごとく汝の隣りを愛する』ことであるとキリストは教えている」(谷川 1959：3)。日本におけるボランティア論の理念史を研究した遠藤・土志田は、戦後すぐの「ボランティアの理念や原理研究におけるアプローチ」として、「キリスト教」と「近代市民社会の権利と義務」を挙げている。そして、このうちキリスト教からのアプローチの論者として、唯一、谷川貞夫の名前が挙げられている (遠藤・土志田 1995：39-40)。確かに民間の社会事業家の中にはキリスト教の意味論を有しているものは少なくなかった。しかし、終戦直後から一九五〇年代まで「ボランティア」をめぐる言説空間を見る限り、次の二つの理由でこの議論は肯定できない。第一に、キリスト教の解釈共同体を除くと、キリスト教的にボランティアを解釈した言説は、社会事業や社会教育の一般媒体を含めほとんど流通しておらず、その割合は極めて小さかった。第二に、谷川個人がキリスト教の意味論を保有していたとしても、本章で見るようにそれを直接使用して議論を組み立てているわけではない。むしろ、遠藤たちの言葉を使えば「近代市民社会の権利と義務」の枠組の方が主導的である。これは、日本で社会福祉における「住民参加」を促進させていこうとする谷川や社協の立場を考えれば、当然ではないだろうか。ただし、ボランティア推進がすでに制度化された一九六〇年代後半になると、谷川もキリスト教的意味論を前面に出すようになっていく (谷川 1966：16)。

(16) このような主張は、戦前においても大林宗嗣などによってなされている。「大林は社会事業を、その時代によっていずれのイデオロギーからの支配も受けることのできる一種の『社会救済技術』とし、支配階級の擁護手段にもなると同時に、新しい制度・イデオロギーを望む団体が活動を強化することによって無産階級社会建設の手段にもなると論じた」(大林宗嗣「社会事業の現代的様相と其の解釈」『社会事業』14 (10) →永岡 1979：274)。これに対して、牧賢一は、「社会事業が資本主義社会における階級的現象であり、階級的術策としての『技術』しか存在しない」として批判している (永岡 1979：274)。

(17) このように木田は、「科学・技術」が政治的に無関係だとも万能であるとも捉えていたわけでもなく、「科学 (客観性)」と「人間 (友情)」の両立可能性に賭けていた。彼にとって「ケイス・ワーク是非論」は「馬鹿馬鹿しいナンセンス」だった。彼は科学・技術中立論とマルクス主義的なケースワーク批判論のどちらをも批判する。「社会問題や社会現象というものは、すべて必ず何か必然的な社会経済的背景の舞台の上に出現するので、決して「社会的真空」状態の上に突然出て来るものではない。アメリカ社会事業に於て、特にその特徴である技術を強調せんとする人は時々社会的背景を忘れる場合がある。と同時にこれに反対の人々はアメリカ社会事業というものの理論は、元来真空の上に成り立っていると叫んでこれを非難することがあるが、これは双方とも例の何時もの余りにも日本的な形而上的観念論の遊戯に過ぎない。馬鹿馬鹿しいことである」（木田 1955：10）。

（18）例えば、障害者に対するパソコン・ボランティアという領域から、「技法」という言葉で事態を記述する意義を論じたものとして柴田（2004）。

（19）小倉の表現を借りると次のようになる。「東京都下の日雇労働者の失業対策費の増額要求を突破口として総評、総同盟、民労連、中立系の各労組を統合した『全労組社会保障連絡会議』の共同闘争、平和経済国民会議社会保障委員会による啓発活動、研究者グループの社会保障研究連絡会の反対決議、厚生省職組、日患、全医労など一八団体による社会保障を守る会や一千万の署名運動方針の決定その他、地方自治体、五大都市民生委員連絡協議会の波状陳情攻勢、日赤、済生会、母子愛育会、市町・町村長会も参加して一兆円デフレ予算のシワヨセたる社会保障費の削減に抵抗して闘った」（小倉 1955：11）。

（20）山本唯人によると、一九五四年は前年の「平和決議」をめぐり社協の会員内の政治的イデオロギーの多様性が顕在化した時期だった。主な立場としては、左右の政治運動推進派と政治運動否定派がいる。左派は再軍備＝資本主義と結びついているとして、「社会主義」運動と結びつかない限り根本的には解決しないと考え、右派は漸進的な改良と取り組みによって十分な福祉を実現できると考えた。一方、政治運動否定派は、平和の問題は「特定の党派」の政治に利用されるため、社協はそのような「政治運動」には関わるべきでないとする。一九五四年の「社会保障費削減反対運動」は、社協内のそれらの差異が顕在化しない形で展開された（山本 2006）。

（21）これに対する「赤い羽根」擁護側の反応は微妙である。武蔵野母子寮寮長の牧野修二は、黒い羽根の意図は理解できると言い、「生活苦救済でも、現行政策是認の上でその補完作用としてやる運動と、現行政策批判の上で急場切り抜け策としてやる運動と更に現行政策非難の示威乃至ＰＲとしてやる運動など種々あろう」と述べる（牧野 1959：45）。しかしその一方で、共同募金は『単なる慈善運動に終ることなく』とまでは、踏みきれないような気がする」（牧野 1959：45）と述べ、「いずれにしても、労組全体として決定的反対を表明していないようだから、非協力労組の非協力原因を究め、それを打開する努力を怠らなければ倍加募金運動に協力して貰えるのではなかろうか」（牧野 1959：42）と、歯切れの悪い見解を述べている。

第4章

（1）髙島巖は、一八九八（明治三一）年生まれで、「葡萄の家子どもクラブ」を創設して、一九二四（大正一三）年には中央社会事業協会や児童擁護協会に入り、以降、民間の社会事業家でありつつ、社会事業全般に関する多くの著作を残してきた。戦後は「双葉園」という児童擁護施設を運営しつつ、児童福祉文化協会の副会長や、社会福祉協議会の総合企画委員も務め、藍綬勲章や勲四等旭日章を受けている。
（2）厚生省「小地域社会福祉協議会組織の整備について」（厚生省乙第七七号通知）。
（3）ただし、社会福祉協議会内部でも、法制化は社協の自主性を失うとして激しい反対があった。だが、一九五六年の全国社会福祉事業大会では、自主性を損なわない範囲で任意設置として法制化することが要望されるようになる（全国社会福祉協議会・全国ボランティア活動振興センター編 1982：48）。
（4）一九五六年に地域組織推進委員会が設置され、翌一九五七年に公表した「市町村社協当面の活動方針」で具体的な活動方針が示されていった。
（5）ボランティア活動推進都道府県社会福祉協議会職員研究協議会一九六三年「ボランティア活動の推進について」。
（6）徳島県社協善意銀行を生んだ地域的背景について、全社協は次のように整理している。「徳島県社協では、昭和二六年より『子ども民生委員』の活動を創始したほか、ボランティアに対する関心は高く、心の里親会、子ども会育成みつばクラブなどのボランティア組織の育成、『一日お父さんバス』『青年ボランティアの集い』『一日施設長、一日保母』『施設ボランティアの集い』などボランティアによる各種行事の開催、商工業組合、企業の社会福祉への参加促進など精力的に活動を進めてきた。こうしたボランティア活動促進の集積として、昭和三六年九月『善意銀行』の構想を公表した」（全国社会福祉協議会中央ボランティアセンター編 1976：9）。
（7）「善意銀行の基本的性格――善意の活用のための取りつぎサービスを行なうもので、ボランティア・ビューローそのものである」（第一回善意銀行代表者研究協議会一九六五年）。
（8）郡町村では有形の払出が少ないが、これは郡町村では施設などが少なく預託者より配分先が少ないためと考察されている（全国社会福祉協議会中央ボランティアセンター編 1976：180-181）。
（9）全国社会福祉協議会が「残された課題の中でも、とくに善意銀行を正しい方向で軌道にのせることが、さしせまって必要であることを痛感し」（全国社会福祉協議会中央ボランティアセンター編 1976：12）、一九六五年から開催することになったものである。一九七〇年からは「全国ボランティア活動推進研究協議会」に改称している。
（10）その上で、必要な教育の種類を三つに分けて提示している。
⑴ ボランティア教育の前提には、地域における日常の社協活動の中で福祉教育を強化することが重要で、これが徹底しておれば、一般的な善意の提供者の場合には、ボランティア教育の意味を十分果たしうるものと考えられる。
⑵ 施設などに行き特定の対象者に接触するボランティアに対しては、一定のオリエンテーションを行う計画を立てるべきであ

る。

(3) 長期にわたり一定の奉仕活動を行うボランティアに対しては、社協活動の一環としてその目的に応じ、適切な研修、指導を行うことも必要である。

(11) 社会福祉の専門誌にして全社協の月刊誌でもある『月刊福祉』で初めて「ボランティア」を特集とした一九七〇年五・六月合併号では、「ボランティア」の定義が示されている。そこにわざわざ次のようにつけ加えられている。「このほか、民生委員や保護司などについては、全社協ボランティア研究委員会では、〝制度化されたボランティア〟と定義している。しかし、これについては、民生委員等は、強い行政支配のもとにあることから、活動の自主性の尊重＝権力からの独立をボランティアの精神と考えることから、ボランティアとみたくないとする意見の人びともある」（月刊福祉編集部 1970a：15）。

(12) 委員は次の通りである。阿部志郎（横須賀基督教社会館館長）、枝見静樹（富士新報福祉事業団理事長）、大谷嘉郎（和泉短期大学教授）、大槻久子（よこいと婦人ボランティア・グループ代表）、中島充洋（東京都社会福祉協議会庶務部長）、中田幸子（立正大学助教授）、新国康彦（日本国際社会事業団常務理事）、三山真人（藤沢市社会福祉協議会事務局次長）、吉沢英子（日本女子大学助教授）。このうち阿部が委員長である。

(13) それが端的に表れているものとして、第三節(2)の三浦賜郎（1964）の言説が挙げられる。

(14) 社協が国家と社会の不分明領域に生まれたことは前述の通りだが、その後も厚生省のコントロール下にある半官半民の存在として評価され続けてきた。実際に予算の八割以上は行政からの補助金・委託費で、残り二割は共同募金会からの助成金や町内会等のルートで徴収する会費であった。また人事も自治体からの出向や退職者の再就職先となっており、社協プロパーの職員が役員になることはほとんどなかった（田中 1998：88-93）。このような社協の二重性格に対しては、外部からの批判だけではなく、社協職員からも克服の対象と問題視されることも多かった。例えば、菅沢・真嶋（1961）など。

(15) 兵庫県社会福祉協議会が発行している「社会の福祉」（昭和四三年六月号）という機関紙には、ボランティア育成にあたって、一般市民は「ボランティア」という言葉になかなかなじめず「ボランティアに対する親近感をさまたげている」ため、「ボランティアというあちらの言葉をやさしい日本語でいい表すようなきめ細かい配慮が大切」とする意見が見られる（兵庫県社会福祉協議会 1968「社会の福祉」（昭和四三年六月号）→兵庫県社会福祉協議会 1976：116）。

(16) この時期は、〈ボランティア／奉仕〉だけでなく他の二値コードも用いられていた。例えば、中央共同募金会では、「かつて〝奉仕〟ということばは下から上への〝奉公〟を意味していた。しかし民主社会ではこのことばがそのように上下の関係において理解されてはならないのであって、各人の自発的意志により、人間としてあくまで平等の立場でたすけあっていくのが、現代における〝奉仕〟の姿である」と論じている（中央共同募金会編 1966：5）。ここでは「奉仕」に肯定的な、「奉公」に否定的な値が割り振られている。

(17) この文書では、ボランティアが行政の不備を補完してしまう民主化要件②(国家による社会権の保障)の抵触問題についても触れられ、活動が「政策の貧しさなり政治の足りなさ」を痛感する機会になると反論している。そのために〈政治〉との連携も示されるが、あくまで社会連帯の意味論内に抑えられている。例えば、労働運動との共闘の理由も、次のように、社会連帯の「義務」を果たすためである。「ボランティア活動は社会のために余力を還元することであり、そのことは社会連帯の原則からいって当然の義務なのだから、その義務を十分果たせるだけのゆとりのある賃金と労働時間をかくとくしなければならないので、そういう面からは労働運動――社会保障斗争――との結びつきも考えられるわけです」(東京都社会福祉協議会 1964:12)。

(18) 例えば、当時、東京都社会福祉協議会では、「東京ボランティア・ビューロー」を作って、都下の若者のグループを管理しようとする動きがあったという指摘もある。

(19) とはいえ彼も社協と関わりは深かった。例えば小倉は、一九六七年「第三回善意銀行代表者研究協議会」のパネル討議「ボランティア活動上の問題点とその解決」の司会を行い、自ら講義を行っている。

(20) 結果を見る前に、ここでも調査に先立って「ボランティア」が存在したわけではないことを確認しておきたい。本人たちが、多様な言表、多様な意味づけに基づいて行っていたものを、事後的に「ボランティア」と名指したものである。

第5章

(1) インタビューは次の方に実施した。大阪ボランティア協会の事務局に勤務されていた方としては岡本栄一氏、早瀬昇氏、高森敬久氏、および、月刊ボランティア編集委員やスクールの講師をしていたH氏に話を伺った。大阪ボランティア協会と関係の深い一般グループのメンバーとして、親愛会のA氏、一粒の麦の会のB氏、象の会のC氏、D氏、E氏、F氏、また児童擁護施設で活動していたボランティアG氏に話を伺っている。この他、今回はデータには用いなかったが、数名の方にもインタビューを実施した。F氏とG氏のみ女性であり、その他の各人の情報については必要なものに限り、本文中で触れている。インタビューの時期は、高森氏以外は一九九九年五月〜一一月で、高森氏のみ二〇〇〇年一一月に実施した。一回一〜二時間ほどのインタビューで、このうち四ケースについては、一度に複数の方から話を聞いた。複数でインタビューを行ったのは、岡本氏と早瀬氏、C氏とD氏、B氏とG氏とH氏、E氏とF氏のケースである。なお、インタビュー調査の実施にあたっては、大阪ボランティア協会の河村奈美子氏にたいへんお世話になった。記して謝したい。

(2) 『月刊ボランティア』は、大阪ボランティア協会の設立から半年たった一九六六年の七月に創刊され、二〇〇三年には『ウォロ(Volo)』と改題している。現在もこの種の機関誌としては多くの読者をもっており(二〇〇八年度の発行部数は毎月三〇〇〇部)、最も長く読まれてきたボランティア誌の一つである。その意味で、大阪ボランティア協会のみならず、日本のボランティアの言説の変化を見る上でも貴重な資料と言える。

このメディアの特徴の一つは、早い時期から編集の中心業務が一般会員に委ねられた点であり、一九六七年の六月号から一般会員を構成員として組織された「編集委員会」に委嘱されるようになった。「編集委員会」の最初のメンバーは、ボランティア・スクールの第一期生の二名（施設指導員、一般企業社員）、同じく第五期生一名（市職員青少年教育課）、児童館指導員一名であった。編集委員は年によって若干名ずつ入れ替わるが、五〜八名程度の一般会員であることは変わらなかった。編集委員会は月一回開かれ、編集委員以外の会員や職員も交えながら、組織の方向性や事業のあり方等について議論がなされた。このような議論によって一定の合意を得て、紙面に反映されることになる。ここで注目すべきは、一般会員の意見が、比較的反映されやすい構成になっていたということである。紙面構成上の編集委員会の権限は大きく、発行前に理事や事務局からの「検閲」が入ることはほとんどなかったようだ。

（3）大阪市市民援護局とは、「終戦直後の国が示す緊急援護制度に比べて、より広く市民援護を行いたいとする大阪市が、財政難から考案した窮余策」によって設立されたもので、事業活動資金を広く大阪市民の拠金に求め、社会事業活動や、市内の他の社会事業団体や施設への助成を行った。一九五一年の社会福祉協議会設立によって性格を変えていくが、社会福祉協議会と共同募金の前史における先駆的活動と位置づけられる（大阪市社会福祉協議会 1992：15–19）。

（4）もっともこれは大阪に限ったことではない。東京都社協でも一九六三年に「東京ボランティア・ビューロ」を組織しようとして、一年後には解消している。

（5）二月の月例会では「協会のしおり」「事業計画」が協議され、また三月と六月にはボランティア活動の実態調査が行われた。四月には特別例会、七月には「第一回ボランティアリーダーズトレーニングキャンプ」が、特別講師を招いて開催された（参加者は二四名）。

（6）柴田は、一番最初に施設訪問グループを集めたとき、学生が多いだろうと予想していたが勤労者が多くて意外だったと述懐しているが、これは若干示唆深い。柴田ら大阪市の社会事業・社会福祉関係者がボランティアという言葉でイメージしていたのは、かつて大阪に存在した二度の「ボランティア協会」や「ボランティア運動」において中心的な活動の担い手だった堂生であった。彼／女ら（特に戦後間もない「大阪社会事業ボランティア協会」に登録していたボランティア）は、ボランティア活動をセツルメント活動とほぼ同義の意味づけのもとで行っていたようである。しかし、一九六〇年代前半の時点までの間に、施設訪問活動等社会サービス活動の担い手の中心が学生から勤労者へとシフトしていることが言えるだろう。

（7）当時、新聞の地方版は、「社会奉仕活動グループ」の他、フォークダンス、コーラス、ハイキングなど様々なサークル活動を行うグループによって、メンバー募集のためのメディアとしても用いられていた。

（8）一九六六年に内閣総理大臣官房広報室が行った『青少年のグループ活動に関する世論調査』（全国一五〜二五歳無作為抽出。N＝七八四四）を見てみると、グループや団体に加入している人の割合は三六・九％。そのグループ・団体加入者のうち社会奉仕活動のグループ加入者の割合は五・四％であり、全体（総数）に対する割合は二・〇％である。グループ活動としても「奉仕活動」はマイナーな部類であり、「若者」全体から見ると非常に限られた存在であったと言うことができる。属性に着目すると、ジェンダー差は見られず、職業別に見ると各職業カテゴリー別の奉仕団体加入者数の全体に対する割合は、就業者一・八％、学生二・一％、主婦二・二％であり、また奉仕団体加入者の中での各職業カテゴリーの割合は主婦一五・四％、就業者三五・九％、学生四八・七％で学生（特に高校生）が高い。

（9）施設訪問活動を行ってからは看護学校生も参加していたが、大学生は皆無であった。

（10）象の会が抱えていた課題、解散の顛末や、その後の活動、行政との関係などについては、メンバーの詳細な報告がある（浦辻1975a；1975b；1975c）。当時のグループ活動の実際を知る上で貴重な文書である。

第6章

（1）これはいくつかの流れに整理できる。第一に、行政や市場に依存せず生の様式を自分たちで支える実践として評価するコミュニティ論やアソシエーション論左派の議論、第二に、運動の変容形態――日常に潜在したネットワーク――と捉える新しい社会運動論やネットワーキング論系の議論、第三に、参加の活性化は民主主義にとって順機能的であるとする新トクヴィル派の議論などである。日本では、これに第四の流れ、町内会などの地域組織に対するアソシエーションの優越という議論も付け加えられるだろう。それは、住民が自動的に加入する地域組織が戦中の総動員体制や戦後の「保守党支配」を支えたと理解した上で、有志が自発的に結成・参加するアソシエーションを「変革主体」として評価するものである。

（2）その例として、前章における大阪ボランティア協会の川村一郎を挙げることができる。民生委員については第4章二節(6)を参照。

（3）実際に、「励志社」という右翼団体から合流の話を持ちかけられるが断り、その一方で、共産党の市民対策部からの働きかけで共産党系の団体をはじめとする引揚げ支援団体たちと「東京都引揚対策連絡協議会」を組織し、右派からは「アカ呼ばわり」されることになる。しかし、ほどなく、共産党からも距離を置き、明確に敵対するようになると、今度は共産党から「羊の皮をかぶった帝国主義者の手先」などと呼ばれることになった。

（4）日本健青会は、裁判の正当性を問題にして「戦犯」という言葉を嫌い、「戦争受刑者」という語を用いていた。

（5）「支援者＝当事者」図式を支える〈戦友の共同体〉については、言うまでもなく、従軍経験者が全て彼らの意味論を共有していたわけではない。むしろ、天皇に対する「裏切られた」という思いや戦時中の悲惨な経験から、「民主主義」や「社会主義」に深くコミットしていく者も多かった。小熊英二（2002）は、戦時中の経験が、戦後の知識人たちの天皇制、戦争、国家、戦後などに対する評価に、多大な影響を与えていたことを詳細に明らかにしている。例えば、動員経験のない層に比べ、若くして徴兵され軍隊の中で苦しんだ人々は、より、戦前の諸制度・構造に対する根底的な問い直しに向かう傾向があった（小熊 2002：203-208）。その点、末次は一九四三年に二〇歳で現役兵として入隊したが、その後は、国内にいて、教官要員（少尉）として下士官に戦争の意義を説き、死地に送る立場となっていた。そんな彼は、終生、戦争の正当性を信じ、天皇や皇室に対して絶大な敬意を抱き続けた（末次 1998）。また、健青クラブ自体も、建国大学出身者という「大東亜共栄圏」を担うエリート集団の互助組織から出発していた。そんな彼らにとっては、「戦争」自体というより「敗戦」こそが厄災だったのであり、勝者の裁きや横暴こそが「虐げられし人々」を作っていると考える傾向があった。そこに、日本軍が「虐げ」たアジアの人々が含まれていないことは明らかであるが、戦争を強いた指導者や天皇への怒りを有していた「戦友」の声も含まれてはいない。

（6）例えば、ソ連（主にシベリア）での抑留生活の間に「民主教育」を受け、組織化された形で帰国させられた者たち（通称「赤い引揚者」）は、健青会の〈奉仕〉を「反動」「政府の手先」「帝国主義者の手先」と拒絶し、健青会の〈戦友の共感共同体〉および「〈奉仕〉＝当事者の利益（真の贈与）」という図式を暫定的に失効させている。

（7）岸は次のように述懐している。「『アジアの日本』、いわばアジアの発展のための指導役として日本の使命を尽くすという考え方で、これらの構想をアジアの首脳と話し合ってある程度これを握ってアメリカに行くという考えでした」（原 2003：133）。

（8）例えば、次のような見方が見られる。「このように隊員に課せる要求は過重なものであるが、アメリカの若き青年男女は、競って平和部隊に身を挺しようとしている。その心の奥底には、対立する二つの世界観の冷厳な事実を認識し、動揺期にある新興諸国に力強い自由の礎石を築こうとする意欲が感ぜられる」（福本 1961：109）。

（9）「平和部隊」に対しては、ケネディの政敵のニクソンが「かたちを変えられた軍隊」（末次 1964：47）と批判していたが、実際に、チリ、コロンビア、ガーナ、インドネシア等では「ＣＩＡのてさき」「スパイ」などとして強く批判されていた（末次 1964：101-103）。これを踏まえて、「日本に対する警戒心をまねく」ことのないように、「自発的奉仕という考えから出発」し、「みんなの中にはいって」指導ではなく「むしろいっしょになって活動する」ことが奨励された（末次 1964：172-175）。ここでは、「道義」的存在たることを全うするための資源として、〈奉仕〉という意味財が用いられていると言える。

（10）「主体性」という語は、戦中においては権威からの自立を、戦後の、特にマルクス主義との関係においては、その体系的な理論に回収されきらない残余としての「心情」や「自己」をすくい取ろうとする時に使用される思想財としての性格を帯びていた。これに対して、共産党は「社会の変革なくして意識の変革などありえない」「ナンセンス」な議論として、批判的であった（小熊 2002：226-233）。

（11）主に農村の次三男の就労対策のために、青年を、国内低開発地域およびブラジルなどの開発のために派遣する事業。彼が山形県の青年団連合会にいた時に着手し、複数の県で取り組まれた。一九五三年からは建設省が支援を行っている（青年公論編集部 1961b：35-36）。

(12) 寒河江善秋は青年団論で大きな成果を残している（寒河江 1959）。彼の青年団での活動およびその社会教育研究における評価について整理したものとしては、矢口（1982）などを参照。

(13) 社会開発青年奉仕隊とは、末次が考案した海外青年協力隊の国内版とでも言うべきものである。一九六五年に当時の首相の佐藤栄作が主催する「社会開発懇談会」において提唱し、日本青年奉仕協会の中心事業として位置づいた。国内において「経済発展や生活向上から取残されている分野」に対して、青年の有志を募り、必要な技術を習得させた上で、一年間ほど計画的に社会開発活動に参加させるというものである。

(14) 一九六五年には文部省社会教育審議会の委員に就任し、その後一八年にわたって務めた。また、一九六六年には青少年育成国民会議の副会長にもなっている。

(15) 例えば、社会開発青年奉仕隊について「無計画な開発への奉仕参加は逆効果」で「汚染されてしまうための奉仕」になるという批判が見られる（一九七一／一二）。

(16) 一九七〇年二月の「全国奉仕活動研究大会」では、大会名は「奉仕活動」でありながら、分科会名は全て「ボランティア」の語が使用されている。同様に、同年一二月号の「奉仕活動を語る」という座談会記事では、司会となった協会職員が「奉仕」という語を使っている以外、参加者は「ボランティア」の語を使っていた。一九七一年一月号には協会の事務局長の三浦清悦が、全国社会福祉協議会の木谷宜弘と「これからの奉仕活動」という対談を行っているが、三浦も含め「奉仕」の語は一切使われない。

(17) 興梠氏へのインタビューは、二〇〇六年九月に実施した。

(18) マルクス主義の影響力が減退していく一九七〇年代以降、一部の左派論者は、資本主義に代わる構成的外部として「官僚制」を据えて、その反対概念としての自発的結社を変革主体として捉える理論構築に専心した（仁平 2001 を参照）。しかし、「参加型市民社会」を取り巻く言説や諸制度は、様々な政治的立場から諸資源を備給しながら自律的に自己を生産していく一つの機能《システム》領域と捉えた方が有効なように思われる。社会活動が盛んな北イタリアの社会が「君主制・ファシズム・共和主義・社会主義・共産主義など多くの政治に遭遇した」ように、それらの活性化は「どのような体制の効率性も高める」（Ehrenberg 1999＝2001：314）ほど、政治思想の差異に対して非関与的なのである。もし、われわれの知る「参加型市民社会」がリベラルなものだったとしたら、それは、たまたまそれらが、一九六〇年代後半の「革新」的な運動が生み出した人的・思想的な資源を、何らかの形で活用することができたからという歴史的偶有性に因るためかもしれない。現在、逆に左派の言葉が、否定すべき権威や保守性として表象されることすら生じている中で、ノンコンフォーミズムを媒介する回路がかつてのように左派の側に大きく開かれるという保証はない。むしろそれとは異なる事態を、われわれは徴候的に目にしているのではないだろうか。

（1）これについて、後述する真野典雄（1971）が整理している。彼は、「文部省の介入によって社会教育の自発性が歪められる」という動員モデルのもと、それまでの文部省の「ボランティア政策」と位置づけ批判する。真野のまなざしによって、遡及的に文部省のボランティア政策の系譜に書き込まれるのは次の通りである。一九四五年九月二一日の閣議報告「青少年団体設置要項」九月二五日次官通牒「青少年団体ノ設置並ニ育成ニ関スル件」、一九五三年の青年学級振興法、一九五四年の文部省『社会教育の現状』（「社会教育指導者」の章）、一九五九年社会教育法改正、一九六一年中青協『青少年対策当面の重点事項』、一九六二年の中青協・意見具申『青少年対策の強化について』、一九六四年以降「青少年育成国民運動」、一九六九年青少年審議会「青少年の余暇活動に関する指導者の養成確保について」（意見具申）。

（2）その前年の一九七〇年には、中央社会福祉審議会が『老人問題に関する総合的諸施策について』を発表し、老人に対して「前職を生かした奉仕活動等、地域社会への奉仕活動を通じて社会参加性を強化し、地域社会の構成員としての老人層の役割形成をして行くことが望まれる」と述べている。しかし一九七一年の社会教育審議会答申は、「ボランティア」という言表を使った上で、さらに「生きがいづくり」という意味論と接合している点で、種別性がある。

（3）運営費として、都道府県・政令指定都市の奉仕活動センターには一ヶ所につき八八万五千円、市町村奉仕活動センターには一ヶ所につき三七万九千円が計上されている。

（4）「ボランティア協力校」は一九八三年には一、六九三校、二〇〇二年には一六、三四九校に増加している（全社協・地域福祉推進委員会「地域福祉・ボランティア情報ネットワーク」）。

（5）一九七一年には、総理府が「郷土奉仕活動」推進のために新生活運動協会に対して助成を開始する。ここでは七都市が指定され、それぞれの市と、各市が所属する都道府県の新生活運動協会が、「環境の整備改善」に関する奉仕活動推進を行うものだった。一九七二年には、個人としては二三万八千人が登録し、団体レベルでは、既存の地域組織である婦人会や町内会の登録が多かった（全国社会福祉協議会・中央ボランティアセンター 1976：16）。

（6）高木鉦作は、内閣総理大臣官房広報室が一九六八年に行った調査（内閣総理大臣官房広報室『住民自治組織に関する世論調査』）などをもとに、当時の町内会が行っていた「町内会本来の仕事」（祭礼・盆踊りなどの行事、敬老活動、婦人活動、社会教育的活動、運動会、旅行、子どもの遊び場確保などのレクレーション、慶弔、地区の美化運動）と「行政協力の仕事」の割合や内容について分析している。それによると、支出額の比率は町内会本来の仕事が四・五に対し、行政協力の仕事は五・五であり、そこから町内会が行政協力団体化していると指摘している（高木 1969：8）。

（7）一九六五年に一六、四五三、一九七〇年二〇、四八四だったのが、一九七五年には三三、〇九六と伸びている（三浦 1987：96）。

（8）「新しい社会運動」論の旗手として、一九七〇年代以降の批判理論をリードしていった一人のアラン・トゥレーヌは、次のように述べている。「今回の紛争の本質をもっとはっきり規定する言葉は搾取ではなく……統合・操作・権利侵害という言葉である。それゆえ、今回の紛争は、とくに経済的なものというよりは、社会的・文化的・政治的なものだ。この闘争は資本主義（そのもの）にむけられたものではなく、まずテクノクラシーに向けられたものだった」（Touraine 1968＝1970：10–11）。

（9）公教育の学校については、その内部のミクロな問題や抑圧が注目されるようになり、国家（文部省）対教師・親という構図から、学校対親・子どもという対立図式へと変換されていく（広田 2001）。

（10）開発政策に対しては、一九六〇年代から公害問題との絡みで様々な問題が指摘されていたが、一九七〇年代は住民運動という形で現勢化していく（似田貝 1976）。住民運動では、「〈みんな＝社会〉のため」という論理で問題を特定の地域に局所化してくる公共政策＝「公共性」を撃つこと（そして「対抗的公共圏」を作ること）が重要な課題とされた（道場 2006）。

（11）中田の議論は、正確には「仕え奉る」という動詞の初出を明らかにしたもので、名詞化して固有の意味を備給された「奉仕」とは異なる対象を扱っていると言える。大正期半ばに「社会奉仕」という熟語が「流行」したとき、そこには、「自分の意志で、自発的に、自分たちの生活をよりよくするために、進んで働」くという、中田が「ボランティア」に付与した意味が備給されていた。戦後の「奉仕」批判は、「奉仕」の言表が〈奉公〉の意味に一元化された戦時中のイメージの上に行われている面がある。

（12）枝見氏は筆者のインタビューに答え次のように述べている。「中田幸子先生が、『奉仕』という言葉を自分で研究しながら、これは推古天皇の命でこの言葉ができたといって私なんかと話した記憶がありますが、講義でも言っておられましたからね。そういう、奉仕活動というのは、神ご一任に下万民が仕え奉るという日本歴史そのものですよね。それは、結論は社会のために尽くすことで、奉仕活動を一般化して言うと、福祉のために尽くすことを奉仕と言ってたんですよね。でも私は、ボランティア活動・運動を提唱するとき、そこを、ボランタリズムというラテンの語源だと。ラテン語の中には三つの大切な意味がある。『自由・勇気・正義』という三つの意味が含まれている。そして、ボランティア活動の本質ですね」（枝見静樹氏へのインタビュー　一九九九年七月）。

（13）例えば社会学者の副田義也は、一九七一年答申と事業に関した論文の中で、「戦前の隣組から現在の町内会・部落会などにいたるまで、行政組織は民間組織を、いわゆる上意下達のルートとして、また、住民の労働力や経済力を恣意的に吸いあげるルートとして、もっぱら利用してきた」ため、「ヴォランティアが行政と関連のある場において活動しようとするとき、人びとはそれを疑惑のまなざしでながめがちである」と述べる。この典型的なものが「慈善とか奉仕」であって、これは「主体的自由」の「原初的形態」ではあるが、「まず他から要求されるものであったという歴史的事実によって」おり、「戦時中の勤労奉仕、現在の共同募金運動や小さな親切運動」が、その代表的な「上からの官製運動」とされる。よって、「ボランティア」であるためには、もっと深く「主体的自由」を考え直さなければならず、それは「生活防衛」「自己の教育」「社会改良」を伴う必要があると述べる（副田 1971：124）。

（14）大阪ボランティア協会の岡本栄一氏も次のように述べている。「案外ボランティアの方がそういうことに対して歓迎する部分があるんですね。そして、行政がもっとボランティアに力をいれないから、ボランティア運動が伸びないという意見もある。僕は、それは違うんやと言うんやけど、なかなか理解してもらえない。それは悲しいばかりですよ。悲しいほどそれは日本人の中にありますわ。だから護送船団みたいに、国の言うこと聞いて、みんないもづるみたいに引っ付いていっとった訳ですよ」（岡本氏へのインタビュー）。一方で、大阪ボランティア協会のような民間の推進団体は、社協系のボランティアセンターとの競合関係が生じるようになるため、批判的なスタンスを崩さなかった。そのため行政からの助成金・補助金は、全収入の三割にとどめ、紐付きにならずに自律性を保つという組織運営をしたという。まさに、組織経営のレベルにおける、民主化要件①の遵守である。

（15）大阪ボランティア協会は大阪市などから、日本青年奉仕協会も文部省からの助成を受けていた。ただし、大阪ボランティア協会が三割以内という基準を設けていたのは注(14)で述べた通りである。

（16）松田次生も「社会教育としてのボランティア活動」（1974）という論文の中で、同様の主張をしている。つまり『「奉仕」という言葉は、いかにも前近代的においのする、自己犠牲をともなった、持てるものが持たざるものへ施す慈善行為的なニュアンスを含む」一方、「ほんとうのボランティアは、そういう慈恵的なものでもなければ、恵まれた者が不幸な者へ与えるものでもなく、余裕のあるものや慈愛深い者のみの持つ特権ではない」。「ここに日本の福祉思想の古い体質が残されている」ため、「まず、この古い奉仕観を捨て去らねばならない」（松田 1974）。

（17）逆に言えば、社会福祉の領域では、社会連帯思想を媒介にしたボランティア論も依然よく見られた。特に「コミュニティ」論全盛の中で、「社会」の言表が「コミュニティ」の言表に代替されつつも、社会連帯思想的な論理構成自体は、〈贈与のパラドックス〉を解決する文脈で依然使用されていた。例えば、次のような議論を参照。「ボランティアは『われわれ』という立場に立って、他の人たちの問題を自分の問題と感じ、行動する人である。多様化したコミュニティを一体化する紐帯となって問題解決に努力する人たちでなければならない。そのためには前述のように、障害者や老人を差別する価値体系をなくする努力をしなければならない。ボランティア活動は社会改良につらならねばならない。ボランティアは現実の社会問題をすなおにうけいれ、これを解決し、予防する活動に関連し、さらにすべての人たちが幸福に生活できる社会を理想にもっている」（柴田 1973）。

（18）例えば、社会教育学者の河合慎吾は、一九七一年の社会教育審議会答申が発表された後で、社会福祉協議会職員から、社会教育では「ボランティアを〝人畜無害〟の非政治的な奉仕人間」と思っているのではないかと批判を受ける。「〝社協〟でのボランティアは、社会的に目ざめつつあるというのに〝社教〟（引用者注：社会教育）で、いまさらボランティアが、あらためてとりあげられる」のはおかしいとし、「民衆の怒りとエネルギーを体制側に吸収し、収拾しようとするものこそ、この答申に見られるやみくもに地域の連帯意識を強調するボランティア活動の勧奨」ではないかと言われる（河合 1971：50）。

（19）兵庫県社会福祉協議会が一九七五年に出した『ボランティアをめぐる情勢と今後の展望』という資料では、「老人福祉法ができたりして、年金制度も拡充され、医療無料化も図られたが、老人の自殺は年々増えるばかり」であるが、「福祉は物や制度だけではない」ため、「奉仕精神や奉仕活動が評価されてくる」と指摘されている（兵庫県社会福祉協議会 1975）。

(20) 広田照幸が分析するように、一九七〇年代は学校教育の不全と子どもの「荒れ」が発見・問題視されるようになった時期であり、画一的な教育制度や受験制度もその原因とされた（広田 2001：281-290）。

(21) データの詳細については、第9章注(30)および図9-3を参照のこと。

(22) 例えば、先の一九九三年のデータでは、一五〜一九歳は、「現在」活動している者の割合は平均を下回っているが、「過去」における経験率は他の年齢階層と比べ圧倒的に高くなっている。

(23) ちなみに七〇年度中頃における、大阪ボランティア協会の前年度の会員数に対する退会者数の割合は、七三年二九％、七四年不明、七五年二三％、七六年二九％、七七年三八％と二割から四割の間を推移している。

(24) 例えば兵庫県社会福祉協議会の広報用の機関紙では、一九六〇年代後半〜七〇年代前半には「運動体」と自己定義し、「ボランティア」をソーシャル・アクションとしていた。しかし一九七三年の六月号から参加、自己実現、気軽さといった概念群でボランティアをアピールするようになる。一九七三年は明確な転換点だった（兵庫県社会福祉協議会 1962〜1976）。

(25) 例えば永六輔の「チョボラ連」（「チョッとボランティアでもやってみるか市民連合」）などの例がある。これに対し、大阪ボランティア協会の「一部」から「チョッと」という言い方に批判があがっている（『月刊ボランティア』一九七八年四月号）。

(26) この点については、仁平（2001）を参照。

(27) ボランティア活動振興懇談会の委員は次の六名である。横須賀基督教社会館館長阿部志郎、ＪＹＶＡ副会長末次一郎、明治学院大学教授福田垂穂、朝日新聞論説委員小林節夫、社会保障研究所三浦文夫、全社協全国ボランティア活動振興センター主幹木谷宜弘。このうち阿部は、一九六八年のボランティア活動基本要項の作成メンバーであり、一九九〇年のボランティアの定義においても大きな役割を果たすなど、日本の「ボランティア」言説の中心的な生産者の一人である。

第8章

(1) 本文中に挙げたものの他にも、一九八六年の厚生省・高齢者対策企画推進本部による『高齢者対策企画推進本部報告』や、一九八六年の閣議決定『長寿社会対策大綱』、一九九〇年の中央社会福祉審議会・地域福祉専門分科会『地域における民間福祉活動の推進について――社会福祉協議会、共同募金に係る制度改正について（中間報告）』、自治省・長寿社会における地方自治制度の健全な発展のための施策に関する調査研究委員会『地方自治体における今後の高齢化社会対策の方向』、老人保険制度研究会『老人保険制度研究会報告書』などで、福祉を実質的に担う人材として、ボランティアの活用・促進を要請する提言がなされている。

(2) 例えば、次のものが挙げられる。

一九八二年　岐阜県高齢者問題懇話会『高齢化社会に向けての高齢者の福祉に関する行政施策のあり方について（報告）』、一九

八二年　静岡県『高齢化社会への考え方と基本方向――活力ある豊かな福祉社会』、一九八二年　岡山県高齢者問題研究会『高齢化社会への急速な移行に対応した総合的で適切な方策についての第一次中間報告』、一九八三年　青森県社会福祉審議会『青森県における今後の在宅老人福祉対策はいかにあるべきか（答申）』、一九八三年　在宅福祉サービス供給システム・開発調査研究班・栃木県社会福祉協議会『在宅福祉サービス供給システム構想試案――ねたきり・ひとり暮らし老人を中心として』、一九八三年　三重県高齢者問題懇談会『高齢化社会への提言』、一九八三年　名古屋市社会福祉審議会『高齢化社会に向けての名古屋市の老人福祉対策のあり方について』、一九八三年　岡山県高齢者問題研究会『高齢化社会への急速な移行に対応した総合的で適切な方策についての第二次中間報告』、一九八四年　群馬県『高齢化社会への提言――二一世紀への福祉ぐんまの道しるべ』、一九八四年　東京都福祉局『東京都におけるこれからの社会福祉の総合的な展開について』、一九八四年　神奈川県総合福祉政策委員会『高齢化社会対策の推進のために（高齢化社会部会提言）』、一九八四年　札幌市地方社会福祉審議会『生きがいにかがやく老後を、札幌市民に――高齢化社会に向けての札幌市高齢者対策とそのあり方について』、一九八四年　宮崎県社会福祉審議会『在宅福祉を中心とした今後の老人福祉対策のあり方』、一九八四年　鳥取県『活力ある明るい熟年社会をめざして――鳥取県高齢化社会プロジェクトチーム報告』、一九八四年　岡山県『新高齢者福祉アセスメント――明るく豊かなまちづくりの指針』、一九八四年　京都市社会福祉審議会『高齢化社会に対応する老人福祉の総合的な施策のあり方について（答申）』、一九八五年　名古屋市『名古屋市高齢化対策長期指針――なごやかライフ八〇――の概要』、一九八五年　京都府高齢者対策推進会議『高齢者対策の方向について（提言）』、一九八五年　鳥取県社会福祉審議会『社会福祉施策についての意見具申――鳥取県ことぶき計画（鳥取県高齢者福祉五か年計画）』。

　これらは、全国社会福祉協議会『社会福祉関係施策資料集』四および五より内容を確認の上、該当するものだけを抽出したものである。

（3）社会教育審議会社会教育施設分科会報告「社会教育施設におけるボランティア活動の促進について」など。

（4）一九八四年度から市町村レベルで開始された「高齢者生きがい促進事業」、一九八五年度から「ボランティア活動の活発化」を狙いとして進められた「社会教育施設モデル事業」、同じ一九八五年に臨教審が出した「生きがいのためのボランティア活動推進」答申、一九八六年の社会教育審議会社会教育施設分科会報告「社会教育施設におけるボランティア活動の促進について」、一九八八年開始の文部省の補助事業である「生涯学習のまちづくり事業」などが挙げられる。また、一九七六年度から文部省によって始められた「婦人ボランティア活動促進事業」も一九八七年度まで行われ、延べ九万八千人が参加した（瀬田 1989）。

（5）具体的には、各種の行政活動に協力するボランティアに対して、①地方公務員との区別、②委嘱方法、③活動の範囲、④公務災害補償に準じる補償、⑤ボランティアの活動による損害賠償のあり方――などを論点として、そのために学識経験者や地方団体関係者、ボランティア関係者などで構成する研究会を設置し、提言を行うものであった。

（6）例えば、大阪府では、一九八五年に、主婦らのボランティアによる外国人観光ガイドを養成・登録する「国際観光情報センター」

の開設を行ったり、一九八六年の九月から「青少年国際交流ボランティアバンク」をスタートさせている。このボランティアバンクは、府や府下の市町村、青少年関係団体が、青少年活動の一環として受け入れた海外の青少年に対して、ホームステイのためのホスト・ファミリー、見学案内時の通訳、交流会でのお茶やお花などの技能提供ボランティア等を紹介し、相互の理解と友好を図ろうというものであった。

（7）「統治性（governmentality：gouvernementalité）」はフーコーの概念であり、「諸々の制度、諸々の手続きと分析と考察、計算、そして戦術からなる全体」（Foucault 1978＝2000：270）と定義される。フーコー自身は、これをいわゆる生-権力と結びつけて用いるのだが、近年は、この概念を鍛え直し、それぞれの時代の人々が、それぞれのやり方で他者と自己を方向づける合理性といった広義の意味で用いることが多い（酒井 2001；平井 2007など）。

（8）文部省生涯学習局婦人教育課専門職員の瀬田智恵子は、この点について、「ボランティア登録制度をもつ約四割の市町村も、その三四％は社会福祉協議会が、約一四％はボランティアセンターが登録拠点」となっているため、「高齢者介護などの社会福祉的な活動への偏りを助長することに」なっていないかと懸念を表明している（瀬田 1989：43）。

（9）対象は、スポーツ、レクレーション、文化教育活動をしている子ども会、婦人会、老人会などの団体である。

（10）なお、この時期の全国ボランティア活動振興センターの発表によると、給付は一〇〇〇人に一人の割合である。

（11）一九八一年に設立。東京都の委託事業として行われ、運営主体は東京都社会福祉協議会である。一九九八年から「東京ボランティア・市民活動センター」に改称された。

（12）参照されたデータは次の通りである。

①総理府「ボランティア活動に関する世論調査」『月刊世論調査』一九八四年一月号、②東京都福祉局「東京都社会福祉基礎調査」『都民の福祉活動と意識』一九八四年六月、③新宿区厚生部と新宿区社会福祉協議会「ボランティア活動についての新宿区民意向調査」一九八三年五月、④練馬区区長室による「練馬区民意識意向調査」一九八四年一〇月、⑤長野県社会福祉協議会・長野県ボランティア活動振興センター「ボランティア活動に対する県民の意識調査」一九八四年三月、⑥東京ボランティア・センター「ボランティア活動と価値観に関するアンケート調査」（『ボランティア活動と価値観』一九八二年三月）。

（13）道場親信は、社会運動論やNPO論などにおいて、「類型論と段階論とが無媒介に重ね合わせられることで」、「特定の集合行為が『古い型』のものとされ、また別のものが『新しい型』のものとされるだけでなく、それは『古い段階』のもの、『新しい段階』のものへと『無媒介』に意味づけられていく。その結果、現に生き生きと行われている活動や運動が『段階論』的に価値づけられ、選別される、という転倒が起きる」（道場 2006：243）と指摘している。

（14）大阪ボランティア協会でも、すでに一九八一年頃から「有償ボランティア」という言表を批判し、「ボランティアはボランティア、ヘルパーはヘルパー、バイトはバイト」と呼ぶよう主張していた。

（15）一九八五年にシステム運用が開始され、「ボランティア」が、老人や障害者などを対象に行った活動を、点数化して「ボランティア手帳」に記録し、そのボランティア自身が、将来、ボランティアの介護を必要としたとき、点数分のボランティア・サービスを優先的に受けることができる制度である。
　事業は三種類の会員（①利用会員――老人、障害者などで介護の必要な人、②協力会員――利用会員に対して介護活動のできる人、③賛助会員――事業に賛同し資金を援助する人）で構成し、事務局は松山市社協が担当する。また利用者は、介護サービスの内容によって決められたランクに従い、一時間当たり百円～三百円の利用料を社協に支払う。協力会員は、この点数を預託していくが、現金支払いを希望する者には一点につき百円の計算で現金が支払われる。松山市ではこの事業の推進に「松山福祉振興基金」（五億円）の利子を運用。松山市内七地区の社協をモデル地域に、三月から会員を募集したところ、利用会員一六一人、協力会員一九九人の応募があった。「労力銀行」に似たシステムだが、利用者が利用料を支払えばサービスを受けることができること、「ボランティア」が点数を現金に還元してもよいことなどが違う。松山市社協は、「このようなシステムは、ボランティアの主体性を損なうのではないかと危惧したが、ボランティア側は『実費弁償程度だし、問題ないのでは』と意外に抵抗なかった」という。またボランティア保険を掛けるため、全社協に問い合わせたところ、「実費弁償程度ということで認めてもらえたので、ボランティア活動と判断した」という（『月刊ボランティア』一九八五年九月号）。

（16）ちなみに、このようなボランティア経験を選抜のための基準とすることについては、教育システム内だけではなく、企業内における評価への適用可能性についても模索された。日本大学経済学部産業経営研究所では、東証一部・二部上場企業対象にアンケートを行い、従業員のボランティア活動に対する評価について質問を行っている。その結果、「全く業績に評価しない」が七二％、「社内褒賞規定の運用面で考慮する」が一九％、「積極的にボーナス算定に考慮する」が二一六社中一社であり、「従業員規模が小さい程、活動するボランティアが多くなる」という知見を示している（福祉教育研究会・わかるふくし五六号別冊「企業をひらく」→『月刊ボランティア』一九八四年四月号）。実際にボランティアを評価という形で取り入れている企業は少ないことが分かるが、ここで興味深いのは、企業アンケートまで実施する、その素朴で強い欲望である。

（17）これに対し、吉澤は、〈社会〉連帯思想的な意味論を前提に、〈社会〉からすでに「恩恵」を受けているのだから、さらに「報酬」をもらうのは過剰であるという対抗言説を用いている（吉澤 1987a：3）。しかし、これは〈社会〉連帯思想という言語ゲームに内在していない者でないと説得力をもたない議論であり、〈社会〉連帯思想は、かつての「民主化要件」よりも――特に一九八〇年代は――解釈共同体が狭いと言わざるをえない。この種の議論は、「そもそもボランティアとは」という本質論として捉えられたが、「ボランティア推進」を目標に掲げるプラグマティストには何の説得力をもちえなかった。

（18）とはいえ第9章でも見るように、大阪ボランティア協会も、二〇〇三年には月刊誌『月刊ボランティア』のタイトルを、ラテン語で「ボランタリー」を意味する『ウォロ（Volo）』に変えることになる。

第9章

（1）一九九〇年には四二だったが、一九九五年には二四八、二〇〇〇年に六四二、二〇〇五年に六〇二、二〇〇九年に四三七と推移している。ただしNPOに関する言説の増加量はそれを大きく上回るものだった。

（2）まず一九九〇年に、中央社会福祉審議会・地域福祉専門分科会『地域における民間福祉活動の推進について——社会福祉協議会、共同募金に係る制度改正について（中間報告）』が出される。ここでは、政府が福祉の供給の責任をもつべきで安易に代替することがないように注意されつつ、共同募金も、地域の連帯感を高めるような形でリニューアルするように提言される。同年の自治省（長寿社会における地方自治制度の健全な発展のための施策に関する調査研究委員会）『地方自治体における今後の高齢化社会対策の方向』では、高齢者を生産人口であり、家事・ボランティア活動などの担い手であるともされている。同じく、老人保険制度研究会『老人保険制度研究会報告書』でも、介護業務の一端を担うためのボランティア育成が求められている。一九九一年には全国社会福祉協議会・社会福祉ボランティア活動研究委員会が『「地域福祉」とボランティア活動の今後——社会福祉ボランティア活動の推進について』を出し、ボランティア推進策と、その上での社会福祉協議会の役割について、詳細に検討している。

そして、一九九三年には、ボランティア施策として重要な文書が次々に発表される。第一に、**厚生省告示第一一七号**として**『国民の社会福祉に関する活動への参加の促進を図るための措置に関する基本的な指針』**（以下、「一九九三年指針」と略記）が出される。これは、ボランティア活動をはじめとした参加推進のための詳細な提言・指針が示されたものであった。第二に、**中央社会福祉審議会・地域福祉専門分科会**が**『ボランティア活動の中長期的な振興方策について（意見具申）』**（以下、「一九九三年意見具申」と略記）を発表し、「福祉国家の成果を踏まえつつ、これをさらに発展させた福祉社会」（傍点引用者）の実現のために、「気軽に」「楽しく」ボランティアができるように、様々な手法の動員が奨励される。第三に、**全国社会福祉協議会**が**『ボランティア活動推進七ヶ年プラン構想』**を発表する。これは上記の「一九九三年指針」を受けたもので、「国民の過半数が自発的に福祉活動に参加する参加型社会の実現」（！）を「基本目標」に掲げ、具体的な施策や事業を提言したものである。第四に、**同じ全国社会福祉協議会**が**『住民参加型在宅福祉サービスにおける時間貯蓄・点数預託制のあり方について』**を出す。これは、一九八〇年代に発展してきた時間・点数預託制の「住民参加型在宅福祉サービス」の詳細な検討が行われている。「一九九三年指針」「一九九三年意見具申」でも住民参加型在宅福祉サービスは重視されており、これら一連のボランティア施策では、狭義の「ボランティア」だけではなく、住民参加型在宅福祉サービスも、同一のカテゴリー内に包摂しようとするものであった。この点については、後ほど検討したい。この他にも、同年には、障害者対策推進本部が『障害者対策に関する新長期計画——全員参加の社会づくりをめざして』を出し、障害者のためのボランティアと、障害者によるボランティアの両方を育成・促進している。

以上のように、一九九三年は、ボランティア施策の展開という点で、一つの画期をなす年であったと考えられる。ここには「国民の半数を参加させる」などといった壮大な欲望も観察されるが、同時に、それらには、福祉国家の達成した水準を踏まえて・それを豊穣化するために推進する、という民主化要件とも整合的な位置づけが与えられていた。さらに一九九四年にも、厚生省社会・援護局の『福祉活動への参加の促進について』や、いわゆる「新ゴールドプラン」などでボランティア活動や福祉への参加の推進が掲げられる。その後もボランティア推進政策は進む。一九九五年には、中央社会福祉審議会・地域専門分科会小委員会による『地域福祉の展開に向けて〔小委員会報告〕』が出され、「ボラントピア事業」の後続事業にあたる「ふれあいのまちづくり事業」（一九九一年度〜）によって、ボランティア活動など住民参加が拡大したことが指摘され、事業の継続・拡大が提言される。また同年には、ボランティア推進団体の全国組織である「広がれボランティアの輪」連絡会議による『ボランティア活動に対する社会的な支援策に関する提言』や、全国社会福祉協議会・全国ボランティア活動振興センターによる『ボランティア活動支援に関する提言』も出される。これらについては後ほど検討する。ついで一九九六年にも、厚生省社会・援護局長による『福祉活動への参加の推進について（一部改正）』や『「ふれあいのまちづくり事業」実施について』が出される。後者では、一九九一年の「ふれあいのまちづくり事業実施要綱」が改正され、「住民参加による地域福祉事業」が「モデル的、先駆的事業」ではなく、事業の一つの柱として明確に位置づけられる。これら一連の流れは、ＮＰＯ法の制定と合流へと合流していく。

二〇〇〇年代に入ってからも推進は進められる。例えば、全国社会福祉協議会は一九九三年の「ボランティア活動推進七ヵ年プラン」（第一次プラン）に続いて、二〇〇一年「第二次ボランティア・市民活動推進五か年プラン」、二〇〇八年「社会福祉協議会における第三次ボランティア・市民活動推進五ヵ年プラン」を策定し、具体的な推進・振興について方向性を示している。ここで注目したいのは、その対象が、ボランティアのみならず「ボランティア活動と市民活動」となっていることである。同時に、第二次プランにおいては、ボランティアセンターの名称も、「ボランティア・市民活動センター」などとすることを提案するとされている。この点は、後述のように、ボランティアの言表からの離脱というより大きな文脈で捉える必要がある。

（3）社会福祉からの〈教育〉としてのボランティア推進としては、全国社会福祉協議会が、『「地域福祉」とボランティア活動の今後——社会福祉ボランティア活動の推進について』（一九九一年）や『「ボランティア活動推進七ヶ年プラン構想」について』（一九九三年）などを出している。前者では、ボランティア活動経験を履歴書に入れることや、さらに活動経験を記録する全国共通のボランティア手帳やボランティアカードを発行まで提案している。厚生省も注(2)の「一九九三年指針」などで、学校教育や社会教育／生涯学習におけるボランティア活動の導入を、福祉教育の一環という形で積極的に提言している。同省はまた、一九九五年の『福祉活動への参加の促進について〔改定〕』（社援地第一〇四号）の中の「福祉教育事業実施要領」では、「学童・生徒のボランティア活動普及事業」として、小中高をボランティア協力校（一都道府県あたりおおむね八〇校）として指定し、それぞれの地域の実情を合わせ社会福祉に関する事業を実施することを要請し、その実費を補助することが明示されている。

（4）自己効用論的なボランティア論は、教育改革における「競争ではなく人間性教育」という意味論に極めて適合的であった。一九九二年の生涯学習審議会『今後の社会の動向に対応した生涯学習の振興方策について（中間まとめ）』では、ボランティア活動は生涯学習と密接な関連を有しているとして、ボランティア活動の支援・推進を大きく取り上げている。ここでは、臨時教育審議会がボランティアに対して規定した「生きがい」や「充実感」という効用をそのまま踏襲し、自然に無理なく楽しく――ただし行政の補完にはならないように――ボランティア活動が行えるように提言している。一九九四年には、青少年問題審議会が『「豊かさとゆとりの時代」に向けての青少年育成の基本的方向――青少年期のボランティア活動の促進に向けて（意見具申）』を発表し、ボランティア活動が「自己確立」や連帯感の醸成の観点から重視されている。ここでは、ボランティアの「自発性」を高めるためにこそ「身近にボランティア活動を体験できる機会や場を設定する」ことが重要とされ、「高校及び大学の入試や、企業、公務員の採用等において、ボランティア活動の体験を評価の一つとして取り入れる」ことが提言されている。さらに一九九七年の中央教育審議会『二一世紀を展望した我が国の教育のあり方について――中央教育審議会第二次答申（抜粋）』は、いわゆるゆとり教育、生きる力、中高一貫校など「一九九〇年代教育改革」の代表的な教育政策文書の一つだが、そこでも、ボランティアは「過度の受験競争の緩和を図る観点」に位置づけられている。具体的には、「大学入学者選抜の改善」として「学力試験の偏重を改め、選抜方法・尺度の多様化の推進」を行うために、「ボランティアなど様々な活動経験の評価（学校外の団体からの推進や自己推薦の活用等）」することが要請されている。この答申を受けて、一九九八年告示（高等学校は一九九九年三月告示）の学習指導要領では、初めて「ボランティア活動」という語が登場し、道徳教育や特別活動（学校行事、ホームルーム活動、生徒会活動）の中に盛り込むよう位置づけられた（長沼 2002：45-46）。そして二〇〇二年度から実施された新学習指導要領では、ボランティア活動は、「総合的な学習の時間」の新設と、道徳教育の推進という、二つの要素と関連づけられている。このうち後者の道徳教育の推進に関しては、「教師と児童（生徒）及び児童（生徒）相互の人間関係を深めるとともに、家庭や地域社会との連携を図りながら、ボランティア活動や自然体験活動などの豊かな体験」が要請されている。

（5）教育とボランティアの関わりは、〈教育〉の論理でボランティアを意義づける一方、その教育を行う担い手としてボランティアを要請するという循環的な形をとる。すでに一九七〇年代以前から社会教育の担い手として民間団体が活用されていたが（第7章の注(1)を参照）が、一九九〇年代以降この観点は前景化していく。例えば、青少年問題審議会『「豊かさとゆとりの時代」に向けての青少年育成の基本的方向――青少年期のボランティア活動の促進に向けて（意見具申）』（一九九四年）、中央教育審議会『二一世紀を展望した我が国の教育のあり方について――中央教育審議会第二次答申』（一九九七年）、中央教育審議会『青少年の奉仕活動・体験活動の推進方策等について（答申）』（二〇〇二年）などでは、地域の大人や高齢者が「ボランティア」として教育に関われるような仕組みづくりをすることが提言されている。このように、「ボランティア活動」を通した教育は、別の人々の「ボランティア活動」を労働力として要請し、その両方の「ボランティア」に対して、活動を通した自己成長云々といった〈教育〉の意味論が供給される。この意味で「ボランティア」は自己増殖していくのだ。

とはいえ、この時期の教育へのボランティアの動員は、「ボランティア教育」という限定的な面にとどまらない。いわゆる「学校参加」の流れの中で、各学校の実践・運営に影響を与えうる「ボランティア」も要請されていた。それらは、学校五日制（一九九二年月一回、一九九四年月二回、二〇〇二年完全実施）と学校スリム化、学校の個性化、学校選択制、といった教育改革のベクトルと適合的に接合されていく。

例えば、「ゆとり教育」「生きる力」を前面に出した第一五期中央教育審議会答申『二一世紀を展望した我が国の教育の在り方について』（一九九六年）では、「学校・家庭・地域社会の連携・協力」が必要とされ、一九九八年の教育課程審議会答申では、学校スリム化の文脈で、学校に帰属していた機能の受け皿として「地域」が位置づけられている。同様の観点は、生涯学習のライン（例えば、生涯学習審議会『今後の社会の動向に対応した生涯学習の振興方策について（答申）』（一九九二年）、生涯学習審議会答申「社会の変化に対応した今後の社会教育行政の在り方について」（一九九八年）等）にも見ることができる。二〇〇二年に実施された「新学習指導要領」では、新設された「総合的な学習の時間」や「道徳教育の推進」において「家庭・地域の協力者を得ること」が言及されている。同じ二〇〇二年の中央教育審議会および教育課程審議会では、同年度からの実施された完全学校週五日制のもとでの教育において、「生きる力を育む教育」を「学校・家庭・地域社会が連携・協力して創造していくこと」を要請している。さらに顕著になるのが、二〇〇三年の文部科学省「人間力戦略ビジョン：新しい時代を切り拓くたくましい日本人の育成――画一から自立と創造へ」であり、自律的学校経営の構築と参加型学校経営の実現を柱とする『新しい学校づくり』に目を向けていくことが課題とされる。ここでは、学校選択制を前提として、「選ばれる学校づくり」のために、学校の個性（＝付加価値）を地域の人々のニーズに応じて創り出していくことの要請という文脈に位置づいている。

さて、以上の言説の蓄積と共に、学校評議員制度、コミュニティ・スクール、学校運営協議会、「ボランティア本部」など様々な制度的枠組が登場する。

学校評議員制度は、一九九八年の中央教育審議会答申「今後の地方教育行政の在り方について」などを踏まえて、二〇〇〇年度から導入された。校長が、学校の教育目標・計画や地域との連携の進め方などに関し、保護者や地域住民の意見を聞くためのものである。またコミュニティ・スクールは、二〇〇〇年に、教育改革国民会議「教育を変える一七の提案」において、ボランティア論で有名だった金子郁容を中心に提案されたものである。これは、「地域独自のニーズに基づき、地域が運営に参画する新しいタイプの公立学校」とされ、市町村ごとに設置する地域学校協議会が定期的に学校経営とその成果をチェックするものである。さらに、二〇〇一年には、経済財政諮問会議や総合規制改革会議という「構造改革＝ネオリベラリズム」を推進するグループも、コミュニティ・スクールを提言している。これらの流れの中で二〇〇四年に中央教育審議会は「今後の学校の管理運営の在り方について」の中で、保護者や地域住民が参画する「学校運営協議会」の設置を提唱した。これは「コミュニティ・スクール」の制度化に対応するものである。この「学校運営協議会」は、①学校における基本的な方針について決定する機能（教育課程編成の基本方針、予算執行や人事配置等に関する基本方針など）、②保護者や地域のニーズを反映する機能、③学校の活動状況を機能する機能などがあるとされ、これによって、「従来は行政が一元的に担ってきた公立学校教育に、保護者や地域住民が責任を持って参画する」ことができ、「彼らが『ステイクホルダー』としての役割と責任を果たせる場を提供」される意義があると指摘される一方（小松 2004：221）、公平性への抵触や学校格差・地域格差の拡大も懸念されている（梶間 2004）。

これまで見てきたように、様々な形で「地域社会の人びと」が学校の運営・活動に関わるようになってきたというのが、一九九〇年代から二〇〇〇年代の流れである。そのような学社連携／融合という意味論に主導される形で——上記の制度と並行しながら——各教育委員会や各学校の裁量のもと、様々な形で「学校ボランティア」が導入されている（佐藤 2004）。そして、二〇〇八年度から、地域に学校を支援する「学校支援地域本部（通称：ボランティア本部）」をつくる事業が開始された（事業達成年度：二〇一一年度）。「ボランティア本部」は、全国に約一万ある中学校の学区ごとに設置することが検討され、そこでは地域住民による「地域コーディネーター」が、同じ学区にある小学校も合わせて、誰がどの学校でボランティア活動をするかなどを調整する役割を果たす。ボランティア活動として想定されているのは、授業の手伝い、部活の手伝い、校舎や環境の整備の手伝いなどである。この事業の経費として二〇〇八年度予算で約二〇五億円を要求し、四年かけて全国に設置することを目的としている。ちなみにここでモデルになったのが、杉並区立和田中学校の「地域本部」であった（『朝日新聞』二〇〇七年一二月五日朝刊）。

以上のように、この領域における「ボランティア」の導入は、学校選択制の前提としての地域のニーズに応じた「個性」ある学校づくりや学校公開、さらに、ゆとり教育などによって減らされた授業数の代替としての補助授業といった、教育改革の作動要件や帰結に深く関わる形で展開されてきた。特に、学校選択制やコミュニティ・スクール構想との連動は、それが、教育における「ネオリベラリズム」と、市民社会の活性化という、二つの系譜が不可分な形で現勢化したものと言える。

（6）一体ここではどのような施策が行われているのだろうか。

例えば建設省（施策数二位、予算額一位）の場合、「街並み・まちづくり総合支援事業」（一〇八億一千万円）がその予算額の大部分を占め、後は事業の予算額が一〇〇万に満たないものがほとんどである。この事業目的は「創意工夫を活かした地域主導の個性豊かなまちづくりの推進」であり、その内容は「市民参加型まちづくり活動支援のあり方、及びその支援調査」である。また、「NGO国際建設協力支援事業」の二一〇〇万円が次に大きな規模の事業であり、これは「災害復旧、防災、居住環境改善、生活インフラ整備等の建設分野においてNGOが行う国際協力活動に支援を行うことにより、政府ベースでは手の届きにくい草の根的な国際協力活動を通じて人的貢献に大きな役割を果しているNGOの活動を促進する」ことが事業目的とされ、NGOによる建設技術専門家の開発途上国への派遣などが主な事業内容である。一方で自治省（施策数三位、予算額六位）では、様々な施策・事業に予算が配分されており、「地域住民の社会参加支援等に要する経費についての地方交付税措置」、「地域福祉基金」、「コミュニティ施策」、「防災まちづくり大賞の実施」などに分配されている。

（7）これまで福祉・教育の領域に焦点をあててきた参加の発見・活用は、多くのサブシステムにおいて、同時代的に経験されてきたと見るべきである。これまで大正期・一九七〇年代・一九九〇年代など、何度か見られた〈贈与的なるもの〉の上昇という状況は、システム越境的に生じた統治性の変容――意味論・技術・実践の複合体自体の変容――という水準で捉えられるべきであろう。市民社会論やボランティア論ではあまり想定されない、警察制度との関係についてごく簡単に概観したい。

まず、大正期の社会奉仕の誕生／増殖という状況下では、やはり警察においても民衆に近づくこと――「警察の民衆化」「民衆の警察化」――が重要だとされていた（大日方 1993：121-167）。例えば、第1章四節(2)で見たように、一九二〇（大正九）年には京都府警察部が管内の小学生に「社会奉仕日」として「少年警察隊」を経験させている。また一九二一年二月一一日（紀元節）には、和歌山県警察部によって「社会奉仕」の活動が行われ、「県内全域で警察官を中心にしながら、市町村・在郷軍人会・青年団・消防組・学校、各種の営業組合、銀行・会社・工場などを巻き込んで」、寄付や清掃、植樹、道路修繕などの「社会奉仕」が実行された（大日方 1993：142)。この「自発的な参加」は、周知のように、関東大震災時の〈自警団＝ボランティア〉において、負の歴史の形をとって具現化することになる。

同じように、日本におけるボランティア推進が本格的に開始される一九七〇年代は、戦後限定・抑制されていた警察権限の生活への介入――予防的介入――が、「国民の要望に即した警察運営」と「国民との連携の強化」という言説を伴いつつ、再開されていく時期だった。後者に関しては、「外勤警察の機能を強め、CR（コミュニティ・リレーションズ）活動を本格化させながら、警察のもとに住民を組織化しようとした。それは、国民を警察の側にたぐり寄せて、警察の基盤を拡大していこうとするものであった。CRとは、家庭・職場・町内・PTAなどの『生活共同体』に対する働きかけのことをさしている」（大日方 1993：222)。

そして「ボランティア」にかつてなくスポットがあたる一九九〇年代は、警察による予防的介入が、まさに市民の「ボランティア」を要請しながら、戦後最大の規模で進んでいく時期である。

（8）換言すれば、参加領域の拡大は、それがどのサブシステムで生じているかによって社会的・政治的帰結が異なり、単純に国家に対する市民社会の自律性の拡大と言えないということである。「犯罪の凶悪化」という言説／表象に根拠がないにもかかわらず（河合 2004)、そこから社会的支持を調達しながら進行する警察活動における「参加」の拡大は、そのまま「国家」の機能拡大を意味する。

（9）一九九四年に日本新党の議員を中心に「NPO議員立法タスクフォース」が結成され、超党派による議員立法のための研究が進められた。また新党さきがけでも「NPS（ノンプロフィットセクター）研究会」で研究が始められ、一九九四年一二月に報告書が発表された。一九九五年三月には、旧日本新党を中心とする新進党が「ボランティア基本法」を提出するが、この法案は審議されずに廃案となる。与党三党でも、二月にNPOプロジェクトチームを結成するが、与党側での合意形成に時間がかかっている間に、新進党が一一月に「市民公益活動を行う団体に対する法人格の付与等に関する法律案」を提出した。新進党はさらに、一九九六年五月にNPO税制法案を提出するが、審議されることなく終わっている（今田 1999)。

(10) 民間でも一九九四年から一九九五年にかけて総合研究開発機構（NIRA）およびそれに関わった有志からなる「市民公益活動基盤整備を考える会」が、研究報告書や法律案・要望の発表などを活発に行っていた。また一九九四年一一月には、二一の市民団体から構成される「市民活動を支える制度をつくる会（C's シーズ）」が結成され、翌年二月には、阪神・淡路大震災を踏まえて「ボランティア支援立法措置に関する要望書」を提出している。さらに同時期には、「NPO研究フォーラム」が「NPO制度改革に関する緊急提言」を発表する。そして、一九九五年四月には、C's、NPO研究フォーラム、市民公益活動基盤整備を考える会の三団体の呼びかけにより、「市民活動の制度に関する連絡会」が結成される。これは「法案の審議過程を中心に全国各地の市民団体と情報を共有していこうという趣旨」（今田 1999：100）だった。同一一月には、「市民活動団体等への法人格付与に関する法案についての要望書」を各政党担当者宛に提出し、準則主義の採用、行政官庁ではなく市民社会と裁判所が監視・対処すること、法人設立と税制優遇とは切り離して考えるという三点を柱とした要望を出した（今田 1999）。

(11) 例えば、「広がれボランティアの輪」連絡会議の『ボランティア活動に対する社会的な支援策に関する提言』では、「新たな法人制度は、ボランティア団体の多様な価値観を幅広く認知するために、明確な基準・手続きによって、より簡易に取得できることが望ましい」と述べられているし、全国社会福祉協議会・全国ボランティア活動振興センター（ボランティア活動に対する社会的支援策のあり方に関する調査・研究委員会）の『ボランティア活動支援に関する提言』でも、「設立は法務局への届出による」としている。

(12) 古川孝順は、社会福祉基礎構造改革の「理念や改革の方向」として、①自立生活の支援、②利用者民主主義、③サービスの質的向上、④地域福祉型社会福祉を挙げている（古川 2001：427）。これは、二〇〇〇年代に顕著になるような、ネオリベラリズム＝福祉削減・抑制の文脈とは一線を画していると言える。

(13) 一九八一年度から一九九〇年度までの国民所得の対前年度伸び率の平均は五・七％だったのに対し、一九九一年度から一九九五年度までは一・九％だった（武川 1999：283）。

(14) 当時三万人のホームヘルパーを一〇年間で一〇万人にまで増やすことを目的に掲げたゴールドプランの総事業費は六兆円強で、それまでの一〇年間（一九八〇～八九年）の同種の事業費（一兆七〇〇〇億円）の三倍以上だったが、同じ頃、日米構造協議に基づいて策定された一〇ヶ年の公共投資計画は四三〇兆円規模であった。これに加え、日本では、「対人サービス」の社会保障給付に対する支出は、「年金」「医療」に比べて著しく少ない（武川 1999：283-284）。

(15) 「年金については、一九八六年に給付額の引下げが行われた後、一九九四年には支給開始年齢の引き上げが決定された。医療についても、一九八三年に老人医療費の有料化が導入され、一九八四年に本人の給付率が引き下げられた後、一九九〇年代に入ってからも種々の改定がおこなわれ、一九九七年には給付率の引き下げがおこなわれた」（武川 1999：284）。

(16) まず一九九七年の閣議決定『財政構造改革の推進について』および、同年法律一〇九号・大蔵省『財政構造改革の推進に関する特別措置法』で、社会保障関係費を大幅に削減することが明示された。また翌年の中央社会福祉審議会社会福祉構造改革分科会が発表した『社会福祉基礎構造改革について（中間まとめ）』では、社会福祉の領域に「多様な主体の参入を促進して、競争による質や効率性の向上をめざすべし」と提言される。二〇〇〇年から開始した介護保険も、福祉領域において多様な主体の参入を認めた画期的な制度として高く評価される一方で（田中他 2003）、保険方式および応益原則の導入に起因する経済的困難層の実質的な排除が懸念されており（伊藤 2000；宮本他 2003）、社会福祉基礎構造改革の両義性を孕みもつ側面があった。

二〇〇〇年代に入ってから、この流れは、ネオリベラリズムという基本線のもとで、より顕著に展開されるようになってくる。二〇〇〇年の社会保障構造のあり方について考える有識者会議『二一世紀に向けての社会保障』では、「高福祉と高負担は今後の社会保障システムのモデルになりにくい」と述べられる。さらに、二〇〇一年の閣議決定『今後の経済財政運営及び経済社会の構造改革に関する基本方針』は、「聖域なき構造改革なくして真の景気改革なし」という立場を明確にしたものである。「七つのプログラム」の第一として「民営化・規制改革プログラム」が掲げられ、福祉に競争原理を導入し、「自助と自律を基本とした社会保障制度の改革」を行うことが明確に打ち出されている。同年に総合規制改革会議が出した『総合規制改革会議「重点六分野に関する中間とりまとめ」について』や『規制改革の推進に関する第一次答申』などでも、一貫して「競争促進」や「契約制度への移行」の正当性が説かれ、社会福祉についても「競争のみが慈善を抜ける道」とされている。

二〇〇二年の閣議決定『構造改革と経済財政の中期展望』でも、規制や非効率な政府活動のために脆弱な経済構造となり、財政赤字がふくれあがっているため、「経済と調和した持続的な社会保障制度が必要」だと述べられる。二〇〇四年には、規制改革・民間開放推進会議の『中間とりまとめ——官製市場の民間開放による「民主導の経済社会の実現」』が発表され、これは「市場化テスト」を通じた競争と「民間開放促進」を、福祉・教育の分野にわたっても実現することをめざすものであった。二〇〇五年の閣議決定『経済財政運営と構造改革に関する基本方針二〇〇五』では、「小さくて効率的な政府」をめざすという方向性のもと、「市場化テスト・NPM」の導入、地方歳出の抑制などと共に、「社会保障は過大」のため「不必要な伸びを厳しく抑制」することが言及されている。

（17）例えば、介護保険制度において、一部のNPO法人も参入したが、いわゆる「上乗せ」「横出し」など、標準以上の対人サービスを供給するケースも報告されている（田中他 2003）。

（18）二〇一〇年九月現在で四〇刷が発行されており、驚異的に版を重ねている。

（19）次の議論を参照。「ボランティアは『助ける』ことと『助けられる』ことが融合し、誰が与え誰が受け取っているか区別することが重要ではないと思えるような、不思議な魅力にあふれた関係発見のプロセスである」（金子 1992：7）。

（20）彼は「宇宙船地球号」のメタファーを引用しているが、「飢餓とか自然災害などさまざまな困難は、現在その困難に直面している人々だけの問題ではなく、人類共通の問題として捉えるべきである」という言葉の通り、かつての社会連帯思想における〈社会〉

の機能的等価物として、「地球」という審級を導入している。実際、ここで「地球」は、グローバル経済と南北格差・飢餓の問題や、チェルノブイリ事故が開示したようなグローバル危機を例に挙げながら――ウルリヒ・ベックを思わせるやり方で――相互依存関係を導く概念として用いられている。

(21) 実際に、「民間非営利の有償サービス活動を『ボランティア活動』の一形態といいきったこと」が、「意見具申の第一の成果という人もい」た（筒井 1993：25）。

(22) 栃本は、基本指針の第二「国民の社会福祉に関する活動への参加の促進を図るための措置」について、「福祉教育・学習を厚生省として明確に書き込んだこと、障害を通じた福祉教育・学習を進めるという点、全国的規模の啓発・普及、さらに社会的評価を取り上げ、陰徳から顕徳、社会全体で評価していくという提言、ボランティアセンターの充実と共に、一元的でなく多元的なボランティア拠点のネットワーキングの形成、地域における福祉活動の推進体制の整備、企業・労働組合の社会貢献活動に対する支援、地方公共団体の支援措置の明記などふれなければならない点は数多」いと述べている（栃本 1993：27）。

(23) 栃本はボランティア推進のために、多くの政策が指針のもとで行われるべきことを主張するが、その理由として、第一に「担い手サイドの自己実現、社会参加の実現」を挙げている。

(24) 一九九三年『月刊福祉』76（9）の特集名。厚生省の「一九九三年指針」や栃本（1993）の論考も収録されている。

(25) 阿部は長い間「横須賀基督教社会館長」の職に就いていた。

(26) 阿部は社協に請われる形で、一九六八年の「ボランティア活動基本要項」や、一九七九年の『ボランティア活動振興のための提言』の作成に携わり、一九九〇年代には、ボランティア推進団体の全国組織である「『広がれボランティアの輪』連絡会議」の副会長になっている。一九八八年には主著『ボランタリズム』を刊行した（阿部 1988）。『月刊福祉』誌上でも、「ボランティア」がテーマになる際には、様々な形で発言を求められている。鈴木他（1988）、阿部（1994；1996）、阿部他（1997）、阿部・和田（2000）など。

(27) 一九八一年の中央社会福祉審議会『当面の在宅老人福祉対策のあり方について（意見具申）』や、一九八五年の社会福祉基本構想懇談会（全国社会福祉協議会）『緊急提言　社会福祉関係予算の編成にあたって』などに加わった他、一九九八年の中央社会福祉審議会社会福祉構造改革分科会では、三浦文夫・八代尚宏・掘田力などと共に名を連ねている。また、二〇〇〇年の「厚生省・社会的な援護を要する人々に対する社会福祉のあり方に関する検討会」にも加わっている。

(28) 例えば、阿部は次のように述べていた。「現在の福祉を動かしている思想の中で、『今日は人の身、明日はわが身』、『情けは人のためならず』が大きな部分を占めている。明日の善意の還元を期待して、今日、恩を与えておく、といった反対給付を想定してなされる行為は、福祉の論理から帰結されないはずである。このような考え方から脱皮した、新しい福祉の思想の構築を、ボランティアの中から引き出したいものである」（阿部 1973：181）。これは当時の議論の水準においても、精神的報酬を否定し〈純粋贈与〉を求める点で、かなり「厳格」な部類に属していた。

（29）以上のような議論に対しては、大阪ボランティア協会に関係の深い筒井のり子（1993）が的確な批判を行っている。まず、社会福祉のボランティアの「特異性」として、「自然保護や文化伝承、村おこし等の活動」と比べて、「『援助』という概念が切り離せないこと」を指摘している。本書の言葉では、福祉においては、自己効用論的な形で他者を抹消できないことと重複している。「『援助』を媒介としながら対等な関係を作るということは、他の領域ではないかもしれない福祉ボランティアの持つ大変むずかしい課題である」（筒井 1993：27）。そして、福祉においては、「『いつでも、気軽に、楽しく……』参加できる内容といえば、単発のイベントかあるいは『慰問』のようなものにならざるを得」ず、「施設利用者との人間関係を築いたり、施設自体のあり方を利用者の人権をより守れるようなものに改善していくためにボランティアの協力を得たいとするとき、ライト感覚のボランティアだけではほとんど力にならない」（筒井 1993：29）と述べている。

筒井の指摘は、〈楽しさ〉が強調される自己効用的ボランティア論が、福祉における「他者」や〈政治〉の問題系を無視することで成り立つということを示唆している。逆に言えば、特に福祉以外の領域に「ボランティア」の言表が普及する上で、この意味論は機能的だったと言えるかもしれない。

（30）データの出所は次の通りである。一九六八年データ：『婦人の社会的関心に関する世論調査』、一九七七年・一九八〇年・一九八二年データ：『社会福祉に関する世論調査』、一九八三年データ：『ボランティア活動に関する世論調査』、一九九三年データ：『生涯学習とボランティア活動に関する世論調査』（以上は、全て内閣総理大臣官房広報室による）。一九八九年データ：『平成元年地域相互扶助状況基礎調査報告』（厚生省大臣官房政策課調査室）、二〇〇〇年データ：『国民生活選好度調査』平成一二年度（経済企画庁国民生活局）。そして、一九七六年・一九八一年・一九八六年・一九九一年・一九九六年・二〇〇一年・二〇〇六年データが、『社会生活基本調査』（総務庁、現総務省）である。『社会生活基本調査』では、一九七六年が「奉仕的な活動」、一九八一～一九九六年が「社会奉仕活動」という言表を用い、二〇〇一年から「ボランティア活動」という言表に変えている。全て全国の男女対象に層化二段無作為抽出法でサンプリングされている。

なお、それぞれのワーディングにおける「ボランティア活動」の定義は以下の通りである。一九七七年・一九八〇年：「本来の仕事をはなれて、自分の能力または得意なことを世の中のために進んで役立てる奉仕活動をボランティア活動と言いますが、あなたは、恵まれない人たちのためにこのような社会福祉に関するボランティア活動を現在行っていますか」／一九八二年：「本来の仕事とは別に、地域や社会のために無報酬で時間や労力などを提供するような奉仕活動をボランティア活動と言いますが、あなたは、社会福祉に関係するこのような社会福祉に関するボランティア活動を現在行っていますか」／一九八三年・一九八九年：「自分の本来の仕事とは別に、地域や社会のために時間や労力、技術などを提供する奉仕活動を「ボランティア活動」といいますが……。」／一九九三年：「自分の本来の仕事、学業とは別に、地域や社会のために時間や労力、知識、技能などを提供する活動」／二〇〇〇年：「仕事、学業とは別に地域や社会のために時間や労力、知識、技能などを提供する活動」／二〇〇一年・二〇〇六年：「報酬を目的としないで自分の労力、技術、時間を提供して地域社会や個人・団体の福祉増進のために行う活動」。

（31）論文検索システムCiNiiで把握できるボランティア関連論文のうち、「教育」に関連するもの（「教育」「学習」「学校」のいずれかを、タイトル・キーワード・要約に含むもの）の比率は、母数が大きくなって数値が安定してくる一九九〇年代後半以降、概ね三割の前後を安定的に推移している。

（32）渡辺治によると、教育改革国民会議は権威派とネオリベラリズム派の折衷である（渡辺 2001）。この区別によると曾野は権威派、学校に自由化とコミュニティ・スクールの実現にこだわる金子はネオリベラリズム派となる。

（33）例えば、民間のボランティア推進団体で組織された「広がれボランティアの輪」連絡会議が一九九八年に発表した『子どもがかわる、学校がかわる、地域がかわる――子どもたちの豊かなボランティア体験学習・活動のための提言』では、「ボランティア体験学習」と「ボランティア活動」を区別し、前者を学校教育で行うべきものとしている。「ボランティア」における自発性も、ボランティア活動の結果構成されるという――ボランティアの意味財に一貫して憑依している――〈教育〉のレトリックは、ここでも見ることができる。

（34）「一九八五年当時まで、在米日系工場の数は二五〇に過ぎなかったが、わずか五年後の一九九一年には、一六〇〇に急増している」（島田 1999：175）。

（35）（社）日本経済団体連合会　社会貢献推進委員会・一％クラブ二〇〇七「二〇〇六年度社会貢献活動実績調査結果」要約七頁。

（36）経団連「変化する企業と社会貢献」懇談会座長。他にも、日本ＮＰＯセンター企画委員、東京都生涯学習審議会委員などを務めている。

（37）二〇〇一年から経済財政諮問会議民間議員と政府税制調査会委員に就任し、二〇〇六年一一月には当時の総理の安倍の任命によって政府税制調査会会長に就任した。だがこの時はスキャンダルが報じられ、一ヶ月で辞任に追い込まれている。

（38）早瀬によると、「正しさ」という概念も、「実は当人の『好み』を昇華されたものである場合さえある」（早瀬 1994：22）。だがそれは問題ではない。なぜならボランティア活動とは、恋愛と同様に公正さを欠き、「あらゆる課題に公平に取り組むわけではない」ものだからである。この議論には、かつて大森彌の議論に準拠しながら、「国家に対する社会の自律」の指標を導出した経験の影響が見られる（第8章三節(1)を参照）。

（39）二〇〇六年に、首都圏の市民活動団体（法人格のない任意団体やＮＰＯ法人など）を対象にした調査（三五六六団体を対象、九三一が有効票）を一橋大学の町村敬志氏たちと行った。活動の自由度・自律性の指標性として、通常最もハードルの高い敵対性に満ちた直接行動や街頭行動（デモ）などを「抗議イベント」として、その促進・抑制要因を、二項ロジスティック回帰分析で検討した（丸山・仁平・村瀬 2008）。その結果、政府や企業・民間財団から助成金・補助金を得ることが、抗議イベントの発生を抑えることは全くなかった。一方、抗議イベントに有意に正の効果があるのは、メンバー間で政治に関する対話を頻繁に行うということである。つまり、政府や企業への接近が運動性を抹消するという想定（佐藤 1994）や、行政から助成金を得るＮＰＯに未来はない等という恫喝（田中 2006）を、真理と捉える必要はない。〈政治〉の意味論を行為の参照枠とするか否かが、決定的なポイントである。

（40）大阪ボランティア協会の事例（第5章四節）を参照。現在も、ラディカルな運動団体が、非政治的な「ボランティア」の意味論を活用しつつ、そこからの資源を自分たちの文脈へと、したたかに換骨奪胎／転用しながら運動を組み立てている面もある（仁平 2004）。だが、市民社会のネオリベラリズム的、あるいは経営論的な再編の中で、そのグレーな条件が失われつつある。この点については、仁平（2005）の第五節を参照。

（41）第一四次国民生活審議会総合政策部会報告「個人の自立と社会参加」の中で、「民間公益活動」の語が用いられている。

（42）例えば、「政治」の言表は、明治以前の日本に関する記述の「政治（まつりごと）と祭が一体となって町や村の賑わいが生まれた」という文の中にのみ登場する。「運動」の言表は、「学童の通学見守り運動」という言葉で一度出現した他は、体を動かす「運動」の意味で使われているだけである。

（43）運動の段階論という歴史認識に対しては、道場（2006）が的確な批判を行っている。仁平（2009d）も参照のこと。

（44）「市民参加・参画の機会が開かれてきたので、反対・抗議のような直接行動でなく、行政や企業と協働しながら、提言や事業を行った方がよい」という言明は説得力があるが、問題は、「参加・参画」は絶えず開かれているのかという点にある。実際には、イシュー（issue）ごとに政治機会の〈開かれ〉の度合いは異なり、場合によっては全く開かれないこともある。例えば、反グローバリゼーションや反戦といったイシューの場合、一体どこに「参加・参画」したらいいのだろうか。そのような領域の場合、まずは、「直接行動」というレパートリーを駆使して、問題の共有化を訴えたり、「参加・参画」への「こじ開け」をめざすことが合理的なのではないだろうか。例えば、一九九〇年代の新宿のホームレス「問題」においては、東京都は徹底した物理的排除で臨み、当事者と支援者は「直接行動」をレパートリーとして選択せざるをえなかった。東京都や新宿区がこのコストを認識し、当事者／支援者団体に対して「参加・参画」の場を開いていったのは、逮捕者を何名も出すような激しい「直接行動」を経た後である。以上のことが示唆するのは、公共性＝openness＝〈開かれてあること〉とは、温情（おねだり？）で開かれるのを待つものではないということだ。今「参加・参画」が開かれていたとしても、そこには、閉じているものをこじ開ける〈原-力〉があったと考えることは可能であり、同時にそれが、参加型市民社会を創り支えるものではないだろうか。この点を、アレント＝ハーバーマス的公共性論は忘却しているように思われる。日本で現在「まちづくり」などの文脈で行われている「参加・参画」も、〈原-力〉としての一九七〇年代「住民運動」に起源を求めることは可能だろう。すでに見たようにボランティア論の一部も、「運動」を自らの規準として取り入れてきた。「参加・参画」には、そのような歴史性＝〈原-力〉性が刻印されている。逆に言えば、その記憶を喪失した場合、

「参画・提案の場（政治機会）が開かれているとき、参画・提案は効果的である」というトートロジカルな真理に堕するのではないだろうか（仁平 2009d）。

(45) 川本（1995：第1部5章）は、そのコンパクトな紹介になっている。山根（2010：第3章）では、「ケア労働」という概念を選択しながら、ギリガンに対するフェミニズムからの批判を検討しており、また本全体を通じて問題点の内的な乗り越えが行われている。また、三井（2004：第2章）でも、特に専門職論との関係で、重要な整理と考察が行われている。

(46) ケア倫理は応答すべき／すべきでない声の線引きを特定の基準（例えば正義論的な基準）によって行わないが、全ての声に応答することは不可能なので、結果として既存の関係性や自分とポジションの近い他者が選択されることになる。これは、ケア倫理の保守的な傾向として捉えられる（Tronto 1987：660）。ここから、ケア倫理準拠型のボランティアが、ネオリベラリズムが称揚する「コミュニティを通した統治」（Rose 1999：176）と接続する可能性が生まれる。

(47) ネオリベラリズムは、〈社会〉のリアリティを壊し、問題を本人に帰責することを通して、自業自得で社会にとってのリスク要因という〈他者〉の表象を増産するため、この〈他者〉との関係こそが、ネオリベラリズム回避のための重要な賭金である（以上、詳しくは仁平 2005）。

(48) 原田の議論では、ケアという言葉は使われていないが、個別の声に対する応答を重視する点で、ケア論的ボランティアの形式を共有すると考えることができる。

(49) 立場の共有を通じて〈与え手／受け手〉という区別自体を失効させていく手法は、例えば大正期の賀川豊彦なども発見していた（第1章注(15)）。また個別の他者の声を真摯に聞こうとする態度も、一九六〇年代の若者たちによるボランティア論などにも見出されていたものだった。ケア倫理準拠型のボランティア型の多くが実はシステムに対する疎外論的世界観を密輸入している点も含め、遅くとも一九六〇年代には成立していた意味論形式である。ただ現在の議論は、他者が異議申し立てをした一九七〇年代以降の障害者運動の経緯も踏まえており、他者への応答という問題に取り組む感度の良さは格段に上がっているとはいえ、基本形式はくり返し見られた。

(50) それは、心的システムは閉鎖系であるという単純な事実（Luhmann 1984＝1995：481-520）によって説明される。

終　章

(1) なおこの種の議論は、アイデンティティの変容として読むよりも、行為の「ベクトル」の複数性として捉える方が認識利得が高いように思う。この点については、藤谷忠昭の「市民」のベクトルに関する議論を参照のこと（藤谷 2009）。

(2) 例えば畠山弘文は次のように述べる。「動員史観の着想から完成、そして出版にいたる長い時間のなかで、《ダディ》郷ひろみは離婚し再婚した。そして《スター》松田聖子は再婚し、そして離婚した。それにとどまらず、サッカー日本代表チームのフォーメーション論議から東京的街頭の美観の欠如、過労自殺から援助交際まで、動員史観が、そこに露呈した矛盾は近代的論理の産物、そのさまざまな非合理（近代的非合理）の浮上であると告げる事柄は多い」（畠山 2006：2-3）。これに抗うためには、メルッチの言うように、支配的な文化コードの生産構造自体を撹乱／転覆するような運動が必要であるし（Melucci 1989＝1997；1996）、全てを包摂する〈帝国〉的な生-権力／管理社会的なシステムに抗う、無数の抵抗が連なる力線が必要だろう（Hardt & Negri 2000＝2003）。本書は、このような「動員」の捉え方／超え方より一歩手前の「改良主義」的なレベルを問題にする。

（3）例えば、藤井（2002：20）、津止・斎藤・桜井（2009：46）など。また中野への言及はないものの、原田隆司も動員自体を問題としている（2010：196-197）。とはいえ、動員論を認知すらしない言説が圧倒的多数ということの方が、むしろ問題かもしれない。

（4）団体は以下の通りである。教会・宗教団体、スポーツ・レクリエーション団体、芸術・音楽・教育団体、労働組合、政党、環境保護団体、同業者団体・職業団体、慈善団体、消費者団体、その他のボランティア団体。これらについて、積極的参加と消極的参加とを別に得点化し、加算したものを使用している。

（5）荻野達史（2006）は、ひきこもり支援活動などの活動を「メタライフポリティクス」と呼び、その運動的な意義について論じている。重要な論点である。大畑裕嗣（2004）も、差異や承認のニーズに対応する活動を、ポスト近代社会における運動という意義を見出している。

（6）ただし、活動への参加を生存のための条件としてはならず、生存保障は別に行われるべきである。後に述べるように参加所得／市民労働は、何に対し支払うべきかという基準を確定する上で、どこかで共通善的な基準を導入せざるをえない。特定の善の構想へのコミットを生存の条件とすることは、多様な善の構想を追及する権利を最も基層的なところで揺るがすことになる。よって参加所得／市民労働は、労働の機会の分配と所得の再分配を同時に求めるという方向性（立岩 2004：237-240）を前提とした上で、さらに「労働」の定義を広げるものとして位置づけるべきだろう。

（7）例えば、コミュニタリアニズムに親和的なジョーダン（Jordan 1998）や福士（2009）は、ここに「共通善」という基準を導入している。しかし共通善を基準とする線引きは、国家やそれに準じる機関が善の構想に介入することを意味しないだろうか。フルベーシックインカムの場合、この問題は生じない。

（8）これを無数の人が無限回試行する中で、参加所得と無条件給付のフルベーシックインカムとの距離は、極小化していくのではないだろうか。

（9）これは、ネオリベラリズムとの共振を避ける上でも有効な面がある。ネオリベラリズムの共振回避の賭金は、〈他者〉との関係性にあることを指摘したが、この方向は、〈他者〉表象自体を低減できる可能性がある。先述のように、ネオリベラリズムは、「自業自得」の物語のもとに〈他者〉表象を作り出すが、実証的な国際比較の分析結果が教えるのは、社会保障の拡充は、「自業自得」表象を媒介としたスティグマの発生も抑えるということだった（仁平 2009a；2009b）。〈他者〉表象を増産しない――これは極めて合理的かつ根本的な「解決」ではないだろうか。そして内村鑑三の議論をめぐる考察（第1章八節）を踏まえるなら、〈贈与〉の受け取り手自体を非在化していくこの方向性は、知覚も受け取りも不可能という〈純粋贈与〉を、現実的に有意味な形で構想する一つの道かもしれない。

(10)「もてはやされている今だけど……やっぱり自分のしたいことをしよう（座談会：岡本栄一、筒井のり子、橋本義郎、早瀬昇、牧口明）」（『月刊ボランティア』一九八七年一月号）。

(11) 政治学者の渡辺治によると、民主党はネオリベラリズム、開発主義、社会保障重視派など様々な政治的ベクトルの複合である一方、革新諸政党の支持率は低下している（渡辺他 2010）。

(12)「発話者が被抑圧者である」という発話位置（ポジショナリティ）こそが「当事者主権」論の重要な構成要件だという反論があるだろう。だが、バックラッシュや排外的ナショナリズムの運動でも、担い手自身が女性や外国人によって抑圧される「弱者」という自己理解を伴っていることが多い。もちろん、その内容について、「弱者」という自己認識の妥当性を批判のコミュニケーションに開くことは可能だろう。だが、少なくとも形式に着目する限り、当事者主権の論理が左右の軸を超えて適用可能であるとは言える。むしろ「当事者主権」論の形式をめぐる左右の有意味な区別は、後述のように、「当事者」カテゴリーを外側に向かって内破していくその強度に求められるのではないだろうか。

あとがき

卒業論文で初めて「ボランティア」を扱って以来、一〇年以上も、断続的にこのテーマに関わったことになる。これには自分でも驚いている。そもそも、このテーマを選んだきっかけは、学部三年のフィールドワークの授業で言われた「自分から最も遠いと思うフィールドに行きなさい」という言葉だったのだから。

確かに「ボランティア」は自分にとって遠かった。大学生たるもの社会的な問題意識をもつべしということが授業のたびに言われていたが、それとは無縁の大学生活を送っていた。一方で、「社会的な問題意識」の意味すら分からないことへの焦りもあった。バブルの記憶は遠ざかり、社会を揺るがす事件が頻発し、構造不況の気配が濃くなる中で、まどろみから醒めなくてはというざわめきを感じていた。厳しくて有名なフィールドワークの授業を無謀にも受講したのはその一つの足掻きでもある。フィールドにボランティアを選んだのは、それに打ち込む人が自分と対極にあるように感じられ、ある種のうらやましさと、簡単に価値にコミットできてしまう（ように見える）ことへのいらだたしさがあったためだ。どんな（奇特な？）人々なのか観察したいというシニカルな興味と言うべきものがあった。このような屈折したシニシズムという形でしか「社会的な問題意識」を実感できなかったとも言える。

そんな面倒くさい人間を「ボランティア」として受け入れてくれたフィールド（知的障がい児の通所施設）には、当然ながら「奇特」な人などいるわけがなく、あたりまえの人々が、あたりまえの悩みや喜びを抱え、笑ったり悔やんだりしながらボランティア活動をしていた。また彼／女らと、魅力的な当事者とその親、職員たちが織りなす日常の襞は、基層的な肯定感と予測不能な驚きに満ち、翻弄されながらも活動を続ける中で、日々の質は変わっていった。

だがシニシズムは眠らない。今度はいらだちは、ボランティアを称揚する言説に向く。そこで書かれていることの多くが――いや、「ボランティア」という言表自体が――あまりに自分が経験したフィールドのリアリティと解離し、空虚で偽善的なように思えた。この時期求めた言葉は二つの方向にあった。一つは、フィールドの意味世界を克明に記述することで、「現実」から離床した言説を無力化するための方法論／認識論である。現象学的社会学の文献などを読みふけった。今思えば、その地平に内在する選択肢もあったはずである。もう一つは、ボランティア言説を外在的に批判するための観察基準である。「逆機能」「意図せざる帰結」「メタレベル」といった言葉から、徒らに自分を強くしてくれるような感覚を受けた。素朴なボランティア言説や、時にはフィールドのリアリティからさえ、外在できる足場を求めた。本書で検討した批判理論的な動員モデルはその一つである。だが自分の場合、現実の問題から出発して批判の足場を組み立てているわけではないため、脆い。だから、外在することへの希求は、当時伸長していた保守的でナショナリスティックな言説にも惹かれるという形でも表れた。人権や平等などの理念を否定する身振りに、それは違うだろうと思いつつ、だがナイーブな言説を小気味よく批判し、高見《メタレベル》に立っているというイメージを与えてくれる点で、批判理論と機能的に等価という感覚さえもった。そのようなわけで、地域で暮らすのを諦めざるを得なくなった当事者を取り巻く社会保障の現状に憤り、その辺の問題を捨象する無邪気なボランティア言説を冷笑し、タカ派的な主張が売りの若者向け雑誌を立ち読みするという、わけの分からない時期が続いた。

その後大学院に入院し、博士課程に進学した後は、「ネオリベラリズム」という問題系の中でボランティアの動員モデルを経験的に検証するタイプの研究に従事してきた。様々なフィールドで様々な出会いがあった。現実の問題から批判の足場を組むということの意味も少しずつ分かってきた。近年では貧困・格差をめぐる問題について批判的な観点から分析する機会も増えている。メタレベルを志向する「社会学」的欲望を批判理論と接続させながら、「研究者」としての経験を積んできたと言えると思う。これからもこのスタンスを崩すことは考えられない。だが、どこかで一度「落とし前」をつけなくてはならないという気持ちが消えることはなかった。つまり、自分の研究を駆動してきたメタレベルへの志向自体やそれとシニシズムとの関係について――精神分析や社会評論などとは異なる形で――一度きちんと明るみに出し、考えてみる必要があると思っていた。考えるべきことはまだ多く残っているが、今回まがりなりにも長年の宿題に取り組むことができて、ひとまずほっとしている。

＊

本書は、東京大学大学院教育学研究科に提出し、二〇〇八年三月に博士号（教育学）の学位を授与された博士論文『「ボランティア」の意味論の変容過程と機能に関する社会学的研究――福祉国家の形成／再編及びネオリベラリズムとの関係に着目して』の第Ⅰ部を、大幅に圧縮・修正したものである。

「長年の宿題」に取り組む上では、極めて多くの方にお世話になった。本論で〈贈与のパラドックス〉の分析を掲げていながら、ここで謝辞なのか恩着せがましい一撃なのかよく分からない語りを展開することに不安も感じるが、実際に有形無形の多くの支援を受けている。分配的正義としての謝辞（M・ウォルツァー）に値するようなものではないが、ささやかな謝意を表したい。

まず、「ボランティア」というカテゴリーの魅力と困難を教えてくれたフィールドで出会った皆さんに。当時の面倒くさい私を受け入れて下さった「ほおずきの会」の皆さん。世界の見え方が変わるきっかけとなった山谷や中野などの野宿者支援の現場で出会った皆さん。特に路上支援の師である勝邦宏さんに。

そして、活動の貴重な経験をインタビューを通してお話し下さった皆さんに。とりわけ、修士論文執筆の際に親身に調査のコーディネートをしていただいた、大阪ボランティア協会に勤務されていた河村奈美子さんにお礼を申し上げたい。

学恩という点では、まず二人の方にお礼を申し上げたい。

修士論文以来、常に励まし指導して下さった広田照幸先生。研究テーマを絞れず、文字通り右も左も分からずただ迷走していた時、教育社会学の研究室としては異例の社会理論／思想を勉強するゼミを開講され、そこでこれまで自分が触れてきたものとは異なる水準の知に導いて下さった（最初の本は、ジャン＝クロード・ギユボーの『啓蒙思想の背任』だった）。自分のもやもやがどういう問題系とリンクしているのか、考え整理するための言葉を得る契機となった。迷走をひとまず止めることができたのは、広田先生の存在が大きい。それ以来、ゼミや研究会で、何より大量のビールを飲みながら実に様々なことを議論し、その味わい深い広島弁（？）からどれほど多くのことを学んできたか分からない。

そして研究室の先輩の山口毅さん。大学院に不適応を起こしていた修士の時以来、絶えず相談に乗って下さり、議論していただいている。そのたびに切れ味鋭い貴重なコメントをもらい、その言葉の多くは未だに私の中で光を放っている。豊富な知識をもちながら決して衒学的にならず、日常性のレベルに徹底的に還元しながら考え討議するスタイルから、シニシズムとは対極にある社会学の存在を垣間見せてもらった。山口さんがおられなかったら、私は今以上に出口のない場所を彷徨っていただろう。今も何かのイシューに遭遇するたび、山口さんならどう考えるだろうと思う。

学恩を受けた方のお名前は尽きない。

箕浦康子先生は、質的調査に不可欠なスキルを教えて下さった。対象に内在することの大切さも学んだ。そして「自分から遠いと思うフィールドに行きなさい」という言葉を頂いた。おかげで〈遠い／近い〉が融解する瞬間にも立ち会えた。博論の主査の苅谷剛彦先生からは、量的調査のゼミなどを通して、対象から距離を取りつつもアクチュアルな知見を生み出す方法論を学んだ。イギリス滞在中には、「日本」という磁場を相対化／対象化することをめぐって議論を重ねたが、それは自分の大きな財産になっている。

この他にも、武川正吾先生、町村敬志先生、本田由紀先生、橋本健二先生、小玉重夫先生から、それぞれの専門領域の最先端を学ぶ機会を提供していただいた。川本隆史先生と白石さや先生には、博士論文に対する貴重なコメントをいただいた。また渋谷望先生は、勝手にゼミに潜入したにもかかわらず、快く受け入れて下さった。ネオリベラリズムと参加の問題系に関して、誰より多くの示唆をいただいている。同じく潜らせていただいた北田暁大先生のゼミでは、言葉を追いつめる方法論をめぐって厳しくも実のある議論を経験することができた。加島卓さん、毛里裕一さんをはじめとする参加者も含め、お礼を申し上げたい。

研究室では多くの学友に恵まれた。さらに、非行研、佐久間研、東京市民団体調査研、教育理論研、ＳＳＭ研、六五年ＳＳＭ研、個人化研、「福祉と教育」研、社会運動論研、社会運動研、生協研、二次分析研、ミリュー研、ＳＰＳＮ研、ＰＮＳＭ研、バカ研、アホ研、Ｍ研、妄想研など有象無象の研究会と、そこでの出会いの積み重ねのおかげで今がある。特に、後輩ながら私の最も重要な批判者の一人であり、学ばせてもらってばかりいる平井秀幸さん。社会学の扉を開いて下さった井口高志さん。いくつもの荒波を共に越えてきた岡辺健さん、居郷至伸さん、桑原真木子さん、丸山真央さん。運動の厚みを教えて下さった道場親信さん。さらに、上村泰裕さん、塩崎美穂さん、藤谷忠昭さん、山本唯人さん、上野淳子さん、石田光規さん、松井隆志さん、相川陽一さん、村瀬博志さん、田辺俊介さん、鈴木宗徳さん、伊藤美登里さん、大畑裕嗣さん、樋口直人さん、稲葉奈々子さん、荻野達史さん、成元哲さん、西城戸誠さん、高木竜輔さん、伊藤奈緒さん、朴姫淑さん、Tuukka Toivonen、Ekaterina Hertogをはじめ、ここではとても挙げきれないほどの多くの方との対話によって育てていただいた。本当にありがとうございます。

＊

本書は、平成二二年度科学研究費補助金（研究成果公開促進費）の交付を受けている。また刊行に際しては、名古屋大学出版会の橘宗吾氏にお世話になった。筆と作業が遅くご迷惑をおかけした。一切の社交辞令抜きで、橘氏のねばり強い励ましと的確な助言がなければ、刊行まで到達できなかった。誠に感謝の念にたえない。

最後に、これまでずっと支えてくれた両親、卒論に貴重なコメントをくれた（！）亡き祖母、文学研究の観点から視野を広げてくれる弟の政人、そして、妻であり、国際支援活動の経験からいつも多くの気づきを与えてくれる野際紗綾子に、心からのお礼と共に本書を捧げたい。

二〇一一年一月

著　者

《著者略歴》

仁《に》平《へい》典《のり》宏《ひろ》

1975年　茨城県に生まれる
1998年　東京大学教育学部卒業
2000年　東京大学大学院教育学研究科修士課程修了
2006年　日本社会学会奨励賞（論文の部）受賞
2008年　東京大学より博士号（教育学）取得
2012年　本書により日本社会学会奨励賞（著書の部），損保ジャパン記念財団賞受賞
日本学術振興会特別研究員，法政大学社会学部准教授を経て
現　在　東京大学大学院教育学研究科准教授
共編著に『教育研究の新章（教育学年報11）』（世織書房，2019年），共著に『平成史【完全版】』（河出書房新社，2019年），『市民社会論――理論と実証の最前線』（法律文化社，2017年）などがある。

「ボランティア」の誕生と終焉

2011年2月28日　初版第1刷発行
2020年7月10日　初版第5刷発行

定価はカバーに
表示しています

著　者　仁　平　典　宏

発行者　西　澤　泰　彦

発行所　財団法人　名古屋大学出版会

〒464-0814　名古屋市千種区不老町1 名古屋大学構内
電話(052)781-5027/FAX(052)781-0697

Printed in Japan
印刷・製本　亜細亜印刷㈱
ISBN978-4-8158-0663-7
乱丁・落丁はお取替えいたします。

索　引

（原則として本文を対象とする）

ア　行

カ　行

サ　行

タ 行

ナ 行

ハ 行

マ　行

ヤ　行

ラ　行

図表一覧

参考文献

（政府の政策文書は本文中に記載している）

阿部敦 2003『社会保障政策従属型ボランティア政策』大阪公立大学共同出版会。

阿部守枝 1983「公民館における福祉学習」『月刊福祉』66(11) pp. 25–29。

阿部志郎 1973「ボランティアの思想的性格」全社協『地域活動研究』6(2) pp. 174–183。

阿部志郎 1978「ボランティア活動の思想的基盤と今日の課題」『公衆衛生』42(6) pp. 95–101。

阿部志郎 1988『ボランタリズム——講演集』海声社。

阿部志郎 1994「ボランティア革命 1　ボランティア活動の新展開」『月刊福祉』77(1) pp. 50–53。

阿部志郎 1996「インタビュー「ふれあい」と「分かち合い」——共生のコミュニティ創りをめざして」『月刊福祉』79(10) pp. 78–91。

阿部志郎・樋口正昇・光田鈔・山本主税・渡辺武男・島村糸子 1997「座談会　民生委員・児童委員活動の新たな展開と『新・強化方策』——済世顧問制度創設 80 周年・民生委員法制定 50 周年に期す」『月刊福祉』80(14) pp. 14–29。

阿部志郎・和田敏明 2000「シリーズ対談⑩　21 世紀ボランティア論　ボランティアの哲学——福祉コミュニティ形成力の原点を問う」『月刊福祉』83(1) pp. 80–89。

阿部陽一郎 1997「ボランティア活動を支える共同募金の課題」『月刊福祉』80(12) pp. 40–45。

阿部良紹 1987「おもしろいからやる——山武ボランティア協会がなげかけるもの」『社会教育』42(3) pp. 34–36。

安立清史 1993「住民参加型在宅福祉サービス活動の担い手の意識——全国調査の結果から」『月刊福祉』76(13) pp. 54–57。

安立清史 1996a「ボランティア活動の振興条件」高橋勇悦・高萩盾男編 1996『高齢化とボランティア社会』弘文社 pp. 138–160。

安立清史 1996b「ボランティア活動の日米比較①」『月刊福祉』79(9) pp. 58–63。

安立清史 1996c「ボランティア活動の日米比較②——意識調査の結果とボランティア活動の社会的機能」『月刊福祉』79(10) pp. 68–73。

安立清史 2008『福祉 NPO の社会学』東京大学出版会。

赤川学 1999『セクシュアリティの歴史社会学』勁草書房。

赤川学 2006『構築主義を再構築する』勁草書房。

赤木智弘 2007『若者を見殺しにする国』双風社。

明石要一・臼井孝・濱本研一・松下倶子・宮野禮一 1984「高校生ボランティア活動の視点〈座談会〉」『文部時報』128 号 pp. 8–20。

秋田県能代市中央公民館 1998「高校生にとってのボランティア活動について」『月刊公民館』495 pp. 14–17。

秋山智久 1987「ボランティアの今日的課題——東京社会福祉審議会答申を中心に」『月刊

福祉』70(3) pp. 62–67。
雨宮勅己 1992「福祉にやさしい企業をめざして」『月刊福祉』75(11) pp. 64–65。
雨宮昭一 1999『総力戦体制と地域自治——既成勢力の自己革新と市町村の政治』青木書店。
雨宮孝子 1998「民法 100 年と公益法人制度——なぜ公益法人の設立は許可制なのか」『公益法人』27(8) pp. 10–15。
穴山徳夫 1956「国家責任と民間社会事業の自主性について」『社会事業』39(11) pp. 26–32。
安土裕 1987「ボランティア活動雑感——世田谷ボランティア友の会」『社会教育』42(3) pp. 32–33。
安藤博 1997「いま、なぜ『ボランティア教育』なのか」『現代教育科学』490 pp. 5–9。
安藤一夫 1987「有償ボランティアの実践から——なぜ有償なのか」『月刊福祉』70(3) pp. 56–61。
姉崎洋一 1980「社会教育ボランティアの現状と課題——名古屋の事例を手がかりに（福祉問題と社会教育〈特集〉)」『月刊社会教育』24(9) pp. 10–19。
青木秀夫 1951「共同募金運動概説」大阪社会事業短期大学編『社会事業講座』第 5 巻　福祉春秋社。
青森県社会福祉審議会 1983『青森県における今後の在宅老人福祉対策はいかにあるべきか(答申)』。
荒井賢太郎 1968「“赤い羽根” と世論（マスコミ論調)」『月刊福祉』51(1) pp. 10–14, 22。
新崎国広 2001「ソーシャルワークにおけるボランティアコーディネートの意義——社会福祉法から見えるもの」『月刊福祉』84(5) pp. 60–63。
有馬孝子 1985「ボランティアを受け入れて」『月刊福祉』68(5) pp. 58–61。
朝日新聞世論調査室 1976『日本人の政治意識——朝日新聞世論調査の 30 年』。
安積純子・岡原正幸・尾中文哉・立岩真也 1990『生の技法——家と施設を出て暮らす障害者の社会学』藤原書店。
浅利慶太・梶田叡一・金子郁容・河上亮一・曾野綾子 2000「座談会　子どもたちは現世を知らない」『文藝春秋』2000 年 10 月号 pp. 94–106。
Atkinson, A. B., 1996, “The Case for a Participation Income,” *The Political Quartely,* 67, pp. 67–70.
渥美公秀 2001『ボランティアの知——実践としてのボランティア研究』大阪大学出版会。
Attali, Jacques, 1999, *Fraternites*. Fayard.＝2001 近藤健彦・瀬藤澄彦訳『反グローバリズム——新しいユートピアとしての博愛』彩流社。
Bataille, Georges, 1949, *La part maudite.* Edition de Minuit.＝1973 生田耕作訳『呪われた部分（バタイユ著作集 6)』二見書房。
ビートたけし 1997「ボランティア亡国論」『新潮 45』16(3) 新潮社 pp. 78–87。
Beck, Ulrich, 1999a, *World Risk Society.* Polity Press.
Beck, Ulrich, 1999b, *Was ist Globalisierung ? : Irrtümer des Globalismus : Irrtümer des Globalismus — Antworten auf Globalisierung.* Suhrkamp Verlag.＝2005 木前利秋・中村健吾監訳『グローバル化の社会学——グローバリズムの誤謬—グローバル化の応答』国文社。
Beck, Ulrich, 2000, *The Brave New World of Work.* Polity Press.

Berger, Peter & Thomas Luckmann, 1966, *The Social Construction of Reality : A Treatise in the Sociology of Knowledge.* Doubleday.＝1977 山口節郎訳『日常世界の構成――アイデンティティと社会の弁証法』新曜社。
Best, Noel, 1993, "But Seriously Folks : The Limitations of the Strict Constructionist Interpretation of Social Problems," in Gale Miller & James A. Holstein (eds.), *Reconsidering Social Constructionism.* Aldine de Gruyter, pp. 129-147.
Blau, Peter, 1964, *Exchange and Power in Social Life.* John Wiley & Sons Inc.＝1974 間場寿一・居安正・塩原勉訳『交換と権力――社会過程の弁証法社会学』新曜社。
Bolding, Kenneth E., 1973, *The Economy of Love and Fear : A Preface to Grants Economics.* Wadsworth Publishing Co., Inc.＝1974 公文俊平訳『愛と恐怖の経済――贈与の経済学序説』佑学社。
ボランティア研究会編 1980『増補　日本のボランティア』全国社会福祉協議会。
ボランティア協会・大阪ビューロー 1965『創立総会資料』。
Butler, Judith, Ernesto Laclau & Slavoj Žižek, 2000, *Contingency, Hegemony, Universality : Contemporary Dialogues on the Left.* Verso.＝2002 竹村和子・村山敏勝訳『偶発性・ヘゲモニー・普遍性――新しい対抗政治への対話』青土社。
Castelles, Manuel, 1997, *Power of Identity.* Blackwell.
地方自治協会 1978『地方公共団体におけるコミュニティ施策の状況』。
中央共同募金会 1966『国民たすけあい共同募金――共同募金二十周年記念誌』。
中央共同募金会 1996a「目で見る共同募金運動」『月刊福祉』79(11) pp. 19-23。
中央共同募金会 1996b「『共同募金とボランティア活動に関する意識調査』の概要」『月刊福祉』79(11) pp. 36-41。
中央共同募金会 1996c『21 世紀を迎える共同募金のあり方委員会答申――新しい「寄付の文化」の創造をめざして』。
中央共同募金会 1997『21 世紀を迎える共同募金のあり方について（論点整理）』。
Cohen, Jean L. & Andre Arato, 1994, *Civil Society and Political Theory.* MIT Press.
ダラ・コスタ、マリアローザ 1986『家事労働に賃金を――フェミニズムの新たな展望』（伊田久美子・伊藤公雄訳）インパクト出版会。
出口正之 1999「静かな革命」林雄二郎・今田忠編『フィランソロピーの思想―― NPO とボランティア』日本経済評論社 pp. 56-92。
Deleuze, Gilles, 1990, *Pourparlers.* Editions de Minuit.＝1996 宮林寛訳『〔改訂版〕記号と事件―― 1972 年-1990 年の対話』河出書房新社。
Derrida, Jacques, 1989, "Donner— le temps," *Derrida au Japon.*＝高橋允昭編訳「時間を――与える」『他者の言語――デリダの日本講演』法政大学出版局。
土井洋一 2001「救済の抑制と国民の感化――感化救済事業」右田紀久恵・高澤武司・古川孝順編『社会福祉の歴史――政策と運動の展開〔新版〕』有斐閣 pp. 223-237。
Donzelot, Jacques, 1977, *La police des familles.* Editions de Minuit.＝1991 宇波彰訳『家族に介入する社会――近代家族と国家の管理装置』新曜社。
蝦名真一 1969「青少年の余暇活動に関する指導者の養成確保について――青少年問題審議会の意見具申」『青少年問題』16(11) pp. 59-63。
枝見太朗 1987「ボランティアスクールと地域ボランティア活動――財団法人 富士福祉事業団」『社会教育』42(3) pp. 43-45。

Edgell, Stephen, 2006, *The Sociology of Work : Continuity and Change in Paid and Unpaid Work.* Sage.

江川二六 1948「今年の共同募金を顧みて」『社会事業』31(11・12) pp. 16-21。

江川二六・長田宥一・黒木利克・佐野恵作・谷川貞夫・中川幽芳・牧賢一・牧野修二・佐藤信一 1951「座談会　昭和 26 年の社会事業——その批判と展望」『社会事業』34(12) pp. 4-19。

Ehrenberg, John, 1999, *Civil Society : The Critical History of an Idea.* New York University Press.＝2001 吉田傑俊監訳『市民社会論——歴史的・批判的考察』青木書店。

Eliasoph, Nina, 1998, *Avoiding Politics : How Americans Produce Apathy in Everyday Life.* Cambridge University Press.

遠藤興一 1981「開明官僚と社会事業（六）——小河滋次郎の生涯と思想」『明治学院論叢 社会学・社会福祉学研究』67 pp. 27-94。

遠藤興一・土志田祐子 1995「文化的特質としてのボランティア活動」『明治学院論叢』563 pp. 31-89。

遠藤知巳 2006「言説分析とその困難（改訂版）」佐藤俊樹・友枝利雄編『言説分析の可能性』東信堂 pp. 27-58。

Esping-Andersen, Gosta, 1990, *The Three Worlds of Welfare Capitalism.* Polity Press.＝2001 岡沢憲芙・宮本太郎監訳『福祉資本主義の三つの世界——比較福祉国家の理論と動態』ミネルヴァ書房。

Estévez-Abe, Margarita, 2003, "State-Society Partnership in the Japanese Welfare State," in Frank J. Schwartz & Susan J. Pharr (eds.), *The State of Civil Society in Japan.* Cambridge University Press, pp. 154-172.

Etzioni, Amitai, 1996, *The New Golden Rule : Community and Morality in a Democratic Society.* Basic Books.＝2001 永安幸正監訳『新しい黄金律——「善き社会」を実現するためのコミュニタリアン宣言』麗澤大学出版会。

Evers, Adalbert & Jean-Louis Laville (eds.), 2004, *The Third Sector in Europe.* Edward Elgar.＝2007 内山哲朗・柳沢敏勝訳『欧州サードセクター——歴史・理論・政策』日本経済評論社。

Firth, Raymond, 1959, *Economics of the New Zealand Maori* (2nd ed.). R. E. Owen, Government Printer.

Foucault, Michel, 1969, *Archéologie du savoir.* Gallimard.＝1970 中村雄二郎訳『知の考古学』河出書房新社。

Foucault, Michel, 1975, *Surveiller et punir : Naissance de la prison.* Gallimard.＝1977 田村俶訳『監獄の誕生——監視と処罰』新潮社。

Foucault, Michel, 1978, 《gouvernementalité》, *Dits et Ecrits 1954-1988.* D. Defert & F. Ewald (eds.), Gallimard.＝2000 小林康夫他訳「統治性」『ミシェル・フーコー思考集成第 VII 巻』筑摩書房 pp. 246-272。

フレデリック・M・ランジ 1959「〔講演〕社会事業における一般市民の参加について」『社会事業』42(4) pp. 10-17。

藤井敦史 2001「福祉系 NPO に求められるマネジメントのあり方——阪神高齢者・障害者支援ネットワークの事例から考える」『月刊福祉』84(7) pp. 32-35。

藤井敦史 2002「社会学者はボランティアをどのように語ってきたのか？」大阪ボランティ

ア協会編『ボランティア活動研究』11 号 pp. 13-28。
藤井忠俊 1985『国防婦人会——日の丸とカッポウ着』岩波書店。
藤村正之 1987「ヴォランタリー・アクションにおける想像力と意味付与——民間福祉財源システムとしての『あしながおじさん』制度」『季刊・社会保障研究』22(4) pp. 373-386。
藤村哲 1985「現代における青少年教育の課題」『月刊福祉』68(5) pp. 18-23。
藤岡貞彦 1969「社会教育実践と民衆意識（一）——牧方テエゼの歴史的意義」『月刊社会教育』13(8) pp. 59-62。
藤田英典 2001『新時代の教育をどう構想するか——教育改革国民会議が残した課題』岩波ブックレット 533。
藤田秀雄 1971「社会教育理念の転換」碓井正久編 1971『社会教育——戦後日本の教育改革 10』東京大学出版会 第 3 章 pp. 133-215。
藤田昌士 2001「道徳教育　いま何が求められているのか——学校教育に即して」教育科学研究会編『教育』665 pp. 23-29。
藤田たき 1941「女子学生の勤労奉仕としての保育事業——津田子供の家の建設を中心として」『社会事業』25(5) pp. 66-72。
藤谷忠昭 2009『個人化する社会と行政の変容——情報、コミュニケーションによるガバナンスの展開』東信堂。
深井重三郎 1953「政治教育こそ不可欠」『社会教育』8(6) pp. 14-16。
深作安文 1924「社会と社会奉仕」『社会教育』1(1)。
福田垂穂 1980「青少年の社会参加に関する研究調査をめぐって」『青少年問題』27(3) pp. 19-26。
福留強・錦織淑子・武田厚・上原寛 1989「座談会　学習ボランティア活動の課題」『社会教育』44(9) pp. 15-23。
福本孝 1961「米国の平和部隊とその構想」自由民主党政務調査会編『政策月報』(63) pp. 107-111。
福本孝 1964「海外協力奉仕隊の構想とその経緯——日本的平和部隊構想推進のために」自由民主党政務調査会編『政策月報』(99) pp. 76-84。
福士正博 2009『完全従事社会の可能性——仕事と福祉の新構想』日本経済評論社。
福武直編 1965『地域開発の構想と現実』I　東京大学出版会。
福山政一 1946「社会事業の新局面」『社会事業』29(4) pp. 2-4。
古都賢一 1999「社会福祉基礎構造改革の全体像と社会福祉事業法第一部改正法案大綱について」『月刊福祉』82(10) pp. 22-29。
古川孝順 1997a「地域福祉の推進と民生委員・児童委員活動への期待」『月刊福祉』80(14) pp. 52-59。
古川孝順 1997b『社会福祉のパラダイム転換』有斐閣。
古川孝順 2001「社会福祉基礎構造改革」右田紀久恵・高澤武司・古川孝順編『新版　社会福祉の歴史——政策と運動の展開』有斐閣選書 pp. 401-453。
古田睦美 2000「アンペイド・ワーク論の課題と可能性——世界システム・パースペクティヴから見たアンペイド・ワーク」川崎賢子・中村陽一編『アンペイド・ワークとは何か』藤原書店 pp. 12-28。
蒲生義人 1989「通信教育講座『生涯学習ボランティアコース』を開講して」『社会教育』

44(9) pp. 50–55。
蒲生義人 1991「生涯学習社会に“新しい風”——文部省認定『生涯学習ボランティアコース』」『社会教育』46(6) pp. 69–75。
月刊福祉編集部 1961「労働組合が『愛の手をつなぐ会』を結成」『月刊福祉』44(2) pp. 47–48。
月刊福祉編集部 1964「老人家庭奉仕員」『月刊福祉』47(6) pp. 8–9。
月刊福祉編集部 1966「ボランティアの教育と組織化」『月刊福祉』49(9) pp. 4–5。
月刊福祉編集部 1967「青少年育成会議その後の動き」『月刊福祉』50(11) pp. 8–9。
月刊福祉編集部 1970a「これがボランティアだ！——各県の特徴的な活動報告」『月刊福祉』53 (5・6) pp. 10–15。
月刊福祉編集部 1970b「ボランティアからの提言——全国ボランティア活動育成研究協議会（45・4・14）から」『月刊福祉』53(5・6) pp. 16–20。
月刊福祉編集部 1977「各県にみる児童生徒に対する福祉教育　学童・生徒の福祉活動——社会福祉協力校の現状（一九七七年）より抜粋　時事通信「厚生福祉」版」『月刊福祉』60(7) pp. 78–92。
月刊福祉編集部 1989a「全国ボランティアの集い——ハートフル・ウェーブ’88」『月刊福祉』72(1) pp. 84–87。
月刊福祉編集部 1989b「ほのぼの宅急便『赤ちゃんウニ救出作戦』ほか——北海道ボランティア推進協会 10 周年記念、ボランティア活動体験作文コンクールより」『月刊福祉』72(1) pp. 88–91。
月刊福祉編集部 1989c「ボランティア活動のいま①」『月刊福祉』72(8) pp. 80–85。
月刊福祉編集部 1989d「ボランティア活動のいま②」『月刊福祉』72(9) pp. 90–95。
月刊福祉編集部 1989e「ボランティア活動のいま③」『月刊福祉』72(10) pp. 96–97。
月刊福祉編集部 1989f「第一回全国ボランティア大会創設記念　作文と詩　入選作品発表①作文の部——厚生大臣受賞作（小・中・高の部）」『月刊福祉』72(10) pp. 98–103。
月刊福祉編集部 2001「福祉教育関係者は“自立と共生の社会”“福祉のまちづくり”の役割をどう担うか——平成 12 年度全国福祉教育セミナー・シンポジウムより」『月刊福祉』84(7) pp. 36–43。
月刊福祉編集部 2002「『広がれボランティアの輪』連絡会議 2002 年度シンポジウム・第 2 部シンポジウム　新しいコミュニティづくりとボランティア・市民活動」『月刊福祉』85(11) pp. 76–83。
月刊福祉編集部 2004a「若者たちからの発信——『ヤングボランティアディスカッション』報告『第 12 回全国ボランティアフェスティバルいしかわ』協賛事業」『月刊福祉』87(1) pp. 78–81。
月刊福祉編集部 2004b「ボランティア・NPO レポート——新しい価値の創造に向けて　社会文化の変革を、ビジネスの手法でめざす——ホームレス支援の雑誌、『ビッグイシュー日本版』の取り組み　ビッグイシュー日本（大阪府）」『月刊福祉』87(2) pp. 76–79。
月刊社会教育編集部 1959「アンケート　社会教育法改正をどうみるか」『月刊社会教育』14（1 月号）pp. 53–55。
月刊社会教育編集部 1987「文部省社会教育審議会「社会教育施設におけるボランティア活動の促進について」の報告書を提出」『月刊社会教育』31(2) pp. 85–88。

Gerth, Hans & Wright Mills, 1954, *Character and Social Structure : The Phychology of Social Institutions.* Routledge & K. Paul.＝1970 古城利明・杉森創吉訳『性格と社会構造——社会制度の心理学』青木書店。

Giddens, Anthony, 1994, *Beyond Left and Right : The Future of Radical Politics.* Polity Press.＝2002 松尾精文・立松隆介訳『左派右派を超えて——ラディカルな政治の未来像』而立書房。

Giddens, Anthony, 1998, *The Third Way : The Renewal of Social Democracy.* Polity Press.＝1999 佐和隆光訳『第三の道』日本経済新聞社。

岐阜県高齢者問題懇話会 1982『高齢化社会に向けての高齢者の福祉に関する行政施策のあり方について（報告)』。

Glaser, Barney G. & Anselm L. Strauss, 1967, *The Discovery of Grounded Theory : Strategies for Qualitative Research.* Aldine de Gruyter.＝1996 後藤隆・水野節夫・大出春江訳『データ対話型理論の発見——調査からいかに理論をうみだすか』新曜社。

Godelier, Maurice, 1996, *L'énigme du don.* Librairie Athème Fayard.＝2000 山内昶訳『贈与の謎』法政大学出版局。

権代敏満 1985「望ましい福祉教育をめざして——教師教育という面から体制づくりを」『月刊福祉』68(5) pp. 24-28。

Gorz, André, 2005, *Reclaiming Work : Beyond the Wage-Based Society.* Polity Press.

群馬県 1984『高齢化社会への提言—— 21 世紀への福祉ぐんまの道しるべ』。

Habermas, Jürgen, 1990, *Strukturwandel der Öffentlichkeit : Untersuchungen zu einer Kategorie der bürgerlichen Gesellshaft.* Suhrkamp Verlag.＝1994 細谷貞雄・山田正行訳『公共性の構造転換（第 2 版)』未来社。

Habermas, Jürgen, 1992, *Faktizität und Geltung : Beiträge zur Diskurstheorie des Rechts und des demokratischen Rechtsstaats.* Suhrkamp Verlag.＝2003 河上倫逸・耳野健二訳『事実性と妥当性（下）——法と民主的法治国家の討議理論にかんする研究』未来社。

Habermas, Jürgen & Niklas Luhmann, 1971, *Theorie der Gesellschaft oder Sozialtechnologie.* Suhrlamp Verlag.＝1987 佐藤嘉一・山口節郎・藤澤賢一郎訳『批判理論と社会システムの理論——ハーバーマス＝ルーマン論争』木鐸社。

萩原清子 1981「ほんだな『ボランティア活動ハンドブック』」『月刊福祉』64(4) pp. 86-88。

萩原祥三他 1976「(座談会）社会教育の新しい方向」『文部時報』1195 pp. 16-31。

阪神・淡路大震災　被災地の人々を応援する市民の会編 1996『震災ボランティア——「阪神・淡路大震災　被災地の人々を応援する市民の会」全記録』阪神・淡路大震災被災地の人々を応援する市民の会。

原彬久編 2003『岸信介証言録』毎日新聞社。

原胤昭 1911『全国慈善事業視察報告書一～三』非刊行物→社会福祉調査研究会編 1994『戦前日本社会事業調査資料集成第 9 巻』勁草書房。

原田晃樹・藤井敦史・松井真理子 2010『NPO 再構築への道——パートナーシップを支える仕組み』勁草書房。

原田京子 1980「中学校のボランティア活動——一つの試み」『青少年問題』27(4) pp. 11-14。

原田隆司 2010『ポスト・ボランティア論——日常のはざまの人間関係』ミネルヴァ書房。

Hardt, Michael & Antonio Negri, 2000, *Empire*. The President and Fellows of Harvard College. ＝2003 水嶋一憲他訳『〈帝国〉――グローバル化の世界秩序とマルチチュードの可能性』以文社。
播磨靖夫 1981『みんな同じ空の下に生きている――ボランティアの心を求めて』青也書店。
播磨靖夫・山崎美貴子 1999「シリーズ対談⑧ 21世紀ボランティア論 共生社会の創造とボランティア」『月刊福祉』82(11) pp. 78-87。
治田友香 2001「ボランティア活動とNPO」『青少年問題』48(1) pp. 11-15。
Harvey, David, 2005, *A Brief History of Neoliberalism*. Oxford University Press.＝2007 渡辺治監訳『新自由主義――その歴史的展開と現在』作品社。
長谷川文治 1987「中国帰国者自立への行程――日中交流あけぼの会」『社会教育』42(3) pp. 69-71。
Hasegawa, Koichi, 2004, *Constructing Civil Society in Japan : Voices of Environmental Movements*. Trans Pacific Press.
長谷川基市 1960「立ちあがった母親たち――学園の建設（最終回）」『社会事業』43(7) pp. 45-52。
長谷川保 1946「依然として救恤的」『社会事業』29(2・3) pp. 16-17。
長谷川毅 1968「行政のため『ものいう社協』に」『月刊福祉』51(1) pp. 29-33。
橋本鉱市・石井美和 2004「ボランティアと自己実現の社会学――その接合にみる言説・政策・理論・個人」『東北大学大学院教育学研究科研究年報』53(1) pp. 87-119。
畠山弘文 2006『動員史観序説――近代・戦争・国家』文眞堂。
初谷勇 2001『NPO政策の理論と展開』大阪大学出版会。
早崎八洲 1959「ヴォランティア・サーヴィスについて」『社会事業』42(7) pp. 22-30。
早瀬昇 1987「『ボランティア政策』の課題と展望」大阪ボランティア協会監修，小田兼三・松原一郎編『変革期の福祉とボランティア』ミネルヴァ書房 pp. 133-155。
早瀬昇 1990「ボランティア活動の新しい波――関西地域を中心に（地域協同のネットワーク〈特集〉)」『月刊社会教育』34(10) pp. 25-29。
早瀬昇 1992「我が国におけるボランティア活動とその変遷」中小企業労働福祉協会編『企業ボランティアに関する調査研究』。
早瀬昇 1994「変わりはじめたボランティア――『正しさ志向』から『楽しさ志向』へ」『季刊　窓』20 窓社 pp. 18-25。
早瀬昇 1995「ボランティア活動の特性と活動推進上の課題――阪神・淡路大震災への取り組みを素材に」『都市問題研究』47(8) pp. 3-14。
早瀬昇 1996「支援型福祉法人の一つの形――大阪ボランティア協会の実験」『月刊福祉』79(10) pp. 36-39。
早瀬昇 2001「21世紀　地域福祉の課題と展望――NPOの新しい展開」『地域福祉研究』29 pp. 32-38。
早瀬昇 2010『寝ても覚めても市民活動論――ミーティングや講座の帰り道に読む35の視点』大阪ボランティア協会。
早瀬昇・和田敏明 2004「ボランティア・NPOレポート――新しい価値の創造に向けて　ボランティア・市民活動をめぐるこの10年とこれからの課題――「広がれボランティアの輪」連絡会議設立10周年記念シンポジウムより」『月刊福祉』87(10) pp. 76-81。

林博昭 2001「ボランティア活動考――運動型ボランティア活動の復権を求めて」明治学院大学社会学・社会福祉学会『Socially』9 pp. 31-40。

東一邦 2004「『抵抗なき参加』と『参加なき抵抗』は、つながれるか。」ピープルズ・プラン研究所編『季刊ピープルズ・プラン』28 号 pp. 22-29。

日高幸男 1966「子ども会活動の構想――社会教育における少年教育の確立のために」『社会教育』21(3) pp. 13-17。

平井秀幸 2007『薬物使用に対する「介入／処遇」のあり方をめぐる社会学的研究――ポスト福祉国家期における「ネットワーク／連携」の上昇に注目して』(博士論文、東京大学)。

平石正美 1996「分権化時代のパートナーシップ――行政と市民セクターの協働関係の形成に向けて」『月刊福祉』79(10) pp. 16-21。

平中忠信 1966「施設におけるボランティアの受け入れについて――帯広市平原学園の事例より」『月刊福祉』49(9) pp. 14-20。

平野嘉昭 1987「社会教育施設とボランティア活動――横浜市野島青少年研修センター」『社会教育』42(3) pp. 72-75。

平岡公一 1986「ボランティアの活動状況と意識構造――都内 3 地区での調査結果からの検討」明治学院大学社会学会『明治学院論叢　社会学・社会福祉学研究』71・72　pp. 29-62。

平塚眞樹 2004「学校教育における公共性の再編成と NPO」佐藤一子『NPO の教育力――生涯学習と市民的公共性』東京大学出版会 pp. 45-65。

「広がれボランティアの輪」連絡会議 1995a『ボランティア活動に対する社会的な支援策に関する提言』。

「広がれボランティアの輪」連絡会議 1995b『阪神・淡路大震災における支援活動を通して学んだこと・提言』。

「広がれボランティアの輪」連絡会議 1996『行政とボランティア、NPO とのパートナーシップ、行政による支援のあり方に関する提言』。

「広がれボランティアの輪」連絡会議 1997a『ボランティア団体に対する資金支援のあり方に関する提言』。

「広がれボランティアの輪」連絡会議 1997b「資料　ボランティア団体に対する資金支援のあり方に関する提言」(1997 年 6 月 23 日)『月刊福祉』80(12) pp. 35-39。

「広がれボランティアの輪」連絡会議 1998『子どもがかわる，学校がかわる，地域がかわる――子どもたちの豊かなボランティア体験学習・活動のための提言』。

「広がれボランティアの輪」連絡会議 1999『災害救援活動に於けるボランティア支援のあり方・提言――これまでの救援活動から学んだことを通して』。

「広がれボランティアの輪」連絡会議 2001『市民の力で共生の世紀を創り出すために　提言』。

「広がれボランティアの輪」連絡会議 2002『序章　コミュニティの再考――私たちにとっての課題とは？』。

「広がれボランティアの輪」連絡会議 2003『第 2 章　コミュニティの再考――活動事例から学ぶこと』。

「広がれボランティアの輪」連絡会議 2004『第 3 章　コミュニティの再考――葛藤から共生へボランティア・市民活動団体に期待されること』。

「広がれボランティアの輪」連絡会議 2006『ボランティアの原点とこれから』。
「広がれボランティアの輪」連絡会議 2008『人間の尊厳を高めるためにボランティア・市民活動の「協働力」をいかに高めるか』。
「広がれボランティアの輪」連絡会議 2009『「広がれボランティアの輪」連絡会議提言集』。
「広がれボランティアの輪」連絡会議事務局 1994「『広がれボランティアの輪』連絡会議とは」『月刊福祉』77(11) pp. 38-39。
「広がれボランティアの輪」連絡会議事務局 2001「ボランティア・NPO レポート――『市民の力で共生の世紀を創り出すために　提言』について」『月刊福祉』84(12) pp. 94-97。
広田照幸 1997『陸軍将校の教育社会史――立身出世と天皇制』世織書房。
広田照幸 2001『教育言説の歴史社会学』名古屋大学出版会。
広田照幸 2003『教育には何ができないか――教育神話の解体と再生の試み』春秋社。
広田照幸 2005『《愛国心》のゆくえ――教育基本法改正という問題』世織書房。
一粒の麦の会編 1992『一粒の麦の会 30 年の活動のあゆみ』。
Holstein, James A. & Gale Miller (eds.), 1993, *Reconsidering Social Constructionism : Debates in Social Problem Theory.* Aldine de Gruyter.
Homans, George Caspar, 1961, *Social Behavior : Its Elementary Forms.* Routledge & K. Paul. = 1972 橋本茂訳『社会行動――その基本形態』誠信書房。
本田博教 1987「青少年のボランティア活動――徳島県教育委員会」『社会教育』41(7) pp. 36-38。
本間正明 1996「草の根パワーを阻む制度欠陥――阪神・淡路大震災におけるボランティア革命」本間正明・出口正之編『ボランティア革命――大震災での経験を市民活動へ』東洋経済新報社 pp. 1-6。
本間正明 1998「時代が求める NPO」本間正明・上野千鶴子著・宝塚 NPO センター編『NPO の可能性――新しい市民活動』かもがわ出版 pp. 5-29。
本間正明・初谷勇 1995「『ボランティア革命』の推進に向けて」『都市問題研究』47(8) pp. 27-39。
堀井啓幸 2004「連携への意識向上を図る校内研修のあり方」葉養正明編『学校と地域の新しい関係づくり』教育開発研究所 pp. 82-83。
細川竜繁 1966「ボランティア活動推進の隘路」『月刊福祉』49(9) pp. 12-13。
堀田力 1994「"縦型社会"から"横型社会"の時代へ――"ふれあいの論理"とはなにか」『季刊　窓』20 窓社 pp. 52-64。
堀田力・山岡義典・和田敏明 1995「ボランティア革命 24　鼎談・ボランティア活動推進にむけての社会的支援」『月刊福祉』78(14) pp. 50-59。
Hustinx, Lesley & Frans Lammertyn, 2003, "Collective and Reflexive Styles of Volunteering : A Sociological Modernization Perspective," *Voluntas : International Journal of Voluntary and Non-profit Organisations*, 14 (2), pp. 167-187.
Hustinx, Lesley & Frans Lammertyn, 2004, "The Cultural Bases of Volunteering? : Understanding and Predicting Attitudinal Differences Between Flemish Red Cross Volunteers," *Non-profit and Voluntary Sector Quarterly*, 33, pp. 548-581.
兵庫県民生部長・兵庫県社会福祉協議会 1963『基本通知　善意銀行の開設について』兵庫県社会福祉協議会『ボランティア活動資料集』pp. 12-13。

兵庫県社会福祉協議会 1962～1976『社会の福祉』兵庫県社会福祉協議会『ボランティア活動資料集』pp. 88-153。
兵庫県社会福祉協議会 1963『善意銀行の手びき――あなたの善意で明るい社会を』兵庫県社会福祉協議会『ボランティア活動資料集』pp. 6-9。
兵庫県社会福祉協議会 1966a『ボランティアグループの現状――ボランティアグループに対するアンケート調査結果』→兵庫県社会福祉協議会編 1976『ボランティア活動資料集』pp. 16-21。
兵庫県社会福祉協議会 1966b『みんながボランティア（ボランティア・シリーズ 1)』。
兵庫県社会福祉協議会 1967『ボランティア活動実態調査結果報告』兵庫県社会福祉協議会編 1976『ボランティア活動資料集』pp. 30-36。
兵庫県社会福祉協議会 1969『地域においてボランティア活動をどのように伸ばすか――昭和 44 年度第 18 回兵庫県社会福祉大会第 2 部会』兵庫県社会福祉協議会『ボランティア活動資料集』pp. 37-46。
兵庫県社会福祉協議会 1974a『ボランティア活動のとらえ方（ボランティアシリーズ No. 5)』兵庫県社会福祉協議会『ボランティア活動資料集』pp. 49-64。
兵庫県社会福祉協議会 1974b『兵庫県下ボランティア活動状況』兵庫県社会福祉協議会『ボランティア活動資料集』pp. 65-68。
兵庫県社会福祉協議会 1975a『兵庫県におけるボランティア活動のながれと現状』兵庫県社会福祉協議会『ボランティア活動資料集』pp. 1-5。
兵庫県社会福祉協議会 1975b『兵庫ボランティア憲章（試案)』兵庫県社会福祉協議会『ボランティア活動資料集』pp. 69-78。
兵庫県社会福祉協議会 1975c『ボランティアをめぐる情勢と今後の展望――昭和 50 年度兵庫県社会福祉大会委員会』兵庫県社会福祉協議会『ボランティア活動資料集』pp. 79-87。
兵庫県社会福祉協議会 1976『ボランティア活動資料集』。
兵庫県社会福祉協議会地域組織課 1967「ボランティア活動をどう育成するか」『月刊福祉』50(6) pp. 26-30。
Ibarra, P. R. & J. I. Kitsuse, 1993, "Vernacular Constituents of Moral Discourse," in Gale Miller & James A. Holstein (eds.), *Reconsidering Social Constructionism.* Aldine de Gruyter, pp. 25-58.＝2000 中河伸俊訳「道徳的ディスコースの日常言語的な構成要素――相互作用論の立場からの社会問題研究のための一提案」平英美・中河伸俊編『構築主義の社会学――論争と議論のエスノグラフィ』世界思想社。
一番ヶ瀬康子 1964『社会福祉事業概論』誠信書房。
一番ヶ瀬康子 1981「社会事業の成立，展開，変質」一番ヶ瀬康子・高島進編『講座社会福祉 2――社会福祉の歴史』有斐閣 pp. 43-79。
一番ヶ瀬康子・平野千里・村岡末広・新国康彦・副田義也 1966a「座談会　転機にたつ共同募金運動」『月刊福祉』49(9) pp. 28-36。
一番ヶ瀬康子・平野千里・村岡末広・新国康彦・副田義也 1966b「座談会　転機にたつ共同募金運動(2)」『月刊福祉』49(10) pp. 34-37。
市川一宏 1998「都道府県社協の役割と課題――新しい都道府県社協像をめざして」『月刊福祉』81(12) pp. 58-65。
市川一宏 1999「特集の視点（特集：福祉サービスを評価する)」『月刊福祉』82(11) pp.

10-11。
市野川容孝 1992「生-権力の系譜――ドイツを事例として」『ソシオロゴス』16 pp. 120-133。
市野川容孝 2000『身体／生命』岩波書店。
市野川容孝 2004「社会的なものと医療」『現代思想』32(14) 青土社 pp. 98-125。
市野川容孝 2006『社会』岩波書店。
出丸朝代 2000「NPO との新たな協働への取り組み」『月刊福祉』83(4) pp. 66-69。
五十嵐清 1993「ボランティア活動の新展開と市民参画」『月刊福祉』76(9) pp. 62-63。
飯原久弥 1963「青少年対策の強化について（意見具）申の概要」『青少年問題』10(1) pp. 46-52。
飯尾良英 1977「ボランティア保険の自己負担を提案する」『月刊福祉』60(7) pp. 5-7。
飯坂良明 1978「近代社会・人権とボランタリズム（特集：現代のボランティア）」『真理と創造』8(1) pp. 102-111。
池田幸也 2003「青少年の社会参画を育む学びの創造――ボランティアに関わる体験の考察から」『月刊社会教育』47(2) pp. 19-28。
池川清 1953「社会事業サービス論」『社会事業』36(5) pp. 4-6。
池川清 1973「大阪市に家庭奉仕員が誕生するまで」『月刊福祉』56(3) pp. 58-59。
Ilchman, Warren F. & Norman Thomas Uphoff, 1969, *The Political Economy of Change*. University of California Press.
今田忠 1999「フィランソロピーの法と行政」林雄二郎・今田忠編 1999『フィランソロピーの思想―― NPO とボランティア』日本経済評論社 pp. 93-112。
今井弘道編 1998『「市民」の時代――法と政治からの接近』北海道大学図書刊行会。
今井弘道編 2001『新・市民社会論』風行社。
今井正敏 1957「ゆれる青年団――危険な外部勢力の介入」『月刊社会教育』創刊号 pp. 18-22。
今村仁司 2000『交易する人間（ホモ・コムニカンス）――贈与と交換の人間学』講談社。
位野木俊壮 1987「明日の子どもたちにかける夢――広島市三滝少年自然の家」『社会教育』42(3) pp. 40-42。
井上ひろし 2001「農村まるごとトラスト運動への序章」『青少年問題』48(1) pp. 22-27。
井坂悦雄 1968「広がりの深まる善意の輪――施設づくりを成功させた日立市のボランティア活動」『月刊福祉』51(2) pp. 36-38。
石田雄 1984『日本の社会科学』東京大学出版会。
石黒チイ子 1966「ボランティア活動における教育訓練の意義と社協の役割」『月刊福祉』49(9) pp. 20-25。
石黒チイ子 1967「ボランティア活動の問題点と発展方向――第三回善意銀行関係者研究協議会より」『月刊福祉』50(6) pp. 20-25。
石黒チイ子 1976a「社協とボランティア（その 1)」『月刊福祉』59(1) pp. 50-53。
石黒チイ子 1976b「社協とボランティア（その 2)」『月刊福祉』59(2) pp. 50-53。
石黒チイ子 1976c「社協とボランティア（最終回)」『月刊福祉』59(8) pp. 42-45。
石黒チイ子 1986「社協とボランティア活動の現在」『月刊福祉』69(6) pp. 50-57。
石井哲夫 1959「積極的擁護技術論」『社会事業』42(7) pp. 31-37。
石川英輔・田中優子 1996『大江戸ボランティア事情』講談社。

石川一郎 1966「ボーイスカウトにおける実質上の問題点」『社会教育』21(12) pp. 28–30。
石川久仁子 2007「歴史のなかの福祉ボランティア――福祉ボランティア実践の歩み」三本松政之・朝倉美江編『福祉ボランティア論』有斐閣 pp. 63–82。
石埼学 2003「生活安全条例と市民の主体的参加」『法と民主主義』377 pp. 16–19。
板倉幸夫 2000「社会福祉施設における福祉教育・ボランティア活動支援への取り組み」『月刊福祉』83(4) pp. 50–53。
井谷美也子 1977「心と頭をみがき人間的温かさを求めて――読書サービス・ボランティア“グループ声”」『月刊福祉』60(7) pp. 8–12。
伊藤一秀 2003「企業の社会貢献活動からみたNPOとの協働の可能性」市民立法機構編『市民セクター経済圏の形成――市民ポートフォリオとNPO活動』日本評論社 pp. 63–86。
伊藤道雄 1994「ボランティアからプロフェッショナルへ――政府や企業にできない国際協力」『季刊　窓』20 窓社 pp. 117–124。
伊藤隆二 1984「ボランティア活動の「教育的意義」(特集：ボランティア活動は“教育”に迫れるか)」『ボランティア活動研究』3 pp. 196–203。
伊藤隆二 2001「奉仕活動は心の教育に役立つか」ぎょうせい編『悠』18(3) pp. 26–29。
伊藤定勉 1987「まちづくりと青少年育成のかかわり――滋賀県八町公民館」『社会教育』41(7) pp. 30–32。
伊藤周平 2000『検証　介護保険』青木書店。
伊藤俊夫 1966「青年団体の概況」『社会教育』21(4) pp. 36–38。
伊藤俊夫 1984「高校生のボランティア活動」『文部時報』128号 pp. 34–38。
伊藤義昭 1987「川崎市におけるボランティア活動の領域――財団法人 川崎ボランティアセンター」『社会教育』42(3) pp. 37–39。
岩波書店編集部編 2001『ボランティアへの招待』岩波書店。
岩崎信彦他編 1989『町内会の研究』お茶の水書房。
岩田岩二 1959「あたらしいお正月――新生活運動の成果」『月刊社会教育』14 (1月号) pp. 58–60。
岩手県社会福祉協議会 1954『農村における社会福祉の諸問題――石鳥谷町（いしどりや）における調査報告』。
泉章夫 1969「子ども会あれこれ」『月刊社会教育』13(7) pp. 54–59。
出雲井千鶴子 1969「集会だより　全国婦人団体研究集会」『社会教育』24(2) pp. 30–32。
自治体問題研究所編 1976『転換期の住民運動（地域と自治体第3集)』自治体研究社。
Jordan, Bill, 1998, *The New Politics of Welfare.* Sage.
影山日出夫 1983「臨調答申を読む――補助金合理化と福祉」『月刊福祉』66(7) pp. 28–33。
鹿児島県社会福祉協議会 1978『ボランティア活動の手引き――昭和52年実態調査報告書・ボランティア名簿』。
鹿児島県社会福祉協議会・鹿児島ボランティア活動センター 1975『ボランティア入門』。
梶間みどり 2004「『コミュニティ・スクール』のメリット・デメリットと地域差」葉養正明編『学校と地域の新しい関係づくり』教育開発研究所 pp. 222–223。
亀岡重則 1986「若者の社会参加」『青少年問題』33(1) pp. 30–35。
上村文三 1985「国際青年の年に思う」『月刊福祉』68(5) pp. 12–17。
神尾友彦・浜田益嗣・星野達雄・増谷達之輔 1970「座談会　青少年のための奉仕活動」

『青少年問題』17(6) pp. 13–33。
神奈川県総合福祉政策委員会 1984『高齢化社会対策の推進のために（高齢化社会部会提言)』。
金田茂郎 1973「青少年対策の現状とその側面——それは、非行化対策、福祉対策でいいのか」『月刊社会教育』185（4 月号）pp. 8–15。
金子郁容 1992『ボランティア——もうひとつの情報社会』岩波書店。
金子郁容 1993「ボランティア活動の新展開と『患者モデル』」『月刊福祉』76(9) pp. 58–59。
金子郁容・松岡正剛・下河辺淳 1998『ボランタリー経済の誕生』実業之日本社。
金子和夫 2001「社会福祉関係法制度の中における社会福祉法誕生の意義——施行後 1 年での効果考察を含めて」『月刊福祉』84(7) pp. 58–61。
葛西裕美 1994「学生ボランティアの悩み——『自分のため』と『社会のため』の狭間で」『季刊　窓』20 窓社 pp. 92–116。
樫村愛子 2007『ネオリベラリズムの精神分析——なぜ伝統や文化が求められるのか』光文社新書。
柏村敏彦 1987「青少年健全育成をめざす地域とその方策」『社会教育』41(7) pp. 11–16。
柏熊岬二 1960「社会事業における運動と組織——問題把握と現代的課題を中心として」『社会事業』43(10) pp. 8–14。
加藤雅晴・楠山三香男・中村克子・興梠寛 1987「座談会　ボランティア活動の現代的意義——社会教育施設におけるボランティア活動をめぐって」『社会教育』42(3) pp. 5–28。
加藤薗子 1979「仲村・岸論争」真田是編『戦後日本社会福祉論争』法律文化社 pp. 79–111。
勝部麗子・牧里毎治 2001「対談　地域の声と力を地域に活かす——社協機能を使い切る」『月刊福祉』84(7) pp. 66–73。
川口清史 1999『ヨーロッパの福祉ミックスと非営利・協同組織』大月書店。
川口清史・富沢賢治編 1999『福祉社会と非営利・協同セクター——ヨーロッパの挑戦と日本の課題』日本経済評論社。
川口善行・和田敏明 1999「シリーズ対談⑤　21 世紀ボランティア論　NGO・NPO の役割と展望——社会を変える力になるか」『月刊福祉』82(3) pp. 76–85。
川原一之 1993「九州の公害のむらからアジアへ（ルポ）(特集：21 世紀はボランティアの時代 !?——共生社会をつくるボランティア活動)」『月刊社会教育』37(12) pp. 7–14。
河合幹雄 2004『安全神話崩壊のパラドックス——治安の法社会学』岩波書店。
河合慎吾 1971「社教審答申の「ボランティア活動のすすめ」はどう受けとられたか」『月刊社会教育』15(10) pp. 46–51。
河合幸尾 1979「生活保護制度とサービス論争」真田是編『戦後日本社会福祉論争』法律文化社 pp. 39–78。
川本満隆 2002「第 52 回“社会を明るくする運動”によせて」『月刊福祉』85(10) pp. 106–107。
川本隆史 1995『現代倫理学の冒険——社会理論のネットワーキングへ』創文社。
川本隆史編 2005『ケアの社会倫理学——医療・看護・介護・教育をつなぐ』有斐閣選書。
河中二講 1969「都市化と町内会の組織——静岡市における町名区画整理に関連して」東京市政調査会『都市問題』60(6) pp. 87–95。

川島栄峰 1971「課外活動としての奉仕活動」文部省大学学術局学生課編『厚生補導』58 pp. 17–22。
川島章平 2005「福田徳三における『社会の発見』と個人の生」『相関社会科学』15 pp. 18–33。
河田珪子・北昌司・佐久間文雄・中村順子・松原一郎・高橋紘士 1993「〔座談会〕住民参加型在宅福祉サービスをすすめるために」『月刊福祉』76(13) pp. 18–41。
Keane, John, 1998, *Civil Society : Old Images, New Visions.* Polity Press.
見城俊昭 1987「スクラム作戦 この3年——大野城市教育委員会」『社会教育』41(7) pp. 39–41。
健青運動十五年史編纂委員会編 1964『健青運動十五年史——人づくりをつみあげて』日本健青会中央本部。
Kent, Rachel (ed.), 2008, *Yinka Shonibare MBE.* Prestel.
木田徹郎 1953「公的扶助におけるサービスの問題」『社会事業』36(4) pp. 4–11。
木田徹郎 1955「ヴォランティア活動の意味——近代社会事業との関連について」『社会事業』38(5) pp. 8–15。
木田徹郎 1956「ヴォランティアをどう理解するか」『社会事業』39(4) pp. 10–13。
木原孝久 1994「ボランティア活動の新しい潮流——参加型福祉社会の創造」『社会福祉研究』60 pp. 170–174。
季刊窓編集部 1994「資料 ボランティアに関する文献集」『季刊 窓』20 窓社 pp. 139–152。
菊池美代志 1985「市民参加と町内会・自治会——その現状と展望」東京市政調査会『都市問題』76(9) pp. 35–48。
菊池修 1992「コーポレート・シチズンシップと地域社会」『月刊福祉』75(11) pp. 66–67。
菊池繁信・磯彰格・竹内孝仁・松本勝明 1999「座談会 福祉サービス評価システム整備の課題」『月刊福祉』82(11) pp. 12–27。
菊川昌彦 1987「地域に根づいた高校生のボランティア活動」『月刊福祉』70(7) pp. 92–97。
菊田順治郎 1967「日本のボランティア——松江市における活動の経験から」『月刊福祉』50(6) pp. 31–36。
木村博治 1987「自然観察ボランティアの活動——東京都高尾ビジターセンター」『社会教育』42(3) pp. 52–53。
木村央 2001「ボランティア三六五のすすめ」『青少年問題』48(1) pp. 36–41。
木村清一 2001「青少年のボランティア活動」『青少年問題』48(1) pp. 16–21。
木村尚三郎・炭谷茂 1999「対談 社会福祉構造改革の哲学」『月刊福祉』82(10) pp. 12–21。
木村忠二郎 1968「共同募金についての二、三の問題」『月刊福祉』51(1) pp. 15–22。
木下征彦 2002「九〇年代ボランティア論の動向——ボランティアの社会学的分析に向けて」日本大学社会学会『社会学論叢』143 pp. 93–103。
木下征彦 2005「朝日新聞紙面にみる戦後日本におけるボランティア像の転換過程——ボランティア像の歴史的分析に向けて」『日本ボランティア学会2003年度学会誌』pp. 98–117。
規制改革・民間開放推進会議 2004『中間とりまとめ——官製市場の民間開放による「民主導の経済社会の実現」』。

岸勇 1962「再び仲村氏の『公的扶助ケースワーク論』に対して」日本福祉大学『福祉研究』1962 年 11 月号。
岸信介 1983『岸信介回顧録——保守合同と安保改定』廣済堂出版。
北田暁大 2003『責任と正義——リベラリズムの居場所』勁草書房。
北田暁大 2005『嗤う日本の「ナショナリズム」』日本放送出版協会。
北川隆吉 1956「学生セッツルメント運動の理解と課題について」『社会事業』39(12) pp. 11-16。
北川隆吉 1978「社会変動と社会福祉——ボランティア活動の位置づけ」『月刊福祉』61(3) pp. 52-55。
北島健一 2002「福祉国家と非営利組織——ファイナンス／供給分離モデルの再考」宮本太郎編著『福祉国家再編の政治』ミネルヴァ書房 pp. 247-275。
北九州市小倉区社会福祉協議会 1970『社協活動への招待——社協活動への考え方』。
北村透谷 1894「慈善事業の進歩を望む」→ 1976 小田切秀雄編『北村透谷集』筑摩書房 pp. 164-166。
木谷秀勝 1997「学生ボランティアの特質と今後の課題」『教育と医学』45(10) pp. 938-944。
木谷宜弘 1968「期待されるボランティア活動」『月刊福祉』51(2) pp. 39-41。
木谷宜弘 1976「善意銀行からボランティアセンター——社協とボランティア（その四)」『月刊福祉』59(6) pp. 58-61。
木谷宜弘 1977「ボランティア活動をより効果的にするために——コーディネーターの必要性と役割」『月刊福祉』60(7) pp. 52-58。
木谷宜弘 1979「ボランティアセンターの現状と課題」『月刊福祉』62(7) pp. 24-29。
木谷宜弘 1983「ボランティア活動の現状と展望」『月刊福祉』66(11) pp. 10-15。
木谷宜弘編 1984『ぼらんてぃあ読本』全国社会福祉協議会。
木谷宜弘 1985「ボランティア活動と青年たち」『月刊福祉』68(5) pp. 30-35。
木谷宜弘・小林良二・新谷弘子・土肥隆一 1987「〔座談会〕ボランティア活動の新局面」『月刊福祉』70(3) pp. 12-39。
Kneer, Georg & Armin Nassehi, 1993, *Niklas Luhmanns Theorie Sozialer Systeme.* Wilhelm Fink Verlag.＝1995 舘野受男・池田貞夫・野崎和義訳『ルーマン　社会システム理論』新泉社。
小林大介 1987「青年の家で共に育ち合う親・子・そして，ボランティア」『社会教育』42(3) pp. 54-56。
小林玄一 1971「ボランティア活動の考え方」『病院』30(6)。
小林裕幸 1998「NPO 法を知ろう」『月刊福祉』81(9) pp. 46-55。
小林裕幸・和田敏明 1998「シリーズ対談③　21 世紀ボランティア論「内から発する光」が社会を変える——ボランティア・NPO 活動の可能性」『月刊福祉』81(10) pp. 76-85。
小林良二 1981「福祉サービスからみたコミュニティとボランティア」『季刊社会保障研究』16(3) pp. 147-159。
小林良二 1994「住民の主体的参加とは」『地域福祉研究』22 pp. 1-8。
小林繁 1990「社会教育とボランティア——教育・学習としてのボランティア活動（地域協同のネットワーク〈特集〉)」『月刊社会教育』34(10) pp. 44-49。
小林太一 2004「私のボランティア開眼」『月刊福祉』87(1) pp. 102-105。

小林良守・国生美南子・樋口正昇・宮内眞木子・武川正吾 1998「座談会：NPO 法は社会福祉に何をもたらすか」『月刊福祉』81(9) pp. 14-27。
神戸市社会福祉協議会ボランティア情報センター 1981『ボランティアの動向――ボランティア・ニード・グループ・個人実態調査総合報告書』。
小玉重夫 2005「ボランティアとシティズンシップ」日本ボランティア学会『日本ボランティア学会 2003 年度学会誌』pp. 2-15。
小島靖雄・土橋利孝 1966「住民の要求に支えられて――効果をあげる羽生市保健福祉活動」『月刊福祉』49(9) pp. 37-41。
小島蓉子 1971「海外の学生奉仕活動――イギリスとアメリカの現状を通じて」文部省大学学術局学生課編『厚生補導』58 pp. 23-34。
国民生活審議会長期展望小委員会 1979『長期展望小委員会報告』。
国民審議会調査部会　コミュニティ問題小委員会 1969「コミュニティ――生活の場における人間性の回復」全国社会福祉協議会編『社会福祉関係施策資料集 1　1945～1973』。
国立婦人教育会館ボランティア交流会実行委員会 1989「限りない可能性を求めて――“社会教育施設ボランティア交流会”を開催する私達」『社会教育』44(9) pp. 34-36。
国立教育政策研究所・社会教育実践研究センター編 2008『平成 19 年度ボランティアに関する基礎資料』。
国立教育政策研究所・社会教育実践研究センター編 2009『平成 20 年度ボランティアに関する基礎資料』。
国際連合・高齢者問題世界会議 1982『高齢者問題国際行動計画』。
国際障害者年推進本部 1982『障害者対策に関する長期計画』。
小松郁夫 2004「『コミュニティ・スクール』構想の新展開」葉養正明編『学校と地域の新しい関係づくり』教育開発研究所 pp. 220-221。
小宮信夫 2001『NPO によるセミフォーマル犯罪統制――ボランティア・コミュニティ・コモンズ』立花書房。
近藤一男 1960「共募配分二十倍論」『社会事業』43(10) pp. 21-24。
近藤正 1971「集会だより　第六回社会教育研究発表会」『社会教育』26(5) pp. 34-36。
近藤正 1986「青少年の『社会参加』の諸相考――一〇代のすすめ方を中心に」『青少年問題』33(1) pp. 24-29。
近藤正 1987「ボランティア活動推進のための地域評価に関する調査研究――地域におけるボランティア活動推進の課題」『社会教育』42(3) pp. 87-92。
近藤裕次・勝田芳枝・高橋紘士・高島さち子・堀内生太郎 1997「座談会　ボランティア・NPO 活動への資金支援を広げるために」『月刊福祉』80(12) pp. 14-27。
高齢者が健康で安心して暮らせるまちづくり懇談会 1988『高齢者が健康で安心して暮らせるまちづくり懇談会報告書』。
高齢社会福祉ビジョン懇談会 1994『21 世紀福祉ビジョン――少子・高齢社会に向けて』。
興梠寛 1993「「生涯学習ボランティア」を検証する――草の根が主役の「在る」ための学びへ（特集：21 世紀はボランティアの時代 !? ――共生社会をつくるボランティア活動)」『月刊社会教育』37(12) pp. 15-22。
興梠寛 1994「ボランティアの歴史から考える――外圧と自立の戦略的構想」『季刊　窓』20 窓社 pp. 104-116。
興梠寛 2001「ボランティア活動と奉仕活動」『青少年問題』48(1) pp. 4-10。

興梠寛 2003『希望の力——地球市民社会の「ボランティア学」』光生館。
小坂善太郎 1963「アメリカの平和部隊とこんごの後進国援助」自由民主党政務調査会編『政策月報』(84) pp. 26-31。
越村康英 2003「『奉仕活動の義務化』とボランティア活動——中央教育審議会『青少年の奉仕活動・体験活動の推進方策等について(答申)』を問い返す」『月刊社会教育』47 (2) pp. 12-18。
小谷直道 1996「日本に新しい『寄付の文化』を創るために」『月刊福祉』79(11) pp. 24-29。
小谷直道 2000「21世紀のボランティアの課題——国際化、高齢化、情報化のなかで」『月刊福祉』83(4) pp. 32-37。
小谷敏 1996「アルバイト・カルト・ボランティア——『繭』を破るための試み」『青少年問題』43(12) pp. 12-18。
孝橋正一 1952「協議会と隣組——社会福祉協議会の再検討」『社会事業』35(2・3) pp. 10-15。
孝橋正一 1960「ヒューマニズムとパイオニア精神」『社会事業』43(8) pp. 13-18。
高祖岩三郎 2009『新しいアナキズムの系譜学』河出書房新書。
Kramer, Ralph, 1992, "Privatization in the personal social services in the United Kingdom, the Netherlands, and Italy," in K. McCarthy, V. Hodgkinson & R. Sumariwalla (eds.), *The Nonprofit Sector in the Global Community*. Jossey-Bass, pp. 90-107.
久保田一磨 1969「千葉県の青少年対策の推進方法——地域住民から盛り上げる青少年育成活動」『青少年問題』16(11) pp. 31-36。
久保田満宏 2000「資料　教育改革国民会議最終報告作成にあたっての意見書」2003『月刊社会教育』47(2) pp. 40-41。
久保田昇 1996「ボランティアはマルチ人間　楽しくなければボランティアじゃない——わいわいHVC」『月刊福祉』79(9) pp. 50-51。
久冨善之 1979「主体形成としてのボランティア活動」『ボランティア活動』3(2) pp. 123-127。
工藤ケイ 1959「変わりゆくグループ・ワークの概念」『社会事業』42(6) pp. 11-16。
工藤裕子 1995「都市における行政組織機能の変質——行政組織のボランティア機能」『都市問題研究』47(8) pp. 67-81。
熊谷辰治郎 1953「青年団の性格から断じて不可」『社会教育』8(6) pp. 16-18。
倉沢進 1967「来住市民と市民意識」『行政管理』18(4)。
倉沢進 1968『日本の都市社会』福村出版。
倉沢進 1976「生活の都市化とコミュニティ」『都市問題研究』28(2) pp. 40-52。
倉沢進 1977「都市的生活様式論序説」磯村英一編『現代都市の社会学』鹿島出版会。
倉沢進 1998「社会目標としてのコミュニティと今日的課題」東京市政調査会『都市問題』89(6) pp. 3-13。
倉沢進・秋元律郎編著 1990『町内会と地域集団』ミネルヴァ書房。
栗田充治 1994「大学生とボランティア」『亜細亜大学教養部紀要』50号 pp. 79-88。
栗田充治 2001「教育とボランティア活動」『ボランティア白書2001』(社)日本青年奉仕協会発行。
黒川慧 1980「アメリカのボランティアによる非行防止」『青少年問題』27(10) pp. 31-35。

黒木利克 1953「生活保護制度におけるサービスについての試論」『社会事業』36(1) pp. 4-22。
黒沢郁夫 1980「知ってほしいBBSやってほしいともだち活動」『青少年問題』27(4) pp. 15-18。
京極高宣 1992「福祉人材確保関連法改正の歴史的意義」『月刊福祉』75(10) pp. 24-27。
京極高宣 1993「『互酬性』の意味するもの」『月刊福祉』76(9) pp. 14-15。
京極高宣 1999「社会福祉基礎構造改革の当面の課題と方向性——制度・政策の視点から」『月刊福祉』82(10) pp. 46-51。
教育評論編集部 2001「資料 教育三法案に関わる国会決議」『教育評論』653 pp. 33-34。
京都府高齢者対策推進会議 1985『高齢者対策の方向について（提言）』。
京都市社会福祉審議会 1984『高齢化社会に対応する老人福祉の総合的な施策のあり方について（答申）』。
Laclau, Ernesto & Chantal Mouffe, 1985, *Hegemony and Socialist Strategy : Towards a Radical Democratic Politics.* Verso.＝1992 山崎カヲル・石澤武訳『ポスト・マルクス主義と政治——根源的民主主義のために』大村書店。
Lévi-Strauss, Claude, 1968, 《Introduction à l'œuvre de Mauss》, in Marcel Mauss, *Sociologie et Anthropologie* (4 éd.). Press Universitaires de France, pp. I-LII.＝1973「マルセル・モース論文集への序文」有地亨・伊藤昌司・山口俊夫訳『社会学と人類学 I』弘文堂 pp. 1-43。
Little, Adrian, 1998, *Post-Industrial Socialism : Towards a New Politics of Welfare.* Routledge.
Luhmann, Niklas, 1984, *Soziale Systeme : Grundlis einer allgemeinen Theorie.* Suhrkamp Verlag.＝1993 佐藤勉監訳『社会システム理論 上』恒星社厚生閣, 1995 佐藤勉監訳『社会システム理論 下』恒星社厚生閣。
Luhmann, Niklas, 1990, *Essays on Self-reference.* Columbia University Press.＝1996 土方透・大澤善信訳『自己言及性について』国文社。
Luhmann, Niklas, 2010, *Gesellschaftsstruktur und Semantik 1 : Studien zur Wissenssoziologie der modernen Gesellschaft.* Suhrkamp Verlag.
Lukes, Steven, 1974, *Power : A Radical View.* Macmillan.
Macduff, Nancy, 2005, "Societal changes and the rise of the episodic volunteer," in Jeffrey Brundney (ed.), *Emerging Areas of Volunteering* (Volume 1, No. 2). ARNOVA's Occasional Paper Series, pp. 49-61.
前田大作 1977「社会福祉協議会とボランティア活動」『ボランティア活動』2(4) pp. 45-51。
前田大作・塚口伍喜夫・石黒チイ子・永田幹夫 1988「〔座談会〕1988年をふりかえって——地域福祉の視点から」『月刊福祉』71(14) pp. 36-57。
牧賢一 1952「社会福祉協議会の諸問題」『社会事業』35(2・3) pp. 20-25。
牧賢一 1961「コミュニティ・オーガニゼーションは何を目的とする活動か」『月刊福祉』44(1) pp. 30-35。
牧野修二 1948「地域共同体の児童福祉活動——和田児童福祉会誕生の意義」『社会事業』31(9) pp. 2-8。
牧野修二 1959「赤い羽根・黒い羽根」『社会事業』42(10) pp. 42-45。
牧里毎治 1995「ボランティア・コーディネーターとビューロー」『都市問題研究』47(8)

pp. 94-106。
牧里毎治 1997「ボランティア・NPO 活動の活性化と仲介・支援システムの構築に向けて」『月刊福祉』80(12) pp. 52-59。
牧里毎治・早瀬昇 1981「アクション型ボランティア活動の実際」大阪ボランティア協会編『ボランティア＝参加する福祉』ミネルヴァ書房 pp. 147-186。
Mannheim, Karl, 1929, *Ideologie und Utopia.* Schulte Bulmke.＝2006 高橋徹・徳永恂訳『イデオロギーとユートピア』中央公論新社。
Mannheim, Karl, 1931, Wissenssoziologie, in Alfred Vierkandt (Hrsg.), *Handwörterbuch der Soziologie.* Stuttgart.＝1973 秋元律郎・田中清助訳「知識社会学」『知識社会学』青木書店 pp. 151-204。
真野典雄 1971「戦後日本の「社会教育ボランティア活動」政策批判」『月刊社会教育』15(10) pp. 10-17。
Margolin, Leslie, 1997, *Under the Cover of Kindness : The Invention of Social Work.* University Press of Virginia.＝2003 中河伸俊・上野加代子・足立佳美訳『ソーシャルワークの社会的構築——優しさの名のもとに』明石書店。
丸山圭三郎 1981『ソシュールの思想』岩波書店。
丸山真央・仁平典宏・村瀬博志 2008「ネオリベラリズムと市民活動／社会運動——東京圏の市民社会組織とネオリベラル・ガバナンスをめぐる実証分析」大原社会問題研究所『大原社会問題研究所雑誌』602 号 pp. 51-68。
丸山眞男 1960「忠誠と反逆」→ 1992『忠誠と反逆——転形期日本の精神的位相』筑摩書房 pp. 3-109。
Marx, Karl & Friedrich Engels, 1848, *Das Kommunistische Manifest.*＝1951 大内兵衛・向坂逸郎訳『共産党宣言』岩波書店。
正博憲 1989「高年者・婦人の社会参加をめざして——大分県ニューライフアカデミア　大分県教育委員会」『社会教育』44(9) pp. 29-33。
正村公宏 2000『福祉国家から福祉社会へ——福祉の思想と保障の原理』筑摩書房。
間杉純 1992「福祉人材確保法成立——その背景と概要」『月刊福祉』75(10) pp. 18-23。
増山均 1981「社会参加と奉仕活動」国民教育研究所編『季刊国民教育』49 pp. 86-93。
松原治郎 1978『コミュニティの社会学』東京大学出版会。
松原治郎・似田貝香門編 1976『住民運動の論理——運動の展開過程・課題と展望——』学陽書房。
松原康雄 1997「児童委員活動の意義と課題——主任児童委員の役割によせて」『月刊福祉』80(14) pp. 60-67。
松田仁兵衛 1960「運動は抵抗を超えて——その問題点私観」『社会事業』43(10) pp. 2-7。
松田真一 1979「社会福祉本質論争」真田是編『戦後日本社会福祉論争』法律文化社 pp. 3-38。
松田次生 1974「社会教育としてのボランティア活動」『社会教育』29(9) pp. 46-50。
松井暁 2000「今日の市民社会論と管理社会論——主体の自発性と自律性をめぐって」『情況』2000 年 1・2 月 pp. 37-46。
松本栄二 1980「ボランティアの今日的意義」『青少年問題』27(4) pp. 4-10。
松本和子 2000「市民がネットワークを組むということ——『市民セクターよこはま』設立と『市民が主人公のまちづくり』に向けて」『月刊福祉』83(4) pp. 62-65。

松本勉 1971「ボランティア活動の現状と課題」『月刊社会教育』15(10) pp. 18-26。
松島正儀 1955「民間社会事業の特質」『社会事業』38(7) pp. 8-14。
松友了 1999「特集の視点（特集：地域福祉権利擁護事業スタート！)」『月刊福祉』82(14) p. 11。
Mauss, Marcel, 1968, *Sociologie et Anthropologie* (4 éd.). Press Universitaires de France.＝1973 有地亨・伊藤昌司・山口俊夫訳『社会学と人類学 I』弘文堂。
巡静一 1997「現代青少年とボランティア活動」『現代教育科学』490 pp. 10-14。
Melucci, Alberto, 1989, *Nomads of the Present : Social Movements and Individual Needs in Contemporary Society.* John Keane and Paul Mier.＝1997 山之内靖・喜堂嘉之・宮崎かすみ訳『現在に生きる遊牧民――新しい公共空間の創出に向けて』岩波書店。
Melucci, Alberto, 1996, *Challenging Codes : Collective Action in the Information Age.* Cambridge University Press.
道場親信 2005『占領と平和――〈戦後〉という経験』青土社。
道場親信 2006「1960-70 年代『市民運動』『住民運動』の歴史的位置――中断された『公共性』論議と運動史的文脈をつなぎ直すために」日本社会学会『社会学評論』pp. 240-257。
三重県高齢者問題懇談会 1983『高齢化社会への提言』。
三重野卓 1987「社会保障給付費の加速化と国際的格差――その要因とパターン構造」『季刊社会保障研究』22(4) pp. 18-39。
三上芙美子 1991「ボランティア活動の経済分析」『季刊・社会保障研究』26(4) 417-428。
南里悦史 1977「コミュニティ・ボランティア・「生涯教育事業」(特集：コミュニティ・そして「生涯教育事業」)」『月刊社会教育』21(9) pp. 12-19, 40。
三井為友 1969「家庭教育学級か婦人学級か」『月刊社会教育』13(2) pp. 19-26。
三井さよ 2004『ケアの社会学――臨床現場との対話』勁草書房。
三井さよ・鈴木智之編 2007『ケアとサポートの社会学』法政大学出版局。
三浦賜郎 1964「現代ボランティア論」府立大阪社会事業短期大学紀要『社会問題研究』13(2) pp. 72-78。
三浦文夫 1983「ボランティア活動と行政――ボランティア活動内外の動向」(財)『行政とボランティア活動に関する調査研究結果報告書』pp. 175-193。
三浦文夫 1985『増補社会福祉政策研究――社会福祉経営論ノート』全国社会福祉協議会。
三浦文夫 1987「社会福祉における民間資金についての予備的考察」『季刊社会保障研究』16(3) pp. 94-112。
三浦清悦 1971「学生は奉仕活動に何を求めているか」文部省大学学術局学生課編『厚生補導』58 pp. 41-48。
三浦正義 1983「地域福祉とボランティア活動」『月刊福祉』66(11) pp. 16-19。
三浦孝啓 2001「『教育三法』国会審議の解説――担当から見えたもの」『教育評論』653 pp. 11-20。
宮台真司・北田暁大 2005『限界の思考』双風社。
宮川八岐編 1997『体験・ボランティア活動の考え方・進め方（教職研修『総合的な学習』の実践 No. 5)』教育開発研究所。
宮川敬之助・新海美栄子 1987「山梨県立美術館におけるボランティア活動」『社会教育』42(3) pp. 76-79。

宮本太郎・イト・ペング・埋橋孝文 2003「日本型福祉国家の位置と動態」エスピン＝アンデルセン編『転換期の福祉国家――グローバル経済下の適応戦略』早稲田大学出版部 pp. 295-336。
宮崎県社会福祉審議会 1984『在宅福祉を中心とした今後の老人福祉対策のあり方』。
文部時評編集部 1984「座談会　ボランティア高校生の発言」『文部時報』128 号 pp. 22-27。
文部省生涯学習局社会教育課 1992「豊かな長寿社会をめざして――高齢者の生きがい対策としての学習活動と社会参加」『月刊福祉』75(12) pp. 42-47。
森隆夫 2000a「奉仕活動の義務化――体で学ぶ道徳教育」ぎょうせい編『悠』17(10) pp. 34-37。
森隆夫 2000b「奉仕活動は学社連携で」ぎょうせい編『悠』17(11) pp. 34-37。
森井利夫 1986「青少年の社会参加」『青少年問題』33(1) pp. 10-16。
森村修 2000『ケアの倫理』大修館書店。
森定玲子 1997「社会政策の展開とボランティア活動―― T. H. マーシャルをてがかりにして――」大阪大学人間科学部『大阪大学　人間科学部紀要』23 pp. 187-203。
森反章夫 1997「ボランティアの挽歌」栗原彬編『共生の方へ』弘文社。
Mouffe, Chantal, 1988, "Hegemony and New Political Subjects : Toward a New Concept of Democracy," in Cary Nelson & Lawrence Grossberg (eds.), *Marxism and the Interpretation of Culture.* University of Illinois Press, pp. 89-101.
Mouffe, Chantal, 1993, *The Return of the Political.* Verso.＝1998 千葉眞・土井美徳・田中智彦・山田竜作訳『政治的なるものの再興』日本経済評論社。
村上邦夫 1955「すべての人の奉仕を活用するために――赤十字奉仕団に対する無理解ということをめぐって」『社会事業』38(5) pp. 21-26。
村上俊介 2004「日本とドイツにおける市民社会論の現在」村上俊介・石塚正英・篠原敏昭編『市民社会とアソシエーション――構想と経験』社会評論社 pp. 17-48。
村上徹也 1995「日本のボランティア活動の歴史」「ボランティア白書」編集委員会編『ボランティア白書 1995 年版』日本青年奉仕協会 JYVA pp. 182-187。
村岡末広 1960「曲り角に根本的な掘下げを」『社会事業』43(10) pp. 18-21。
村田松男 1951「社会福祉事業と地域社会」『社会福祉研究』1 pp. 25-32。
室田保夫 1994『キリスト教社会福祉思想史の研究――「一国の良心」に生きた人々』不二出版。
室田保夫 1998『留岡幸助の研究』不二出版。
室田保夫 2001「山室軍平と救世軍――その事業と思想」社会事業史学会『社会事業史研究』29 pp. 45-58。
マイタウン構想懇談会コミュニティ部会 1981「マイタウン構想懇談会コミュニティ部会報告　昭和五十五年十月七日」『月刊福祉』64(1) pp. 77-88。
鍋倉真一 1991「『広域ボランティアサービス情報ネットワークモデル開発調査研究』報告書について」『月刊福祉』74(14) pp. 32-35。
名賀亨 1993「バリバリ元気天国にみた若者ボランティア像（今、中高生のくらしを考える〈特集〉)」『月刊社会教育』37(8) pp. 45-52。
永井均 1998『これがニーチェだ』講談社。
永井三郎 1951「YMCA と国際協力」『社会教育』6(7) pp. 44-47。

永井三郎 1969「社会教育とボランティア」『社会教育』24(1) pp. 4-9。
永井三郎 1980「青少年のグループ活動を育てよう」『青少年問題』27(4) pp. 2-3。
永井順国・松井眞澄・石井尚子・岡四朗・高野利雄 1997「徹底討論　児童・生徒の〈ボランティア教育〉とは」『総合教育技術』1997年6月号 pp. 63-66。
長沼豊 2002「教育学におけるボランティア活動研究」大阪ボランティア協会編『ボランティア活動研究』11号 pp. 38-49。
永岡正巳 1979「戦前の社会事業論争」真田是編『戦後日本社会福祉論争』法律文化社. pp. 259-305。
長澤成次 2002「中教審『青少年の奉仕活動・体験活動の推進方策等について(答申)』を批判する」『季刊教育法』134 pp. 12-17。
永田えり子 1986「交換と権力のヒエラルキー」『ソシオロゴス』10 pp. 196-208。
永田幹夫 1964a「ボランティアと善意銀行(1)」『月刊福祉』47(4) pp. 50-51。
永田幹夫 1964b「善意銀行」『月刊福祉』47(5) pp. 44-45。
永田幹夫 1967「座談会　現代の民生委員――その現実と期待される人間像」『月刊福祉』50(11) pp. 40-49。
名古屋市 1985『名古屋市高齢化対策長期指針――なごやかライフ80――の概要』。
名古屋市社会福祉審議会 1983『高齢化社会に向けての名古屋市の老人福祉対策のあり方について』。
名倉仙蔵 1969「町内会・部落会の功罪」『都市問題』60(6) pp. 29-40。
内閣総理大臣官房広報室 1968『住民自治組織に関する世論調査』。
内閣総理大臣官房広報室 1969『婦人の社会的関心に関する世論調査』。
内藤敦子 1994「企業ボランティアは本物か――模索をはじめた日本企業」『季刊　窓』20 窓社 pp. 65-79。
内藤誠夫 1946「生活保護法について」『社会事業』29(2・3) pp. 3-6, 15。
中川和之 2000「災害・救援ボランティアの現状と課題――継続する活動から学びつつ発展」『月刊福祉』83(4) pp. 44-49。
中河伸俊 1999『社会問題の社会学――構築主義アプローチの新展開』世界思想社。
中川幽芳 1959「共同募金倍加運動について」『社会事業』42(10) pp. 3-12。
中井隆久 1973「この日本未分化原点〈町内会〉」『市民』13 pp. 83-90。
中嶋充洋 1987「変容期のなかのボランティア活動と諸課題」,『月刊福祉』70(3) pp. 40-46。
中村八朗 1965「都市町内会論の再検討」『都市問題』56(5) pp. 69-81。
中村遙 1956「施設のため、地域のため」『社会事業』39(8) pp. 15-21。
仲村優一 1952「講和後の日本社会事業の方向について」『社会福祉研究』2 pp. 13-16。
仲村優一 1957『ケイスワークの原理と技術』社会福祉調査会。
仲村優一 1967「行政と民生委員」『月刊福祉』50(11) pp. 33-39。
仲村優一 1986「〔概説〕『福祉見直し』から制度改革の時代へ」。
中西正司・上野千鶴子 2003『当事者主権』岩波書店。
中野昌宏 2006『貨幣と精神――生成する構造の謎』ナカニシヤ出版。
中野哲二 1969「政治とくらしを結ぶ学習と活動――鹿児島・二日会の活動をめぐって」『月刊社会教育』13(5) pp. 47-52。
中野敏男 1999「ボランティア動員型市民社会論の陥穽」『現代思想』27-5 青土社 pp. 72-93。→2001『大塚久雄と丸山眞男――動員，主体，戦争責任』青土社 pp. 249-300。

中野敏男 2001『大塚久雄と丸山眞男――動員，主体，戦争責任』青土社。
中田幸子 1979「ボランティア活動は福祉教育たりうるか――ボランティア活動の福祉教育としての意義」『月刊福祉』62(7) pp. 18-23。
中山淳雄 2007『ボランティア社会の誕生――欺瞞を感じるからくり』三重大学出版会。
中山茂 1959「青年の児童福祉ボランティア活動について思う――愛媛 VYS 大会に出席して」『社会事業』42(5) pp. 3-8。
中沢新一 2003『愛と経済のロゴス――カイエ・ソバージュ III』講談社。
成田直志 1993「ボランティア活動と市民参画――福祉活動参加指針のめざすもの」『月刊福祉』76(9) pp. 28-33。
鳴海正泰 1969「大都市における町内会」東京市政調査会『都市問題』60(6) pp. 16-28。
なすび 2004「寄せ場・野宿者運動をめぐる NPO 問題」ピープルズ・プラン研究所編『季刊ピープルズ・プラン』28 号 pp. 55-61。
根岸真太郎・内野梅子・堀越喜一郎・吉田昇・木田宏 1969「社会教育をささえるひとびと〔座談会〕」『社会教育』24(1) pp. 10-21。
根本悦子 1994「自立した市民としての国際ボランティア――身近なところに課題がある」『季刊　窓』20 窓社 pp. 80-85。
年金制度基本構想懇談会 1979『わが国年金制度の改革の方向（報告）――長期的な均衡と安定を求めて』。
Nietzsche, Friedrich, 1885-1886, *Jenseits von Gut und Böse.* = 1970 木場深定訳『善悪の彼岸』岩波文庫。
Nietzsche, Friedrich, 1887, *Zur Genealogie der Moral.* = 1964 木場深定訳『道徳の系譜（改版）』岩波文庫。
仁平典宏 2001「ボランタリー・アソシエーション再考のために――官僚制概念との関係で」ソシオロゴス編集委員会『ソシオロゴス』25 号 pp. 176-192。
仁平典宏 2002「戦後日本における『ボランティア』言説の転換過程――『人間形成』レトリックと〈主体〉の位置に着目して」関東社会学会『年報社会学論集』15 号 pp. 69-81。
仁平典宏 2003a「『ボランティア』とは誰か――参加に関する市民社会論的前提の再検討」『ソシオロジ』147 号 pp. 93-109。
仁平典宏 2003b「〈権力〉としてのボランティア活動――参加の社会的格差と『社会的なるもの』の不可視化」ソシオロゴス編集委員会『ソシオロゴス』27 号 pp. 311-330。
仁平典宏 2003c「〈市民〉と『ボランティア』の間――参加とネオリベラリズムの共振に関する一考察」第 55 回日本教育社会学会大会，要旨集録 pp. 70-71。
仁平典宏 2004「ボランティア的行為の〈転用〉可能性について――野宿者支援活動を事例として」東北社会学会『社会学年報』33 pp. 1-21。
仁平典宏 2005「ボランティア活動とネオリベラリズムの共振問題を再考する」日本社会学会『社会学評論』56(2) pp. 485-499。
仁平典宏 2008「『参加型市民社会』の階層的・政治的布置――『階層化』と『保守化』の交点で」土場学編『2005 年 SSM 調査シリーズ 7　公共性と格差』科学研究費補助金特別推進研究（16001001）「現代日本階層システム化の構造と変動に関する総合的研究」成果報告書 pp. 189-210。
仁平典宏 2009a「福祉国家の『挟撃』問題を再考する――自由・スティグマ・市民社会」

『World Value Survey（世界価値観調査）を用いた実証研究：政治・家族』（SSJDA-41 March 2009）東京大学社会科学研究所 pp. 87-107。
仁平典宏 2009b「世代論を編み直すために――社会・承認・自由」湯浅誠・冨樫匡孝・上間陽子・仁平典宏編著『若者と貧困』明石書店 第4章 pp. 203-246。
仁平典宏 2009c「〈シティズンシップ／教育〉の欲望を組みかえる――拡散する〈教育〉と空洞化する社会権」広田照幸編『教育――せめぎあう「教える」「学ぶ」「育てる」（自由への問い 5)』岩波書店 pp. 173-202。
仁平典宏 2009d「『NPO 革命』と反革命――敵対性を胚胎する場所をめぐって」町村敬志（研究代表者）『市民エージェントの構想する新しい都市のかたち――グローバル化と新自由主義を越えて』日本学術振興会科学研究費 基盤研究(B)（2005～2008 年度）研究成果報告書 pp. 259-276。
仁平典宏 2011「階層化／保守化の中の『参加型市民社会』――ネオリベラリズムとの関係を巡って」斎藤友里子・三隅一人編『流動化の中の社会意識』東京大学出版会。
日本地域福祉学会地域福祉史研究会編 1993『地域福祉史序説』中央法規。
日本女子大社会福祉学科 1959「民生委員はボランティアか――女子大生のみた民生委員制度への疑問」『社会事業』42(6) pp. 53-61。
日本教職員組合 2001a「資料『教育三法案』成立に関する、書記長談話 二〇〇一年六月二九日」『教育評論』653 pp. 21-22。
日本教職員組合 2001b「資料『教育三法案』にかかわる質疑応答」『教育評論』653 pp. 23-32。
日本労働組合総評議会青年対策部 1960『明日への闘いのために――総評第三回全国青年代表者会議の記録』日本労働組合総評議会。
日本労働組合総評議会青年対策部・婦人対策部 1959『明日への闘いのために――青年婦人活動方針』日本労働組合総評議会。
日本労働組合総評議会青年対策部・日本社会主義青年同盟編 1962『炭労の闘いと青年労働者』日本労働組合総評議会。
日本青年団協議会編 1971『日本青年団協議会二十年史』日本青年館。
21 世紀を迎える共同募金のあり方委員会 1996「新しい『寄付の文化』の創造をめざして――21 世紀を迎える共同募金のあり方委員会答申」『月刊福祉』79(11) pp. 42-47。
西田泰介 1980「青少年団体と社会奉仕」『青少年問題』27(10) pp. 2-3。
西ヶ谷悟 1987「公民館におけるボランティア活動」『社会教育』42(3) pp. 66-68。
西村秀俊 1989「手ごたえあってこその『学び』」『社会教育』44(6) pp. 2-3。
西村美東士 1987「資料『目でみるボランティア活動』」『社会教育』42(4) pp. 34-49。
西村進 1966「民生委員制度をめぐる行財政の問題」『月刊福祉』49(10) pp. 15-19。
西尾勝 1977「自治とボランティア」地方自治協会編『自治とボランティア』地方自治協会。
西尾勝 1979「地域福祉と市民自治――若干の論点提起」『社会福祉研究』24 pp. 128-137。
西内潔 1953「わが国セッツルメントの現状分析と将来性」『社会事業』36(2・3) pp. 89-95。
西内潔 1955「日本セッツルメント発生史の研究」『社会事業』38(3) pp. 63-73。
西内潔 1956「現代学生セッツルメント運動の特性と傾向」『社会事業』39(8) pp. 9-14。
西内潔 1968『増補 日本セッツルメント研究序説』童心社。

西山志保 2003「『ボランタリズム』概念の検討——『生命圏』の次元からの再考」『現代社会理論研究』(13) 246-258。
西山志保 2006「『社会的企業』による最貧困地域の都市再生——ロンドン・イーストエンドの『環境トラスト』にみる新たなコミュニティ・ガバナンスの展開」『都市問題』97 (3) pp. 100-108。
西山志保 2007『[改訂版] ボランティア活動の論理——ボランタリズムとサブシステンス』東信堂。
西阪仰 1987「普遍語用論の周縁——発話行為論とハーバーマス」藤原保信・三島憲一・木前利秋編『ハーバーマスと現代』新評論 pp. 161-181。
西崎恒子 1979「婦人ボランティア育成講座にとりくんで (特集：社会福祉と社会教育)」『月刊社会教育』23(6) pp. 20-25。
似田貝香門 1976「住民運動の理論的課題と展望」松原治郎・似田貝香門編著『住民運動の論理』学陽書房 pp. 331-396。
似田貝香門 2008『自立支援の実践知——阪神・淡路大震災と共同・市民社会』東信堂。
丹羽昇 1955「民間社会事業に関する諸問題」『社会事業』38(7) pp. 3-7。
野田正彰・山崎美貴子 1998「シリーズ対談④ 21世紀ボランティア論 いまボランティアに問われるもの——自らの生き方や社会を問い直す力となるか」『月刊福祉』81(12) pp. 86-95。
野村正實 1998『雇用不安』岩波書店。
野呂芳明 1993「福祉マンパワーとボランティア——ボランタリーな活動に関する実証的研究」直井優・盛山和夫・間々田孝夫編『日本社会の新潮流』東京大学出版会 pp. 55-70。
野月和男 1987「わが町の青少年奉仕活動」『社会教育』41(7) pp. 42-45。
額田年 1949「キャムプに於ける教育プラン」『社会事業』32(7) pp. 38-47。
大林宗嗣 1926『セッツルメントの研究』同人社書店→ 1996『戦前期社会事業基本文献集 30 セッツルメントの研究』日本図書センター。
越智昇 1988「都市新中間層とボランタリー・アソシエーション」『都市問題』79(4) pp. 3-15。
小田兼三 1981「女性問題とボランティア活動」『ボランティア活動研究』1 pp. 160-167。
Offe, Claus, 1981, "Some Contradictions of the Modern Welfare State," *Praxis International*, 1 (3), pp. 219-229. → 1987, in *Anthology of the Works*. = 1988 寿福真美編訳「現代福祉国家の諸矛盾」『後期資本制社会システム——資本制的民主制の諸制度』法政大学出版局 pp. 311-330。
Offe, Claus, 1984, *Contradictions of the Welfare State*. Hutchinson.
小笠原慶彰 1986「ボランティア関連文献の動向と課題」小笠原慶彰・早瀬昇共編『ボランティア活動の理論 II ——'74-'84 活動文献資料集』大阪ボランティア協会 pp. 3-27。
小笠原慶彰 1987「戦後ボランティア論の類型」小田兼三・松原一郎編『変革期の福祉とボランティア』ミネルヴァ書房 pp. 120-132。
小笠原慶彰・早瀬昇共編 1986『ボランティア活動の理論 II ——'74-'活動文献資料集』大阪ボランティア協会。
小笠原裕次 1999「高齢者福祉におけるサービス評価の視点と課題」『月刊福祉』82(11) pp. 28-33。

小川里律子 2003「青少年活動はボランティア活動か」『月刊社会教育』47(2) pp. 36-39。
小河滋次郎 1920「社会事業と方面委員制度」→ 1943 小河博士遺文刊行会編『小河滋次郎著作選集　中巻』日本評論社 pp. 1-148。
小河滋次郎 1921「社会事業の基礎的施設としての方面委員制度」→ 1943 小河博士遺文刊行会編『小河滋次郎著作選集　中巻』日本評論社 pp. 297-331。
小川利夫 1959「社会教育法の『改正』はなにをもたらすか」『社会事業』42(2) pp. 42-48。
小川剛 1994「思想としてのボランティア――人はなぜボランティアをするのか」『季刊窓』20 窓社 pp. 153-160。
荻野昌弘 2005『零度の社会――詐欺と贈与の社会学』世界思想社。
荻野達史 2006「新たな社会問題群と社会運動――不登校，ひきこもり，ニートをめぐる民間活動」『社会学評論』57(2) pp. 311-329。
小熊英二 2002『〈民主〉と〈愛国〉――戦後日本のナショナリズムと公共性』新曜社。
小熊英二 2003「『左』を忌避するポピュリズム――現代ナショナリズムの構造とゆらぎ」小熊英二・上野陽子『〈癒し〉のナショナリズム――草の根保守運動の実証研究』慶応義塾大学出版会 pp. 15-42。
小熊英二 2009a『1968〈上〉――若者たちの叛乱とその背景』新曜社。
小熊英二 2009b『1968〈下〉――叛乱の終焉とその遺産』新曜社。
小倉襄二 1955「社会事業における“市民参加”の問題――貧しさからの解放と生活保障確立への抵抗点について」『社会事業』38(6) pp. 9-14。
小倉襄二 1960「社会事業民主化の発想」『社会事業』43(1) pp. 26-32。
小倉襄二 1966「民生委員の『責任』について――現状変革の指標として」『月刊福祉』49(10) pp. 20-24。
小倉襄二 1967「ボランティア活動の原点――思想と行動のために」『月刊福祉』50(6) pp. 12-19, 25。→ 1974 大阪ボランティア協会編『ボランティア活動の理論――ボランティア活動文献資料集』pp. 95-102。
小倉襄二 1975「ボランティアと現代についてのノート」大阪ボランティア協会編『ボランティア活動』4 号 pp. 1-8。
小倉襄二 2007『右翼と福祉――異形の“底辺にむかう志”と福祉現況へのメッセージ』法律文化社。
小倉利丸 2004「国家と資本に呑み込まれる『市民社会』」ピープルズ・プラン研究所編『季刊ピープルズ・プラン』28 号 pp. 6-15。
大原龍子 1953「生活保護事業におけるサービスの問題」『社会事業』36(5) pp. 7-12。
大橋伝 1959「愛媛 VYS 活動のあゆみ」『社会事業』42(5) pp. 9-19。
大橋謙策 1996「21 世紀に向けて新しい『寄付の文化』の創造をめざして――共同募金の50 年と改革の課題」『月刊福祉』79(11) pp. 12-18。
大橋謙策 1998「生きる力をはぐくむ職業教育と福祉教育・ボランティア学習」『産業教育』48(4) pp. 4-7。
大畑裕嗣 2004「モダニティの変容と社会運動」曽良中清司・長谷川公一・町村敬志・樋口直人編著『社会運動という公共空間――理論と方法のフロンティア』成文堂 pp. 156-189。
大日方純夫 1993『警察の社会史』岩波書店。
大日方純夫 2003「民衆の警察化――過去と現在」『法と民主主義』377 pp. 8-11。

岡本栄一 1977「住民参加としてのボランティア活動――その五十年代の課題」『月刊福祉』60(7) pp. 26-32。
岡本栄一 1984「今日の社会福祉状況とマンパワーとしてのボランティア問題――その組織化をめぐって」『地域福祉研究』12 pp. 204-214。
岡本栄一 1987「ボランティア活動の分水嶺」大阪ボランティア協会監修，小田兼三・松原一郎編『変革期の福祉とボランティア』ミネルヴァ書房 pp. 220-254。
岡本栄一 1995「行政とボランタリーな活動：再考」『都市問題研究』47(8) pp. 54-66。
岡本栄一 1997「ボランティア活動の理念――その変わらざるものと変わるもの」『教育と医学』45(10) pp. 890-896。
岡本包治 1980「社会教育とボランティア――住民はすべてボランティアである」『社会教育』35(7) pp. 5-9。
岡本包治 1997「学習過程としてのボランティア活動――学習支援からまちづくり活動まで」『社会教育』52(4) pp. 8-11。
岡本包治・福島長男・古山英子・堀添勝身・吉川弘・日高幸男 1969「座談会　若者たちのサークル活動」『青少年問題』16(11) pp. 12-23。
岡本仁宏 1997「市民社会，ボランティア，政府」立木茂雄編『ボランティアと市民社会――公共性は市民が紡ぎ出す』晃洋書房 pp. 91-118。
岡本仁宏 2002「政治学とボランティア」大阪ボランティア協会編『ボランティア活動研究』11 号 pp. 50-66。
岡村真理子 1994「楽しんでこそ、ボランティア――主婦から国連ボランティアへ」『季刊窓』20 窓社 pp. 26-42。
岡村重夫 1949「アメリカ社会事業のボランティーア」大阪社会事業ボランティーア協会・大阪市市民援護会。
岡村重夫 1951「社会福祉事業と地域社会」『社会福祉研究』1 pp. 14-24。
岡村重夫 1953「公的扶助サービスの基本的問題」『社会事業』36(6) pp. 18-25。
岡村重夫 1956「公私社会事業の関係について」『社会事業』39(11) pp. 4-15。
岡村重夫 1965「CO 批判・無用論にこたえる――第 1 部・第 3 章の趣旨」『月刊福祉』48(4) pp. 46-50。
岡山県 1984『新高齢者福祉アセスメント――明るく豊かなまちづくりの指針』。
岡山県高齢者問題研究会 1982『高齢化社会への急速な移行に対応した総合的で適切な方策についての第一次中間報告』。
岡山県高齢者問題研究会 1983『高齢化社会への急速な移行に対応した総合的で適切な方策についての第二次中間報告』。
岡山県社会福祉協議会＆岡山県社会奉仕活動指導センター 1975『ボランティア活動の手引』。
大木文一 1987「友の会の組織とその活動――栃木県芳賀青年の家」『社会教育』42(3) pp. 46-48。
大河内一男 1952「社会的良心の贖罪府『慈善行為』を解剖する――『美談』の社会的効用について」『ニューエイジ』4(11)　ニューエイジ社。→ 1974 大阪ボランティア協会編『ボランティア活動の理論――ボランティア活動文献資料集』pp. 55-60。
大河内一男 1963『社会政策（総論）』有斐閣。
大久保満彦 1952「講和後の日本社会事業の方向について」『社会福祉研究』2 pp. 8-12。

奥武則 2000『大衆新聞と国民国家――人気投票・慈善・スキャンダル』平凡社。
奥田道大 1971「コミュニティ形成の論理と住民意識」鵜飼信成他編『都市形成の論理と住民』東京大学出版会。
奥田道大 1982『都市コミュニティの理論』東京大学出版会。
奥地圭子 1998「不登校をめぐる市民活動と NPO 法」『月刊福祉』81(9) pp. 42-43。
大國美智子・笹森貞子・高村浩・藤井悟・松友了 1999「座談会 地域福祉権利擁護事業の意義」『月刊福祉』82(14) pp. 16-27。
大蔵・厚生・自治 3 大臣合意 1994『高齢者保健福祉推進 10 か年戦略の見直しについて(新ゴールドプラン)』。
大蔵・厚生・自治 3 大臣合意 1999『今後 5 か年間の高齢者保健福祉施策の方向――ゴールドプラン 21』。
近江哲男 1958「都市の地域集団」『社会科学討究』3(1) pp. 181-230。
近江哲男 1969「町内会をめぐる問題」東京市政調査会『都市問題』60(6) pp. 53-64。
大森彌 1980「『ボランティア活動』論断章」『ジュリスト増刊総合特集』18 pp. 138-146。
大森彌・橋本正明 1996「インタビュー『自立支援』の実現に向けて――介護保険制度の一刻も早い導入を」『月刊福祉』79(9) pp. 16-27。
大西昌一 1987「社会教育施設におけるボランティア活動――兵庫県立歴史博物館の場合」『社会教育』42(3) pp. 49-51。
小野顕 1952「共募の背景としての社会福祉協議会の機能――あるいはその逆にいって」『社会事業』35(4) pp. 14-19。
小野顕 1960「共同募金と大衆」『社会事業』43(10) pp. 25-31。
小野顕 1979「ボランタリズムの思想・性格・実践と提案」小野顕編『ボランタリズムの思想と実践』社会福祉研究所 pp. 219-268。
小沼廣幸 1980「海外でのボランティア――シリアで過ごした二年」『青少年問題』27(4) pp. 19-22。
大阪ボランティア協会編 1974『ボランティア活動の理論――ボランティア活動文献資料集』。
大阪ボランティア協会編 1975～1979『ボランティア活動』創刊号～10 号。
大阪ボランティア協会編 1981～2002『ボランティア活動研究』1 号～11 号。
大阪ボランティア協会編 1988『なにわに拓く――大阪 V 協 20 年史』。
大阪ボランティア協会監修 小田兼三・松原一郎編 1987『変革期の福祉とボランティア』ミネルヴァ書房。
大阪ボランティア協会・皓養社編 1971『ボランティア・ハンドブック '71』。
大阪ボランティア協会・皓養社編 1976『ボランティア・ハンドブック '75／76』。
大阪ボランティア協会・岡本栄一・早瀬昇・牧口明・筒井のり子・巡静一・妻鹿ふみ子 2004『ボランティア・NPO 用語事典』中央法規出版。
大阪ボランティア協会 30 周年記念事業委員会編 1996『なにわボランティアものがたり――大阪ボランティア協会 30 年史 1965 → 1995』。
大阪ボランティア協会 40 年史編集委員会編 2005『市民としてのスタイル――大阪ボランティア協会 40 年史』。
大阪府民生委員制度創設六十周年記念事業実行委員会 1979『大阪府方面委員民生委員制度六十年史』。

大阪府社会福祉協議会 1958『大阪府社会事業史』。
大阪府社会福祉協議会 1977『大阪を福祉の町に――地区福祉委員会の手引き』。
大阪市社会福祉協議会 1982『ボランティア・グループ一覧』。
大阪市社会福祉協議会 1992『大阪市社会福祉協議会四十年史』。
大阪市社会福祉審議会 1980『ボランティア活動の推進に関する答申』。
大沢真理 2007『現代日本の生活保障システム』岩波書店。
大澤真幸 1985「言語行為論をどう評価するか」『ソシオロゴス』9 pp. 64-89。
大澤真幸 1987「交換に伴う権力・交換を支える権力」『ソシオロゴス』11 pp. 56-74。
大澤真幸・北田暁大 2008『歴史の〈はじまり〉』左右社。
大嶋恭二 1980「個人としてのボランティア活動――あるボランティアの実践をとおして」『青少年問題』27(4) pp. 23-26。
太田政男 1999「子ども・若者の学校参加と社会参加」『教育』49(4) pp. 6-14。
音田正巳 1958「わが国のセツルメント事業の回顧と展望」大阪社会事業短期大学社会問題研究会『社会問題研究』8(2) pp. 1-14。
大槻久子 1966「社会福祉へ市民参加を望む」『月刊福祉』49(9) pp. 8-11。
大内裕和 2000「戦時動員体制からグローバリゼーションへ」『創文』421 pp. 15-19。
大山俊夫 1977「ドロドロの風呂水に驚いた――婦人民生委員が老人介護の体験をして」『月刊福祉』60(7) pp. 18-21。
小澤亘編 2001『「ボランティア」の文化社会学』世界思想社。
Peck, Jamie, & Adam Tickell, 2002, "Neoliberalizing Space," *Antipode,* 34 (3), pp. 452-472. → 2003 N. Brenner & N. Theodore (eds.), *Spaces of Neoliberalism : Urban Restructuring in North America and Western Europe.* Blackwell, pp. 33-57.
Pekkanen, Robert, 2003, "Molding Japanese Civil Society : State-Structured Incentives and the Pattering of Civil Society," in F. J. Schwartz & S. J. Pharr (eds.), *The State of Civil Society in Japan.* Cambridge University Press, pp. 116-134.
Pekkanen, Robert, 2006, *Japan's Dual Civil Society : Members without Advocates.* Stanford University Press.
Polanyi, Karl, 1977, *The Livelihood of Man.* Academic Press. = 1980 玉野井芳郎・栗本慎一郎・中野忠訳『人間の経済』I・II　岩波書店。
Powell, Frederick, 2007, *The Politics of Civil Society : Neoliberalism or Social Left?* Polity Press.
Putnam, Robert, 2000, *Bowling Alone.* Simon & Schuster. = 2006 柴内康文訳『孤独なボーリング――米国コミュニティの崩壊と再生』柏書房。
李妍焱 2002『ボランタリー活動の成立と展開――日本と中国におけるボランタリー・セクターの論理と可能性』ミネルヴァ書房。
Rose, Nikolas. 1996, "Governing 'Advanced' Liberal Democracies," in Andrew Barry et al. (eds.), *Foucault and Political Reason.* UCL Press, pp. 37-64.
Rose, Nikolas, 1999, *Powers of Freedom : Reframing Political Thought.* Cambridge University Press.
佐伯啓思 1997『「市民」とは誰か――戦後民主主義を問いなおす』PHP 研究所。
佐伯啓思 2002「国家・国民・公共性」佐々木毅・金泰昌編『国家と人間と公共性』東京大学出版会 pp. 147-176。

寒河江善秋 1953「純粋な活動こそ教育」『社会教育』8(6) pp. 21-22。
寒河江善秋 1959『青年団論』北辰堂。
Sahlins, Marshall, 1972, *Stone Age Economics.* Aldine Publishing Co.＝1984 山内昶訳『石器時代の経済学』法政大学出版局。
斉木銭九郎他 1961「座談会　低開発地域への技術協力」末次一郎編『青年公論』2(6) pp. 16-26。
斎藤悟郎 1969「町内自治会の運営と財政上の問題点」東京市政調査会『都市問題』60(6) pp. 41-52。
斉藤日出治 1998『国家を越える市民社会――動員の世紀からノマドの世紀へ』現代企画室。
斎藤信夫 1990「全国ボランティア研究集会 22 年の軌跡と奇跡（特集：地域協同のネットワーク)」『月刊社会教育』34(10) pp. 30-37。
斉藤信夫 1992「企業ボランティアの現状（特集：高齢社会をデザインする)」『月刊社会教育』36(13) pp. 58-61。
斎藤貞夫 1976「まちづくりに参加するボランティア活動――社協とボランティア（その三)」『月刊福祉』59(4) pp. 56-59。
齋藤哲夫 2001「インタビュー　ボランティア国際年の展望と日本のボランティアの特徴」『月刊福祉』84(7) pp. 28-31。
斉藤弥生 2002「福祉分野におけるボランティア活動の国際比較試論――『海外の民間ボランティア活動に関する調査報告書』から見えるもの」『地域福祉研究』30 pp. 26-37。
阪上順夫 1995「ボランティア活動支援のためのシビック・トラスト」『都市問題研究』47(8) pp. 82-93。
坂口順治 1998「中高生のボランティア活動」『月刊公民館』495 pp. 4-8。
酒井盛 1960「世帯更正運動にテコ入れ――強化推進の気運盛り上げる」『社会事業』43(10) pp. 49-51。
坂井良次 1966「民生委員活動の現況と自己反省」『月刊福祉』49(10) pp. 8-14。
酒井隆史 2001『自由論――現在性の系譜学』青土社。
酒井隆史 2004『暴力の哲学』河出書房。
坂巻熙 1981「ほんだな　世の主婦に贈る熱烈なるラブ・コール――吉澤英子編著『婦人ボランティア』」『月刊福祉』64(1) pp. 74-76。
坂巻熙 1983「ボランティアとナスビの花は」『月刊福祉』66(11) pp. 34-37。
坂本稔 1980「青少年の社会参加に関する研究調査の概要」『青少年問題』27(3) pp. 6-18。
阪野貢 1996「日本福祉教育・ボランティア学習学会設立」『月刊福祉』79(1) pp. 108-109。
坂谷壽雄 1989「生涯学習奨励員活動　秋田県生涯学習推進本部」『社会教育』44(9) pp. 26-28。
桜井猛 1977「陶冶されたボランティア活動――身障者サークルとボランティア・サークルの交流の中で」『月刊福祉』60(7) pp. 14-17。
迫明仁・上地雄一郎・山本力 1997「ボランティア活動に関する学生の意識と動向――ある大学での調査と認識構造の解析」『岡山県立大学短期大学部研究紀要』4 巻 pp. 13-26。
Salamon, Lester, 1995, *Partners in Public Service.* The John Hopkins University Press.
Salamon, Lester M. & Helmut K. Anheier, 1996, *The Emerging Nonprofit Sector : An Overview.* Manchester University Press.

真田是 1960「伊勢湾台風と地域組織化の問題」『社会事業』43(1) pp. 47–52。
真田是編 1979『戦後日本社会福祉論争』法律文化社。
三本松政之・朝倉三江編 2007『福祉ボランティア論』有斐閣。
参議院厚生委員会 2000『社会福祉の増進のための社会福祉事業法等の一部を改正する等の法律案に対する附帯決議』。
佐野章二 1995「生まれるか『ボランティアといえる住民』——阪神・淡路大震災とボランティア活動」『都市問題研究』47(8) pp. 15–26。
札幌市地方社会福祉審議会 1984『生きがいにかがやく老後を、札幌市民に——高齢化社会に向けての札幌市高齢者対策とそのあり方について』。
雀部猛利 1968「世論と共募・社協をめぐって——行管の勧告と社協の任務」『月刊福祉』51(1) pp. 23–28。
佐藤晴雄 2004「学校・家庭・地域が協働した補充学習・発展学習の展開」葉養正明編『学校と地域の新しい関係づくり』教育開発研究所 pp. 148–149。
佐藤初雄 2001「奉仕活動は多様な体験活動に」『青少年問題』48(4) pp. 10–15。
佐藤文男 1950「共同募金と強制募金——赤い羽と高い羽」『社会事業』33(12) pp. 31–32。
佐藤一子 2001「『青少年奉仕活動の義務化』批判——青少年の社会教育と奉仕活動」教育科学研究会編『教育』665 pp. 16–22。
佐藤一美 1989「『一年間ボランティア計画』に参加して——体験を通して理想をつくり主体的に生きるということ」『社会教育』44(9) pp. 12–13。
佐藤恵 2010『自立と支援の社会学——阪神大震災とボランティア』東信堂。
佐藤賢司 1963「助けあい運動と社会事業」『月刊福祉』46(7) pp. 56–58。
佐藤光男 1954「B・B・S 運動について」『青少年問題』1(4) pp. 35–38。
佐藤信一 1952a「共募側の見解と志向（上）——共同募金への批判と丹羽昇氏の指摘した五つの問題について」『社会事業』35(1) pp. 50–56。
佐藤信一 1952b「共募側の見解と志向（下）——共同募金への批判と丹羽昇氏の指摘した五つの問題について」『社会事業』35(2・3) pp. 38–43。
佐藤信一・中川幽芳・黒木利克・牧賢一 1961「座談会　社協十年を顧みる」『月刊福祉』44(2) pp. 38–45。
佐藤進編著 1983『勤労青少年とボランティア活動』第一法規出版。
佐藤驍 1979「北海道におけるボランティア活動の振興と行政」『月刊福祉』62(7) pp. 30–33。
佐藤俊樹 1993『近代・組織・資本主義——日本と西欧における近代の地平』ミネルヴァ書房。
佐藤俊樹 2006「閾のありか——言説分析と『実証性』」佐藤俊樹・友枝利雄編『言説分析の可能性』東信堂 pp. 3–26。
佐藤慶幸 1983「ボランティア活動の本質と理念」『ボランティア活動研究』2 pp. 168–174。
佐藤慶幸 1994『アソシエーションの社会学——行為論の展開〔新版〕』早稲田大学出版部。
佐藤慶幸 2002『NPO と市民社会——アソシエーション論の可能性』有斐閣。
澤佳成 2007「災害をめぐる自立および共生概念の考察——災害ボランティアの事例を中心に」『日本ボランティア学会　2006 年度学会誌』pp. 128–143。
Schmitt, Carl, 1932, *Der Begriff des Politischen*. Duncker & Humblot.＝1970 田中浩・原田武雄訳『政治的なものの概念』未来社。

青年公論編集部 1961a「世界を廻った青年たち――その収穫と反省」末次一郎編『青年公論』2(3) pp. 9-21。
青年公論編集部 1961b「ルポ　南米に夢かける青年達」末次一郎編『青年公論』2(6) pp. 33-37。
青少年問題編集部 1973「奉仕活動に励む若者たち――総理府総務長官と青少年との意見交換会より」『青少年問題』20(5) pp. 52-55。
青少年問題審議会 1994『「豊かさとゆとりの時代」に向けての青少年育成の基本的方向――青少年期のボランティア活動の促進に向けて（意見具申)』。
青少年の学校外活動に関する調査研究協力者会議 1992『休日の拡大等に対応した青少年の学校外活動の充実について（審議のまとめ)』。
盛山和夫 2000『権力』東京大学出版会。
関嘉寛 2008『ボランティアからひろがる公共空間』梓出版会。
芹沢一也 2001『〈法〉から解放される権力――犯罪、狂気、貧困、そして大正デモクラシー』新曜社。
瀬田智恵子 1989「婦人ボランティア活動推進事業」『社会教育』44(9) pp. 38-43。
柴田邦臣 2004「ボランティアの“技法”」東北社会学会『社会学年報』pp. 69-92。
柴田善守 1971「学生奉仕活動の変遷と現状」文部省大学学術局学生課編『厚生補導』58 pp. 9-16。
柴田善守 1973「ボランティア活動の意義」全国社会福祉協議会『地域活動研究』6(2)。
柴田善守 1984「婦人とボランティア活動」『更生保護』35(11) pp. 226-231。
渋谷望 1999「〈参加〉への封じ込め――ネオリベラリズムと主体化する権力」『現代思想』27-5 青土社 pp. 94-105。
渋谷望 2003『魂の労働――ネオリベラリズムの権力論』青土社。
渋谷望 2004「〈参加〉への封じ込めとしてのNPO――市民活動と新自由主義」『都市問題』95(8) pp. 35-47。
重田信一・吉田久一編著 1977『社会福祉の歩みと牧賢一』全国社会福祉協議会。
鹿海信也 1971「社会教育の振興」『文部時報』1125 pp. 40-46。
志磨陽子 1996「地域密着型草の根組織の基盤安定策の一つの形――杉並・老後を良くする会の発展過程」『月刊福祉』79(10) pp. 40-44。
嶋田啓一郎 1978「キリスト教とボランタリズム（特集：現代のボランティア)」『真理と創造』8(1) pp. 112-122。
島田京子 1997「企業におけるボランティア活動・NPOへの支援――その推進と留意点」『月刊福祉』80(12) pp. 84-89。
島田京子 1999「フィランソロピーの担い手――企業」林雄二郎・今田忠編『フィランソロピーの思想――NPOとボランティア』日本経済評論社 pp. 168-214。
清水栄一 1987「青少年健全育成と地域活動――東京都北区教育委員会」『社会教育』41(7) pp. 27-29。
清水文恵 1971「ボランティア活動を考える――青少年委員の立場から」『月刊社会教育』167 pp. 126-131。
清水邦裕 1987「青年仲間づくり推進活動――出会いの創造・草の根国際交流活動を例として」『社会教育』41(7) pp. 33-35。
下村潔 1960「東京都社協の場合――マンモス都市社協の歎き」『社会事業』43(6) pp. 11-

14。
下村真人 1973「“奉仕” を友達活動に」『月刊福祉』56(1) p. 8。
志村英明 1992「地方自治と企業の地域貢献活動をめぐって――「ふるさと融資」の役割と課題」『月刊福祉』75(11) pp. 50–55。
志村良平 1979「地域社会でのボランティアの役割」『月刊福祉』62(7) pp. 14–17。
新藤宗幸 2002『地方分権　第2版』岩波書店。
シニアボランティア研究会 1992『シニアボランティア活動の活性化とネットワーク』。
新国康彦 1963「善意銀行（ボランティア・ビュロー）の運営と育成について」。
新政策研究会 1988『活力ある長寿社会のために――80年のクオリティ・オブ・ライフをめざして』。
身体障害者福祉審議会 1966『「身体障害者福祉法の改正その他身体障害者福祉行政推進のための総合的方策」について（答申）』。
塩津有彦 1976「社会教育の振興――生涯教育事業の拡充と基盤の整備」『文部時報』1187 pp. 47–53。
塩谷信雄 1959「労働者の “助け合い運動”」『社会事業』42(10) pp. 39–41, 45。
潮谷総一郎 1960「社協が鍵をにぎる」『社会事業』43(10) pp. 15–18。
白石大介 1984「地域ボランティア活動の24時間サービス・ネットワーク」山崎道子・藤本昇・西尾祐吾・小田兼三共編『ソーシャルワーク事例集1』誠信書房 第III部15章 pp. 215–225。
白石克己 1989「今、なぜ、ボランティアか」『社会教育』44(9) pp. 5–9。
Sinha, Subir, 2005, “Neoliberalism and Civil Society : Project and Possibilities,” in A. Saad-Filho & D. Johnston (eds.), *Neoliberalism : A Critical Reader.* Pluto, pp. 163–169.
Sloterdijk, Peter, 1983, *Kritik der zinischen Vernunft.* Suhrkamp Verlag.＝1996 高田珠樹訳『シニカル理性批判』ミネルヴァ書房。
副田義也 1971「ヴォランティア論」『更生保護』22(9)。
園田恭一 1979「コミュニティ行政とコミュニティの形成」『都市問題』70(4) pp. 28–41。
Spector, Malcolm & John I. Kitsuse, 1977, *Constructing Social Problems.* Aldine de Gruyter.＝1990 村上直之・中河伸俊・鮎川潤・森俊太訳『社会問題の構築――ラベリング理論をこえて』マルジュ社。
末次一郎 1964『未開と貧困への挑戦――前進する日本青年平和部隊』毎日新聞社。
末次一郎 1971「学生と奉仕」文部省大学学術局学生課編『厚生補導』58 pp. 2–8。
末次一郎 1981『「戦後」への挑戦』歴史図書社。
末次一郎 1998『昭和天皇をお偲びして――天皇陛下と皇室の弥栄を』展転社。
末次一郎 2002『温故創新――戦後に挑戦――心に残る人びと』文藝春秋。
菅沼隆 2005『被占領期社会福祉分析』ミネルヴァ書房。
菅沢秀幸・真嶋学文 1961「社会福祉協議会活動からみた地域社会と民主主義」『月刊福祉』44(8) pp. 2–7。
杉野昭博 1995「『ボランティア』の比較文化論②――ボランティアの文化史」『月刊福祉』1995年12月 pp. 68–73。
祐成善次他 1984「高校生に寄せる社会への期待」『文部時報』128号 pp. 28–33。
住吉区ボランティア連絡会編 1978『ボランティア労多利』。
諏訪徹 1996「ボランティア活動、ボランティア団体・NPO支援の課題――各種調査より」

『月刊福祉』79(10) pp. 28-35。
諏訪徹 2000「ボランティア・NPO 活動推進をめぐる課題・論点・展望」『月刊福祉』83(4) pp. 24-31。
諏訪徹 2001「新世紀におけるボランティア活動推進の方向性――市民による新しい公共の創設と社協ボランティアセンターの役割」『月刊福祉』84(7) pp. 52-55。
鈴木悦郎 1987「わがふるさとに学ぶ――宮城県丸森教育委員会」『社会教育』41(7) pp. 24-26。
鈴木五郎 1973「ボランティア活動を支える市民たち――東京・小金井市の調査結果から」『月刊福祉』56(10) pp. 50-55。
鈴木広子 1983「アレック・ディクソン博士とコミュニティサービス」『月刊福祉』66(11) pp. 38-41。
鈴木広 1987「ヴォランティア的行為における“K”パターンについて――福祉社会学的例解の素描」『哲学年報』46 九州大学文学部 pp. 13-32。
鈴木廣 1989「ボランティア行為の福祉社会学」『広島法学』12(4) 広島大学法学会 pp. 59-88。
鈴木一久 1963「あなたの愛の手をどうぞ――『社会を明るくする運動』によせて」『月刊福祉』46(8) pp. 60-61。
鈴木眞理 2000「教育改革・生涯学習の可能性と課題――ボランティア・NPO 活動は新しい市民社会形成に何をもたらすか」『月刊福祉』83(4) pp. 38-43。
鈴木武・加藤博史・海中久子・池上洋子・阿部志郎 1988「〔座談会〕ボランティア活動の現状と課題」『月刊福祉』71(12) pp. 16-38。
社会保障運動史編集委員会編 1982『社会保障運動全史』労働旬報社。
社会福祉調査研究会編 1994『戦前日本社会事業調査資料集成　第九巻　社会事業施設』勁草書房。
「社会事業」編集部 1946「生活保護問題」『社会事業』29(2・3) pp. 1-2。
「社会事業」編集部 1959「〔資料〕社会福祉事業におけるボランティア」『社会事業』42(7) pp. 69-75。
「社会事業」編集部 1960「“一粒の麦寄金”の主わかる」『社会事業』43(8) pp. 49-50。
社会事業与論研究所 1952「講和に対する社会事業家の態度――大砲かバターかどちらを択ぶ」『社会事業』35(1) pp. 42-48。
社会教育施設ボランティア交流会実行委員会 1989「社会教育施設におけるボランティア活動一覧」『社会教育』44(10) pp. 125-128。
立木茂雄編 1997『ボランティアと市民社会――公共性は市民が紡ぎ出す』晃洋書房。
高田昭彦 2001「環境 NPO と NPO 段階の市民運動――日本における環境運動の現在」長谷川公一編『講座環境社会学 4　環境運動と政策のダイナミズム』有斐閣 pp. 147-78。
高田昭彦 2004「市民運動の現在―― NPO・市民活動による社会構築」帯刀治・北川隆吉編『社会運動研究入門』文化書房博文社 pp. 80-110。
高田研 2001「国立淡路青年の家におけるボランティア研修の企画――高校生・大学生・教員を対象とした三つのセミナー実施のプロセスから」『青少年問題』48(1) pp. 28-35。
高木寛之 2009「ボランティア文化の変容に対応したボランティア支援の在り方――社会福祉協議会ボランティアセンターの取り組みを中心に」『福祉社会学研究』6 pp. 61-81。
高木鉦作 1969「都市行政と町内会」東京市政調査会『都市問題』60(6) pp. 3-15。

高萩盾男 1996「高齢社会とボランタリズム」高橋勇悦・高萩盾男編 1996『高齢化とボランティア社会』弘文社 pp. 1-28。
高橋紘士・市川一宏 1999「シリーズ対談⑦　21 世紀ボランティア論　住民参加型在宅福祉サービスの展望――新しい福祉社会を支える先駆的役割をみる」『月刊福祉』82(8) pp. 88-97。
高橋紘士・中村陽一・加藤敏春 2001「鼎談　共助システムの展開と社会福祉」『月刊福祉』84(7) pp. 44-51。
高橋重聰・柴田善守・三和治・永田幹夫 1987「〔座談会〕民生委員のあゆみ」『月刊福祉』70(7) pp. 34-51。
高橋思敬 1966「共同募金いずこに」『月刊福祉』49(9) pp. 6-7。
高橋卓志 1986「ボランティア活動とまちづくり（特集：この運動と実践に学ぶ)」『月刊社会教育』30(13) pp. 37-42。
高橋徹 2002『意味の歴史社会学――ルーマンの近代ゼマンティク論』世界思想社。
髙橋陽子 1994「企業と個人の窓を開く――会社人間から脱却を求めるフィランソロピー」『季刊　窓』20 窓社 pp. 125-131。
高橋勇悦・高萩盾男編 1996『高齢化とボランティア社会』弘文社。
高森敬久 1977「市民参加のシステム化とその評価――大阪ボランティア協会の実践を踏まえて」『ソーシャルワーク研究』3(4) pp. 78-94。
高森敬久・小田兼三・岡本栄一編 1974『ボランティア活動の理論――ボランティア活動文献資料集』大阪ボランティア協会。
高村学人 2003「安全・安心まちづくりと地域中間集団」『法と民主主義』377 pp. 12-15。
高村理恵 1971「地域の活動を通して」『月刊社会教育』15(10) pp. 27-33。
高野和良 1994「都市地域社会とボランティア活動」『季刊・社会保障研究』29(4) pp. 348-359。
高野和良 1996a「『ボランティア社会』の可能性①」『月刊福祉』79(4) pp. 44-49。
高野和良 1996b「『ボランティア社会』の可能性②」『月刊福祉』79(6) pp. 62-67。
高澤武司 2001「敗戦と戦後社会福祉の成立――占領下の社会福祉事業」右田紀久恵・高澤武司・古川孝順編『新版　社会福祉の歴史――政策と運動の展開』有斐閣選書 pp. 294-312。
髙島厳 1946「民間施設を救へ」『社会事業』29(2・3) pp. 18-19。
髙島巖 1971「もてるものがもたないものにではない――上下関係の人間関係ほど人間性をスポイルするものはない」文部省大学学術局学生課編『厚生補導』58 pp. 35-40。
髙島巖・村田修子 1969『もてるものがもたないものにではない――ボランティア読本 2』川島書店。
高遠菜穂子 2004『戦争と平和――それでもイラク人を嫌いになれない』講談社。
髙谷幸 2007「『つながり』を生きる――非正規移民支援活動を手がかりとして」『フォーラム現代社会学』6 号 pp. 80-92。
髙山康信 1993「〔インタビュー〕住民参加型在宅福祉サービス団体に期待する――厚生省社会・援護局地域福祉課長　髙山康信氏に聞く」『月刊福祉』76(13) pp. 48-49。
武川正吾 1996「社会政策における参加」社会保障研究所編『社会福祉における市民参加』東京大学出版会 pp. 7-40。
武川正吾 1998「座談会を終えて：多様化する NPO ――新しい NPO が社会福祉を変える」

『月刊福祉』81(9) pp. 28-31。
武川正吾 1999『社会政策のなかの現代——福祉国家と福祉社会』東京大学出版会。
武川正吾 2006『地域福祉の主流化——福祉国家と市民社会 III』法律文化社。
竹村安子 2000「ボランティア・住民参加型活動との協働による地域福祉推進への取り組み」『月刊福祉』83(4) pp. 54-57。
竹中英紀 1993「都市社会学における『町内会・自治会』研究の問題」東京市政調査会『都市問題』84(11) pp. 63-77。
竹中英紀 1998「コミュニティ行政と町内会・自治会」東京市政調査会『都市問題』89(6) pp. 29-39。
竹中勝男 1951「社会福祉事業と地域社会」『社会福祉研究』1 pp. 6-13。
竹中勝男 1952「講和後の国民生活と社会事業対象の問題」『社会福祉研究』2 pp. 17-22。
竹浪正顕 1984「ボランティアにかける青春（特集：現代青年の可能性）」『月刊社会教育』28(5) pp. 42-48。
竹下譲 1969「町内会・部落会をめぐる法律問題——条例制定の問題」東京市政調査会『都市問題』60(6) pp. 65-76。
武谷敏子・大久保邦子・村瀬信子・早川聖子 1987「国立婦人教育会館ボランティア」『社会教育』42(3) pp. 57-59。
竹内愛二 1952「社会福祉協議会のあり方」『社会事業』35(2・3) pp. 16-19。
竹内愛二 1967「共同社会開発としてのボランティア活動」日本生命済生会社会事業局『ボランティア・シリーズ』第 2 号 pp. 80-94。
竹内愛二・高森敬久 1970『コミュニティ・デベロプメント』ミネルヴァ書房。
竹内敏 1972「レク講座の可能性を問いつめる——埼玉県入間市レクレーション講座の経験から」『月刊社会教育』16(7) pp. 42-49。
滝口桂子 1983『養護施設におけるボランティア活動——養護施設にボランティアを受け入れるための手引書』。
玉置和郎他 1961「座談会　国の青少年対策を聞く」末次一郎編『青年公論』2(5) pp. 8-15。
玉野和志 1992「町内会・自治会の担い手層——その歴史的展開と生活史」東京市政調査会『都市問題』83(1) pp. 69-79。
玉野和志 1993『近代日本の都市化と町内会の成立』行人社。
玉野和志 1998「コミュニティ行政と住民自治」東京市政調査会『都市問題』89(6) pp. 41-52。
為貞貞人 1995「ボランティア休暇・休職制度の現状と課題」『都市問題研究』47(8) pp. 120-132。
田村正勝 2009『ボランティア論——共生の理念と実践』ミネルヴァ書房。
田中晶子 1987「対面朗読——東京都立中央図書館」『社会教育』42(3) pp. 60-62。
田中和男 2000『近代日本の福祉実践と国民統合——留岡幸助と石井十次の思想と行動』法律文化社。
田中真人 1991「救世軍と皇室」同志社大学人文科学研究所編『山室軍平の研究』同朋舎出版 pp. 308-335。
田中真人 1996「『人道』」同志社大学人文科学研究所編『近代天皇制とキリスト教』人文書院 pp. 154-167。

田中實 1980『公益法人と公益信託』勁草書房。
田中尚輝 1995「ボランティア・ネットワーク——その経済的意義」『都市問題研究』47(8) pp. 107-119。
田中尚輝 1998『ボランティアの時代—— NPO が社会を変える』岩波書店。
田中尚輝・浅川澄一・安立清史 2003『介護系 NPO の最前線——全国トップ 16 の実像』ミネルヴァ書房。
田中精之助 1974「ボランティア活動の方向性に関する一考察」『社会教育』29(9) pp. 40-44。
田中弥生 2006『NPO が自立する日——行政の下請け化に未来はない』日本評論社。
谷川貞夫 1937「社会事業に於けるヴォランティアに就いて」大阪社会事業連盟『社会事業研究』25(10)→大阪ボランティア協会編 1974 pp. 28-34。
谷川貞夫 1949a「自然の育くむもの——キャムプ以前」『社会事業』32(7) pp. 2-3。
谷川貞夫 1949b「サムマア・キャムプの基礎的要素」『社会事業』32(7) pp. 28-37。
谷川貞夫 1951a「社会福祉事業における篤志奉仕活動と民生委員」『社会事業』34(11) pp. 4-10。
谷川貞夫 1951b「社会事業とコミュニティ——発刊の辞にかえて」『社会福祉研究』1 pp. 4-5。
谷川貞夫 1952「講和発行と日本社会事業」『社会福祉研究』2 pp. 1-7。
谷川貞夫 1959「社会事業におけるヴォランティア・サーヴィス」『社会事業』42(7) pp. 2-6。
谷川貞夫 1966『ボランティア・サービス』(財)日本生命済生会。
Tarrow, Sidney, 1998, *Power in Movement*. Cambridge University Press. = 2006 大畑裕嗣監訳『社会運動の力——集合行為の比較社会学』彩流社。
樽川典子 1979「ボランティア活動の人間関係学的考察」『月刊福祉』62(7) pp. 2-7。
田代志門 2007「『看取り』を支える市民活動——ホスピスボランティアの現場から」清水哲郎編『高齢社会を生きる——老いる人/看取るシステム』東信堂 pp. 117-138。
田代国次郎 1981「慈善救済事業・感化救済事業の展開」一番ヶ瀬康子・高島進編『講座社会福祉 2 ——社会福祉の歴史』有斐閣 pp. 14-42。
田代正美 1994「ボランティア革命 6　企業とボランティア」『月刊福祉』77(8) pp. 56-59。
田代正美・木谷宜弘・中村紀子・木原孝久・栃本一三郎・横内清光 1992「〔シンポジウム〕『企業の社会貢献』その課題をさぐる」『月刊福祉』75(11) pp. 18-43。
立岩真也 2000『弱くある自由へ——自己決定・介護・生死の技術』青土社。
立岩真也 2004『自由の平等——簡単で別な姿の世界』岩波書店。
Taylor, Marilyn, 1992, "The Changing role of the nonprofit sector in Britain," in B. Gidron, M. K. Ralph & L. M. Salamon (eds.), *Government and the Third Sector : Emerging Relationships in Welfare States.* Jossey-Bass, pp. 147-175.
田崎正 1953「青年学級の法制化と青年団の政治活動——全国青少年教育事務担当者研究協議会から」『社会教育』8(1) pp. 48-50。
寺田勝子 1971「消費者問題の学習実践活動のなかから」『月刊社会教育』15(10) pp. 34-39。
寺本晃久・末永弘・岩橋誠治・岡部耕典 2008『良い支援？——知的障害/自閉の人たちの自立生活と支援』生活書院。

寺中作雄 1953「政治的青年団を区別せよ」『社会教育』8(6) pp. 12-14。
栃本一三郎 1993「ボランティア活動の新たな道――福祉活動参加指針をめぐって（特集：福祉活動への総参加をめざして)」『月刊福祉』76(9) pp. 18-27。
栃本一三郎 1994「ボランティア革命 3　分権的で多元的な参加型福祉社会の創造」『月刊福祉』77(3) pp. 48-51。
栃本一三郎 1996a「21 世紀の社会像――シチズンシップをどう確保するか」『月刊福祉』79(10) pp. 12-15。
栃本一三郎 1996b「市民参加と社会福祉行政――シチズンシップをどう確保するのか」社会保障研究所編『社会福祉における市民参加』東京大学出版会 pp. 63-100。
栃本一三郎・市川一宏 1999「シリーズ対談⑨ 21 世紀ボランティア論『福祉の市民化』をすすめるために―― 21 世紀への社会変動とボランティア・NPO」『月刊福祉』82(13) pp. 78-87。
戸田寿 1965「社会福祉の組織化と『善意銀行』活動」『月刊福祉』48(8) pp. 52-53。
東大学生社会教育調査班〈C〉1951「ボーイ・スカウト運動の動向」『社会教育』6(11) pp. 52-55。
東京都福祉局 1984『東京都におけるこれからの社会福祉の総合的な展開について』。
東京都民生局 1950『民生事業のすがた――民生委員制度三十年を記念して』。
東京都杉並区社会福祉協議会 1983『ボランティア受入状況調査報告書』。
東京都社会福祉協議会 1964『ボランティア活動推進のために――ボランティア活動の手引（ボランティア活動資料 No. 1)』。
東京都社会福祉審議会 1976『東京都における社会福祉活動に関する答申』。
東京都社会福祉審議会 1986『東京都におけるこれからの社会福祉の総合的な展開について』。
留岡幸助 1898『慈善問題』警醒社→ 1995『戦前期社会事業基本文献集 16　慈善問題』日本図書センター。
冨江直子 2007『救貧のなかの日本近代――生存の義務』ミネルヴァ書房。
富永さとる 2007「『公益』と『不特定多数の者の利益』概念の理論史」『公益法人』36(10) pp. 15-23。
ともしび運動をすすめる県民会議 1982『地域ボランティアシステム開発――中間報告』。
鳥越皓之編 2000『環境ボランティア・NPO の社会学』新曜社。
鳥取県 1984『活力ある明るい熟年社会をめざして――鳥取県高齢化社会プロジェクトチーム報告』。
鳥取県社会福祉審議会 1985『社会福祉施策についての意見具申――鳥取県ことぶき計画（鳥取県高齢者福祉 5 か年計画)』。
戸塚廉 1973「奉仕から市民運動へ」『月刊社会教育』185（4 月号）p. 7。
Touraine, Alan, 1968, *La mouvement de mai ou le communisme utopique.* Seuil. = 1970　寿里茂・西川潤訳『現代の社会闘争――五月革命の社会学的展望』日本評論社。
豊泉周治 2000『ハーバーマスの社会理論』世界思想社。
豊島慎一郎 1998「社会参加にみる階層分化――社会階層と社会的活動」片瀬一男編『政治意識の現在』（1995 年 SSM 調査シリーズ 7）1995 年 SSM 調査研究会 pp. 151-178。
豊島慎一郎 2000「社会的活動」髙坂健次編『日本の階層システム 6　階層社会から新しい市民社会へ』東京大学出版会 pp. 143-159。

戸崎繁 1956「新生活運動のとり上げ方——社会活動との結びつきにおいて（北海道）」『社会事業』39(1) pp. 18-21。
Tronto, Joan C., 1987, "Beyond Gender Difference to a Theory of Care," *Signs*, 12(4), pp. 644-663.
坪内嘉雄 1989「ボランティア、生涯学習、レクレーションの融合」『社会教育』44(9) pp. 2-3。
津止正敏 2000「大学との連携におけるボランティア人材養成への取り組み」『月刊福祉』83(4) pp. 58-61。
津止正敏・斎藤真緒・桜井正成 2009『ボランティアの臨床社会学——あいまいさに潜む「未来」』クリエイツかもがわ。
辻浩 1993「地域福祉の展開とボランティア」『月刊社会教育』37(10) pp. 64-70。
辻中豊 1988『利益集団』東京大学出版会。
塚田隆一 1987「宇都宮市における教育文化ボランティアの活動——宇都宮市立図書館」『社会教育』42(3) pp. 63-65。
塚口伍喜夫 1998「共同募金と社協の連携」『月刊福祉』81(12) pp. 46-51。
恒川京子 1972「保護司制度について問題と展望——ボランティアとの対比において」日本更生保護協会『更生保護と犯罪予防』6(3) pp. 132-163。
角替弘志 1987「青少年健全育成をめざす地域活動」『社会教育』41(7) pp. 5-10。
鶴丸高史 1994「ボランティアという概念のない世界を求めて——障害者が障害者でなくなるということ」『季刊　窓』20 窓社 pp. 43-51。
筒井のり子 1993「『福祉ボランティア』をめぐる動向及びその特徴（特集：21 世紀はボランティアの時代 !? ——共生社会をつくるボランティア活動）」『月刊社会教育』37(12) pp. 23-30。
筒井のり子 1997「ボランティア活動の歩み——私たちの社会とボランティア」大阪ボランティア協会監修，巡静一・早瀬昇編著『基礎から学ぶボランティアの理論と実際』中央法規出版 第 2 章 pp. 20-33。
内片孫一 1932「隣保事業に於けるヴォランチアの役割」『社会事業』16(4)→大阪ボランティア協会編 1974 pp. 23-27。
内村鑑三 1893「基督信徒の慰」→ 1976 河上徹太郎編『内村鑑三集』筑摩書房 pp. 3-32。
内村鑑三 1902「金の要せざる慈善」『萬朝報』1902 年 11 月 13 日。
内村鑑三 1905「秋の到来」『新希望』67 → 1981『内村鑑三全集』13 巻　岩波書店。
右田紀久恵 1974「ボランティアと行政」『少年補導』19(4) pp. 31-38。
右田紀久恵 1979「ボランティア活動の原点」『月刊福祉』62(7) pp. 8-13。
右田紀久恵 1983「日本型福祉社会とボランティア」大阪ボランティア協会編『ボランティア活動研究』2 号。
右田紀久恵・高澤武司・古川孝順編 2001『新版　社会福祉の歴史——政策と運動の展開』有斐閣選書。
上田官治 1969「社会体制とボランティア」柴田善守編『ボランティア活動』ミネルヴァ書房。
上野千鶴子 1998「NPO ——市民社会の新しい実験」本間正明・上野千鶴子著・宝塚 NPO センター編『NPO の可能性——新しい市民活動』かもがわ出版 pp. 31-56。
上野谷加代子 1996「ボランティアコーディネーターの役割と新任研修のあり方について」

『月刊福祉』79(12) pp. 91-97。
上野谷加代子 1999「高齢者サービス改革——福祉改革のなかでボランティアの役割と課題を考える」『月刊福祉』82(12) pp. 66-71。
上野谷加代子・市川一宏 1998「シリーズ対談② 21世紀ボランティア論 福祉改革とボランティア——参加型福祉社会の担い手への期待」『月刊福祉』81(7) pp. 82-91。
上月宗男 1951「社会教育に関するボランティア・ムーブメント」『社会教育』6(11) pp. 38-42。
氏家一郎 1946「官尊民卑の法律」『社会事業』29(2・3) p. 17。
梅本純正・福武直・仲村優一 1983「鼎談・行政改革と福祉社会」『月刊福祉』66(7) pp. 10-26。
浦辺史 1959「伊勢湾台風と社会福祉」『社会事業』42(12) pp. 2-10。
浦辻恵蔵 1975a「"施設"を問いつづけて——あるボランティアグループの軌跡（上）」大阪ボランティア協会編『ボランティア活動』1号 pp. 36-43。
浦辻恵蔵 1975b「"施設"を問いつづけて——あるボランティアグループの軌跡（中）」大阪ボランティア協会編『ボランティア活動』2号 pp. 49-55。
浦辻恵蔵 1975c「"施設"を問いつづけて——あるボランティアグループの軌跡（下）」大阪ボランティア協会編『ボランティア活動』4号 pp. 47-56。
牛窪浩 1959「文献を通じてみた社会事業技術論の展開」『社会事業』42(7) pp. 7-21。
後房雄 2009『NPOは公共サービスを担えるか——次の10年への課題と戦略』法律文化社。
牛山久仁彦 2003「市民運動の変容とNPOの射程——自治・分権化の要求と政策課題への影響力の行使をめぐって」矢澤修次郎編『講座社会学15 社会運動』東京大学出版会 pp. 157-178。
牛山久仁彦 2004「市民運動の変化と政策・制度要求」帯刀治・北川隆吉編『社会運動研究入門』文化書房博文社 pp. 60-79。
碓井正久編 1971『社会教育——戦後日本の教育改革10』東京大学出版会。
臼井孝 1983「学校における福祉教育」『月刊福祉』66(11) pp. 20-24。
臼井孝 1993「学校の現状とボランティア活動への要望」『月刊福祉』76(9) pp. 60-61。
臼井孝 1996「『ボランティア学習』と生き方発見」『月刊福祉』79(1) pp. 58-59。
宇都栄子 2001「恤救規則の成立と意義」右田紀久恵・高澤武司・古川孝順編『社会福祉の歴史——政策と運動の展開〔新版〕』有斐閣 pp. 210-222。
Virno, Pauro, 2001, *Grammatica della moltitudine : Per una analisi delle forme di vita contemporanee.* Rubbettino Editore.＝2004 廣瀬純訳『マルチチュードの文法——現代的な生活形式を分析するために』月曜社。
和田敏明 1976「老人福祉のための住民参加——社協とボランティア（その四）」『月刊福祉』59(5) pp. 52-55。
和田敏明 1993「住民参加型在宅福祉サービスと地域福祉の推進」『月刊福祉』76(13) pp. 50-53。
和田敏明 1994「ボランティア革命5 ボランティア活動推進七カ年プランとボランティア革命」『月刊福祉』77(7) pp. 56-59。
和田敏明・土井康晴・中西正司・安齋洋一・京極高宣・山崎美貴子 1993「〔座談会〕福祉活動への総参加をめざして——福祉活動参加指針による新局面を語る」『月刊福祉』76

(9) pp. 34-57。
和田敏明・市川一宏・山崎美貴子 2000「基調鼎談　ボランティア・NPO活動の潮流と論点」『月刊福祉』83(4) pp. 12-23。
和歌山県青少年局 1969「和歌山県におけるボランティア活動の現状」『青少年問題』16(12) pp. 36-42。
鷲田清一 1999『「聴く」ことの力』TBSブリタニカ。
渡戸一郎 1993「ボランティア活動の今日的意義と展開方向」西尾勝編『コミュニティと住民活動』ぎょうせい pp. 145-167。
渡戸一郎 1995「転換期の都市型社会とボランタリズム」『都市問題研究』47(8) pp. 40-53。
渡戸一郎 1998「90年代後期東京におけるコミュニティ施策の転換――『コミュニティ』と『市民活動』の交錯を超えて」東京市政調査会『都市問題』89(6) pp. 15-27。
渡戸一郎 2007「動員される市民活動？――ネオリベラリズム批判を超えて」『年報社会学論集』20 pp. 25-36。
渡邊一雄 1993「〔インタビュー〕世界が変わる・日本が変わる・あなたは変わりますか？」『月刊福祉』76(9) pp. 66-71。
渡邊一雄 1996「アメリカにおける『寄付の文化』と共同募金――その根底にあるもの」『月刊福祉』79(11) pp. 30-35。
渡辺治 2001「いまなぜ奉仕活動・道徳教育なのか？――教育改革の新段階」教育科学研究会編『教育』665 pp. 6-15。
渡辺治・二宮厚美・岡田知宏・後藤道夫 2010『新自由主義か新福祉国家か』旬報社。
渡辺智多雄 1953「青年運動に政治活動は不可欠」『社会教育』8(6) pp. 8-11。
渡辺渡 1969「勤労青年の学習と学力」『月刊社会教育』13(4) pp. 10-16。
Woolgar, S. & D. Pawluch, 1985, "Ontological gerrymandering," *Social Problems*, 32 (3), pp. 214-227.＝平英美訳「オントロジカル・ゲリマンダリング――社会問題をめぐる説明の解剖学」平英美・中河伸俊編『新版　構築主義の社会学――実在論争を超えて』世界思想社 pp. 184-213。
矢口徹也 1982「『寒河江善秋』研究――社会変革と自己革新」大槻宏樹編著『社会教育史と主体形成』成文堂 pp. 161-197。
山田雅彦・松川みさ子・村上和子 1987「東京都立八王子盲学校におけるボランティアの活動状況」『社会教育』42(3) pp. 80-85。
山田美和子 1991「次の世代へ残す社会は――『地域福祉』とボランティア活動の今後」『月刊福祉』74(13) pp. 114-119。
山田美和子 1992「企業との『共感』の世界を求めて――社会福祉と企業ボランティア活動」『月刊福祉』75(11) pp. 44-49。
山田美和子 1993「ボランティア活動の中長期的な振興方策について――中央社会福祉審議会地域福祉専門分科会より意見具申提出される」『月刊福祉』76(13) p. 66。
山形県社会福祉協議会 1972『奉仕活動の手びき第3集』。
山形青年の家 1998「『山形方式』の地域青少年ボランティア活動の支援に向けて」『月刊公民館』495 pp. 9-13。
山口日出夫 1997「助成財団の現状と課題――助成財団は期待に応えられるか」『月刊福祉』80(12) pp. 46-51。
山本興一郎 1999「利用者支援への挑戦と地域福祉権利擁護事業」『月刊福祉』82(14) pp.

28-35。
山本主税 1985「躍動する青年たちと社会福祉が期待するもの」『月刊福祉』68(5) pp. 36-41。
山本唯人 2006「『コミュニティ・オーガニゼーション論』と牧賢一——戦後移行期における都市中間団体の動向と『社会福祉協議会的なもの』の行方」第31回地域社会学会大会自由報告レジュメ。
山本恒夫 1984「社会参加の教育的意義」『文部時報』128号 pp. 4-7。
山村美佳 1992「米国のコーポレート・フィランスロピー（企業社会貢献活動）に学ぶ」『月刊福祉』75(11) pp. 56-61。
山根純佳 2010『なぜ女性はケア労働をするのか——性別分業の再生産を超えて』勁草書房。
山之内靖 1995「方法的序説——総力戦とシステム統合」山之内靖・ヴィクター・コシュマン・成田龍一編著『総力戦と現代化』柏書房 pp. 9-53。
山之内靖・ヴィクター・コシュマン・成田龍一編著 1995『総力戦と現代化』柏書房。
山岡義典 1993「恩賜型フィランソロピーの展開——公益法人としての恩賜財団」林雄二郎・山岡義典編著『フィランソロピーと社会　その日本的課題』ダイヤモンド社 pp. 153-177。
山岡義典 1994「民間公益活動の展望と課題——二十一世紀へ向けての社会ビジョン」『月刊福祉』77(14) pp. 58-63。
山岡義典 1999「ボランタリーな活動の歴史的背景」内海成治・入江幸男・水野義之編『ボランティア学を学ぶ人のために』世界思想社 pp. 22-40。
山岡義典・山崎美貴子 1999「シリーズ対談⑥　21世紀ボランティア論　ボランティア・NPO活動の論点と課題——求められる役割と支援システムのあり方をさぐる」『月刊福祉』82(6) pp. 88-97。
山下幸子 2008『「健常」であることを見つめる——一九七〇年代障害当事者／健全者運動から』生活書院。
山下祐介・菅磨志保 2002『震災ボランティアの社会学——“ボランティア＝NPO”社会の可能性』ミネルヴァ書房。
山高しげり 1946「保護施設に重点を」『社会事業』29(2・3) pp. 17-18。
山崎寛 1967「都市化のなかの民生委員——民生委員の役割をめぐって」『月刊福祉』50(11) pp. 23-32。
山崎仁朗 2010「地方公共団体におけるコミュニティ施策の展開——旧自治庁調査の再分析」『岐阜県立地域科学部研究報告』27 pp. 81-103。
山崎美貴子 1994「コーディネーターとしてのボランティア——生活と社会の構造変化のなかで」『季刊　窓』20 窓社 pp. 132-138。
山崎美貴子 1996「機能と特性に留意した役割分担を——対等なパートナーシップづくりのために」『月刊福祉』79(10) pp. 22-27。
山崎美貴子・市川一宏・和田敏明 1998「シリーズ鼎談　21世紀ボランティア論『ボランティア論』創造の視点」『月刊福祉』81(5) pp. 86-97。
山崎美貴子・山岡義典・和田敏明 2001「総括鼎談　ボランティア活動の新潮流」『月刊福祉』84(7) pp. 18-27。
山崎敏 1998「ルポ　市町村と介護保険　市民参加によるこれからの地域社会づくり——長

野県茅野市」『月刊福祉』81(10) pp. 86-91。
安原昇 1971a「基礎講座　ボランティア活動入門①　ボランティア活動への招待」『社会教育』26(2) pp. 50-53。
安原昇 1971b「基礎講座　ボランティア活動入門④　ボランティア活動を志す人びとに」『社会教育』26(5) pp. 44-47。
安原昇 1971c「基礎講座　ボランティア活動入門⑤　婦人の余暇とボランティア活動」『社会教育』26(6) pp. 46-49。
横田聖峰 1959「私たちの奉仕活動――福島県の VYS 運動について」『社会事業』42(5) pp. 20-25。
横塚晃一 2007『母よ！　殺すな』生活書院。
横山定雄 1956「国民感情にねざす民間社会事業」『社会事業』39(11) pp. 33-38。
養老絢雄 1946「方面委員制度の改正」『社会事業』29(2・3) pp. 7-9, 19。
吉田恭爾 2001「階級対立の激化と『社会連帯』の擬制――社会事業」右田紀久恵・高澤武司・古川孝順編『社会福祉の歴史――政策と運動の展開〔新版〕』有斐閣 pp. 256-283。
吉田久一 1950「慈善事業の歴史的意義――社会事業の近代的性格と関連して」『社会事業』33(5) pp. 6-19, 46。
吉田久一 1966「民生委員制度の歴史と問題点」『月刊福祉』49(10) pp. 25-30。
吉田久一 1967「その歴史が遺したもの――民生委員制度五十年から学ぶ」『月刊福祉』50(11) pp. 14-22。
吉田久一 1977「仏教とボランタリズム」『仏教福祉』5 pp. 59-77。
吉田久一 1981『日本社会事業の歴史〔新版〕』勁草書房。
吉田昇 1953「方法の問題が重要」『社会教育』8(6) pp. 23-25。
吉村福子 1998「自立した市民活動を育てる役割を担う NPO センター」『月刊福祉』81(9) pp. 44-45。
吉村亮二 1993「増え続ける住民参加型在宅福祉サービス団体――住民参加型在宅福祉サービス調査結果から」『月刊福祉』76(13) pp. 58-61。
吉岡正 1946「社会事業組織の構想私案」『社会事業』29(4) pp. 4-10。
吉沢英子 1977「自分たちの生活と人間社会を創る情熱と感激――ボランティア活動の役割とよろこび」『月刊福祉』60(7) pp. 46-51。
吉沢英子編著 1980『婦人とボランティア――地域社会をささえる活動』全国社会福祉協議会。
吉澤英子 1987a「ボランティア活動の意味を問う」『社会教育』42(3) p. 3。
吉澤英子 1987b「ボランティアの原則と社会福祉の動向」『月刊福祉』70(3) pp. 48-55。
吉澤英子 1989「ボランティア活動と生涯学習」『社会教育』44(6) pp. 5-10。
Young, Jock, 1999, *Exclusive Society : Social Exclusion, Crime and Difference in Late Modernity*. Sage.＝2007 青木秀夫他訳『排除型社会――後期近代における犯罪・雇用・差異』洛北出版。
湯本裕之 1994「ボランティア革命 4　国際ボランティアの現状と課題――日本の NGO 活動の経験から」『月刊福祉』77(5) pp. 48-51。
在宅福祉サービス供給システム・開発調査研究班・栃木県社会福祉協議会 1983『在宅福祉サービス供給システム構想試案――ねたきり・ひとり暮らし老人を中心として』。
税制調査会基礎問題小委員会・非営利法人課税ワーキング・グループ 2005『新たな非営利

法人に関する課税及び寄附金税制についての基本的考え方』。
全国ボランティア活動振興センター・コーディネーター問題専門委員会 1978「コーディネーターの機能と役割に関する試案――市区町村ボランティアセンターを中心にして」『月刊福祉』61(6) pp. 72-89。
全国民生委員児童委員連合会 1997a「地域福祉の時代に求められる民生委員・児童委員活動――活動強化方策(抄)」『月刊福祉』80(14) pp. 68-73。
全国民生委員児童委員連合会 1997b「民生委員・児童委員活動に関するモニター調査　中間報告書(抄)」『月刊福祉』80(14) pp. 74-80。
全国社会福祉協議会 1959「社会福祉のボランティア育成と活動推進のために」全国社会福祉協議会・中央ボランティアセンター編 1976『ボランティア活動資料集』pp. 38-40。
全国社会福祉協議会 1962『社会福祉協議会基本要項』全国社会福祉協議会 1986『社会福祉関係施策資料集 1 ――占領期から高度経済成長期まで〔1945 年(昭和 20 年)～1973 年(昭和 48 年)〕』pp. 51-60。
全国社会福祉協議会 1963「ボランティア活動の推進について」全国社会福祉協議会・中央ボランティアセンター編　1976『ボランティア活動資料集』pp. 38-40。
全国社会福祉協議会 1970「ボランティア活動育成研究協議会報告――分散会のはなしあいから」『月刊福祉』53(5・6) pp. 21-24。
全国社会福祉協議会 1976『これからの社会福祉――低成長下におけるそのあり方』。
全国社会福祉協議会 1979『ボランティア活動振興のための提言――ボランティア活動振興懇談会』。
全国社会福祉協議会 1992『新・社会福祉協議会基本要項』。
全国社会福祉協議会 1993a『「ボランティア活動推進 7ヶ年プラン構想」について』。
全国社会福祉協議会 1993b『住民参加型在宅福祉サービスにおける時間貯蓄・点数預託制のあり方について』。
全国社会福祉協議会 1995a『ふれあいのまちづくり事業の成果について』。
全国社会福祉協議会 1995b『「事業型社協」推進の指針〔改訂版〕』。
全国社会福祉協議会 1996『社会福祉関係災害対策要綱――社会福祉協議会，ボランティア、民生委員・児童委員分野マニュアル』。
全国社会福祉協議会・ボランティア研究委員会 1968「〔資料〕ボランティア活動基本要項(全文)」『月刊福祉』53(5・6) pp. 25-40。
全国社会福祉協議会・地域福祉部 1994『「事業型社協推進事業」推進の指針』。
全国社会福祉協議会・地域福祉推進委員会 1993『「ふれあいネットワークプラン 21」基本構想―― 21 世紀をめざす社会福祉協議会発展・強化計画』。
全国社会福祉協議会・地域福祉推進委員会 1998『社協経営改革の促進――当面の推進方針～新たな時代の地域福祉の構築に向けて』。
全国社会福祉協議会・地域福祉推進委員会・常任委員会 1996『高齢者介護に関する市区町村社会福祉協議会の基本的考え方――公的介護保険制度への対応』。
全国社会福祉協議会・地域福祉推進委員会・企画小委員会 2000『これからの市区町村社協の運営システムのあり方について――平成 11 年度地域福祉推進委員会・企画小委員会報告』。
全国社会福祉協議会・地域福祉特別委員会「在宅福祉事業研究委員会」1989『在宅福祉サービスと社会福祉協議会――「在宅福祉サービスの戦略」から 10 年，現状と今後の

展開』。

全国社会福祉協議会・児童家庭福祉委員会 1991『地域における子育て家庭支援活動の展開――児童家庭福祉の新たな推進に向けて』。

全国社会福祉協議会・住民主体による民間有料（非営利）在宅福祉サービスのあり方に関する研究委員会 1987『住民参加型在宅福祉サービスの展望と課題』。

全国社会福祉協議会・民生部 1997a「民生委員・児童委員の活動と歴史」『月刊福祉』80（14）pp. 30-37。

全国社会福祉協議会・民生部 1997b「「主任児童委員活動の状況に関する調査」の概要とポイントについて」『月刊福祉』80(14) pp. 81-83。

全国社会福祉協議会・施設協議会連絡会／全国社会福祉施設経営者協議会 1990『市町村における施設と社協との関係強化推進要項』。

全国社会福祉協議会・市町村社協における広域ネットワークによる地域福祉・在宅福祉推進事業調査研究委員会 1999『「市町村社協における広域ネットワークによる地域福祉・在宅福祉推進事業」中間報告書』。

全国社会福祉協議会・社会福祉事業法改正作業委員会 1971『福祉事務所の将来はいかにあるべきか――昭和 60 年を目標とする福祉センター構想』。

全国社会福祉協議会・社会福祉ボランティア活動研究委員会 1991『「地域福祉」とボランティア活動の今後――社会福祉ボランティア活動の推進について』。

全国社会福祉協議会・転換期における児童福祉施設の役割に関する研究委員会 1987『転換期における児童福祉施設の役割に関する研究〈報告書〉』。

全国社会福祉協議会・中央ボランティアセンター編 1976『ボランティア活動資料集』。

全国社会福祉協議会・在宅福祉サービス研究委員会 1977『在宅福祉サービスに関する提言』。

全国社会福祉協議会・在宅福祉サービスのあり方に関する研究委員会 1979『在宅福祉サービスの戦略』。

全国社会福祉協議会・全国ボランティア活動振興センター 1977『ボランティアの記録――第一回ボランティア文献賞活動記録部門作品集』。

全国社会福祉協議会・全国ボランティア活動振興センター編 1982『在宅福祉とボランティア活動』全国社会福祉協議会。

全国社会福祉協議会・全国ボランティア活動振興センター編 1983『老人とボランティア活動』全国社会福祉協議会。

全国社会福祉協議会・全国ボランティア活動振興センター編 1984a『青少年のボランティア活動』全国社会福祉協議会。

全国社会福祉協議会・全国ボランティア活動振興センター編 1984b『改訂　ボランティア活動ハンドブック』全国社会福祉協議会。

全国社会福祉協議会・全国ボランティア活動振興センター編 1984c『障害者とボランティア活動』全国社会福祉協議会。

全国社会福祉協議会・全国ボランティア活動振興センター 1991「第 3 回全国ボランティア大会――梅雨《つゆ》の間の晴天をたのしむ」『月刊福祉』74(11) pp. 110-113。

全国社会福祉協議会・全国ボランティア活動振興センター 1995『ボランティアアドバイザーの役割と養成の進め方――ボランティアコーディネーター，アドバイザー研修プログラム研究委員会中間報告書（概要)』。

全国社会福祉協議会・全国ボランティア活動振興センター 1996『平成7年度「ボランティア活動に対する社会的支援策のあり方に関する調査・研究」報告書』。

全国社会福祉協議会・全国ボランティア活動振興センター 1997a「調査からみるボランティア活動NPO支援における地方自治体の役割　その1――全社協・ボランティア活動に対する社会的支援策のあり方に関する調査・研究より」『月刊福祉』80(3) pp. 90-97。

全国社会福祉協議会・全国ボランティア活動振興センター 1997b「調査からみるボランティア活動NPO支援における地方自治体の役割　その2――全社協・ボランティア活動に対する社会的支援策のあり方に関する調査・研究より」『月刊福祉』80(4) pp. 85-91。

全国社会福祉協議会・全国ボランティア活動振興センター 1997c「ボランティア・NPO活動への資金支援の実態と課題――資金支援を活性化する社会貢献マーケットの形成促進」『月刊福祉』80(12) pp. 28-34。

全国社会福祉協議会・全国ボランティア活動振興センター 1998『広がる全国ボランティア活動振興センターの歩み20年史』。

全国社会福祉協議会・全国ボランティア活動振興センター 2001『第二次　ボランティア・市民活動推進5か年プラン』。

全国社会福祉協議会・全国ボランティア活動振興センター・ボランティア活動に対する社会的支援策のあり方に関する調査・研究委員会 1995『ボランティア活動支援に関する提言』。

全国社会福祉協議会・全国民生委員児童委員協議会 1977『これからの民生委員児童委員活動――制度創設60周年を期しての活動強化方策』。

全国社会福祉協議会ボランティア活動研究会 1959『社会福祉のボランティア育成と活動推進のために』。

全国社会福祉協議会地域組織部員 1967「運動化する社協活動――座談会による中間総括」『月刊福祉』50(8) pp. 42-47。

全国社会福祉協議会事務局長・全国共同募金会事務局長 1963『善意銀行（ボランティア・ビューロー）の運営と育成について』。

全国社会福祉協議会三十年史刊行委員会編 1982『全国社会福祉協議会三十年史』。

全国社会福祉大会第7専門委員会 1962「ボランティアの育成とその組織化をどのようにすすめるか」全国社会福祉協議会・中央ボランティアセンター編 1976『ボランティア活動資料集』pp. 33-37。